Por que os seres humanos sofrem?

ADILSON JOSÉ MOREIRA

Por que os seres humanos sofrem?

Uma teoria psicológica dos direitos fundamentais

autêntica

Copyright © 2025 Adilson José Moreira
Copyright desta edição © 2025 Autêntica Editora

Todos os direitos reservados pela Autêntica Editora Ltda. Nenhuma parte desta publicação poderá ser reproduzida, seja por meios mecânicos, eletrônicos, seja via cópia xerográfica, sem a autorização prévia da Editora.

EDITORAS RESPONSÁVEIS
Rejane Dias
Cecília Martins

LEITURA TÉCNICA
Bianca Tavolari

REVISÃO
Aline Sobreira
Déborah Dietrich

CAPA
Diogo Droschi
(sobre imagem de Djomas/Adobe Stock)

DIAGRAMAÇÃO
Guilherme Fagundes

Dados Internacionais de Catalogação na Publicação (CIP)
(Câmara Brasileira do Livro, SP, Brasil)

Moreira, Adilson José
  Por que os seres humanos sofrem? / Adilson José Moreira. -- 1. ed. -- Belo Horizonte, MG : Autêntica Editora, 2025.

  Bibliografia.
  ISBN 978-65-5928-514-3

  1. Dignidade da pessoa 2. Direitos fundamentais 3. Discriminação - Aspectos sociais I. Título.

24-240162   CDU-347.121

Índices para catálogo sistemático:
1. Direitos fundamentais sociais 347.121

Eliete Marques da Silva - Bibliotecária - CRB-8/9380

Belo Horizonte
Rua Carlos Turner, 420
Silveira . 31140-520
Belo Horizonte . MG
Tel.: (55 31) 3465 4500

São Paulo
Av. Paulista, 2.073, Conjunto Nacional
Horsa I . Salas 404-406 . Bela Vista
01311-940 . São Paulo . SP
Tel.: (55 11) 3034 4468

www.grupoautentica.com.br
SAC: atendimentoleitor@grupoautentica.com.br

Este livro é dedicado a
Leandro Márcio Braga, *in memoriam*.

O sofrimento social não é apenas "um sofrimento", mas um sofrimento que se instala/esconde nas zonas de precariedade, nas zonas sociais de fragilidade e cuja ação implica na perda ou possibilidade de perda dos objetos sociais: saúde, trabalho, desejos, sonhos, vínculos sociais, ou seja, o todo da vida composto pelo concreto e pelo subjetivo que permite viver a cada dia, a vida psíquica, a vida interior composta pela subjetividade. Neste sentido, os espaços de vida vêm se tornando espaços da precariedade, onde há perda concreta da saúde, do trabalho, do status social, da importância no núcleo familiar, perdas financeiras, perda dos vínculos familiares e sociais, perda dos vínculos afetivos. Há também a possibilidade de perda ou o medo: medo de ficar sem trabalho, medo de não ser reconhecido, de se tornar inválido socialmente. Esta perda vai, aos poucos, dando sinais das dificuldades de viver, sinais de impedimento de viver. O amanhã não é mais visto como projeto: não há mais visão de futuro.
Rosangela Werlang; Jussara Maria Rosa Mendes

Como é a sensação de ser um problema?
W. E. B. Du Bois

Cada coisa, à medida que existe em si, esforça-se para perseverar em seu ser.
Baruch Espinosa

Agradecimentos

Vários fatores motivaram a elaboração deste livro: experiências pessoais de sofrimento psíquico decorrentes da exposição constante a diferentes formas de discriminação, um profundo sentimento de tristeza por ver pessoas negras sendo desrespeitadas quase todos os dias de minha vida, um desânimo imenso por testemunhar muitos negros e negras desistindo dos seus sonhos e das suas vidas em função do desprezo racial. Esta longa obra também foi inspirada por várias histórias de resistência que me encorajam a seguir adiante e a contribuir para que a realidade de desespero possa se tornar, um dia, momentos de compartilhamento de afeto e de alegria. Assim, este livro foi também escrito para celebrar a história de figuras como Carolina Maria de Jesus, Conceição Evaristo, Bayard Rustin, James Baldwin e Abdias do Nascimento. As centenas de páginas que se seguem são resultado do meu interesse em pensar o Direito como algo que existe em ação, como um possível instrumento de transformação social. Mais do que tudo, este livro encontrou inspiração no afeto, na dedicação, no comprometimento, na honestidade e na camaradagem de minha mãe Efigênia Clara de Souza Moreira e de meu pai Alcides Cipriano Moreira. Este trabalho é o resultado do esforço dessas duas pessoas que conseguiram mover montanhas para garantir uma existência digna para seus filhos e filhas.

Este trabalho foi em grande parte realizado durante a minha residência pós-doutoral na Faculdade de Direito da Universidade de Berkeley. Sou extremamente grato ao professor Ian Haney López por ter me recebido naquela prestigiada instituição de ensino jurídico. Estar em uma comunidade intelectual como a de Berkeley permitiu que eu tivesse diversas oportunidades de discutir os argumentos centrais desta obra; trabalhar em uma instituição com recursos de pesquisa tão extensos possibilitou que eu encontrasse todo o material necessário para a elaboração deste trabalho. Meus agradecimentos também se estendem ao professor David Nathan Plank, da Universidade de Stanford, pelo convite para desenvolver pesquisas naquela prestigiada instituição, período no qual tive oportunidade de expandir e aprofundar os horizontes e propósitos deste trabalho. Sou extremamente grato aos profissionais do sistema de bibliotecas dessas duas universidades por facilitarem o acesso a fontes de pesquisa.

Este livro é produto de longas discussões sobre o sofrimento humano com diversas pessoas ao longo da última década, conversas conduzidas a partir de um ponto de vista filosófico, de um ponto de vista psicológico e de um ponto de vista jurídico. Apresentei os temas centrais deste trabalho em seminários nas universidades de Berkeley e Stanford e na Escola de Direito da Fundação Getúlio Vargas; sou grato pelos comentários e pelas oportunidades. Também discuti vários tópicos desta obra com professores, professoras, alunos e alunas da Faculdade de Direito da Universidade Presbiteriana Mackenzie ao longo dos últimos sete anos, diálogos que sempre foram proveitosos. Essas discussões pavimentaram o caminho para a elaboração deste longo ensaio, que, acredito, preenche uma grande lacuna na literatura jurídica brasileira. Sou grato a várias pessoas que conduziram minha atenção para temas relacionados com o problema do sofrimento humano nas mais diversas situações: Djamila Ribeiro, Mara Marçal Sales e Philippe Almeida de Oliveira.

Muitas pessoas acompanharam toda a elaboração deste projeto, desde as primeiras ideias até sua finalização. Agradeço a escuta, os comentários e as sugestões. Fortes abraços para Adrielly Marciel Silva Nunes, Ana Fátima de Brito, Beatriz Porto, Brenno Tardelli, Camila Brito Ioca, Danilo Tavares, David L. Gomes, Diana Oliveira dos Santos, Diogo José Conceição, Eduardo Ariente, Fábio Sampaio Mascarenhas, Flavio Leão Bastos, Leonardo Mariz, Letícia Chagas, Lucia Helena Bettini, Maíra Rocha Machado, Mara Marçal Sales, Matheus Alexandre da Silva, Paloma Vidal Araújo, Paulo Henrique Maldanis Ferreira, Rafael Domiciano Santana e Taiane Duarte.

Envio agradecimentos muito especiais para Bianca Tavolari e Luciana Gross Cunha por terem lido toda a obra e dado contribuições relevantes para sua finalização.

Alguns dos argumentos aqui elaborados tiveram como inspiração direta o conceito de *conatus* formulado pelo filosófico Baruch Espinosa. Muitos abraços para a professora Theresa Calvet de Magalhães por ter me introduzido ao pensamento desse gigante da filosofia. Meu afeto também vai para a professora Maria Auxiliadora Bahia, por ter aberto espaço para o aprofundamento da minha compreensão da teoria freudiana sobre o psiquismo humano. Mil abraços!

Trabalhos intelectuais são também produto de relações afetivas que criam os meios para que nosso processo criativo possa se desenvolver sem obstáculos. Conheci, em Berkeley e em Stanford, pessoas maravilhosas que tornaram minha estadia naquelas cidades muito prazerosa. Expresso minha gratidão a Ana Luisa

Coelho, Annalise Kalmanoff, Andy Chen, Candice Wong, Catarina Correa, Elizabeth Álvaro da Graça, Fernanda Yamamoto, Karla Esquerre, Leeya Kekona, Luis Otávio Barroso da Graça, Michael França, Missy Tay, Peter Tirler, Rogério Luiz, Silvia Regina Fregoni e Triana Kalmanoff.

Finalizo este livro com tristeza por não poder comemorar sua publicação com meu amigo Mário André Machado Cabral, uma pessoa luminosa que nos deixou cedo demais. Tive a oportunidade de discutir o argumento central deste trabalho em muitas de nossas conversas. Sua vida seguirá me inspirando!

Como sempre, agradeço aos meus familiares pelo suporte permanente!

Sou muito grato ao apoio institucional fornecido pela Universidade Presbiteriana Mackenzie e pelo Pinheiro Neto Advogados. Muitos abraços para Júlio César Bueno e Maurício Costa Ngozi, por contribuírem para a realização das minhas ambições intelectuais!

Obrigado, UFMG!

Thanks, Harvard!

15 **Prólogo**

Capítulo 1
47 **Direitos fundamentais: definição, fundamentação, funções e propósitos**

Capítulo 2
115 **Violações de direitos fundamentais e dano existencial**

Capítulo 3
167 **O direito ao livre desenvolvimento da personalidade e plano de vida: análises e pressupostos**

Capítulo 4
201 **Desenvolvimento humano, personalidade e agência**

Capítulo 5
241 **Da subjetividade metafísica à subjetividade psicológica**

Capítulo 6
291 **A construção da subjetividade nas interações sociais: identidade, agência e estruturas sociais**

Capítulo 7
323 **Sofrimento social como dano existencial**

Capítulo 8
359 **Identidade, discriminação e saúde mental**

Capítulo 9
403 **Direitos fundamentais como repertório identificatório**

455 **Conclusão**
459 **Referências**

Prólogo

Algumas considerações iniciais
sobre o sofrimento humano

Não sei exatamente quando comecei a refletir sobre o fato de que um sentimento generalizado de tristeza me acompanhava o tempo inteiro. Passei grande parte da minha vida sem poder identificar de forma precisa quais eram os fatores responsáveis por essa realidade; eu simplesmente tinha uma sensação permanente de cansaço. Não apenas um cansaço físico, mas também um desânimo constante por sempre ser surpreendido por situações inesperadas, situações sobre as quais eu não tinha qualquer controle. Como vivi minha adolescência em um momento histórico no qual certos fenômenos sociais não eram adequadamente nomeados, não conseguia perceber que muitos desses problemas estavam relacionados com o tratamento dispensado a pessoas negras na sociedade brasileira. A insegurança financeira também tornava as coisas ainda mais difíceis, uma vez que sempre enfrentei a possibilidade de não poder continuar estudando, o que me impediria de atingir muitos dos meus objetivos. A incerteza do futuro tornava o presente intolerável. Tive a expectativa de ter um diagnóstico adequado quando fui estimulado a procurar ajuda profissional. Talvez isso tenha ocorrido em um momento um pouco avançado de minha vida, especialmente se eu considerar o quanto essa tristeza profunda me impediu de realizar projetos e de buscar experiências que outros adolescentes estavam sempre procurando e efetivamente realizando. Minhas primeiras sessões de psicoterapia foram bastante constrangedoras, porque eu não sabia exatamente o que falar, não sabia indicar os motivos do meu sofrimento. Mas a procura de um profissional de saúde mental ocorreu ao mesmo tempo que passei a ter contato com pessoas do movimento negro, momento a partir do qual eu pude começar a nomear adequadamente as experiências responsáveis pelo meu constante estado de desânimo. Tinha agora algumas categorias para poder explicar muitos aspectos da minha experiência cotidiana como um homem negro periférico neste país.

    Minha busca por ajuda profissional não me ajudou muito naquele período da minha vida; não foi fácil encontrar um profissional familiarizado com os temas que me angustiavam. Tenho péssimas lembranças da primeira tentativa. Achava que não deveria falar sobre minhas experiências constantes de discriminação com aquele profissional, porque ele não teria condições de entender os problemas que pessoas negras enfrentam na nossa sociedade. Posso dizer que minha intuição estava certa em relação àquele psicólogo. Aquele homem branco, após eu ter narrado uma experiência de discriminação racial, uma recusa de ser aceito como estagiário em um banco privado, indagou se a minha interpretação dos fatos estaria certa, uma vez que eu poderia ter sido preterido porque não era a pessoa mais qualificada. Aquela pergunta me despertou um sentimento de desespero. A sensação de vulnerabilidade total pareceu ter atingido seu limite máximo. Meu corpo inteiro começou a tremer. Não sabia o que fazer. Apenas olhava para o chão, porque não conseguia levantar a cabeça; ela pesava uma tonelada. Saí andando daquele consultório sem um destino em mente; eu tremia tanto que minhas pernas não respondiam minha cabeça. Consegui me recompor e voltei para casa caminhando, depois de ter sentado em uma lanchonete por cerca de uma hora. Era impossível fixar meu pensamento em alguma coisa. Não conseguia entender a completa falta de empatia daquela pessoa com o que eu tinha dito. Falei sobre a insistência da secretária branca em me perguntar se eu estava qualificado para participar daquele processo destinado a universitários, narrei o meu desconforto ao ver que os candidatos brancos chegavam, cumprimentavam-se e ignoravam a minha presença. Mencionei a surpresa e os comentários irônicos do entrevistador branco sobre o meu cabelo e sua desconfiança da veracidade dos documentos fornecidos. Mesmo assim, aquele profissional acreditava que os comentários irônicos feitos por aquele funcionário branco talvez não tenham tido um cunho racial. Anos depois consegui entender que eu estava diante de um exemplo de um aspecto bastante comum do racismo: a tentativa de pessoas brancas de minimizar a dimensão discriminatória dos eventos como uma estratégia coletiva de proteção da identidade de membros do próprio grupo, problema com o qual me deparei várias outras vezes ao longo da vida.

    Recordações de episódios similares vieram à minha mente durante aquela longa caminhada de volta para casa. Eu me lembrava dos comentários raivosos dos meus colegas brancos quando tomavam conhecimento de que minhas notas eram superiores às deles; da insistência dos alunos que faziam parte do mesmo time de *handball* que eu em procurar algum apelido derrogatório para se referirem a mim; das inúmeras vezes que ia para a escola sem qualquer motivação diante da expectativa constante de enfrentar comportamentos racistas dentro de um ambiente cujos profissionais deveriam estar comprometidos com a realização das minhas aspirações. Meus pensamentos variavam constantemente entre o sonho de um futuro brilhante e o medo de enfrentar as mesmas dificuldades estruturais que meus pais tiveram de passar ao longo da vida e que os deixaram em uma situação de vulnerabilidade. Era um ambiente no qual minha dignidade estava sempre sendo ameaçada. Eu desejava nunca mais voltar à escola para não ter de encarar a hostilidade permanente de pessoas brancas. Meus planos para o futuro não pareciam realizáveis diante da observação de que tinha pouco controle sobre minha vida, de que sempre seria impedido de realizar meus objetivos, de que dificilmente teria uma carreira de minha escolha em função do desprezo generalizado de grande parte de pessoas que circulavam naquela instituição de ensino. A sensação bastante concreta de completa ausência de controle sobre minha existência se tornava ainda mais acentuada quando via o destino de muitos dos meus vizinhos negros que passavam por experiências semelhantes ou ainda mais degradantes do que a minha por terem a pele ainda mais escura ou por também serem homossexuais. O nível de hostilidade que eles sofriam causava uma sensação de desesperança, de frustração e de muita, muita raiva. A sensação de não ter valor algum é um sentimento devastador, algo que compromete a estabilidade emocional de muitas pessoas negras desde a infância. Nossas vidas são marcadas pela alternância entre raiva e medo, especialmente quando não temos um ambiente social que garanta apoio moral e oportunidades materiais. Ao lado de um sentimento de alienação identitária, está também a negação das condições para que membros desse grupo possam desenvolver suas capacidades para se afirmar como sujeitos.

O tratamento que recebi naquela entrevista de estágio me despertou um sentimento de indignação, mas também de vergonha. A vergonha sempre fez parte da minha infância e da minha adolescência; ela comprometeu minha saúde mental de diferentes maneiras, quase sempre por causa de fatores que não eram produto de minhas ações, mas sim de problemas presentes nas condições de vida de grupos oprimidos. Sou um homem negro de origem periférica; durante muito tempo, vivíamos apenas com a aposentadoria do meu pai, um homem que deixou de ter inúmeras oportunidades por viver em uma sociedade que sistematicamente viola direitos fundamentais de grupos raciais subalternizados. Filho de lavradores, situação que não lhe permitiu herdar qualquer tipo de patrimônio, ele frequentou a escola por apenas três anos, fato que também o impediu de ter horizontes profissionais maiores. Embora já estivesse aposentado, ele trabalhava como pedreiro para poder complementar a renda; era impossível alimentar 12 pessoas com sua aposentadoria. Sua atitude patriarcal tornava a situação ainda pior, porque ele não admitia que minha mãe trabalhasse. Ela também frequentou a escola por apenas três anos, mas conseguia fazer algum dinheiro como lavadeira e vendendo doces. Viver com uma renda de três salários mínimos para alimentar 12 pessoas significava restrições de gastos com várias coisas, inclusive com sapatos.

Eu estava na sexta série quando meu pai ficou muito doente com um problema estomacal e não podia trabalhar. Eu ia para a escola com um tênis bastante velho, que em determinado momento furou na parte de cima. Além de ter de andar cerca de três quilômetros para chegar até o colégio e depois percorrer a mesma distância para voltar para casa, eu tinha de ir estudar com o calçado naquele estado. Meus colegas chegavam à escola arrumados e perfumados, eu chegava cansado e suado. Estar naquela escola frequentada majoritariamente por pessoas brancas de classe média naquela situação ocupava minha mente completamente. Não prestava atenção nas aulas, não conseguia conversar com as pessoas, não queria me aproximar delas, porque sabia que elas tinham visto que meu tênis estava furado. Ter de enfrentar os olhares de desprezo e de constrangimento dos colegas que se recusavam a se aproximar de mim ou que se afastavam quando olhavam para os meus calçados foi algo degradante. Foram semanas de completa paralização, que prejudicaram meu rendimento escolar e minha estabilidade emocional. O sentimento de vergonha em função de uma situação que era consequência de ausência de melhores condições de vida de pessoas negras fez com que eu não quisesse estar naquele lugar. A vergonha motivava o isolamento social, o que comprometia minha vida acadêmica; ela impedia a construção de um senso positivo de identidade, motivo pelo qual eu vivia uma sensação permanente de fragmentação. Tudo isso ocorria na adolescência, no momento no qual as pessoas procuram se afirmar como sujeitos sexuais. Bem, isso era algo que não passava pela minha cabeça. Estava certo de que ninguém se interessaria por um negro pobre que não tinha dinheiro para comprar boas roupas. A solidão só aumentava a minha vergonha, criando um ciclo de eventos que contribuía para aumentar ainda mais minha tristeza, minha percepção de que tinha pouco valor pessoal.

Como essas situações não eram isoladas, elas causavam um comprometimento da minha autoestima. O racismo e a pobreza criam uma série de situações que nos afetam de maneira permanente, o que a vasta maioria das pessoas brancas parece ignorar, pois isso não faz parte da experiência delas. Minhas escolhas profissionais foram sempre mediadas pela possibilidade permanente de rejeição social; deixei de seguir algumas delas por achar que não conseguiria ter acesso a oportunidades, porque elas não foram desenhadas para pessoas negras. Contudo, reconheço que essa situação poderia ter sido ainda pior se eu não tivesse encontrado o devido apoio emocional entre meus familiares e outras pessoas da comunidade negra. Entretanto, nem todos os membros de grupos subalternizados têm a possibilidade de estar em um ambiente que lhes permita desenvolver um senso de resiliência emocional. Mesmo os que se beneficiam de apoio familiar ainda enfrentam as consequências desse problema nas diferentes esferas da vida. Objetivos podem ser conseguidos, mas a circulação cotidiana de estereótipos que legitimam práticas discriminatórias representa uma constante ameaça ao senso de dignidade das pessoas. Se as representações de homens brancos contribuem para que eles se afirmem como atores sociais competentes, o que os encoraja a buscar uma pluralidade de interesses, os vários incidentes cotidianos enfrentados por homens negros, decorrentes da operação concorrente de sistemas de opressão racial como o racismo e a homofobia, contribuem tanto para violações de direitos fundamentais quanto para sua desestabilização emocional. Esses indivíduos encontram dificuldades significativas para construir um senso de integridade, uma vez que o racismo está sempre criando obstáculos para que pessoas negras se afirmem como sujeitos da própria vida.

Por ser uma pessoa posicionada de forma subordinada em diferentes sistemas de opressão, eu enfrento com frequência uma situação de fadiga emocional de forma persistente, produto de uma variedade de experiências estressantes na minha vida cotidiana. Elas não são esporádicas, elas não são acidentais, elas não são inconscientes. Elas são experiências nas quais o racismo estrutura as interações no dia a dia, muitas vezes definindo os lugares que eu posso ocupar na sociedade. Outras vezes o racismo molda a percepção das pessoas sobre mim, frequentemente de forma negativa. Embora compreenda os mecanismos responsáveis por esses acontecimentos, não posso ignorar o quanto eles produzem estresse emocional. É especialmente difícil manter uma postura positiva na minha vida cotidiana, porque minha raça sempre opera como um fator definidor de minhas interações pessoais; sou sempre forçado a me comportar de forma a não suscitar animosidade ou a referendar as expectativas que grande parte das pessoas brancas têm de pessoas negras. Ter de pensar nisso todo o tempo exige um investimento tremendo de energia emocional, porque eu, como pessoa negra, estou sempre sofrendo a ameaça de ter minha identidade pessoal solapada em função de estereótipos negativos. Esse estado de estresse emocional permanente não decorre apenas das minhas experiências negativas. Ver negros e negras sendo vítimas sistemáticas de discriminação racial nos mostra que estamos sempre expostos à possibilidade de diferentes formas de violência em função da ausência de respeitabilidade em relação a pessoas negras na nossa sociedade. Nosso destino pessoal está ligado ao nosso destino coletivo, motivo pelo qual a experiência de discriminação do outro também nos afeta de forma significativa ao longo da vida.

É lamentável observar que essa não é a experiência de uma pessoa específica atravessada por diferentes sistemas de desvantagens. A vida de grande parte de membros de grupos subalternizados guarda imensa semelhança com a minha, embora eu esteja hoje em uma situação bastante privilegiada. Pessoas negras enfrentam formas sistemáticas de discriminação, o que as afeta de diferentes maneiras. Essas práticas arbitrárias podem impedir que elas tenham acesso a oportunidades acadêmicas e profissionais, podem restringir o exercício de várias liberdades. Mas, além de todos esses fatores, a exposição a desvantagens permanentes traz custos psicológicos significativos, e eles desestimulam muitos indivíduos a instituírem e buscarem a realização de seus objetivos, o que os confina a uma situação de desvantagem permanente. Esse processo reforça os estereótipos criados pelos grupos dominantes, segundo os quais negros e negras não são atores sociais competentes. A experiência cotidiana de discriminação pode ser incapacitante, e os vários dias que eu não tinha motivação para fazer qualquer coisa são uma lembrança disso. É um processo permanente de exclusão cujos mecanismos reforçam uns aos outros, ocultando aspectos relevantes da forma como sociedades liberais funcionam. A exclusão produz sofrimento, porque limita a motivação para estabelecer objetivos e nega o direito das pessoas a realizarem suas aspirações. O sofrimento cria uma série de mecanismos que podem incapacitar as pessoas de várias maneiras, comprometendo sua vida social. O sofrimento gera sempre mais sofrimento.

É então importante entender um dos sentidos da palavra "sofrimento", um problema ao qual pessoas negras são especialmente vulneráveis. Sofrer significa, entre outras coisas, estar diante de uma situação de vulnerabilidade, circunstância decorrente do fato de que uma pessoa vivencia uma sensação de ausência de controle sobre diversos aspectos de sua vida. *O sofrimento psíquico ocorre quando fatores externos demonstram que as ações individuais não terão os efeitos esperados na realidade. É então uma situação que altera nosso cotidiano, que frustra as expectativas de como nossas vidas deveriam ou poderiam ser organizadas.* Elas são desestabilizadas em função de algo que está fora de nosso controle. Esse problema ocorre quando o sujeito tem pouco ou nenhum controle sobre suas ações, motivo pelo qual ele não tem como planejar sua vida de acordo com seus objetivos. Não estamos falando apenas de expectativas individuais, mas especialmente da presunção de que seremos tratados de acordo com nosso status de detentores de direitos, um esquema de autocompreensão que tem uma importante função psicológica. O sofrimento não pode ser definido apenas como produto de problemas que afetam os indivíduos fisicamente; ele também é sistematicamente produzido por *ações* ou *situações* que os impactam *psicologicamente*. O sofrimento psíquico pode ser causado pelo sofrimento físico, o caso de pessoas negras torturadas por policiais; ele pode ser produto de dor física extrema, consequência de negligência médica sofrida por mulheres negras; ele pode decorrer de uma sensação profunda de ansiedade, de angústia e de depressão, problemas que afetam negros e negras de forma especial, em função de sua experiência de discriminação em diferentes esferas da vida. O sofrimento psíquico pode ocorrer em função de influências externas que impactam indivíduos de forma negativa, fatores que os impedem de realizar ou alcançar objetivos que a maioria das pessoas tomam como certos. Esse problema decorre da dificuldade de minorias operarem de acordo com uma ambição básica de todos os seres humanos: poder dar sentidos e propósitos às suas ações. O sofrimento surge quando os indivíduos têm pouco ou nenhum controle sobre a motivação de suas ações ou sobre as condições de ação. A vida não se desenvolve a partir de ações por elas planejadas, mas sim por fatores que estão além de seu controle. O sofrimento decorre da vulnerabilidade social, da ausência da possibilidade de escolha entre diferentes planos de ação, o que deveria ser garantido pelo pleno gozo de direitos fundamentais a todos os membros de uma comunidade política organizada de forma democrática.[1]

Todas essas situações demonstram que o sofrimento pode ser produto de violações de direitos fundamentais, normas constitucionais que cumprem uma função psicológica especialmente importante. Eles integram o processo de socialização dos indivíduos, porque criam a expectativa de que o acesso a eles permitirá o planejamento de diferentes aspectos da vida. Eles são um horizonte de sentidos a partir dos quais as pessoas planejam suas ações; direitos fundamentais como igualdade e liberdade são expectativas que as pessoas têm em função do seu status como membros de sociedades democraticamente organizadas. Isso significa que elas planejam sua existência a partir da expectativa de que serão tratadas de maneira justa; elas apreendem a realidade social a partir da convicção de que

---

[1] Cf. CARRETEIRO, Teresa Cristina. Sofrimentos sociais em debate. *Psicologia USP*, v. 14, n. 3, p. 57-72, 2003; KATSCHNIG-FASCH, Elisabeth. The Hardships of Life. Cultural Dimensions of Social Suffering. *Anthropological Journal of European Cultures*, v. 11, p. 51-72, 2002.

seus atos terão resultados concretos na realidade: tais cursos de ação as permitirá direcionar suas vidas em um rumo ou outro. A justiça surge, então, como uma necessidade humana básica, porque cria os meios para os seres humanos operarem na vida social como agentes. Dentre outras possibilidades, o sofrimento acontece quando essa expectativa criada por normas constitucionais é sistematicamente frustrada, realidade que afeta especialmente pessoas que pertencem a grupos subalternizados, entre eles, minorias raciais. Esse problema ocorre quando identidades, categorias que designam coletividades, são estigmatizadas, mecanismo responsável pela construção de diferenças de status entre grupos que se mostram persistentes ao longo do tempo. Embora as pessoas também desenvolvam um sentimento de resiliência, elas, muitas vezes, sucumbem aos problemas causados pelo estresse emocional provocado por violações de direitos fundamentais. Essa realidade merece atenção pormenorizada.[2]

Vimos que um elemento específico caracteriza nossa vida psíquica: o impulso de atribuir sentidos e propósitos às nossas ações. Nossa mente opera a partir de um processo constante de construção de conteúdos cognitivos que usamos para direcionar nossos atos, o que nos permite instituir objetivos cuja realização possibilita o reconhecimento da eficácia de nossas ações, o que, por sua vez, contribui para nossa afirmação como agentes. A verificação dessa eficácia confirma nossa capacidade de reflexão e direcionamento de nossas ações, o que promove a nossa integridade psíquica, uma vez que esse processo tem um papel central na nossa realização pessoal. Por esse motivo, muitos autores afirmam que as pessoas desenvolvem um senso de autoeficácia, de que são capazes de operar de forma competente como agentes quando têm controle pessoal sobre aspectos básicos de suas vidas. Os direitos fundamentais cumprem um papel central nesse processo, porque oferecem os meios institucionais para que os indivíduos tenham oportunidades para se afirmar como atores sociais competentes. A existência de proteção de âmbitos de ação individual e de segurança material permite que as pessoas cultivem suas capacidades e atinjam suas aspirações, condições para que elas possam adquirir satisfação pessoal.[3]

---

[2] Cf. RENAULT, Emmanuel. *The Experience of Injustice. A Theory of Recognition*. New York: Columbia University Press, 2019; WILKINSON, Iain. *Suffering. A Sociological Introduction*. Cambridge: Polity, 2005.

[3] Cf. MIROWSKY, John; ROSS, Catherine E. *Social Causes of Psychological Distress*. 2. ed. Hawthorne: Aldine de Gruyter, 2002; BURKE, Peter; STETS, Jan E. *Identity Theory*. Oxford: Oxford University Press, 2023.

Consequentemente, mais do que impedir o acesso à cidadania igualitária, condição para que as pessoas possam desenvolver um senso de dignidade, práticas discriminatórias criam obstáculos para que os seres humanos possam satisfazer um impulso psicológico básico: o exercício da *agência humana*. Quando combinada com as condições materiais para o alcance de objetivos pessoais, o que é proporcionado pela existência em um Estado Democrático de Direito, essa possibilidade promove a autonomia individual, elemento central na noção de dignidade humana, mas que também surge como um requisito para a integridade psíquica dos indivíduos. Estudos psicológicos inspirados no interacionismo simbólico mostram o impacto da discriminação na vida psíquica dos seres humanos, especialmente de membros de grupos subalternizados: o desenvolvimento da percepção de que eles não serão reconhecidos como pessoas capazes de atuar de modo autônomo no espaço público nem como indivíduos aptos a criar e realizar planos de vida por meio do exercício da capacidade de reflexão e direcionamento de suas ações.[4] A discriminação sistêmica atua como fonte permanente de estresse emocional, porque as pessoas não encontram os meios para poderem planejar as suas vidas de acordo com a expectativa de que instituições estatais sempre operarão de acordo com normas jurídicas. Isso torna as pessoas mais propensas ao sofrimento psíquico, situação que gera consequências negativas em diferentes esferas da vida, sendo um fator debilitante para muitos e inteiramente incapacitante para outros. Essa realidade reproduz formas de desigualdade social persistentes, tornando certos grupos populacionais especialmente vulneráveis a problemas de ordem mental desde os primeiros anos de vida. Membros de grupos raciais subalternizados são especialmente propensos a desenvolver problemas de ordem psíquica, porque enfrentam dificuldades significativas para alcançar alguns propósitos necessários para sua afirmação como sujeitos da própria existência, um dos requisitos para a afirmação da dignidade humana. Este problema não pode ser visto apenas como algo decorrente de questões presentes no plano individual. Ele tem origem, muitas vezes, no fato de que membros desses grupos não são capazes de organizar suas vidas a partir de normas constitucionais que deveriam operar como um horizonte de sentidos e como garantias institucionais necessárias para a organização das nossas ações em direção a objetivos individuais concretos.[5]

---

[4] Cf. BURKE, Peter. Identity Processes and Social Stress. *American Sociological Review*, v. 56, n. 6, p. 836-849, 1991; STRYKER, Sheldon. *Symbolic Interactionism. A Social Structure Version*. Caldwell: Blackburn Press, 1980. p. 51-86.

[5] ROCHA, Renan V. de S.; TORRENTÉ, Mônica Nunes de; COELHO, Maria Thereza Á. D. *Saúde mental e racismo à brasileira*. Salvador: Devires, 2021; NOGUEIRA, Conceição.

Estudos no campo da Psicologia demonstram como a experiência do racismo molda a identidade social das pessoas de diferentes maneiras. Se de um lado elas situam brancos e negros em diferentes esferas das hierarquias sociais, de outro elas estabelecem referenciais distintos para as pessoas construírem a própria identidade. Se pessoas brancas se afirmam como sujeitos universais em função da instituição da cultura dominante como padrão de humanidade, negros se encontram diante de uma situação difícil porque eles também precisam se afirmar como sujeitos a partir do referencial estabelecido por brancos. Dessa forma, a socialização de pessoas negras necessariamente passa por um processo de alienação identitária, porque os referenciais culturais são sempre representados como diferentes e inferiores. Esse problema pode ter implicações para o resto da vida dos membros desse grupo, criando dificuldades para que possam construir uma identidade individual e coletiva integrada. Além desse grave problema, a desvalorização da identidade negra também provoca desvantagens materiais, uma vez que estereótipos raciais motivam práticas discriminatórias que situam pessoas que pertencem a essa coletividade em uma situação de desvantagem material significativa geração após geração.[6]

Apesar da sua gravidade, esse problema continua sendo invisibilizado na literatura jurídica, o que ocorre, em grande parte, por causa de algumas premissas teóricas dos direitos fundamentais, normas constitucionais que continuam sendo amplamente interpretadas a partir de parâmetros do pensamento liberal. Todas essas premissas estão construídas em torno da premissa segundo a qual a subjetividade humana possui uma *dimensão fundamentalmente racional*. Concepções de direitos fundamentais que seguem essa inspiração têm alguns elementos comuns que informam a aplicação e a interpretação deles, além de definir suas funções e propósitos. É interessante notar, se pensarmos a partir dos princípios do constitucionalismo liberal, que o tema da racionalidade aparece como um elemento articulador desses dois aspectos. Primeiro, a posição liberal compreende os indivíduos como atores sociais que atuam na realidade a partir de padrões de racionalidade que os permitem reconhecer a legitimidade de normas universais e pautar suas ações a partir delas. Essa característica abre a possibilidade de as pessoas estabelecerem propósitos para suas ações, e cabe

---

Interseccionalidade e psicologia feminista. Salvador: Devires, 2020; CORBANEZI, Elton. *Saúde mental, depressão e capitalismo*. São Paulo: Editora Unesp, 2021.

[6] Cf. SOUZA, Neusa Santos. *Tornar-se negro*. São Paulo: Zahar, 2021; BELGRAVE, Faye; ALLISON, Kevin. 3. ed. *African American Psychology*. From African to America. 3. ed. Los Angeles: Sage, 2014, p. 65-103.

aos direitos fundamentais possibilitar que esses objetivos possam ser alcançados. Eles permitem a criação de um espaço de ação livre no qual os indivíduos podem realizar sua liberdade antropológica, amparada pela liberdade jurídica e pela liberdade política que gozam na esfera pública.[7] Segundo, teorias de inspiração liberal pressupõem que os direitos fundamentais existem para racionalizar a ação do poder estatal, pois estabelecem parâmetros para as ações e as relações entre agentes públicos e privados. Eles também devem pautar as relações interpessoais e a relação entre instituições e indivíduos em sociedades democráticas. Por estar organizado de acordo com princípios que expressam formas de organização consensual da sociedade, o regime democrático afirma o compromisso com a liberdade individual ao permitir que as pessoas participem do processo de criação de normas que regulam suas ações.[8] Terceiro, dentro da perspectiva sob análise, os direitos fundamentais alicerçam uma cultura jurídica baseada em uma concepção de justiça simétrica: o status jurídico comum a todos os membros da comunidade política requer que todos eles sejam tratados da mesma maneira pelas normas jurídicas. A análise da legalidade de um ato governamental decorre do exame da articulação racional entre um critério de tratamento diferenciado com interesses legítimos. Assim, a noção de racionalidade aparece como um fator que caracteriza a subjetividade humana, a vida política democrática, a produção do direito e o processo de interpretação de normas jurídicas.[9]

Estado de Direito, direitos fundamentais e agência humana

A caracterização do Brasil como um *Estado Democrático de Direito* requer algumas considerações sobre preceitos centrais de nossa ordem jurídica. Essa expressão designa uma forma de organização estatal que pressupõe, primeiro, a noção de *Estado de Direito*. Isso significa que vivemos em um Estado

---

[7] Uma análise da fundamentação filosófica da noção de sujeito de direito pode ser encontrada em AMATO, Salvatore. *Il soggetto e il soggetto di diritto*. Torino: Giappichelli, 1990.

[8] Cf. GOYARD-FABRE, Simone. *O que é democracia*. São Paulo: Martins Fontes, 2003.

[9] MELLO, Celso António Bandeira de. *O conteúdo jurídico do princípio da igualdade*. São Paulo Malheiros, 2003. Para uma posição crítica em relação a ideia de razoabilidade como critério de interpretação de direitos ver sobretudo SIEGEL, Reva. Discrimination in the eyes of the law: How "color blindness" discourse disrupts and rationalizes social stratification. *California Law Review*, v. 77, n. 1, 2000.

submetido a um regime de direito que estipula as formas como as instituições estatais devem operar; o exercício do poder ocorre por meio de competências legalmente estabelecidas. A noção de Estado de Direito está, então, relacionada com a ideia de um *Estado legal*, pois todas as formas de ação e propósitos estatais são determinados por normas jurídicas. A submissão das diversas instâncias que desempenham funções governamentais a normas jurídicas indica que este tipo de organização política pode também ser caracterizada como um *Estado de justiça*. Os preceitos constitucionais que atribuem propósitos e funções às instituições estatais são produto de processos legislativos que, além de obedecer à uma série de regras procedimentais, expressam os ideais de justiça presentes em uma sociedade. Um Estado de Direito opera de acordo com a noção de *autolimitação*, porque as ações de seus agentes precisam sempre ser justificadas por normas jurídicas, preceitos que prescrevem meios para a racionalização do poder estatal. Um Estado submetido ao direito obedece a procedimentos instituídos por processos legislativos que possuem ampla participação dos destinatários de normas jurídicas, motivo pelo qual ele também obedece a lógica democrática, o que o caracteriza como um *Estado democrático*.[10]

Um Estado Democrático de Direito é uma forma de organização estatal que possui uma dimensão material consubstanciada na existência de regras dirigidas à organização do poder político; podemos também atribuir a ele uma dimensão procedimental expressa nos diversos ritos que devem ser seguidos para afirmação da legitimidade da ação de agentes e órgãos estatais; há também uma dimensão formal identificada com garantias jurídicas que designam os parâmetros a partir dos quais o poder político será exercido. Um Estado Democrático de Direito é um *Estado constitucional*, porque é organizado de acordo com normas constitucionais que, além de terem um caráter soberano, institui todas as regras de exercício do poder político. Se há normas que indicam as instituições estatais que desempenharão funções políticas diversas, há também outras que designam *direitos fundamentais*, os direitos públicos subjetivos que devem estar ao alcance de todos para que as pessoas possam exercer a liberdade individual. Há então uma relação direta e estrutural entre Estado de Direito e direitos fundamentais: estes existem e são usufruídos dentro de um regime de organização política baseado na autolimitação do poder, condição para que as pessoas possam agir de forma livre, requisito para que eles possam alcançar a

---

[10] CANOTILHO, Joaquim José Gomes. *Direito constitucional e teoria da Constituição*. 7. ed. Lisboa: Almedina, 2015, p. 93-99; CHEVALIER, Jacques. *O Estado de direito*. Belo Horizonte: Fórum, 2021, p. 13-25.

autorrealização. Os direitos fundamentais têm uma dimensão negativa, identificada com a possibilidade de ação sem intervenção indevida e uma dimensão positiva que pressupõe o acesso a prestações estatais. Se o poder político precisa ser exercido de forma responsável por meio da observação de normas jurídicas, ele também se torna legítimo na medida em que realiza suas responsabilidades legalmente estabelecidas, o que inclui garantias de condições materiais de existência. Essas reflexões demonstram a relevância central da noção de *segurança jurídica* na configuração de um Estado de Direito. Esse princípio está baseado na noção de que as normas jurídicas que regulam diversos aspectos das relações sociais devem ser estáveis, que os indivíduos tenham certeza do conteúdo e âmbito de aplicação delas, de que ações e procedimentos estatais serão baseados nelas, que elas terão os efeitos previstos pelos cidadãos e cidadãs.[11]

O conceito de segurança jurídica possui uma dimensão especialmente relevante para nossa reflexão sobre direitos fundamentais. Se a caracterização acima pode ser definida como sua dimensão objetiva, a ideia de *confiança jurídica* expressa sua dimensão subjetiva. Os indivíduos precisam de segurança para poderem planejar e conduzir a própria existência, o que depende da conformidade das ações estatais à normas constitucionais. A possibilidade de calcular e prever as consequências de procedimentos do poder estatal possui imensa relevância na vida das pessoas, uma vez que a organização da existência delas depende da operação estatal de acordo com normas jurídicas, notoriamente normas de direitos fundamentais. A garantia da estabilidade, da precisão e da determinação das leis, combinada com o exercício racional do poder estatal, é o fator que permite a criação e a realização de planos de vida dos indivíduos. A proteção da confiança jurídica possui, então, ampla relevância em um Estado Democrático de Direito, uma vez que permite aos indivíduos poderem exercer diversas formas de agência humana a partir da expectativa fundada de que seus direitos serão observados por atores públicos e privados. O princípio da proteção confiança jurídica está baseado na noção de que as instituições estatais operam a partir de critérios jurídicos que fundamentam a moralidade pública, notoriamente de acordo com as que descrevem diferentes categorias de direitos fundamentais. Este preceito expressa, então, uma relação estrutural e direta entre Estado de Direito, direitos fundamentais e agência humana: esses três elementos operam como um horizonte de sentidos que permite o

---

[11] CHEVALIER, Jacques. *O Estado de direito*, p. 46-52; CANOTILHO, Joaquim José Gomes. *Direito constitucional e teoria da Constituição*. 7. ed. Lisboa: Almedina, 2015, p. 257-262.

desenvolvimento da segurança ontológica dos indivíduos. Viver em um Estado de Direito significa poder ter acesso aos meios para poder criar e seguir planos de vida que podem ser realizados a partir do gozo de direitos fundamentais.[12]

Problema de pesquisa e hipóteses de trabalho

As considerações desenvolvidas nos parágrafos anteriores demonstram que violações de direitos fundamentais contrariam o princípio da confiança jurídica, porque impedem que as pessoas possam planejar suas vidas de acordo com expectativas que deveriam existir em um Estado Democrático de Direito. A violação do princípio da confiança jurídica produz consequências subjetivas significativas, motivo pelo qual este livro aborda um aspecto frequentemente negligenciado nas discussões sobre direitos fundamentais: as maneiras como a discriminação sistêmica produz consequências psicológicas negativas que comprometem diversos aspectos da existência humana que deveriam ser protegidos pelo exercício de direitos fundamentais, expectativa presente daqueles e daquelas que vivem em um Estado democraticamente organizado. Desenvolveremos aqui a tese de que essa situação pode ser classificada como um tipo de dano existencial, porque impede que as possas possam instituir propósitos para suas vidas, uma vez que as instituições estatais não operam de acordo com as normas jurídicas. Mais do que impedir a realização de objetivos pessoais em função da ausência de segurança jurídica, violações de direitos fundamentais geram uma série de consequências negativas na vida das pessoas. Entre elas está a dificuldade de formar uma consciência de valor individual, requisito para a formação da integridade psíquica. Práticas discriminatórias criam entraves significativos para a nossa afirmação como agentes, motivo pelo qual violações de direitos fundamentais têm um impacto considerável na vida psíquica dos seres humanos, porque limita os meios para que eles possam se afirmar como agentes.

Estudos desenvolvidos na área de sociologia da saúde mental demonstram que membros de grupos raciais subalternizados são especialmente vulneráveis a problemas de estresse emocional, consequência das várias formas de

---

[12] NOVAIS, Jorge Reis. *Princípios estruturantes de Estado de Direito*. Lisboa: Almedina, p. 147-154; COUTO E SILVA, Almiro. *Conceitos fundamentais do direito no Estado constitucional*. São Paulo: Malheiros, p. 43-58; QUINTILIANO, Leonardo David. Princípio da proteção da confiança: fundamentos para limitação dos poderes constituídos e na modificação de direitos sociais em tempos de crise. *Revista da Faculdade de Direito da USP*, v. 11, p. 133-162, 2017.

discriminação que esses indivíduos sofrem ao longo da vida e em quase todas as suas instâncias. Os danos causados pela discriminação não se resumem a restrições de ações autônomas no espaço e no espaço privado; eles não assumem apenas a forma de negação do exercício de liberdades públicas formais ou substantivas. Eles se manifestam, também, como danos significativos à possibilidade de as pessoas construírem uma integridade psíquica, ponto de partida para o livre desenvolvimento da personalidade, o que o acesso a direitos fundamentais procura garantir. A circulação de estereótipos negativos sobre membros desses grupos motiva práticas discriminatórias que restringem a possibilidade de ação autônoma, mas também é expressão de animosidade contra eles. Violações de direitos fundamentais são fontes permanentes de fatores estressantes, uma das principais origens de sofrimento psíquico, o que pode promover a incapacitação das pessoas. Mas a ideia de que a discriminação é uma prática que viola direitos fundamentais apenas porque restringe a possibilidade de ação livre faz com que essa outra dimensão da vida das pessoas, os danos psicológicos causados por práticas arbitrárias, não seja considerada como uma preocupação central no debate sobre direitos fundamentais.[13]

Como esses processos são sempre enfrentados por membros de minorias, eles são mais vulneráveis a essa ausência de sintonia entre percepção pessoal e valoração social. Esse é um fator responsável pela geração permanente de estresse emocional, o que pode comprometer nossa saúde mental, principalmente dos que não têm uma rede de apoio social que lhes permita desenvolver um sentimento de resiliência mental. Expectativas negativas podem se tornar uma referência a partir da qual a pessoa começa a julgar suas capacidades, fator que compromete seu sentimento de autoeficácia, a constatação de que as pessoas podem operar na vida social como atores competentes. Os seres humanos estão sempre procurando manter controle sobre suas identidades para que possam ter comando sobre aspectos mínimos de sua existência. O enfrentamento de práticas discriminatórias constantes, atos que incidem sobre identidades estigmatizadas, pode fazer com eles desenvolvam um sentimento de desamparo aprendido, termo que designa a percepção de que as pessoas não controlam os meios a partir dos quais elas podem tomar decisões básicas sobre suas vidas.

---

[13] Cf. GOLDBERGER; Leo; BREZNITZ, Shlomo (ed.). *Handbook of Stress. Theoretical and Clinical Aspects*. New York: Free Press, 1999; THOITS, Peggy. Self, Identity, Stress, and Mental Health. *In*: ANESHENSEL, Carol; PHELAN, Jo; BIERMAN, Alex (ed.). *Handbook of the Sociology of Mental Health*. New York: Kluwer Academic, 1999. p. 345-368.

Os indivíduos que estão nessa posição percebem que não têm condições de alterar a forma como o ambiente social os trata, motivo pelo qual podem estar submetidos a formas de estresse emocional permanente. Não estamos falando apenas de uma percepção subjetiva sobre a posição do sujeito na sociedade, mas de condições objetivas de existência às quais as pessoas são submetidas. Segundo estudos no campo do interacionismo simbólico, a possibilidade de controle social está diretamente relacionada com diferenciações que determinam o status que as pessoas ocupam na sociedade, tais como raça, gênero e sexualidade. As teses do interacionismo simbólico corroboram então premissas desenvolvidas dentro da teoria jurídica que atestam a importância da justiça como um elemento conformador da integridade psíquica dos indivíduos.[14] Elas também legitimam desenvolvimentos jurisprudenciais recentes que falam sobre o papel do direito no livre desenvolvimento da personalidade humana, uma condição para que as pessoas possam construir e conduzir seus planos de vida, o que requer a existência de um sentimento de integridade psíquica dos indivíduos, decisões que demonstram a relevância de pensarmos a dignidade humana a partir dessa perspectiva.[15]

Esses preceitos do interacionismo simbólico compartilham aspectos teóricos importantes com as teses da teoria de desenvolvimento humano de um psicanalista que devotou grande parte de sua obra à análise do tema da identidade. Para investigarmos os meios pelos quais práticas sociais fomentam violações de direitos fundamentais, devemos também voltar nossa atenção para o conceito de *repertório identificatório*, que pode ser depreendido dos escritos de Erik Erikson. Esse termo designa um construto teórico que engloba dois aspectos distintos, mas complementares. Primeiro, ele indica um conjunto de prescrições sobre manifestações aceitáveis de certas identidades no espaço público. Parte-se do pressuposto de que apenas identidades hegemônicas podem ter visibilidade nesse domínio, e violações a essa regra podem suscitar a discriminação. Enquanto membros dos grupos dominantes conseguem manter uma coerência entre realidade social e identidade pessoal, minorias estão sempre vulneráveis à possibilidade de desenvolverem um sentimento de incongruência entre a compreensão que têm de si mesmas e os sentidos que

---

[14] Cf. STRYKER. *Symbolic Interactionism. A Social Structure Version*.

[15] ROSS, Catherine; SASTRY, Jaya. The Sense of Personal Control. Social-structural Causes and Emotional Consequences. *In*: ANESHENSEL, Carol; PHELAN, Jo; BIERMAN, Alex (ed.). *Handbook of the Sociology of Mental Health*. New York: Kluwer Academic, 1999. p. 369-394.

são atribuídos a elas por outros sujeitos; muitos desses indivíduos enfrentam um sentimento permanente de desorientação em função da ameaça contínua de disrupção de identidade. O termo designa então um sistema de controle social sobre os corpos e comportamentos nos diversos planos de interações humanas. Essa dimensão cultural estabelece critérios para aqueles que podem ter acesso aos meios institucionais necessários para uma vida autônoma, uma vez que aspectos positivos são atribuídos aos grupos dominantes, enquanto aspectos negativos são atribuídos a grupos minoritários. Segundo, ele também contempla os meios institucionais abertos aos indivíduos para que eles possam alcançar seus objetivos pessoais. O acesso a eles está diretamente relacionado às representações culturais sobre esses grupos; o nível de apreço social que eles têm determina as oportunidades materiais que lhes são abertas para que possam ter uma base material de existência. O conceito de repertório identificatório está então relacionado com dois aspectos da identidade dos indivíduos, quais sejam, a dimensão cultural e a dimensão material. A primeira diz respeito à valoração das identidades dentro de uma sociedade, e a segunda designa a forma como pertencimentos sociais condicionam o status material das pessoas.[16]

A realidade aqui descrita nos leva a problematizar uma tradição teórica que atribui aos direitos fundamentais o propósito prioritário de operar como um meio de racionalização da vida social em democracias liberais. Devemos pensar essa categoria de normas constitucionais apenas como direitos públicos subjetivos ou devemos enfatizar a importância instrumental que eles têm na produção da integridade psicológica das pessoas, ao garantirem o acesso a um repertório identificatório que assegura meios materiais e simbólicos para as pessoas operarem na vida social? Devemos permanecer presos a um tipo de narrativa que encontra fundamento na noção de racionalidade como um elemento que articula a subjetividade racional e a subjetividade jurídica ou devemos enfatizar a relevância da igualdade de status entre grupos sociais para que as pessoas possam ter as condições intersubjetivas para a formação de uma identidade psicológica integrada? A concepção liberal de direitos fundamentais

---

[16] Para uma exploração desse conceito, ver MOREIRA, Adilson José; FABRETTI, Humberto Barrionuevo. Masculinidade e criminalidade em *Moonlight*: um estudo sobre as relações entre identidade e delinquência. *Revista de Direitos e Garantias Fundamentais*, v. 19, n. 2, p. 43-98, 2018, p. 57-65. Reflexões semelhantes podem ser encontradas em APPIAH, K. Anthony. Stereotypes and the Shaping of Identity. *California Law Review*, v. 88, n. 1, p. 41-53, 2000; APPIAH, Kwame Anthony. *The Lies that Bind*. Rethinking Identity, Creed, Country, Color, Class, Culture. New York: Liveright, 2018.

como direitos inerentes a todas as pessoas deve ser substituída por uma concepção de tais direitos como instrumentos para a construção de uma realidade política comprometida com a eliminação de relações hierárquicas de poder que prejudicam o livre desenvolvimento da personalidade? A concepção de agência subjacente às teorias liberais de direitos fundamentais é suficiente para fundamentar essa categoria de direitos que tem como propósito produzir a realização das capacidades humanas? A compreensão da forma da integridade psíquica pode ser pensada como propósito central dos direitos fundamentais, uma vez que seu alcance depende do controle sobre a identidade, a possibilidade de afirmação como sujeito e o reconhecimento da igual humanidade?

Seguindo algumas premissas de certas vertentes da teoria constitucional, da sociologia do direito, da psicologia social, e da sociologia da saúde mental, este livro desenvolve uma teoria psicológica de direitos fundamentais baseada no pressuposto segundo o qual eles devem também ser especialmente vistos como mecanismos voltados para a garantia da agência humana, requisito para que os indivíduos possam desenvolver a integridade psíquica necessária para operar na vida social como um ator social competente. Trabalharemos com uma perspectiva bastante específica desse conceito. Agência humana designa, neste livro, um impulso psicológico básico dos seres humanos de atribuir sentidos e propósitos às suas ações, fator que, quando associado a meios externos adequados, criam os mecanismos necessários para o desenvolvimento da integridade psíquica dos indivíduos. Essa dimensão da vida humana opera como uma condição para que as pessoas desenvolvam uma consciência de autoeficácia, exigência para que possam operar na vida social de forma adequada. Esse objetivo pode ser alcançado quando as instituições operam de tal forma a permitir que as pessoas possam planejar suas vidas a partir da expectativa da estabilidade das normas jurídicas e da previsibilidade da operação das instituições sociais. Portanto, a operação adequada de um Estado Democrático de Direito permite que os indivíduos vejam normas constitucionais, sobretudo normas de direitos fundamentais, como um horizonte de sentidos a partir dos quais eles podem organizar a própria existência. Se outras teorias de direitos fundamentais estão baseadas em teorias de inspiração metafísica, de natureza política ou de caráter jurídico, nossa teoria de direitos fundamentais entende os seres humanos especialmente como sujeitos psicológicos, motivo pelo qual compreenderemos os direitos fundamentais como um conjunto de normas que permitem a promoção da agência humana, condição para que as pessoas realizem suas aspirações em uma sociedade democraticamente organizada. Afirmaremos que a relação estrutural entre dignidade humana e direitos fundamentais decorre do papel que eles devem ter na proteção de diferentes esferas de ação, de formas de status jurídico, de reconhecimento de status moral, de afirmação da possibilidade de participação, fatores necessários para que os indivíduos tenham os meios para se afirmar como sujeitos da própria existência.

Essa teoria psicológica dos direitos fundamentais entende a agência humana como algo que pressupõe a existência de três dimensões da subjetividade humana que operam de forma integrada: uma subjetividade moral, uma subjetividade jurídica e uma subjetividade psicológica. Em teorias tradicionais dos direitos fundamentais, a dimensão moral da subjetividade humana abre espaço para a realização dos seres humanos como sujeitos autônomos, como pessoas capazes de operar como agentes sociais em função da sua condição como sujeitos racionais que podem instituir seus propósitos a partir da observação de normas que eles reconhecem como legítimas. Nossa teoria psicológica de direitos fundamentais parte do pressuposto de que estes devem ser compreendidos como um conjunto de posições jurídicas especialmente voltadas para a afirmação da dimensão psicológica da subjetividade humana, o que afirma sua relevância para o alcance de um objetivo central: a garantia de tratamento igualitário que permita o gozo de direitos para que as pessoas tenham as condições culturais e materiais para o livre desenvolvimento das diferentes dimensões de sua personalidade, o que será visto como condição para que elas estejam aptas a criar e seguir diferentes cursos de ação nas suas vidas. O princípio da igualdade não será visto apenas como algo que garante o exercício de direitos, o que permite a afirmação do ser humano como um agente moral racional, mas também como um requisito para que as pessoas possam se reconhecer, ao longo da vida, como atores sociais competentes por meio do gozo da integridade psíquica.[17]

A relação entre direitos fundamentais e integridade psíquica ocorre em função do seu papel no processo de socialização dos seres humanos: o status

---

[17] Alguns trabalhos influentes examinam a importância do reconhecimento da igual dignidade para a integração social e psíquica dos seres humanos, embora alguns privilegiem aspectos morais mais do que psicológicos. Ver, por exemplo, HONNETH, Axel. *The Struggle for Recognition. The Moral Grammar of Social Conflicts*. Cambridge: MIT Press, 1995; FRASER, Nancy. Recognition Without Ethics? *Theory, Culture & Society*, v. 12, n. 2, p. 21-42, 2001. De qualquer modo, as teorizações sobre direitos fundamentais elaborados por autores brasileiros ainda seguem aspectos da tradição liberal. Cf. DIMOULIS, Dimitri; MARTINS, Leonardo. *Teoria geral dos direitos fundamentais*. 8. ed. São Paulo: Revista dos Tribunais, 2021; MARMELSTEIN, George. *Curso de direitos fundamentais*. 8. ed. São Paulo: Atlas, 2019. p. 576; SARLET, Ingo Wolfgang. *A eficácia dos direitos fundamentais*. 12. ed. Porto Alegre: Livraria do Advogado, 2014.

dos membros de uma comunidade política democrática como agentes capazes de operar na esfera pública como atores competentes decorre do papel que os direitos fundamentais têm na formação dos parâmetros a partir dos quais as pessoas desenvolvem referências para entender a si mesmas enquanto sujeitos. Direitos fundamentais cumprem um papel central na forma como as pessoas se tornam agentes, uma vez que eles criam os meios para o acesso a condições ideais para o nosso desenvolvimento psíquico. Isso significa que nossa condição de sujeitos jurídicos oferece as condições necessárias para o nosso desenvolvimento enquanto sujeitos psicológicos; essa primeira forma de status cria os requisitos adequados para que possamos desenvolver os meios para a formação de nossa integridade psíquica. Mais uma vez, direitos fundamentais operam como um horizonte de sentidos a partir dos quais as pessoas constituem esquemas de autocompreensão. Violações de direitos fundamentais começam a afetar as pessoas desde a primeira infância, porque elas alteram as chances de as pessoas terem condições ideais para se desenvolver enquanto agentes psicológicos. Dessa forma, práticas discriminatórias não restringem apenas âmbitos de ação: elas também limitam as chances de os indivíduos poderem ser afirmar como atores sociais competentes, o sentimento de autoeficácia necessário para que as pessoas possam ter uma existência digna.[18]

O conceito de agência humana aqui desenvolvido será compreendido como uma instância com três dimensões complementares. Ele contém uma dimensão filosófica, que designa o caráter reflexivo da racionalidade humana; os seres humanos são capazes de mediar suas ações por meio de um processo de deliberação racional. Ele também designa uma dimensão jurídica, uma vez que os seres humanos vivem em sociedades juridicamente organizadas que protegem âmbitos de ação autônoma. A noção de agência humana aqui analisada também engloba uma dimensão psicológica, que designa o impulso humano de reconhecimento da capacidade individual de atribuir sentidos e propósitos às nossas ações. Assim, trabalharei com a hipótese segundo a qual uma teoria dos direitos fundamentais capaz de criar os meios para que os seres humanos possam operar como agentes precisa englobar essas diferentes dimensões da agência humana. O reconhecimento dessa pluralidade de dimensões da agência humana se mostra necessária para a garantia da integridade psíquica dos indivíduos, um aspecto fundamental da noção

---

[18] Cf. FELICE, William. *Taking Suffering Seriously. The Importance of Collective Human Rights*. New York: State University of New York Press, 1996; TAYLOR, Anthony. *Justice as a Basic Human Need*. New York: Nova Science, 2006.

de dignidade humana que tem sido sistematicamente desconsiderado pela literatura jurídica. A ênfase na dimensão psicológica da agência humana requer então a expansão das concepções tradicionais das funções dos direitos fundamentais. Eles também existem para garantir a integridade psíquica dos seres humanos, condição essencial para que possam agir na esfera pública. Violações de direitos fundamentais constituem um problema significativo, porque produzem danos existenciais aos indivíduos, uma vez restringem ou impedem acesso aos meios necessários para que construam sentidos para a própria existência. Entendo danos existenciais como ilícitos jurídicos que afetam a vida de relação das pessoas, que limitam ou impedem a expressão da personalidade dos indivíduos, que impedem o planejamento da vida de acordo com as expectativas criadas pelo status como sujeito de direitos, como fatos que limitam o controle dos indivíduos sobre duas vidas.[19]

Vimos então que precisamos trabalhar com a hipótese segundo a qual os direitos fundamentais devem ser vistos como um repertório identificatório, como uma pluralidade de direitos disponíveis aos indivíduos para que eles possam construir seus planos de vida baseados na previsibilidade da operação nas instituições estatais. Esse objetivo pode ser alcançado na medida em que o acesso a esses direitos permite que eles desenvolvam as capacidades necessárias para operarem como agentes. Essa condição se dá uma vez que a garantia de tratamento igualitário impede a existência de práticas discriminatórias, as quais reduzem as chances de os indivíduos terem uma trajetória de desenvolvimento na qual encontrem as condições ideais para ter habilidades emocionais, cognitivas e morais a fim de se afirmarem como agentes. É importante ter em mente que discriminar significa impor uma desvantagem a alguém, significa impedir que a pessoa possa instituir planos de ação de acordo com expectativas de como as pessoas devem ser tratadas na vida social. Embora seja compreendido como um direito geral de ação e de expressão da personalidade, o livre desenvolvimento da personalidade será também interpretado como um conjunto de condições ideais para a formação de processos psicológicos necessários para a aquisição da integridade psíquica, condição essencial para a proteção da dignidade humana. Ele mantém uma relação estrutural com a noção de plano de vida, termo que consiste nas possibilidades existenciais que os indivíduos podem construir para si a partir de suas ambições e de suas habilidades, que permitem o alcance da realização pessoal.

---

[19] Cf. SOARES, Flaviana Rampazzo. *Responsabilidade civil por dano existencial*. Porto Alegre: Livraria do Advogado, 2009.

Ao lado da compreensão dos direitos fundamentais como uma categoria de direitos voltada para a proteção de uma esfera de ação individual por meio de direitos negativos, dos direitos fundamentais como direitos de prestação necessários para a segurança material das pessoas, dos direitos fundamentais como garantias institucionais de participação no processo político, dos direitos fundamentais como garantias contra práticas discriminatórias, eles também devem ser vistos como um repertório identificatório, como um conjunto de possibilidades abertas para que as pessoas tenham uma pluralidade de oportunidades que lhes permitam traçar planos para suas existências.

Objetivos gerais, objetivos específicos e estrutura da obra

Este livro em como objetivo geral estabelecer os pressupostos de uma teoria psicológica dos direitos fundamentais centrada na promoção do direito ao livre desenvolvimento da personalidade e na criação de condições ideias para a realização de projetos de vida. Ao contrário de teorias de inspiração liberal, que pressupõem a ação autônoma como ponto de partida para a interpretação e a proteção dessa categoria de direitos, esta pesquisa estabelece o alcance e a proteção da integridade psíquica como um parâmetro fundamental para o exercício desses direitos. Isso significa que a possibilidade de instituir sentidos e propósitos para as próprias ações se torna um objetivo possível de ser alcançado na medida em que os indivíduos estão inseridos em uma realidade social na qual encontram os meios para construírem uma identidade pessoal integrada. Isso se mostra difícil quando disparidades sociais de toda ordem, especialmente práticas discriminatórias, impedem que as pessoas sejam reconhecidas como atores sociais competentes. Este projeto procura então servir de base para uma compreensão de direitos fundamentais que possa integrar a representação genérica dos seres humanos como sujeitos de direito e sua realidade como atores sociais que são produto de processos intersubjetivos que refletem condições materiais e práticas culturais presentes em uma realidade social e histórica específica. Acredito que essa perspectiva será importante para a promoção de medidas estatais que procurem fomentar uma cultura pública comprometida com os direitos humanos e iniciativas destinadas a abordar práticas discriminatórias como algo que acarreta restrições de ação autônoma e danos psicológicos.

Alguns objetivos específicos devem ser apontados. Primeiro, este livro procura estabelecer parâmetros para a incorporação de um campo de estudo cuja relevância se mostra cada vez mais evidente para os debates sobre direitos humanos: a centralidade da saúde mental na vida dos indivíduos. A inspiração liberal da cultura moderna dos direitos fundamentais leva acadêmicos e juristas a representar as interações sociais nas democracias liberais como processos marcados por um tipo de racionalidade prática que motiva todas as pessoas a reconhecerem a necessidade de tratamento igualitário, o que as encoraja a sempre operar de forma racional, especialmente no que diz respeito ao respeito dos direitos de outras pessoas. Essa posição faz com que eles ignorem o fato de que interações humanas nas diferentes áreas da vida são marcadas por relações hierárquicas de poder, o que provoca diferenças significativas no repertório identificatório dos indivíduos. Assim, este trabalho aponta a importância da busca de novas bases para a legitimação dos direitos fundamentais, e estudos sobre a saúde mental na vida das pessoas são um ponto de partida para essa reconstrução. Essa teoria oferece então elementos para juristas poderem entender a pluralidade de efeitos negativos que práticas discriminatórias acarretam na vida dos indivíduos.

Segundo, este livro apresenta referências importantes para aqueles que atuam no campo do direito e para os que atuam no campo da psicologia. Se grande parte de atores jurídicos tem conhecimento bastante restrito sobre a dinâmica psicológica dos processos discriminatórios, muitos psicólogos e psiquiatras têm poucos referenciais para entender como sistemas de dominação social, muitas vezes legitimados por normas e práticas jurídicas, afetam o desenvolvimento psíquico dos indivíduos, o que restringe a possibilidade de um tratamento terapêutico. Por essa razão, este trabalho se mostra relevante para os que atuam nas duas áreas, porque poderão encontrar aqui elementos relevantes para o exame das consequências de violações de direitos fundamentais no status jurídico dos indivíduos e na sua saúde mental. Mais do que identificar e denunciar práticas discriminatórias, devemos formular medidas para prevenir e reduzir ao máximo os danos psicológicos causados por elas. Assim, este livro procura estabelecer parâmetros para promover qualidade de vida por meio de cuidados para aquelas pessoas que têm seus direitos humanos constantemente violados. Estudos no campo do direito antidiscriminatório nos permitem identificar de forma imediata mecanismos discriminatórios; resta agora criar estratégias que unam conhecimentos do campo do direito e da psicologia para a construção de estratégias de ação. Essa é uma necessidade imediata, porque membros de minorias enfrentam processo continuados de discriminação que resultam em sofrimento psíquico.

Terceiro, este trabalho aponta a relevância de buscarmos meios alternativos para a análise da legitimidade de demandas de direitos fundamentais.

Esse exame sempre parte da consideração de tais demandas a partir dos princípios que regulam a ordem jurídica, instância que tem como pano de fundo a representação abstrata dos seres humanos como sujeitos de direito. Ao analisar casos concretos como perspectiva metodológica, esta pesquisa procura examinar essas demandas a partir das experiências do impacto do racismo na vida de sujeitos concretos, de pessoas que sofrem as consequências das restrições do repertório identificatório dos indivíduos em função de práticas discriminatórias. Dessa forma, no lugar de metodologias de pesquisa em direitos fundamentais que consideram os seres humanos como sujeitos genéricos, este trabalho articula teorias jurídicas, categorias psicológicas, conceitos filosóficos e descrição de casos de discriminação para situar o debate sobre direitos fundamentais em um contexto social e histórico específico. Com isso, este livro almeja demonstrar para profissionais do direito e da psicologia, de forma bem concreta, como a exposição a práticas discriminatórias e a estigmatização cultural promovem sofrimento mental nos membros de grupos minoritários. O direito sempre esteve bem distante da discussão dessa questão, mas essas duas áreas do conhecimento se encontram hoje pressionadas a abandonar uma representação genérica dos seres humanos, de forma que possam intervir na realidade de forma substantiva.

Quarto, este projeto almeja criar uma perspectiva de aplicação e de interpretação dos direitos fundamentais mais compatível com alguns pressupostos do atual paradigma constitucional. Se culturas constitucionais anteriores atribuíam às instituições estatais a função de proteção de um status jurídico comum a todas as pessoas por meio de medidas destinadas a proteger interesses individuais ou promover justiça redistributiva, hoje elas devem estar voltadas para a promoção da igualdade de status entre grupos sociais, o que inclui a igualdade de status cultural e de status material entre os diversos segmentos sociais. O alcance desse objetivo se torna possível na medida em que reconhecemos as diversas formas como práticas discriminatórias promovem diferenças de status ao longo do tempo. Essas diferenças determinam que os indivíduos não terão acesso ao mesmo repertório identificatório, o que comprometerá diretamente o direito ao livre desenvolvimento da personalidade e a possibilidade de eles estabelecerem cursos de ação para a própria existência. Não procuramos criar uma teoria de direitos fundamentais baseada em algum tipo de compreensão metafísica dos seres humanos, característica comum a muitas teorias de inspiração liberal de direitos fundamentais. Essa é uma teoria *normativa* de direitos fundamentais que procura estabelecer parâmetros bastante concretos para a aplicação e a interpretação dessa categoria de normas constitucionais. Ela encontra fundamentação em uma série de premissas normativas do atual paradigma constitucional e de normas presentes no nosso texto constitucional. Ela parte do pressuposto de que as instituições estatais devem operar como agentes de transformação social, que os princípios da dignidade e da cidadania são estruturantes da nossa ordem política, que os direitos fundamentais apresentam uma dimensão objetiva que estabelece propósitos para nossa ordem política, que nosso texto constitucional congrega uma série de valores que devem regular a operação de agentes públicos e privados. Partimos do pressuposto de que direitos fundamentais compreendem um conjunto de valores que justificam medidas destinadas à proteção de grupos sociais subalternizados, motivo pelo qual nossas instituições devem estar comprometidas com a construção de uma cultura pública voltada para a eliminação de práticas discriminatórias que criem diferenciações de status cultural e material entre os indivíduos.

Este livro faz parte de um conjunto de obras que utiliza a noção de justiça racial como ponto de partida para a discussão sobre alguns princípios constitucionais conformadores; essas obras pretendem então tornar o debate sobre justiça racial um tema central dos estudos no campo do direito constitucional. Se outros trabalhos abordam os princípios da igualdade, da liberdade, da solidariedade e da cidadania a partir desse preceito, este longo ensaio contribui para esse ciclo de publicações a partir de uma reflexão sobre a dignidade humana. Esta tem sido pensada ao longo das últimas décadas como sinônimo de autonomia moral, de segurança material, de respeitabilidade social. Estudos recentes pensam a dignidade humana como integridade pessoal, como possibilidade de afirmação da condição de sujeito, como controle sobre a própria identidade, como fomento à afirmação das capacidades individuais. Desenvolverei aqui a tese de que devemos pensar a dignidade humana como um princípio voltado para a proteção de um âmbito bastante específico: *a integridade psíquica dos seres humanos*. Esse objetivo pode ser realizado quando direitos fundamentais operam como um repertório identificatório capaz de proporcionar aos indivíduos a possibilidade da livre expressão da personalidade, condição essencial para que as pessoas possam atribuir sentidos e propósitos para suas ações, bem como requisito para que elas possam construir planos de vida que as conduzam à realização pessoal. A dignidade humana designa um estado existencial no qual as pessoas detêm controle sobre aspectos básicos de sua existência, elementos necessários para que elas possam se afirmar como sujeitos sociais competentes. Nessa perspectiva, violações de direitos fundamentais impedem a realização da dignidade humana, porque criam obstáculos ou impedem os indivíduos de exercerem controle sobre condições fundamentais da existência, um requisito para que eles possam desfrutar do que tem sido chamado de segurança ontológica.[20]

Metodologia, referenciais teóricos e estrutura da obra

Vários episódios da vida de pessoas negras serão tomados como ponto de partida para a consideração das maneiras como relações assimétricas de poder permeiam as interações cotidianas na nossa sociedade, realidade responsável pela exclusão de muitos indivíduos do exercício de direitos fundamentais, o que impacta negativamente a integridade psíquica daqueles e daquelas que fazem parte de minorias raciais. A opção por desenvolver uma teoria psicológica dos direitos fundamentais a partir da experiência social de membros dessa coletividade decorre de nosso interesse em pensar essa categoria de normas constitucionais a partir da experiência de sujeitos concretos: queremos elaborar uma teoria a partir da experiência social de grupos subalternizados. Embora o aparato teórico aqui elaborado possa ser aplicado a qualquer grupo social, queremos demonstrar que concepções de direitos fundamentais baseadas em representações abstratas dos seres humanos criam obstáculos para a inclusão de grupos tradicionalmente excluídos, o que opera como um processo constante de estresse emocional. Essa teoria está baseada na universalidade dos direitos fundamentais, mas argumenta que eles cumprem funções diferentes para grupos diferentes; o leitor e a leitora estão diante de uma formulação teórica construída a partir da especificidade da experiência de certos segmentos sociais, e não no status universal de todos os seres humanos como sujeitos de direito. No lugar de análises centradas no status jurídico universal de todas as pessoas, nossa proposta está baseada no status social delas, motivo pelo qual ela privilegia a realidade histórica dos indivíduos. Por isso, recorreremos a uma metodologia específica: o *storytelling*. Articularemos teorias jurídicas e histórias pessoais com o intuito de desenvolver uma argumentação baseada em sujeitos históricos concretos e nos problemas que eles enfrentam como indivíduos marcados por processos históricos de subordinação que criam obstáculos para a realização da dignidade individual e coletiva dessas pessoas.

É importante dizer que esta é uma teoria de direitos fundamentais elaborada a partir dos princípios que regulam *nosso texto constitucional*; não pretendemos

---

[20] NOVAIS, Jorge Reis. *Princípios estruturantes de Estado de Direito*. Coimbra: Almedina, 2019. p. 25-66.

elaborar uma teoria passível de ser aplicada a todas as sociedades democráticas, embora ela possa elucidar problemas enfrentados por grupos subalternizados em todos os lugares. Pressupostos doutrinários sobre direitos fundamentais serão certamente observados, mas nos interessa entender a lógica deles dentro da nossa ordem constitucional, notoriamente o papel integrador que eles devem desempenhar nela. Assim, ela será elaborada em torno dos valores que informam a nossa Constituição e terá como ponto de partida a experiência dos grupos que devem ser objeto de proteção especial de acordo com seus princípios. Esta teoria psicológica dos direitos fundamentais deve ser pensada a partir de outro aspecto especialmente importante. Enfatizaremos neste trabalho o caráter *pós-liberal* do nosso texto constitucional, interpretação baseada no pressuposto de que ele contém um programa de transformação social voltado para a construção de uma democracia substantiva e participativa. Ele não se resume na garantia da igualdade simétrica entre as pessoas, não compreende direitos fundamentais apenas como fatores de racionalização do poder estatal e não pretende apenas garantir políticas distributivas. A classificação do Brasil como um Estado Democrático de Direito deve ser lida como a atribuição de propósitos emancipatórios às instituições estatais, notoriamente a construção de uma sociedade baseada na justiça social. Essa função está expressa no nosso texto constitucional ao estabelecer os propósitos do nosso sistema político: a construção de uma sociedade justa, solidária e comprometida com a luta contra a discriminação. Isso demonstra o compromisso que nossas instituições estatais devem ter com a integração de grupos subalternizados em diferentes áreas da vida social. Direitos fundamentais desempenham um papel central nesse processo, uma vez que eles estruturam uma ordem objetiva de valores que devem reger a operação das instituições estatais.[21]

O caráter pós-liberal de nosso texto constitucional também pode ser depreendido da centralidade do princípio da dignidade humana no nosso sistema jurídico, preceito que institui a obrigação estatal em contribuir para a luta contra processos de desumanização, em combater práticas sociais que impedem o reconhecimento das pessoas como agentes, contra formas de alienação identitária fundadas em estigmas culturais. Nossa Constituição também elege a cidadania como um princípio conformador, o que devemos entender como evidência da necessidade de construção de uma democracia substantiva na qual as pessoas terão os meios para o desenvolvimento das capacidades necessárias

---

[21] Para uma análise do propósito transformador do nosso texto constitucional ver, por exemplo, QUARESMA, Regina; OLIVEIRA, Maria Lúcia de Paula; OLIVEIRA, Farlei Martins Riccio (orgs.). *Neoconstitucionalismo*. Rio de Janeiro: Forense, 2009.

para que possam alcançar diferentes formas de realização pessoal. O exercício da cidadania requer acesso às diversas categorias de direitos fundamentais desde os primeiros anos de vida, uma vez que eles fornecem os mecanismos para as pessoas estabelecerem e alcançarem planos de vida. Esses propósitos constitucionais pressupõem medidas voltadas para transformações estruturais que permitam a inclusão dos vários grupos sociais.

A teoria psicológica de direitos fundamentais que este livro pretende esboçar está baseada em uma concepção da subjetividade humana como um processo intersubjetivo, tal como descrito nos estudos de Peter Burke a partir de premissas do interacionismo simbólico. Esse ramo da psicologia social parte do pressuposto de que as interações humanas são mediadas por representações simbólicas que servem como base para um constante processo de interpretação das ações dos indivíduos. A atribuição de sentido às nossas ações e às de outras pessoas permite que operemos dentro de um campo de representações que estabelece direções para nossos atos, fator importante para a reflexão sobre formas de agir e para a construção da nossa identidade. A noção de identidade ocupa um papel central nessa teoria, termo que expressa um conjunto de sentidos que uma pessoa ou outras pessoas atribuem a ela quando desempenha certos papéis. A identidade indica os mecanismos a partir dos quais compreensões dos sujeitos humanos são construídas e mantidas por meio de processos sociais, produtos de identificação e trocas com outros indivíduos que operam como uma forma de confirmação e validação pessoal. De acordo com Burke, identidades são sentidos que o sujeito atribui a si mesmo em diversas situações, e o contexto no qual ocorrem estabelece quais delas serão mais relevantes na apresentação social do indivíduo. Elas também têm um caráter simbólico e reflexivo, uma vez que os sentidos que o indivíduo atribui a si mesmo decorrem da situação na qual ele interage com outras pessoas. Isso significa também que as ações dos indivíduos adquirem sentido dentro da lógica das interações nas quais eles estão situados. Assim, a identidade oferece ao indivíduo um meio para ele dar sentido a suas ações e estabelecer propósitos para sua vida. Mais do que um traço de natureza estática, a identidade deve ser vista como um processo, uma vez que seus significados são sempre produto das interações e de sentidos simbólicos.

A teoria do interacionismo simbólico desenvolvida por Peter Burke também nos fornece parâmetros para entendermos as conexões entre identidade e estresse social. Os estudos desse autor apontam que o estresse social ocorre em função de processos que provocam a disrupção da identidade. Muitos deles assumem a forma de práticas discriminatórias que os indivíduos sofrem por pertencerem a grupos sociais marginalizados. A atribuição de sentidos negativos a traços de certos grupos sociais faz com que seus membros não sejam vistos como atores sociais competentes, dinâmica por meio da qual essas pessoas estão permanentemente expostas a estresse emocional, que pode levar a danos psíquicos, o que classificaremos neste trabalho como exemplo de um dano existencial. Por não serem apenas restrições da possibilidade de ação livre, por não serem apenas exceções dentro de uma sociedade que vive de acordo com princípios racionais, práticas discriminatórias também são expressões constantes de animosidade. A exposição frequente a esses problemas compromete a possibilidade de as pessoas desenvolverem um sentimento de autoeficácia, o que pode levar muitas delas a desenvolver o que tem sido chamado de desamparo aprendido, produto de estresse emocional, que provoca sofrimento psíquico, o qual, por sua vez, pode incapacitar as pessoas para estabelecer e alcançar propósitos de vida.[22]

A análise da noção de agência humana desenvolvida neste trabalho seguirá as orientações elaboradas desse conceito nos trabalhos desenvolvidos por Albert Bandura, Michael Bratman e Alan Gewirth. O primeiro autor escreveu inúmeros textos sobre esse tema ao longo de suas obras, trabalhos que foram posteriormente utilizados para a elaboração de uma teoria psicológica do desenvolvimento humano. O segundo autor tem dedicado sua produção acadêmica ao tema da agência humana, o que ele considera ser uma condição ontológica dos seres humanos. Estaremos especialmente interessados nas elaborações desse autor sobre a concepção dos seres humanos como agentes planejadores, como seres racionais que desenvolvem a capacidade de organizar suas ações a partir de qualidades reflexivas. Essas concepções complementares de agência humana oferecerão elementos para expandirmos as implicações do conceito de livre desenvolvimento da personalidade e da noção de projeto de vida. Ao lado dessas reflexões sobre o tema da agência humana, utilizaremos também a noção de autorrealização empregada por Alan Gewirth, o que consideramos ser um conceito central para entendermos os direitos fundamentais como um

---

[22] Para uma análise do conceito de desamparo aprendido, ver TEODORESCU, Kinneret. Learned Helplessness and Learned Prevalence: Exploring the Causal Relations Among Perceived Controllability, Reward Prevalence and Exploration. *Psychological Science*, v. 25, n. 10, p. 1-9, 2014; SWANN JR., William. Self-verification Theory. *In*: HIGGINS, E. Tory *et al.* (ed.). *Handbook of Theories of Social Psychology*. London, Sage, 2011. v. 2. p. 23-42.

repertório identificatório. Este livro também utilizará diversos trabalhos sociológicos sobre saúde mental, o que inclui estudos sobre sofrimento social e sobre saúde psíquica, privilegiando os que abordam a saúde mental da população negra. O conceito de sofrimento social surgiu há cerca de 30 anos para designar uma condição de sofrimento psíquico enfrentado por pessoas que passam longos períodos em condições econômicas adversas ou que enfrentam formas sistemáticas de discriminação racial. A noção de saúde psíquica faz referência ao desenvolvimento de sintomas psiquiátricos em função do enfrentamento de problemas sociais que operam como estressores sociais, processo que compromete a estabilidade emocional e o desenvolvimento de habilidades cognitivas e emocionais desde os primeiros anos de vida.

O primeiro capítulo deste livro examina os elementos centrais dos direitos fundamentais enquanto categoria de normas constitucionais. Desenvolveremos uma análise de suas premissas jurídicas e filosóficas, de seus objetivos e suas funções dentro da ordem constitucional, além dos limites impostos pela influência liberal de teorias sobre essa categoria de direitos, o que será o ponto de partida para a construção de nossa teoria psicológica dos direitos fundamentais. Elaboraremos, no segundo capítulo, uma reflexão sobre violações de direitos fundamentais como danos existenciais, exercício que será desenvolvido, primeiro, por meio da classificação de violações da igualdade, da liberdade e da dignidade como exemplos de desrespeito a direitos fundamentais. Exploraremos os diversos sentidos da noção de dano dentro do discurso filosófico e do discurso jurídico, para depois classificarmos práticas discriminatórias como danos existenciais, considerações que serão seguidas pelo exame das relações entre obrigações constitucionais e danos existenciais.

Para consubstanciar nossa hipótese de que podemos interpretar violações de direitos fundamentais como atos que produzem dano existencial, voltaremos nossa atenção, no terceiro capítulo deste livro, ao conceito de direito ao livre desenvolvimento da personalidade e à noção de plano de vida, reflexão que complementa a dimensão existencial e psicológica dos direitos fundamentais, uma vez que eles operam como um esquema de autocompreensão dos indivíduos. Essa análise será complementada, no capítulo seguinte, com a menção a aspectos básicos do desenvolvimento psicológico dos seres humanos e ao papel que práticas discriminatórias podem ter na formação de capacidades psíquicas para que as pessoas possam operar adequadamente como atores sociais competentes. Abordaremos então nessa parte os elementos necessários para que as pessoas possam desenvolver a integridade psicológica, ponto de partida para a afirmação do argumento de que os direitos fundamentais existem para garantir um horizonte de possibilidades que permitem os indivíduos poderem desenvolver a agência humana.

O capítulo quinto deste livro explora outro aspecto de nossa teoria psicológica dos direitos fundamentais: as correlações entre a dimensão filosófica, a dimensão jurídica e a dimensão psicológica da subjetividade humana. Procuraremos demonstrar que a representação da subjetividade humana baseada na racionalidade oferece elementos restritos para uma compreensão das formas como direitos fundamentais operam enquanto elemento para o processo de socialização dos indivíduos. Nossa teoria psicológica direitos fundamentais avança em um ponto importante: a compreensão de que a consideração da subjetividade psicológica dos seres humanos se mostra relevante para a interpretação e a aplicação de direitos fundamentais, uma vez que precisamos sempre avaliar como o desrespeito a essas normas constitucionais impacta os indivíduos psicologicamente ao longo da vida.

Com o intuito de comprovar a hipótese de que violações de direitos fundamentais podem ser classificadas como danos existenciais, o sexto capítulo deste trabalho sistematiza conceitos centrais do interacionismo simbólico, o que será relevante para entendermos temas abordados nos capítulos seguintes. O sétimo capítulo elabora uma análise sobre o conceito de sofrimento social, um estado psíquico provocado por experiências constantes de estigmatização e de perda de referências necessárias para as pessoas construírem um senso de segurança social. Iniciamos essa discussão demonstrando que violações de direitos fundamentais podem ser classificadas como danos psicológicos, o que corrige a percepção de que danos psicológicos e danos existenciais sejam coisas distintas. Posteriormente, falamos sobre as relações entre estruturas sociais e agência humana, ponto de partida para a elaboração de uma argumentação sobre como situações práticas discriminatórias produzem sofrimento mental, uma vez que a justiça pode ser vista como uma necessidade humana básica. Para apresentar fundamentos ainda mais sólidos para nossa argumentação, o capítulo seguinte explora a literatura sobre discriminação racial e saúde mental, momento no qual demonstraremos diretamente como a experiência permanente da discriminação racial produz danos psicológicos aos seres humanos, o que pode ter um aspecto incapacitante para inúmeras pessoas.

O último capítulo deste trabalho desenvolve a tese de que devemos ver os direitos fundamentais como um repertório identificatório, como um conjunto de direitos disponíveis para que as pessoas possam ter as condições necessárias ao livre desenvolvimento da personalidade, condição, por sua vez, para a integridade psíquica dos indivíduos. Essa parte de nosso trabalho não apenas desenvolve o conceito de direitos fundamentais como um horizonte de sentidos a partir dos quais os indivíduos constroem parâmetros para a autocompreensão. Estabelecemos também parâmetros para a interpretação e a aplicação dessa categoria de normas constitucionais, bem como demonstramos as correlações entre deveres estatais e direitos fundamentais, e esse último aspecto aborda o papel que instituições estatais devem ter na construção de medidas que possam prevenir e eliminar as consequências de processos responsáveis por práticas discriminatórias na nossa sociedade.

CAPÍTULO 1
Direitos fundamentais: definição, fundamentação, funções e propósitos

O caso de João Alberto: um relato sobre violência institucional

João Alberto Silveira Freitas era um homem negro que estava fazendo compras em uma unidade do Carrefour com sua mulher. Incomodado por estar sendo seguido por uma fiscal, uma mulher branca, manifestação comum de racismo no Brasil, ele fez um gesto ofensivo para a funcionária. Ela chamou alguns seguranças, pessoas que o perseguiram até o estacionamento. João Alberto deu um soco em um deles, um homem branco que atende pelo nome de Giovane Gaspar da Silva. Os três seguranças o imobilizaram, levaram-no para outra área do estabelecimento e começaram a dar socos nele. João Alberto caiu no chão já ensanguentado, mas isso não impediu que esses indivíduos continuassem a agredi-lo com murros e pontapés, mesmo com a intervenção de outras pessoas que protestaram contra aquele ato de violência. Algumas delas começaram a filmar a agressão, o que foi seguido por tentativas de intimidação por parte da fiscal e de outros funcionários do supermercado, os quais também tentaram criar dificuldades para a gravação e para que o pedido de ajuda fosse atendido. O vídeo mostra dois homens vestidos com roupas pretas agredindo o homem negro; um terceiro indivíduo, depois identificado como um policial militar, também tomou parte nas agressões. Os socos que ele recebeu começaram a dificultar sua respiração; após algum tempo, ele não conseguia mais articular palavras. Um dos seguranças tentou imobilizar João Alberto colocando o joelho sobre seu pescoço, o que o levou a pedir socorro, porque não conseguia mais respirar. Depois de perceberem que ele estava inconsciente, os agressores pediram que alguém checasse seus sinais vitais; um indivíduo atendeu essa solicitação e verificou que ele estava morto. Uma ambulância foi chamada, mas ele já tinha morrido por asfixia. Os assassinos ameaçaram as pessoas que gravaram a morte desse homem negro e tentaram apagar os vídeos. A investigação demonstrou que a funcionária do Carrefour Adriana Dutra comandou a ação homicida e impediu o socorro à vítima. Paulo Francisco da Silva, um dos agressores, segurou a esposa de João Alberto pelo braço para que ela não pudesse ajudar o marido. Esse caso guarda imensa semelhança com o assassinato de outro homem negro ocorrido nos Estados Unidos meses antes. Policiais brancos também o mataram por asfixia da mesma forma. Essas duas mortes demonstram um padrão de violência racializada presente nas duas sociedades, sendo homens negros suas principais vítimas. Estamos diante de uma realidade na qual estereótipos raciais motivam práticas discriminatórias contra pessoas culturalmente representadas como um perigo social. Esse tipo de violência demonstra que negros nunca estão seguros na sociedade, nem mesmo quando vão ao supermercado, realidade que causa traumas emocionais coletivos, pois criam a expectativa de que a mesma coisa possa ocorrer com qualquer membro desse grupo. Vários outros eventos similares justificam esse tipo de apreensão. Apesar da violência racializada, autoridades responsáveis pelo inquérito de João Alberto, numa tentativa comum de proteger a imagem coletiva de pessoas brancas, afirmaram não terem visto motivo para classificar o ocorrido com um crime motivado por ódio racial.

Conceito de direitos fundamentais

Considerações preliminares: bases antropológicas e jurídicas

Violações de direitos fundamentais de minorias raciais ocorrem cotidianamente na sociedade brasileira, muito provavelmente o país mais racialmente violento do mundo.[23] São exemplos evidentes de como o racismo impede a realização da dignidade humana de pessoas negras, porque negam a humanidade intrínseca de membros desse grupo. Estamos diante de um exemplo de como a expectativa de que as instituições sociais operação de acordo com normas jurídicas não encontra correspondência com a realidade. É importante observar que várias formas de discriminação racial estão presentes nesse episódio, e elas se articulam para produzir uma política de morte seguida por instituições públicas e privadas no nosso país. Estereótipos raciais motivam a discriminação interpessoal, a

---

[23] IPEA. Atlas da violência 2024. Disponível em https://www.ipea.gov.br/atlasviolencia/arquivos/artigos/7868-atlas-violencia-2024-v11.pdf. Acesso em: 21 set. 2024.

discriminação institucional, a discriminação estrutural, problemas que afetam minorias raciais em várias democracias liberais. Isso significa que membros desse grupo estão sempre vulneráveis a diferentes formas de violação de direitos fundamentais, situação que traz consequências significativas não apenas para suas vítimas diretas, mas também para outras pessoas, uma vez que elas consolidam práticas sociais excludentes. Esses atos discriminatórios comprometem a operação da ordem democrática, uma vez que estão baseados na premissa de que negros e negras não merecem o mesmo nível de solidariedade dirigido a pessoas brancas, motivo pelo qual devemos explorar suas diversas consequências. Que sentidos os direitos fundamentais podem ter em uma sociedade na qual episódios dessa natureza são recorrentes? Qual é o custo emocional que uma experiência como essa pode ter na vida psíquica dos indivíduos, seja a dos diretamente afetados, seja a dos membros desse grupo que tomam conhecido do ocorrido? Que papel devemos atribuir aos direitos fundamentais na nossa sociedade se eles não conseguem proteger as pessoas do poder estatal arbitrário? O descumprimento dessas normas constitucionais afeta pessoas específicas ou tem um efeito sistêmico na vida delas e dos membros dos grupos aos quais elas pertencem? De que maneira práticas discriminatórias impedem a construção de uma sociedade solidária e justa, baseada no gozo de direitos fundamentais? A partir de que parâmetros devemos pensar a relação estrutural entre direitos fundamentais e dignidade humana quando consideramos a situação de discriminação sistêmica enfrentada por pessoas negras? Acredito que a apresentação da definição dessa categoria de normas constitucionais deva ser o primeiro passo para uma resposta a essas perguntas, cujas respostas ainda permanecem em aberto. Ter direitos significa ter pretensões legalmente reconhecidas, mas por que a raça das pessoas determina de forma direta o exercício deles?

A tarefa de definir direitos fundamentais envolve alguns desafios significativos. Essa tentativa precisa estar acompanhada de uma teoria jurídica que forneça pressupostos para essa categoria de direitos; a dimensão conceitual decorre do tipo de perspectiva utilizada por autores e autoras para classificar essas normas do ponto de vista jurídico e filosófico. Como elas dizem respeito a direitos atribuídos a seres humanos, elas também implicam compreensões específicas da natureza humana. Se a fundamentação pressupõe argumentos teóricos baseados em categorias da antropologia filosófica, a definição expressa uma perspectiva normativa sobre sua relevância na forma de organização jurídica da sociedade. O conceito de direitos fundamentais também decorre da existência de uma forma específica de regime político no qual as instituições estatais existem principalmente para proteger e promover direitos essenciais da pessoa humana. Assim, além da dimensão jurídica, essas normas também apresentam uma dimensão política, pois estabelecem propósitos para as instituições estatais.[24] Podemos identificar ainda uma dimensão moral, porque os direitos fundamentais expressam consensos sociais sobre o papel das normas jurídicas na proteção e na promoção da dignidade humana. Isso significa que quaisquer acepções desse tema deverão conter uma dimensão jurídica, uma dimensão política e uma dimensão antropológica. Direitos fundamentais expressam então uma condensação de valores morais que assumem a forma de normas constitucionais que devem reger a moralidade pública de uma sociedade democrática. Eles implicam uma pretensão de correção, porque procuram realizar ideais de justiça que expressam o consenso moral de certa sociedade em dado momento histórico. Os direitos fundamentais podem ser vistos então como demandas de justiça que operam como um horizonte a partir do qual as relações sociais devem ser organizadas para que a democracia se realize enquanto regime político.[25]

Uma definição adequada de direitos fundamentais precisa mencionar a particularidade destes no sistema jurídico, expressar uma compreensão do papel desses direitos na promoção das capacidades humanas, designar o tipo de racionalidade capaz de criar um compromisso social em torno deles, indicar a importância deles na organização e na delimitação das funções de instituições estatais, designar os interesses protegidos, além do âmbito de proteção desses direitos. Diferentes teorias procuram responder as questões relacionadas com a definição dos direitos fundamentais, com a justificação desses direitos e com suas funções em uma sociedade política. Um ponto comum articula todos esses aspectos do tema em questão: a representação dos seres humanos como agentes racionais, premissa a partir da qual se organiza a vida jurídica e política de sociedades democráticas, além dos parâmetros da organização moral da sociedade. Os direitos fundamentais são então definidos como uma categoria de normas constitucionais que objetivam garantir o exercício da agência humana, uma vez que o projeto constitucional representa uma tentativa de proteção e promoção da liberdade individual nas suas diversas expressões.[26]

---

[24] PÉREZ LUNO, Antonio Enrique. *Direitos humanos, Estado de direito e Constituição*. São Paulo: Martins Fontes, 2021. p. 35-48; BERNAL PULIDO, Carlos. *El princípio de proporcionalidad y los derechos fundamentales*. Madrid: Centro de Estudios Constitucionales, 2007. p. 313-349.

[25] ALEXY, Robert. *Constitucionalismo discursivo*. Porto Alegre: Livraria do Advogado, 2006. p. 20; PECES-BARBA, Gregorio. *Curso de derechos fundamentales. Teoría general*. Madrid: Universidad Carlos III, 1999. p. 31-36.

[26] GEWIRTH, Alan. *The Community of Rights*. Chicago: The University of Chicago Press, 1996. p. 1-26. PECES-BARBA. *Curso de derechos fundamentales. Teoría general*, p. 127-133.

É também importante levar em consideração o fato de que a compreensão dessa categoria de normas adquire pleno sentido a partir das premissas que organizam o paradigma constitucional que governa a cultura constitucional de uma sociedade específica e em determinado momento histórico. Esse paradigma expressa o tipo de racionalidade que atribui sentidos e propósitos à dimensão moral, à dimensão jurídica e à dimensão política dos direitos fundamentais. A caracterização do Brasil como um Estado Democrático de Direito implica funções específicas dessa categoria de normas, e elas diferem de forma significativa daquelas atribuídas a estas nos paradigmas constitucionais anteriores. Ao propósito da garantia da liberdade individual do constitucionalismo liberal, à intenção de expansão da igualdade material do constitucionalismo social se junta agora o dever de proteção da dignidade humana, objetivo que inclui a possibilidade da criação dos meios para a livre expressão da personalidade dos indivíduos, o que requer, além de outros fatores, também medidas de reconhecimento da igual dignidade e a redistribuição de oportunidades materiais, preceitos que atribuem às instituições estatais um papel transformador. Os direitos fundamentais passaram por um processo de diferenciação em função das demandas crescentes de direitos elaborados por grupos tradicionalmente discriminados, movimento responsável pelo aparecimento da necessidade de critérios de proteção especial. Embora estejam baseadas no pressuposto da universalidade, as várias hierarquias presentes mesmo em sociedades democráticas demonstram a necessidade de normas voltadas para a inclusão de certos grupos.[27]

A complexidade necessária de uma definição dessa categoria de direitos indica então que ela deve conter diferentes dimensões estruturalmente conectadas. Portanto, essa tarefa precisa considerar aspectos antropológicos, aspectos jurídicos e aspectos políticos. Por terem o objetivo de proteger os seres humanos nas várias esferas da vida, eles cumprem um papel de suma relevância: criar âmbitos de ação necessários para que as pessoas possam operar de forma autônoma, requisito para a realização dos ideais que elas pretendem alcançar por meio do exercício de direitos. Essa análise será relevante para que possamos identificar a importância dessa categoria de normas jurídicas para a afirmação e a proteção da integridade psíquica dos seres humanos, objetivo cujo alcance

---

[27] Para uma análise da compreensão dos direitos fundamentais no atual paradigma constitucional, ver KLARE, Karl. Legal Culture and Transformative Constitutionalism. *South African Journal of Human Rights*, v. 14, n. 2, p. 146-173, 1998; ALCALÁ, Humberto Nogueira. *Teoría y dogmática de los derechos fundamentales*. Ciudad de México: Universidad Autónoma de México, 2003. p. 8-10.

depende da existência de formas específicas de organização social. A formação da personalidade humana é produto de um processo relacional fundamentado na pressuposição do reconhecimento da igualdade moral do outro, motivo da necessidade da garantia do gozo universal desses direitos. O desenvolvimento humano é um processo marcado pela interação contínua entre fatores internos e externos, e formas de sociabilidade desempenham papel central na sua dinâmica. Por esse motivo, iniciaremos o propósito de apresentar uma definição dos direitos fundamentais a partir da exploração de aspectos antropológicos que os direitos fundamentais procuram proteger.[28]

Uma primeira aproximação dos direitos fundamentais nos mostra que eles estão relacionados com um conjunto de seres que vivem em sociedades legalmente organizadas, e eles possuem algumas características relevantes. A noção de direitos fundamentais pressupõe que sejam exercidos por seres humanos, o que requer considerações sobre a especificidade dos titulares desses direitos. Eles diferem de outros seres que habitam o nosso planeta em função de algumas características importantes. *Primeiro*, eles existem enquanto *corpos orgânicos*, fato que indica tanto a realidade física como a temporalidade da experiência humana. Os seres humanos existem no mundo enquanto corpos orgânicos individualizados em um espaço temporal. Nossos traços físicos formam a base para a definição de certos aspectos de nossas identidades sociais; nossos corpos são organismos cujo funcionamento adequado depende de condições externas; o desenvolvimento de habilidades necessárias para nossa operação na vida social requer a nutrição adequada desse corpo. Mais uma vez, nossas características físicas também são elementos para nossa individualização enquanto seres humanos, porque somos diferentes de todos os outros. Dessa forma, o nosso corpo orgânico precisa ser protegido por um conjunto de direitos que garantam seu desenvolvimento e permitam a sua preservação, uma vez que nosso corpo é o lugar a partir do qual habilidades físicas, intelectuais e psicológicas serão desenvolvidas. A vida humana se torna possível por meio da nossa existência enquanto organismo que possui uma pluralidade de funções que operam como base para o exercício de direitos fundamentais, categoria de normas cujo exercício permite essa possibilidade.[29]

Segundo, os seres humanos são *seres culturais*, uma vez que a habilidade da comunicação permite que eles regulem comportamentos individuais a partir de referências coletivamente construídas e compartilhadas. Os seres humanos

---

[28] Ver, nesse sentido, BEITZ, Charles R. *The Idea of Human Rights*. Oxford: Oxford University Press, 2009. p. 7-14; GEWIRTH. *The Community of Rights*, p. 6-20.

[29] MONDIN, B. *O homem, quem é ele?*. São Paulo: Paulus, 1980. p. 25-38.

vivem em sociedades organizadas em torno de valores que expressam consensos morais, tradições criativas, práticas coletivas, expressões simbólicas a partir das quais as pessoas estabelecem sentidos para as suas ações. A condição de agentes implica a ideia de ação individualmente motivada, porém construímos propósitos a partir dos processos intersubjetivos marcados por valores culturais.[30]

Terceiro, os seres humanos são também *seres sociais*, pois a possibilidade de comunicação possibilita a construção de vínculos intersubjetivos por meio dos quais as pessoas adquirem sentido de humanidade em função da convivência com outros humanos. Não desenvolvemos sentidos para a nossa existência a partir de nossos impulsos; a construção de nossas identidades sociais ocorre dentro das relações intersubjetivas que desenvolvemos ao longo de nossas vidas, e elas são mediadas por parâmetros culturais de cada sociedade. Assim, a sociabilidade é uma condição para que os seres humanos se reconheçam enquanto tal; essa característica nos impulsiona a formar relações com outros membros da comunidade política, ponto de partida para a construção de nossas identidades.[31]

Quarto, a sociabilidade institui a necessidade de organização política, uma vez que o funcionamento das sociedades humanas requer a instituição de regras destinadas à regulação do poder político. A *politicidade* dos seres humanos expressa nossa tendência de estabelecermos associações juridicamente organizadas, o que torna possível a vida coletiva por meio da instauração de regimes de governo, tipos de organização social que atribuem responsabilidades individuais e institucionais por meio da diferenciação de funções entre os setores responsáveis pelo exercício do poder político. Vemos então que as sociedades humanas desenvolveram, ao longo do tempo, um tipo específico de normas sociais: aquelas voltadas para a organização da vida política. Esse fato é responsável pela diferenciação das normas sociais que regulam as interações humanas; a criação de regras de organização política depende também da existência de normas de caráter jurídico, parâmetros de regulação de importância central para a organização da vida política. Nas sociedades ocidentais, a democracia expressa uma continuidade entre a sociabilidade e a politicidade, uma vez que normas democráticas permitem o estabelecimento de parâmetros igualitários de tratamento, o que tem sido reconhecido como um requisito para a afirmação de um senso de dignidade pessoal. As democracias são regimes políticos

---

[30] CASSIRER, Ernst. *The philosophy of symbolic forms*. New Haven: Yale University Press, 1965.

[31] MONDIN. *O homem, quem é ele?*, p. 176-195; GIDDENS, Anthony. *Sociology*. 2. ed. Cambridge: Polity Press, 1993. p. 29-58.

com base no gozo universal de direitos fundamentais, forma de organização política reconhecida como a mais propícia para o desenvolvimento autônomo da personalidade humana.[32]

Quinto, os seres humanos têm uma *dimensão psicológica*, porque são portadores de uma subjetividade individualizada por meio da qual desenvolvem um sentimento de continuidade de sua identidade. Essa dimensão psicológica está construída a partir das experiências ocorridas ao longo dos vários estágios do desenvolvimento psíquico, a partir dos diversos papéis que as pessoas desempenham nas sociedades nas quais vivem, a partir das identidades individualmente construídas e socialmente atribuídas a elas. Essa pluralidade de fatores forma a personalidade dos indivíduos, termo que indica um conjunto de traços psíquicos pelos quais as pessoas expressam suas particularidades. A possibilidade de afirmação e expressão da personalidade depende de regras jurídicas e políticas capazes de proteger âmbitos de ação pessoal por meio de normas que garantam liberdades negativas e positivas, uma vez que a integridade psíquica depende de um processo de reconhecimento da igualdade das pessoas, o que se dá por meio da igualdade de direitos. A integridade psicológica dos seres humanos depende da existência de um meio social capaz de lhes fornecer as condições ideais para que desenvolvam suas habilidades cognitivas e motoras, segurança emocional e competência social, maturidade afetiva e consciência de sua eficiência como sujeitos sociais.[33]

Sexto, os seres humanos também têm uma *dimensão moral*, porque estabelecem uma série de regras que operam como parâmetros para a regulação das suas ações individuais nas suas relações privadas como também naquelas que ocorrem no espaço público. Mais do que expressar parâmetros de conduta, essa dimensão moral também exprime os consensos sobre condições para a afirmação dos seres humanos como pessoas dignas. Essa dimensão moral se desdobra em dimensões individuais e coletivas, em dimensões culturais e políticas. Ao lado dos parâmetros que guiam minhas ações individuais na esfera privada, nas relações cotidianas, estão também os preceitos que determinam os meios a partir dos quais a coletividade deve estabelecer regras de conduta coletivas. Ao lado da instituição de critérios de ação culturalmente voltados para a regulação moral da ação das pessoas estão também as normas que expressam o consenso sobre os critérios éticos que devem organizar a vida em sociedades democráticas. Algumas

---

[32] GIDDENS. *Sociology*, p. 308-350; MONDIN. *O homem, quem é ele?*, p. 159-160.

[33] Cf. FIGUEIREDO, Luís Claudio Mendonça. *Matrizes do pensamento psicológico*. Petrópolis: Vozes, 2019; WEITEN, Wayne. *Introdução à psicologia: temas e variações*. São Paulo: Cengage Learning, 2016. p. 1-25.

dessas regras se tornam direitos legalmente reconhecidos, o que será um ponto de partida para a regulação da relação da moralidade coletiva em sociedades democraticamente organizadas. Outras adquirem o status de princípios que serão reconhecidos como parâmetros de organização da moralidade pública, o que os torna um preceito de organização simbólica dos indivíduos.[34]

Sétimo, a compreensão do que são direitos fundamentais exige ainda que mencionemos outro elemento distintivo que justifica a atribuição desses direitos aos seres humanos. Essa categoria de direitos é atribuída a um grupo de seres com uma característica que os distingue de outros seres: a capacidade de *ação reflexiva*. Isso indica que eles são capazes de guiar suas ações por meio de um processo que envolve a reflexão sobre suas finalidades e suas consequências. Esse aspecto permite que ajam a partir de um conjunto de normas reconhecidas por outros seres humanos como parâmetros que expressam sua capacidade de criar uma ordem reguladora compatível com a liberdade de todas as pessoas. Os seres humanos diferem entre si porque são agentes com objetivos distintos, o que indica a possibilidade de atribuírem sentidos e propósitos para suas ações, e isso precisa ser compatibilizado com o fato de que todos os outros também têm a mesma característica. A capacidade de agência dos seres humanos permite a construção de uma ordem social regulada por um conjunto de normas que expressam a possibilidade de acordo racional entre os seres humanos. Mais do que isso, essa racionalidade articulada com a existência de uma forma de regulação política permite o entendimento de que essas faculdades humanas implicam a necessidade do reconhecimento de que nessa possibilidade de ação reside a ideia de dignidade dos seres humanos. Os direitos fundamentais se tornam preceitos mínimos que devem ser assegurados pelas instituições estatais para que os indivíduos possam ser reconhecidos como agentes racionais, requisito para que possam exercer sua dignidade.[35]

Essas dimensões dos direitos humanos nos mostram então que eles apresentam uma pluralidade de funções, que eles procuram proteger diferentes âmbitos de ação dos indivíduos, que eles estabelecem critérios de ação para agentes públicos e privados, que eles procuram racionalizar as relações individuais bem

---

[34] MONDIN. *O homem, quem é ele?*, p. 255-306; MACINTYRE, Alasdair. *After Virtue*. Notre Dame: University of Notre Dame Press, 2007.

[35] BANDURA, Albert. Toward a Psychology of Human Agency: Pathways and Reflections. *Perspectives on Psychological Science*, v. 13, n. 2, p. 130-136, 2018; GIDDENS, Anthony. *Modernity and Self-identity. Self and Society in Late Modern Age*. Stanford: Stanford University Press, 1991. p. 70-109.

como as relações políticas presentes em dada sociedade. Podemos observar que eles existem enquanto tipos de liberdades necessárias para a proteção da ação humana nas várias esferas da vida esferas da vida, para a proteção de diferentes dimensões da vida humana. Eles são destinados à proteção integral dos indivíduos que vivem em sociedades democraticamente organizadas, um tipo de realidade política que estabelece a afirmação dos direitos fundamentais como finalidade central do sistema político. A vida política democrática adquire sentido e legitimidade na medida em que as pessoas conseguem obter as condições para o florescimento das dimensões da vida humana anteriormente mencionadas. Os direitos fundamentais operam então como um horizonte de sentidos por meio dos quais as pessoas poderão instituir parâmetros de ação e referências identitárias; eles representam meios a partir dos quais as pessoas formularão demandas perante instâncias públicas, são preceitos que estabelecerão as formas como o sujeito compreende a si mesmo, as regras que possibilitarão a criação de diferentes modos de consenso social.[36] O caso de João Alberto demonstra como práticas sociais impedem que pessoas negras sejam reconhecidas como agentes que devem ter acesso aos mesmos direitos para poderem operar de forma autônoma na esfera pública: a constante estigmatização da identidade negra legitima uma série de ações baseadas na premissa segundo a qual apenas pessoas brancas agentes sociais competentes, motivo pelo qual só elas podem ter os meios para a proteção devida dessa pluralidade de dimensões da experiência humana. A discriminação racial sistemática cria obstáculos significativos para que membros de grupos raciais subalternizados tenham os meios para proteger interesses, desenvolver capacidades, formar resiliência, obter respeitabilidade, construir um senso de adequação pessoal.

Algumas reflexões sobre a noção de direitos

Além de considerações sobre as particularidades dos seres que são classificados como seus titulares, uma definição de direitos fundamentais precisa começar por uma reflexão sobre o que são *direitos*. Ao postular a existência de direitos fundamentais, estamos dizendo que eles também são direitos, que eles podem ser entendidos como demandas de alguma coisa feitas por alguém e dirigidas a outras pessoas. Esta afirmação apresenta uma estrutura argumentativa baseada nos seguintes pressupostos: um agente tem um direito a alguma coisa que outro agente

---

[36] DONNELLY, Jack. *Universal Human Rights in Theory and Practice*. Ithaca: Cornell University Press, 2013. p. 1-10.

tem a obrigação de respeitar ou realizar em função de uma obrigação legalmente estabelecida por uma norma jurídica. Temos então um agente que designa a figura genérica do sujeito de direito, motivo pelo qual essa equação representa todos os membros de uma comunidade política. Ele demanda o exercício de um direito que protege algum tipo de bem relevante para ele, seja esse direito de natureza negativa ou positiva, seja um deixar de fazer ou ter de fazer algo relevante para esse sujeito. Essas obrigações devem ser realizadas por outro agente, figura que pode designar pessoas ou instituições legalmente responsáveis pela garantia desse direito demandado. Esses agentes sociais são obrigados a realizar a demanda do indivíduo em função de normas que regulam as relações jurídicas entre os sujeitos. Em resumo, um direito designa uma demanda que uma pessoa pode formular em função das prerrogativas que possui, decorrentes de uma relação jurídica que regula determinado aspecto da vida ou das interações entre os membros de uma comunidade juridicamente organizada. Muitas normas jurídicas estabelecem direito a certas pessoas e impõem obrigações a outras. Direitos instituem proteções e criam obrigações que não são meramente regras morais, mas sim normas que estabelecem deveres a serem cumpridos.[37]

Vemos, então, que direitos podem ser definidos como prerrogativas que alguém tem em relação a outras pessoas ou instituições, e estas são obrigadas a lhe garantir o que lhe é devido. O titular do direito afirma que ele deve ser tratado de alguma maneira ou deve ter acesso a algum bem ou oportunidade em função de uma norma jurídica que justifica esse tratamento. Direitos fundamentais podem então ser considerados como razões para tratar as pessoas de certa maneira ou de outra, e tais razões são determinadas por normas jurídicas que expressam um consenso sobre a natureza e a obrigatoriedade desse tratamento. Eles pressupõem a noção de que um indivíduo tem a prerrogativa de poder formular uma demanda de direito e esperar que ela seja atendida por aqueles que são legalmente obrigados a garantir sua realização. Essa prerrogativa independe do uso concreto que uma pessoa possa fazer; um direito a algo significa possibilidades de ação disponíveis ao indivíduo em um regime jurídico que reconhece a universalidade de direitos. A obrigação das instituições em tratar uma pessoa de acordo com o que uma norma estipula permanece em todas as situações, uma vez que esses direitos operam como parâmetros de ação daqueles agentes sobre os quais recai a obrigação de observá-los. Os seres humanos têm a prerrogativa de demandar direitos que protegem bens específicos; o direito à

---

[37] GEWIRTH, Alan. The Basis and Content of Human Rights. *In*: WINSTON, Morton E. (ed.). *The Philosophy of Human Rights*. Belmont: Wadsworth, 1989. p. 181-185.

liberdade garante a possibilidade de demandar esse direito, enquanto o objeto desse direito, a liberdade, consiste em não sofrer intervenções indevidas na esfera de ação individual por outros agentes. O objetivo central do titular do direito é que seu objeto seja efetivamente garantido, o direito a ele atribuído estabelece a possibilidade de ele poder demandar sua realização.[38]

É importante observar a relevância da diferença entre obrigações morais e obrigações jurídicas quando analisamos a natureza específica do que é um *direito*. Obrigações morais e obrigações jurídicas pressupõem a existência de parâmetros que devem informar a ação de um agente em determinadas situações. As primeiras indicam a direção ideal para a ação do indivíduo em determinadas situações; elas determinam o que é moralmente correto de se fazer em uma situação específica. Entretanto, por ter uma natureza apenas valorativa, essa direção ideal não estabelece um dever a ser necessariamente seguido pelo indivíduo. Fornecer comida a alguém que está em uma situação de insegurança alimentar é certamente a coisa correta a se fazer, mas isso não significa que a pessoa que se encontra nessa situação tenha um direito à minha ajuda. Por outro lado, dizer que alguém tem direito a algo implica a existência de uma obrigação jurídica que institui a necessidade de conformidade da minha ação em relação ao conteúdo do direito em questão. Um cidadão pode então acionar judicialmente autoridades estatais, uma vez que a segurança alimentar é um direito constitucionalmente garantido. Não se sabe ao certo se essas autoridades cumprirão o que o texto constitucional determina, mas o fato de ser um direito permite que essa pessoa tenha a prerrogativa de acesso a prestações estatais. Estas são obrigadas, em função desse direito, a prover segurança alimentar para essa pessoa, e os tribunais podem instituir penalidades caso esse direito não seja garantido. Em resumo, obrigações morais estabelecem direções para as pessoas, enquanto obrigações jurídicas estabelecem ações que precisam necessariamente ser seguidas por aqueles agentes responsáveis por garantir o exercício de determinado direito. A noção de direito indica que toda uma série de ações será necessária para que o direito atribuído a uma pessoa possa ser realizado, função principal das instituições estatais em um regime democrático, forma de governo na qual direitos operam como principal forma de existência dos indivíduos na vida social e política. Casos como o de João Alberto, acontecimentos cotidianos na sociedade brasileira, são graves, porque neles estão presentes uma série de atos que negam o status de pessoas negras como detentoras de direitos,

---

[38] OREND, Brian. *Human Rights. Concept and Context.* Toronto: Broadview Press, 2002, p. 15-37; GEWIRTH, Alan. *The community of rights.* Chicago: University of Chicago Press, 1996, p. 1-6.

como titulares de prerrogativas que devem ser observadas ou atendidas pelos mais diversos atores sociais.[39]

A ideia de direitos fundamentais pressupõe, então, a noção de que os seres humanos são titulares de diversas categorias de direitos, direitos que protegem algum bem socialmente relevante. As instituições estatais são responsáveis pela proteção ou promoção do gozo desses direitos, tendo em vista a natureza das obrigações que eles estabelecem. Direitos fundamentais são atribuídos às pessoas em função do seu status como seres humanos, como membros de uma comunidade política democrática, status que lhes garante a possibilidade de elaborar demandas em relação a instituições estatais. Esses direitos são então relacionados a diferentes aspectos da vida de indivíduos que assumem a forma de requisitos morais mínimos para que eles possam ter uma vida digna. A dimensão normativa dos direitos fundamentais indica que sua realização tem um caráter mandatório, pois obriga indivíduos e instituições a organizarem suas ações em torno deles. Direitos fundamentais impactam nossa existência, porque possibilitam a criação de planos de vida, de opções que podemos seguir diante das nossas inclinações individuais. Portanto, mais do que uma categoria de direitos que permite o gozo da liberdade, direitos fundamentais são instrumentos por meio dos quais os seres humanos podem instituir objetivos para suas vidas, são caminhos que permitem o planejamento dos modos de ser e de estar no mundo. A formação desses cursos de vida depende de condições para que as pessoas possam desenvolver suas capacidades, o que aparece como um requisito para a operação dos indivíduos na vida social: eles podem estabelecer planos de vida quando detêm os meios para o pleno desenvolvimento de suas habilidades, o que depende de acesso a direitos fundamentais.[40] O caso de João Alberto demonstra como pessoas negras estão expostas a uma pluralidade de práticas discriminatórias que limitam ou impedem seu reconhecimento como pessoas titulares de direitos, como pessoas que devem ter espaços de ação protegidos, que devem ter a integridade física protegida, porque são seres humanos. Como direitos fundamentais operam como um horizonte de sentidos por meio dos quais as pessoas regulam a própria identidade e dão sentido para a própria vida, a falta de exercício de direitos cria um distanciamento entre preceitos que governam a prática democrática e a experiência social de membros de grupos subalternizados.

---

[39] DONNELLY. *Universal Human Rights in Theory and Practice*, p. 4-5; ZIVI, Karen. *Making Rights Claims. A Practice of Democratic Citizenship*. Oxford: Oxford University Press, 2011.

[40] GEWIRTH. *The Basis and Content of Human Rights,* p. 181-185.

Uma definição do que sejam os direitos fundamentais requer o esclarecimento de certos elementos que são frequentemente ignorados. O conceito de direitos implica a existência de *titulares de direitos*, pessoas que os exercem em diversas situações e com diferentes propósitos. Esses indivíduos têm então direitos a algum tipo de *liberdade, poder, imunidade* ou *benefício*, e esses direitos determinam o conteúdo e a abrangência desses interesses. Direitos implicam a existência de um indivíduo ou uma instituição aos quais eles são dirigidos e que têm uma obrigação legal de proteger esses direitos. Estes podem ter uma natureza *negativa* ou *positiva*; a primeira designa direitos que protegem um âmbito de ação que não pode sofrer interferências, a segunda, medidas que podem ser demandadas às autoridades por constituírem direito a prestações estatais. A noção de direitos também indica que eles devem ser interpretados e aplicados a partir da relação que eles mantêm com outras normas. Em uma ordem democrática, direitos fundamentais adquirem *prioridade* em relação a outras normas jurídicas, uma vez que estas não podem instituir restrições arbitrárias a esses direitos. Essa prioridade dos direitos fundamentais indica que eles operam como um fator de racionalização do sistema jurídico, e eles devem informar a lógica da produção e interpretação de normas jurídicas. O conceito de direitos pressupõe a ideia de *propósitos* a serem atingidos por seus titulares e por aqueles responsáveis por sua proteção e sua efetividade. Direitos permitem que os seres humanos estabeleçam objetivos pessoais por meio de deliberação e escolha; eles também instituem ideais a serem alcançados por autoridades, de forma que todas as pessoas tenham a possibilidade de instituir metas para suas vidas. Direitos também têm um nível de *abstração*, porque podem ser utilizados por seus titulares em uma série de situações e para uma série de propósitos. A liberdade de consciência existe para proteger uma pluralidade de situações nas quais os indivíduos estão inseridos, motivo pelo qual seu conteúdo não pode ser restrito a uma concepção estática desse direito fundamental.[41]

Definição de direitos fundamentais: uma primeira aproximação

As reflexões anteriores nos permitem apresentar uma definição preliminar do que sejam os direitos fundamentais, exercício que precisa ser feito a partir de diferentes níveis de análise. Do ponto de vista da dimensão jurídica, podemos dizer que eles são direitos positivados em textos constitucionais que têm papel

---

[41] NICKEL, James W. *Making Sense of Human Rights*. 2. ed. Malden: Blackwell, 2013. p. 22-23.

central na proteção de âmbitos de ação dos indivíduos. Eles são direitos e, como tal, pressupõem a existência de titulares e de agentes ou instituições responsáveis por sua garantia. Eles protegem diferentes esferas da vida dos indivíduos, seja por meio da existência de liberdades negativas, seja pelo acesso a prestações positivas, seja pela salvaguarda de direitos coletivos. Eles são universais, porque são atribuídos a todos os membros da comunidade política, vistos como titulares desses direitos, independentemente de quaisquer particularidades que possam ter. Eles também são classificados como normas de alta prioridade, motivo pelo qual autoridades devem observar sua relevância em relação a outras normas jurídicas. Essa categoria de normas constitucionais apresenta uma dimensão política, uma vez que elas regulam a operação de instituições governamentais; elas representam parâmetros de moralidade política de caráter substantivo que devem ser observados por todas as autoridades. Enquanto tal, os direitos fundamentais também operam como princípios de avaliação da harmonia de ações governamentais com normas constitucionais. Eles podem ser vistos como preceitos mínimos de conduta de autoridades políticas, uma vez que estão estritamente vinculados com o funcionamento do regime democrático, embora eles não sejam uma ordenação estrita de como devem disponibilizar recursos e oportunidades.[42]

Direitos fundamentais podem ser classificados como posições jurídicas básicas que envolvem uma pretensão jurídica, a existência de um titular delas, a instituição responsável pela sua realização e o âmbito de proteção de um direito. Eles têm uma dimensão formal, porque descrevem direitos constitucionalmente estabelecidos que indicam a existência de disposições que podem ser objeto de exigência de tutela por um membro de uma comunidade política. A dimensão material dessa categoria de normas designa o status constitucional desses direitos, status que designa a intenção de positivar direitos humanos, a intenção de permitir que esses valores morais adquiram a qualidade de pretensões jurídicas passíveis de tutela estatal. Eles podem ser caracterizados então como direitos subjetivos, porque são normas de caráter vinculante que obrigam a proteção ou a promoção de direitos dos cidadãos; eles implicam o dever de tutela por parte das instituições estatais. Eles são classificados dessa forma porque expressam posições jurídicas que permitem a proteção de interesses individuais, de âmbitos de ação das pessoas, o que pode ser defendido por meio da busca da tutela judicial desses direitos. Essa exigibilidade

---

[42] DIMOULIS, Dimitri; MARTINS, Leonardo. *Teoria geral dos direitos fundamentais*. 8. ed. São Paulo: Revista dos Tribunais, 2021. p. 59-67; NICKEL. *Making Sense of Human Rights*, p. 9-11; PECES-BARBA. *Curso de derechos fundamentales. Teoría general*, p. 101-113.

nos remete então ao fato de que essa categoria de normas implica a existência de uma pretensão e a obrigação por parte de alguém em realizar esse dever.[43]

Tendo em vista que os direitos fundamentais são posições jurídicas por meio das quais as pessoas podem proteger esferas de ação individual, a proteção daqueles está diretamente relacionada com a agência humana. A proteção e a promoção desses direitos permite a existência de condições para que o indivíduo possa desenvolver e projetar sua personalidade. Eles estão estruturalmente ligados à noção de dignidade humana, uma vez que permitem sua projeção positiva. Violações de direitos fundamentais comprometem a dignidade humana, porque impedem o exercício de pretensões necessárias para o desenvolvimento do indivíduo como pessoa. Por esse motivo, podemos identificar uma clara conexão entre direitos fundamentais e regime democrático, porque eles expressam um conjunto de normas que vinculam a ação de instituições estatais, instâncias que devem operar para garantir o gozo dos diversos direitos necessários para a afirmação da dignidade humana. Os direitos fundamentais estabelecem competências para as instituições estatais, uma vez que determinam a obrigatoriedade de proteção de esferas de liberdade, de promoção de garantias materiais, de abertura de instrumentos participatórios para todas as pessoas.[44]

Alguns elementos mencionados no parágrafo anterior são especialmente relevantes para nossa reflexão. Direitos fundamentais são meios de proteção de algumas faculdades vitais da existência individual: eles garantem liberdades individuais, protegem relações humanas no espaço público e no espaço privado, permitem a participação política, garantem proteção contra intervenções indevidas na vida de atores públicos e privados, possibilitam o gozo de uma base material mínima para que a pessoa possa ter uma vida digna. Todas essas dimensões são relevantes para o livre desenvolvimento da personalidade, uma vez que esse fator requer o gozo de uma série de direitos de natureza negativa e positiva. É possível então dizer que os direitos fundamentais estão ligados à dignidade da pessoa, o que permite a proteção de diferentes âmbitos de ação individual. Ter uma existência dignificada significa ter os meios para poder dar sentidos e propósitos para nossas ações, e os direitos fundamentais desempenham papel instrumental nesse processo. Se a dimensão subjetiva dos direitos fundamentais pressupõe a titularidade universal dessa categoria de direitos, a

---

[43] BOROWSKI, Martin. *La estructura de los derechos fundamentales*. Bogotá: Universidad Externado de Colombia, 2003. p. 34-40.

[44] ECHAVARRÍA, Juan José Solozábal. Algunas cuestiones básicas de la teoría de los derechos fundamentales. *Revista de Estudios Políticos*, n. 71, p. 87-90, 1991. p. 87-90.

dimensão objetiva implica o comprometimento constitucional com a criação de uma ordem social organizada em torno do propósito de proteção e expansão dos direitos fundamentais. Eles desempenham uma função central na ordem democrática, porque a proteção desses direitos deve constituir aspecto essencial da formação da vontade estatal, aspecto inteiramente ignorado no caso mencionado no início deste capítulo.[45]

Como veremos adiante de forma mais detalhada, direitos fundamentais se tornam elementos de organização estatal em um momento histórico no qual a proteção legal dos indivíduos se torna um objetivo central das organizações políticas, motivo pelo qual eles têm sido definidos como direitos que permitem a efetivação da dignidade dos seres humanos. Direitos fundamentais são produto da positivação de uma forma de moralidade que expressa, em um determinado momento histórico, uma compreensão de valores necessários para que as pessoas possam realizar o ideal da autodeterminação. Esses valores morais, uma vez positivados, tornam-se normas de organização das relações sociais, preceitos de regulação da ordem estatal, além de instituírem princípios e propósitos organizadores da ordem política democrática. É importante notar que esse comprometimento com a liberdade individual consiste na proteção da capacidade dos seres humanos em operar como agentes no plano moral, no plano político e no plano jurídico, o que sugere que eles atuam como um conjunto de direitos voltados para a criação de possibilidades de realização dos planos de vida que as pessoas traçam para si mesmas.[46]

Os direitos fundamentais têm uma natureza normativa, porque são normas vinculantes que descrevem posições jurídicas; eles garantem o exercício de ações e instituem obrigações estatais. Como vimos, essa dimensão normativa permite que as pessoas demandem o respeito ou a realização de um direito por meio de ações judiciais; os direitos fundamentais também operam como limites e propósitos para as ações de atores estatais, as quais adquirem legitimidade na medida em que respeitam esses direitos. Eles são elementos centrais da ordem jurídica de uma sociedade democrática, porque estabelecem preceitos centrais da moralidade pública, conjunto de valores que devem ser seguidos para que a sociedade democrática possa operar de forma adequada. Os direitos fundamentais atuam então como condição funcional do regime democrático, uma vez que esse regime tem como objetivo central a promoção das liberdades individuais. Essa

---

[45] ECHAVARRÍA. Algunas cuestiones básicas de la teoría de los derechos fundamentales, p. 87-88.

[46] PECES-BARBA. *Curso de derechos fundamentales. Teoría general*, p. 101-109.

condição reside na existência de um regime jurídico que estabelece parâmetros para o poder legislativo, para o poder judiciário, para o poder executivo e para as relações entre os indivíduos.[47] Não podemos deixar de mencionar ainda que os direitos fundamentais têm uma natureza política, uma vez que pressupõem um conjunto de valores e interesses que operam como bases objetivas para a regulação das relações sociais em uma sociedade democrática. Eles são posições jurídicas que as pessoas ocupam, posições que implicam tanto uma dimensão subjetiva, relacionada com a titularidade de direitos, quanto uma posição objetiva, ao expressarem os valores políticos reguladores da ordem pública de uma sociedade organizada com base em valores democráticos. Essas duas dimensões funcionam como parâmetros para a operação das instituições sociais, sejam elas públicas ou privadas, uma vez que todas elas estão obrigadas a garantir o gozo desses direitos. É importante reconhecer que essas duas dimensões têm uma relação estrutural, pois a primeira pressupõe a existência de uma realidade social organizada em torno do reconhecimento da prioridade da proteção dos interesses individuais, o que, por sua vez, decorre da afirmação da centralidade da proteção do indivíduo enquanto objetivo principal da ação estatal. Direitos fundamentais são posições jurídicas subjetivas que constituem um conjunto de proteções jurídicas que, por sua vez, permitem aos indivíduos alcançar objetivos reconhecidos como legítimos por serem reconhecidos por outros membros da comunidade política como interesses passíveis de universalização.[48]

Diversos autores afirmam que os direitos fundamentais estão diretamente relacionados com a noção de dignidade humana, preceito construído em torno da representação dos seres autônomos, elemento que requer considerações precisas. O constitucionalismo nasce com o propósito de possibilitar a emancipação humana, ideal que está construído sobre uma representação antropológica que compreende os seres humanos como agentes. Como seres que têm uma habilidade avançada de construir interações sociais por meio da capacidade simbólica, eles gozam da possibilidade de atuar no mundo por meio de suas habilidades cognitivas, o que inclui a atribuição de sentidos e propósitos às suas ações. A capacidade de deliberação garante que as pessoas possam estabelecer cursos de ação que permitam o planejamento individual e coletivo de suas vidas. Seres humanos podem planejar suas ações, processo que engloba o estabelecimento de

---

[47] CARBONELL, Miguel. *Los derechos fundamentales en México*. Ciudad de México: Editorial Porrúa, 2019. p. 158-167.

[48] ANDRADE, José Carlos Vieira de. *Os direitos fundamentais na Constituição Portuguesa de 1976*. 5. ed. Lisboa; Almedina, 2012. p. 107-112.

propósitos, um curso de ação e a avaliação dos resultados desse plano de ação. O comportamento humano ocorre então como um produto da possibilidade de as pessoas atribuírem sentidos para suas vidas em uma pluralidade de opções abertas a elas na sociedade na qual vivem. Direitos fundamentais desempenham um papel fundamental nesse processo, porque são meios que garantem a realização das diferentes dimensões da ação humana. Ser livre para fazer algo significa poder refletir sobre propósitos, estabelecer objetivos, criar parâmetros de ação, operacionalizar sentidos e alcançar objetivos. As diferentes categorias de direitos fundamentais protegem interesses e âmbitos de ação que permitem a realização da autonomia, por garantirem os meios para a autorregulação dos indivíduos. Dessa forma, direitos fundamentais são definidos como pressupostos morais normativos pessoalmente orientados, uma vez que são reconhecidos como instrumentos legais que expressam prerrogativas moralmente justificadas que devem ser realizadas por outros agentes para que as pessoas possam alcançar bens necessários para a realização individual.[49]

As considerações anteriores sugerem que os direitos fundamentais devem ser entendidos como mecanismos de emancipação. Isso decorre, primeiro, do processo histórico no qual eles surgiram, pois eles legitimam uma ordem política que aboliu relações hierárquicas de poder como forma natural de organização social. Por operarem como pressuposto de um regime político baseado no tratamento igualitário, os direitos fundamentais devem ser vistos como normas que existem para eliminar relações arbitrárias de poder entre indivíduos e grupos. Esse caráter dos direitos fundamentais motiva e legitima diversas demandas de direitos elaboradas por grupos que se encontram em uma situação de desvantagem em sociedades democráticas. Mais do que descrever posições jurídicas, eles também operam como um horizonte de valores a partir dos quais os indivíduos elaboram suas identidades individuais e estabelecem expectativas de como um regime democrático deva operar. Assim, essa classe de normas constitucionais deve ser vista como mecanismos que procuram promover a emancipação daqueles segmentos sociais que ainda se encontram em uma situação de desvantagem, realidade incompatível com a lógica de uma sociedade democrática. Por terem o objetivo de garantir o desenvolvimento e a expressão da personalidade humana, os direitos fundamentais também assumem a forma de aspirações coletivas para aqueles que enfrentam formas sistêmicas de discriminação, uma vez que a existência de uma democracia formal não implica a existência de uma democracia

---

[49] Cf. MARMELSTEIN. *Curso de direitos fundamentais*, p. 16-19; BANDURA. Toward a Psychology of Human Agency: Pathways and Reflections.

material.[50] Pessoas negras encontram dificuldades significativas para exercer direitos, motivo pelo qual muitas delas estão longe de ter acesso aos meios a partir dos quais elas poderiam ser reconhecidas como seres que merecem o mesmo nível de humanidade; diferentes esferas da vida que deveriam ser protegidas por direitos fundamentais são sistematicamente desrespeitadas, consequência da ideia de que elas são inerentemente inferiores a pessoas brancas. Dessa forma, a circulação permanente de estereótipos raciais implica limitações à possibilidade de esses indivíduos terem acesso a uma pluralidade de direitos por meio dos quais elas possam desenvolver e expressar a personalidade.

Embora esses sejam aspectos reconhecidos pela doutrina como centrais de uma definição de direitos fundamentais, algumas características dessas normas permanecem pouco exploradas ou encobertas. Observamos que os direitos fundamentais têm base na noção de universalidade, mas essa dimensão contém dois outros aspectos relevantes dos direitos fundamentais: as ideias de igualitarismo e de mutualidade. O reconhecimento de que todos os seres humanos são portadores de direitos implica a ideia de que todos eles devem respeitar os direitos dos outros, o que requer o reconhecimento da igualdade de status e de obrigações mútuas que devemos ter uns em relação aos outros. O respeito mútuo significa ter em mente que o outro tem as mesmas prerrogativas e os mesmos deveres, o que exige um comprometimento com uma cultura igualitarista. Dessa forma, a realização de direitos fundamentais depende, em grande parte, do nível de solidariedade existente entre os cidadãos, motivo pelo qual esse princípio surge como uma condição para a construção de uma democracia baseada no reconhecimento recíproco de todos como titulares de direitos.[51] A existência de uma democracia solidária tem importância central para a construção de uma vida autônoma, porque direitos fundamentais podem ser vistos como condições para a ação humana, como requisitos para a ação autônoma dos indivíduos. Os seres humanos são capazes de agir de forma voluntária e a partir de propósitos estabelecidos por si mesmos, o que pode ser entendido como motivação para suas ações. Direitos fundamentais permitem então que os seres humanos estabeleçam e alcancem propósitos moralmente relevantes por meio da proteção de esferas de liberdade, da proteção de status, da obtenção de prestações. A proteção das condições de ação dos indivíduos

---

[50] Cf. McCOLGAN, Aileen. *Discrimination, Equality and the Law*. Oxford: Hart, 2014. p. 14-38; HELLMAN, Deborah. *When Is Discrimination Wrong?*. Cambridge: Harvard University Press, 2011. p. 13-34.

[51] Cf. GEWIRTH. *The Community of Rights*, p. 75-79.

é então um elemento central da noção de direitos fundamentais, um objetivo que permanece fora do alcance de muitas pessoas negras, por viverem em uma sociedade que lhes nega a devida empatia.[52] Vemos assim que a operação de sistemas de dominação como o racismo cria uma série de obstáculos para que as pessoas exerçam direitos, porque práticas discriminatórias instituem limites permanentes para que minorias raciais estabeleçam e alcancem objetivos.

Características e dimensões dos direitos fundamentais

A doutrina menciona certas características e dimensões aos direitos fundamentais. Eles são *universais*, porque são atribuídos a todas as pessoas que fazem parte da comunidade política; eles devem ser reconhecidos como prerrogativas conferidas a todos e a todas, porque representam um núcleo básico de direitos para uma existência digna. Essa universalidade decorre da representação dos seres humanos como agentes racionais, como seres que podem viver de acordo com regras reconhecidas como válidas por expressarem o consenso político entre indivíduos. Essa mesma racionalidade que possibilita a criação de normas gerais de regulação social também permite que o indivíduo atribua sentidos e propósitos às suas ações, motivo pelo qual ele pode ser considerado como um ser livre, uma vez que ele é capaz de estabelecer um plano de vida a ser seguido. Direitos fundamentais são *indivisíveis*, porque constituem um conjunto de direitos necessários para a proteção de esferas da vida das pessoas, para a proteção de vários tipos de liberdade individual. Direitos de defesa, direitos políticos e direitos sociais se articulam para fornecer a devida proteção para os indivíduos, motivo pelo qual não podemos deixar de reconhecer a relação estrutural entre essas diferentes categorias.[53]

Observamos também que a *historicidade* deve ser vista como um elemento relevante dos direitos fundamentais, porque eles procuram proteger as pessoas que vivem em condições sociais concretas, em momentos históricos específicos nos quais o alcance da dignidade requer manifestações específicas desses direitos. As categorias tradicionais de direitos humanos não são suficientes para a proteção de todas as esferas da vida dos indivíduos nos diferentes momentos do desenvolvimento social, motivo pelo qual surgem novas demandas e novos direitos voltados para a proteção de aspectos específicos

---

[52] Cf. GEWIRTH. *The Community of Rights*, p. 13-20; OREND. *Human Rights. Concept and Context*, p. 46-50.

[53] PECES-BARBA. *Curso de derechos fundamentales. Teoría general*, p. 154-172; CARBONELL. *Los derechos fundamentales en México*, p. 14-19.

da vida. Eles também são *abertos*, porque a proteção adequada da dignidade dos seres humanos requer que levemos em conta os desafios existentes em diferentes momentos históricos, exige que consideremos a legitimidade para a análise de novas demandas de direitos necessárias para a realização da dignidade das pessoas, motivo pelo qual a lista de direitos humanos ou direitos fundamentais não pode ser definitiva. As cartas constitucionais instituem a possibilidade do reconhecimento de novas categorias de direitos compatíveis com aqueles já enumerados. Eles são *interdependentes*, porque o gozo de um direito fundamental implica o acesso a outro direito fundamental, uma vez que eles protegem diferentes esferas da existência humana que estão sempre inter-relacionadas. O pleno gozo do direito ao trabalho depende do direito à educação; o direito à saúde depende do direito à segurança alimentar; o pleno gozo do direito à saúde depende da existência de segurança alimentar; a integridade psíquica se torna possível na medida em que as pessoas têm a dignidade preservada.[54]

Direitos fundamentais são *indisponíveis* porque as pessoas não podem simplesmente deixar de ser titulares desses direitos nem podem renunciar às garantias institucionais criadas para a proteção ou promoção deles. Elas podem deixar de exercer, por escolha própria, um ou mais direitos que lhes sejam disponíveis, mas não podem renunciar ao recurso a eles. Esses direitos devem estar sempre estar disponíveis para que as pessoas possam utilizá-los quando necessário para o desenvolvimento e a afirmação de sua personalidade. É ainda importante observar que os direitos fundamentais são classificados como *indivisíveis*, porque o acesso a diferentes categorias de direitos se mostra necessário para a proteção integral dos seres humanos. O pleno exercício de direitos de proteção depende do gozo de prestações positivas, porque as pessoas precisam ter condições mínimas de segurança material para poder operar de forma adequada no espaço público; liberdades negativas são uma condição para a mobilização em torno de direitos coletivos, pois elas garantem os meios para que as pessoas possam instituir e buscar propósitos políticos; elas também são um pressuposto para a busca da efetividade do direito ao desenvolvimento e do direito à democracia, o que tem sido classificado como direitos de quarta geração.[55] Os direitos fundamentais também têm uma natureza *horizontal*, uma

---

[54] TOBEÑAS, José Castan. *Los derechos del hombre*. Madrid: Reus, 1969. p. 18-25; ROTHEMBURG, Walter Claudius. Os direitos fundamentais e suas características. *Cadernos de Direito Constitucional e Ciência Política*, v. 7, n. 29, p. 55-65, out.-dez. 1999.

[55] MARMELSTEIN. *Curso de direitos fundamentais*, 2019.

vez que eles não vinculam apenas agentes estatais, eles não operam apenas na esfera pública. Eles também vinculam agentes privados, eles também garantem proteção aos indivíduos na esfera privada. Essa característica é especialmente relevante, uma vez que inúmeras violações dessa categoria de direitos sempre ocorrem nessa esfera da existência. Ao contrário de certas jurisdições que exigem a ação de algum agente estatal para caracterizar uma violação dessas normas constitucionais, a doutrina e a jurisprudência brasileira reconhecem que elas protegem os indivíduos nas várias dimensões da vida humana, reconhecimento essencial para um maior nível de proteção dos indivíduos.[56]

A doutrina identifica duas dimensões relevantes dos direitos fundamentais. Eles apresentam uma *dimensão subjetiva*, o que designa o fato de descreverem posições jurídicas que os indivíduos ocupam, status decorrente da titularidade dessa categoria de direitos. Essa dimensão indica que eles pertencem a todas as pessoas, que eles são oponíveis a outros agentes, que eles garantem a possibilidade de ser juridicamente defendidos. Essa possibilidade está aberta a todos em função da universalidade dos direitos fundamentais, fato baseado na noção de que eles designam o status jurídico comum de todos os membros de uma comunidade política. Essa universalidade está relacionada com a dimensão formal dos direitos fundamentais, com o fato de que eles são direitos positivados em textos constitucionais, o que obriga à tutela estatal desses direitos. Esse caráter vinculante empresta aos direitos fundamentais a possibilidade de proteção de diferentes dimensões da vida humana necessárias para que as pessoas possam ter uma existência livre. A noção de universalidade dos direitos fundamentais também indica a universalidade em relação aos destinatários, às pessoas obrigadas a respeitar ou cumprir esses direitos, o que inclui outros titulares dessa categoria de normas e ainda agentes públicos responsáveis pela sua garantia. A dimensão subjetiva dos direitos fundamentais também expressa o fato de que eles abrem espaço para as pessoas formularem *demandas de direitos*. O regime democrático abre a possibilidade de um processo constante de autocorreção, fato evidenciado na possibilidade de os indivíduos demandarem a realização de direitos, a reparação de violações de direitos e a instituição de normas legais para impedir que violações de direitos fundamentais voltem a ocorrer.[57]

---

[56] DIMOULIS, Dimitri; MARTINS, Leonardo. *Teoria geral dos direitos fundamentais*. 8. ed. São Paulo: Revista dos Tribunais, 2021. p. 129-147.

[57] BOROWSKI. *La estructura de los derechos fundamentales*, p. 40-43; CARBONELL. *Los derechos fundamentales en México*, p. 14-15.

Eles também têm uma *dimensão objetiva*, expressão dos valores que regularam a escolha do legislador constituinte sobre os princípios que organizam a vida da comunidade política. Estamos diante de um conjunto de ideais que estabelece parâmetros substantivos para a ação das instituições estatais, fato decorrente do papel programático dessas normas. A dimensão objetiva dos direitos fundamentais institui princípios relevantes para sua interpretação, razão pela qual devemos examinar a lógica desses direitos dentro da arquitetura principiológica dos textos constitucionais. A jurisdição constitucional opera a partir de uma série de considerações sobre a harmonia de uma norma jurídica com o conteúdo dos direitos fundamentais, o que indica o papel deles como parâmetro para a interpretação jurídica. Mais do que isso, ela também está relacionada com as garantias de organização, expressão que designa os meios institucionais destinados à garantia do exercício desses direitos. A dimensão objetiva dos direitos fundamentais ainda indica o fato de que eles expressam um conjunto de valores a partir dos quais as instituições estatais estabelecem um processo de controle sobre suas ações. Dentro da lógica do atual paradigma constitucional, essa dimensão objetiva dos direitos fundamentais implica a busca de realização de um propósito específico dos direitos fundamentais: a criação de medidas voltadas para a proteção e a inclusão daqueles grupos que se encontram em uma situação permanente de exclusão. Essa realidade se mostra incompatível com um regime político estruturalmente comprometido com a dignidade e com a cidadania. Ao estabelecer esses parâmetros como princípios conformadores do nosso sistema jurídico, nosso texto constitucional reconhece a obrigação estatal de criar um regime comprometido com a construção de uma democracia substantiva, o que deve operar como um parâmetro substantivo de interpretação de normas legais.[58]

Alguns autores também argumentam que os direitos fundamentais, notoriamente o princípio da igualdade, têm uma *dimensão expressiva*. Essa categoria de normas fundamentais está baseada na representação de todos os membros da comunidade política como iguais, como pessoas com o mesmo valor moral. Assim, direitos fundamentais não designam apenas áreas de proteção, prestações estatais ou participação nos processos deliberativos. Eles expressam também um aspecto essencial das sociedades democráticas, que é o comprometimento com o igualitarismo. Práticas discriminatórias não restringem direitos, elas também expressam a ideia de que certas pessoas não têm o mesmo valor, elas são expressões de desprezo por pessoas. Mais do que limitar o exercício de direitos, elas

---

[58] DIMOULIS, Dimitri; MARTINS, Leonardo. *Teoria geral dos direitos fundamentais*. 4. ed. São Paulo: Atlas, 2012. p. 109-113.

expressam a noção de que certos grupos de indivíduos não merecem o mesmo nível de respeito, o que afeta seu status social. Os direitos fundamentais, por estarem fundamentados na noção de universalidade, afirmam que todas as pessoas são titulares de direitos, que todas elas merecem ser vistas como indivíduos que devem ser reconhecidos como agentes morais com o mesmo valor, pessoas que estabelecem propósitos de vida que devem ser respeitados e garantidos pelo exercício de direitos.[59]

Sobre as funções dos direitos fundamentais

Direitos fundamentais cumprem uma série de funções em uma sociedade comprometida com a construção de uma ordem democrática. Como tem sido afirmado ao longo do tempo, essas normas jurídicas permitem a racionalização do poder político, uma vez que elas estabelecem limites para a ação das instituições estatais. Regimes democráticos pretendem instituir uma ordem geral de liberdades na qual os indivíduos podem estabelecer propósitos para suas vidas; as instituições estatais devem então operar para que esses direitos, sejam eles de dimensão negativa ou positiva, sejam protegidos ou garantidos para todos eles. Eles desempenham uma função importante na lógica do Estado de Direito, porque a produção e o conteúdo das normas que regulam a ação de atores públicos e privados devem ser compatíveis com o conteúdo substantivo desses direitos. O Estado Liberal de Direito surge então como um tipo de organização estatal na qual as instituições estavam vinculadas ao respeito dos direitos fundamentais de uma forma bastante específica: eles regulam as ações de atores estatais em um tipo de governo cuja operação deve cuja operação deve estar centrada na construção de uma ordem social comprometida com a emancipação dos seres humanos por meio de direitos tutelados pelo Estado. O princípio da legalidade ocupa um papel importante nesse processo, ao estabelecer referências para as ações estatais, na medida em que designa as funções que as várias instituições devem desempenhar para que todos possam ter acesso aos direitos fundamentais.[60]

---

[59] Ver, nesse sentido, HELLMAN. *When Is Discrimination Wrong?*, p. 35-40; ANDERSON, Elizabeth; PILDES, Richard. Expressive Theories of Law. *University of Pennsylvania Law Review*, v. 148, n. 5, p. 1529-1545, 2000.

[60] SCHNEIDER, Hans-Peter. Peculiaridad y función de los derechos fundamentales en el estado constitucional democrático. *Revista de Estudios Políticos*, n. 7, p. 7-36, 1979, p. 23; DIMOULIS, Dimitri; MARTINS, Leonardo. *Teoria geral dos direitos fundamentais*. 8. ed. São Paulo: Revista dos Tribunais, 2021. p. 45-50.

O conceito de direitos fundamentais pressupõe a atribuição de um status jurídico aos indivíduos, um status de caráter constitucional que implica a existência de um dever de tutela por parte das instituições estatais. Esse status representa a posição jurídica que o indivíduo ocupa de acordo com as determinações legais que prescrevem seus direitos e deveres em uma comunidade política. De acordo com a tradição constitucional, direitos fundamentais conferem diferentes tipos de status aos indivíduos, todos eles necessários para que os seres humanos possam ter uma vida integrada. O primeiro deles seria um *status negativus*, forma de pertencimento que designa a possibilidade de os indivíduos poderem operar nas diferentes esferas da vida sem intervenções arbitrárias de atores públicos ou privados. Essa forma de pertencimento indica a existência em uma realidade social na qual as pessoas estão protegidas por normas jurídicas de caráter especial destinadas a garantir a efetividade de uma esfera de atuação individual, condição essencial para que as elas possam realizar seus objetivos pessoais. Direitos fundamentais são, então, normas constitucionais que permitem a defesa dos indivíduos contra intervenções que restringem sua possibilidade de ação livre, o que, no mundo moderno, expressa o conceito de dignidade humana. Em resumo, os direitos fundamentais, de acordo com essa perspectiva, implicam limites à influência estatal indevida na esfera de ação das pessoas, o que pode gerar resultados lesivos à possibilidade de elas exercerem uma série de liberdades individuais, pois a realização da liberdade antropológica requer o gozo de diferentes tipos de faculdades humanas.[61]

No entanto, a efetivação da dignidade não pode ser alcançada apenas por meio da proteção de uma esfera de ação individual, uma vez que a vida humana requer a garantia de outras categorias de direitos. Direitos fundamentais também compreendem um conjunto de normas que regulam o *status positivus* dos indivíduos. A afirmação de uma existência livre requer prestações estatais positivas para que eles possam ter um nível mínimo de segurança material. Por esse motivo, os direitos fundamentais também permitem que as pessoas demandem prestações e procedimentos das instituições estatais, a fim de ter uma existência digna. Essa forma de status expressa também o dever de tutela das instituições estatais; normas de direitos fundamentais não existem apenas para limitar ações estatais, elas também cumprem o importante papel de promover o acesso a prestações positivas. Os seres humanos não são capazes de proteger individualmente seus direitos ou garantir segurança material; eles precisam contar com a ação estatal

---

[61] ALEXY, Robert. *Teoria dos direitos fundamentais*. São Paulo: Malheiros, 2006. p. 180-208; BOROWSKI. *La estructura de los derechos fundamentales*, p. 23-36.

para que esse objetivo possa ser alcançado. Direitos fundamentais pressupõem deveres de prestação estatal: cabe ao Estado garantir a efetividade de direitos e serviços necessários a fim de que as pessoas tenham as condições para funcionar socialmente. A possibilidade de autodeterminação exige mais do que a existência de direitos que designem liberdades individuais; ela também requer a possibilidade do desenvolvimento de faculdades individuais, o que depende de uma série de garantias institucionais, como acesso a uma variedade de direitos sociais. Esses direitos instituem a obrigação de criação dos requisitos materiais para que os projetos de vida dos indivíduos possam ser realizados; o direito à educação exige a construção de escolas, o direito à saúde requer a construção de redes de hospitais, o direito ao trabalho, a ausência de práticas discriminatórias.[62]

Direitos fundamentais também designam uma categoria de direitos relacionada com a ideia de *status activus*. Essas normas constitucionais pressupõem a existência em uma sociedade organizada de acordo com um regime político específico, a democracia, baseado no pressuposto de que o poder político é exercido coletivamente de forma direta ou indireta. Direitos políticos implicam a possibilidade da participação dos indivíduos no processo deliberativo, o que lhes permite formular e defender demandas de direitos compatíveis com normas constitucionais. Assim, direitos fundamentais devem ser entendidos como uma categoria de normas que indicam a presunção de que a lógica do regime democrático deve operar para garantir a afirmação dos seres humanos como sujeitos políticos. Como tem sido afirmado, a construção de uma ordem política baseada na existência de direitos fundamentais pressupõe a participação de indivíduos que gozam de uma autonomia política, instância que também permite a realização da autonomia privada. O projeto de uma democracia participativa só pode ser realizado em uma realidade na qual o direito de participação política se materializa em diversos procedimentos que permitem que as pessoas estejam envolvidas e sejam ouvidas nos processos decisórios. Os direitos políticos têm relevância considerável no regime democrático, porque são os meios a partir dos quais as pessoas podem intervir no processo político de uma forma bastante especial: criando as normas que determinam o conteúdo e o alcance dos direitos fundamentais.[63]

---

[62] CANOTILHO, Joaquim Gomes. *Direito constitucional*. 4. ed. Lisboa: Almedina, 1989. p. 449-450.

[63] DIMOULIS, Dimitri; MARTINS, Leonardo. *Teoria geral dos direitos fundamentais*. 8. ed. São Paulo: Revista dos Tribunais, 2021. p. 73-74; SARLET. *A eficácia dos direitos fundamentais*, p. 161-165.

Os direitos fundamentais cumprem outras funções especialmente relevantes, entre elas a consolidação de uma ordem democrática. Primeiro, eles estabelecem uma série de liberdades que precisam ser resguardadas para o funcionamento adequado da ordem jurídica; estas operam então como limites legais para a atuação de instituições estatais, que devem sempre atuar a partir da perspectiva de que essas liberdades sempre devem estar disponíveis para os indivíduos. Segundo, direitos fundamentais estabelecem propósitos para a ação das instituições estatais, uma vez que a realização desses direitos está entre as principais funções dessas instituições. Normas de caráter programático guardam relação direta com direitos fundamentais, na medida em que determinam os propósitos que devem ser alcançados para a realização desses direitos. Terceiro, eles também têm um papel relevante na construção de uma moralidade pública baseada no respeito e na consideração de que devem ser observados por todas as pessoas. Os direitos fundamentais devem ser vistos como valores que refletem as opções políticas utilizadas pelo legislador constituinte, motivo pelo qual devem ser uma referência para a ação dos atores estatais.[64]

Direitos fundamentais exercem outro papel muito relevante na ordem jurídica democrática: *a função antidiscriminatória*, aspecto importante para entendermos as implicações do caso de João Alberto, uma vez que sofrem formas diversas de tratamento desvantajoso. Como tais direitos protegem âmbitos de ação importantes para que as pessoas possam operar de forma autônoma, processos discriminatórios impedem que elas alcancem seus objetivos. O papel estatal de garantir proteção para todas as pessoas inclui medidas para que elas não sejam impedidas de exercer direitos, para que elas não sejam submetidas a processos de desvantagem, uma vez que a ordem democrática está regulada pelo exercício da igualdade de direitos. A defesa de diferentes tipos de igualdade nos textos constitucionais configura um tipo de ordem social na qual as pessoas são reconhecidas como agentes morais, como pessoas que têm o mesmo valor moral, como indivíduos com o mesmo status jurídico. Esses elementos regulam então uma esfera pública na qual os indivíduos não podem estar submetidos a restrições indevidas de direitos, uma vez que esse problema provoca diferenciações de status material e de status cultural entre eles, algo que pode ser reproduzido ao longo do tempo. Práticas discriminatórias comprometem a operação da ordem democrática, porque criam clivagens entre grupos sociais, uma vez que elas têm um caráter sistêmico. Além de impedirem a operação dos

---

[64] SCHNEIDER. Peculiaridad y función de los derechos fundamentales en el estado constitucional democrático, p. 25-28.

indivíduos enquanto agentes no espaço privado, elas também criam obstáculos para que eles possam atuar de forma adequada no espaço público, por não terem condições materiais ou proteção constitucional adequada.[65]

Diretamente ligada à função antidiscriminatória, os direitos fundamentais também apresentam uma *função inclusiva*: eles existem para promover a integração social de membros de grupos tradicionalmente discriminados, pessoas como João Alberto. Essa função inclusiva requer a consideração da situação na qual as pessoas se encontram. Por esse motivo, os direitos fundamentais exigem tratamento simétrico das pessoas em certas situações, requerem tratamento diferenciado em outras, implicam a necessidade de tratamento preferencial em várias outras. Eles exigem a discriminação positiva quando aplicados a pessoas que estão em situação de vulnerabilidade temporária ou permanente; o interesse na igualdade formal deve ser observado em certas situações, enquanto a igualdade material deve ter prioridade em outras. A correção da situação de desigualdade na aplicação dos direitos fundamentais tem como propósito corrigir situações de desrespeito e ainda de desigualdade de status, comumente geradas por ausência de apreço. A inclusão social deve ser vista como objetivo e como princípio de justiça. Enquanto noções tradicionais de justiça estão preocupadas com padrões igualitários de distribuição de oportunidades entre todas as pessoas, a noção de inclusão social enquanto princípio de justiça tem como propósito a eliminação de padrões de subordinação que afetam certos grupos de forma desproporcional. O que está em jogo então é a produção de uma realidade social voltada para a criação de mecanismos que possam promover a integração de grupos sociais subalternizados por padrões culturais e materiais que os situam em uma situação estrutural de desvantagem. A dimensão inclusiva dessas normas legais encontra sustentação na sua dimensão objetiva: eles devem operar para eliminar padrões discriminatórios que contrariem o interesse estatal na construção de uma sociedade na qual todas as pessoas possam ter uma existência dignificada. Isso exige medidas positivas para a garantia do exercício de diferentes categorias de direitos centrais para a integração social de grupos que enfrentam formas persistentes de desvantagem.[66]

---

[65] CANOTILHO, Joaquim Gomes. *Direito constitucional e teoria da constituição*. Lisboa: Almedina, 2007. p. 401-411; MOREIRA. *Tratado de direito antidiscriminatório*, p. 474-480.

[66] COLLINS, Hugh. Discrimination, Equality and Social Inclusion. *The Modern Law Review*, v. 66, n. 1, p. 16-43, 2003; MOREIRA. *Tratado de direito antidiscriminatório*, p. 298-319.

Dimitri Dimoulis chama nossa atenção para outra questão importante. Segundo esse aclamado autor, os direitos fundamentais implicam também a existência de uma categoria de disposições constitucionais que poderiam ser chamadas de garantias de organização. Elas cumprem uma função essencial na ordem constitucional: criar e manter instituições que sustentam os direitos fundamentais. A tutela dos direitos fundamentais pressupõe a existência de instituições estatais, uma vez que eles são demandas feitas a agentes legalmente obrigados a realizá-los. Essas garantias pressupõem o comprometimento de instituições privadas com a observação de direitos fundamentais, uma vez que elas são essenciais para a realização de direitos fundamentais, seja por meio da proteção de liberdades negativas, seja por meio da efetividade de liberdades substantivas. O dever protetivo dos direitos fundamentais está relacionado com a necessidade de criação de um aparato social capaz de garantir a efetividade dessas normas constitucionais.[67]

Tendo em vista o tema deste livro, devemos também mencionar outra função relevante dos direitos fundamentais: eles são meios que permitem a nossa deliberação. Eles podem ser classificados como *liberdades deliberativas*, uma vez que expressam a possibilidade de as pessoas tomarem decisões sobre aspectos periféricos e centrais de suas vidas. Muitos direitos fundamentais são liberdades que protegem áreas de ação dos indivíduos; essas diferentes liberdades permitem que as pessoas criem planos de ação que serão realizados na vida cotidiana, mas também planos de ação que expressam direções gerais da existência dos indivíduos. Essas liberdades deliberativas pressupõem que as pessoas poderão tomar essas decisões, que elas agirão a partir delas e que não serão impedidas de seguir esta ou aquela direção na vida em função de tipos de pertencimento ou formas de status que não são relevantes para a operação dos indivíduos enquanto agentes. Liberdades deliberativas implicam que um indivíduo não precise pensar sobre as possíveis consequências de certas formas de identidade nas suas escolhas, o que pode ocorrer em relação a pessoas que sofrem formas sistêmicas de tratamento discriminatório. Os direitos fundamentais podem ser classificados então como um tipo de repertório de possibilidades que um indivíduo pode ter em função do status de membro de determinada comunidade política. Eles não devem ter de considerar o fato de que certos traços como raça e gênero terão na busca da realização de seus objetivos pessoais, uma vez que considerações dessa

---

[67] DIMOULIS, Dimitri; MARTINS, Leonardo. *Teoria geral dos direitos fundamentais*. 8. ed. São Paulo: Revista dos Tribunais, 2021. p. 57-59.

natureza têm um impacto existencial significativo, violando a integridade psíquica dos indivíduos.[68]

Direitos fundamentais desempenham uma função central na operação de um Estado Democrático de Direito. Se a noção de Estado de Direito deixou de ter uma conotação negativa para integrar um aspecto positivo na passagem do constitucionalismo liberal para o constitucionalismo social, temos hoje uma configuração comprometida com processos transformadores. O atual paradigma constitucional tem sido classificado como um constitucionalismo de direitos, expressão que implica a existência de uma organização estatal voltada para a afirmação de direitos fundamentais nas suas variadas espécies. Direitos não são mais entendidos como meros limites à ação do poder estatal, uma vez que agora sua efetividade é um objetivo estatal central. Não se trata apenas de abstencionismo, nem apenas de administração de políticas distributivas. Por estar comprometida com a afirmação da dignidade humana, preceito que se manifesta pela efetividade de direitos fundamentais, instituições estatais devem intervir na sociedade para promover transformações. Estas estão especialmente relacionadas com a mudança de status daquelas pessoas que se encontram em uma situação vulnerabilidade social, com a eliminação dos fatores responsáveis pela perpetuação de disparidades entre grupos sociais. Vemos, então, que não estamos falando mais de uma categoria de normas que têm o papel de operarem como parâmetros de racionalização do poder estatal. Estamos em um paradigma jurídico no qual normas constitucionais têm uma dimensão propositiva, elas fazem parte de um programa legal que almeja promover objetivos que possuem uma relevância estrutural para a realização de um tipo de Estado de Direito que encontra legitimidade na medida em que incorpora ideais democráticos, no qual a legalidade opera de forma paralela ao compromisso com a dignidade humana.[69]

Direitos fundamentais: precedentes históricos

Estudos sobre direitos fundamentais seguem uma ordem bastante conhecida. Uma primeira parte apresenta diferentes teorias e definições sobre

---

[68] MOREAU, Sophie. *Faces of Inequality. A Theory of Wrongful Discrimination*. Oxford: Oxford University Press, 2020. p. 77-99; REPOLÊS, Maria Fernanda; OLIVEIRA, Marcelo Cattoni de Andrade; PRATES, Franciso de Castilho. *Liberdades comunicativas*. Belo Horizonte: Conhecimento, 2020.

[69] SANCHÍS, Luis Prieto. *El constitucionalismo de los derechos*. Ensayos de filosofia jurídica. Madrid: Trotta, 2017, p. 23-37.

essa categoria de direitos, a próxima discute suas funções, o que é seguido por reflexões sobre suas características e dimensões, considerações que precedem a análise de cada um deles elencados no nosso texto constitucional. Poucos autores e autoras falam sobre os fundamentos filosóficos desses direitos na literatura nacional, e uma leitura cuidadosa dos principais textos sobre esse tópico sugere que eles e elas partem do pressuposto de que direitos fundamentais existem para garantir uma ordem geral de liberdades em um regime democrático, perspectiva que encerra o debate sobre o tema. Uma análise dos escritos sobre esse assunto demonstra que, para esses estudiosos e essas estudiosas, a natureza e os propósitos desses direitos são transparentes, uma vez que eles existem para garantir a atuação livre dos cidadãos e das cidadãs no espaço público e no espaço privado. Creio que possamos atribuir esse fato a um aspecto relevante da influência do liberalismo na cultura jurídica ocidental. Essa tese pressupõe uma representação antropológica identificada com a imagem dos seres humanos como indivíduos que regulam seu comportamento a partir de normas racionais. Tal fato permite a construção de uma ordem social na qual todos reconhecem uns aos outros como indivíduos com o mesmo status moral, motivo pelo qual eles devem também ter o mesmo status jurídico e o mesmo status político. Seu status como sujeitos racionais anima uma ordem jurídica que atribui aos indivíduos uma série de direitos necessários para que eles possam exercer a liberdade, princípio cuja dimensão jurídica permite o gozo da liberdade antropológica. A esfera privada é o espaço no qual as pessoas existem como indivíduos particulares, lugar no qual se desenvolve a vida das pessoas enquanto sujeitos psicológicos.[70]

Os direitos fundamentais operam em um nível de generalidade considerável, porque cabe às pessoas, por meio do exercício desses direitos, estabelecer propósitos para as suas vidas, fato que indica a relevância existencial dessas normas constitucionais. Não podemos então compreender o papel deles sem uma referência a um tipo de representação antropológica dos seus titulares, o que nos leva à conclusão de que a antropologia filosófica ocupa um papel central nos debates sobre esses direitos, aspecto sempre negligenciado por muitos dos autores que escrevem sobre o tema. Quero desenvolver nesta seção e na seguinte uma reflexão sobre diferentes correntes de pensamento que justificam os direitos

---

[70] Cf. SILVA, José Afonso. *Curso de direito constitucional*. 23. ed. São Paulo: Malheiros, 2003. p. 172-185; SARLET, Ingo Wolfgang; MARINONI, Luiz Guilherme; MITIDIERO, Daniel. *Curso de direito constitucional*. 4. ed. São Paulo: Saraiva, 2015. p. 295-314; FERNANDES, Bernardo Gonçalves. *Curso de direito constitucional*. 12. ed. São Paulo: Juspodium, 2020. p. 359-369.

fundamentais a partir dos mais diversos pressupostos, cada uma baseada em diferentes perspectivas antropológicas, filosóficas e jurídicas. Acreditamos que todas elas forneçam elementos importantes para o estudo e para a interpretação desses direitos, mas queremos demonstrar aqui que elas estão baseadas em uma compreensão restrita dos seres humanos: estes aparecem nessas teorias como entes abstratos, posição que limita o potencial transformador que os direitos fundamentais poderiam ter em sociedades democráticas. É certo que o sistema jurídico precisa conceber as pessoas com certo nível de abstração; estamos falando aqui de um aspecto específico do discurso dos direitos. Trata-se de uma compreensão que entende a dignidade humana como a possibilidade de gozo de direitos que garantem uma área de ação autônoma dos indivíduos, posição tida como suficiente para uma vida autônoma quando os indivíduos vivem em uma sociedade democraticamente organizada. Teorias de direitos fundamentais de inspiração liberal os compreendem como faculdades disponíveis a todas as pessoas que vivem em uma sociedade política organizada segundo princípios democráticos. Esse fato seria motivo suficiente para que essa categoria de direitos tivesse sempre o potencial de operar como mecanismo de emancipação humana, porque eles são capazes de regular o poder estatal de forma eficaz. Esse pressuposto anima muitas teorias que justificam os direitos fundamentais, perspectivas que ignoram o fato de que os indivíduos estão inseridos em sociedades estruturadas por relações hierárquicas de poder. A existência de um regime democrático não implica a eliminação de mecanismos discriminatórios que impedem o gozo de direitos nem dos custos psicológicos decorrentes de tais violações.[71]

Para que possamos desenvolver os temas aqui mencionados, devemos iniciar nosso debate com considerações sobre o aparecimento da noção de direitos fundamentais, o que exige uma análise do contexto da emergência da noção de direitos humanos, uma construção moderna baseada no pressuposto do papel central do indivíduo pensado como agente racional na organização da vida social. A ideia de humanidade é uma construção recente que surge em um momento histórico no qual a consciência da pluralidade de culturas motiva a discussão sobre a existência de uma unidade humana. Apesar das diversas opiniões contrárias a essa possibilidade, a noção de que essa unidade existe se torna um pressuposto jurídico central no debate sobre direitos humanos, o que também possibilita o reconhecimento da ideia da

---

[71] Cf. McCOLGAN. *Discrimination, Equality and the Law*, p. 1-33; KOPPELMAN. *Antidiscrimination Law and Social Equality*, p. 1-13.

universalidade deles. Se, em momentos históricos anteriores, apenas alguns segmentos sociais eram considerados como portadores de direitos, a noção de uma unidade da humanidade decorrente da ideia de atributos comuns concorre para o reconhecimento de que todas as pessoas podem ser reconhecidas como titulares de direitos. A existência de uma humanidade pressupõe direitos universais, ideia construída em torno da noção de uma igualdade básica do gozo de direitos entre todos os membros da família humana. Essa igualdade de direitos decorre da pressuposição de que a universalidade da titularidade de direitos está construída a partir de elementos que todos os seres humanos compartilham, motivo pelo qual todos eles merecem o mesmo respeito e a mesma consideração. Está aqui presente a intenção de proteger os seres humanos enquanto agentes, enquanto pessoas capazes de guiar suas ações por meio de um processo de reflexão, tese que acompanha o pensamento jurídico desde o mundo antigo, mas que será expandida e consolidada no mundo moderno.[72]

Transformações significativas no plano cultural, relacionadas com as formas de inserção e regulação dos seres humanos na ordem política, começam a produzir mudanças graduais na ordem jurídica na passagem para a modernidade. A crescente influência do racionalismo e do individualismo como parâmetros para a organização social permitiu o reaparecimento do conceito de *persona*, ideia que compreende os indivíduos como seres que possuem direitos subjetivos perante as instituições estatais, pressuposto para uma demanda crescente da limitação do poder estatal. Ao lado da recuperação dessa ideia, surge a representação do ser humano como referência do conhecimento, fato responsável pela construção da noção de um sujeito racional capaz de organizar a realidade a partir do uso adequado da razão. A convergência entre a noção jurídica de pessoa com a representação racional dos seres humanos estabelece as bases para filosofias políticas que procurarão justificar o direito a partir da racionalidade humana, postura responsável pelo abandono gradual da noção de que a vontade divina é o único fundamento possível da ordem jurídica. O racionalismo oferece as bases para a formação de uma cultura jurídica fundada no indivíduo como parâmetro para a organização de toda a sociedade, motivo pelo qual surge a noção de que eles têm direitos que podem ser opostos às instituições estatais. Essa tese implica a existência de um tipo de organização política na qual os cidadãos possam conduzir livremente um plano de ação traçado de acordo com seus interesses individuais. A organização jurídica e

---

[72] OREND. *Human Rights. Concept and Context*, p. 15-16.

política da sociedade deveria então espelhar esse aspecto da natureza humana, vista agora como algo com uma dimensão essencialmente racional.[73]

Esse novo status dos seres humanos como sujeitos jurídicos serve de ponto de partida para uma série de mudanças que impactaram diversos aspectos da vida social e política em muitas sociedades ocidentais. Significativamente, ele será a referência para a justificação de reformas no sistema político dessas nações, que procuram agora estabelecer um regime compatível com a nova representação dos seres humanos. A imagem destes como seres racionais permitirá elaborar uma teoria política e uma prática social voltadas para a proteção de pessoas que podem operar de forma autônoma. O pressuposto de uma racionalidade universal implica que as ações humanas não precisam buscar justificação em uma ordem transcendental, porque esta capacidade fornece os elementos necessários para a organização social. Ser um ser racional significa poder operar como fundamento do conhecimento, mas também como ponto de partida para as reflexões morais e para a organização da vida coletiva. Esse pressuposto da razão como uma característica universal dos seres humanos indica a possibilidade de autonomia, noção que passa a fundamentar o significado da liberdade no mundo moderno. Ser livre nesse novo momento histórico significa poder operar de forma autônoma, significa poder criar as normas que permitirão a criação de um regime geral de liberdades no qual todas as pessoas terão as mesmas chances de deter comando sobre suas vidas, porque caberá a elas estabelecer propósitos individuais; a vida delas não será mais determinada por normas que supostamente expressam a vontade de forças transcendentes. Ser digno não significa mais viver de acordo com expectativas externas; ser digno significa encontrar na própria capacidade racional o parâmetro para a própria existência, o que se torna um ideal cultural generalizado nas sociedades liberais até os nossos dias.[74]

A convergência do racionalismo e do individualismo encontra expressão relevante nas teorias que procuraram estabelecer novas referências para a organização jurídica, e esta não poderia ser mais vista como expressão de forças exteriores à comunidade política ou identificada com a vontade de atores sociais específicos. Os pensadores que se debruçaram sobre esse tema começaram a

---

[73] PECES-BARBA. *Curso de derechos fundamentales. Teoría general*, p. 154-172; HERBERT, Gary B. *A Philosophical History of Rights*. New Brunswick: Transaction, 2004. p. 83-131; PECES-BARBA MARTINEZ, Gregorio. *Historia de los derechos fundamentales. Transito a la modernidad*. Madrid: Dickinson, 2001, p. 573-599.

[74] ANDRADE. *Os direitos fundamentais na Constituição Portuguesa de 1976*, p. 51-73.

utilizar a representação dos seres humanos como indivíduos livres e iguais para formular propostas de transformação da organização política inspiradas em um contrato baseado na possibilidade de um acordo racional que fundamentaria todos os direitos. As normas que regulam essa associação de indivíduos permitem que eles operem de modo livre a partir de um conjunto de regras que expressam o acordo de como a vida política pode ser harmonizada com o fato de que todos os outros membros da comunidade política gozam do mesmo direito. As relações humanas, nessa nova forma de organização social, não estão mais baseadas nas noções de obrigações naturais e virtudes intrínsecas, caso do período histórico anterior, mas na noção de direitos universais que possibilitam a autodeterminação das pessoas na esfera pública e na esfera privada. Uma nova forma de organização social surge na medida em que é superada a noção de que o nascimento em certo tipo de coletividade determina o destino pessoal do indivíduo. Essa sociedade orgânica encontra seu ocaso na medida em que o individualismo racionalista divulga a ideia de que as pessoas são capazes de estabelecer suas próprias direções na vida, o que requer um tipo de organização política centrada na defesa de direitos inerentes à natureza humana.[75]

A nova concepção de liberdade como autodeterminação requer então um tipo de regime político no qual a lógica da operação das instituições políticas permita o gozo desse status de ser autônomo. As revoluções liberais responsáveis pelo nascimento do constitucionalismo moderno tinham o propósito de construir uma ordem jurídica e política baseada na possibilidade de proteção jurídica de todos os indivíduos. Esse objetivo pode ser realizado na medida em que as instituições estatais atribuam a eles um mesmo status jurídico que possibilite a todos atuarem de forma livre. Esse status implica ainda o reconhecimento de uma série de direitos devidos a todas as pessoas; ser um sujeito de direito significa ter direitos públicos subjetivos que devem ser respeitados por todos. Esses direitos expressam faculdades necessárias para as pessoas poderem realizar o ideal social de autodeterminação, elemento que caracteriza a noção de dignidade, agora associada ao status igualitário aferido a todos. Os direitos humanos passam a designar um conjunto de faculdades necessárias para os indivíduos poderem conformar princípios que são vistos como essenciais para a vida humana: a *dignidade*, a *liberdade* e a *igualdade*. Esses direitos serão

---

[75] ADAMS, Maurice. Individualism, Moral Autonomy and the Language of Human Rights. *South African Journal of Human Rights*, v. 13, n. 3, p. 501-510, 1997; BIDART CAMPOS, Germán. *Teoría general de los derechos fundamentales*. Buenos Aires: Editorial Astrea, 1991. p. 169-230.

positivados nos textos constitucionais de sociedades que adotam a democracia como regime político, único sistema no qual as pessoas podem ter uma vida regulada pelos princípios aqui mencionados. Agora chamados de direitos fundamentais, eles são elementos necessários para a proteção de diferentes dimensões da vida humana, uma vez que a noção de dignidade pressupõe a possibilidade do gozo das mesmas faculdades. A relação entre dignidade, liberdade e igualdade é estrutural: o reconhecimento da igual dignidade moral de todas as pessoas é uma condição para que elas sejam reconhecidas como seres humanos que merecem ter uma esfera de ação livre para que possam atingir seus propósitos pessoais. A positivação desses direitos opera então como uma garantia de que eles guiarão a atuação das instituições estatais, que passam a ter legitimidade na medida em que operam de acordo com os direitos fundamentais.[76]

O processo de desenvolvimento dos direitos fundamentais acompanha a mudança de paradigma constitucional ocorrida ao longo da história do constitucionalismo moderno. Eles foram classificados, durante o constitucionalismo liberal, como um conjunto de liberdades individuais que devem ser protegidas pelas instituições estatais, condição para o funcionamento de uma ordem política comprometida com a proteção da autonomia humana. Eles são meios para a proteção da autonomia individual, na medida em que possibilitam a construção de uma esfera de ação livre para as pessoas, o que era visto como condição para a emancipação humana. O alcance desse propósito se mostra inviável em uma realidade social na qual direitos formais não são suficientes para uma vida digna, uma vez que as pessoas estão inseridas em uma ordem social na qual forças econômicas criam disparidades de condição social que impedem o pleno exercício de direitos. Mobilizações políticas em torno de reivindicações por formas efetivas de integração social podem ser vistas como um dos fatores centrais para uma mudança paradigmática na cultura constitucional, com a universalização de novas formas de direitos vistos como necessários para a emancipação humana. A igualdade material acompanha a igualdade formal; os indivíduos devem ter condições materiais mínimas de existência para que possam ter uma vida digna, motivo pelo qual a noção de justiça como tratamento simétrico deva ser substituída pela ideia de justiça como prática distributiva. Os direitos fundamentais deixam de ter uma natureza meramente negativa para se tornar direitos a prestações estatais: os indivíduos devem ter acesso a direitos sociais, uma categoria de direitos que

---

[76] Cf. SCHNEIDER. Peculiaridad y función de los derechos fundamentales en el estado constitucional democrático; ANDRADE. *Os direitos fundamentais na Constituição Portuguesa de 1976*, p. 51-73.

procura realizar o ideal de emancipação humana por meio da segurança material. O Estado possui agora propósitos substantivos estabelecidos por normas que instituem programas de ação para as instituições estatais, e a igualdade material é um dos objetivos principais de sua operação. Se os princípios da universalidade e da generalidade governavam os direitos fundamentais no constitucionalismo liberal, eles agora são relativizados para que se possam formular medidas destinadas à promoção da inclusão de grupos que sofrem desvantagens materiais significativas.[77] Novas configurações sociais foram responsáveis pelo surgimento de um novo paradigma constitucional que acelera esse processo por meio de mudanças relevantes. O que tem sido chamado de Estado Democrático de Direito designa uma nova configuração jurídico-política marcada por um comprometimento constitucional com a centralidade da proteção da pessoa humana por meio de um catálogo de direitos fundamentais que têm papel instrumental para a afirmação da dignidade humana. Os direitos fundamentais não são apenas liberdades formais ou substantivas, eles representam uma ordem objetiva de valores que estabelece parâmetros para sua interpretação e aplicação. Mais do que isso, eles estabelecem parâmetros para a ação de instituições estatais que devem operar de forma positiva para garantir a promoção das diferentes dimensões da igualdade. O Estado existe agora como um agente de transformação social e deve operar para promover um programa de transformação existente em textos constitucionais, que apresentam agora uma dimensão propositiva, centrados na efetividade de amplos catálogos de direitos fundamentais.[78]

Uma transformação gradual presente em outros paradigmas se torna ainda mais evidente no atual paradigma constitucional: o processo de categorização ou especificação dos direitos. O reconhecimento da necessidade de afirmação da igualdade na diferença desencadeou a adoção de mecanismos que pretendem eliminar os vários tipos de discriminação estrutural presentes nas democracias liberais. Como vimos, a ideologia individualista toma a identidade comum de todos os cidadãos como um elemento fundamental para a universalização dos direitos fundamentais. Um processo dessa natureza requer a

---

[77] DIAZ, Elías. *Estado de derecho y sociedad democrática*. Madrid: Taurus, 1986. p. 83-101; PÉREZ LUNO, Antonio Enrique. *Los derechos fundamentales*. 7. ed. Madrid: Tecnos, 1998. p. 29-44.

[78] CARVALHO NETTO, Menelick de. *Teoria da constituição e direito constitucional*. Belo Horizonte: Conhecimento, 2021. p. 53-71; MOLLER, Max. *Teoria geral do neoconstitucionalismo: bases teóricas do constitucionalismo contemporâneo*. Porto Alegre: Livraria do Advogado, 2011.

homogeneização social a partir da compreensão dos seres humanos como entes abstratos, representados pela figura do sujeito de direito. Essa ideologia estava fundada na negação de que as diferenças de status social tenham qualquer relevância jurídica, pois seu reconhecimento não teria lugar na construção de uma sociedade que almejava a uniformização do tratamento jurídico entre as pessoas. Em função desses motivos, uma nova forma de igualdade aparece nos sistemas constitucionais das democracias liberais. Esse tipo de igualdade relativiza preceitos importantes da doutrina da igualdade, como os princípios da generalidade e da universalidade; eles continuam sendo relevantes, mas podem ser atenuados quando se reconhece que certos critérios de diferenciação impedem o avanço do igualitarismo.[79]

Por causa dessas transformações, normas jurídicas e políticas públicas passam a ser direcionadas a grupos sociais específicos, com o objetivo de promover a integração social de seus membros. A identidade cumpre aqui um papel importante, uma vez que os processos de subordinação incidem sobre tipos de pertencimento dos indivíduos. Um novo conjunto de normas constitucionais surge na passagem do constitucionalismo liberal para o constitucionalismo social: as normas de caráter programático. Elas estabelecem parâmetros para a ação estatal, sendo um deles a eliminação da marginalização social. O caráter programático dessas normas também opera como uma diretriz para a verificação da conformidade de atos governamentais com o princípio da igualdade. Não se trata mais de uma mera análise da racionalidade entre meios adequados e finalidades legítimas, mas da possibilidade de uma política pública promover a igualdade material entre grupos de pessoas. O processo de categorização do direito abre espaço para um ponto importante da interpretação e da aplicação da igualdade: a necessidade de abandonarmos o indivíduo abstrato como única referência para a elaboração de políticas públicas. Elas devem estar voltadas para grupos específicos, porque formas estruturais de exclusão incidem sobre identidades que designam o status que indivíduos ocupam na sociedade.[80]

É importante observar a relevância do constitucionalismo na articulação entre identidade e diferença ocupa um lugar de protagonismo em decisões recentes de cortes constitucionais sobre direitos de minorias. Esses órgãos

---

[79] PIZA ROCAFORT, Rodolfo. *Igualdad de derechos: isonomía y no discriminación*. San José da Costa Rica: Universidad Autónoma de Centro América, 1997. p. 50-59; MARSHALL, T. H.; BOTTOMORE, Tom. *Cidadania e classe social*. São Paulo: Editora Unesp, 2021. p. 13-41.

[80] Cf. ATTAL-GALLY, Yael. *Droits de l'hommeet categories d'individus*. Paris: LGDJ, 2003.

julgadores enfatizam a importância de criarmos mecanismos para proteger grupos vulneráveis, o que encontra ampla fundamentação nos textos constitucionais. Eles também recorrem a compreensões bem mais amplas da cidadania, ao estabelecerem relações diretas entre essa categoria política e o tema da identidade, entendida aqui como uma característica socialmente criada para designar o status coletivo de certos grupos sociais. A dimensão moral da cidadania surge nessas decisões para afirmar o papel das instituições estatais na promoção do reconhecimento da igual dignidade de grupos que sofrem processos históricos de exclusão, em função da hierarquização produzida pelo sistema de classes e pela estigmatização de certas identidades. Esses órgãos também mencionam a noção de cidadania sexual para garantir direitos que possam promover a democratização do espaço privado, instância que também pode ser um lugar de opressão. Esse conceito engloba a possibilidade de as pessoas tomarem decisões centrais sobre suas vidas relacionadas à sexualidade, o que inclui a possibilidade do livre exercício da sexualidade, a escolha do gênero do parceiro, a possibilidade de acesso a direitos sexuais, a proteção contra a violência nessa esfera da vida.[81]

O caso de João Alberto, que exemplifica a violência generalizada sofrida por pessoas negras, ilustra dois processos ocorridos na modernidade. Se, de um lado, temos o discurso da universalidade dos direitos fundamentais baseado na representação de todos eles como atores racionais, a modernidade introduziu diferenciações estruturais responsáveis pela distinção entre quem pode ser reconhecido como titular de direito e quem não pode ter acesso aos benefícios da cidadania. Certos autores apontam outros dois elementos necessários para compreendermos a modernidade: a marginalização e a estigmatização. A primeira diz respeito ao funcionamento do capitalismo, sistema econômico que promove um tipo de inserção hierarquizada: as pessoas têm acesso a direitos formais, mas não possuem os meios ou as condições ideais para exercê-los. A estratificação por meio de classes significa que as pessoas estão dentro do sistema, mas a partir de um tipo de pertencimento subordinado, uma vez que parcelas significativas da sociedade se encontram em uma situação permanente de desvantagem econômica. A estigmatização, por sua vez, diz respeito a processos culturais responsáveis pela construção de certos grupos como coletividades que não são capazes de fazer parte da comunidade política, em função de uma suposta inferioridade constitutiva. Se a inclusão subordinada é produto da criação de um sistema de classes, a exclusão é produto de processos culturais baseados na inferiorização

---

[81] Cf. MOREIRA, Adilson José. *Cidadania sexual: estratégias para ações inclusivas*. São Paulo: Arraes, 2017. p. 147-205.

de identidades. Atualmente, temos uma convergência desses dois fatores, uma vez que grupos que não faziam parte da comunidade política – negros sob o regime de escravidão – são agora pessoas que se encontram na interseção dos dois fatores, a desvantagem econômica sistemática e estigmas que reproduzem a ideia de uma inferioridade constitutiva. Assim, eles estão submetidos a uma pluralidade de práticas discriminatórias, decorrentes da percepção de negros como pessoas que não podem operar de forma competente no espaço público.[82]

Teorias jurídicas e filosóficas dos direitos fundamentais

O caso de Anderson: um relato sobre violência doméstica

Anderson é um adolescente negro que enfrenta uma situação familiar cotidiana de violência desde que revelou ser homossexual. As constantes agressões o levaram a sair de casa, mas ele foi forçado a voltar para aquele lugar durante o período da pandemia, uma vez que, como centenas de milhares de brasileiros, ele perdeu o emprego. Essa situação retrata um problema que afetou inúmeras outras pessoas homossexuais durante esse período: o convívio familiar se tornou um espaço de violência permanente. Como pessoas negras são as primeiras a perder o emprego durante períodos de crise econômica, Anderson não teve mais condições de estar em uma situação na qual pudesse ser protegido das agressões impostas pelo seu pai, com a conivência de sua mãe. Seu pai dizia que ele poderia ser uma "aberração" da porta para fora, mas não dentro da casa dele. Seu pai disse que jamais aceitaria um filho homossexual, especialmente por ser um homem negro. Ele perguntava para Anderson, durante as surras, por que ele não se comportava como todos os homens negros, indagava como ele iria dizer para a família que preferia ser "viado" do que ser um "comedor". A convergência entre estereótipos raciais e de gênero motivou agressões verbais, que foram logo seguidas de agressões físicas. Certo dia, sua irmã, Priscilla, chegou em casa e viu Anderson deitado no chão sendo chutado pelo pai. Ele perguntava ao filho aos gritos por que ele, além de ser preto e pobre, tinha de ser "viado". Influenciada por uma ideologia religiosa que atribui às mulheres um lugar de completa subserviência, sua mãe ouvia e assistia às agressões

---

[82] Cf. GUTMAN, Amy. *Identity in Democracy*. Princeton: Princeton University Press, 2004; BAKER, Lee D. *From savage to negro*. Berkeley: University of California Press, 1998; THEODORO, Mário. *A sociedade Desigual. Racismo e branquitude na formação do Brasil*. São Paulo: Zahar, 2022.

sem interferir. Receosa de que as agressões contra o irmão pudessem resultar na morte dele, Priscilla denunciou o pai anonimamente. Ele acreditou ter sido denunciado pelos vizinhos, mas esse fato não impediu outras agressões. Alguns dias depois, ele esquentou uma colher no fogão e colocou na língua de Anderson, dizendo que com aquilo ele iria pensar duas vezes antes de colocar um pênis na boca novamente. Anderson afirma: "Meu pai faz eu me sentir errado por existir. Ele me agride, xinga, cospe, queima, por uma coisa que eu não escolhi ser, apenas sou. Minha mãe fala que a culpa é minha, porque eu não tentei não ser homossexual, ou não me apeguei com Deus. Mal sabe ela que eu tento não ser desde que era criança".[83]

Diversas teorias jurídicas sobre direitos fundamentais foram elaboradas ao longo do tempo, e elas expressam a racionalidade própria do paradigma constitucional vigente. A *teoria liberal* dos fundamentais entende que eles são direitos destinados à proteção da liberdade individual. Essa proteção pressupõe uma postura negativa das instituições estatais, instâncias que não devem intervir na esfera dos indivíduos. Direitos fundamentais são direitos públicos subjetivos, são direitos de oposição às instituições estatais. Cabe a elas proteger as liberdades individuais, cabe a elas proteger uma esfera de ação individual na qual as pessoas podem atuar de forma livre. Os direitos fundamentais expressam então um consenso político sobre a prioridade da liberdade individual sobre interesses estatais; eles designam um conjunto de normas voltadas para a proteção dos interesses dos indivíduos contra possíveis interferências indevidas de outros agentes, sejam eles públicos ou privados, na esfera de ação individual. Por serem entendidos como normas que procuram garantir diferentes categorias de liberdade, os direitos fundamentais, nessa teoria, são vistos como preceitos com uma característica negativa, pois protegem os indivíduos contra interferências no exercício da autonomia individual.[84]

A teoria liberal dos direitos fundamentais está construída a partir de uma concepção bastante específica da natureza humana. Os seres humanos são vistos como entes racionais, o que os torna capazes de elaborar normas de conduta para

---

[83] NUNES, Caroline. Homens negros gays são os que mais sofrem violência. *Terra*, 28 jun. 2022. Disponível em: https://www.terra.com.br/nos/homens-negros-gays-sao-os-que-mais-sofrem-violencia-segundo-levantamento,1ddd9fce2089e30fccf97eea3a3a475aip0c4f8r.html. Acesso em: 13 ago. 2023.

[84] CARBONELL. *Los derechos fundamentales en México*, p. 35-36; CANOTILHO. Joaquim Gomes. *Direito Constitucional e teoria da constituição*. 7ª ed. Lisboa: Almedina, 2015. p. 393-410.

si mesmos e viver de acordo com normas jurídicas que expressam o consenso coletivo sobre as melhores formas de organização política. Essa racionalidade dos seres humanos decorre da possibilidade de deliberação sobre questões morais, da possibilidade de formular parâmetros para a regulação da ação individual a partir da consideração da possibilidade de universalização da motivação dos atos individuais. A capacidade humana de mediar seus atos por meio de normas morais universais implica a possibilidade de agir de forma autônoma, de mediar suas ações a partir de critérios de universalidade, característica que expressa a dignidade intrínseca dos seres humanos. Dessa forma, a organização política e jurídica da sociedade deve ocorrer de forma a permitir que os indivíduos tenham os direitos para poder exercer liberdades individuais. A pessoa humana se torna o centro da organização política e jurídica da sociedade, cabendo às instituições estatais garantir o pleno exercício das suas liberdades. As pessoas são livres para operar nos diferentes espaços da vida, condição para sua realização moral, propósito que tem prioridade sobre quaisquer outros objetivos estatais, uma vez que o Estado não tem objetivos que não sejam a criação de condições para o florescimento moral dos indivíduos. A teoria liberal dos direitos fundamentais está construída sobre o pressuposto de que esses direitos cumprem a função primordial de criar barreiras contra o poder estatal; esses direitos são então vistos como direitos subjetivos oponíveis aos agentes estatais. Eles implicam a proteção de liberdades que expressam um interesse em alcançar propósitos estabelecidos pelos indivíduos, eles implicam a proteção de prerrogativas decorrentes do reconhecimento das pessoas como sujeitos de direito, eles pressupõem a preservação de posições jurídicas legalmente atribuídas a elas.[85]

A *teoria institucional* dos direitos fundamentais parte do pressuposto de que os direitos fundamentais designam interesses objetivos que almejam a realização de certas finalidades que, uma vez reguladas legislativamente, passam a ter relevância normativa. Ao contrário da teoria liberal, que procura justificar os direitos fundamentais a partir de uma ordem transcendente de valores, os autores que defendem essa teoria procuram referências institucionais para a definição do conteúdo, dos sentidos e das condições de exercício dos direitos fundamentais. Eles têm uma dimensão funcional, porque são formulados e garantidos dentro de instituições que têm o papel de criar os meios para seu exercício; os direitos fundamentais devem ser ponderados em relação a outros interesses expressos por outras normas constitucionais, uma vez que eles têm uma relação de condicionalidade em

---

[85] CARBONELL. *Los derechos fundamentales en México*, p. 8-39; CANOTILHO. Joaquim Gomes. *Direito Constitucional e teoria da constituição*. Lisboa: Almedina, 2015. p. 1396-1402.

relação a elas. Como há uma relação condicional de valor em relação a outros bens constitucionalmente protegidos, o conteúdo e os limites desses direitos decorrem de regulação legalmente estabelecida. Eles apresentam então uma dimensão individual e institucional, uma vez que dizem respeito a direitos de pessoas que devem ser assegurados por instituições. Os direitos fundamentais não expressam apenas um conjunto de valores morais positivados em textos constitucionais que emprestam racionalidade às ações estatais; eles têm uma dimensão institucional objetiva, uma vez que são realizados a partir da ação institucional.[86]

A teoria *democrático-funcional* dos direitos fundamentais está construída sobre o pressuposto de que eles não existem prioritariamente para proteger liberdades individuais nem adquirem concretude na medida em que guiam a operação de instituições políticas. Eles têm uma função procedimental na medida em que são utilizados para racionalizar o processo democrático. Mais do que para a garantia de ação livre no espaço privado, direitos fundamentais existem para a atuação das pessoas no processo político, sendo relevantes para a construção de uma esfera pública democrática baseada na possibilidade de igual participação na organização política estatal. As liberdades têm um caráter funcional, porque são instrumentais para o funcionamento de uma esfera pública democrática; os cidadãos não são meros atores privados, mas pessoas engajadas na participação política. Vemos aqui uma mudança da ênfase do direito para a garantia de autonomia privada para a ênfase na ideia de que a autonomia pública opera como uma condição para o exercício da primeira. A participação no processo político é uma condição para a operacionalização do sistema social responsável pela atribuição e pela garantia de direitos fundamentais. Para outros autores, direitos humanos não devem ser justificados nem por razões de natureza instrumental, nem por valores transcendentes, nem por formas de status social. Eles são produto de um consenso político presente em determinado momento histórico, seja no plano nacional, seja no plano internacional. Eles não devem então ser classificados como valores transcendentais, mas como direitos que expressam o acordo político sobre que direitos devem ser concedidos aos indivíduos em determinado momento. Direitos fundamentais expressam então obrigações de caráter institucional que devem ser cumpridas para que as pessoas possam ter acesso a uma vida digna. Eles não estão fundamentados em algum tipo de aspecto na vida humana; eles representam o acordo político existente entre pessoas ou entre Estados em certo

---

[86] CANOTILHO, J. J. Gomes. *Direito constitucional e teoria da constituição*. 7. ed. Coimbra: Almedina, 2014. p. 1398-1399.

momento histórico. Essa concepção classifica então os direitos fundamentais como produto de uma deliberação entre agentes sociais que assume a forma de direitos protegidos por meio de normas legais e garantias institucionais. Tendo em vista esses pressupostos, os autores que adotam essa perspectiva reconhecem a dificuldade de assumir a ideia de universalidade de direitos humanos, uma vez que esses acordos políticos podem variar de uma sociedade para outra.[87]

A *perspectiva positivista* dos direitos fundamentais está construída sobre a premissa segundo a qual eles são produto de uma decisão adotada pelo órgão estatal responsável pela elaboração de normas constitucionais. Eles não são historicamente anteriores às instituições estatais nem são vistos como princípios superiores que devem inspirar a atuação legislativa. Os direitos fundamentais existem apenas enquanto direitos positivados em textos constitucionais, produto de um ato de declaração da existência desses direitos. Direitos fundamentais fazem referência a uma estrutura estatal organizada a partir de normas constitucionais, uma vez que seu exercício e sua proteção depende da sua dimensão normativa, ponto de partida para a proteção jurisdicional. O Estado de Direito formal se torna a referência central para a discussão sobre direitos fundamentais, porque a existência e o exercício destes requer a operação de uma série de normas reconhecidas pelas instituições estatais como legítimas, o que as motiva a criar os meios para a proteção desses direitos, fato que também estabelece os limites que o próprio Estado deverá observar. Por não poderem ser realizados sem a existência da organização estatal, os direitos fundamentais se tornam direitos públicos subjetivos quando positivados em textos constitucionais, operando então como limites à ação estatal. Assim, as instituições estatais criam os meios para as pessoas exercerem liberdades individuais, para poderem demandar acesso a prestações estatais, para poderem participar nos processos decisórios.[88]

É importante observar como violações de direitos fundamentais são responsáveis pela criação e pela reprodução de diferentes formas de vulnerabilidade social, e um tipo de discriminação sofrido em um âmbito da vida influencia vários outros. Por pertencer a um grupo social cujos membros enfrentam situações

---

[87] DEMBOUR, Marie-Benédicte. What Are Human Rights? Four Schools of Thought. *Human Rights Quarterly*, v. 32, n. 1, p. 1-20, 2010, p. 2-3; CRUFT, Rowan; MATTHEW, Liao; RENZO, Massimo. The Philosophical Foundations of Human Rights: An Overview. *In*: CRUFT, Rowan; MATTHEW, Liao; RENZO, Massimo (ed.). *Philosophical Foundations of Human Rights*. Oxford: Oxford University Press, 2015. p. 19-23.

[88] FREIJEDO, Francisco J. Bastida *et al. Teoría general de los derechos fundamentales en la Constitución Española de 1978*. Madrid: Tecnos, 2012. p. 24-28.

extremas de violência, tanto no espaço público quanto no espaço privado, Anderson se encontra impedido de poder exercer um dos direitos mais básicos que deveriam estar disponíveis a todos os seres humanos: a possibilidade de ter uma vida autônoma, de ter sua integridade física preservada, de ter seu valor como ser humano respeitado, de ser visto como alguém que merece o mesmo apreço e a mesma consideração que todas as outras pessoas. Ele enfrenta formas de violação da dignidade humana bastante presentes na vida de pessoas negras, especialmente a alienação identitária. Ele sofre a estigmatização da identidade por ser negro e por ser homossexual. Por não ser visto como uma pessoa supostamente normal, ele está exposto a uma situação de grande vulnerabilidade, o que se torna ainda mais grave em função da convergência da operação de diferentes sistemas de discriminação. A imposição do confinamento social enfrentada em tempos recentes demonstrou como essas práticas discriminatórias impedem o exercício de direitos fundamentais, prejudicam o exercício da cidadania nas suas várias dimensões. Mais do que isso, a realidade de Anderson demonstra como práticas discriminatórias criam obstáculos para que essas pessoas possam exercer direitos fundamentais a fim de ter chances de atingir seus propósitos individuais. Estamos aqui diante de uma questão mais ampla relacionada com a relevância existencial que essa categoria de direitos pode ter para as pessoas, o que nos convida a refletir sobre a fundamentação filosófica dessa categoria de normas constitucionais.

Outra teoria sobre direitos humanos especialmente importante está construída sobre a noção de *interesses*. Ela encontra fundamento na premissa segundo a qual os seres humanos são entes com uma dupla natureza; eles são seres biológicos, mas também seres sociais. Esse duplo status estabelece a necessidade de proteção de acesso a certas garantias para que eles possam satisfazer interesses derivados dessa condição. Esses requisitos são interesses que precisam ser protegidos por direitos, de forma que as pessoas possam ter uma vida digna. Eles são então logicamente anteriores à noção de direitos humanos; esses últimos são garantias institucionais necessárias para que eles possam ser protegidos. Direitos humanos estão fundamentados na nossa natureza, porque eles são meios a partir dos quais nossos interesses podem ser assegurados. Falar em direitos humanos significa afirmar que seus detentores têm interesses protegidos por essa categoria de direitos. Os seres humanos desenvolvem uma série de propósitos ao longo da vida, e a proteção deles é necessária para que eles possam ter uma vivência minimamente digna. Para que tais propósitos possam ser atingidos, uma sociedade precisa estar baseada em um regime que garanta uma ordem geral de liberdades, de forma que as pessoas possam gozar de liberdades negativas e substantivas para buscar ou proteger seus interesses fundamentais. Se certos bens ou condições são essenciais para o alcance de um interesse fundamental, então as pessoas devem ter acesso a eles, uma vez que se apresentam como uma condição para a existência humana. Embora nem todos os interesses de um indivíduo possam ser classificados como direitos humanos, aqueles que são necessários para que todas as pessoas possam ter os meios para o gozo de uma vida digna podem ser considerados dessa forma.[89]

A fundamentação dos direitos humanos na noção de interesses pressupõe que as instituições estatais estejam comprometidas com a garantia de diferentes categorias de direitos que protegem diferentes fatores que podem ser considerados como interesses fundamentais. Eles incluem os meios necessários para a proteção e a continuidade da vida, a garantia do gozo das liberdades necessárias para a participação na vida política ou a proteção contra formas arbitrárias de discriminação.[90] Mais uma vez, nem todos os interesses individuais podem ser vistos como direitos humanos, por não serem relevantes para que a pessoa possa desenvolver alguma faculdade humana ou para atender necessidades básicas de todos os seres humanos. Alguns interesses são vistos como fundamentais porque atendem esse propósito; eles são vistos como elementos sem os quais as pessoas não conseguiriam ter aspectos centrais de sua vida adequadamente protegidos. Violações de direitos humanos criam obstáculos consideráveis para que os indivíduos possam funcionar socialmente de forma adequada, seja por impedirem a satisfação de necessidades físicas, seja por negarem garantias institucionais necessárias para o desenvolvimento de nossas capacidades. Esses interesses fundamentais não permanecem os mesmos ao longo do tempo; coletividades humanas podem desenvolver outros objetivos coletivos que serão vistos como essenciais para uma vida digna em determinado momento histórico. Esses interesses podem ser universalizados, porque todas as outras pessoas reconhecem sua necessidade para o alcance de uma vida adequada; eles são importantes para garantir, melhorar ou preservar a qualidade de vida das pessoas.[91]

Esses interesses capazes de garantir condições básicas de vida para as pessoas são vistos como fundamentos de direitos porque a comunidade política acredita que eles sejam relevantes para as pessoas, mesmo que elas mesmas não procurem sua realização; eles são vistos por todos como direitos relevantes

---

[89] Cf. BUCHANAN, Allen. *The Heart of Human Rights*. Oxford: Oxford University Press, 2013.

[90] NICKEL. *Making Sense of Human Rights*, p. 55-57.

[91] FAGAN, Andrew. Philosophical Foundations of Human Rights. *In*: CUSHMAN, Thomas (ed.). *Handbook of Human Rights*. New York: Routledge, 2012. p. 9-21.

para a vida das pessoas em um momento histórico. Os interesses possuem um âmbito mínimo de proteção, e diferentes grupos de pessoas poderão demandar maior ou menor nível de proteção em função do status ou da situação na qual se encontram. Esses interesses são plurais na medida em que não podem ser reduzidos a um valor capaz de atender todos os grupos nem a algo que represente apenas a vontade de indivíduos específicos. Como as circunstâncias nas quais as pessoas vivem variam de um momento histórico para outro, os interesses que operam como base para os direitos fundamentais têm um caráter aberto, de forma que novos interesses sejam reconhecidos como necessários para a garantia de uma vida digna para os seres humanos. Assim como todos os outros seres humanos, pessoas negras homossexuais periféricas almejam viver em uma realidade social na qual requisitos básicos para uma vida digna sejam garantidos a todas as pessoas. Estar submetido a formas constantes de violência no espaço público e no espaço privado é uma situação que viola a busca pela proteção de condições mínimas para uma existência digna.[92]

Direitos humanos são justificados ainda por aqueles que os classificam como condições essenciais para que as pessoas possam alcançar uma *vida boa*. Os que defendem essa posição argumentam que uma vida boa é aquela na qual as pessoas são capazes de obter bens básicos necessários para uma existência digna. Essa teoria parte do pressuposto de que direitos humanos são condições mínimas para que as pessoas possam buscar bens, desenvolver capacidades e fazer escolhas que todos os seres humanos precisam fazer para que possam realizar essas atividades básicas. Para os autores dessa teoria, bens são aqueles meios de que as pessoas precisam para satisfazer necessidade básicas e garantir segurança material; capacidades são faculdades, poderes e habilidades que os seres humanos precisam desenvolver para buscar seus propósitos, como a capacidade de pensar, de estabelecer propósitos, de criar motivação, de desenvolver relacionamentos humanos. As opções fundamentais correspondem a práticas sociais e institucionais necessárias que os seres humanos requerem para que possam desenvolver as capacidades para buscar seus objetivos individuais. Se os bens fundamentais designam as condições para que os seres humanos possam ter uma vida boa, fazendo então referência a questões internas, as opções fundamentais estão relacionadas com condições externas, com os elementos necessários para que as pessoas possam buscar uma vida boa. Ter acesso a esses bens, capacidades e opções não significa que o indivíduo terá

---

[92] TASIOULAS, John. On the Foundations of Human Rights. *In*: CRUFT, Rowan; MATTHEW, Liao; RENZO, Massimo (ed.). *Philosophical Foundations of Human Rights*. Oxford: Oxford University Press, 2015. p. 52-55.

uma vida boa, mas que ele terá as condições para buscar uma vida boa, uma vez que cada indivíduo tem a liberdade para determinar seus propósitos. Os direitos humanos cumprem então um papel importante, na medida em que permitem que as pessoas alcancem elementos mínimos para uma vida digna; eles operam como um tipo de proteção das pessoas que os possuem e estabelecem parâmetros para as pessoas que ainda precisam ter acesso a eles. Essa teoria também representa os seres humanos como entes racionais que são capazes de fazer uma série de escolhas a partir de deliberações sobre o que pode ser o sentido de uma vida que vale a pena ser vivida, o que pressupõe a capacidade de deliberação e escolha sobre possibilidades existentes.[93]

Ter direitos humanos significa poder buscar algumas atividades básicas, atividades relevantes para todos os seres humanos obterem condições mínimas para o gozo de uma vida boa. Elas incluem possibilidades como a chance de criação de relações afetivas com outros seres humanos, o acesso a formas de conhecimento necessárias para que a pessoa possa funcionar socialmente, a busca de apreciação estética capaz de produzir prazer para o indivíduo, condições mínimas que garantem segurança material. Ter a possibilidade de buscar as condições fundamentais para uma vida boa pode ser visto como fundamentação dos direitos humanos, porque esse fato abre a possibilidade de as pessoas alcançarem um nível adequado de realização pessoal. Direitos humanos podem então ser classificados como capacidades e poderes que uma pessoa tem de buscar uma vida que lhe traga a possibilidade de acesso a condições fundamentais para a existência. Os direitos humanos permitem que as pessoas tenham acesso a uma variedade de direitos que as capacitem a alcançar as condições mínimas para uma vida boa, o que também requer a existência de uma sociedade comprometida com a garantia do gozo desses direitos por todas as pessoas. Algumas dessas condições básicas são relevantes para toda e qualquer atividade que os seres humanos buscam, tais como segurança alimentar. Já outras são importantes para a busca de atividades específicas, como a possibilidade de ser eleito para cargos públicos. De qualquer forma, essa teoria parte do pressuposto de que direitos humanos oferecem proteções significativas para que as pessoas possam operar de forma adequada na vida social.[94] Essa perspectiva traz alguns elementos importantes para pensarmos a situação de grupos subalternizados, como pessoas negras. Sistemas de dominação

---

[93] LIAO, S Matthew. Human Rights as Fundamental Conditions for Good Life. *In*: CRUFT, Rowan; MATTHEW, Liao; RENZO, Massimo (ed.). *Philosophical Foundations of Human Rights*. Oxford: Oxford University Press, 2015. p. 82.

[94] LIAO. Human Rights as Fundamental Conditions for Good Life, p. 82-84.

como o racismo e a homofobia criam obstáculos para que as pessoas possam ter opções para fazer escolhas e desenvolver habilidades necessárias para uma vida boa. Elas não têm nem a devida autonomia nem a respeitabilidade social necessária para poderem exercer direitos que lhes permitam instituir objetivos e propósitos para suas vidas. Violações de direitos humanos são então meios de impedir que os indivíduos construam e realizem planos de vida a fim de atribuir sentidos à própria existência, situação que implica altos custos psicológicos.

Uma concepção relevante de direitos humanos também tem sido defendida por autores e autoras que se afastam da noção de justiça como um bem ou uma faculdade que garantiria uma boa vida para as pessoas. Para esses autores, a pluralidade de condições dos seres humanos não permite que esses elementos garantam o alcance de uma vida digna para todos e todas, motivo pelo qual eles enfatizam a relevância da promoção de liberdades substantivas como elemento central de sua teoria. Direitos humanos criam os meios para que as pessoas possam ter a liberdade de *alcançar objetivos*, mas também para que elas possam *ser algo*. Essas liberdades substantivas permitem o desenvolvimento das capacidades humanas, faculdades com as quais todas as pessoas nascem e que precisam ser adequadamente desenvolvidas para que elas possam operar de forma adequada na vida social. Nascemos com capacidades primárias que precisam ser cultivadas por capacidades secundárias; se as primeiras indicam faculdades presentes em todos os seres humanos, as outras designam aquelas liberdades exteriores que devem existir na forma de direitos. Capacidades são as faculdades e garantias necessárias para que as pessoas possam funcionar socialmente de forma adequada, para que elas possam alcançar a liberdade de poder fazer e de poder ser. A ideia de capacidade expressa o conjunto de funcionamentos necessários para que os indivíduos possam alcançar bem-estar, o que consiste em um conjunto de ações e estados. Dessa forma, direitos humanos, mais do que normas jurídicas, são meios a partir dos quais as pessoas podem desenvolver suas capacidades, o que inclui liberdades substantivas que permitem o alcance de diferentes estados de ser para as pessoas.[95]

Direito humanos implicam a possibilidade do desenvolvimento de capacidades humanas que têm relevância instrumental para a realização da liberdade, conceito que nessa teoria apresenta dois significados centrais. Ser livre significa poder alcançar o bem-estar, o que tem importância fundamental para o cultivo

---

[95] SEN, Amartya. *Inequality Reexamined*. Oxford: Oxford University Press, 1995. p. 39-40; NUSBAUM, Martha. Capabilities as Fundamental Entitlements: Sen and Social Justice. *Feminist Economics*, v. 9, n. 2, p. 33-59, 2003.

das capacidades humanas. Porém, as pessoas têm outros objetivos e valores que estão além da busca desse aspecto. Elas estabelecem finalidades cuja realização pode lhes trazer a felicidade pessoal; esses objetivos só poderão ser realizados se esses indivíduos tiverem a *liberdade de agir*. A realização da condição de agente refere-se à possibilidade de alcançar objetivos que a pessoa estabelece para si mesma, mesmo que não estejam diretamente ligados com o bem-estar material. Enquanto a primeira pressupõe uma liberdade para buscar condições materiais, a segunda designa a liberdade para agir enquanto uma pessoa autônoma. A liberdade produzida pelo gozo de segurança material e a liberdade de condição de agente abrem espaço para a construção de uma vida autônoma. A liberdade está relacionada com as finalidades gerais que as pessoas estabelecem para si, finalidades que envolvem a avaliação do estado de coisas a partir dos objetivos que elas pretendem alcançar.[96] A liberdade de atuação como agente difere da liberdade de bem-estar porque a primeira é uma liberdade necessária para poder alcançar as realizações que o indivíduo valoriza enquanto ser autônomo. Já a segunda designa a liberdade que o indivíduo tem de alcançar meios que lhe proporcionem a satisfação de condições básicas de vida. A liberdade de alcançar o bem-estar possibilita o acesso à saúde, um elemento de grande importância para a realização pessoal. O indivíduo pode eleger a carreira política como um objetivo pessoal, e esse desejo só pode ser alcançado se ele tiver a liberdade de condição de agente. Essas duas formas de liberdade são claramente distintas, mas estão relacionadas. Um indivíduo pode estabelecer a busca do bem-estar pessoal como um objetivo da sua liberdade como um agente; por outro lado, a impossibilidade de realizar os objetivos que estão relacionados com a condição de agente pode certamente conduzir a uma perda da qualidade do bem-estar dos indivíduos.[97]

Se algumas teorias defendem razões instrumentais para a defesa de direitos humanos fundamentais, outras analisam esses direitos a partir de perspectivas que não são derivadas da análise do que os direitos humanos podem realizar na vida das pessoas. Elas encontram fundamento na ideia de que a posse de direitos humanos existe para proteger formas de status que nos caracterizam como seres humanos, independentemente do que eles possam ser utilizados para alcançar. Para certos autores, direitos humanos designam o status moral de todos os indivíduos; eles decorrem do fato de que todas as pessoas têm o mesmo status moral e jurídico, motivo pelo qual elas devem ter acesso aos mesmos direitos. A igualdade

---

[96] SEN, Amartya. Rights and Agency. *Philosophy and Public Affairs*, v. 11, n. 1, p. 66-77, 1982.

[97] SEN. *Inequality Reexamined*, p. 103-104.

de status entre todos os seres humanos implica a necessidade do reconhecimento de que todos eles devem ter acesso aos mesmos direitos para que possam alcançar a realização moral. Mais do que meios para alcançar estados e propósitos, os direitos humanos existem porque são fundamentais para que uma sociedade baseada no reconhecimento de todas as pessoas como igualmente dignas possa ser criada. Como eles designam valores transcendentes a nossa ordem jurídica, eles não designam meios a partir dos quais as pessoas possam alcançar finalidades instrumentais, mas sim referências relevantes para informar as normas que regulam a vida das pessoas que vivem em uma sociedade regulada por essa categoria de direitos. Assim, a dignidade intrínseca dos seres humanos seria um valor que justifica essa categoria de direitos, uma vez que ela indica a possibilidade de eles operarem de forma autônoma na vida social.[98]

A subjetividade racional aparece em outra teoria que procura apresentar parâmetros para a fundamentação dos direitos humanos: *a teoria da agência humana*. Ela afirma que essa é uma característica particular dos seres humanos: a capacidade de estabelecer um plano de vida por meio da atribuição de propósitos e sentidos para suas ações. Essa possibilidade implica a ideia de que somos capazes de planejar nossas ações de acordo com propósitos racionais, o que nos permite fazer ponderações sobre elas a partir dos propósitos que estabelecemos para nossas vidas. Ser um agente racional significa então poder gozar de um tipo de liberdade reflexiva, um tipo de liberdade baseada na possibilidade de deliberação dos seres humanos sobre propósitos a serem alcançados na vida. Estamos aqui, de acordo com essa teoria, diante do elemento que nos permite entender de forma mais exata a noção de dignidade humana: ela reside na possibilidade de as pessoas operarem a partir do estabelecimento de objetivos pessoais e buscarem a efetivação destes por meio dos planos de vida. O conceito de direitos fundamentais decorre então de um traço importante dos seres humanos: o fato de sermos agentes normativos. O acesso a direitos permite que as pessoas gozem de uma liberdade juridicamente estabelecida que deve ser compatível com a nossa representação como agentes racionais. Eles potencializam nossa condição de agentes morais na medida em que abrem a possibilidade de buscarmos a realização dos nossos propósitos. Direitos humanos permitem que as pessoas busquem a realização do que elas entendem ser uma vida boa, objetivos que podem levar à realização moral e subjetiva dos seres humanos.[99]

---

[98] CRUFT; MATTHEW; RENZO. The Philosophical Foundations of Human Rights: An Overview, p. 18-19.

[99] BEITZ. *The Idea of Human Rights*, p. 7-14.

Essa teoria argumenta que diferentes concepções de valores pressupõem diferentes formas de ação; esses valores guiam as pessoas a se comportarem de uma forma ou de outra. Assim, preceitos morais são parâmetros para a ação dos indivíduos, motivo pelo qual devemos classificar direitos humanos como preceitos designados a permitir a ação humana. Valores morais não expressam apenas conteúdos normativos, eles impelem certas formas de ação para que sejam realizados, motivo pelo qual o tema da ação humana se mostra um elemento-chave para a análise dos direitos humanos. A liberdade humana surge nessa teoria como um tipo primordial de direito, porque está correlacionada com a noção de agência humana, elemento central de qualquer teoria antropológica. Ações humanas são atos com propósitos, além de serem voluntárias por surgirem da intenção do ator em atingir um objetivo específico, objetivos que pode ser justificado por expressar interesses racionais, consequentemente universalizáveis. A ação proposital pode ser vista como um dado universal, porque indica um aspecto universal dos seres humanos: o fato de que todos eles agem a partir de propósitos estabelecidos. A possibilidade de ação aparece aqui como um pressuposto para a existência, motivo pelo qual devemos entender direitos humanos como meios que permitem a cada ser humano a possibilidade de deliberação sobre os planos de vida que eles pretendem seguir para que possam ter uma vida digna.[100]

Essa fundamentação dos direitos humanos fundamentais na noção de agência humana parte do pressuposto de que a discriminação representa um obstáculo à realização dos seres humanos, porque restringe nossa possibilidade de ação livre. Reconhecer que os seres humanos são entes racionais significa reconhecer que eles são capazes de instituir sentidos e propósitos para as suas ações, uma condição para que eles possam construir o próprio destino. Essa capacidade implica a possibilidade de escolha de objetivos, de avaliação de possibilidades e considerações dos meios que serão utilizados para o seu alcance. Uma pessoa poderá ter uma vida gratificante na medida em que esta é resultado da realização das escolhas que ela faz para a sua vida. Dessa maneira, atos arbitrários impedem que os indivíduos possam criar planos de vida, o que reduz a possibilidade de poderem agir livremente. Práticas discriminatórias são então restrições da capacidade de ação dos indivíduos, o que significa uma restrição da sua dignidade, o que tem sido classificado como um valor central que os direitos humanos procuram proteger.[101] Direitos humanos são então justificados a partir da noção de escolha. Assim, ter direitos humanos implica ter o acesso

---

[100] FREEMAN. The Philosophical Foundations of Human Rights, p. 505-508.

[101] NICKEL. *Making Sense of Human Rights*, p. 63-64.

a uma série de direitos que possibilitam o exercício de escolhas pessoais. Ao contrário das teorias que procuram definir direitos humanos a partir de uma concepção de uma natureza humana, essa perspectiva enfatiza a importância de pensarmos direitos humanos como meios para a garantia do exercício da possibilidade de escolha. Ser um agente significa viver em uma sociedade na qual as pessoas gozam das condições de escolha e de oportunidades suficientes para poder construir o destino pessoal, o que se apresenta como o propósito principal dos direitos humanos. É certo que a liberdade é um aspecto central da organização de sociedades liberais, mas os teóricos que defendem essa perspectiva estão interessados em construir uma realidade na qual a possibilidade de escolha possa ser igualmente alcançada por todos os seres humanos. Para que esse propósito seja atingido, a agência humana precisa ser vista como o ponto de partida do estabelecimento de propósitos que integram um plano de uma vida digna de ser vivida, plano cuja realização depende do exercício efetivo de direitos. Pessoas como Anderson, indivíduos que sofrem as consequências do racismo e da homofobia, são impedidas de exercerem a liberdade, porque não têm pleno controle sobre a motivação de suas ações.[102]

Importa mencionar, para finalizar esta seção sobre a fundamentação dos direitos humanos, os pressupostos liberais que os informam. O princípio da autonomia pessoal é um dos elementos centrais das doutrinas liberais de direitos humanos; elas estão construídas sobre a hipótese de que direitos humanos existem para garantir um campo de ação pessoal que se manifesta por meio de um conjunto de liberdades que permitem aos indivíduos tomar decisões sobre questões centrais sobre suas vidas. Essas teorias também englobam o princípio da inviolabilidade da pessoa humana, um preceito decorrente de direitos relacionados com a noção de segurança pessoal como o direito à vida e à integridade física e psicológica. As pessoas não devem ser submetidas a privações de direitos que não resultem em qualquer tipo de benefício para elas ou para a sociedade; elas não devem ser utilizadas de forma instrumental para o alcance de interesses de outras pessoas. Tratar as pessoas como meios para o alcance de objetivos significa submetê-las a atos de violência. O princípio da dignidade humana ocupa um papel de grande relevância nas doutrinas liberais, uma vez que elas encontram fundamento na noção de que direitos humanos existem para garantir liberdades humanas. Essas liberdades permitem que seres humanos sejam tratados de acordo com suas decisões pessoais, que sigam o curso de vida que traçaram para si mesmos, e que sejam também respeitadas

---

[102] FAGAN. Philosophical Foundations of Human Rights, p. 14-18.

as formas como eles expressam sua personalidade. Esses princípios liberais fundamentam um tipo de moralidade baseada na prioridade da proteção das liberdades individuais, da proteção do exercício do direito à autodeterminação.

Os fundamentos de muitas dessas teorias são relevantes para a compreensão da situação de Anderson. A situação que ele enfrenta demonstra a relevância de compreendermos as noções de desigualdade e de exclusão para entendermos os motivos pelos quais ele sofre os tipos de violência anteriormente descritos. Por ser um indivíduo que se encontra situado na confluência de uma pluralidade de sistemas de discriminação, ele não é visto como um indivíduo que possua direitos naturais, uma vez que o racismo impede que ele seja visto como alguém que tenha o mesmo nível de humanidade de pessoas brancas. O sujeito universal do discurso de direitos humanos está amplamente associado a homens brancos heterossexuais, motivo pelo qual pessoas negras não conseguem se afirmar como sujeitos morais em nossa sociedade. Esse mesmo fator é responsável pela dificuldade que negros e negras têm de alcançar seus interesses, questões relevantes para que possam ter objetivos individuais e coletivos protegidos. A convergência de discriminações sofrida por Anderson cria limites significativos para que ele possa ter as chances de determinar os meios do que seria uma vida boa, uma vez que o alcance desse propósito depende da consideração da sociedade como um sujeito de direito. Anderson se vê impedido de ter acesso a atividades básicas necessárias para uma vida boa, porque o racismo e a homofobia criam limites estruturais à possibilidade de ele buscar condições essenciais para bem viver. Da mesma forma, práticas discriminatórias também criam limites significativos à possibilidade de Anderson desenvolver uma série de capacidades necessárias para que ele possa ter a liberdade de agir e a liberdade de ser, uma vez que a intolerância contra negros e contra homossexuais restringe a possibilidade de tratamento igualitário no espaço público e no espaço privado; os direitos fundamentais existem exatamente para garantir que a pessoa poderá desenvolver e exercer suas capacidades.

Direitos fundamentais: algumas tensões teóricas

O caso de Neon Cunha: um relato sobre violência interseccional

Neon Cunha é uma ativista negra que luta pelos direitos de travestis e transexuais. Sua trajetória espelha a experiência de exclusão estrutural que as pessoas que fazem parte desta comunidade enfrentam. Ela sempre procurou alcançar seus objetivos, sempre tentou ser uma estudante e profissional exemplar. Porém, a percepção de sua identidade de gênero impedia a devida inclusão em espaços acadêmicos e profissionais. A transexualidade nunca permitiria que sua excelência pessoal fosse recompensada. A rua aparecia como uma das poucas alternativas de existência. Entretanto, esse também era um lugar no qual enfrentava perigos significativos relacionados com processos de marginalização. Essa realidade incluía, inclusive, o extermínio de travestis e transexuais por pessoas comuns e por forças policiais, além das disputas presentes entre pessoas de sua comunidade. Ao lado da luta pela redemocratização do país, ela também esteve envolvida em embates judiciais pela possibilidade de retificação de nome e gênero, um processo que começou com o esforço para enfrentar a patologização da transexualidade. Neon presenciou situações de extrema violência contra transexuais, inclusive assassinatos de transexuais negras por policiais negros, enquanto ela estava deitada no chão com o pé de outro policial na sua cabeça. Situações como essa foram levadas ao conhecimento da Organização dos Estados Americanos, sendo que seus representantes ficaram especialmente impactados com a situação de mulheres negras transexuais no Brasil. Neon se tornou a primeira pessoa transexual a falar presencialmente naquela organização internacional. Ela tem desempenhado um papel relevante no reconhecimento de garantias jurídicas a pessoas de sua comunidade, mas reconhece os problemas especiais enfrentados por pessoas que são afetadas pela transfobia e pelo racismo. A consciência de sua ancestralidade gerada pela sua religião tem operado como uma força para o enfrentamento de situações recorrentes de violência contra transexuais e travestis. Ela reconhece que a redemocratização do Brasil não resultou em uma libertação para pessoas negras periféricas, especialmente as que pertencem a minorias sexuais. O conservadorismo continha promovendo uma ordem social baseada na violência generalizada contra grupos subalternizados.[103]

É interessante observar como normas espalhadas pela nossa legislação pressupõem uma forma específica de representação do sujeito humano, oferecendo fundamento para uma série de preceitos que regulam regras de sociabilidade, bem como parâmetros de autocompreensão dos indivíduos. A norma constitucional que reconhece o nosso país como um Estado Democrático de

---

[103] ROGER CIPÓ. Todo dia uma história negra. Episódio 56. Neon Cunha. São Bernardo do Campo. 29.05.2024. Instagram: @rogercipo. Disponível em: Roger Cipó (@rogercipo) – Instagram photos and videos. Acessado em 12.07.2024.

Direito estabelece uma série de direções a partir dos quais as pessoas representam a si mesmas e regulam as próprias ações. Essa caracterização afirma o comprometimento com um tipo de regime de organização estatal baseada na regulação das instituições estatais a partir de normas jurídicas que representam o consenso social sobre a democracia como o regime político mais compatível com o exercício de direitos. Essa mesma norma constitucional também atribui aos membros da comunidade política o status de titulares de direitos, de pessoas que possuem posições jurídicas que permitem o exercício de direitos. Ao estabelecer a cidadania como um princípio estruturante do nosso sistema jurídico, nosso texto constitucional institui um compromisso fundamental com a proteção de uma pluralidade de direitos necessários para a afirmação de um status que expressa formas de ser de um sujeito em uma comunidade política. A cidadania passa a expressar não apenas um status jurídico ou político, mas também uma forma de ser que permite às pessoas a afirmação de diferentes dimensões de sua identidade.[104]

A inclusão da dignidade humana como princípio retor do nosso sistema jurídico pode ser vista como outro parâmetro importante para as pessoas construírem modos de existência e modos de compreenderem a si mesmas. Esse princípio expressa o comprometimento com a possibilidade de exercício de direitos necessários para o gozo da autonomia; ele implica a existência de condições materiais necessárias para que as pessoas gozem do mesmo status material; ele abre espaço para que elas possam expressar maneiras de ser, para que elas possam viver de forma autêntica. O princípio da dignidade humana encontra sua materialidade no exercício de diversas categorias de direitos fundamentais, e cada uma dessas categorias protege esferas específicas da vida das pessoas, esferas que permitem que os indivíduos tenham os meios para exercer a autodeterminação. Por ser um princípio estruturante da nossa ordem jurídica, a dignidade humana expressa a prioridade da pessoa humana dentro do regime jurídico; na verdade, ele existe para garantir a afirmação da moral do indivíduo. Esse fato compreende então um preceito relevante a partir do qual as pessoas criam modos de referência para se compreender: elas esperam que as instituições estatais estarão comprometidas com a afirmação de direitos que possibilitem a criação de projetos de vida para os indivíduos. Como observamos anteriormente, a noção de dignidade humana implica algumas questões importantes: o reconhecimento do outro como um sujeito, a afirmação da

---

[104] Cf. NUNES JUNIOR, Vidal Serrano. *A cidadania social na Constituição de 1988*. São Paulo: Verbatim, 2009; FERNANDES. *Curso de direito constitucional*, p. 323-359.

humanidade intrínseca de todos os seres humanos, a possibilidade de controle sobre a própria identidade, a necessidade de desenvolvimento de habilidades necessárias para a construção da agência humana. Violações de direitos fundamentais criam obstáculos para a afirmação dessas diferentes dimensões desse princípio estruturante de nossa ordem jurídica.[105]

O comprometimento constitucional com o princípio da igualdade formal e com o princípio da igualdade material representa outra expectativa por meio da qual as pessoas estabelecem sentidos para a própria existência em nossa comunidade política. O primeiro institui que os indivíduos poderão exercer os mesmos direitos, que as normas jurídicas não farão diferenciações injustificadas, que elas deverão tratar as pessoas equitativamente nas diferentes dimensões da vida. O segundo cria a expectativa de que as instituições estatais atuarão positivamente para eliminar desigualdades estruturais entre pessoas e grupos de pessoas, que elas implementarão medidas necessárias para promover a inclusão de grupos em situação de desvantagem, que elas terão um compromisso com os direitos que procuram garantir condições materiais mínimas para as pessoas poderem viver dignamente. Esses dois princípios permitem que as pessoas criem expectativas de que seus direitos serão respeitados, que seus direitos serão promovidos de forma que elas possam instituir planos de ação para suas vidas a partir da expectativa de serem titulares de direitos.

O princípio da legalidade também opera como uma referência importante para a forma como normas jurídicas criam expectativas individuais e coletivas de como instituições estatais se comportarão em relação aos diferentes membros da comunidade política. Ele institui a obrigação estatal de operar de acordo com a legislação, que suas ações serão pautadas a partir de preceitos jurídicos, que elas sempre respeitarão o status de todas as pessoas como cidadãos. O princípio da legalidade cria expectativas para cidadãos e cidadãs de que elas devem agir de acordo com o conteúdo das normas jurídicas e de que outros membros da comunidade política se comportarão com elas da mesma forma, tendo em vista a igualdade de status jurídico e político entre todos os indivíduos. A expectativa de que todos eles regularão seu comportamento de acordo com normas jurídicas constitui um elemento central a partir do qual as pessoas organizam suas vidas, motivo pelo qual violações de direitos fundamentais impactam a existência das pessoas. Essa expectativa está baseada na presunção de que elas serão consideradas como indivíduos que merecem ter o mesmo nível de respeitabilidade social, aspecto que organiza a identidade social de todos

---

[105] NOVAIS. *Princípios estruturantes de Estado de Direito*, p. 25-65.

aqueles que vivem em sociedades democráticas. O princípio da legalidade, preceito central do Estado de Direito democrático, pressupõe a conformidade dos atos estatais com as normas jurídicas, o que permite a construção de outro aspecto essencial da vida em regimes constitucionais: a segurança e a confiança jurídica. Se a primeira está relacionada com a ideia de estabilidade das relações jurídicas, a segunda implica a noção de que os membros da comunidade política poderão criar expectativas de que serão respeitadas por outros atores sociais. Vemos então que os princípios da igualdade, da dignidade e da legalidade estão interligados de uma forma especialmente relevante: eles afirmam a igualdade de status entre todas as pessoas e a obrigação estatal de pautar suas ações a partir dessas expectativas.[106]

É importante observar então que a titularidade de direitos fundamentais é um elemento central de um aspecto relevante da existência das pessoas em sociedades democráticas: nossa *identidade normativa*. Nosso status como sujeitos de direito representa um aspecto extremamente relevante do nosso ser, uma vez que é um parâmetro a partir do qual nos compreendemos. Essa forma de existência é um dos elementos a partir dos quais os indivíduos instituem parâmetros para a verificação de suas identidades, o que ocorre em todas as interações sociais. Os seres humanos têm uma pluralidade de identidades por meio das quais ele se reconhece como um agente, o que permite sua afirmação como agentes sociais competentes. Essas múltiplas identidades são criadas e mantidas por uma série de sentidos que são construídos pelos indivíduos a partir de valores culturais correntes e a partir de suas próprias experiências. Além de sentidos culturalmente compartilhados, essas identidades também determinam o status que as pessoas ocupam dentro da sociedade, motivo pelo qual elas também influenciam o nível de controle sobre recursos e oportunidades que as pessoas possuem, uma vez que o acesso a eles está amplamente relacionado com a valorização das pessoas na sociedade. Estamos falando de uma categoria que consiste em uma combinação de sentidos sociais e formas de status; quanto maior for a valorização dessas identidades na sociedade, maior será o status que indivíduos terão em função do maior controle de recursos e oportunidades. Vemos então que fatores estruturais como a desigualdade e a exclusão limitam ou impedem a condução do processo de autoverificação, anteriormente mencionado, pelos seres humanos, porque a constante estigmatização estabelece uma distância entre os processos básicos a partir dos quais o

---

[106] CANOTILHO, J.J. Gomes. *Direito constitucional e teoria da constituição*. 7. ed. Lisboa: Almedina, 2015, p. 243-249.

sujeito se compreende e a forma como interações sociais efetivamente ocorrem. Elas podem afirmar a harmonia entre a maneira como o indivíduo procura se afirmar como um sujeito de direito e o modo como eles são tratados nas diferentes situações. Emoções negativas surgem todas as vezes que o tratamento social recebido se distancia da expectativa de reconhecimento da identidade de uma pessoa como um detentor de direitos, o que produz um processo de estresse emocional que pode ser permanente. É importante enfatizar que essa situação decorre de um fato relevante: processos discriminatórios prejudicam a confiança jurídica, aspecto essencial das pessoas em um regime democrático.[107]

Como afirmado anteriormente, as pessoas têm uma pluralidade de identidades, porque elas ocupam uma série de funções, porque pertencem a diferentes grupos, porque são classificadas a partir de diferentes categorias. Embora os seres humanos construam suas identidades a partir de sentidos culturalmente construídos que expressam valores por meio dos quais eles avaliam a si mesmos e são avaliados. Indivíduo e sociedade estão sempre em uma relação estreita, porque estruturas sociais são responsáveis pela construção e pela reprodução de sentidos a partir dos quais as pessoas atribuem finalidades para suas vidas. Isso indica então que identidades são produtos sociais, que indivíduos são produtos sociais, uma vez que existem em estruturas culturais que fornecem sentidos a partir dos quais eles formulam propósitos para suas existências e as condições materiais para alcançar seus objetivos. Mas os seres humanos também são agentes, são forças sociais voltadas para objetivos específicos, são agentes com intenções construídas também a partir de interesses e experiências particulares. No entanto, ações individuais são monitoradas, individual e coletivamente, por sentidos socialmente compartilhados, e esses eles atribuem aspectos os descritivos e prescritivos a nossas identidades, exatamente o caso de normas jurídicas. Os seres humanos procuram atuar para atingir finalidades individuais a partir do pressuposto de que a sociedade sempre disporá de formas para que eles possam se afirmar como sujeitos de direito, que as ações de agentes públicos e privados sempre atuarão para afirmar essa forma central de identidade descritiva e prescritiva que caracteriza a vida em sociedades democráticas. A agência humana possui uma dimensão individual, uma dimensão interativa e uma dimensão coletiva. Os indivíduos atuam para alcançar certos objetivos, procurando estabelecer sentidos e propósitos para suas ações; eles também

---

[107] BURKE, Peter J. Identity, Social Status, and Emotion. *In*: CLAY-WARNER, Jody; ROBINSON, Dawn (ed.). *Social Structure and Emotion*. San Diego: Elsevier, 2009. p. 75-80.

procuram alcançar algo a partir da cooperação com outras pessoas e, ainda, fazem parte de coletividades que podem ter maior ou menor poder de agência coletiva em função do status que ocupam na sociedade.[108]

As experiências de João Alberto, Anderson e Neon Cunha demonstram que essa expectativa sobre as qual pessoas negras organizam sua existência tem aplicação bastante limitada. As práticas discriminatórias que os afetam, a discriminação institucional e a discriminação interpessoal, são uma realidade na vida de quase todas as pessoas negras em diferentes momentos e em diferentes esferas da vida. Esses indivíduos sofrem as consequências de atos arbitrários nas mais diversas dimensões de suas vidas, e até mesmo sua integridade física pode ser gravemente comprometida. Como vimos, essa situação ocorre em função da convergência de processos de inclusão subordinada e de práticas excludentes baseadas na estigmatização de identidades. Embora João Alberto, Anderson Neon Cunha tenham a expectativa de que sua identidade como cidadãos e cidadã seja o parâmetro que molda todas as interações sociais em todas as esferas da vida, sistemas de dominação social como o racismo e a homofobia impedem a verificação desses tipos de pertencimento em função dos sentidos negativos atribuídos a eles em grande parte das democracias liberais. Essa realidade institui obstáculos para que pessoas negras possam ascender à condição de cidadãs, uma expectativa normativa, mas também psicológica, que todas elas têm. Na verdade, essa expectativa normativa opera como um fator de integração da identidade psicológica dos indivíduos, uma vez que normas jurídicas são importantes meios de socialização nas sociedades democráticas. Essa realidade nos mostra então os limites de teorias jurídicas e filosóficas de direitos fundamentais baseadas na premissa de que essas normas jurídicas existem apenas para proteger âmbitos de ação, formas de atividade ou tipos de status. Essas teorias partem do pressuposto de que sempre haverá plena concordância entre os elementos da identidade normativa dos seres humanos como sujeitos de direito e a forma como eles são efetivamente tratados em sociedades democráticas. Pessoas negras enfrentam um processo constante de estresse emocional, exatamente por causa da discrepância entre essas duas formas de identidade. A morte de João Alberto decorre do fato de que ele reagiu à presunção de que ele era um ladrão por ser uma pessoa negra; as agressões sofridas por Anderson decorrem da expectativa da discrepância entre sua orientação sexual e a identidade social geralmente atribuída a homens negros na nossa sociedade. As violências que mulheres transexuais sofrem estão relacionadas

---

[108] BURKE; STETS. *Identity Theory*, p. 6-8.

com a patologização dessa forma de identidade, além do problema do racismo. Essas situações mostram que membros de minorias raciais têm possibilidades limitadas de uma verificação adequada de suas identidades, ou seja, entre as expectativas que elas estabelecem a partir de sua identidade normativa como portadores de direitos e as identidades prescritivas atribuídas a elas.

Uma análise das funções anteriormente mencionadas demonstra que os direitos fundamentais têm outro propósito especialmente importante para nossa análise. A exposição dos seres humanos a formas de tratamento arbitrário pode ser classificada como uma violação dos direitos fundamentais, uma vez que estes almejam preservar uma cultura pública na qual todos sejam vistos como iguais, motivo pelo qual a igualdade de status jurídico não pode ser violada. Contudo, proteger os seres humanos de práticas discriminatórias não implica apenas a proteção de status jurídico, uma vez que os direitos fundamentais existem para garantir condições de ação para os seres humanos, requisito para a autonomia individual. Isso significa que eles têm outra função especialmente relevante, que é a *autorrealização*: os direitos fundamentais permitem que os indivíduos estabeleçam e realizem seus planos de vida. Expor as pessoas a processos contínuos de discriminação significa violar sua autonomia moral, significa impedir que possam ser reconhecidas como atores sociais competentes. Práticas discriminatórias decorrem de sentidos culturais que legitimam uma série de processos que impedem a autoverificação das pessoas a partir de parâmetros de igualdade estabelecidos por normas constitucionais. Dessa forma, a garantia de direitos fundamentais tem relevância central para a formação e a preservação da integridade psicológica dos seres humanos, fator que depende da igualdade de status entre os membros de uma comunidade política democrática. Sendo os direitos fundamentais um conjunto de posições jurídicas subjetivas voltadas para o alcance dos interesses das pessoas, a impossibilidade de seu exercício causa danos sistemáticos ao status moral e ao status material dos indivíduos, problema que afeta sua estabilidade psicológica, aspecto central da dignidade humana. As formas de desigualdade que não podem ser legalmente justificadas representam então um problema permanente para aqueles grupos de pessoas afetadas por práticas discriminatórias e que por isso não são capazes de ser beneficiadas por todas as funções dos direitos fundamentais. Esse é exatamente o caso de pessoas negras periféricas como João Antônio Anderson e Neon, indivíduos sempre vulneráveis a violações de direitos fundamentais, por não serem reconhecidos como pessoas com o mesmo valor moral.

Como argumentam autores como Axel Honneth e John Rawls, embora a partir de perspectivas distintas, o respeito deve ser considerado um bem primário para a vida das pessoas que vivem em sociedades democráticas. Práticas discriminatórias não são apenas violações do dever de tratamento igualitário entre todas os seres humanos; elas também expressam desrespeito sistemático por grupos sociais, conceito que deve ser entendido aqui como ausência de estima social, requisito essencial para que todos possam ser vistos como seres que merecem os mesmos direitos. Por esse motivo, debates recentes sobre noções de justiça exploram as consequências da operação de sistemas de discriminação para a integridade psíquica dos indivíduos. A experiência de discriminação não pode ser restrita às considerações sobre desvantagens materiais que as pessoas enfrentam; elas devem incorporar também os danos psicológicos que elas sofrem, uma vez que estes podem causar consequências negativas significativas, como a incapacitação de desempenhar atividades necessárias para a própria sobrevivência. Assim, os direitos fundamentais devem ser vistos como posições jurídicas subjetivas que também implicam uma questão substantiva específica, além das que já foram citadas: eles operam como meios para que os indivíduos possam desenvolver mecanismos psíquicos que lhes permitam operar no espaço público e no espaço privado. O desenvolvimento deles depende da existência de uma sociedade justa, uma sociedade na qual as pessoas não sofrem desvantagens sistemáticas por pertencerem a grupos sociais estigmatizados. Nessa sociedade, todos e todas gozam dos meios para poderem estabelecer cursos de ação que assumem a forma de planos de vida por gozarem da confiança na operação das instituições democráticas. Essas desvantagens não se resumem a problemas de ordem jurídica, uma vez que elas também causam um impacto psicológico nos indivíduos. A proteção do status moral dos indivíduos surge então como um requisito central para o exercício do direito à integridade psicológica dos seres humanos. O reconhecimento social como atores sociais competentes deve ser visto como um aspecto essencial da formação da identidade individual e social dos indivíduos. Os direitos fundamentais são posições subjetivas jurídicas que procuram fornecer reconhecimento social por meio da formação de uma cultura pública baseada nos preceitos da igualdade e da liberdade, elemento necessário para a construção da confiança jurídica. A violência dirigida a Anderson e a Neon decorre exatamente da convicção de seu agressor de que eles não deveriam ter o mesmo nível de respeitabilidade social, por não se adequarem a identidades hegemônicas.[109]

---

[109] HONNETH, Axel. Recognition and Justice: Outline of a Plural Theory of Justice. *Acta Sociologica*, v. 47, n. 4, p. 351-364, 2004; RAWLS, John. *A Theory of Justice*. Revised edition. Cambridge: Cambridge University Press, 1999. p. 78-81.

As considerações anteriores chamam nossa atenção para um aspecto importante de nossa teoria psicológica dos direitos fundamentais que está relacionado com as conexões entre direitos fundamentais e garantias constitucionais. Eles consistem em expectativas negativas e positivas em relação à ação estatal, eles estabelecem obrigações de abstenção e obrigações de prestação, o que seriam garantias de caráter primário. Essas garantias estatais implicam também o dever de reparar ou restaurar a situação daquelas pessoas cujas garantias primárias foram violadas, situações que poderíamos chamar de garantias de caráter secundário. Processos discriminatórios comprometem frequentemente o acesso a essas duas categorias de garantias, uma vez que muitas vezes tratamentos arbitrários se manifestam pela ação discriminatória de agentes estatais e pela recusa de reparação ou pela ausência de proteção adequada de indivíduos e grupos de indivíduos, o que os transforma em coletividades vulneráveis.[110] Tendo em vista o papel central de direitos fundamentais na afirmação da dignidade humana, na possibilidade de os indivíduos se autodeterminarem, a violação dessas garantias primárias e secundárias constitui um processo que causa danos sistêmicos ao status de grupos vulneráveis, o que tem consequências sobre a possibilidade de recurso aos direitos fundamentais para que as pessoas possam alcançar a autorrealização. Em função da persistência histórica dessas desvantagens sociais, esses grupos estão mais expostos a problemas que afetam a integridade psicológica dessas pessoas, uma vez que seu estado de vulnerabilidade é expressão constante de ausência de estima social, o que podemos ver no caso de violência policial mencionado no início deste capítulo.[111]

É importante neste momento voltarmos à discussão sobre o tema da agência humana. Esse tema parece ser um ponto de partida importante para a construção de uma teoria psicológica dos direitos fundamentais, mas precisamos fazer algumas considerações. Esse termo está relacionado com a possibilidade de os seres humanos escolherem e buscarem a realização de planos de vida que consideramos válidos. Mas essa concepção de agência se mostra um pouco problemática, porque escolhas individuais precisam ser adequadamente informadas; as pessoas precisam passar por um processo de deliberação que implica conhecimento e a possibilidade real de exercício de direitos; o problema dos valores que informam as escolhas individuais também não pode ser ignorado. Uma teoria psicológica dos direitos

---

[110] FERRAJOLI, Luigi. *Los fundamentos de los derechos fundamentales*. Madrid: Trotta, 2009. p. 26.

[111] DIMOULIS, Dimitri. *Direito de igualdade: antidiscriminação, minorias sociais, remédios constitucionais*. São Paulo: Almedina, 2021. p. 27-45.

fundamentais precisa então trabalhar com a noção de que a agência humana apresenta uma dimensão normativa, uma vez que os membros de uma comunidade política democraticamente organizada são reconhecidos como agentes que têm a possibilidade de exercício de uma pluralidade de liberdades. Eles poderão exercer inúmeros direitos que estão disponíveis para eles, mas as circunstâncias da vida podem conduzir suas ações para as mais diversas direções. Pensar a agência de um ponto de vista normativo nos permite então refletir sobre uma condição genérica garantida por direitos que podem ser exercidos ou podem ser limitados em função de algum tratamento arbitrário. Essa restrição decorre do nível de respeitabilidade social que os indivíduos possuem em função de pertencimentos sociais diversos, uma situação que cria obstáculos para a escolha de propósitos e para o exercício de direitos para o alcance desses propósitos. Essa realidade também mostra que a noção de agência subjacente à noção de um regime geral de liberdades exige a consideração da sua dimensão jurídica, mas também de sua dimensão moral e de sua dimensão psicológica.[112]

A relação entre as várias categorias de direitos fundamentais deixa claro o problema aqui mencionado. Os direitos de defesa, os direitos a prestações e os direitos de participação estão estruturalmente ligados; eles representam a necessidade de proteção de uma pluralidade de esferas de atuação das pessoas. Processos discriminatórios impedem ou criam obstáculos para o gozo desses direitos de forma sistemática, o que também cria barreiras para os processos de integração social. As diferentes manifestações de discriminação impostas por agentes estatais implicam limitações à realização de ação, são ingerências na esfera privada das pessoas, são manifestações da desconsideração das posições jurídicas que elas ocupam. Elas também impõem formas de vulnerabilidade, porque não garantem as prestações estatais necessárias para que as pessoas possam ter segurança material mínima; elas também significam uma falha das instituições estatais em garantir plena proteção às pessoas. Tratamentos desvantajosos criam obstáculos para o exercício de direitos de participação, uma vez que eles pressupõem o gozo das categorias anteriores, decorrência da ideia de interdependência dos direitos fundamentais. Processos discriminatórios representam, portanto, mecanismos que violam a possibilidade de as pessoas exercerem direitos, de as pessoas serem reconhecidas como atores sociais competentes.[113]

---

[112] Cf. GRIFFIN, James. *On Human Rights*. Oxford: Oxford University Press, 2008. p. 44-48.

[113] Cf. CAMPOS, Luiz Augusto; MACHADO, Carlos. *Raça e eleições no Brasil*. Porto Alegre: Zouk, 2020.

Certos autores e autoras têm oferecido algumas contribuições especialmente relevantes para a reflexão sobre as funções dos direitos fundamentais em sociedades marcadas por formas estruturais de diferenciação de status entre grupos sociais. Eles argumentam que normas constitucionais, especialmente os princípios da igualdade e da liberdade, devem ser vistos como mecanismos emancipatórios ou veículos transformadores. Essa perspectiva atribui um papel importante às instituições estatais: a atuação como agentes de transformação social, especialmente a transformação da situação de grupos tradicionalmente subordinados. No lugar da representação da comunidade política como uma massa de pessoas com uma experiência social homogênea, esses autores e autoras reconhecem que todas as sociedades humanas são permeadas por relações hierárquicas, motivo pelo qual o princípio da igualdade deve ser interpretado a partir de uma perspectiva emancipatória. Uma sociedade democrática não pode tolerar a existência de castas sociais nem a opressão sistemática de membros de grupos subordinados, o caso de João Alberto e Anderson. A igualdade constitucional teria então uma função antissubordinatória: mais do que assegurar tratamento simétrico em todas as situações, ela deve ser interpretada de forma a aliviar ou eliminar hierarquias sociais.[114]

Esses ataques constantes à dignidade das pessoas por meio da violação de direitos fundamentais não produzem apenas danos ao seu status social. Eles representam também uma constante demonstração de que certos segmentos sociais não são vistos como indivíduos que merecem ter o mesmo nível de respeitabilidade social, um problema que compromete o desenvolvimento da personalidade humana. Sejam entendidos como interesses ou como capacidades, a realidade persistente da discriminação impede que os indivíduos possam exercer direitos fundamentais, possam agir a partir de prerrogativas legais, possam manter posições subjetivas, possam organizar suas vidas a partir de prerrogativas constitucionalmente reconhecidas. Isso significa que a discriminação é uma experiência permanente de invisibilização das pessoas no meio social, porque elas são representadas como seres que não devem gozar de formas de direitos, status e prerrogativas disponíveis para os indivíduos em uma sociedade democrática. *Violações de direitos fundamentais representam uma ameaça existencial constante, porque são formas de apagamento social dos indivíduos por meio da*

---

[114] Cf. CRENSHAW, Kimberlé. Race, Reform, and Retrenchment: Tranformation and Legitimation in Antidiscrimination Law. *Harvard Law Review*, v. 101, n. 7, p. 1331-1387, 1988; KOPPELMAN. *Antidiscrimination Law and Social Equality*; COLLINS, Patricia Hill. *Pensamento feminista negro*. São Paulo: Boitempo, 2019.

negação da possibilidade de exercício de direitos a partir de categorias que não estão relacionadas com a possibilidade de desempenho deles.

As considerações desenvolvidas neste capítulo revelam a importância de formularmos algumas questões relevantes para a compreensão da dinâmica dos direitos fundamentais que parecem ser ignoradas pelas teorias tradicionais. A primeira delas está relacionada com a conexão entre direitos fundamentais e agência humana. Se direitos fundamentais existem para promover a agência humana, condição para o alcance da autorrealização, podemos afirmar que violações de direitos fundamentais promovem danos existenciais, por dificultarem ou impedirem o gozo de direitos necessários para que os indivíduos possam atribuir sentidos e propósitos para a suas ações? A segunda está centrada na possibilidade de caracterizarmos violações de direitos fundamentais como danos existenciais. Esta classificação dessas normas nos permite estabelecer uma relação estrutural entre direitos fundamentais e integridade psíquica, o que parece ser uma consequência da exposição a processos permanentes de discriminação? Um terceiro questionamento decorre das questões anteriores. Seria a integridade psíquica uma condição essencial para as pessoas poderem operar como atores sociais competentes, uma vez que direitos fundamentais procuram proteger âmbitos de ação necessários para a expressão da personalidade humana? Se esse for o caso, devemos priorizar a subjetividade jurídica ou a subjetividade psicológica como ponto de partida essencial para a caracterização de direitos fundamentais? Se violações de direitos fundamentais sofridas por pessoas como João Alberto, Anderson e Neon representam ameaças existenciais, essas normas não deveriam ser pensadas prioritariamente como mecanismos de emancipação social capazes de proteger formas de identidades e status estigmatizadas?

CAPÍTULO 2
Violações de direitos fundamentais e dano existencial

O caso de José Luiz: um relato sobre violência estatal

Uma questão sinistra assombra a vida de José Luiz Faria da Silva: os motivos pelos quais policiais assassinaram seu filho de 2 anos com um tiro no rosto. Além do trauma emocional de ter alguém amado assassinado por agentes públicos, ele ainda se depara com a justificação oficial para a ação dos policiais: a criança estaria armada e teria trocado tiros com eles. Esses indivíduos utilizaram uma estratégia bastante comum para justificar a execução de negros periféricos: a classificação da ação delas como resistência ou desafio à ação policial. A utilização desse tipo de discurso encontra apoio institucional e cultural em função da estigmatização de pessoas negras e pobres como indivíduos naturalmente inclinados à delinquência, o que justificaria a utilização de força extrema contra eles. Estigmas raciais provocam desprezo social, dois componentes que são amplamente utilizados para a justificação e a ritualização da morte de negros e negras. Além de nunca ter visto qualquer tipo de responsabilização pelo assassinato do filho, os pais da criança também nunca conseguiram obter qualquer tipo de apoio psicológico para o enfrentamento dessa situação desesperadora: ver a morte de uma criança de 2 anos ser justificada pela sua classificação como um criminoso, responsabilizando os próprios pais pelo assassinato do filho. José Luiz perguntou aos ministros do Supremo Tribunal Federal como eles poderiam sobreviver com a dor de ter o assassinato do filho de 2 anos justificado como um auto de resistência. Além da tremenda dor de ter perdido o filho, resta ainda o fato de que seu menino continua sendo classificado em um documento público como um delinquente. José Luiz viu a foto do rosto do filho perfurado com uma bala, imagem que ele classifica

> *como traumatizante. Esse homem e os assassinos de seu filho estão cientes de que uma criança dessa idade jamais poderia manusear uma arma ou um rádio; eles sabem que ele jamais poderia estar envolvido em atividades criminosas de qualquer natureza. Assim como os familiares de negros e negras periféricas que tiveram seus filhos e filhas assassinados por policiais, José Luiz sabe que os autos de resistência são apenas uma estratégia utilizada por policiais para justificar a violência estatal contra negros periféricos. Ele está ciente da perversidade moral dessa situação e de que ela pode se manifestar contra quaisquer pessoas negras a qualquer momento.*[115]

Esse caso faz menção a uma pluralidade de tópicos relacionados com o tema central deste livro. José Luiz sofre psicologicamente porque atores estatais, os principais responsáveis pela proteção de direitos fundamentais, são, frequentemente, seus violadores mais frequentes, problema que assume a forma da negação do reconhecimento da humanidade intrínseca de pessoas negras. Esses direitos deveriam operar como um limite ao poder estatal, mas negros periféricos não são reconhecidos como seres humanos por grande parte dos agentes públicos brasileiros, motivo pelo qual eles também não são tratados como titulares de direitos. Ele sofre porque o pleno exercício de direitos fundamentais não faz parte da vida cotidiana de negros e negras pobres, as que mais dependem das instituições estatais para os protegerem contra desrespeitos cotidianos dessa natureza. Ele sofre com o silêncio estatal sobre uma violação gravíssima de direitos fundamentais que resultou na perda de seu filho, pessoa que morreu física *e* socialmente, porque documentos estatais o classificam como um delinquente, justificam a ação violenta de agentes estatais, embora ainda estivesse aprendendo a articular palavras. Poucas obras sobre direitos fundamentais abordam o tema da discriminação, poucas delas examinam os fatores responsáveis pela ausência de acesso a esses direitos, o que considero ser um grave problema na formação acadêmica de juristas brasileiros. Estamos aqui diante de mais um exemplo de prática estatal baseada na negação da humanidade intrínseca de pessoas negras; temos aqui mais uma evidência de como violações de direitos são responsáveis pela perda de uma vida em relação à qual as instituições estatais deveriam ter a responsabilidade de criar os meios para que pudesse desenvolver as capacidades para se afirmar como um sujeito. Mas teorias tradicionais de direitos fundamentais não consideram o impacto negativo dessa realidade na vida psíquica de pessoas

---

[115] AMPARO, Thiago. A carne mais barata do direito: decolonizando respostas jurídicas à necropolítica. *Revista Culturas Jurídicas*, v. 8, n. 20, p. 345-361, 2021.

negras, indivíduos que precisam vencer a ameaça relacionada com o papel de estereótipos na percepção dos outros sobre eles. Essa situação causa um dano existencial significativo, porque justifica práticas discriminatórias de toda natureza, inclusive o assassinato de crianças negras de 2 anos de idade sob o argumento de que são uma ameaça à segurança pública de pessoas brancas.

Analisamos, no capítulo anterior, definições, fundamentos, teorias, dimensões e funções dos direitos fundamentais, exame necessário para entendermos sua importância para a construção da integridade psíquica dos indivíduos. Devemos agora iniciar outra discussão especialmente relevante: a natureza e as implicações de violações dessa categoria de direitos. Quase todos os teóricos consideram as consequências dessas violações no status jurídico e político dos indivíduos; quase todos eles as interpretam como um tipo de restrição indevida de algum tipo de liberdade constitucionalmente garantida. Acreditamos que essa postura impeça uma proteção jurídica adequada dos seres humanos, especialmente daqueles que pertencem a grupos sistematicamente discriminados. Precisamos agora examinar um segundo aspecto da nossa teoria psicológica dos direitos fundamentais: *os danos existenciais causados pelas várias práticas discriminatórias dirigidas a grupos subalternizados*. Essa consideração se torna necessária porque elas afetam a vida das pessoas de diferentes maneiras. Mais do que negar o exercício de um direito, mais do que impedir o gozo de um status, mais do que limitar o acesso a prestações estatais, elas impingem danos aos projetos de vida das pessoas, uma vez que estão quase sempre voltadas contra grupos sociais específicos e os afetam em uma pluralidade de situações e dimensões de suas vidas. Violações de direitos fundamentais causam danos de natureza existencial porque impedem a livre expressão e afirmação da personalidade humana, o que tem impacto significativo na vida psíquica dos indivíduos ao longo de toda a vida. A exposição constate ao racismo causa danos psicológicos aos seres humanos o que pode ser classificado como um dano de caráter existencial. Demonstraremos, neste capítulo, que violações do princípio da confiança jurídica, na forma de práticas discriminatórias, provocam um processo permanente de estresse emocional em pessoas negras, porque elas não encontram correspondência entre a identidade delas como sujeitos de direito com as formas como elas são cotidianamente tratadas na nossa sociedade.

Seguindo orientações de estudos recentes elaborados no campo do direito antidiscriminatório, partiremos do pressuposto de que violações de direitos fundamentais podem assumir a forma de violações da igualdade, violações da liberdade e violações da dignidade. Cada uma dessas manifestações acarreta consequências diretas para a vida psicológica dos seres humanos, pois forçam a percepção de que eles não detêm controle sobre aspectos básicos de suas vidas, condição para que eles possam formular e realizar planos de vida. Se os direitos fundamentais operam como um horizonte de valores que permitem os seres humanos desenvolver um sentimento de confiança jurídica, uma vez que eles partem do pressuposto de que agentes estatais sempre operarão de acordo com preceitos legais, a discriminação sistemática não apenas o gozo desses direitos, mas também provoca um sentimento permanente de insegurança. Esta assume dimensões existenciais, porque as pessoas deixam de poder regular suas vidas de acordo com expectativas de que autoridades estatais sempre se comportarão de acordo com o princípio da legalidade, elemento central de um Estado de direito democrático.

Essa realidade provoca uma situação permanente de estresse emocional, o que incapacita pessoas negras em diferentes momentos da vida. Veremos que a possibilidade do gozo de direitos depende diretamente da posição que os indivíduos ocupam nas diversas hierarquias sociais; como membros de grupos subalternizados sofrem desvantagens em quase todas as dimensões da existência, eles estão expostos a tipos de estresse emocional permanente, problema que também pode ocorrer com membros dos grupos dominantes, mas em menor escala, como tem sido demonstrado por estudos no campo da sociologia da saúde mental desenvolvidos em diferentes países. Tendo em vista a correlação entre identidade e discriminação, trabalharemos com a hipótese de que formas de discriminação sofridas por seres humanos podem produzir danos psicológicos de caráter persistente, uma vez que afetam o senso de integridade psíquica. Certos autores afirmam que muitas demandas contemporâneas de direito giram em torno do tema do reconhecimento, o que ocorre em função de identidades que são sistematicamente estigmatizadas, o que dificulta ou impede o desenvolvimento de um senso positivo de autoestima e de autorrespeito. O alcance desses dois elementos ocorre quando as pessoas gozam dos mesmos direitos, quando esferas de ação autônoma são protegidas e quando elas são reconhecidas como membros capazes de operar de forma competente. Podemos observar então uma relação direta entre o exercício de direitos e a integridade psicológica: ter direitos significa poder criar planos de vida, significa poder instituir projetos pessoais por meio dos quais alcançamos a realização pessoal. Violações de direitos impedem que as pessoas planejar a própria vida, impedem que elas possam ter controle sobre ela.[116]

A análise de violações de direitos fundamentais como violações da igualdade, da liberdade e da dignidade segue uma perspectiva que reconhece esses princípios

---

[116] Cf. WILLIAMS, Terrie M. *Black Pain: It Just Looks Like We're Not Hurting*. New York: Scribner, 2009; ROHALL, David; MILKIE, Melissa; LUCAS, Jeffrey. *Social Psychology*. 2nd ed. Boston: Allyn and Bacon, 2011. p. 83-121.

como fundamentos das normas antidiscriminatórias que governam nosso sistema jurídico. Se a igualdade de tratamento permite às pessoas o acesso a todas as liberdades presentes no nosso ordenamento, essas últimas garantem a proteção de âmbitos de ação necessários para que elas possam desenvolver sua personalidade e seus planos de vida. A garantia desses dois princípios é instrumental para a proteção da dignidade humana, um preceito que engloba a possibilidade de ação livre, a proteção contra práticas discriminatórias e a possibilidade de expressão da identidade individual. Assim, a garantia dos direitos fundamentais tem um caráter instrumental para que as pessoas possam operar socialmente, o que depende da ação livre e do gozo do mesmo respeito por outros membros da comunidade política. Violações de direitos fundamentais representam então um impedimento de acesso a condições materiais e de acesso a possibilidades de ação; além disso, elas criam obstáculos para a formação de um senso de valor intrínseco, requisito para a integridade psíquica. O caso anteriormente descrito demonstra como formas persistentes e duradouras de violações de direitos fundamentais implicam a dificuldade ou a impossibilidade de uma pessoa poder formular um projeto de vida de sua escolha em função da ausência dos três elementos antes mencionados. Negros e negras periféricas encontram dificuldades estruturais para o exercício de direitos, o que restringe de forma significativa a possibilidade de elas operarem como agentes.[117]

A dinâmica social da diferenciação de status entre grupos sociais

Uma análise adequada das implicações do caso mencionado no início deste capítulo requer o conhecimento de um tema muito relevante: a dinâmica dos fatores responsáveis pela diferenciação entre grupos sociais. O caso mencionado na introdução deste capítulo requer uma compreensão adequada das práticas discriminatórias responsáveis por violações de direitos fundamentais, exige um exame de processos de diferenciação social, uma vez que estes são motivados por representações negativas sobre membros de determinados grupos. Sociedades podem professar um compromisso com ideais democráticos nos seus textos legais, mas isso não significa que elas estejam imunes à criação de distinções de status entre seres humanos. Democracias são sociedades, elas têm estruturas que designam diferentes lugares para diferentes grupos sociais. Eles estão sempre competindo por estima social e bens materiais, e aqueles que conseguem se

---

[117] Seguimos aqui a reflexão desenvolvida em KAITHAN, Tarunabe. *A Theory of Discrimination Law*. Oxford: Oxford University Press, 2015. p. 1-15.

tornar hegemônicos fazem todo o possível para impedir que os outros possam ter as mesmas formas de status que eles possuem. Essas características designam formas de status social, o que inclui estima social e segurança material, atribuído a certo grupo; baixo status social gera desaprovação social e marginalização econômica, enquanto alto status social gera benefícios culturais e materiais. Como certas características são utilizadas para classificar partes significativas da população, elas designam o status *coletivo* de grupos sociais diversos.[118]

Essas diferenciações de status são produto de hierarquias sociais reproduzidas por mecanismos culturais e práticas institucionais. Assim, mais do que uma forma de identidade coletivamente construída, traços como raça e gênero indicam o lugar que coletividades inteiras ocupam dentro dessas hierarquias. O destino individual está atrelado ao destino coletivo, uma vez que esse pertencimento define as formas como uma pessoa será tratada em uma pluralidade de situações. Ideais democráticos estão em tensão constante com estruturas sociais, realidade expressa pela observação do conflito entre setores que procuram preservar procedimentos responsáveis pela legitimação de práticas discriminatórias e outros a contestar processos que os impedem de ter uma vida autônoma. Essa realidade motiva membros de grupos subalternizados a se mobilizarem contra a situação de opressão a partir dos princípios que regulam a cultura jurídica moderna, uma vez que os direitos fundamentais operam como um horizonte de valores que deveriam pautar a vida em sociedade.[119]

Infelizmente, no lugar de uma cultura pública na qual a igualdade permite a realização da liberdade de todos os indivíduos, vivemos em uma sociedade marcada por uma série de hierarquias, e alguns critérios de tratamento diferenciado operam como parâmetros para a criação de processos de organização de status. Eles se tornam a base a partir da qual desigualdades sociais são criadas, de forma que certas características organizam avaliações sociais sobre a possibilidade de seus portadores atuarem na esfera pública de forma competente. Traços como gênero, raça, classe e sexualidade são parâmetros utilizados nas mais diversas situações para julgar a posição que um indivíduo deve ocupar nos vários espaços sociais; eles sempre operarão como fatores que despertam antecipações sobre características e funções que as pessoas podem ocupar na sociedade, sendo, portanto, características que designam prescrições sociais. Essas identidades prescritivas

---

[118] BERGER, Joseph; ROSENHOLTZ, Susan; ZELDITCH JR.; Morris. Status Organizing Processes. *Annual Review of Sociology*, v. 6, p. 479-508, 1980.

[119] Cf. BALKIN. Jack. The Constitution of Status. *Yale Law Journal*, v. 106, n. 6, p. 2313-2374, 1996.

determinam os contornos das interações sociais, as formas de tratamento que uma pessoa deve receber e os modos como essa interação deve ocorrer, de forma que disparidades de status sejam mantidas. A circulação de estereótipos que designam supostas características de membros de um grupo e que determinam os possíveis lugares que eles podem ocupar legitima atos discriminatórios que sistematicamente restringem a possiblidade de ação livre dos indivíduos. Essas representações operam como expectativas sobre o comportamento de membros de grupos considerados como diferentes ou inferiores, funcionam como uma forma de previsão do seu comportamento nos diversos espaços, e se tornam elementos difíceis de ser eliminados, porque permanecem sendo a única forma de representação do outro. Dessa forma, as características aqui citadas são meios a partir dos quais vários processos de diferenciação de status surgem e são reproduzidos, porque elas operam como princípio organizador das representações psicológicas e dos parâmetros que regulam as interações sociais nas diferentes esferas da vida. Representações negativas geram marginalização econômica, e a marginalização econômica reforça a noção de que membros de determinados grupos não são atores sociais competentes.[120]

O processo de estratificação social possibilita a dominação de um grupo sobre outro. Grupos dominantes possuem uma parcela desproporcional de poder sobre o funcionamento das diversas instituições sociais, o que garante os meios estratégicos para a reprodução da posição privilegiada que ocupam por meio de práticas discriminatórias. Eles também têm um nível muito maior de estima, enquanto grupos subordinados têm pouca ou nenhuma, sendo alvos permanentes de estigmatização, motivo pelo qual eles também têm baixos níveis de status material. Os sistemas de estratificação são construídos em torno de traços socialmente salientes cujos sentidos são socialmente construídos com o propósito de legitimar diferenciações de status entre negros e brancos e entre homens e mulheres. A operação desses dois sistemas permite que brancos dominem negros, que homens dominem mulheres, que heterossexuais dominem homossexuais, o que se torna um aspecto persistente do funcionamento das instituições de uma sociedade. Embora os sistemas de dominação possam ter algum nível de maleabilidade, aqueles estruturados em torno de fatores como raça e gênero são geralmente bastante estabilizados, reproduzindo uma divisão permanente entre grupos sociais.[121]

---

[120] BERGER; ROSENHOLTZ; ZELDITCH JR. Status Organizing Processes.

[121] DESMOND, Matthew; EMIRBAYER, Mustapha. *Racial Domination, Racial Progress: The Sociology of Race in America*. New York: McGraw-Hill, 2009. p. 1-105; TELLES, Edward. *Racismo à brasileira*. Rio de Janeiro: Relume-Dumará, 2005.

Sistemas de dominação social baseados em identidades sociais atribuídas geralmente operam a partir de altos níveis de violência, uma das razões pelas quais membros desses grupos subordinados são submetidos a mecanismos de controle social de caráter permanente, situação que provocou a morte do filho de José Luiz. Tentativas de eliminação desses processos de estratificação encontram resistência significativa dos grupos dominantes, provocando um acirramento de práticas discriminatórias. Assim, podemos dizer que sistemas de dominação como o racismo e o sexismo são produto da tendência humana para a formação de hierarquias baseadas na diferenciação entre grupos sociais. Eles operam em dois níveis. Primeiro, no plano das interações entre indivíduos, fazendo com que membros dos grupos dominantes discriminem membros de grupos subordinados com base em estereótipos que se formam por meio da estigmatização. Segundo, na esfera institucional, uma vez que os grupos dominantes são capazes de instituir regras e procedimentos que têm o propósito de manter as hierarquias entre diversos segmentos sociais o que pode ocorrer por meio de diferentes mecanismos que se tornam formas normais de operação das instituições, todas elas procurando reproduzir hierarquias socialmente estáveis.[122]

Violações da igualdade como violações de direitos fundamentais

É muito, muito pouco provável que pessoas brancas sejam vítimas do tipo de tratamento dirigido ao filho de José Luiz na sociedade brasileira. A raça é um critério de diferenciação social que cria vantagens para uns e desvantagens para outros; ela serve de base para uma série de práticas discriminatórias que violam o ideal do tratamento igualitário entre os indivíduos. O princípio da igualdade tem sido reconhecido ao longo do tempo como um pilar central do regime democrático, uma vez que a democracia representa a possibilidade de criação de um governo baseado no gozo dos mesmos direitos por todos os membros da comunidade política. Esse princípio atribui o mesmo status jurídico a todos eles, condição para que possam atingir alguns objetivos relevantes: a participação de todos no exercício coletivo do poder político e a possibilidade de ação livre também de todos por meio de direitos destinados à proteção de esferas de ação individual. Na modernidade, a igualdade tem sido vista como um princípio político, moral e jurídico. Esse preceito constitucional assume a forma de um direito público

---

[122] SIDANIUS, Jim; PRATTO, Felicia. *Social Dominance: An Intergroup Theory of Social Hierarchy and Oppression*. Cambridge: Cambridge University Press, 1999. p. 31-59.

subjetivo, motivo pelo qual ele pode ser oponível ao poder estatal. Mais do que isso, ele também opera como um limite para a ação estatal, uma vez que instituições governamentais não podem tratar as pessoas de forma arbitrária. A igualdade existe então como um parâmetro de ação de atores públicos e privados e como um objetivo político e jurídico a ser alcançado. Esses primeiros apontamentos demonstram que a igualdade não pode ser vista como um preceito de natureza unívoca; ela apresenta uma série de dimensões que devem ser adequadamente examinadas em função de sua relevância para a análise das violações de direitos fundamentais. Devemos analisar sua dimensão jurídica, sua dimensão moral, sua dimensão política e sua dimensão diferenciativa.

A *igualdade jurídica* constitui uma dimensão importante para a nossa discussão. Ela pressupõe o reconhecimento de todas as pessoas como indivíduos que possuem uma identidade comum como sujeitos de direito, uma identidade de status jurídico de pessoas que vivem em sociedades democráticas. Ela institui a obrigação de tratamento igualitário entre todos seres humanos, motivo pelo qual todos os direitos constitucionalmente garantidos devem estar disponíveis para todas elas. Essa dimensão da igualdade pressupõe as noções de tratamento simétrico entre as pessoas, implica a noção de equidade entre elas; ela está também baseada nos princípios da generalidade e da universalidade: normas que garantem direitos devem estar voltadas para todos os indivíduos, e todos eles são titulares de direitos. As normas jurídicas devem tratar todas as pessoas da mesma forma; seu conteúdo não pode fazer diferenciações arbitrárias entre elas. A igualdade jurídica opera como uma base para a noção de igualitarismo, uma vez que surge como um ideal que regula as relações sociais e as expectativas de pessoas que vivem em sociedades democráticas. A busca desse tipo de igualdade se mostra relevante por ser o substrato para diversas dimensões da liberdade; o reconhecimento das pessoas como sujeitos jurídicos opera como pressuposto para a atribuição de direitos a elas. A igualdade jurídica é um pressuposto central para que elas possam realizar demandas de direitos, pois está baseada na premissa segundo a qual todos os indivíduos com o mesmo status jurídico devem ser tratados da mesma maneira. Essa dimensão da igualdade opera como fundamento para uma pluralidade de fatores, entre eles o processo de interpretação jurídica, que atua como um pressuposto axiológico e teleológico: a interpretação de normas jurídicas parte da premissa de que todos devem ter o mesmo tipo de tratamento perante as normas jurídicas e que estas devem almejar promover a igualdade jurídica entre todos os membros da comunidade política.[123]

---

[123] Ver, nesse sentido, BOBBIO, Norberto. *Igualdade e liberdade*. Petrópolis: Vozes, 1992. p. 25-32; BEDAU, Hugo Adam. Egalitarianism and the Idea of Equality. *In*: PENNOCK;

O conceito de *igualdade política* designa a possibilidade de participação igualitária no processo político, um dos pontos centrais do regime democrático, realidade expressa pelo status de cidadão. A cidadania pode ser vista como a atribuição de um mesmo status a pessoas em função do seu pertencimento a uma determinada sociedade; ela é um status jurídico e um status político, por designar a situação daqueles que, por viverem em um regime democrático, gozam de direitos de participação no processo de formação da vontade estatal, na condução dos destinos políticos da nação. A igualdade de status político permite que as pessoas sejam atores sociais capazes de intervir nas decisões coletivas e propor direções para a condução da vida pública. Ela engloba não apenas a possibilidade de exercício de direitos políticos, mas também o reconhecimento da legitimidade das demandas de direitos elaboradas por essas pessoas. A igualdade política opera então como um mecanismo com o potencial de corrigir processos que produzem desvantagens sistêmicas para certos grupos, motivo pelo qual muitos acreditam que a democracia seja um regime político capaz de transformar a si mesmo ao recorrer a procedimentos aptos a possibilitar a participação política em igualdade de condições entre todos os grupos sociais. A igualdade política está baseada em um conjunto de direitos que servem para limitar o poder estatal, garantir a participação das pessoas nos processos deliberativos, permitir a mobilização política daqueles que se encontram situações desvantajosas. Essa dimensão da igualdade tem um papel central na vida de regimes democráticos, porque garante a autonomia das pessoas no espaço público por meio do exercício igualitário de direitos.[124]

A *igualdade moral* entre os indivíduos está construída sobre a noção de que o projeto democrático pressupõe um tipo de moralidade pública que impõe a necessidade de as pessoas serem reconhecidas como atores sociais competentes, como pessoas com igual valor, motivo pelo qual devem ser concedidos a elas os mesmos direitos. Se todos os seres humanos são agentes racionais, eles são igualmente capazes de dar sentidos e estabelecer propósitos para as suas ações. A igualdade moral guarda relações próximas com a noção de solidariedade cívica, com a noção de que a construção de uma esfera pública democrática requer o reconhecimento do mesmo valor moral entre todas as pessoas, decorrência do fato de que todas elas possuem os mesmos direitos. Elas são capazes de participar dos processos de deliberação por

---

J. Roland; CHAPMAN, John W. (ed.). *Equality*. New York: Atherton Press, 1967. p. 3-10; LAPORTA, El principio de igualdad: introducción a su analisis. *Sistema*, v. 67, p. 3-31, 1985.

[124] Cf. GOYARD-FABRE. *O que é democracia*, p. 40-58; COHEN, Joshua. Democratic Equality. *Ethics*, v. 99, n. 4, p. 727-751, 1989.

serem agentes racionais, são capazes de cultivar as virtudes morais necessárias para a participação na vida pública. Por esse motivo, práticas sociais responsáveis pela construção de certos grupos como moralmente inferiores devem ser eliminadas. O conceito de igualdade moral está baseado na noção de autonomia dos indivíduos, mas também no conceito de respeito, termo que possui uma pluralidade de significados. Ele designa o status daquele que possui um senso de dignidade pessoal, ele implica a noção do gozo de apreço social e ele também pressupõe a ideia de pertencimento a grupos que são reconhecidos como pessoas dignas. Esse tipo de igualdade tem importância central na promoção da emancipação de grupos minoritários, porque procura eliminar a influência de estereótipos culturais que impedem o gozo da respeitabilidade por membros de certos grupos. Violações da igualdade estão amplamente baseadas na pressuposição de que certos grupos não têm o mesmo nível de dignidade, razão pela qual eles também não devem ter acesso aos mesmos direitos, motivo pelo qual podem sofrem todo tipo de violência.[125]

Se a igualdade jurídica pressupõe o tratamento igualitário baseado no status comum como sujeitos de direito, a noção de *igualdade diferenciativa* está relacionada com o reconhecimento das diferenças de status entre grupos sociais, realidade responsável pela dificuldade ou impossibilidade de exercício de direitos por membros de grupos sociais subalternizados. Embora a noção de igualdade esteja relacionada com a noção de identidade, com a premissa de que as pessoas possuem um status jurídico comum, ela precisa também abarcar o fato de que muitos grupos sociais são discriminados em função de características que não deveriam ser utilizadas para a criação de diferença de status entre eles. Por esse motivo, a noção de igualdade diferenciativa implica a necessidade de instituirmos mecanismos protetivos para aqueles grupos submetidos a discriminações, de forma que a situação de desvantagem possa ser atenuada ou eliminada. É importante observar que a noção de igualdade no atual paradigma constitucional não pode ser pensada sem referência à questão da diferença, pois seu alcance depende da identificação de mecanismos responsáveis pela promoção de desigualdade entre grupos. Uma vez que as instituições estatais devem operar como agentes de transformação social, elas precisam adotar medidas voltadas para a solução dos problemas enfrentados por grupos minoritários, ou seja, elas precisam levar em consideração a forma como identidades específicas estão

---

[125] Cf. GUTMANN, Amy. *Liberal Equality*. Cambridge: Cambridge University Press, 1980; HONNETH. *The Struggle for Recognition. The Moral Grammar of Social Conflicts*, p. 131-141; BRUNKHORST, Hauke. *Solidarity: From Civil Friendship to a Global Legal Community*. Cambridge: MIT Press, 2005.

associadas a diferenças de status entre grupos. Isso se mostra especialmente relevante para aqueles segmentos que são submetidos a diferentes sistemas de dominação, o que amplia ainda mais o nível de subordinação dessas pessoas.[126]

A análise dessas diferentes dimensões da igualdade nos permite agora entender os motivos que podem levar à violação de direitos fundamentais por meios de desrespeito do princípio da igualdade e suas implicações. Falar de violações de direitos fundamentais requer que estejamos cientes dos sentidos de um termo importante: a noção de *discriminação*. Discriminar alguém significa impor um tratamento desvantajoso a uma pessoa, o que contraria a presunção de que todos os membros de uma sociedade democraticamente organizada devem ser tratados da mesma forma, por estarem igualmente situados. Certos agentes impõem tratamentos desvantajosos a outros por atribuírem alguma característica negativa a algum traço que esses outros possuem, traços que são interpretados como indicação de diferença ou inferioridade, sinal de que, para eles, membros de certos grupos não merecem a mesma consideração e respeitabilidade. É importante ter em conta que a palavra "discriminar" significa classificar algo de acordo com algum critério; no universo jurídico, discriminar significa classificar alguém de acordo com algum critério com o objetivo de impor algum tipo de consequência a uma pessoa ou grupo de pessoas. Normas jurídicas classificam indivíduos a partir de uma pluralidade de parâmetros, motivo pelo qual deve haver uma relação racional entre o critério utilizado e os propósitos a serem atingidos pela sua utilização. Teremos uma discriminação positiva quando uma característica estiver sendo utilizada para promover a integração de certos grupos; a discriminação será negativa quando o tratamento desvantajoso não puder ser legalmente justificado. A discriminação tem um caráter comparativo, uma vez que sua identificação depende da comparação com o tratamento dispensado a membros de grupos cognatos na mesma situação. Um ato se torna discriminatório quando impede o acesso de alguém a algum bem ou oportunidade a partir de um critério que não tem relevância para o seu gozo ou exercício, o que ocorre diariamente com pessoas negras na nossa sociedade.[127]

O agente que discrimina outro pode estar agindo de forma consciente ou inconsciente; suas ações podem produzir desvantagens para outras pessoas em função de atos intencionais ou por causa de normas que impactam certos grupos

---

[126] Cf. ROSENFELD, Michel. Equality and the Dialectic Between Identity and Difference. *Israel Law Review*, v. 39, n. 2, p. 52-88, 2006; MOREIRA. *Tratado de direito antidiscriminatório*, p. 133-137.

[127] MOREIRA. *Tratado de direito antidiscriminatório*, p. 326-328.

de forma desproporcional e negativa, mesmo que essa não tenha sido sua intenção. Tratamentos discriminatórios podem ser dirigidos a indivíduos ou a grupos, podem ser provocados por atores públicos ou privados, podem afetar gerações presentes e futuras. Eles produzem desvantagens que atingem um indivíduo em uma situação específica ou membros de certos grupos em várias dimensões da vida social e ao longo de toda a vida; eles provocam formas de desvantagem baseadas em um único vetor de diferenciação ou em uma multiplicidade de vetores, o que submete muitas pessoas a uma situação de grande vulnerabilidade social. Esse processo tem consequências em diferentes esferas da vida das pessoas e ao longo do tempo, motivo pelo qual certas coletividades se tornam grupos minoritários por estarem excluídos da possibilidade efetiva de participação nas instituições sociais responsáveis pela formação da vontade estatal. Essa condição as torna vulneráveis a diferentes práticas discriminatórias, em função da percepção de que a condição subordinada decorre de características inatas dessas pessoas, e não da atribuição de traços negativos a elas. Essa realidade reproduz ciclos de desvantagens coletivas, porque são legitimadas por estigmas que estabelecem rígidas divisões de status entre grupos sociais, realidade que muitas vezes é negada por grande parte dos membros dos grupos dominantes que se engajam em práticas discriminatórias de forma frequente. Vemos então que sistemas de dominação têm uma dimensão cultural e uma dimensão institucional: enquanto a primeira compreende uma série de narrativas culturais que legitimam atos discriminatórios, a segunda engloba práticas institucionais voltadas para a criação de privilégios para uns e de desvantagens para outros.[128]

Certos tipos de discriminação são responsáveis pela situação na qual esses grupos se encontram. Se muitas violações da dimensão procedimental da igualdade têm um caráter intencional e arbitrário, aquelas que produzem disparidades de status material entre grupos não são necessariamente produto da intenção de discriminar. Temos no primeiro caso a *discriminação direta*: um tipo de tratamento desvantajoso, produto de estereótipos negativos em relação a membros de determinados grupos. Práticas discriminatórias podem assumir a forma de *discriminação indireta* por produzirem um impacto desproporcional em grupos de pessoas que já se encontram em uma situação de desvantagem. A norma ou prática não faz distinções baseadas em critérios de tratamento diferenciado, mas impõe desvantagens para coletividades que ocupam um status social inferior. O desrespeito da igualdade formal e da igualdade material ocorre quando certas práticas produzem desvantagens cujas consequências se reproduzem ao longo

---

[128] Cf. LIPPERT-RASMUSSEN, Kasper. *Born Free and Equal? A Philosophical Inquiry into the Nature of Discrimination*. Oxford: Oxford University Press, 2014. p. 13-54.

do tempo, afetando membros de um grupo de uma geração para outra, o que chamamos de *discriminação intergeracional*. Aqueles grupos que são impedidos de exercer o direito à educação ou o direito ao trabalho terão chances de mobilidade social significativamente reduzidas, motivo pelo qual não poderão transmitir benefícios materiais para as gerações futuras. A violação da igualdade também pode assumir a forma de *discriminação estrutural* quando sistemas de dominação impõem desvantagens sistemáticas que afetam os mais diversos aspectos da vida das pessoas, dificultando ou impedindo que elas tenham acesso a tratamento igualitário de direitos na esfera pública ou na esfera privada, no ambiente de trabalho ou na esfera política, nos encontros com agentes estatais ou agentes privados. É certo que violações do caráter procedimental da igualdade também concorrem para a produção de desigualdades de status material, porque elas têm um caráter cumulativo, mas estamos falando de situações que transcendem a intenção de pessoas, porque existem em função da operação de mecanismos institucionais que podem operar independentemente de ações individuais.[129]

Práticas discriminatórias não são espontâneas; elas são comportamentos motivados por estereótipos, falsas generalizações baseadas em traços que caracterizam grupos de pessoas, podendo ter conotações positivas ou negativas. A *discriminação interpessoal* designa então um comportamento individual arbitrário motivado por estereótipos; um agente trata outro de maneira discriminatória por pressupor que o outro agente, por ter certas características, não possui o mesmo nível de humanidade que ele, por não reconhecê-lo como uma pessoa com o mesmo nível de igualdade moral.[130] Muitas vezes tratamentos discriminatórios são motivados por mais de um fator; as pessoas sofrem desvantagens em uma pluralidade de situações porque pertencem a mais de uma minoria. *A discriminação interseccional* descreve a situação de pessoas que estão em uma condição de vulnerabilidade significativa em função de sistemas de dominação que operam paralelamente, como o racismo e o sexismo, o racismo e a homofobia, a homofobia e o classismo, o classismo e o capacitismo. A operação paralela desses sistemas de dominação forma minorias dentro de minorias, pessoas que enfrentam dificuldades dentro da comunidade imediata e de toda a comunidade política.[131]

---

[129] MOREIRA, Adilson José. *O que é discriminação?*. Belo Horizonte: Letramento, 2017. p. 95-155; CONNOLLY. *Discrimination Law*, p. 1-127.

[130] Cf. ALPORT, Gordon. *The Nature of Prejudice*. New York: Basic Books, 1979. p. 3-15.

[131] CRENSHAW, Kimberlé. Demarginalizing the Intersection of Race and Sex: A Black Feminist Critique of Antidiscrimination Doctrine, Feminist Theory, and Antiracist Politics. *University of Chicago Legal Forum*, n. 1, p. 139-167, 1989.

Violações da igualdade podem assumir a forma de *discriminação institucional*, um tipo de tratamento desvantajoso produzido por representantes de instituições públicas ou privadas. Esse tipo de tratamento arbitrário pode assumir a forma de discriminação direta ou discriminação indireta; é geralmente produto de uma cultura institucional baseada no pressuposto de que certos grupos não têm o mesmo valor ou são uma forma de ameaça social. Podemos identificar quatro manifestações de discriminação institucional: impedimento de acesso à instituição, tratamento diferenciado dentro da instituição, impedimento de acesso aos serviços da instituição e oferecimento diferenciado dos serviços da instituição. Essa forma de discriminação descreve de forma bastante clara o caso descrito no início deste capítulo: representantes do poder estatal, motivados por estereótipos racistas, assassinam uma criança de 2 anos, consequência do fato de que a segurança pública na sociedade brasileira tem sido pensada como uma política de eliminação de atores sociais indesejados.[132]

Violações de direitos fundamentais assumem a forma de desrespeito do princípio da igualdade porque motivam práticas que produzem desvantagens para grupos em uma sociedade que deveria ser guiada pelo princípio da equidade. Vimos que a igualdade pode ser compreendida como um princípio que impõe a necessidade de tratamento simétrico entre pessoas que possuem o mesmo status jurídico, o caso de todos os membros de regimes democráticos. Observamos também que as instituições estatais frequentemente utilizam critérios de tratamento diferenciado para estabelecer distinções e atribuem consequências a elas, mas tais instituições estão obrigadas a justificar a utilização desses critérios por meio da demonstração de uma relação racional entre parâmetros de diferenciação e interesses estatais legítimos. Esse princípio constitucional apresenta uma dimensão procedimental, porque exige que as mesmas formas de tratamento destinadas a uma pessoa sejam destinadas a outras. Violações de direitos fundamentais ocorrem quando agentes públicos ou privados desconsideram essa exigência de igualdade de procedimento, quando violam o princípio de tratamento simétrico entre pessoas. Tratar as pessoas de forma igualitária significa dispensar o mesmo tipo de tratamento a todas as pessoas, independentemente de suas características, uma vez que estas não estão relacionadas com a capacidade dessas pessoas em atuar de forma competente no espaço público.[133]

---

[132] MOREIRA. *Tratado de direito antidiscriminatório*, p. 456-465; TURE, Kwane; HAMILTON, Charles. *Black Power: The Politics of Liberation*. 2. ed. New York: Vintage Books, 1992. p. 3-4.

[133] MOREIRA. *Tratado de direito antidiscriminatório*, p. 387-409; CONNOLLY, Michael. *Discrimination Law*. 2. ed. London: Sweet & Maxwell, 2011. p. 79-127.

A classificação dos direitos fundamentais como direitos de defesa se mostra relevante aqui, porque nos lembra de que eles operam como segurança contra ações governamentais que desconsideram a igualdade de status jurídico entre pessoas. Violações desses direitos ocorrem quando agentes estatais impedem a realização de uma ação em função de alguma característica ou tipo de status de uma pessoa. Esse é um tipo de ato discriminatório, porque institui tratamento diferenciado entre pessoas que deveriam ter acesso aos mesmos direitos nas mesmas condições. Violações desse caráter procedimental da igualdade ocorrem quando instituições governamentais instituem normas dirigidas a grupos específicos de pessoas, situação na qual a norma estabelece uma discriminação de caráter negativo, porque procura impor uma desvantagem a pessoas que fazem parte de grupos vistos como diferentes ou inferiores. Esse tipo de tratamento desvantajoso pode ocorrer quando afeta de forma negativa posições, propriedades ou situações dos indivíduos. Assim, teremos violações de direitos fundamentais quando as pessoas forem impedidas de agir a partir do status que ocupam em uma sociedade como eleitores; elas terão seus direitos fundamentais desrespeitados quando ações afetarem sua integridade física; violações acontecerão quando o domicílio de alguém sofrer uma invasão indevida.[134]

Violações de direitos fundamentais também assumem a forma de ofensas da igualdade quando práticas sociais dificultam ou impossibilitam o alcance da igualdade material entre indivíduos e grupos de indivíduos. A igualdade não pretende apenas garantir simetria de tratamento, mas também que as pessoas tenham condições similares para poderem ter uma vida digna. Formas de tratamento diferenciado entre grupos de pessoas afetam o status coletivo dos seus membros, o que dificulta ou impede o exercício de direitos fundamentais. Essas diferenças incluem dificuldade de acesso a direitos necessários para que as pessoas possam ter o mínimo de segurança material. Por esse motivo, o princípio da igualdade material tem sido definido como o tratamento diferenciado de pessoas com status diferenciado. Esse tipo de igualdade requer ações estatais voltadas para pessoas que se encontram em uma situação de desvantagem, de forma que essa situação possa ser parcial ou totalmente revertida. Também conhecida como igualdade substantiva, esse princípio procura promover a justiça social por meio de políticas distributivas, de forma a garantir melhores condições econômicas para indivíduos e grupos que se encontram em uma situação de desvantagem material.

Violações da dimensão material da igualdade assumem então a forma de tratamento discriminatório no acesso a direitos a prestações estatais, um tipo de

---

[134] ALEXY. *Teoria dos direitos fundamentais*, p. 197-199.

status garantido a pessoas que vivem em sociedades democráticas. Elas podem ocorrer quando instituições estatais não se mobilizam para garantir a devida proteção para as pessoas, uma vez que direitos fundamentais sociais implicam a existência de ações fáticas destinadas a permitir que as pessoas tenham a devida segurança material. Além disso, essas violações da igualdade material podem ocorrer em função da ausência de prestações normativas, ou seja, quando instituições governamentais falham em produzir normas jurídicas voltadas para a realização de direitos de prestação. Por almejar a promoção da segurança material, a igualdade de resultados e a justiça econômica, a igualdade substantiva impõe a necessidade de uma lógica distinta no processo de interpretação jurídica. Se intérpretes do direito devem procurar restaurar a simetria de tratamento no caso de violação da igualdade de procedimento, eles devem observar, no caso de questões envolvendo direitos a prestações estatais, o potencial da norma em promover a emancipação de grupos sociais. Isso, porque esse tipo de violação da igualdade promove diferenciações indevidas de status entre grupos sociais, algo contrário aos objetivos de nossa ordem constitucional.[135]

Violações da liberdade como violações de direitos fundamentais

Violações de direitos fundamentais também podem assumir a forma de desrespeito do princípio constitucional da *liberdade*, outro preceito central da nossa ordem constitucional. Primeiro, é importante observar que os seres humanos têm uma característica especialmente relevante: são seres dotados de agência, termo que designa a possibilidade de ação regulada a partir da atribuição de sentidos e propósitos a comportamentos decorrentes de um processo de reflexão. Mais do que uma faculdade individual, a liberdade consiste na possibilidade de ação em uma série de esferas nas quais as pessoas podem realizar objetivos individuais e coletivos. A liberdade pode ser vista como um fato antropológico fundamental, porque reflete nossa capacidade de realizar atos a partir do exercício da vontade racional, expressa a possibilidade de os seres humanos agirem a partir da mediação dos valores que governam uma sociedade. Liberdade significa, assim, a realização de atos voluntários que expressam a reflexão racional de uma pessoa a partir de sua volição, motivo pelo qual a realização desse princípio implica a ausência de quaisquer formas de coação indevida, de quaisquer mecanismos que não expressem sua própria vontade. A coação ocorre quando outro agente força alguém a agir a partir de decisões

---

[135] Cf. CARNEIRO, Sueli. *Escritos de uma vida*. São Paulo: Pólen, 2018. p. 13-59.

que não decorrem da vontade individual ou quando fatores externos impedem que a pessoa tenha controle sobre as condições para a ação.[136]

Como tem sido observado, a liberdade pode ser pensada a partir de três aspectos: a atividade cognitiva, a motivação da ação e a ação executiva. A atividade cognitiva é uma condição para a ação porque apresenta os parâmetros para a reflexão sobre uma situação e sobre a forma como o sujeito deve agir tendo em vista a pluralidade de possibilidades que se apresentam para ele. A motivação da ação também é um elemento central dessa consideração, porque a liberdade está construída sobre o pressuposto segundo o qual as ações humanas são produto da deliberação individual; a ação decorre de uma volição que expressa a possibilidade de uma pessoa estabelecer propósitos para seus atos. A ação executiva também se mostra relevante, porque compreende os atos de uma pessoa para conseguir realizar seus objetivos, o que requer a ausência de obstáculos que restrinjam essa possibilidade. Por esse motivo, a liberdade, considerada sob um ponto de vista psicológico, está centrada em dois fatores importantes: a motivação da ação e as condições para a ação. Esse princípio tem então uma dimensão social, porque as pessoas só podem operar de acordo com esses parâmetros em uma realidade social que crie os meios para que o exercício da vontade reflita um processo de deliberação pessoal e ainda em que o indivíduo encontre os meios para operar adequadamente para atingir seus propósitos. Assim, a liberdade, de um ponto de vista filosófico e de um ponto de vista psicológico, pode ocorrer em uma realidade regulada por regras sociais que permitam um grande âmbito de ação para as pessoas, de forma que a reflexão, a motivação e a ação não estejam constrangidas por fatores que não expressem a deliberação e a volição individual. A liberdade, nesses dois sentidos, existe quando condições sociais tornam o exercício da vontade uma possibilidade e a criação de condições de ação uma realidade para o maior número possível de pessoas.[137]

Vemos então que a liberdade pode ser abordada e definida a partir de uma pluralidade de perspectivas. Como um princípio moral, ela designa a possibilidade de determinação da própria vontade; como um princípio jurídico, ela permite a determinação da própria ação dentro dos limites legais; como um princípio político, ela pressupõe um status das pessoas que podem participar de processos coletivos de deliberação. É bastante difícil diferenciar todos essas dimensões, uma vez que cada

---

[136] Uma análise das correlações entre liberdade, racionalidade e ação pode ser encontrada em BANDURA, Albert. Self-efficacy Mechanism in Human Agency. *American Psychologist*, v. 37, n. 2, p. 122-147, 1982.

[137] GRAY, Tim. *Freedom*. Atlantic Highlands: Humanities Press International, 1991. p. 17-81.

uma delas aponta elementos essenciais para a conceituação geral desse conceito e para a realização da outra. Além de ser um preceito moral e político, a liberdade tem operado como um parâmetro de definição subjetiva das pessoas que vivem em sociedades democráticas. É certo que a ânsia por dar sentidos à própria ação pode ser classificada como um impulso humano fundamental, mas ela adquire o status de um aspecto definidor da subjetividade humana na medida em que as pessoas vivem em um regime político no qual a possibilidade de ação autônoma estrutura os parâmetros culturais por meio dos quais as pessoas formulam percepções de si mesmas. A liberdade pode ser vista então como algo que representa um horizonte de sentidos para os seres humanos que vivem em sociedades democraticamente organizadas: ser livre significa ter os meios para a construção de caminhos individuais e coletivos que almejam a felicidade, o que tem sido visto como um requisito essencial para a realização pessoal e para a construção de uma sociedade democrática.[138]

Muitas são as teorias sobre esse princípio constitucional. Alguns o classificam como a capacidade de ação autônoma no espaço privado, como a possibilidade de uma pessoa determinar suas ações a partir do exercício de sua vontade. Ela seria então a expressão da ação sem formas de restrição externas, o que possibilita ações autônomas. Esse princípio também tem sido entendido como liberdade de escolha, o que enseja a capacidade de um agente poder fazer escolhas entre cursos de ação disponíveis. Se essas perspectivas estão centradas na capacidade do agente, outras consideram as condições nas quais as pessoas vivem. A liberdade não designa uma faculdade humana, mas as condições efetivas que as pessoas têm de poder atribuir sentidos e propósitos às suas ações, motivo pelo qual sua análise não pode ser desvinculada da realidade social na qual as pessoas vivem. Por ocuparem posições distintas em diferentes formas de hierarquia social, as pessoas terão um maior ou menor grau de autonomia. Assim, a liberdade tem um caráter notoriamente relacional, uma vez que sua realização depende das condições materiais nas quais as pessoas vivem. Elas só podem agir de forma autônoma quando têm controle sobre os meios de suas ações.[139]

---

[138] A bibliografia sobre a liberdade, seja no sentido jurídico, seja no filosófico, é bastante extensa. Algumas obras merecem ser mencionadas devido à relevância para a elaboração da nossa reflexão: MILLER, David (ed.). *The Liberty Reader*. Boulder: Paradigm, 2006; LUCAS, Eric (ed.). *What Is Freedom?*. London: Oxford University Press, 1961; BERGMANN, Frithjof. *On Being Free*. Notre Dame: University of Notre Dame Press, 1977.

[139] KING JR., Martin Luther. *Why We Can't Wait*. Broadway: Signet Classics, 2000. p. 85-113; WEST, Robin. Taking Freedom Seriously. *Harvard Law Review*, v. 104, n. 1,

É importante ter em mente que a noção de autodeterminação é um dos elementos centrais do imaginário constitucional moderno. Porém, como esse conceito é sempre mencionado, mas nunca suficientemente explicado, devemos explorar alguns dos seus aspectos. O constitucionalismo nasce com o propósito de possibilitar a emancipação humana, ideal que está construído sobre uma representação antropológica que compreende os seres humanos como agentes. Como seres que possuem uma capacidade avançada de construir interações sociais por meio da capacidade simbólica, eles gozam da possibilidade de atuar no mundo por meio de suas habilidades cognitivas, o que inclui a atribuição de sentidos e propósitos às suas ações. A capacidade de deliberação garante que as pessoas possam estabelecer cursos de ação que permitem o planejamento individual e coletivo de suas vidas. Seres humanos podem planejar suas ações, processo que engloba o estabelecimento de propósitos, um curso de ação e a avaliação dos resultados desse plano de ação. O comportamento humano ocorre então como um produto da possibilidade de os indivíduos poderem atribuir sentidos para suas vidas dentro de uma pluralidade de opções abertas a elas na sociedade na qual vivem.[140]

A psicologia social nos mostra que o conceito de autodeterminação implica a possibilidade de as pessoas poderem estabelecer e alcançar propósitos para as suas vidas, um elemento central do psiquismo humano. Mas essa teoria está baseada no funcionamento de uma sociedade comprometida com um regime geral de liberdades, requisito para o exercício de agência humana. Isso significa que as demandas elaboradas por movimentos sociais, o caso de feministas negras, não podem ser reduzidas à defesa de identidade pessoal. O ideal moderno de autodeterminação implica a possibilidade de os indivíduos se reconhecerem como atores sociais capazes de atuar de forma competente no espaço público e no espaço privado. Isso pode ser analisado como um dos significados do conceito de liberdade do ponto de vista filosófico, mas também do ponto de vista psicológico. Assim, direitos fundamentais desempenham uma dupla função: permitir a realização ética e garantir a integração psicológica das pessoas. Proteger grupos minoritários de práticas discriminatórias surge então como um requisito para o funcionamento adequado da ordem jurídica, uma instância que existe para garantir uma ordem geral de liberdade capaz de proporcionar os meios para o pleno exercício da autodeterminação. Essa possibilidade é consideravelmente restringida quando

---

p. 43-94, 1990.

[140] BANDURA. Toward a Psychology of Human Agency: Pathways and Reflections. *Perspectives on Psychological Science,* v. 1, n. 2, p. 164-180, 2006.

todo um grupo de pessoas se encontra exposto a formas simultâneas de exclusão social que impedem a criação e o alcance de planos pessoais, o caso de mulheres negras. Dessa forma, o constitucionalismo deve ser visto como um sistema de proteção social desenhado para garantir os meios para que os indivíduos possam desenvolver uma existência autônoma.[141]

Se abordarmos a liberdade a partir de uma perspectiva filosófica, podemos dizer que ela pode então ser pensada como um tipo de imunidade a influxos externos que restringem a determinação individual e ainda como um conjunto de condições sociais que permitem a proteção de âmbitos de ação das pessoas. Assim, atos discriminatórios são amplamente problemáticos, porque são formas de supressão da vontade, um fato que a tradição considera ser um elemento central da experiência existencial dos seres humanos. Eles possuem uma vontade, o que deve ser visto como um tipo de potência operativa, porque expressa o interesse de as pessoas atuarem no mundo a partir da volição de seres capazes de modular suas ações a partir de valores sociais compartilhados. A liberdade pode ser exercida quando existe a possibilidade de ordenação dos meios em vista de um fim estabelecido pelo sujeito, outro aspecto do caráter operativo da vontade, uma vez que ela cria a expectativa das condições reais para a sua realização.[142]

Sabemos que o constitucionalismo estabelece limites para a ação estatal por meio da criação de uma série de direitos que procuram criar uma esfera de ação na qual as pessoas podem agir de forma autônoma. Esse fato nos coloca diante da questão da relação entre liberdade e poder. O conceito de liberdade está ligado a algumas ações como *pretender*, *decidir*, *agir* e *realizar*, todas elas indicando a existência de uma esfera de ação na qual as pessoas podem agir de acordo com suas deliberações. Mas se, por um lado, esses termos pressupõem a possibilidade de ação autônoma, por outro, eles implicam algo que só pode ser realizado dentro de relações sociais pautadas por certos princípios políticos e jurídicos. Por esse motivo, o entendimento da liberdade em termos puramente negativos ou reflexivos não se mostra suficiente para a análise da liberdade jurídica. Essa dimensão da liberdade precisa ser examinada a partir da relação com o tema do poder e de algumas de suas categorias, como *persuasão*, *dissuasão*, *restrição*, *privação*, *condicionamento* e *punição*. Essa análise é necessária porque a violação da liberdade jurídica pode assumir as formas anteriormente

---

[141] GRIFFIN. *On Human Rights*, p. 9-51.

[142] TEIXEIRA, Joaquim de Souza. Liberdade. *In*: LOGOS: enciclopédia luso-brasileira de filosofia. Lisboa: Verbo, 1989. v. 3. p. 352-354.

mencionadas, que expressam interferências indevidas na motivação da ação ou ausência de controle sobre as condições da ação.[143]

Para que possamos entender a dinâmica das violações da liberdade jurídica, devemos analisar outros aspectos da relação de poder. Um agente exerce poder sobre outro porque é capaz de controlar a ação de outros agentes de forma a lhes impor seus interesses. O poder implica a ideia de submissão de um agente a outro, o que provoca o fechamento de alternativas para aqueles que estão em uma situação subordinada. Não podemos então esquecer que o poder, assim como a liberdade, possui uma natureza relacional: ele designa a possibilidade de um ator influenciar o curso de ações de um indivíduo de modo indevido. Atos de poder dessa natureza são conscientes e intencionais, e implicam a privação de oportunidades para uma pessoa. Isso significa que violações da liberdade jurídica ocorrem em função de atos de poder que influenciam o curso de ação dos indivíduos, porque restringem ou impedem que eles tomem decisões autônomas. Atos discriminatórios são produto de relações hierárquicas entre indivíduos e grupos de indivíduos, o que permite que alguns deles utilizem o poder institucional para impor desvantagens a membros de outros grupos. Esse caráter vertical da discriminação se alia ao caráter horizontal, e o último está baseado na premissa segundo a qual todos os membros de um grupo majoritário são superiores a todos os membros de grupos minoritários, motivo pelo qual os primeiros merecem tratamento privilegiado em relação aos segundos.

Violações da liberdade jurídica são também violações da liberdade antropológica, porque impedem que um agente alcance propósitos estabelecidos por meio de suas deliberações. Atos de poder podem assumir a forma de *privação* de direitos, porque impedem que um agente busque algum objetivo estabelecido. O exercício indevido de poder de um agente sobre outro implica uma violação da liberdade, porque restringe a ação autônoma, pressuposto do princípio da dignidade humana. Ter poder significa exercer poder, significa poder controlar ou limitar a liberdade de ouras pessoas, motivo pelo qual poder e liberdade estão relacionados, motivo pelo qual o primeiro deve ser entendido no seu aspecto dispositivo, como um meio de fazer algo em função da posição de controle sobre outras pessoas.[144]

Pensar a liberdade jurídica a partir da sua dimensão relacional exige que exploremos a questão das formas a partir das quais agentes sociais podem

---

[143] OPPENHEIM. Felix E. *Dimensions of Freedom. An Analysis.* New York: St. Martin Press, 1961. p. 21-34.

[144] OPPENHEIM. *Dimensions of Freedom. An Analysis*, p. 101-105.

exercer controle indevido sobre a vida das pessoas. *Restringir a liberdade jurídica de alguém implica que certo ator social exerce indevidamente controle sobre a ação de outro por meios que podem assumir a forma de influência sobre o comportamento ou restrição das condições de ação. Isso significa que um ator pode exercer controle indevido sobre o outro quando ele o força direta ou indiretamente a agir de certa forma ou quando ele impõe restrições físicas, legais ou políticas para que uma pessoa possa agir.* Restrições da liberdade humana ocorrem por meio da interferência nas escolhas pessoais, e a influência indevida é uma das mais frequentes. Essa forma de controle sobre a ação do outro ocorre quando uma pessoa, em função de uma relação hierárquica, procura influenciar a motivação de ação de outra pessoa.

Um agente pode influenciar outro a agir de uma forma ou de outra em função de atos que procuram persuadir alguém a agir de determinada maneira ou dissuadir de que faça algo. A influência é um tipo de controle que alcança seus objetivos na medida em que molda os cursos de ação de outras pessoas, de forma a atender um interesse de outra pessoa. Esse processo pode levar indivíduos a agir de forma intencional ou inconsciente; pode fazer com que a pessoa pense que a decisão partiu de suas deliberações ou convencer o indivíduo de que não há alternativas possíveis; pode acontecer quando um agente procura impedir que uma pessoa tome esta ou aquela ação. Assim, a *persuasão* e a *dissuasão* se manifestam por meio de atos ou de mensagens; essas últimas podem expressar a verdade ou ser falsas, uma vez que interessa ao agente persuadir outro a fazer ou a deixar de fazer algo. A influência pode ainda assumir a forma de uma ação que procura impedir que alguém faça algo, em muitos casos sob a ameaça de alguma sanção. Por outro lado, as pessoas abstêm-se de agir porque seus atos podem provocar sanções que trazem consequências negativas para si. Vemos então que uma pessoa pode exercer controle sobre outra por meio do *condicionamento* de suas ações, o que lhe permite determinar as escolhas que ela pode fazer. O controle assume a forma de *restrição* quando um agente influencia o comportamento de outro por meio de impedimentos que o impossibilitam de iniciar qualquer curso de ação. Assim, ações que procuram operacionalizar a vontade de uma pessoa não são iniciadas, porque ela não encontra os meios efetivos para poder agir de acordo com suas deliberações.[145]

A liberdade jurídica também pode ser cerceada quando alguém impõe *restrições* sobre as condições de ação de uma pessoa. Isso pode ocorrer por meio de normas legais que negam direitos; uma pessoa deixa de escolher cursos de ação

---

[145] OPPENHEIM. *Dimensions of Freedom. An Analysis*, p. 23-33.

porque o acesso a direitos é negado. O controle sobre o corpo do indivíduo também é uma forma de violação das condições de ação, porque isso o impede de exercer a livre locomoção, de circular nos espaços sociais nos quais atividades podem ou devem ser realizadas. As condições de ação também podem ser restringidas em função do uso da força, outro fator que impede a possibilidade de autodeterminação. Vemos então que essas situações podem ser vistas como fatores que incidem sobre a ação das pessoas, sobre o seu corpo ou sobre o ambiente no qual elas vivem. Seja por meio da influência indevida na formação da vontade, seja por meio da restrição sobre as condições de ação, violações de liberdade jurídica são obstáculos para o exercício da dimensão antropológica e da dimensão política da liberdade. Assim, devemos sempre examinar o tema da liberdade a partir desses parâmetros, uma vez que sua concepção como faculdade individual pode levar as pessoas a pensarem que violações desse preceito ocorrem apenas quando se manifestam por meio de alguma restrição legal. Um agente pode impedir o exercício da liberdade de outro quando lhe impõe *punições* porque o segundo não seguiu as expectativas ou as ordens de pessoas que estão em uma posição de status superior. A punição opera como um meio de influenciar a vontade das pessoas como também as condições de ação dos indivíduos, ao impor sanções em função de um comportamento contrário ao que se esperava.[146]

Violações da dignidade como violações de direitos fundamentais

O princípio da dignidade humana: premissas básicas

A noção de dignidade humana decorre de alguns processos culturais característicos da modernidade. Primeiro, a ascensão do racionalismo como doutrina filosófica hegemônica, fato responsável pela representação dos seres humanos como sujeitos capazes de regular normas de conduta a partir de regras que são produto do consenso social sobre o justo. Segundo, esse princípio está diretamente relacionado com a doutrina do individualismo como uma filosofia de dimensões morais, porque centrada na noção de que os indivíduos são seres morais cuja vida deve ser guiada por propósitos criados por eles mesmos, e não por forças externas. Terceiro, a dignidade humana também diz respeito a um tipo de organização política que permite o florescimento moral dos indivíduos, motivo pelo qual sua defesa encontra legitimidade na operação das instituições

---

[146] OPPENHEIM. *Dimensions of Freedom. An Analysis*, p. 33-47.

democráticas. Quarto, esse preceito constitucional também está fundamentado no reconhecimento do status universal dos seres humanos como portadores de direitos fundamentais, normas constitucionais que permitem a efetividade da dignidade em função de preceitos que tanto protegem o indivíduo contra intervenções indevidas quanto permitem níveis mínimos de segurança material. Quinto, a dignidade também está relacionada com a ideia de autenticidade, com a possibilidade de as pessoas expressarem diferentes aspectos de sua identidade, de poderem viver de acordo com a própria verdade e não a partir de parâmetros estabelecidos por outros. Se o ser humano é um indivíduo racional, ele dever viver de maneira autônoma, o que implica o controle sobre as próprias condições de existência.[147]

A dignidade humana adquire o status de um princípio constitucional ao longo do último século em função de uma série de violações maciças de direitos humanos, o que despertou a consciência de que ela não deveria ser apenas um valor moral, mas também um parâmetro central da cultura constitucional. Muitos textos constitucionais instituíram a dignidade humana como um princípio conformador, como um valor que deve guiar a racionalidade da operação de todo o sistema jurídico. Desde então, esse preceito tem desempenhado uma série de funções. Ele tem servido como um horizonte substantivo para a ponderação de conflitos entre direitos fundamentais, tem sido apontado como uma referência para a descoberta de novos direitos fundamentais, como justificativa para a imposição de limites desses direitos e para a determinação do conteúdo essencial dessas normas constitucionais, e ainda servido como um direito público subjetivo. A dignidade humana tem uma relação estrutural com os direitos fundamentais, porque institui referências para sua interpretação, uma vez que pode ser vista como a finalidade central das diferentes categorias de direitos fundamentais. Ela tem então uma dimensão descritiva e uma dimensão prescritiva, porque também aponta para um estado de existência a ser alcançado.[148]

O estabelecimento do valor normativo do princípio da dignidade humana enfrenta algumas dificuldades, tendo em vista a pluralidade de questões que ela abriga. De qualquer forma, podemos indicar alguns aspectos que precisam ser

---

[147] Cf. SARLET, Ingo Wolfgang. *Dignidade da pessoa humana e direitos fundamentais na Constituição de 1988*. 6. ed. Porto Alegre: Livraria do Advogado, 2008. p. 29-41; NOVAIS, Jorge Reis. *A dignidade da pessoa humana: dignidade e inconstitucionalidade*. 2. ed. Coimbra: Almedina, 2019. v. 2. p. 17-44; TRILLING, Lionel. *Sincerity and Authenticity*. Cambridge: Harvard University Press, 1973.

[148] NOVAIS. Princípios *estruturantes de Estado de Direito*, p. 25-39.

considerados como essenciais para a determinação de sua dimensão jurídica. O primeiro deles está associado com o reconhecimento da dignidade intrínseca de todas as pessoas, valorização que decorre do fato de que todo ser humano deve ser visto como um ator social capaz de operar de forma autônoma, de que todo ser humano é um ente que estabelece propósitos para a sua existência, os quais devem ser vistos como igualmente válidos, o que deve ser considerado a partir das concepções de justiça presentes em um momento histórico. O caráter intrínseco da dignidade humana impõe a obrigação do reconhecimento do outro como alguém que tem um valor que decorre do seu status como um ser moral, como um sujeito de sua própria vida, um agente moral que deve ter o controle sobre sua existência. A dignidade humana protege a pessoa individualmente considerada na sua possibilidade de ser vista como alguém que deve ter o mesmo acesso a direitos para que possa ter as condições para instituir propósitos e sentidos para as suas ações. A violação da dignidade humana ocorre quando um indivíduo, independentemente de suas capacidades, não tem sua humanidade reconhecida, não tem seu valor moral reconhecido.[149]

Não podemos esquecer então que esse princípio estruturante de nossa ordem constitucional implica ainda o reconhecimento dos indivíduos como sujeitos da própria vida, o que requer a autonomia para que eles possam conduzir a própria existência. Ser sujeito da própria existência pressupõe a capacidade de autodeterminação, uma vez que cabe a cada indivíduo estabelecer os rumos de sua vida. Isso significa que a restrição da liberdade individual deve ser considerada como uma violação da dignidade, especialmente quando ela assume a forma de imposição da maneira como um indivíduo deve conduzir sua jornada. Dessa forma, a noção de dignidade também está relacionada com a necessidade de proteção da agência humana, com a possibilidade de o indivíduo ter controle sobre a motivação das suas próprias ações e condições de ação. O exercício da agência humana está então relacionado com os meios necessários para que a possibilidade de atribuir sentidos e propósitos às próprias ações não seja limitada ou impedida por forças externas. Vemos então que a dignidade humana impede que a pessoa esteja submetida a situações de exclusão e de subjugação, uma vez que essas situações contradizem a noção de que todos os seres humanos devem poder operar de acordo com suas volições mediadas por normas gerais de justiça.[150]

---

[149] NOVAIS, Jorge Reis. *A dignidade da pessoa humana: dignidade e inconstitucionalidade.* 2. ed. Coimbra: Almedina, 2019. v. 2. p. 107-111.

[150] GRIFFIN. *On Human Rights*, p. 44-48; NOVAIS, Jorge Reis. *A dignidade da pessoa humana: dignidade e inconstitucionalidade.* 2. ed. Coimbra: Almedina, 2019. v. 2. p. 113-115.

Podemos dizer ainda que o conceito normativo de dignidade humana engloba a possibilidade de a pessoa expressar diferentes dimensões de sua identidade sem que seja submetida a processos de violação de direitos. Esse princípio constitucional estruturante está construído sobre a noção de que as pessoas devem poder manifestar aspectos benignos de sua identidade sem sofrer formas de discriminação negativa. A negação da humanidade de uma pessoa pode assumir uma forma bastante específica, que é a alienação identitária: a imposição de formas de identidade para que a pessoa possa exercer direitos. Diversos grupos sociais, especialmente minorias raciais e sexuais, são submetidos à pressão por conformidade social, enfrentando diversas formas de práticas discriminatórias em função da estigmatização social de certas formas de identidade. Os seres humanos possuem uma pluralidade de identidades, algumas das quais são constitutivas de própria existência, mas elas são também parâmetros a partir dos quais recursos e oportunidades sociais são distribuídos, motivo pelo qual são submetidas a processos históricos de estigmatização. Ser uma pessoa negra na nossa sociedade implica um processo de alienação identitária, porque todas as referências culturais apresentadas como referências de valorização social são brancas. Pessoas negras homossexuais enfrentam um problema ainda maior, porque a heterossexualidade aparece na nossa sociedade como uma condição para o exercício de direitos; qualquer expressão da homossexualidade pode acarretar discriminação e violência.[151]

Como não poderia deixar de ser, a dignidade humana enquanto valor jurídico pressupõe que os seres humanos nunca sejam tratados como objetos. Essa consequência decorre do fato de que, se o ser humano deve ser visto como sujeito, ele não pode ser instrumentalizado, sua vida não pode ser submetida à realização dos interesses de outros. Os seres humanos devem ser reconhecidos como pessoas com interesses próprios, motivo pelo qual sua condição de agente não pode ser ignorada. Por terem uma dignidade intrínseca, os seres humanos não podem se tornar meios para o alcance de objetivos exteriores a eles, uma vez que eles são fins em si mesmos. A *coisificação* ou *instrumentalização* não pode ocorrer em uma ordem jurídica comprometida com a dignidade humana, uma vez que ela deve estar comprometida em promover a autodeterminação das pessoas; a promoção

---

[151] NOVAIS, Jorge Reis. *A dignidade da pessoa humana: dignidade e inconstitucionalidade*. 2. ed. Coimbra: Almedina, 2019. v. 2. 131-135; MOREIRA. *Cidadania sexual: estratégias para ações inclusivas*, p. 244-280; ANTUNES, Pedro Paulo Sammarco. *Homofobia internalizada: o preconceito do homossexual contra si mesmo*. São Paulo: Annablume, 2017; GOMES, Samuel. *Guardei no armário: a experiência de um jovem homossexual negro e ex-evangélico na sétima maior cidade do mundo*. Porto Alegre: Pragmatha, 2016.

da autonomia ética dos indivíduos é um objetivo central de uma sociedade democrática. Estamos falando aqui especialmente de formas degradantes de tratamento dos seres humanos, o que ocorre quando eles, além de não terem sua humanidade reconhecida, são utilizados para o alcance de objetivos escusos de outras pessoas, objetivos que violam o senso de justiça presente em determinado momento histórico. Estamos aqui diante de situações baseadas na estigmatização, no desprezo, na percepção de que certos grupos não merecem ter acesso ao gozo de direitos, porque são desprovidos de respeitabilidade social.[152]

Violações de direitos fundamentais assumem a forma de violações à dignidade quando produzem danos a alguns elementos centrais da personalidade humana, o que inclui a capacidade de ação autônoma, a identidade pessoal e o senso de valor pessoal, todos elementos presentes no caso de João Alberto. A noção de dignidade tem uma longa história no constitucionalismo. A liberdade, nos tempos modernos, tem sido amplamente entendida como autodeterminação, perspectiva centrada na concepção das sociedades democráticas como comunidades políticas nas quais liberdades individuais são parâmetros centrais de organização da vida social. Estamos aqui diante de uma teoria que privilegia o agente em relação à ação, sendo esse agente compreendido como um ente com plena capacidade de reflexão e controle sobre seus atos. A liberdade designa uma faculdade individual baseada na possibilidade de deliberação pessoal, perspectiva que pressupõe uma concepção de natureza humana fundada no racionalismo e no individualismo. As pessoas são autônomas porque são agentes racionais capazes de se engajar em escolhas sobre diversos aspectos de suas vidas. Essa concepção está fortemente associada com a noção de autenticidade, termo que designa a possibilidade de agir de acordo com escolhas que expressam o conjunto de valores que espelham a particularidade de um indivíduo. Certos autores, seguindo uma concepção radical dessa perspectiva, afirmam que todas as ações humanas são livres, porque todas elas são originadas pelo sujeito humano, motivo pelo qual as pessoas são responsáveis por suas escolhas e pelos resultados delas. Assim, as instituições estatais devem operar apenas para proteger os indivíduos contra intervenções arbitrárias na esfera privada.[153]

O conceito de dignidade também tem sido identificado na contemporaneidade com a liberdade de expressão da identidade pessoal, conceito que

---

[152] NOVAIS, Jorge Reis. *A dignidade da pessoa humana: dignidade e inconstitucionalidade*. 2. ed. Coimbra: Almedina, 2019. v. 2. p. 119-128.

[153] GRAY. *Freedom*, p. 19-31; TAYLOR, Charles. *A ética da autenticidade*. São Paulo: É Realizações, 2011.

se tornou um valor jurídico legalmente protegido. Ele está relacionado com uma série de temas, notoriamente com a ideia da particularidade da experiência humana, com a percepção de os seres humanos desenvolvem um senso de individualidade que possui unidade e continuidade ao longo do tempo, características que expressam a personalidade do indivíduo. O conceito de identidade pessoal implica que o indivíduo está livre para ser ele mesmo, que ele não está obrigado a seguir expectativas sociais ou a assumir identidades que não correspondam ao seu verdadeiro ser. Ele expressa então a possibilidade que as pessoas têm de viver de forma autêntica, de expressar suas características sem serem molestadas, sem ser suprimidas, sem ser discriminadas por ser quem são. Produto de uma pluralidade de fatores culturais, existenciais, políticos, econômicos e individuais, a identidade pessoal permite que o indivíduo mantenha um senso de integridade pessoal ao longo do tempo, ao poder ter os meios sociais para formar e desenvolver sua personalidade, sem intervenções indevidas. Essa é uma condição para que a pessoa possa construir seus projetos de vida, o que requer acesso a uma multiplicidade de direitos fundamentais, a uma série de liberdades que protegem diferentes âmbitos de ação dos indivíduos.

A noção de dignidade também decorre da possibilidade de as pessoas desenvolverem um senso de valor pessoal, o que está diretamente relacionado com a noção de respeitabilidade. Por exemplo, David Middleton afirma que a classificação do respeito próprio como um bem primário implica a necessidade da compreensão de suas diferentes dimensões. Para o autor, podemos identificar três tipos de respeito e, consequentemente, três tipos de respeito próprio: respeito como reconhecimento da dignidade humana, respeito como expressão de apreço e respeito como afirmação de status social. O primeiro tipo de respeito está relacionado com a ideia segundo a qual todos os seres humanos possuem o mesmo valor moral; eles devem ser igualmente respeitados, por pertencerem a uma sociedade política organizada segundo valores democráticos, valores estruturados a partir da igualdade jurídica entre todas as pessoas. Assim, a possibilidade de construção de uma sociedade justa está diretamente relacionada com a chance de seus membros desenvolverem um senso de respeito pelos outros. Isso será possível em sociedades que criam as condições para isso, o que implica a ausência de relações de subordinação entre os indivíduos. O senso de respeito próprio pode ser desenvolvido quando as pessoas são capazes de reconhecer a si mesmas como agentes com vários tipos de capacidades e de objetivos, o que permite o desenvolvimento do senso de que somos pessoas únicas. Consequentemente, elas também poderão reconhecer no outro as mesmas habilidades e finalidades. Esse sentido de respeito próprio tem então um caráter reflexivo e intersubjetivo, porque está relacionado com o reconhecimento que temos dos outros e com a visão que temos de nós mesmos.[154]

O conceito de respeito próprio compreende então a noção de apreço: mais do que nos reconhecermos como merecedores de respeito, também precisamos nos afirmar como pessoas que merecem ser apreciadas e admiradas em função do que podemos construir a partir das nossas qualidades. Ter orgulho de si mesmo significa ter acesso às condições necessárias para alcançar objetivos. Isso permite a construção de uma imagem pública que pode atrair o apreço social e funciona como um motivo de realização individual. Assim como o tipo de respeito analisado no parágrafo anterior, o respeito como apreço tem um caráter reflexivo e um caráter intersubjetivo: ele é um mecanismo por meio do qual os outros afirmamos nosso valor, o que possibilita a formação de uma imagem positiva de nós mesmos. Por esse motivo, o desrespeito causa a perda temporária da nossa estima pessoal; os membros de grupos minoritários que sofrem formas estruturais de exclusão estão sob um constante estado de insegurança, porque a sociedade não os reconhece como agentes capazes de participar e alcançar objetivos da mesma forma que grupos raciais dominantes.[155]

O respeito próprio ainda encontra expressão na avaliação do nosso lugar na sociedade: ele está relacionado com as diversas formas de status que ocupamos nas nossas vidas. Nosso pertencimento a certas comunidades pode ser voluntário, quando é resultado de nossos esforços pessoais. Isso acontece, por exemplo, quando nos tornamos membros de um grupo de pessoas reconhecidas como particularmente competentes. Entretanto, ele também pode ser involuntário, em função de identidades que nos são impostas por normas sociais e culturais. Se no primeiro caso temos a expressão de respeito como apreço, no segundo o pertencimento pode implicar formas de subordinação incompatíveis com a noção de respeito próprio, porque seus membros não possuem estima social. O respeito próprio como status social significa a possibilidade de se reconhecer como membro de uma coletividade. Significa que a pessoa ocupa uma posição na sociedade e que ela deve ser reconhecida como expressão de apreço. Ele decorre do reconhecimento desse status pelos membros do grupo ao qual pertencemos, o que permite a afirmação de aspectos importantes de nossa identidade. Esse sentido de respeito próprio pode depender do tipo de tratamento social que as pessoas recebem, o que pode ter uma dimensão

---

[154] MIDDLETON, David. Three Types of Self-respect. *Res Publica*, v. 12, p. 63-74, 2006.
[155] MIDDLETON. Three Types of Self-respect, p. 67-70.

negativa ou positiva, tendo em vista seus pertencimentos. Se os que ocupam certas posições socialmente valorizadas em função do seu esforço pessoal atraem o apreço social, os que pertencem a certos grupos podem ser desrespeitados em função de identidades a eles atribuídas e que os colocam em uma posição desfavorável na sociedade.[156]

Violações da dignidade ocorrem quando os indivíduos são impedidos de formular seus planos de vida, quando eles não gozam dos direitos necessários para que possam planejar e alcançar seus propósitos. Esse problema pode existir quando agentes públicos ou privados discriminam as pessoas, o que impede o acesso a direitos que protegem âmbitos de ação necessários para que elas possam planejar suas vidas de acordo com seus valores. Assim, violações de direitos de defesa também podem ser interpretadas como violações da dignidade, porque os indivíduos deixam de ter os meios necessários para criar planos de ação. Esse mesmo problema acontece quando os seres humanos não têm acesso a direitos de prestação, o que frequentemente impede que tenham segurança material para poder ter uma vida minimamente digna, uma vida na qual a liberdade de escolha pode ocorrer em função de oportunidades materiais abertas a todas as pessoas. Esses problemas afetam especialmente membros de grupos subalternizados, pessoas que são especialmente vulneráveis a mecanismos discriminatórios de natureza institucional, estrutural e intergeracional. Essas formas de discriminação afetam o senso coletivo de dignidade em função de mecanismos de estratificação social que reproduzem condições de vulnerabilidade ao longo de gerações.[157]

Como afirmamos, violações de direitos fundamentais podem assumir a forma de violações da dignidade quando implicam a restrição do exercício ou da expressão da identidade pessoal. Membros de grupos subalternizados são constantemente forçados a não expressar suas identidades, as quais são sempre estigmatizadas, sempre operam como motivação para formas de discriminação. A dificuldade de expressar uma identidade ou a supressão da identidade é uma clara violação da dignidade, porque impede que as pessoas vivam de acordo com sua verdade individual, de acordo com características que marcam sua individualidade. A estigmatização de identidades implica a experiência constante de desrespeito, o que pode gerar danos à integridade psíquica dos indivíduos, processo que pode ter um efeito incapacitador,

---

[156] MIDDLETON. Three Types of Self-respect, p. 71-74.

[157] Cf. SESSAREGO, Carlos Fernández. Dano al proyecto de vida. *Derecho PUCP*, v. 50, p. 47-98, 1996.

uma vez que produz problemas persistentes de ordem psicológica. Ter dignidade significa poder viver de acordo com a própria identidade, significa poder viver segundo sua própria verdade. Dessa forma, violações de direitos fundamentais podem se manifestar como violações da dignidade quando as pessoas se encontram em situações nas quais são obrigadas a se conformar com imposições culturais, com as imposições identitárias de grupos majoritários como uma condição para que as pessoas possam ter respeitabilidade social. Estigmatização da identidade significa ausência de estima social, um problema significativo quando consideramos que a personalidade humana é produto das relações intersubjetivas formadas ao longo de nossas vidas e ao longo da história.[158]

As análises desenvolvidas nas seções anteriores deste capítulo explicitam a necessidade de reconhecermos algo frequentemente ignorado pela literatura sobre direitos fundamentais: a maneira como práticas discriminatórias significam um atentado permanente ao status jurídico, ao status moral, ao status cultural, ao status político e ao status coletivo de pessoas negras. Essa realidade gera distorções bastante graves na nossa sociedade, notoriamente a noção de que elas não merecem qualquer tipo de respeitabilidade social. A percepção de que negros não têm o mesmo valor social de pessoas brancas justifica a violência estatal sofrida pelo filho de José Luiz, uma criança de 2 anos vista por agentes estatais como uma ameaça social. Essa manifestação de discriminação institucional decorre da circulação de estereótipos negativos que atribuem a pessoas negras, inclusive a bebês de 2 anos, o status de criminosas. É importante então enfatizar um aspecto importante para a elaboração de nossa teoria psicológica de direitos fundamentais: violações de direitos humanos produzem diferenciações de status entre grupos sociais, processo que legitima práticas discriminatórias que limitam ou impedem que as pessoas tenham uma existência autônoma, uma vez que enfrentam ameaças às diferentes formas de status que os direitos fundamentais procuram proteger e promover. Essas diferenciações de status são produto da estigmatização de identidades, uma instância construída a partir de sentidos culturalmente compartilhados. Esses sentidos reproduzem uma série de valores que determinam o nível de respeitabilidade que a pessoa goza na sociedade, motivo pelo qual interações sociais podem operar para permitir a verificação

---

[158] Cf. NOVAIS, Jorge Reis. *A dignidade da pessoa humana: dignidade e inconstitucionalidade*. Coimbra: Almedina, 2018. v. 2. p. 131-137; JONES, Edward E. *Social Stigma. The Psychology of Marked Relationships*. New York: Freeman and Co., 1984.

da identidade, ou seja, a coerência entre os parâmetros que uma forma de identidade tem e a resposta de outros indivíduos a ela nas diversas interações sociais. Indivíduos são agentes por meio dos quais identidades operam; eles possuem uma pluralidade de identidades que estabelecem preceitos para o comportamento e a compreensão de si mesmos nas diferentes interações. A identidade normativa das pessoas é um tipo de identidade que impacta praticamente todas as relações sociais no espaço público e no espaço privado, pois normas jurídicas regulam todos esses espaços. Sendo a igualdade um dos princípios centrais de nossa ordem jurídica, as pessoas têm a expectativa de que terão esse tipo de identidade sempre verificada em todas as situações. Dessa forma, podemos argumentar que direitos fundamentais devem operar para garantir a igualdade de status entre as pessoas, para que elas possam se afirmar como cidadãos e cidadãs.

Violações de direitos fundamentais como danos existenciais

O caso de Martinho Ribas: um relato sobre negligência

Martinho Ribas é um morador da cidade de Mariana, local atingido por um dos maiores crimes ambientais da história do nosso país. O estouro da barragem administrada pela Samarco causou a morte de dezenas de pessoas e a destruição de diversas áreas em inúmeros municípios. A barragem de lama continha uma série de detritos de mineração, material que, ao lado dos destroços causados pela enxurrada de lama, destruiu regiões inteiras nas quais as pessoas moravam, o caso de Martinho, um lavrador. Sua vida e a de sua família foram inteiramente alteradas. Além do evento altamente traumático, houve a necessidade de uma completa mudança dos modos de vida, além das negociações infindáveis com as mineradoras e a instituição criada para resolver os problemas causados pelo crime ambiental. Eles agora se tornaram "atingidos", pessoas que precisam passar por um processo de negociação para que possam ter direitos minimamente restaurados. As empresas e a organização que as representa operam de forma estratégica, procurando adiar ao máximo quaisquer formas de ressarcimento, o que cria dificuldades para fazer associações entre os danos causados pelo crime ambiental e os problemas enfrentados pelos moradores das regiões afetadas. A chácara na qual Martinho morava com sua família teve de ser abandonada devido à completa destruição do lugar e ao risco de contaminação pela concentração de rejeitos de minerais trazidos pela enxurrada de lama.

Para trás também ficaram as memórias com as pessoas amadas, o senso de comunidade criado com os vizinhos, as relações de afeto estabelecidas com o local no qual viveram por muito tempo. Os responsáveis pelo crime ambiental não reconhecem essa situação como algo relevante; também não consideram a importância do longo processo de negociação envolvido na reparação dos danos. Martinho foi vítima de uma tragédia e não vê possibilidade de solução no horizonte. Esse sentimento foi reforçado pelo acontecimento de outro desastre ambiental, em Brumadinho, e a repetição das mesmas estratégias de postergação de quaisquer ações concretas. O prazo para assentamento das famílias foi adiado mais de uma vez. Martinho observa que tudo está em uma situação de grande indefinição. Os acordos são sempre genéricos, os prazos não são claros, o sistema judiciário também não oferece uma posição concreta. Além da morte de centenas de pessoas, esses crimes ambientais foram responsáveis pela devastação das áreas nas quais centenas de milhares de pessoas moravam, regiões que ainda enfrentam os impactos do ocorrido. Milhares de indivíduos perderam suas casas e tiveram de ser transferidos para outras localidades, o que tem impactado de forma significativa suas vidas.[159] As empresas responsáveis pela tragédia prometeram a construção de casas para essas famílias, mas elas ainda não foram entregues, mesmo nove anos após a tragédia. Mariana Tavares, uma especialista da psicologia das emergências, afirma que esses desastres ambientais tiveram um impacto tremendo na saúde mental da população das cidades atingidas. Problemas como aumento de uso de drogas, maiores índices de alcoolismo, crises de depressão, tentativas de suicídio estão entre os mais comuns, e a violência doméstica também tem afetado várias pessoas desde o trágico evento. Esses problemas ocorrem ao lado de outras questões de saúde pública como crises alérgicas, problemas respiratórios, doenças dermatológicas e formas generalizadas de contaminação, questões que provavelmente afetarão outras gerações, argumenta a profissional. Ela classifica essa situação como um desastre ainda em andamento, como um problema que tem provocado formas persistentes de sofrimento social que coloca as pessoas em uma situação de desolação psíquica permanente. Esse estado decorre de uma série de consequências do estouro da barragem, como

---

[159] CASAS, Laura de las. Moradores lutam por nova vida após tragédias em Mariana e Brumadinho. *Folha de São Paulo*, 3 nov. 2019. Disponível em: https://www1.folha.uol.com.br/ilustrissima/2019/11/moradores-lutam-por-nova-vida-apos-tragedias-em--mariana-e-brumadinho.shtml. Acesso em: 8 set. 2023.

a destruição de vínculos familiares e afetivos, a destruição dos lugares nos quais pessoas construíram suas identidades individuais e coletivas, a completa alteração de modos de vida e a precariedade de condições geradas pela atitude negligente dos responsáveis pelo desastre. As posições da pesquisadora são corroboradas pelo depoimento de vários moradores que não veem uma solução adequada no horizonte que possa restaurar, mesmo que parcialmente, o antigo modo de vida. Os impactos na saúde mental dos moradores aumentam com a demora de uma solução para uma situação que deixou suas vidas em suspenso. Relatos de perda significativa de qualidade de vida são generalizados, o que inclui piora relevante da saúde física e psíquica, essa última marcada por um sentimento de desolação em função da perda de referências existenciais e da demora de quaisquer soluções para problemas imediatos e futuros. O percentual de pessoas sofrendo de depressão pulou de 1% para 23%, problema decorrente, inclusive, do preconceito sofrido por outros moradores preocupados com possíveis contaminações.[160]

Vimos anteriormente que o desrespeito de direitos fundamentais pode assumir a forma de violações da igualdade, de violações da liberdade e de violações da dignidade. Devemos então examinar outra dimensão que violações de direitos podem ter na vida das pessoas, tendo em vista esses aspectos, consideração importante para nossa análise da dimensão psicológica dos direitos fundamentais. Sabemos que violações de direitos fundamentais causam danos para as pessoas, mas não apenas restrições de diferentes formas de liberdade; eles são instrumentos por meio dos quais os seres humanos procuram atingir certos objetivos. A palavra "dano" implica uma alteração prejudicial de uma condição ou situação na qual uma pessoa se encontra; estamos diante de uma ação que produz algum tipo de desvantagem por causar um distúrbio na forma como relações humanas devem ser organizadas, fato que gera expectativas comportamentais das pessoas em relação a como elas devem comandar suas vidas. Inerente a esse conceito está a noção de prejuízo causado ou imposto por um sujeito a outro por não ter cumprido alguma obrigação contratual, por ter agido de forma negligente ou por não ter operado de acordo com a pretensão de tratamento equitativo em uma determina circunstância. Este problema está então diretamente relacionado com os conceitos de segurança jurídica e de confiança jurídica anteriormente analisados. Estamos então diante

---

[160] MAYORGA, Cláudia. Desastre de Brumadinho e os impactos na saúde mental. *Ciência e Cultura*, v. 72, n. 2, p. 6-9, 2020.

de uma violação de um interesse juridicamente protegido de uma pessoa em uma situação ou uma expectativa de alcance de algum bem ou finalidade que tem relevância existencial para o indivíduo. A negligência de agentes públicos e privados promoveram danos aos indivíduos por não operado de acordo com as expectativas que caracterizam uma ordem jurídica.[161]

A proteção jurídica da pessoa não está baseada apenas na necessidade de garantia de direitos de natureza patrimonial; ela também pressupõe o acesso àqueles direitos necessários para o desenvolvimento de sua dimensão existencial. Eles se tornam relevantes em função da sua centralidade para o desenvolvimento da personalidade humana, para a criação de projetos de vida que as pessoas estabelecem para si mesmas. É importante que o sistema jurídico ofereça proteção desses direitos para a garantia da integridade psíquica e física dos indivíduos diante dos embates que eles podem enfrentar no meio social, caso de grupos que sofrem formas sistêmicas de discriminação. A responsabilidade sobre danos causados às pessoas não pode ser restringida à proteção do patrimônio, uma vez que direitos voltados para a proteção da personalidade são de imensa relevância para a garantia de acesso às condições necessárias para a formação de um senso de valor pessoal. As legislações atuais reconhecem uma série de direitos da personalidade, e muitos deles são protegidos constitucionalmente, uma vez que são necessários para a realização da liberdade humana, valor que marca a possibilidade de uma existência digna. Assim, violações de direitos produzem danos às pessoas na medida em que as impede de alcançar algo ou exercer um direito relevante para o seu bem-estar. Se muitos desses bens são de natureza material, outros são de natureza moral, pois expressam valores necessários para a condução da vida em uma sociedade regulada por direitos, fato que possui relações diretas com a integridade psíquica, o que será explorado no decorrer desta obra.[162]

Dano significa violação de aspectos de nossas vidas que são relevantes para o nosso bem-estar. Nós temos uma pluralidade de interesses em diversos aspectos de nossas vidas que promovem positivamente algum aspecto de nossa existência, compreendendo fatores que podem contribuir para a realização de nossos planos individuais. Assim, todos os fatores que podem contribuir licitamente para o alcance de nossos objetivos de vida são vistos como interesses que devem ser legalmente protegidos. Violações de direitos fundamentais

---

[161] BONVICINI, Eugenio. *Il danno a persona. Il dano resarcibilile e il suo accertamento.* Milano: Giufré, 1958. p. 3-5.

[162] Cf. SESSAREGO, Carlos Fernández. *Nuevas tendencias en el derecho de las personas.* Lima: Universidad de Lima, 1990. p. 280-281.

podem ser classificadas como danos porque um indivíduo atua em relação ao outro de forma injusta: o tratamento discriminatório desrespeita direitos de uma pessoa, o que lhe traz danos, porque direitos protegem seus interesses. Direitos podem ser interpretados como limites de ações que podem provocar prejuízos para os indivíduos, sejam elas de autores públicos ou privados, motivo pelo qual práticas discriminatórias podem ser lidas como danos para as pessoas. Direitos protegem âmbitos de liberdade individual, garantem acesso a condições materiais, designam status jurídicos relevantes para as pessoas poderem realizar planos de vida. Assim, vítimas de práticas discriminatórias sofrem danos significativos porque deixam de ter acesso a uma pluralidade de direitos necessários que protegem interesses individuais. Vemos então que podemos classificar danos como desrespeitos aos interesses necessários para as pessoas realizarem ações que garantem o seu bem-estar. Violações de direitos fundamentais são prejudiciais porque impedem o acesso a fatores relevantes para o alcance de aspirações individuais. Dessa forma, práticas discriminatórias prejudicam as pessoas porque violam interesses que lhes permitem constituir uma família, proteger a vida dos familiares, ter uma vida profissional, ter acesso a tratamento médico, ser reconhecidas como atores sociais competentes.[163]

Podemos dizer que práticas discriminatórias produzem danos para as pessoas porque violam o princípio da igualdade, desrespeitam a expectativa das pessoas de que elas serão tratadas de forma equânime em todas as situações; podemos dizer que elas desconsideram o princípio da liberdade, porque restringem âmbitos de ação pessoal, impedem que nós tenhamos controle sobre condições de ação; podemos dizer que elas produzem dano porque violam o princípio da dignidade, preceito que implica o poder de determinar a si mesmo e a expressar sua verdadeira personalidade. Violações de direitos fundamentais produzem um tipo especial de dano: a falha em tratar as pessoas como indivíduos com o mesmo status moral, como um indivíduo que deve ser reconhecido como igual aos outros. O tratamento de uma pessoa como inferior produz dano ao seu status moral e ao seu status material. Primeiro, esse dano decorre da pressuposição de que um indivíduo ou grupo de indivíduos não possui o mesmo nível de humanidade; segundo, em função do caráter sistêmico, ele compromete a segurança material dos indivíduos. O princípio da igualdade governa as relações humanas a partir de uma perspectiva importante: a pressuposição de que todos indivíduos têm o mesmo valor moral. Violar direitos fundamentais implica um abandono da premissa de que um indivíduo deve

---

[163] FEINBERG, Joel. *Harm to Others*. Oxford: Oxford University Press, 1984. p. 30-36.

ser visto como um igual em função de certas características moralmente irrelevantes, elemento baseado no pressuposto de que ele não pode agir de forma competente no espaço público em função de sua suposta inferioridade, visão que compromete seu status social. A consideração do outro como um inferior leva o agente discriminador a desconsiderar seus interesses e o faz pensar que eles não têm a mesma relevância porque essa pessoa é diferente ou inferior, posição que compromete a possibilidade de os indivíduos alcançarem seus objetivos.[164]

Danos decorrem de atos que restringem a capacidade dos seres humanos de criar sentidos para a própria existência. Por ser essencialmente um ser projetivo, por ser um ente que procura atuar na realidade por meio de ações com propósitos, o ser humano tem uma natureza criativa, motivo pelo qual ele não poder ser reduzido ao status de coisas nem pode ser utilizado como meio para o alcance dos interesses de outros. Embora suas ações estejam submetidas a restrições, os indivíduos que vivem em uma sociedade democrática criam a expectativa de que poderão determinar os propósitos de suas ações por meio do controle de condições materiais necessárias. Para criar projetos de vida, os seres humanos planejam suas ações a partir de um processo de valoração dos seus propósitos, realizam estimações sobre as possibilidades que suas ações terão em alcançar objetivos que consideram relevantes. É por esse motivo que as pessoas devem ter seu status como agente protegido contra práticas discriminatórias: estas produzem diferentes tipos de dano, inclusive a restrição de uma pessoa criar sua existência a partir do status jurídico de cidadão. Práticas discriminatórias causam danos às pessoas porque as impedem de operar como agentes, um tipo de dano de natureza existencial, porque compromete a natureza essencial dos seres humanos.[165]

Do dano patrimonial ao dano existencial

Antes de iniciarmos a discussão sobre violações de direitos fundamentais como ações promotoras de danos existenciais, devemos fazer considerações um pouco mais extensas sobre a noção de dano. Esse conceito está originalmente relacionado com o campo das obrigações contratuais, categoria jurídica que

---

[164] MOREAU. *Faces of Inequality. A Theory of Wrongful Discrimination*, p. 3-13; SCHEFFLER, Samuel. The Practice of Equality. *In*: FOURIE, Carina; SCHUPERT, Fabian; WALLIMANN-HELMER, Ivo (ed.). *Social Equality. On What It Means to Be Equals*. Oxford: Oxford University Press, 2015. p. 21-45.

[165] SESSAREGO, Carlos Fernández. Protección a la persona humana. *Ajuris. Revista da Associação de Juízes do Rio Grande do Sul*, v. 19, n. 56, p. 87-152, 1992.

encontra fundamento na noção de que as partes contratantes assumem responsabilidades que devem ser observadas, sob a pena de terem de arcar com as consequências do seu não cumprimento. Esse dever decorre do fato de que a ausência de concretização pode causar prejuízos para a outra parte, uma vez que ela contava com a realização da obrigação contratual para alcançar certos objetivos. Assim, a ausência desse cumprimento gera o dever de ressarcimento. Estamos aqui diante de uma situação na qual podemos identificar uma relação de causalidade entre a ação de uma parte e um prejuízo causado a outra, requisito para a identificação do poder da parte prejudicada de exigir reparação patrimonial. Entretanto, os especialistas observaram que essa concepção não era suficiente para englobar consequências negativas que não estão necessariamente relacionadas com a ausência de obrigação contratual. Falamos agora de danos de natureza não patrimonial causados pela ausência de cumprimento de relações contratuais, mas por ações negligentes de um agente em relação a outro, danos que, além de poderem ter consequências patrimoniais, também são responsáveis por transtornos de ordem moral do indivíduo. A categoria do dano moral surge então para impor a obrigação de reparação econômica gerada por fatores que estão direta e indiretamente relacionados com alguma ação negativa de um indivíduo em relação a outro.[166]

Em tempos recentes, tribunais e doutrinadores identificaram outras situações que provocam prejuízo para as pessoas, mas não se enquadram nas categorias anteriormente definidas. Certos atos atingem a esfera existencial de uma pessoa, acarretando distúrbios significativos de seu equilíbrio pessoal. Eles não têm uma natureza meramente patrimonial nem expressam apenas desconforto moral; eles criam dificuldades para que as pessoas realizem seus planos individuais, para que elas tenham os meios para alcançar o livre desenvolvimento da personalidade. Eles teriam uma natureza existencial, porque comprometem de forma significativa a possibilidade de as pessoas instituírem e alcançarem planos de ação necessários para a realização de seu bem-estar. O dano existencial decorre então de ações que promovem um distúrbio de natureza bastante específica: *a alteração da dinâmica da vida cotidiana a partir da qual as pessoas planejam suas ações*. Ele compromete expectativas e capacidades que guiam a vida cotidiana das pessoas, o que está baseado na presunção feita pelos seres humanos de que terão os meios para realizar seus objetivos; o dano existencial compromete o exercício de atividades, compromete a possibilidade de desenvolvimento de capacidades que uma pessoa

---

[166] Cf. VENOSA, Silvio de Salvo. *Direito civil: responsabilidade civil*. 12. ed. São Paulo: Atlas, 2013. p. 1-67.

deve ter para realizar seus interesses. Essa categoria se mostra mais problemática porque implica uma mudança negativa dos modos como uma pessoa estabelece os parâmetros de desenvolvimento de sua personalidade, o que acarreta danos existenciais. Esse dano decorre então do comprometimento da operação de uma pessoa como agente, uma vez que fatores externos a impedem de agir livremente para atingir seus objetivos pessoais.[167]

Uma pessoa que perde a capacidade motora das mãos em um acidente de trânsito causado pela negligência de motorista sofre uma série de danos que geram responsabilidade civil. Essa pessoa pode sofrer danos patrimoniais, porque o exercício de sua profissão depende do uso cotidiano das mãos; ela sofre dano moral, em função do sofrimento causado por meses de recuperação do acidente. Ela também sofre um dano existencial, porque impede um plano de vida cuja realização depende diretamente de sua capacidade motora: um pianista depende diretamente de suas mãos para tocar um instrumento e para realizar sua aspiração de ser um profissional da música. A negligência do motorista teve como consequência um distúrbio permanente da vida cotidiana desse indivíduo, algo que se estende aos planos que ele estabeleceu para a sua vida. Assim, os danos não se resumem à questão de ordem patrimonial, uma vez que impactam os planos que a pessoa a sua existência. O conceito de dano existencial é uma construção da jurisprudência dos tribunais italianos, instituições que precisavam resolver uma pluralidade de questões relacionadas a problemas de responsabilidade civil que transcendiam a questão patrimonial. A ausência de uma cláusula aberta de ressarcimento impunha limites significativos à possibilidade de os juízes resolverem uma série de questões que não podiam ser abordadas a partir de uma lógica meramente patrimonialista. A possibilidade de proteção da pessoa estava restrita aos casos estabelecidos na legislação, e quase todos eles procuravam proteger interesses econômicos de forma direta ou indireta. As possibilidades bastante limitadas presentes no sistema italiano estavam baseadas no princípio de que danos de qualquer natureza poderiam ser ressarcidos financeiramente, motivo pelo qual danos de natureza irreversível eram praticados a partir da expectativa de que poderiam ser compensados economicamente. Por esse motivo, a doutrina italiana, a partir da segunda metade do século passado, procurou expandir o leque

---

[167] FANELLI, Lorena. Le ragioni alla base dell'emersione di una nuova categoria di danno: danno esistenziale. *In*: PONZANELLI, Guilio (ed.). *Critica del danno esistenziale*. Padova: Cedam, 2003. p. 17-33; GONZALES, Carlos Antônio Agurto; MAMANI, Sonia Lidia Quequejana. O dano existencial como contribuição da cultura jurídica italiana. *Revista Eletrônica de Direito e Sociedade*, v. 6, n. 1, p. 47-58, 2018.

de proteção contra diferentes espécies de dano a partir do pressuposto de que muitos deles representavam um prejuízo à vida relacional dos seres humanos, o que implica um dano às relações sociais do indivíduo, à sua capacidade de convivência, que poderia restringir sua capacidade laboral. Esse desenvolvimento ocorreu paralelamente à ampliação de normas jurídicas voltadas para a proteção da pessoa humana em cartas constitucionais que elegiam a dignidade humana como princípio retor da ordem jurídica.[168]

Esse modelo ressarcitório começa a sofrer alterações na medida em que a preocupação com a valorização da pessoa humana se tornou um elemento cada vez mais preponderante da ordem jurídica italiana. A percepção da necessidade de proteção da vida relacional dos indivíduos se manifestou de forma mais forte na medida em que doutrinadores começaram a afirmar a necessidade de conciliação entre normas jurídicas e valores morais, motivo pelo qual a reflexão sobre dano começa a ser pautada a partir de demandas de justiça, a partir da necessidade de proteção da dignidade da pessoa humana na sua integridade. Assim, os danos patrimoniais deixam de ser vistos como algo equivalente aos danos à pessoa, uma vez que esses últimos refletem questões de ordem existencial que dizem respeito à sociabilidade humana. Surge a noção de que a ciência jurídica deve cultivar uma proximidade com a sociologia, de forma que não apenas o direito possa regular a realidade social de forma mais efetiva, mas também que as normas jurídicas possam encampar valores que expressam consenso social sobre como uma sociedade democrática deve ser organizada. O processo de constitucionalização do direito privado na Itália abrirá espaço para que magistrados possam resolver casos de responsabilidade a partir da estrutura de valores que governam a ordem constitucional, o que permitiria a consideração dos casos concretos. Essa análise empírica de casos concretos criou as condições para o surgimento da noção de dano existencial.[169]

O conceito de dano existencial emerge nesse contexto: uma nova cultura jurídica fundada na solidariedade social e na dignidade humana, elementos essenciais para a proteção integral dos seres humanos. A noção de bem-estar surge então como perspectiva a ser considerada na avaliação da responsabilidade civil por dano não patrimonial, categoria que também não poderia ser reduzida à noção de dano moral. O dano existencial não implica apenas a existência de uma ação que provoca um abalo da integridade moral da pessoa, mas também de danos que afetam os interesses existenciais de um indivíduo, interesses de

---

[168] SOARES. *Responsabilidade civil por dano existencial*, p. 24-27.
[169] SOARES. *Responsabilidade civil por dano existencial*, p. 28-31.

cuja proteção depende sua realização pessoal. Temos então a migração de uma lógica liberal, que entendia dano como algo necessariamente ligado aos interesses patrimoniais, para outra perspectiva, que entende o ser humano em sua vida de relação, como um ente cuja proteção depende de uma série de direitos constitucionais que pretendem garantir a dignidade humana. Esses direitos são relevantes, porque operam como condições para que as pessoas possam ter uma vida relacional que lhes permita alcançar seus propósitos em uma organização política baseada no princípio da solidariedade humana.[170]

O dano existencial passou a ser definido como um tipo de prejuízo provocado por um ato de uma parte que altera diferentes aspectos de sua vida cotidiana, tais como hábitos de vida ou a forma como essa pessoa conduz sua vida; ele implica uma perturbação do modo como ela vive, como ela interage socialmente, o que perturba ou impede a maneira como ela expressa socialmente sua personalidade. Ele implica um ato que prova uma limitação ao desenvolvimento de todas as potencialidades de uma pessoa, porque restringe o gozo de direitos, porque impede a realização de atividades, porque elimina expectativas pessoais necessárias para que uma pessoa possa alcançar a autorrealização. Estamos então diante de um dano que altera a vida da pessoa, seja no plano pessoal, seja no plano social, instituindo obstáculos para o gozo de direitos ou garantias, expectativas que as pessoas incorporam como aspecto de sua vida cotidiana. Estamos então diante de uma situação na qual um ato de um agente promove transformações prejudiciais na vida de outro, o que pode refletir de forma integral ou parcial, de maneira transitória ou contínua, na vida da pessoa afetada, modificações que afetam o seu padrão de vida. Há então uma alteração de um aspecto da vida do indivíduo que não corresponde a uma escolha sua, o que restringe sua autonomia individual; por ser um dano à personalidade da pessoa, o dano existencial compromete a possibilidade de esse indivíduo planejar sua vida de acordo com planos anteriormente estabelecidos. O dano existencial implica então uma privação de direitos fundamentais, categoria de normas que existem para permitir que uma pessoa expresse sua personalidade e estabeleça projetos para sua existência. Ele não se limita a um distúrbio temporário do sentimento de honra pessoal, não se restringe a uma violação da noção de honra, mas constitui uma violação injusta de um valor constitucionalmente garantido por proteger o interesse inerente da pessoa humana.[171]

---

[170] SOARES. *Responsabilidade civil por dano existencial*, p. 35-41.

[171] Cf. BILOTTA, Francesco; ZIVIZ, Patricia. *Il nuovo danno esistentiziale*. Bologna: Zanichelli, 2009. p. 45-52; CENDON, Paolo. *Esistere o non esistere*. Milano: Key, 2015. p. 31-40; SOARES. *Responsabilidade civil por dano existencial*, p. 44; FROTA, Hidemberg

Como vimos, direitos fundamentais operam como um horizonte de valores e princípios a partir dos quais as pessoas formam a sua personalidade e por meio dos quais elas planejam a própria vida, atuando então como um processo central na formação da maneira como os indivíduos compreendem a si mesmos. Assim, a antijuridicidade do ato cria obstáculos em diferentes níveis relevantes: eles limitam a possibilidade de um indivíduo expressar sua personalidade e ter acesso aos meios necessários para a realização pessoal, o que requer a ausência de fatores que possam alterar a forma como os indivíduos planejam suas vidas. Estamos então diante de um ato antijurídico que impede ou limita a capacidade realizadora da pessoa, o que pode assumir diversas formas, desde sua vida escolar à sua vida profissional.[172]

A doutrina classifica o dano existencial como uma lesão a todo um conjunto de fatores responsáveis pelo desenvolvimento e pela expressão da personalidade. Essa lesão afeta a vida do indivíduo de forma negativa, seja em uma atividade ou um conjunto de atividades que são tidas como fatores incorporados ao cotidiano do sujeito; essa lesão também contraria expectativas legalmente criadas em função da posição jurídica de um indivíduo. Esse dano pode ter uma natureza parcial ou integral, pode ter um caráter temporário ou permanente, e força o indivíduo a modificar sua vida cotidiana, porque não pode mais contar com algo incorporado a ela. O dano existencial implica então uma alteração da vida cotidiana decorrente de uma perda de qualidade de vida, por não poder mais fazer algo ou por ter a possibilidade de fazer algo limitada em função de um fato antijurídico. Esse fato repercute na vida pessoal, por criar limites para o planejamento de sua vida de acordo com expectativas anteriormente asseguradas. Ele impõe então uma restrição da capacidade realizadora da pessoa, por modificar a forma como ela se relaciona com o mundo à sua volta, por resultar em uma alteração da situação de normalidade na qual ela vivia. Isso se manifesta de forma objetiva, por ser produto de um ato antijurídico, o que pode incluir práticas negligentes ou discriminatórias de outros agentes. O dano existencial afeta então aquelas atividades que o sujeito tem a expectativa de que ocorrerão, tendo em vista a posição jurídica que ele ocupa. Ele também acontece quando alguém perde uma chance em função de um ato que contraria o ordenamento jurídico. Não estamos então diante de

---

Alves da; BIÃO, Fernanda Leite. A dimensão existencial da pessoa humana, o dano existencial e o dano ao projeto de vida: reflexões a partir do direito comparado. *Revista Forense*, v. 411, set.-out. 2010. p. 129.

[172] GONZALES; MAMANI. O dano existencial como contribuição da cultura jurídica italiana, p. 49-53.

algo que afeta um sentimento, mas de um fato que afeta concretamente relações jurídicas que o indivíduo poderia contar como dadas.[173]

Flaviana Rampazzo Soares observa que o dano existencial pode atingir as relações familiares de um indivíduo, sua vida profissional, suas interações sociais, suas atividades culturais, religiosas ou recreativas, além de outras atividades realizadoras, uma vez que todos os seres humanos têm o direito de gozar uma vida de forma serena, sem fatores externos que a afetem injustamente. Assim, o dano existencial ocorre quando atividades acadêmicas, oportunidades profissionais, relações privadas, integridade física, relações afetivas são impactadas por atos de natureza negativa. Esses atos externos podem impor sacrifícios, renúncias, isolamento, degradação a um indivíduo, o que impacta de forma significativa sua vida cotidiana. Estamos então diante de várias instâncias nas quais a vida de relação se mostra prejudicada em função de um ato negativo de outro agente, o que impede o gozo de prazeres da vida aos quais todas as pessoas devem ter acesso. Estamos aqui diante da alteração de um padrão razoável de vida ao qual as pessoas têm acesso e que foi prejudicado em função de uma ação danosa de algum agente.[174]

Como visto, o dano existencial promove diversas alterações na vida dos indivíduos, que limitam ou impedem o exercício dos direitos fundamentais. Isso engloba questões como a alteração da qualidade de vida, o desenvolvimento normal da personalidade e a expressão da personalidade, alteração dos modos de ação. Esse problema também gera impactos negativos nas atividades cotidianas que impõem limites às atividades realizadoras do indivíduo, o que provoca uma mudança da relação da pessoa com o espaço na qual vive. Ele assume um caráter objetivo, porque provoca uma alteração da rotina de uma pessoa, das expectativas que ela tem de como poderá organizar sua vida. O dano existencial decorre então de atos negligentes ou ilícitos que criam obstáculos para as atividades realizadoras, para as aspirações individuais. Isso porque ele pode assumir a forma da perda de uma chance, de não mais poder fazer algo que poderia implicar um ganho para o indivíduo; a pessoa renuncia involuntariamente a algo em função de algum ato de outra pessoa que deixou de respeitar seus direitos. Esse tipo de dano pode afetar uma pluralidade de esferas da vida dos indivíduos, tais como atividades corporais necessárias para a subsistência, suas relações afetivas, suas relações sociais,

---

[173] SOARES. *Responsabilidade civil por dano existencial*, p. 45-48; SESSAREGO, Carlos Fernandez. Apuntes para uma distinción, entre el danos al "!proyeto de vida" y el dano "psíquico". *Thêmis, Revista de Derecho*, v. 32, p. 162-164, 1995.

[174] SOARES. *Responsabilidade civil por dano existencial*, p. 46-48.

suas atividades profissionais, entre outras atividades realizadoras, resultando em uma privação de algum aspecto da liberdade individual.[175]

As considerações sobre o dano existencial demonstram a relevância dessa construção para entendermos o impacto que violações de direitos fundamentais podem ter na vida das pessoas. Práticas discriminatórias provocam danos significativos na vida das pessoas, porque impedem que elas tenham acesso a uma pluralidade de direitos necessários para os indivíduos poderem planejar sua vida cotidiana. Violações da igualdade prejudicam as pessoas de maneira considerável, porque impedem que elas tenham acesso a direitos fundamentais reconhecidos como necessários para poderem desenvolver uma série de propósitos. Pessoas negras são constantemente afetadas por esse problema, porque a discriminação racial afeta as mais diferentes esferas da existência, realidade que impõe restrições significativas a direitos necessários para que elas possam organizar a própria existência, tanto em aspectos da vida cotidiana como no planejamento do futuro. É importante observar que esse problema tem uma natureza estrutural, uma vez que práticas discriminatórias assumem as mais diferentes formas, o que inclui não apenas tratamentos injustos, mas também limitações à possibilidade de as pessoas planejarem os mais diversos aspectos de sua existência. Se a discriminação direta impõe impedimentos para que pessoas negras operem de forma adequada na vida cotidiana, a discriminação intergeracional e a discriminação estrutural criam obstáculos de natureza institucional e temporal que afetam todos os membros dessa coletividade. Por esse motivo, violações da igualdade podem ser consideradas como exemplos de dano existencial, porque a ausência de meios de realização de direitos fundamentais ou práticas antijurídicas que impedem o gozo destes afetam a vida de relação dos membros desse grupo.

Da mesma forma, violações do princípio da liberdade também podem ser classificadas como dano existencial, porque elas restringem ou impedem o gozo de direitos que protegem âmbitos de ação individual. Se a liberdade consiste na possibilidade de um indivíduo ter controle sobre a motivação da ação e sobre as condições da ação, violações de direitos fundamentais limitam o acesso aos meios necessários para que as pessoas possam planejar a vida cotidiana e a própria existência como um todo, dado o caráter persistente de práticas discriminatórias. Membros de grupos subalternizados estão constantemente sujeitos à possibilidade de prejuízos à sua existência em função das diferenças de status, o que motiva práticas discriminatórias. Esse dano à vida de relação dos seres humanos ocorre aqui em função da dificuldade ou da impossibilidade de

---

[175] SOARES. *Responsabilidade civil por dano existencial*, p. 44-48.

uma pessoa ter os meios para ter controle sobre a motivação da ação e sobre os mecanismos necessários para alcançar seus propósitos. A liberdade individual opera como um parâmetro de organização da vida simbólica dos indivíduos nas sociedades democráticas, motivo pelo qual violações da liberdade implicam um dano existencial significativo, porque implicam a dificuldade ou quase impossibilidade de regulação individual da própria existência.[176]

Violações da dignidade também podem ser classificadas como dano existencial, porque estamos aqui diante de práticas que dificultam a possibilidade de um indivíduo desenvolver ou expressar sua personalidade de forma adequada. Práticas discriminatórias contra pessoas negras implicam a dificuldade de elas terem os meios necessários para desenvolver a própria personalidade a partir do gozo de direitos fundamentais. Estamos diante de práticas que reforçam o status subalternizado de grupos sociais por meio de atos antijurídicos responsáveis pela reprodução da estigmatização de identidades raciais, fator responsável por diversos tratamentos discriminatórios que afetam a vida cotidiana das pessoas de uma forma bastante específica: a negação do reconhecimento dessas pessoas como atores sociais competentes. Práticas discriminatórias são motivadas por uma série de atos antijurídicos baseados no pressuposto de que membros de certas coletividades não podem ter o mesmo nível de respeitabilidade social. Esse fato motiva violações de direitos fundamentais que dificultam a possibilidade de uma pessoa operar na vida social sem formas ilegais de constrangimento. Práticas discriminatórias afetam diretamente a possibilidade de ação autônoma das pessoas, o que provoca danos à personalidade do indivíduo, em função das dificuldades para ter acesso a uma pluralidade de direitos necessários para a realização pessoal.

Direitos fundamentais, dano existencial e obrigações constitucionais

As práticas discriminatórias que afetam a igualdade, a liberdade e a dignidade das pessoas operam de forma paralela aos problemas gerados pela responsabilidade civil. Grande parte das violações de direitos fundamentais tem uma natureza estrutural, uma natureza sistêmica. Elas geralmente não afetam uma pessoa específica em uma situação específica. Elas são dirigidas a indivíduos

---

[176] Para uma análise do constitucionalismo como um horizonte de valores que impactam a autocompreensão dos indivíduos, ver BLOKKER, Paul. Democratic Ethics, Constitutional Dimensions, and "Constitutionalisms". *In*: FREBBRAJO, Alberto; SADURSKI, Wojciech (ed.). *Central and Eastern Europe after Transition: Towards a New Socio-legal Semantics*. Burlington: Ashgate, 2010. p. 73-90.

que pertencem a grupos vistos como inferiores ou diferentes, elas são motivadas por representações estereotipadas de membros desses grupos, o que os expõe à possibilidade de práticas discriminatórias de maneira permanente. Violações de direitos fundamentais geram danos patrimoniais, geram danos morais, mas também geram danos existenciais, porque frequentemente consistem em práticas institucionalizadas que restringem ou impossibilitam o gozo de diversas categorias de direitos necessárias para as pessoas poderem instituir e realizar seus planos de vida. Primeiro, elas alteram as formas de vida das pessoas, frustram expectativas que elas têm por viverem em uma democracia, regime baseado no tratamento igualitário entre todos os indivíduos. Segundo, elas comprometem a vida cotidiana dos indivíduos, porque eles deixam de ter controle sobre aspectos básicos de seu cotidiano; eles deixam de poder realizar ações que deveriam ser protegidas contra atos arbitrários realizados por agentes públicos ou privados. Terceiro, as desvantagens geradas por esses tipos de discriminação criam obstáculos para a expressão da identidade das pessoas, instituem obstáculos para que elas possam viver de acordo com a sua verdade existencial. Quarto, elas, por terem um caráter muitas vezes permanente, impedem que as pessoas desenvolvam capacidades necessárias para poder operar na vida social como atores competentes. Essas modificações na vida cotidiana das pessoas não representam escolhas conscientes, mas interferências indevidas na sua esfera de ação. Por imporem desvantagens aos seres humanos, elas comprometem a possibilidade do exercício de liberdade individual, o que está amplamente ligado à possibilidade de autorrealização pessoal. O caráter sistêmico e estrutural de práticas discriminatórias impede que os indivíduos tenham acesso aos meios necessários para o desenvolvimento da personalidade, condição para que possam alcançar a realização pessoal, objetivo central dos direitos fundamentais elencados no nosso texto constitucional.[177]

É importante observar a relevância dessa discussão para a análise das violações de direitos fundamentais como dano existencial. Paralelamente ao que ocorre no campo da responsabilidade civil, as instituições estatais também têm a obrigação legal de proteger as pessoas contra formas de discriminação por meio da garantia da efetividade dos direitos fundamentais. Vimos que presumir o exercício de direitos fundamentais significa dizer que outros agentes são obrigados a garantir a realização desse direito, obrigação atribuída a agentes públicos e a agentes privados. Praticar atos discriminatórios contra indivíduos não significa apenas violar direitos de defesa; deixar de garantir o

---

[177] Cf. SOARES. *Responsabilidade civil por dano existencial*, p. 40-54.

devido acesso a direitos sociais não significa apenas negligência. Esses atos e essas omissões produzem consequências significativas para as pessoas, porque práticas discriminatórias persistentes impactam os meios que as pessoas encontram para realizar seus planos de vida. Eles comprometem posições jurídicas, eles eliminam oportunidades, eles impedem acesso a bens, ou seja, esse tipo de ato cria obstáculos para que as pessoas possam gozar do pleno desenvolvimento da personalidade. Tendo em vista o fato de que nosso texto constitucional estabelece a dignidade humana como princípio retor da nossa ordem jurídica, práticas que impedem as pessoas de desenvolverem capacidades para realizar seus objetivos são violações de direitos que não podem subsistir. O dever de tutela estatal dos direitos fundamentais representa uma obrigação constitucional que deve ser observada para que as pessoas possam alcançar o bem-estar necessário, um objetivo constitucionalmente consagrado.[178]

A centralidade dos direitos fundamentais no nosso ordenamento jurídico implica o reconhecimento de obrigações constitucionais que também assumem o mesmo nível de relevância suprema, e o dever estatal de tutela deles estabelece uma série de determinações que devem ser seguidas por agentes públicos e privados. O descumprimento dessas obrigações constitucionais também implica uma violação do texto constitucional, uma vez que a normatividade da nossa legislação suprema requer a observação de uma série de obrigações ali estabelecidas. A noção de obrigação desenvolvida no campo civilista decorre da natureza vinculante de uma relação entre partes baseada no dever de fazer algo, de dar algo ou de deixar de fazer algo. O conceito de obrigação nesse campo também designa uma relação não apenas de natureza vinculante entre partes específicas, mas também de uma obrigação na qual todos os outros membros da comunidade política são obrigados e respeitar um determinado direito. Obrigações constitucionais seguem uma lógica paralela. Elas decorrem do status de direitos fundamentais como direitos públicos subjetivos, como posições jurídicas que permitem demandar direitos. Essas normas constitucionais implicam o dever estatal de tutela: as instituições estatais devem criar os meios para que todas as pessoas possam exercer esses direitos, motivo pelo qual a existência de direitos fundamentais também presume a existência de obrigações constitucionais.[179]

---

[178] SILVA, Jorge Pereira da. *Deveres do Estado de proteção dos direitos fundamentais*. Lisboa: Universidade Católica de Lisboa, 2015. p. 551-654.

[179] BIDART CAMPOS, German J. *Las obligaciones en el derecho constitucional*. Buenos Aires: Ediar, 1987. p. 15-21.

A compreensão dessa questão deve ser analisada a partir do debate sobre a dimensão subjetiva e a dimensão objetiva dos direitos fundamentais. A primeira delas reconhece a titularidade universal dos direitos fundamentais, enquanto a segunda está relacionada com os objetivos políticos que devem guiar a ação estatal na realização deles. O conceito de deveres estatais está associado a essa segunda dimensão, o que nos permite identificar algumas categorias de obrigações constitucionais que assumem a forma de deveres estatais. Certas obrigações constitucionais têm uma natureza explícita, uma vez que estão expressas em normas constitucionais que instituem a necessidade de ações estatais, e algumas delas assumem a forma do dever de realização de algum direito. As primeiras atribuem funções específicas às instituições estatais a partir de comandos de natureza direta, o que implica uma relação de vinculação entre mandamentos constitucionais e a operação das instituições estatais. Alguns deles têm uma natureza implícita, por constituírem claramente uma condição para o gozo de direitos fundamentais, o que depende de ações estatais específicas que não estão abertamente previstas. Algumas categorias de direitos fundamentais dependem da criação de aparatos institucionais ou da implementação de políticas públicas; estamos aqui diante da obrigação estatal de proteger direitos, de promover direitos, de direcionar a ação estatal de acordo com objetivos constitucionais. Assim, a existência de direitos a prestações positivas determina a criação de instituições estatais responsáveis pela sua efetividade; a presença de um princípio constitucional indica a obrigatoriedade de que procedimentos sigam os parâmetros por ele estabelecido. Instituições estatais precisam proteger direitos fundamentais de maneira ativa, porque a sua realização implica ações estatais positivas; elas precisam proteger preventivamente direitos fundamentais, criando mecanismos que impeçam a intervenção indevida na esfera de ação individual.[180]

É importante ainda reconhecer que a noção de obrigações constitucionais engloba deveres que vinculam todos os membros da comunidade política, o que poderia ser classificado como obrigações universais passivas, a obrigação de todas as pessoas de não violar direitos fundamentais, de não causar danos a titulares de direitos fundamentais. De forma paralela, podemos pensar em uma obrigação ativamente universal, voltada para os entes estatais, de garantir a proteção e a promoção de direitos de todos. Enquanto a primeira designa uma obrigação de todas as pessoas de respeitar direitos dos outros, a segunda

---

[180] DIMOULIS, Dimitri; MARTINS, Leonardo. *Teoria geral dos direitos fundamentais*. 8. ed. São Paulo: Revista dos Tribunais, 2021. p. 81-87.

está relacionada com o propósito estatal de promover direitos por meios de mecanismos que possam potencializar o objetivo estatal de construção de uma sociedade justa, mesmo que isso não implique necessariamente uma obrigação de caráter individualizado. As normas constitucionais que estabelecem os objetivos do nosso sistema jurídico expressam um dever estatal em eliminar mecanismos responsáveis pela situação de desvantagem, o que não está dirigido a indivíduos particulares, mas que institui o dever de criação de políticas públicas que possam alcançar esse objetivo. Essas normas exigem então uma regulação posterior para que se tornem realidade, para que seus propósitos possam ter resultados concretos.[181]

Uma vez que consideramos a natureza da noção de dano existencial, podemos agora analisar como violações de direitos fundamentais podem causar esse problema. Primeiro, podemos classificar práticas discriminatórias como atos que produzem dano existencial porque dificultam ou impedem o exercício da agência humana. Vimos que os seres humanos são seres capazes de atribuir sentidos e propósitos para suas ações e que direitos fundamentais são instrumentais para que eles sejam capazes de operar como agentes. Ser uma pessoa livre significa poder refletir, escolher, agir e realizar atos voltados para o alcance de objetivos individuais. Práticas discriminatórias produzem danos existenciais porque impedem o exercício dos elementos que permitem a organização da ação humana, uma vez que as pessoas não possuem os meios para poder planejar suas vidas. Violações de direitos fundamentais significam a dificuldade ou impossibilidade de proteção de âmbitos de ação necessários para que as pessoas possam realizar seus objetivos. Elas diminuem a capacidade de uma pessoa poder agir de forma autônoma, o que implica a impossibilidade de ação ou a imposição de modos de agir por terceiros. Estamos diante de uma situação na qual as pessoas são impedidas de exercer direitos, o que não apenas as submete a situações de desvantagem, mas também reproduz a noção de que elas não merecem os mesmos direitos, por não serem capazes de operar na ordem pública como agentes racionais. Assim, o dano causado por violações de direitos que afetam o exercício da agência humana decorre da possibilidade efetiva de as pessoas se autodeterminarem, mas também da presunção feita por muitos de que elas não são capazes de tal coisa, uma vez que a desvantagem causada pelo impedimento de direitos reforça estereótipos sociais.[182]

---

[181] BIDART CAMPOS. *Las obligaciones en el derecho constitucional*, p. 66-77.
[182] Cf. NOVAIS, Jorge Reis. *A dignidade da pessoa humana: dignidade e inconstitucionalidade*. 2. ed. Coimbra: Almedina, 2019. v. 2. p. 143-147.

As reflexões sobre violações de direitos fundamentais como dano existencial abrem uma direção importante para a construção de uma teoria psicológica de direitos fundamentais por alguns motivos importantes. Primeiro, elas demonstram que esses atos antijurídicos afetam a possibilidade de os seres humanos operarem como agentes, e o exercício da agência humana tem relevância central para a integridade psíquica dos indivíduos, uma vez que os seres humanos são seres planejadores. Práticas discriminatórias impactam a vida dos seres humanos porque impedem que eles operem socialmente, fator que impõe um custo psicológico significativo aos indivíduos. Segundo, a classificação de práticas discriminatórias como fatores produtores de dano existencial releva que elas afetam a vida cotidiana das pessoas de uma forma bastante particular: impedem que elas organizem a vida cotidiana por meio do gozo de direitos fundamentais. Como discriminações assumem a forma de mecanismos institucionalizados de tratamento negativo, elas impedem que as pessoas tenham os meios adequados para o desenvolvimento da personalidade, requisito para que elas também possam encontrar a realização pessoal. Terceiro, o conceito de dano existencial pressupõe uma relação entre sistema de direitos fundamentais e as condições para o desenvolvimento psicológico dos seres humanos, uma vez que cria os meios para a efetividade da agência humana.

As reflexões desenvolvidas neste capítulo demonstram a importância de pensarmos violações de direitos fundamentais como danos existenciais. Esse problema assume as seguintes dimensões. Primeiro, tais violações são responsáveis por um constante processo por meio do qual as pessoas são impedidas de se verificar como agentes, uma vez que tratamentos injustos promovem uma discrepância entre a identidade normativa das pessoas e a forma como elas são tratadas nas diferentes interações sociais. Segundo, essas práticas discriminatórias produzem um processo de diferenciação de status entre as pessoas, uma situação que engloba distinções de status cultural baseadas nas valorações distintas de traços que designam coletividades e na forma como elas promovem ou justificam diferenças de acesso a recursos e a oportunidades. José Luiz teve seu filho assassinado porque pertence a um grupo social com baixa respeitabilidade, motivo pelo qual o tratamento violento é sempre justificado. Martinho sofre as consequências de tratamentos negligentes de atores públicos e privados que são produto de um crime ambiental que atingiu fundamentalmente pessoas de baixo status social, o que impede maior poder de negociação com agentes sociais poderosos. Terceiro, o impedimento de poder afirmar a identidade normativa como sujeito de direito, uma ambição de todas as pessoas que vivem em uma sociedade democrática, produz um tipo muito específico de dano existencial:

a produção de emoções com grande poder destrutivo. A dificuldade de verificar a identidade como sujeito de direito, como cidadão, produz um estado permanente de estresse emocional, especialmente para pessoas que precisam enfrentar formas de discriminação baseadas em mais de um fator de diferenciação, como raça e classe, os casos de José Luiz e Martinho.

Essas considerações nos convidam então a formular alguns questionamentos importantes sobre a doutrina tradicional sobre a teoria do dano. Muitos autores fazem uma diferenciação entre dano psicológico e dano existencial, definindo o primeiro como um prejuízo causado por um ato de um agente que impacta de forma significativa a saúde mental da pessoa por ele atingida, manifestando-se por meio de alterações no funcionamento psíquico do indivíduo. Esses estudiosos argumentam que esse fato difere do dano existencial, porque este implica uma alteração na vida cotidiana da pessoa, na vida de relação do indivíduo, na possibilidade de planejamento da existência de acordo com seus objetivos. A exploração de violações de direitos fundamentais como dano existencial sugere uma continuidade entre dano psíquico e dano existencial. As alterações da vida cotidiana provocadas por atos antijurídicos têm um caráter persistente e estrutural, motivo pelo qual eles existem como fatores permanentes de produção de estresse emocional, o que provoca danos psicológicos a classes de indivíduos ao longo de toda a vida. Por esse motivo, creio que devamos explorar as conexões entre dano psíquico e dano existencial, tendo em vista o potencial de práticas discriminatórias impedirem o gozo de direitos necessários para que as pessoas possam expressar a própria personalidade. Os próximos capítulos examinam alguns desenvolvimentos importantes para essa reflexão. Devemos examinar alguns avanços doutrinários e jurisprudenciais que reconhecem a correlação estrutural entre agência humana e direitos fundamentais, entre direitos fundamentais e direitos da personalidade. É também necessário que compreendamos a maneira como tribunais e doutrinadores têm pensado o tema da agência humana nos debates sobre violações de direitos fundamentais, ponto de partida para uma possível teorização sobre a dimensão psicológica dessa categoria de direitos. Essa análise será relevante para observarmos um problema já apontado: a dificuldade de teorias tradicionais que pensam violações de direitos fundamentais apenas como restrições de liberdades, intervenções indevidas nas formas de status, limitações de atividades individuais. Elas têm um impacto significativo na livre personalidade dos indivíduos, porque instituem diferenciações de status entre as pessoas que as acompanham ao longo de toda a vida, comprometendo a possibilidade de elas criarem planos de vida.

CAPÍTULO 3
O direito ao livre desenvolvimento da personalidade e plano de vida: análises e pressupostos

O caso de Madalena Giordano: um relato sobre trabalho análogo à escravidão

Madalena Giordano é uma mulher negra libertada por autoridades estatais depois de ter passado boa parte de sua vida trabalhando em condições análogas à escravidão. Essa situação durou cerca de 15 anos. Ela não recebeu a compensação salarial devida por suas atividades laborais e não teve acesso a qualquer tipo de qualificação educacional. As pessoas brancas que a mantiveram nessa situação ainda se apossaram de todos os benefícios previdenciários que ela recebia em função da morte de seu marido, renda que era utilizada para pagar uma série de despesas da família, inclusive a mensalidade das instituições de ensino superior nas quais as filhas estudavam. Ela começou a trabalhar como doméstica para essa família branca em uma cidade do Norte de Minas Gerais, mas foi levada contra sua vontade para Patos de Minas alguns anos depois, local no qual ficou sem contato com seus familiares durante vários anos. A família branca lhe dava apenas R$ 100 mensais para suas despesas, o que a obrigava a pedir esmolas, única solução viável depois de contrair dívidas com várias pessoas. As pessoas brancas que a mantinham nessa condição de trabalho análogo à escravidão fraudaram vários documentos que lhes deram acesso à conta bancária de Madalena, e ela tem dívidas milionárias. Madalena era submetida a jornadas diárias de trabalho de mais de 15 horas, não tendo então descanso adequado; nunca teve férias durante o período no qual foi mantida nessa situação degradante. Seus opressores brancos impediam que ela tivesse qualquer tipo de privacidade, restringiam contato com outras pessoas, situação de negligência afetiva que durou um longo tempo. Ela dormia em um quarto sem janelas e sem portas, lugar que era também ocupado por um armário *utilizado para guardar panos de chão. As pessoas brancas a submetiam a formas de humilhação constantes, dizendo que ela não tinha qualquer valor, que poderia ser jogada na rua a qualquer momento. Essa situação de violação de direitos humanos teve consequências severas para a saúde mental de Madalena. Além de problemas sérios na coluna vertebral, ela ainda sofre de transtornos de ansiedade, quadros depressivos e dificuldades significativas para dormir. Sua história reflete a situação de milhares de mulheres negras e pobres que, sem acesso à educação de boa qualidade, têm no trabalho doméstico uma das poucas oportunidades de renda, o que pode resultar em situações grotescas como a de Madalena.*[183]

Estamos diante de uma situação trágica, mas corriqueira, da sociedade brasileira: a persistência de trabalho em condições análogas à escravidão, um problema que afeta especialmente a população negra. Vários fatores explicam a existência desse fenômeno social: a vulnerabilidade social desse segmento, a persistência de uma cultura pública complacente com o racismo, a ausência de apoio institucional para mulheres e homens negros nas diferentes esferas da vida, a crença na superioridade da raça branca, a ideia generalizada na sociedade brasileira de que negros e negras foram criadas para estar em uma situação subordinada. Mais do que tudo isso, temos a permanência da negação de reconhecimento da humanidade intrínseca dos membros dessa comunidade por grande parte das pessoas brancas. A submissão de um ser humano a essas condições representa uma violação de inúmeras categorias de direitos. É uma violação do dever de tratamento igualitário entre todos os indivíduos, é uma violação a uma pluralidade de dimensões da igualdade, é uma violação da dignidade humana em múltiplos aspectos. Mas, além disso, essa situação representa uma restrição da possibilidade de uma pessoa ter controle sobre sua vida. Essa situação restringe suas opções para desenvolver sua personalidade, impede um ser humano de estipular direções para sua própria vida. Madalena passou grande parte de sua vida sem poder estabelecer objetivos pessoais, passou grande parte de sua existência sem poder desenvolver as capacidades necessárias para poder realizar esses objetivos. O dano causado a essa pessoa não se resume a uma restrição de liberdade, uma vez que ela foi impedida de

---

[183] GORTÁZAR, Naiara Galarraga. Caso de Madalena, escrava desde os oito anos, expõe legado vivo da escravidão no Brasil. *El País*, São Paulo, 14 jan. 2021. Disponível em: https://brasil.elpais.com/internacional/2021-01-14/madalena-escrava-desde-os-oito-anos-expoe-caso-extremo-de-racismo-no-brasil-do-seculo-xxi.html. Acesso em: 20 out. 2023.

ter a possibilidade de seguir uma vida de sua escolha. Estamos diante de um dano de natureza existencial que jamais poderá ser adequadamente ressarcido.

Examinamos, no primeiro capítulo, teorias jurídicas e filosóficas dos direitos fundamentais e observamos que todas elas estão baseadas em uma representação dos seres humanos como sujeitos racionais, perspectiva antropológica que encontra legitimidade na sua representação como pessoas capazes de refletir, deliberar e valorar suas ações. Essa subjetividade racional pressupõe um agente que pode agir de maneira livre para escolher seus interesses, para operar como um agente social, para desenvolver suas capacidades. As perspectivas analisadas compreendem direitos fundamentais como instrumentos capazes de permitir a ação livre em uma realidade social construída em torno de uma ordem geral de liberdades. O exercício de direitos fundamentais cria os meios para que as pessoas possam alcançar a autorrealização, propósito central da cultura constitucional moderna. O constitucionalismo procura garantir a emancipação humana por meio da proteção da esfera de ação individual, motivo pelo qual os direitos fundamentais têm uma centralidade na operação desse sistema de organização política. Esses direitos são então instrumentais para o livre desenvolvimento da personalidade, e práticas discriminatórias que impedem o seu exercício causam danos existenciais às pessoas, por estas não terem meios para atribuir sentidos e propósitos para suas ações, uma das características centrais da estrutura psicológica dos seres humanos, de acordo com as teorias analisadas.

Essas teses também fundamentam decisões judiciais de tribunais nacionais e estrangeiros sobre direitos fundamentais; todas elas estabelecem uma correlação direta entre liberdades individuais e diversas instâncias da agência humana. Essa correlação feita por essas cortes ocupa um papel central na nossa teoria psicológica dos direitos fundamentais, e um aspecto especialmente relevante deve ser mencionado: a noção de que violações de direitos fundamentais não podem ser pensadas apenas como restrições ou impedimentos ao exercício da liberdade. Esses órgãos julgadores argumentam que elas produzem dano existencial, porque causam distúrbios na vida cotidiana das pessoas. Isso significa que elas são obstáculos aos planos de vida que os indivíduos estabelecem para si mesmos, o que produz sofrimento psíquico para eles. Precisamos agora analisar detidamente as consequências da tese de que práticas discriminatórias produzem danos existenciais para as pessoas, o que será feito a partir da premissa segundo a qual o gozo de direitos fundamentais tem importância instrumental para as pessoas estabelecerem planos para suas vidas. Observaremos que práticas discriminatórias produzem danos existenciais porque criam obstáculos para que os seres humanos possam operar como agentes. Violações de direitos fundamentais negam a possibilidade de as pessoas atribuírem sentidos e propósitos às suas ações, o que constitui um aspecto central da estrutura psicológica dos seres humanos. Como violações de direitos fundamentais decorrem de práticas discriminatórias institucionalizadas, o seu impacto não se resume a estresse emocional, pois o seu caráter estrutural indica que são fontes permanentes de impedimentos à realização de planos de vida.

Observaremos neste capítulo que a agência humana é uma premissa central de dois conceitos que têm sido amplamente explorados por tribunais nacionais e estrangeiros: a ideia de *livre desenvolvimento da personalidade* e a noção de *plano de vida*. Esses dois conceitos são relevantes para a nossa teoria psicológica dos direitos fundamentais, porque permitem um diálogo direto entre doutrina jurídica e teorias psicológicas. É importante observar que o primeiro termo tem sido pensado a partir de uma acepção inteiramente jurídica; os que escrevem sobre ele o abordam a partir da análise dos direitos da personalidade. Embora seja uma perspectiva relevante, acreditamos que ela precise englobar aspectos da dimensão psicológica da personalidade, motivo pelo qual estabeleceremos um diálogo com a psicologia do desenvolvimento. Acreditamos que essa estratégia seja relevante, porque os temas abordados nessas decisões fazem referência a questões que transbordam a dogmática dos direitos da personalidade; elas fazem referência a questões referentes à estrutura da personalidade humana. Essa perspectiva abre a possibilidade de diálogos mais ricos com a noção de projeto de vida, uma vez que esse campo da psicologia também nos mostra os elementos necessários para as pessoas poderem realizar seus objetivos, o que engloba aspectos bem mais complexos do que a possibilidade de reflexão, volição e ação. Nossa busca por uma fundamentação psicológica dos direitos fundamentais requer então que tenhamos conhecimento dos diversos fatores relacionados com o desenvolvimento da personalidade humana. Esta investigação se mostra necessária para nossa teoria psicológica dos direitos fundamentais, porque ela fornece elementos para entendermos os motivos pelos quais violações de direitos fundamentais compromete a agência humana. Vimos que práticas discriminatórias inviabilizam a afirmação da confiança jurídica, o pode ser visto como uma fonte permanente de estresse emocional.

O direito ao livre desenvolvimento da personalidade

Definições

A discussão anterior sobre a dignidade humana oferece elementos importantes para examinarmos algumas dimensões relevantes para estabelecermos um diálogo entre direito e psicologia. A representação dos direitos fundamentais baseada em uma forma de subjetividade que evidencia a capacidade dos seres humanos de agir racionalmente, o que permite a ação livre nas diferentes esferas da vida, possibilitou alguns desenvolvimentos importantes, nas últimas décadas, na legislação internacional e em muitos textos constitucionais, entre eles o aparecimento de um *direito ao livre desenvolvimento da personalidade*. Observamos também o surgimento de outro conceito que guarda relações próximas com ele na jurisprudência de cortes constitucionais e internacionais: a noção de *plano de vida*. Um elemento comum vincula essas duas ideias: a afirmação de que violações de direitos fundamentais restringem a possibilidade de as pessoas operarem como agentes, requisito para a expressão da personalidade, elemento central da noção de dignidade humana. É importante notar que eles têm uma dimensão psicológica, embora sua formulação nas decisões de tribunais internacionais esteja fundamentada em termos de possibilidade de livre determinação racional da própria vontade. Pensamos que uma análise da relevância dessas noções para a cultura dos direitos fundamentais requeira um entendimento das relações paralelas entre a subjetividade racional e a subjetividade psicológica, uma vez que os tribunais mencionam com frequência os danos psíquicos que violações de direitos humanos podem causar, embora não expliquem de forma adequada se eles podem e se de fato afetam a saúde mental das pessoas, o que seria uma violação da dignidade humana.[184]

O estudo sobre possíveis vinculações entre direitos fundamentais e integridade psíquica pode ser justificado por um motivo relevante: a crescente influência da noção de livre desenvolvimento da personalidade na jurisprudência e na legislação nacional e internacional. A Declaração Universal dos Direitos Humanos reconhece a centralidade dos direitos humanos para a possibilidade de realização do livre desenvolvimento da personalidade, vinculando essa possibilidade ao gozo de diferentes categorias de direitos. A Declaração dos Estados Americanos classifica de forma bastante contundente o desenvolvimento integral como uma série de medidas a serem tomadas pelas partes signatárias que possibilitam a integração de diferentes esferas da vida dos seus cidadãos. Temos, nos dois casos, uma evidente indicação de como a interdependência e a indivisibilidade dos direitos humanos se mostram

---

[184] Para uma análise geral dos dois conceitos, ver BARRETO NOVA, Oscar Guillermo. El derecho al libre desarrollo de la personalidad. Análisis y propuesta de concepto. *Jurídica Ibero*, n. 9, p. 41-65, 2020; PORTUGAL, Carlos Giovani Pinto. *Responsabilidade civil por dano ao projeto de vida*. Curitiba: Juruá, 2016.

necessárias para que diferentes dimensões da vida das pessoas sejam adequadamente protegidas, de forma que elas possam operar de forma autônoma no espaço público e no espaço privado. O direito ao livre desenvolvimento da personalidade também está presente nas constituições de alguns países, e suas cortes constitucionais o classificam como um princípio estruturante de seus sistemas jurídicos. A ideia de plano de vida tem fundamentado decisões da Corte Interamericana de Direitos Humanos e de tribunais brasileiros, instituições que compreendem esse princípio como a possibilidade de ação livre a partir de garantias de várias categorias de direitos fundamentais.[185]

Os sistemas jurídicos que consagram o direito ao livre desenvolvimento da personalidade o entendem como um direito à autodeterminação, o que implica a possibilidade de a pessoa agir de forma autônoma nas diferentes esferas da vida. Ele está fundamentado na premissa segundo a qual o indivíduo deve ser o agente conformador do seu próprio destino, ele estabelece os parâmetros e os propósitos para a sua própria vida. Uma vez que a liberdade é uma marca central da experiência humana, a sociedade não pode impor projetos de vida para as pessoas; elas devem ter os meios para alcançar seus objetivos, o que requer também os direitos para o desenvolvimento adequado das habilidades necessárias para isso. Ele também designa a garantia de as pessoas poderem afirmar diferentes aspectos da identidade sem ser afetadas de forma negativa, além do acesso aos meios para construírem um plano de vida. Como vimos anteriormente, agir livremente implica a possibilidade de atribuir sentidos e estabelecer propósitos para suas ações, um aspecto incorporado pelos tribunais no processo de interpretação e aplicação desse direito. Falar em livre desenvolvimento da personalidade significa proteger e promover as condições

---

[185] O inciso II do artigo 26 da Declaração Universal dos Direitos Humanos afirma: "A instrução será orientada no sentido do pleno desenvolvimento da personalidade humana e do fortalecimento do respeito pelos direitos do ser humano e pelas liberdades fundamentais. A instrução promoverá a compreensão, a tolerância e a amizade entre todas as nações e grupos raciais ou religiosos e coadjuvará as atividades das Nações Unidas em prol da manutenção da paz". O artigo 33 da Carta da Organização dos Estados Americanos dispõe: "O desenvolvimento é responsabilidade primordial de cada país e deve constituir um processo integral e continuado para a criação de uma ordem econômica e social justa que permita a plena realização da pessoa humana e para isso contribua". O artigo 34 do mesmo documento estabelece: "Os Estados membros convêm em que a igualdade de oportunidades, a eliminação da pobreza crítica e a distribuição equitativa da riqueza e da renda, bem como a plena participação de seus povos nas decisões relativas a seu próprio desenvolvimento, são, entre outros, objetivos básicos do desenvolvimento integral".

necessárias para que um ser humano possa desenvolver, afirmar e expressar diferentes dimensões da sua personalidade sem que isso provoque danos ao seu status jurídico, moral e político. Embora seja definido em termos jurídicos em diversas decisões judiciais, o conceito de personalidade nos remete para a dimensão psicológica dos seres humanos, uma vez que designa um conjunto de processos mentais e emocionais cuja evolução, acoplada com as condições sociais, abre espaço para que um indivíduo se desenvolva de forma a cultivar suas potencialidades.[186]

 O direito ao livre desenvolvimento da personalidade tem uma dimensão mais ampla do que a proteção de certos fatores que a doutrina cível compreende como direitos da personalidade. Ele tem sido interpretado como um direito fundamental, como um princípio conformador do sistema jurídico, tendo peso similar ao princípio da dignidade humana, preceito ao qual está estruturalmente relacionado. O aparecimento desse direito nos textos constitucionais tem implicações significativas para a presente reflexão, porque estamos diante do reconhecimento de que o sistema jurídico existe para proteger aspectos da vida que são essenciais para a garantia da integridade psicológica das pessoas. Mais importante, a celebração desse direito como uma cláusula estruturante do sistema jurídico apresenta elementos para que possamos entender o sistema de direitos fundamentais como mecanismos destinados à garantia de proteção de diversos elementos necessários para que os seres humanos possam se afirmar como agentes. O livre desenvolvimento da personalidade tem operado como uma cláusula de abertura dos direitos fundamentais, estratégia utilizada por muitos tribunais para garantir proteção aos indivíduos em função de novas questões que surgem nas sociedades modernas, o caso da proteção de direitos de minorias sexuais. Ele também tem sido definido por juristas como um direito fundamental autônomo destinado à proteção de aspectos necessários para o desenvolvimento da personalidade, e questões relacionadas com a restrição da ação dos indivíduos constituem grande parte do debate sobre esse direito.[187]

 Uma análise da literatura sobre esse assunto demonstra a ausência de uma definição precisa do livre desenvolvimento da personalidade, o que não impede uma tentativa de aproximação a partir dos elementos que analisamos

---

[186] PIEROTH, Bodo; SCHILINK, Bernhard. *Direitos fundamentais*. São Paulo: Saraiva, 2018. p. 392-393; PINTO, Paulo Mota. *Direitos de personalidade e direitos fundamentais*. Coimbra: Gestlegal, 2019. p. 16-25.

[187] SARLET; MARINONI; MITIDIERO. *Curso de direito constitucional*, p. 448-450; PINTO. *Direitos de personalidade e direitos fundamentais*, p. 25-33.

no capítulo anterior. Alguns elementos parecem fazer parte desse direito, de acordo com os doutrinadores. Primeiro, ele pressupõe o reconhecimento de todos os seres humanos como *agentes*, o que os qualifica como entes que podem estabelecer planos de ação para as suas vidas em função das suas faculdades racionais. Segundo, ele implica uma liberdade geral de ação dos seres humanos para que eles possam realizar seus propósitos individuais. Terceiro, essa liberdade se manifesta no sentido jurídico e no sentido antropológico: a liberdade garantida pelas normas jurídicas permite que as pessoas alcancem os objetivos que estabelecem para si, seja o alcance de interesses fundamentais, seja o de necessidades básicas, seja a possibilidade de definir aspectos de sua existência sem interferências externas arbitrárias.[188]

O constitucionalismo moderno pretende criar uma ordem política baseada na igualdade jurídica entre todas as pessoas e na garantia de uma ordem geral de liberdades, condições essenciais para que as pessoas possam realizar o ideal da autodeterminação. O direito ao livre desenvolvimento da personalidade é um mecanismo que procura estabelecer as condições para a operação desse sistema, ao instituir a proteção da personalidade humana como um parâmetro de funcionamento de todo o sistema jurídico. Tendo em vista os fatores necessários para o seu florescimento dela, a realização desse direito depende da concretização de vários outros direitos fundamentais, seja os que se manifestam na forma de liberdades negativas, seja os que se manifestam na forma de prestações positivas. Esse direito humano também pode ser lido como um tipo de norma de caráter programático, na medida em que está fundamentado em categorias de direitos que requerem a existência de políticas públicas dirigidas a grupos sociais que se encontram em uma situação de vulnerabilidade. Assim, a realização desse direito exige o gozo de outras categorias de direitos, uma vez que o desenvolvimento da personalidade implica a possibilidade de cultivo de diferentes capacidades humanas. Esse direito reflete um fundamento central da ordem constitucional moderna: a atribuição aos seres humanos de um tipo de status jurídico formado por um conjunto de direitos indispensáveis para que eles possam atuar livremente. Por serem o elemento fundamental do status jurídico das pessoas na ordem democrática, os direitos fundamentais compreendem uma série de liberdades que capacitam os indivíduos a construir um plano de vida.

---

[188] PINTO. *Direitos de personalidade e direitos fundamentais*, p. 46-49; DEL MORAL FERRER, Anabella. El libre desarrollo de la personalidad en jurisprudencia constitucional colombiana. *Cuestiones Jurídicas: Revista de Ciencias Jurídicas de la Universidad Rafael Urdaneta*, v. 6, n. 2, p. 63-96, 2012.

Essa possibilidade está aberta às pessoas na medida em que elas vivem em um regime político comprometido com a realização desses direitos. A liberdade geral de ação que os direitos fundamentais procuram garantir define o status de que a pessoa pode gozar na sociedade.[189]

A partir desses parâmetros, podemos definir o direito ao livre desenvolvimento da personalidade como um direito, aberto a todos os seres humanos, de usufruir os meios possíveis para desenvolver diferentes aspectos de sua personalidade, para fomentar diferentes capacidades, de poder instituir planos para a sua vida de acordo com seus parâmetros, de criar um projeto de vida compatível com seus valores, de ter acesso aos meios materiais para poder atingir esses propósitos de acordo com as expectativas socialmente abertas para todos, de acordo com suas vocações e inclinações pessoais. O livre desenvolvimento da personalidade opera como um direito fundamental na medida em que indica a existência de um direito público subjetivo ao qual a pessoa pode recorrer para garantir a possibilidade de autodeterminação. Ele pode ser visto como um princípio na medida em que atua como um parâmetro de interpretação e aplicação de normas constitucionais. Se a personalidade é um atributo geral de todos os seres humanos e se normas constitucionais existem para garantir uma ordem geral de liberdades, o direito em questão pressupõe o gozo de todos os direitos fundamentais e todas as garantias institucionais presentes em um sistema constitucional. Em resumo, o direito ao livre desenvolvimento da personalidade pode ser classificado como um *direito de ação*, na medida em que existe para permitir que os indivíduos alcancem seus propósitos, o que expressa o compromisso constitucional com a criação dos meios para a *autorregulação individual*. A autonomia pessoal se torna possível na medida em que as pessoas não encontram obstáculos para a *autorrealização*, conceito que pressupõe o alcance de propósitos pessoais por meio do exercício das capacidades individuais. Esses elementos são objetos que podem ser alcançados por meio do livre desenvolvimento da personalidade, conceito que pressupõe o *cultivo* e a *expressão* da personalidade, instância que, no discurso jurídico, implica a centralidade da pessoa humana como propósito de proteção do sistema jurídico.[190]

---

[189] BADILLA, Kevin Johan Villalobos. *El derecho humano al libre desarrollo de la personalidad*. 2012. 359 f. Tesis (Licenciatura en Derecho) – Facultad de Derecho, Universidad de Costa Rica – San Ramón, 2012. p. 64-65; BARBOSA; ALVAREZ. *O direito ao livre desenvolvimento da personalidade: sentidos e limites*, p. 14-29.

[190] LÓPEZ SERNA, Marcela Leticia; KALA, Julio. Derecho a la identidad personal como resultado del libre desarrollo de la personalidad. *Ciencia Jurídica*, v. 7, n. 14, p. 65-76,

O direito ao livre desenvolvimento da personalidade tem um caráter individualista, uma vez que protege o florescimento da personalidade, instância que reflete a particularidade de cada ser humano. Essa é uma dimensão central desse direito, pois compreende o sistema de direitos fundamentais como um conjunto de direitos voltados para o acesso aos fatores necessários para o exercício da autodeterminação pessoal. Direitos fundamentais são descritos de forma genérica, mas são destinados à proteção de esferas da personalidade que se manifestam de forma diferenciada na vida das diversas pessoas. As características definidoras da personalidade individualizam as pessoas, e as diversas categorias de direitos existem para proteger expressões dessas particularidades, parâmetros que cumprem um papel importante no tipo de plano de vida que as pessoas instituirão para si. Essas particularidades incluem aspectos da existência corpórea, características psicológicas do indivíduo, elementos da identidade individual, posições jurídicas subjetivas, entre outros. Dessa forma, o direito ao livre desenvolvimento da personalidade existe para proteger a individualidade, o que corresponde a um conjunto de elementos físicos, psicológicos, culturais, ideológicos e sociológicos que tornam uma pessoa um ser particular.[191]

Para Ingo Sarlet, Luiz Guilherme Marinoni e Daniel Mitidiero, embora não esteja positivado na legislação brasileira, a doutrina e a jurisprudência têm recorrido ao princípio da dignidade humana para afirmar um compromisso constitucional implícito com a proteção da personalidade. Esse desenvolvimento pode ser visto em decisões relacionadas com diferentes categorias de direitos sociais, em decisões referentes a direitos de minorias sexuais nas quais se discute tanto a orientação sexual e a identidade de gênero como expressões da personalidade constitucionalmente protegidas. É possível afirmar a existência de um comprometimento constitucional contra quaisquer tipos de discriminação que restrinjam direitos da personalidade em função do entendimento do princípio da dignidade humana como um preceito constitucional que pode ser entendido como uma cláusula geral e aberta da proteção da personalidade humana.[192] Como veremos adiante, afirmaremos que o princípio da dignidade humana também contempla o direito ao livre desenvolvimento da personalidade, o que deve ser entendido como um direito à integridade psíquica, um tipo de direito que pressupõe também o gozo de uma pluralidade de direitos fundamentais. Além da proteção da

---

2018; BADILLA. *El derecho humano al libre desarrollo de la personalidad*, p. 66-68.
[191] MIRANDA, Felipe Arady. O direito ao livre desenvolvimento da personalidade. *RIDB*, v. 2, n. 10, p. 11177-11180, 2013.
[192] SARLET; MARINONI; MITIDIERO. *Curso de direito constitucional*, p. 448-449.

integridade física dos indivíduos, a vida psíquica humana também precisa ser adequadamente protegida, o que se torna possível por meio da realização de uma cultura jurídica que reconhece na personalidade um fator que se desenvolve a partir de um processo intersubjetivo, por meio do reconhecimento de que todas as pessoas são atores sociais competentes, são capazes de estabelecer planos de vida baseados em valores legítimos. Essa possibilidade demanda tanto igualdade de status cultural como igualdade de status material entre pessoas e grupos de pessoas, demandam o mesmo nível de respeitabilidade social e o acesso aos mesmos recursos materiais mínimos. Pensamos que essas inovações legislativas e jurisprudenciais são de extrema relevância para a devida proteção dos seres humanos, mas nos interessa examinar se eles fornecem todos os elementos necessários para a sua plena compreensão e eficácia. A análise do direito ao livre desenvolvimento da personalidade tem imensa relevância para o estudo da correlação entre direitos fundamentais e integridade psíquica.

O direito livre desenvolvimento da personalidade pode ser caracterizado como um princípio conformador, porque serve de parâmetro para a interpretação de outras categorias de normas constitucionais. Seu caráter programático permite uma leitura estrutural do texto constitucional, na medida em que sua realização depende de outros princípios e garantias constitucionais, o que inclui direitos de proteção, direitos de prestação, normas de organização, garantias institucionais e iniciativas governamentais. Podemos identificar no texto constitucional uma pluralidade de normas que expressam o compromisso legal com o desenvolvimento da personalidade humana, o que inclui normas referentes à proteção da família, normas que regulam o acesso a direitos sociais, normas que regulam liberdades individuais e normas programáticas. O livre desenvolvimento da personalidade, entendida aqui na sua acepção psicológica, engloba então uma série de direitos necessários para as pessoas terem os meios para se realizar enquanto agentes morais, requisito para que o ideal de autorrealização possa ser alcançado.[193]

A existência de categorias de direitos classificados como direitos da personalidade surge em um momento histórico no qual o indivíduo se torna o princípio da organização jurídica e política das sociedades democráticas. Mais do que uma condição natural dos seres humanos, a noção de personalidade, no pensamento jurídico, está associada com a atribuição do status de titular de direitos e de obrigações jurídicas. A atribuição desse status permite que o

---

[193] Cf. KOMMERS, Donald P.; MILLER, Russell A. *The Constitutional Jurisprudence of the Federal Republic of Germany*. 3rd ed. Durham: Duke University Press, 2012. p. 399-417.

indivíduo tenha o gozo de direitos necessários para a agência humana, uma vez que eles descrevem uma série de posições jurídicas que lhe permitem atribuir sentidos e propósitos às suas ações em uma pluralidade de esferas da vida pessoal. Ao atribuir uma personalidade jurídica ao indivíduo, o sistema jurídico reconhece que ele possui um status que opera como um pressuposto para o gozo de direitos; ele não será mais um mero destinatário de direitos, mas a origem e o fundamento da ordenação jurídica. Todas essas posições jurídicas operam como mecanismos por meio dos quais o sujeito pode expressar sua personalidade, entendida aqui como manifestação de sua capacidade de agir em um regime jurídico no qual a possibilidade mesma de existir depende de usufruto de diferentes categorias de direitos. Certos direitos têm uma natureza especial, porque designam condições mínimas para que o indivíduo possa operar como um ator social, para que possa se afirmar como um indivíduo. Os direitos da personalidade podem ser classificados como direitos subjetivos privados, porque dizem respeito aos indivíduos, aos espaços de ação necessários para eles poderem se regular enquanto entes autônomos. Eles também podem ser vistos como direitos subjetivos públicos, porque também englobam liberdades com especial relevância na regulação da ação individual.[194]

O reconhecimento do ser humano como elemento central da organização política e jurídica das sociedades liberais consolidou a noção da existência de direitos inerentes, de direitos subjetivos e de direitos fundamentais, categorias classificadas como posições jurídicas que podem operar como mecanismos que permitem a proteção de esferas de ação pessoal, possibilidade que vincula as instituições estatais. Mais do que o reconhecimento como parâmetros que devem regular a relação entre indivíduos em uma comunidade jurídica democraticamente organizada, certos direitos são vistos agora como elementos necessários para o exercício da dignidade humana, entendida aqui como uma condição para que a pessoa tenha a possibilidade de regular sua vida a partir de um conjunto de direitos necessários para que ela possa operar na vida social. A noção de um direito geral de personalidade está associada ao direito de cada ser humano de ver respeitadas as condições para o exercício e a promoção do conjunto de elementos necessários para a expressão da sua personalidade, para o fomento das suas potencialidades e para a proteção dos fatores biológicos, sociológicos e psicológicos necessários para a afirmação de sua personalidade. Esse direito geral da personalidade pressupõe

---

[194] CUPIS, Adriano de. *Os direitos da personalidade*. São Paulo: Quorum, 2008. p. 25-34; PINTO, Paulo Mota. O direito ao livre desenvolvimento da personalidade. *Boletim da Faculdade de Direito de Coimbra*, v. 40, n. 1, 2000, p. 165-172.

a obrigação de respeito por todos os outros agentes sociais, pessoas que devem se abster de praticar atos que possam ameaçar ou comprometer os bens jurídicos da personalidade. A noção de personalidade humana no discurso jurídico surge como um status baseado no reconhecimento do ser humano como um centro autônomo de direitos e obrigações e ainda na capacidade jurídica, que se expressa pela possibilidade de esse sujeito ser um titular de direitos e obrigações e poder operar no mundo social a partir dele. Assim, o bem jurídico da personalidade cria uma capacidade jurídica que permite ao sujeito operar na ordem social como um portador de direitos.[195]

Os direitos da personalidade guardam relações próximas com os direitos fundamentais, apesar de serem tradicionalmente pensados como direitos protegidos por institutos do direito civil. Embora a doutrina, durante muito tempo, tenha afirmado uma relação de verticalidade entre direitos fundamentais e direitos privados, a constitucionalização do direito civil e a tese da horizontalidade dos direitos fundamentais abriram espaço para o reconhecimento de uma relação de proximidade entre direitos da personalidade e direitos fundamentais. Primeiro, porque essas duas categorias de direitos têm o mesmo propósito: afirmar, proteger e promover a dignidade humana. Uma vez que violações de direitos fundamentais frequentemente envolvem atos de atores privados, eles devem vincular a ação desses atores para que os indivíduos possam ser adequadamente protegidos. A tese da irradiação dos direitos fundamentais, a noção de que eles operam como parâmetros interpretativos de todo o ordenamento jurídico, justifica a noção de que eles devem operar como um princípio de compreensão da interpretação de categorias do direito privado, tais como os direitos da personalidade. Os direitos fundamentais, enquanto princípios centrais da ordem constitucional, sustentam a existência de direito ao livre desenvolvimento da personalidade, que se desdobra em direito geral da personalidade e uma liberdade genérica de ação. Se do primeiro decorre um dever de tutela do respeito à personalidade, o segundo pressupõe uma liberdade genérica de ação.[196]

O direito sob análise tem sido definido como um direito geral de ação, motivo pelo qual está relacionado com outros direitos fundamentais, seja liberdades políticas, seja prestações estatais, seja direitos personalíssimos. Uma análise jurisprudencial indica que esse direito tem sido compreendido

---

[195] CAPELO DE SOUSA, Rabindranath V. A. *O direito geral da personalidade*. Coimbra: Coimbra Editora, 1995. p. 96-107.

[196] BARBOSA; ALVAREZ. *O direito ao livre desenvolvimento da personalidade: sentidos e limites*, p. 44-47.

como um direito destinado a proteger formas de desenvolvimento do sujeito humano, o que inclui o exercício de *autodeterminação*, a possibilidade de *autopreservação* e a garantia de *autoapresentação*. O direito ao livre desenvolvimento garante aos indivíduos os meios para determinar de forma autônoma a sua identidade, sem que sofram qualquer tipo de discriminação por causa disso. Por esse motivo, uma pessoa deve ter o apoio para a reintegração social após o cumprimento de uma pena, de forma que possa construir um projeto de vida. A possibilidade de autopreservação garante ao indivíduo o direito de poder se proteger por meio do acesso a informações relevantes para a proteção de sua privacidade, motivo pelo qual a confidencialidade entre médicos e pacientes deve ser sempre mantida, os resultados de testes laboratoriais devem ser preservados sob sigilo, além da condição psicológica do indivíduo. A autoapresentação decorre do direito de as pessoas serem protegidas de apresentações públicas indesejadas e da veiculação desautorizada de informações secretas sobre elas.[197]

Paulo Mota Pinto afirma que o direito ao livre desenvolvimento da personalidade tem uma dimensão diretiva, uma dimensão subjetiva e uma dimensão objetiva. Ele não se resume à ausência de interferências indevidas na esfera de ação individual; ele estabelece também diretivas para a atuação dos poderes públicos, instituições que devem estabelecerem medidas destinadas à proteção e à promoção desse direito, o que pode assumir a forma de direitos de proteção e direitos de prestação. Por ter uma dimensão valorativa da qual se podem extrair deveres para todo o sistema jurídico, o livre desenvolvimento da personalidade pode ser visto como um princípio fundamental da ordem jurídica, tendo em vista o seu caráter irradiador: ele estabelece funções e propósitos para as organizações governamentais, cria referências para a interpretação de outras normas constitucionais, demonstra a necessidade de programas de ação para a sua concretização. O livre desenvolvimento da personalidade se constitui então como um direito subjetivo, na medida em que é atribuído a todas as pessoas, mas também expressa valores que conformam a ordem jurídica de uma país, estabelecendo propósitos para a operação das instituições responsáveis pela regulação dos direitos fundamentais.[198]

---

[197] PIEROTH; SCHILINK. *Direitos fundamentais*, p. 396-400; BIOY, Xavier. Le Libre developpement de la personnalité en droit constitutionnel. Essai de comparaison (Allemagne, Espagne, Italie, Suisse). *Revue Internationale de Droit Comparé*, v. 55, n. 1, p. 123-147, 2003.

[198] PINTO. *O direito ao livre desenvolvimento da personalidade*, p. 160-161.

A doutrina, seguindo entendimentos jurisprudenciais, entende que o direito sob análise envolve dois aspectos: um direito geral de ação da pessoa humana e uma tutela da personalidade. Essa dupla dimensão garante então a possibilidade de ações autônomas que permitam a busca de propósitos individuais, o que implica o acesso a direitos necessários para a realização desse objetivo. De um lado, temos a possibilidade de as pessoas tutelarem a própria individualidade por meio do gozo de condições para ter controle sobre as suas ações, do outro temos a existência de um regime político estruturado em torno de uma série de liberdades que protegem diferentes âmbitos de existência individual, um conjunto de direitos que objetiva garantir a proteção integral da experiência humana. Se a liberdade geral de ação implica uma proteção da atividade individual nas diferentes esferas da vida, a tutela da personalidade designa a possibilidade de proteção da integridade dos estados e das expressões da personalidade que são substrato da atividade livre. As duas são relevantes para o surgimento e a afirmação de uma personalidade autônoma e livre, o que esse direito procura garantir. A tutela da pessoa humana constitui a razão de ser do direito constitucional, motivo pelo qual suas normas estão voltadas para a proteção e a promoção dos elementos da personalidade necessários para o desenvolvimento da personalidade humana. Por esse motivo, o livre desenvolvimento da personalidade tem sido interpretado como uma presunção em favor da liberdade contra ações que interfiram na expressão da ação humana.[199]

Doutrinadores argumentam que o direito em questão protege a personalidade humana, o que eles entendem como um postulado axiológico do sistema jurídico, motivo pelo qual o livre desenvolvimento da personalidade protege todos os seres humanos. Não se trata de um direito que protege um indivíduo particular em um momento específico nem de um aspecto da pessoa humana, mas de sua existência globalmente considerada. Estamos diante de um direito que protege a afirmação positivada da individualidade dos seres humanos por meio da proteção do direito de todos eles conformarem seu próprio destino. Esse direito designa a liberdade de condução da vida a partir do próprio projeto criado pela pessoa, o que inclui a consideração da situação e as possibilidades nas quais ela se encontra. Sendo um centro autônomo de decisão, a pessoa humana deve ser protegida, uma vez que o direito protege a dignidade na medida em que abre espaço para a autodeterminação, o que, por sua vez, abre espaço para a autorrealização na medida em que suas potencialidades são confirmadas. A proteção ampla desse direito deve prevalecer

---

[199] PINTO. *O direito ao livre desenvolvimento da personalidade*, p. 162-163.

sobre propostas que procuram restringir seu âmbito de proteção, o que seria o ideal em uma realidade social dinâmica.[200]

O direito ao livre desenvolvimento da personalidade tem sido pensado a partir de diferentes perspectivas na jurisprudência dos tribunais. Ele aparece aqui como um direito que garante a possibilidade de o indivíduo escolher livremente um curso de ação que seja compatível com as normas que regulam as relações sociais e que não interfira nas liberdades de outras pessoas. Estamos aqui diante de uma compreensão desse direito que permite ao indivíduo definir propósitos para sua vida, o que tem grande relevância para que ele possa definir a si mesmo na ordem social na qual ele vive. Essa liberdade de ação tem então uma característica importante: ela regula a possibilidade de tomar decisões que se convertem em atos com uma dimensão externa. Dessa forma, a proteção de liberdades negativas se mostra importante, porque elas compreendem uma série de direitos disponíveis para que os indivíduos possam buscar propósitos por meio de atos no mundo externo, como a busca por qualificação profissional. A liberdade de ação possibilita a realização ética dos indivíduos, na medida em que lhes abre a possibilidade de instituir um plano de ação. Poder atuar de acordo com seu próprio arbítrio constitui o pressuposto central da noção de autodeterminação, razão pela qual ele adquire importância fundamental em uma ordem democrática.[201]

Esse direito também tem sido definido como a garantia de uma esfera pessoal na qual o indivíduo possa operar de maneira livre, na qual ele possa desenvolver relações íntimas, na qual ele possa afirmar diferentes aspectos de sua identidade. Esse espaço de privacidade se mostra necessário para que o indivíduo possa afirmar aspectos centrais de sua identidade, a forma como ele deve se relacionar com o mundo, além da garantia da proteção de aspectos de sua personalidade. Essa proteção se mostra fundamental para que o espaço privado possa ser uma esfera de determinação na qual o sujeito humano possa escolher entre alternativas relevantes para sua vida. Assim, medidas que restringem a possibilidade de as pessoas determinarem aspectos centrais da sua vida privada, atos que interferem indevidamente no exercício de direitos da personalidade, são vistos como violações do direito ao livre desenvolvimento da personalidade. Esse espaço vital de liberdade inclui também a possibilidade de a pessoa tomar decisões sobre sua vida privada, sobre diferentes aspectos relativos à consciência individual, à identidade

---

[200] PINTO. *O direito ao livre desenvolvimento da personalidade*, p. 165-167.
[201] EBERLE. *Observations on the Development of Human Dignity and Personality in German Constitutional Law: An Overview*, p. 211-214.

pessoal, à vida sexual. Esse espaço íntimo de ação possui então relevância central para que as pessoas possam se desenvolver como seres morais; a possibilidade de autodeterminação corresponde a um aspecto central da noção de dignidade humana, valor relacionado com a qualidade moral daqueles que podem estabelecer e viver de acordo com normas morais de conduta.[202]

Estudos da jurisprudência comparada do direito sob análise demonstram a influência da representação do ser humano como um ser racional, o que lhe permite estruturar planos de ação regulados a partir de parâmetros reconhecidos por todos como racionais. Mas eles também demonstram o interesse na proteção do núcleo interno da personalidade, identificado com a figura do *ego* ou o *eu interno*, que sistematiza as dimensões psíquica, racional e emocional dos seres humanos. O direito ao livre desenvolvimento da liberdade expressa então as diferentes dimensões da personalidade individual, o que deve ser protegido pelos diversos direitos fundamentais presentes em uma ordem jurídica democrática. Esse direito não se limita à proteção da liberdade de ação; ele também protege a liberdade de ser das pessoas contra intervenções externas que procurem impor aos indivíduos limites às maneiras de expressar sua identidade pessoal.[203] Como elemento central da noção do livre desenvolvimento da personalidade está a ideia segundo a qual a existência de um regime geral de liberdade depende da existência de uma ordem social baseada na cidadania. Esse direito tem uma relação direta com essa categoria política, porque ela determina o status jurídico e político dos indivíduos em uma ordem democrática. Ela implica então a existência de uma ordem social na qual instituições públicas estão comprometidas com a proteção dos direitos fundamentais dos indivíduos, o que inclui os de caráter negativo e os de caráter positivo. Os indivíduos podem ter faculdades mentais que permitem o desenvolvimento da capacidade de autodeterminação, mas seu exercício depende da existência de uma ordem baseada na proteção dos direitos de todas as pessoas. A liberdade humana se realiza também por meio da ação das instituições sociais, instâncias que, por meio de suas ações, criam a possibilidade para que pessoas agirem de forma livre.[204]

---

[202] EBERLE. *Observations on the Development of Human Dignity and Personality in German Constitutional Law: An Overview*, p. 211; DEL MORAL FERRER. *El libre desarrollo de la personalidad en juriprudencia constitucional colombiana*, p. 68-70.

[203] KOSMIDER, Mariusz Ryszard. El contenido jurídico del concepto del libre desarrollo de la personalidad con referencia especial a los sistemas constitucionales alemán y español. *Revista de Derecho UNED*, n. 23, p. 667-706, 2018, p. 686-688.

[204] PINTO. *O direito ao livre desenvolvimento da personalidade*, p. 198-205.

Livre desenvolvimento da personalidade e projeto de vida

O direito ao livre desenvolvimento da personalidade guarda uma relação próxima com um desenvolvimento jurisprudencial bastante relevante: o aparecimento do conceito de *projeto de vida* na jurisprudência internacional sobre direitos humanos. Esse termo designa o fato de que violações desses direitos produzem um dano muito maior do que a violação de um bem ou interesse. Elas implicam a restrição da liberdade geral de ação dos indivíduos, o que compromete o desenvolvimento do projeto de vida que eles estabelecem ao longo de suas jornadas. Esse conceito aparece em uma decisão da Corte Interamericana de Direitos Humanos relacionada com ações de agentes estatais que resultaram na perda de vidas de crianças em situação de rua. A violência praticada por eles implica uma violação do direito à vida de duas maneiras. Primeiro, pelo assassinato dessas crianças, o que é a mais grave violação de direitos humanos: a violação do direito à vida. Segundo, porque a situação na qual as crianças se encontravam também pode ser caracterizada como uma violação da possibilidade de as pessoas terem um futuro por elas construído. O Estado, ao deixar de garantir segurança material para elas, impediu que elas operassem na sociedade como atores sociais competentes, impediu que elas construíssem um projeto de vida a partir de escolhas que deveriam estar disponíveis para todas as pessoas.[205] Esse termo voltou a ser aplicado em outra decisão, na qual uma mulher sofreu uma série de violações à sua integridade física ao ser falsamente acusada da prática de atos terroristas. Aqui novamente aparece a noção de que violações à integridade física, restrições de liberdade e ausência de segurança material impedem a construção de um horizonte de possibilidades que permita o exercício da agência humana nas diferentes esferas da nossa existência.[206]

Encontramos grandes paralelos entre os conceitos de projeto de vida e de direito ao livre desenvolvimento da personalidade, na medida em que eles expressam aspectos centrais da dimensão ontológica da vida humana. A garantia da liberdade, ao lado da proteção da igualdade, é a principal forma de status que os seres humanos possuem na ordem jurídica; ela representa no sistema jurídico uma dimensão ontológica importante da vida humana, na medida em que as

---

[205] CORTE INTERAMERICANA DE DIREITOS HUMANOS. *Caso Villagrán Morales y otros vs. Guatemala*. Sentença de 26.05.2001.

[206] CORTE INTERAMERICANA DE DIREITOS HUMANOS. *Caso Loyaza Tamayo vs. Peru*. Sentença de 27.11.1998.

pessoas cultivam a expectativa de que terão seus direitos respeitados, condição para que possam construir um plano de ação que expresse a possibilidade de autodeterminação. O regime de liberdade geral de ação, pressuposto nos regimes democráticos, opera como um suporte material para decisões existenciais que projetam os seres humanos no tempo. Os seres humanos são entes que existem em uma dimensão temporal; eles são capazes de projetar um futuro a partir das condições presentes no mundo atual, futuro que expressa objetivos destinados à realização existencial dos seres humanos. Dessa forma, a correlação entre temporalidade e liberdade permite que as pessoas construam um plano geral de ação para suas vidas com base em direitos que devem estar disponíveis para todos os membros da comunidade política.[207]

Algumas considerações se tornam necessárias quando falamos sobre o conceito de projeto de vida. Ele expressa uma compreensão dos seres humanos que transcende representações destes como seres biológicos ou como meros sujeitos jurídicos; esse conceito supera essas percepções ao afirmar a transcendência humana de suas determinações físicas ou de seu status legal como membro de uma comunidade política. A noção de projeto de vida está relacionada com o reconhecimento dos indivíduos como seres planejadores, como seres capazes de atribuir propósitos e sentidos para as suas ações, o que se torna possível pela proteção e expansão da personalidade humana. Sua condição como ser projetivo implica a necessidade da efetividade de uma série de direitos para que possam ter uma vida autônoma, o que requer a possibilidade de controle sobre a motivação da ação e sobre as condições de ação. A existência humana não pode ser analisada sem a devida consideração do potencial para realização pessoal presente em cada ser humano; cada pessoa estabelece objetivos para sua existência, os quais são estabelecidos ao longo da vida a partir de uma pluralidade de fatores. Os seres humanos estabelecem projetos de vida que englobam criação de propósitos, formação de planejamento, orientação de ações individuais, formação de expectativas, processo de realização e alcance do objetivo. Todos esses projetos são elementos essenciais para a afirmação da integridade psicológica dos seres humanos, porque afirmam a possibilidade de eles operarem de forma competente.[208]

O conceito de projeto de vida desenvolvido nessas decisões judiciais está relacionado com a noção de realização pessoal, um dos propósitos dos sistemas

---

[207] SESSAREGO, Carlos Fernández. El daño al "proyecto de vida" en una reciente sentencia de la Corte Interamericana de derechos humanos. *Themis*, v. 39, p. 453-463, 2001.

[208] PORTUGAL. *Responsabilidade civil por dano ao projeto de vida*, p. 31-33.

de direitos presentes nas cartas constitucionais de democracias liberais. Esse objetivo é alcançado na medida em que a pessoa pode construir um projeto pessoal a partir de escolhas que lhe estão disponíveis por meio de direitos fundamentais e a partir de políticas públicas destinadas a realizar esses direitos. Direitos humanos aparecem nessas decisões como escolhas existenciais que devem estar disponíveis para as pessoas de modo que elas possam construir um plano de ação para suas vidas por meio da constante possibilidade de atribuir sentidos e propósitos para suas ações. O projeto de vida indica então a possibilidade de as pessoas terem controle sobre decisões fundamentais que permitem a construção do futuro pessoal. A possibilidade de escolha expressa então a possibilidade de segurança ontológica que as pessoas devem ter para conduzir aspectos centrais de suas vidas. Para a Corte Interamericana de Direitos Humanos, as decisões que as pessoas tomam para dar direção ao seu destino pessoal têm grande valor existencial. Os seres humanos possuem então um direito de proteção desse projeto de vida, e ele só pode ser realizado a partir da disponibilidade de todos os direitos e de todas as garantias presentes nos sistemas de direitos no plano nacional e internacional. Violações de direitos humanos significam restrições da possibilidade de ação livre, significam causar frustração da expectativa de as pessoas poderem agir de forma livre, condição essencial para a realização de um plano de vida.[209]

Práticas discriminatórias frustram a expectativa dos indivíduos de que eles poderão dar sentido às próprias vidas, de que eles poderão alcançar resultados esperados em função do gozo de direitos e de garantias institucionais. Por esse motivo, violações de direitos fundamentais não apenas impedem o gozo de determinados direitos; elas também impedem que as pessoas programem suas vidas de acordo com objetivos que elas estabelecem para si e que esperam ser alcançados em função do status jurídico e político que elas possuem como sujeitos de direito. Ser um sujeito de direito significa ter uma expectativa de tutela estatal de direitos, fato com um aspecto existencial, na medida em que as pessoas criam planos baseados na ideia de que sempre terão seus direitos adequadamente tutelados pelo Estado. De acordo com a Corte Interamericana de Direitos Humanos, violações da liberdade frustram planos de ação das pessoas, o que incorre no comprometimento da vida dos indivíduos, inclusive do ponto de vista ontológico. *Estamos diante de um dano de natureza jurídica, mas também diante de um dano de natureza subjetiva, pois afeta o psiquismo do*

---

[209] Cf. SESSAREGO. El dano al "proyecto de vida" en una reciente sentencia de la Corte Interamericana de derechos humanos. *Revista Thêmis*, n. 39, p. 452-463, 1999.

indivíduo. Para a Corte, violações de direitos humanos podem causar danos materiais, podem causar danos físicos nos indivíduos, mas também podem causar danos psíquicos, porque são de natureza existencial. Eles interrompem a expectativa dos indivíduos de poderem desenvolver seus planos de vida como eles estabeleceram, ou privam a possibilidade de fazê-lo em função da ausência do gozo de direitos.

Violações de direitos fundamentais provocam danos psicológicos porque criam obstáculos para que as pessoas possam decidir aspectos de suas vidas de acordo com seus objetivos; a existência do indivíduo fica dependente de forças exteriores, sobre as quais ele não tem controle. Essas práticas arbitrárias decorrem de valores e interesses que são estranhos à pessoa, fazendo com que sua vida seja regulada não a partir dos planos por ela criados, mas por parâmetros que animam práticas arbitrárias e desvantajosas. Essa situação faz com que ela deixe de ter confiança nos órgãos governamentais, o que gera uma situação permanente de insegurança. Para Carlos Fernández Sessarego, as decisões aqui mencionadas são relevantes porque reconhecem um aspecto muito importante dos direitos humanos: seu papel central no processo de construção dos planos de ação que os seres humanos desenvolvem ao longo da vida. Esse autor entende a vida como um processo constante de diferentes ações direcionadas para a construção de um projeto cuja realização só pode ocorrer quando as pessoas podem agir de forma livre, o que inclui o acesso a uma pluralidade de direitos humanos. Para ele, a vida não pode ser outra coisa além de um constante processo de deliberações sobre diferentes aspectos da vida que, em conjunto, constituem as direções que os indivíduos querem dar para a sua existência. O direito cumpre um papel essencial na afirmação existencial dos indivíduos, na medida em que garante o gozo de direitos necessários para o planejamento da vida dos indivíduos. Nem todos eles buscarão todos os direitos para poderem atingir seus objetivos, mas eles devem estar disponíveis para que as pessoas possam ter acesso a eles nos momentos da vida em que forem necessários.[210]

O dano ao projeto de vida representa uma questão importante para nossa reflexão, porque esse problema expressa uma preocupação de caráter ontológico, uma vez que se reconhece a liberdade como o aspecto central da nossa existência. O projeto de vida está ligado então ao conceito de dignidade humana, princípio que expressa a possibilidade de as pessoas atuarem de forma autônoma. A autonomia pressupõe uma condição existencial na qual as pessoas podem

---

[210] SESSAREGO. El dano al "proyecto de vida" en una reciente sentencia de la Corte Interamericana de derechos humanos, p. 462-463.

ser reconhecidas como atores sociais competentes, por serem reconhecidas na ordem social como agentes que podem atribuir sentidos e criar propósitos para suas ações. Direitos humanos surgem então como opções, como garantias disponíveis para que os indivíduos possam escolher caminhos. Ao ser reconhecido como um ator social competente, eu posso gozar de respeitabilidade social. A violação do projeto de vida impede então que a pessoa alcance um resultado provável de suas ações por viver em uma sociedade organizada de acordo com uma cultura de direitos. Estamos aqui diante de um dano que afeta o status individual de duas maneiras: por não permitir que a pessoa tenha expectativas de construção de um futuro de sua escolha e porque a pessoa é condenada a estar em uma situação de insegurança permanente, porque pode ter seus direitos violados. Agir de forma livre implica a possibilidade de ter aspirações pessoais; ter direitos significa poder realizar essas aspirações razoavelmente construídas a partir do status como sujeito de direito.[211]

Carlos Fernández Sessarego desenvolve argumentações relevantes sobre o conceito de projeto de vida, reflexões que partem da indagação sobre os meios a partir dos quais o sistema jurídico pode proteger os projetos existenciais dos seres humanos. Para esse autor, a reposta para essa pergunta requer o conhecimento da nossa estrutura ontológica, ponto de partida para o conhecimento dos aspectos que precisam ser protegidos. Essa proteção parte do reconhecimento de um aspecto central dos seres humanos: seu status como seres capazes de agir livremente. Por ser o elemento central da estrutura ontológica dos seres humanos, a proteção e a promoção da liberdade são o aspecto central dos projetos de vida que as pessoas instituem para si mesmas. É necessário que a imagem do ser humano como ser racional seja substituída pelo seu status como ser livre para que o sistema jurídico possa garantir a sua plena proteção, uma vez que a proteção da liberdade é o meio necessário para garantir a realização dos seres humanos. Eles são entes capazes de mediar suas ações por um processo de reflexão, o que lhes permite dirigir suas ações de acordo com propósitos compatíveis com valores que governam a sociedade na qual eles vivem. A possibilidade de atribuir propósitos para seus atos a partir de deliberação constitui então a essência da experiência humana, aspecto que o sistema jurídico deve proteger. Assim, no lugar da tradição liberal que entende a proteção de direitos como um meio para a realização individual, entender a liberdade como a essência humana implica a necessidade de proteção da possibilidade de agir de

---

[211] GAMBOA, Jorge Francisco Calderón. *Reparación del daño al proyecto de vida por violaciones a derechos humanos*. Ciudad de México: Porrúa, 2005. p. 26-27.

acordo com princípios compatíveis com a ordem de valores presentes em uma comunidade política.[212]

Sessarego aponta a natureza temporal dos seres humanos, característica que expressa um fato de grande importância: os seres humanos organizam a existência a partir de projetos pessoais de natureza sucessiva. A temporalidade da vida humana faz com que as pessoas projetem o futuro a partir de condições presentes, também tendo em vista experiências passadas. A possibilidade de instituir projetos de vida indica que os seres humos trabalham para tornar real no futuro o que existe no presente enquanto aspiração. Nossas experiências pretéritas servem como parâmetros para o que queremos construir no futuro, elas condicionam a direção que damos às nossas vidas. A liberdade humana se realiza nessa temporalidade, os seres humanos estabelecem direções para suas vidas considerando as imposições temporais presentes na nossa existência. Por esse motivo, afirma o autor, a vida humana consiste em um constante processo de projeção de expectativas e tentativas de realização de aspirações. Os projetos de vida são condicionados pela liberdade e pela temporalidade, motivo pelo qual as pessoas devem ter os meios para poderem agir de forma livre. A vida humana consiste em um constante processo de decisão sobre projetos e de escolha de projetos a serem seguidos; alguns têm natureza cotidiana, outros têm um aspecto existencial, porque designam o que um indivíduo pretende ser no curto espaço da existência humana. Essas escolhas são feitas a partir da valoração que as pessoas fazem sobre caminhos possíveis de serem seguidos, o que depende da liberdade efetiva que elas possuem, depende dos direitos que elas efetivamente podem exercer.[213]

Por meio da valoração dos diferentes caminhos possíveis de serem seguidos, os seres humanos estabelecem finalidades que expressam modos de realização moral em uma dada sociedade, mesmo que essas decisões sejam individuais. A realização dos projetos de vida depende em grande parte das capacidades que as pessoas desenvolvem ao longo de suas vidas. Embora a realização do projeto não seja garantida, sua elaboração representa o horizonte de possibilidades aberto às pessoas em função de uma pluralidade de fatores, inclusive os direitos que elas possuem. Esses direitos são instrumentais na formação das habilidades necessárias para os indivíduos alcançarem seus objetivos, motivo pelo qual eles devem estar abertos para todas as pessoas.

---

[212] SESSAREGO, Carlos Fernández. Como proteger jurídicamente al ser humano si se ignora su estructura existencial? *Revista IUS ET VERITAS*, v. 24, n. 50, p. 86-103, 2015.

[213] SESSAREGO. Dano al proyecto de vida, p. 49-52.

As instituições estatais devem fazer todo o possível para criar os meios necessários para que as pessoas realizem seus planos de vida, o que requer o compromisso com a realização do bem comum, princípios centrais dos textos constitucionais democráticos. Esse comprometimento permite que as pessoas tenham os meios para realizar seus projetos de vida, requisito para a realização pessoal. O atributo essencial da liberdade se torna possível na medida em que as pessoas encontram os meios adequados para poderem deliberar sobre as diversas direções que podem seguir, o que se apresenta como elemento central da noção de liberdade.[214]

O caso de Madalena demonstra como tratamentos discriminatórios baseados na estigmatização de identidades coletivas motivam pessoas a promoverem práticas discriminatórias no espaço público, mas também no espaço privado. Estamos diante da situação de uma mulher negra de baixa escolaridade privada da liberdade de exercer direitos, o que inclui a possibilidade do exercício de um direito geral de ação que permite a criação e a realização de projetos de vida. Violações de direitos humanos têm então uma dimensão bem mais complexa do que uma mera restrição de liberdades ou de uso de status: elas impedem que a pessoa estabeleça propósitos para suas vidas, que elas instituam cursos de ação que poderão satisfazer interesses imediatos, bem como interesses de longo a médio prazo, os quais expressam objetivos de natureza existencial. Mais uma vez, estamos aqui diante de mecanismos responsáveis pela produção de emoções negativas nos indivíduos, decorrentes da negação de oportunidades para que eles possam reforçar sua identidade como sujeitos de direito. As situações de depressão e pânico experimentadas por Madalena são produto direto do processo de negação do seu reconhecimento como um ser humano com as mesmas prerrogativas que todos os outros membros da comunidade política. As pessoas brancas que a mantiveram encarcerada a provocavam com uma série de humilhações com o objetivo impedir que ela desenvolvesse qualquer tipo de vontade de superar aquela situação. Na verdade, pessoas brancas que se engajam em práticas discriminatórias esperam que negros aquiesçam à situação na qual se encontram, que eles aceitem as identidades prescritivas que lhes são atribuídas. Esse processo, por sua natureza generalizada, motiva violações de direitos fundamentais que afetam pessoas negras de forma bastante específica: criam obstáculos para que elas possam buscar realizar projetos de vida, o que contraria uma prerrogativa que elas possuem como membros de uma sociedade

---

[214] SESSAREGO. Como proteger juridicamente al ser humano si se ignora su estrutura existencial?, p. 101-103.

democrática, uma sociedade que deveria estar empenhada com a proteção da agência humana em todas as situações e de todos os grupos sociais.

Livre desenvolvimento e segurança ontológica

O caso de Tina: um relato de abuso sexual

Tina é uma mulher negra que enfrentou um longo histórico familiar de violência familiar e abuso sexual. Seu pai era um homem muito violento, pessoa que agredia ela e sua mãe quase todos os dias. Esses episódios eram especialmente intensos quando ele chegava em casa bêbado, o que ocorria quase cotidianamente. Após anos enfrentando a violência doméstica, sua mãe também se tornou alcoólatra. Seu avô materno, dizendo que a exposição das crianças a essa situação permanente de conflito poderia comprometê-las emocionalmente, levava os netos para sua casa com frequência. Tina acredita que ele tenha começado a molestá-la quando tinha ainda 2 anos de idade. Ele a procurava de madrugada na sua cama e começa a tocar todas as regiões do seu corpo. Algumas vezes esses atos ocorriam na sala de estar, enquanto sua avó estava na cozinha preparando o almoço ou o jantar. Ela desenvolveu uma estratégia para suportar os episódios de abuso: ficava imóvel, esperando o abuso acabar, porque dessa forma seu sofrimento seria menor. Por ver a atitude de sua mãe, pessoa que era agredida, mas ainda chamava seu marido de "meu amor", Tina passou a acreditar que essa era a dinâmica normal das relações familiares, motivo pelo qual começou a associar o amor à dor. Quando ela tinha 8 anos de idade, sua mãe, depois de mais uma briga que resultou em mais um ato de violência, assassinou o marido. Esse fato tornou os avós maternos responsáveis pela guarda dela e de seu irmão. O que então ocorria apenas nos finais de semana se tornou um fato diário. Como ela internalizou um conceito de amor associado a dor, Tina acreditava que merecia o que estava ocorrendo. Sua percepção mudou quando ela começou a ir à escola, momento no qual percebeu que o comportamento do avô estava errado, uma vez que isso não ocorria com suas colegas. Ela diz ter ficado em um estado de paralisia emocional durante boa parte de sua vida, mesmo quando chegou à adolescência. Embora os episódios de assédio tenham terminado depois da primeira menstruação, a possibilidade de se sentir como uma pessoa que poderia ser amada ou realizar qualquer coisa na vida não era uma realidade para ela. Vários anos depois, Tina teve a oportunidade de rever espiritualmente a situação que enfrentou. Agora adulta, ela teve uma conversa com a Tina menina. Ela fez questão de assegurar que ela conseguiria superar esses problemas, que ela conseguiria alcançar seus objetivos, que seria uma pessoa amada por seus amigos. "Nada do que você está sofrendo agora será em vão. Você terá duas filhas incríveis. Essa dor será a melhor ferramenta de trabalho que você terá no futuro." Tina ficou feliz que alguém esteve naquele lugar e cuidou da Tina menina, porque ninguém cuidou dela naqueles momentos de profundo sofrimento. Essa é a forma como ela sobrevive.[215]

A situação de Tina nos faz pensar em alguns temas relevantes para nossa reflexão: os meios a partir dos quais formas persistentes de violações de direitos fundamentais podem comprometer o desenvolvimento da personalidade dos indivíduos. Estar exposta a uma situação de vulnerabilidade dessa natureza tem o potencial de comprometer o desenvolvimento emocional de uma pessoa; mais do que isso, essa situação pode comprometer a estabilidade emocional de um indivíduo de forma permanente, afetando toda sua vida de relação. Estamos então diante de um dano existencial que pode trazer consequências psicológicas para as pessoas, especialmente porque as violações sofridas ocorreram no período formativo dos indivíduos. Estar submetido a uma situação temporária ou permanente de violência pode comprometer diferentes dimensões da vida psicológica de uma pessoa, uma vez que o estresse emocional pode criar obstáculos para a maturação adequada das habilidades cognitivas e emocionais de um indivíduo. Crianças negras são mais vulneráveis a problemas dessa ordem, porque estão mais expostas a diferentes formas de violência nas várias esferas da vida, motivo pelo qual elas estão mais propensas a desenvolver sintomas depressivos. Precisamos então compreender as maneiras como violações de direitos fundamentais influenciam de maneira negativa a vida psíquica dos indivíduos. Para isso, precisamos entender como elas afetam a formação da personalidade humana, as formas como elas criam obstáculos para o exercício de direitos, o que compromete a integridade psíquica dos indivíduos.

A linguagem utilizada nas sentenças que abordam o tema do livre desenvolvimento da personalidade expressa uma clara conexão com questões de

---

[215] INSTITUTO LIBERTA. Tina, vítima de violência sexual dos 2 aos 14 anos. Conheça sua história. *YouTube*, 6 jul. 2021. Disponível em: https://www.youtube.com/watch?v=CJi-0sS0bAk&t=75s. Acesso em: 26 ago. 2023.

caráter filosófico, em especial a noção de segurança ontológica. Esse termo faz referência a um aspecto importante da nossa vida cotidiana, subjacente ao raciocínio elaborado por tribunais constitucionais: a ideia de que os seres humanos operam de acordo com um tipo de racionalidade prática baseada em certos aspectos que adquirem o status de pressupostos básicos da organização social, motivo pelo qual nós estruturamos nossas ações a partir da expectativa de que certos fatores sempre farão parte da operação regular da vida social. As pessoas formulam planos de vida a partir da noção de que elas terão acesso a direitos que devem ser garantidos para todos, a partir do pressuposto de que elas são livres para expressar e afirmar diferentes aspectos de sua identidade. A noção de segurança ontológica designa as projeções de caráter consciente e inconsciente de que nossas ações poderão ser realizadas porque estão de acordo com as normas que regulam a vida social; elas partem da premissa de que não precisam verificar a compatibilidade de seus planos de ação, porque suas premissas são elaboradas a partir de diferentes regras e parâmetros que regulam a vida em uma sociedade.[216]

A congruidade entre planos de ação e as condições da existência garante a segurança para a construção de uma consciência reflexiva responsável pela afirmação da autenticidade do indivíduo. Esse conceito de autenticidade está relacionado com a noção de segurança ontológica, porque expressa uma realidade na qual as pessoas encontram a condição para se afirmarem como sujeitos capazes de estabelecer projetos pessoais. Essa segurança ontológica, afirma Anthony Giddens, tem uma origem psicológica. Ela decorre do sentimento que uma criança desenvolve quando vive em um ambiente familiar que lhe permite desenvolver habilidades primárias para que possa se constituir como um sujeito. Viver em um ambiente no qual o indivíduo encontra os parâmetros para o desenvolvimento de suas habilidades básicas e que atende seus impulsos primários permite que ele crie um sentimento de confiança básica no ambiente ao redor e em si mesmo como um ator social. Os seres humanos estão sempre monitorando as circunstâncias das situações nas quais suas ações ocorrem, o que lhes permite verificar a eficácia dessas ações para o alcance de seus objetivos. Porém, mais do que analisar a eficácia dos seus atos, eles também usam a racionalidade prática para verificar sua própria eficácia como atores sociais, condição para a segurança ontológica.[217]

---

[216] GIDDENS. *Modernity and Self-identity. Self and Society in Late Modern Age*, p. 8-10.

[217] GIDDENS. *Modernity and Self-identity. Self and Society in Late Modern Age*, p. 35-38.

A racionalidade prática aqui mencionada está estruturada a partir das normas que estruturam a vida social, e esses parâmetros normativos são vivenciados como algo constitutivo das nossas vidas, são elementos a partir dos quais as pessoas formulam horizontes de ação e criam critérios para a verificação da sua competência enquanto atores sociais. É importante reconhecer que normas de direitos fundamentais são um aspecto central da consciência prática das pessoas nas democracias constitucionais; os membros dessa comunidade política não passam o tempo inteiro refletindo sobre o conteúdo dessas normas, porque partem do pressuposto de que elas serão respeitadas. Eles podem então formular planos de ação, porque contam com a existência e a eficácia dessas normas na vida cotidiana. Assim, as normas de direitos fundamentais fazem parte de um horizonte de referência cognitiva para os indivíduos que opera de forma dada, o que permite a construção da segurança ontológica das pessoas. Dessa forma, violações de direitos humanos impedem o livre desenvolvimento das pessoas, porque implicam a violação da segurança ontológica que regula a consciência prática dos indivíduos. Ter acesso a direitos fundamentais é uma das maneiras como as pessoas desenvolvem o sentimento de eficácia pessoal, motivo pelo qual podemos dizer que direitos humanos têm uma função relevante, que é a construção de um referencial existencial para que o indivíduo possa construir um curso de ação para a sua vida.[218]

Essas considerações nos mostram por que o direito ao livre desenvolvimento deve ser visto como um parâmetro estruturante da ordem constitucional: ele permite a criação dos meios para que os indivíduos possam ter acesso aos direitos necessários para construir o que psicólogos chamam de confiança básica, condição para que as pessoas possam ter a devida segurança ontológica. Ao dizer que esse direito aborda questões de grande relevância existencial, os tribunais reconhecem que a realização moral dos indivíduos ocorre em uma ordem jurídica comprometida com a garantia das diferentes categorias de direitos fundamentais, direitos que operam também como parâmetros para a construção do sentimento de segurança ontológica dos indivíduos. O direito ao livre desenvolvimento da personalidade está diretamente relacionado com a questão da identidade, conceito que assume relevância em diferentes instâncias. Primeiro, a racionalidade prática, que constitui um aspecto central da nossa existência cotidiana, está ancorada na

---

[218] SESSAREGO. Dano al proyecto de vida, p. 49-55; GIDDENS. *Modernity and Self-identity. Self and Society in Late Modern Age*, p. 36-42.

noção de que nossa identidade jurídica como sujeitos de direitos nos garante acesso a diferentes categorias de direitos. Segundo, essa identidade jurídica opera como uma referência para nossa identidade ontológica na medida em que institui os meios para que possamos nos afirmar como agentes racionais capazes de criar planos de ação para a própria existência. Terceiro, essas duas formas de identidade abrem espaço para a afirmação da identidade psicológica do indivíduo que desenvolve a identidade pessoal a partir da articulação entre as identidades anteriormente mencionadas e o conjunto de experiências pessoais que o tornam um sujeito único. A identidade individual implica um constante processo de articulação entre propriedades decorrentes do status que o indivíduo ocupa e os objetivos que ele estabelece para si mesmo a partir de suas inclinações pessoais.[219]

A situação de Tina exemplifica um problema enfrentado por muitas pessoas negras que vivem em condições de violência, seja no espaço privado, seja no espaço público. O estado de vulnerabilidade social no qual muitos membros dessa comunidade vivem impede que eles desenvolvam um sentimento de segurança ontológica, um sentimento de que seus diferentes tipos de inserção social não serão fontes de violência. Essa certeza se mostra extremamente relevante para que pessoas negras possam se constituir como agentes planejadores, como homens e mulheres que encontrarão os meios para poderem instituir planos de vida. Esse objetivo dificilmente será alcançado se a pessoa não possuir segurança ontológica, se ela não encontrar os meios para o constante processo de autoverificação de sua identidade, o que depende do nível de integração social no qual as pessoas se encontram. Provavelmente, os problemas enfrentados pelos pais de Tina, questões que facilitaram o abuso sexual, são decorrentes das dificuldades de seu genitor ser reconhecido como um ator social competente. Ele vivia uma identidade como pai, como pessoa que deve ter a função de provedor, função dificultada pelas discriminações sistemáticas enfrentadas por homens negros no espaço de trabalho. Como homens heterossexuais têm pouca margem de negociação sobre aspectos centrais da identidade masculina, eles são impedidos de se reconhecer como pessoas capazes de desempenhar um papel central, o que gera grande frustração pessoal. Essa realidade produz problemas de natureza intergeracional, uma vez que afetaram também a segurança ontológica da própria filha, pessoa que aprendeu a identificar amor com dor.

---

[219] Cf. SESSAREGO. Como proteger jurídicamente al ser humano si se ignora su estructura existencial? *Revista Ius et Veritas*, n. 50, p. 86-101, 1995.

Autorrealização: aspirações e capacidades

O caso de Efigênia: um relato de obstinação com propósitos individuais

Minha mãe era uma mulher parda periférica que teve 12 gravidezes, das quais 10 filhos sobreviveram. A ausência de recursos e de escolarização era uma dificuldade significativa para poder criar seis filhas e quatro filhos, situação semelhante à de milhões de mulheres negras e pobres ao redor do Brasil. Entretanto, ela sempre se manteve firme com sua determinação de oferecer melhores condições de vida para todos nós. Ela estava sempre à procura de informações sobre oportunidades educacionais e fazia todo o sacrifício possível para garantir que nós tivéssemos acesso a elas. Minha mãe ia andando de madrugada para ficar nos primeiros lugares das filas dos melhores colégios públicos de Belo Horizonte. Como vagas nessas instituições eram muito disputadas, elas distribuíam fichas para as pessoas poderem fazer o processo de seleção. Ela fez isso para mim e para todos os outros irmãos e irmãs. Ciente de que precisaríamos de um trabalho para poder continuar estudando, ela procurava saber quais eram os cursos de datilografia mais baratos. Não tinha qualquer ideia de como aquilo iria me beneficiar; só adquiri essa consciência muito depois, quando comecei a procurar estágios. Jamais esquecerei sua alegria quando íamos comprar o jornal para ver se tínhamos passado no vestibular. Seu rosto era de satisfação e de alívio, creio que já prevendo que teríamos mais chances de ter recursos que ela e meu pai não tiveram. Esses resultados sempre a motivaram a buscar mais oportunidades para os filhos e as filhas, e depois de algum tempo ela passou a exercer certo tipo de liderança na comunidade, sempre orientando outras mães sobre oportunidades educacionais, sempre emprestando livros que nenhum de nós estivesse utilizando. Todos esses esforços foram recompensados. Ela viu quase todos os seus filhos e filhas concluírem um curso superior, e um deles chegou até mesmo a estudar em algumas das mais prestigiadas instituições de ensino do mundo. Ela também teve a oportunidade de ver outra consequência positiva de seus esforços: quase todos os seus netos e netas conseguiram chegar ao ensino superior, agora sem ter de enfrentar condições tão duras. Pude ver como cada sucesso educacional dos filhos e filhas, netos e netas a tornava uma pessoa realizada; ela percebia que sua jornada neste planeta tinha sentido na medida em que conseguia criar os meios para poder atingir seus objetivos pessoais. Posso classificar sua resiliência como um dos seus principais legados a todos nós: ela tem servido de inspiração para sempre podermos continuar enfrentando as dificuldades impostas pelo racismo na nossa sociedade. Seus filhos, filhas, netos e netas sofrem as consequências do racismo, do sexismo, do classismo e da homofobia, mas seguimos em frente, apesar das grandes dificuldades.

O caso de minha mãe demonstra um aspecto importante da nossa argumentação: os seres humanos, por serem sujeitos planejadores, estabelecem propósitos para suas ações com o intuito de alcançar objetivos imediatos ou futuros, individuais ou coletivos, e a efetivação desses objetivos promove a autorrealização. O acesso a direitos humanos tem um papel central nesse processo, uma vez que protegem âmbitos de ação ou promovem acesso a oportunidades necessárias para que a pessoa possa atingir o que foi planejado. Esse acesso poderá contribuir para o florescimento pessoal ou coletivo, uma vez que os seres humanos poderão estabelecer uma pluralidade de propósitos que entendem ser relevantes para a felicidade individual ou coletiva. Os esforços de minha mãe ornaram nossas vidas possíveis, indicou-nos direções para nossas existências, forneceu os meios para que pudéssemos persistir, apesar das inúmeras adversidades. Sua trajetória representa o esforço de milhares de mulheres negras anônimas que empregam todos os seus esforços para manter suas famílias e suas comunidades unidas, o que promove o empoderamento de todos os seus membros.

O debate sobre o livre desenvolvimento da personalidade e sobre a noção de plano de vida introduz indagações relevantes sobre a noção de agência humana. Uma delas diz respeito aos propósitos instituídos pelos indivíduos na vida cotidiana. Sabemos que eles procuram atingir objetivos pessoais, mas que benefícios a realização destes pode trazer? O livre desenvolvimento da personalidade traz benefícios porque garante o alcance de bens relevantes para a vida das pessoas ou ele é importante porque a busca pelo alcance de propósitos pessoais permite a afirmação dos indivíduos como agentes capazes? Atingir propósitos é algo positivo porque produz satisfação pessoal, o que produz segurança ontológica para os indivíduos? Os direitos fundamentais devem ser vistos como elementos centrais da organização jurídica das sociedades democráticas em função da sua importância instrumental para o desenvolvimento de habilidades necessárias para a realização pessoal? As respostas a essas perguntas requerem que partamos de um pressuposto básico: os seres humanos são agentes, status que lhes permite refletir sobre valores morais que eles podem adotar como parâmetros para seus atos. Esses valores operam como direções para seus comportamentos, e também incluem reflexões sobre que bens devem ser buscados pelas pessoas. O status dos seres humanos como agentes também significa que a busca desses objetivos requer o desenvolvimento de certas capacidades necessárias para as pessoas operarem no universo social. Assim, direitos fundamentais são garantias institucionais que permitem não apenas a formação de uma esfera livre de ação na qual as pessoas podem instituir propósitos, mas também o florescimento de habilidades para a realização dos propósitos estabelecidos.[220]

É então importante constatar que o exercício da agência humana indica que as pessoas estão à procura da autorrealização, termo com uma variedade de sentidos. O conceito de autorrealização pressupõe a existência de um agente, de um ente que existe enquanto potência, de um ente que se torna pleno na medida em que suas capacidades são desenvolvidas. Elas são instrumentais para o alcance de propósitos que os indivíduos estabelecem para si mesmos; elas permitem o alcance de objetivos que estão além do seu próprio desenvolvimento. Por outro lado, mas talvez de forma complementar, a noção de autorrealização está relacionada com o alcance de aspirações individuais, com a realização daquilo que as pessoas estabelecem como propósito para as suas vidas. Autorrealização pode ser vista ainda como estados e atividades que são válidos por si mesmos, por serem expressão da realização de aspirações pessoais. A autorrealização está conectada com a noção de satisfação pessoal, porque tem uma dimensão de maximização, uma vez que se refere ao alcance dos objetivos pessoais. Se algumas pessoas podem deixar de buscar a autorrealização porque ela implica um esforço de desenvolvimento de atividades e capacidades, todos os seres humanos procuram a realização de aspirações pessoais, mesmo que as condições para que isso ocorra possam não ser desejadas pelas pessoas. A noção de autorrealização também está conectada com o conceito de autodesenvolvimento, indicação de que as pessoas têm potencialidades que podem ser cultivadas e ampliadas: as habilidades existem enquanto características das pessoas, mas a sua realização depende das ações na direção de satisfação de objetivos. Os indivíduos dão forma às suas potencialidades ao longo de suas vidas por meio das atividades às quais eles se dedicam, o que lhes permite chegar a um estado de evolução no qual atingem e reiteram suas condições de operarem como agentes. O processo de autodesenvolvimento ou autoatualização permite que as pessoas atinjam suas aspirações por meio da expansão e do aperfeiçoamento

---

[220] Cf. NUSBAUM. Capabilities as Fundamental Entitlements: Sen and Social Justice; SEN. *Inequality Reexamined*, p. 53-96.

de suas potencialidades, uma vez que novos desafios ou situações podem exigir ajustes ou adaptações delas.[221]

Apesar das distinções entre esses três conceitos, podemos chegar à conclusão de que a noção de autorrealização pode expressar dois sentidos complementares. Um deles está relacionado com a possibilidade de escolhas, com a realização de aspirações pessoais, com a realização dos desejos e planos que as pessoas estabelecem para suas vidas. Esse termo também engloba o desenvolvimento das potencialidades necessárias para que as pessoas possam realizar seus objetivos. Assim, a autorrealização se torna possível quando atingimos nossas aspirações e quando conseguimos desenvolver as habilidades necessárias para esse objetivo, o que implica a constante possibilidade de atualização das nossas capacidades nas diferentes fases da vida. Os seres humanos podem alcançar a autorrealização porque existem enquanto seres concretos e em realidades concretas; eles são conscientes da existência particular e dos propósitos específicos que estabelecem para si mesmos. Eles podem então antecipar um futuro para si mesmos, futuro que pode ser alcançado por meio do cultivo e da utilização de suas capacidades. A autorrealização ocorre então como resultado da satisfação de aspirações pessoais e do desenvolvimento de capacidades individuais. Para que as pessoas possam alcançar a autorrealização, elas precisam visualizar os meios para alcançar suas aspirações e para fomentar suas capacidades. Assim, a realização de aspirações e o desenvolvimento de capacidades individuais são dois aspectos centrais do processo pelo qual os seres humanos podem se reconhecer como pessoas realizadas porque têm os meios para se afirmarem como agentes competentes.[222]

Aspirações e capacidades são então dois aspectos importantes das nossas vidas; as aspirações estão relacionadas com o aspecto volitivo, e as capacidades, com o aspecto racional dos seres humanos. Se as aspirações dizem respeito aos desejos que uma pessoa pode ter, as capacidades denotam os esforços que os indivíduos precisam fazer para que possam atingir um grau máximo de desenvolvimento pessoal. Esses dois fatores também estão relacionados com duas concepções distintas de felicidade, uma que corresponde ao alcance do que uma pessoa deseja e outra com a consciência de que um indivíduo encontra os meios para ser a melhor versão de si mesmo. A satisfação de nossas

---

[221] GEWIRTH, Alan. *Self-fulfillment*. Princeton: Princeton University Press, 2009. p. 6-7.

[222] GEWIRTH. *Self-fulfillment*, p. 13-15; SHMUELI, Efraim. The Right to Self-realization and Its Predicaments. *In*: ROSENBAUN, Alan (ed.). *The Philosophy of Human Rights. International Perspectives*. Westport: Greenwood Press, 1988. p. 152-154.

aspirações é resultado de um processo que culmina com a realização de nossos desejos, situação que expressa o fato de que as ações humanas são produto da atribuição de propósitos que expressam nossa autonomia, a possibilidade de autodeterminação pessoal. Esse aspecto da autorrealização se mostra relevante para os seres humanos, porque demonstra a relevância da possibilidade de as pessoas estabelecerem e alcançarem seus propósitos, evidência do aspecto propositivo das ações humanas ao longo de nossas vidas. O desenvolvimento de nossas capacidades também tem grande relevância para a promoção da autorrealização, porque expressa a possibilidade de as pessoas atingirem seus propósitos por meio do florescimento de suas habilidades, o que constitui um bem moral de imensa relevância.[223]

A discussão sobre o livre desenvolvimento da personalidade, sobre projeto de vida, sobre segurança ontológica e sobre autorrealização explora aspectos importantes de nossa argumentação. Práticas discriminatórias afetam pessoas subalternizadas em diferentes níveis. Vimos nos capítulos anteriores que elas impedem o reconhecimento de pessoas negras como sujeitos de direitos, que elas produzem danos existenciais em função da criação de diferenças de status entre negros e brancos. Este capítulo demonstrou também que o desrespeito sistemático de direitos fundamentais produz um tipo específico de dano existencial: a possibilidade de os seres humanos terem diferentes esferas de sua personalidade protegidas, de terem os meios para poder estabelecer cursos de ação necessários para planejar a própria existência. Direitos fundamentais são relevantes para que os seres humanos possam atingir objetivos estabelecidos, o que produz algo relevante para nossa existência: a segurança ontológica. Esse fator abre espaço para que possamos ter a segurança para produzir resultados para a nossa autorrealização, motivo pelo qual podemos classificar violações de direitos fundamentais como mecanismos que produzem danos existenciais em diferentes níveis. Mas é importante que aprofundemos ainda mais a análise dessa relação, uma vez que precisamos compreender as formas como essa categoria de normas constitucionais efetivamente contribui para o desenvolvimento de capacidades que permitem a autorrealização. Precisamos, para isso, explorar outro campo de estudo que nos permita entender como habilidades necessárias para o funcionamento são desenvolvidas ao longo da vida e de que forma práticas discriminatórias podem criar obstáculos para o seu aperfeiçoamento.

---

[223] GEWIRTH. *Self-fulfillment*, p. 15-16.

CAPÍTULO 4
Desenvolvimento humano, personalidade e agência

Um relato sobre racismo recreativo na escola

Eu fico frequentemente surpreso com a minha trajetória escolar. Nasci em um bairro periférico, o que significa que estudei em uma escola de um bairro pobre. Eu praticamente só tenho lembranças tristes daquele momento da minha vida. Ir para a escola na segunda-feira era especialmente difícil. Não porque eu iniciasse a semana já cansado; o motivo era outro. Eu sabia que enfrentaria as piadas racistas que meus colegas brancos aprenderam na noite anterior assistindo ao famigerado programa Os trapalhões. Eu chegava na escola, ia para a fila para caminhar até a sala de aula. Eu era um dos meninos mais altos, então eu sempre era um dos últimos da fileira. Um aluno sempre reproduzia a piada aprendida com Renato Aragão, e quase todos os outros caíam na gargalhada. Eles começavam a reproduzir as mesmas falas, os mesmos gestos que o homem branco fazia na televisão. Eles ficavam disputando quem conseguiria imitar da melhor forma o que eles tinham visto na noite anterior. Aquele que conseguia imitar Renato Aragão da melhor forma atraía maior respeitabilidade. Mas as piadas não paravam por aí. Algumas vezes a professora fazia perguntas, eu levantava a mão para responder, e algum aluno branco ou aluna branca imediatamente procurava me ridicularizar, fazendo menção às piadas racistas que tinham aprendido. As professoras, mulheres brancas, apenas se limitavam a dizer que aquilo era errado. Era curioso observar que meus colegas brancos achavam que eu realmente me comportaria de acordo com os personagens negros que eles viam na televisão. A minha recusa a atender às suas expectativas causava frustração e raiva naquelas pessoas. Eles realmente esperavam que eu correspondesse aos pensamentos deles, de que todas as pessoas negras eram exatamente como Mussum. Algumas vezes eu estava conversando trivialidades com algumas meninas brancas e outros meninos passavam e as ridicularizavam, porque elas estavam conservando com o Mussum da sala. Obviamente, elas nunca mais voltavam a conversar comigo. Eu realmente não sei como consegui suportar esse nível de violência psicológica. Realmente não sei. Essa era provavelmente a mesma situação de outras milhares de crianças negras ao redor de todo o país. Estar naquele lugar no qual não era respeitado por ninguém não permitiu que eu desenvolvesse meu potencial plenamente; era uma situação permanente de tristeza e de vergonha por causa das ações racistas de pessoas brancas acobertadas por todas as outras pessoas brancas que faziam parte daquela instituição. Hoje vejo os altíssimos níveis de evasão escolar de crianças negras e fico pensando nas falas de pessoas brancas que reproduzem a noção de que negros não gostam de estudar. Hoje vejo como o racismo é um sistema de autorregulação social. Pessoas brancas e instituições controladas por pessoas brancas criam e reproduzem as normas para garantir que negros nunca terão nem as mesmas chances nem o mesmo tipo de respeitabilidade que brancos terão.

A situação aqui descrita demonstra como a ausência de comprometimento cultural e institucional com uma cultura democrática baseada na respeitabilidade social prejudica o desenvolvimento emocional dos seres humanos. A estigmatização da identidade pode ser vista como uma violação da dignidade humana porque produz uma série de consequências na vida das pessoas. Podemos citar, entre elas, o isolamento, o que não deveria ocorrer em um lugar que desempenha um papel central para o desenvolvimento das capacidades necessárias para que os indivíduos possam alcançar a autorrealização. O ambiente escolar é o lugar no qual as pessoas deveriam ter as chances de desenvolver habilidades cognitivas, intelectuais, emocionais; é o espaço no qual as pessoas deveriam aprender formas de sociabilidade que serão necessárias nos mais diversos espaços ao longo da vida. O sucesso da aquisição dessas capacidades no ambiente escolar serve como indício de que a pessoa poderá operar nos diferentes espaços sociais de forma competente. Não estamos falando então do direito fundamental; estamos falando de um longo processo por meio do qual o indivíduo adquire os meios para poder funcionar socialmente de modo adequado, um requisito para a afirmação do sujeito como um agente, um dos requisitos, por sua vez, para que os seres humanos possam ter uma existência digna. Assim, mais uma vez, estamos diante de uma situação de injustiça social que impede o gozo de um direito fundamental central para a formação da integridade psíquica do indivíduo.

Observamos, no capítulo anterior, a relevância da noção de livre desenvolvimento da personalidade nos debates sobre direitos fundamentais, análise que mostrou a necessidade de refletirmos sobre o conceito de personalidade. Esse termo tem sido pensado na literatura jurídica como a designação de um atributo dos seres humanos, como uma dimensão da vida humana que merece proteção jurídica por representar a forma como o ser humano se projeta socialmente. Tal proteção implica a existência de um tipo de pertencimento específico, uma forma de status universal que estabelece parâmetros para a ação das instituições estatais, organizações que devem garantir o gozo de uma zona de ação individual que permita a proteção da autonomia individual. Por ser um princípio informador da organização jurídica de uma sociedade democrática, a noção de personalidade indica as características e potencialidades decorrentes da existência dos seres humanos enquanto agentes racionais; eles são atributos essenciais dos indivíduos, sendo então necessários para que eles possam ser reconhecidos como seres dignos. Somos vistos como pessoas, como agentes que operam na realidade a partir do exercício de habilidades racionais que devem ser protegidas pelas normas jurídicas, mas também em função de certas características cujo gozo é visto como necessário para a expressão da personalidade. Desse modo, violações de direitos fundamentais são classificadas como restrições na esfera de ação individual, o que também implica um desrespeito à dignidade humana, conceito centrado na capacidade de determinação individual. Os conceitos de livre desenvolvimento da personalidade e de plano de vida corroboram essa representação tradicional dos seres humanos no discurso jurídico: essas duas noções estão relacionadas com a obrigação estatal de criar condições para que os indivíduos, enquanto agentes racionais, possam tutelar a própria personalidade por meio do exercício de um direito geral de ação. Novamente, a representação dos seres humanos como agentes racionais, pressuposto da teoria liberal dos direitos fundamentais, estabelece os parâmetros para a reflexão sobre essa categoria de direitos. A noção de personalidade, no sentido jurídico, indica, assim, uma instância composta de atributos dos sujeitos que são reconhecidos como membros de uma sociedade juridicamente organizada que deve proteger os meios para que as pessoas possam afirmar aspectos centrais da sua identidade e da intimidade.[224]

---

[224] Cf. SCHREIBER, Anderson. *Direitos da personalidade*. 2. ed. São Paulo: Atlas, 2013. p. 5-31; PINTO. *Direitos de personalidade e direitos fundamentais*. p. 25-32.

Entretanto, a análise das noções de livre desenvolvimento da personalidade e de projeto de vida sugere que essa compreensão da noção de personalidade não apresenta elementos suficientes para entendermos todas as implicações das violações dos direitos fundamentais. Nós não somos apenas seres com uma consciência por meio da qual podemos estabelecer os parâmetros de nossas ações a partir de critérios de racionalidade. Vimos que nossa existência também tem uma dimensão psicológica, instância responsável pela regulação da vida psíquica dos indivíduos. A capacidade de agência racional é apenas um dos aspectos da consciência psicológica, motivo pelo qual violações de direitos fundamentais afetam diferentes dimensões da vida mental das pessoas. Portanto, não podemos restringir o debate sobre desenvolvimento humano a considerações sobre a agência racional como aspecto central da personalidade humana. A consideração de outros fatores se mostra necessária para que possamos apreender a vivência humana na sua inteira realidade. Por esse motivo, este capítulo recorre à psicologia do desenvolvimento, disciplina que nos oferece elementos para entendermos de forma mais ampla dois conceitos que temos discutido até aqui, quais sejam, as noções de *desenvolvimento* e de *personalidade*.

Vimos que direitos fundamentais existem para garantir a expressão e a proteção de aspectos da personalidade dos indivíduos, afirmação que suscita algumas perguntas que precisam ser adequadamente compreendidas. O que exatamente podemos chamar de personalidade? Esse termo designa um atributo abstrato dos seres humanos ou uma dinâmica psíquica resultante de diversas experiências psicológicas? Como a personalidade humana se desenvolve? Que fatores são responsáveis por esse processo? Quais são os padrões determinantes do desenvolvimento cognitivo e emocional dos seres humanos? Ele segue uma lógica ou estágios específicos? Quais são os processos responsáveis pelo aparecimento da agência humana? Que fatores propulsionam ou dificultam esse processo? De que forma normas sociais como direitos fundamentais estão envolvidas no desenvolvimento psicológico dos seres humanos? Eles podem ser vistos como elementos facilitadores da agência humana? Em que momento eles começam a ter esse papel? Os seres humanos nascem com características naturais ou elas são adquiridas ao longo da vida? Quais são os fatores responsáveis pela formação da personalidade dos seres humanos em uma direção ou outra? A formação da personalidade implica o florescimento de características biológicas, de processos mentais, ou é um produto de aprendizagem social? De que maneira violações de direitos fundamentais como o trabalho infantil podem comprometer a formação das habilidades cognitivas, intelectuais e emocionais dos indivíduos?

Este capítulo explora uma série de questões relevantes para o debate sobre as noções de projeto de vida e de livre desenvolvimento da personalidade humana, uma discussão que permanece nebulosa em função da ausência de conhecimento técnico de juristas sobre temas relacionados à psicologia e especialmente à psicologia do desenvolvimento. Certos autores elaboraram discussões filosóficas relevantes para a compreensão desse tema, mas essas perspectivas não oferecem elementos suficientes para a compreensão dos motivos pelos quais violações de direitos fundamentais produzem danos existenciais com repercussões nas diferentes esferas da vida das pessoas, inclusive implicações psicológicas significativas. Assim, para que possamos estabelecer relações diretas entre práticas discriminatórias e estresse emocional, devemos discutir temas centrais dos estudos sobre o desenvolvimento humano. É também necessário explorar os sentidos, as características e as teorias da personalidade humana para que possamos entender a complexidade do comprometimento pessoal que violações de direitos fundamentais produzem na vida das pessoas. Observaremos neste capítulo que elas afetam os processos por meio dos quais os seres humanos se tornam agentes em função do comprometimento da formação da estrutura psíquica dos indivíduos, realidade que tem implicações existenciais significativas. Verificaremos que a discussão sobre esse tema atravessa todas as teorias psicológicas; todas elas oferecem explicações sobre os motivos pelos quais os seres humanos adquirem certos traços que se tornam elementos centrais da sua forma psíquica.

Essa análise interdisciplinar também será relevante para que possamos entender outro tema de extrema relevância para nosso debate sobre direitos fundamentais: a noção de *agência humana*. Diversos autores têm elaborado estudos de extrema relevância para entendermos as formas como os seres humanos desenvolvem a capacidade de reflexão e de planejamento de suas ações. O estudo da psicologia do desenvolvimento e da filosofia da ação oferecerão elementos para que possamos entender de forma mais profunda as relações entre a noção de agência humana e o conceito de autorrealização, um dos propósitos dos direitos fundamentais. Observaremos que as noções de aspirações e capacidades são amplamente marcadas por diversos fatores relacionados com as condições de desenvolvimento humano, considerações relevantes, uma vez que violações de direitos fundamentais poderão criar obstáculos para o florescimento das capacidades humanas e para o estabelecimento de aspirações individuais, o que pode ter um efeito incapacitador em muitas pessoas.

Todos esses tópicos terão importância instrumental para que possamos entender os motivos pelos quais violações de direitos fundamentais produzem estresse emocional, uma vez que elas frustram expectativas de alcance de objetivos e de desempenho de funções que são centrais no desenvolvimento da personalidade humana. Observaremos no capítulo seguinte que o fenômeno do sofrimento psicossocial está amplamente relacionado com fatores que comprometem o desenvolvimento emocional e cognitivos do seres humanos, com práticas institucionais responsáveis pela restrição de exercício da agência humana, pela ausência de condições materiais que permitem a integração social das pessoas, por formas de hierarquia social que restringem a capacitação dos indivíduos e ainda por narrativas culturais responsáveis pela estigmatização de traços da personalidade humana. Esse exercício abrirá os caminhos para a compreensão das várias dimensões da noção de crescimento pessoal, um aspecto central do debate sobre as noções de plano de vida e de livre desenvolvimento da personalidade. Os seres humanos são entes que buscam oportunidades para promover o crescimento pessoal, objetivo que pode ser alcançado a partir da construção de uma identidade que as pessoas utilizam para interpretar e planejar a vida em uma direção ou outra. Uma vida digna de ser vivida é aquela na qual as pessoas encontram os meios para desenvolver um processo permanente de autoatualização, um processo no qual o *eu* pode sempre encontrar meios para progredir, o que implica a possibilidade de desenvolvimento de suas potencialidades e o alcance de suas aspirações.[225]

Este capítulo elabora então um tópico relevante da nossa teoria psicológica dos direitos fundamentais: a estruturação psíquica dos seres humanos a partir de considerações dos processos responsáveis pelo desenvolvimento humano nas suas diferentes dimensões. Faremos aqui uma análise de diferentes aspectos da noção de personalidade a partir de teorias psicológicas, conhecimento necessário para entendermos como violações de direitos fundamentais podem afetar o processo de integração psicológica dos seres humanos. Um estudo dessa natureza nos permitirá compreender a complexidade da noção de dano existencial, o que engloba também danos à estruturação e à preservação da nossa vida psíquica. Veremos que violações de direitos fundamentais não podem ser concebidas especialmente como restrições de um direito geral de ação, porque elas afetam a compreensão que as pessoas têm de si mesmas. Esse problema se expressa na forma como elas se representam para si mesmas e na percepção que elas têm de poder operar na realidade de forma competente, o que decorre da formação de um senso de eficácia pessoal. O desenvolvimento da percepção

---

[225] BAUER, Jack J. *The Transformative Self: Personal Growth, Narrative Identity, and Good Life*. Oxford: Oxford University Press, 2021. p. 10-11.

de que as pessoas são agentes sociais eficazes decorre da possibilidade real que elas têm de desenvolver suas potencialidades, processo que se realiza ao longo da vida dos seres humanos.

Psicologia do desenvolvimento: definição, temas, teorias

Estudos sobre o que convencionalmente chamamos de desenvolvimento humano estão voltados para a identificação e a análise da constância e da progressão dos processos de mudanças pelas quais os seres humanos passam ao longo da vida. Eles englobam uma série de pesquisas sobre os padrões de transformação de certos aspectos psíquicos e biológicos que afetam o comportamento humano, e essas pesquisas estão interessadas em analisar a dinâmica presente nos diversos estágios de desenvolvimento. Os referidos processos se tornam cada vez mais complexos, criando os meios para que as pessoas possam adequar seus comportamentos nas fases seguintes da vida. Estamos então diante de transformações que ocorrem ao longo do tempo e que têm uma direção específica, uma vez que sua crescente complexidade permite um planejamento da ação correspondente às questões que as pessoas enfrentam nos diversos estágios de seu desenvolvimento. Assim, a cognição, a emoção, a inteligência, a moralidade, a sexualidade são dimensões do comportamento humano que conhecem uma evolução na medida em que as pessoas passam por processos de crescimento e de maturação. Podemos observar, então, que a noção de desenvolvimento está amplamente relacionada com a ideia de estágios ou fases, uma vez que é possível identificar os meios pelos quais processos biológicos e psíquicos equipam as pessoas para desenvolverem habilidades mais complexas do que aquelas presentes no período anterior, e elas criarão os meios para um nível de aprimoramento ainda maior no estágio seguinte. As pesquisas sobre o desenvolvimento humano estão baseadas no fato de que as pessoas possuem uma capacidade simbólica que se torna mais sofisticada à medida que elas crescem; tal capacidade permite a atribuição de sentidos e propósitos para nossas ações, porque nossos atos adquirem sentido em função da sua imersão em uma cultura que estabelece referências culturais para que possamos dar sentidos aos nossos atos na medida em que nossa inserção social exige formas de comportamento cada vez mais complexas.[226]

Teorias sobre desenvolvimento psicológico oferecem explicações para a origem, a transformação e as funções do comportamento humano e da atividade

---

[226] NEWMAN, Barbara; NEWMAN, Philip. *Theories of Human Development*. New York: Routledge, 2015. p. 4-5.

mental ao longo do tempo, para que possamos compreender como elas progridem e como são utilizadas para a formação de um conjunto de traços e de disposições que as pessoas chamam de personalidade. Podemos identificar alguns aspectos e propósitos centrais dessas teorias, explicações relevantes para entendermos o impacto das transformações mentais e comportamentais dos seres humanos. Elas partem do pressuposto de que o desenvolvimento humano não ocorre de maneira aleatória, mas segue uma direção específica que pode ser identificada pela existência de fases nas quais processos mentais e tipos de comportamento são desenvolvidos. O conhecimento desses padrões nos permite identificar as condições ideais para o desenvolvimento humano, os tipos de habilidade e de maturidade que podemos esperar de pessoas que se encontram em uma etapa específica da vida, o que inclui aspectos físicos, emocionais e cognitivos. A análise de uma situação ideal em que as pessoas devem estar em certas fases do desenvolvimento oferece elementos para examinarmos as condições que podem promover a maturação dos indivíduos e aquelas que podem comprometer esse processo. Vemos então que o processo de desenvolvimento humano está amplamente relacionado com a realidade social na qual a pessoa está inserida, uma vez que a aquisição e a transformação de habilidades emocionais e cognitivas são influenciadas por condições materiais da existência.[227]

Especialistas também estão interessados no exame dos mecanismos mentais e comportamentais responsáveis pelo crescimento e pela maturação dos indivíduos. Investigar os processos responsáveis por mudanças sistêmicas nas pessoas nos diferentes estágios da vida é um tópico central desse campo de pesquisa. As respostas variam de uma teoria para outra; enquanto algumas privilegiam aspectos biológicos, outras enfatizam a relevância da aprendizagem social; enquanto algumas demonstram a importância dos papéis sociais na modelação do comportamento, outros observam a relevância do impacto da maturação dos processos cognitivos na formação dos seres humanos como agentes. Muitas delas enfatizam o papel das primeiras experiências no desenvolvimento, estudos que demonstram como a plasticidade da mente humana permite a aquisição de capacidades cognitivas, como experiências emocionais negativas afetam a direção do desenvolvimento emocional e cognitivo. Tendo em vista essa realidade, certos teóricos enfatizam a relevância do contexto social no qual vivemos, afirmando que o desenvolvimento da identidade individual decorre do conjunto de experiências que uma pessoa enfrenta nos ambientes sociais nos

---

[227] NEWMAN, Barbara; NEWMAN, Philip. *Theories of Human Development*. New York: Routledge, 2015. p. 10.

quais ela vive. Embora nem todos os aspectos dos contextos nos quais as pessoas vivem impactem o desenvolvimento humano, elementos culturais e condições materiais influenciam nossa maturação, em função do seu impacto naqueles indivíduos responsáveis pelos cuidados com a criança. Mais do que isso, a cultura oferece uma perspectiva de mundo que forma os padrões que guiam nossas ações morais, bem como a forma como compreendem a nós mesmos.[228]

Especialistas reconhecem então que o desenvolvimento humano deve ser visto como o resultado de processos de natureza biológica, de natureza psicológica e de natureza social. A possibilidade de um desenvolvimento ideal está relacionada com as disposições genéticas, mas também com a influência de fatores psicológicos e sociológicos na vida dos indivíduos. Experiências psicológicas desempenham um papel central na nossa formação enquanto agentes, uma vez que o processo de maturação decorre do desenvolvimento de emoções, de percepções, de pensamento e da memória, todos eles relacionados com o tipo de inserção social dos indivíduos. A inserção social tem papel igualmente relevante, pois dela depende o tipo de suporte que as pessoas terão para florescer suas habilidades cognitivas e motoras, para aperfeiçoar os parâmetros de relações interpessoais, para ter as condições materiais para desenvolver diferentes tipos de habilidades necessárias para que o processo de maturação ocorra. Essa pluralidade de fatores cria os meios para que as pessoas possam se afirmar como sujeitos conscientes que possuem uma natureza reflexiva e que também estabelecem propósitos para suas ações. Vemos então que a possibilidade de as pessoas instituírem planos de vida está amplamente relacionada com as condições ótimas que elas precisam encontrar nas várias etapas da vida, o que inclui aspectos anteriormente mencionados. Uma vez adquiridas, essas condições permitem que as pessoas estejam em um constante processo de avaliação e reavaliação dos seus propósitos, na medida em que são capazes ou não de alcançar seus objetivos.[229]

É importante então reconhecer que a socialização é um aspecto central do desenvolvimento humano, uma vez que dela dependem os processos de estabilidade das relações humanas de uma geração para outra. Ela permite que os indivíduos formulem parâmetros para suas ações, mas também cria os meios

---

[228] NEWMAN, Barbara; NEWMAN, Philip. *Theories of Human Development*. New York: Routledge, 2015. p. 10-11.

[229] Cf. NEWMAN, Barbara; NEWMAN, Philip. *Theories of Human Development*. New York: Routledge, 2015. p. 14-15; BANDURA, Albert. Self-reinforcement: Theoretical and Methodological Considerations. *Behaviorism*, v. 4, n. 2, p. 135-155, 1976.

para que eles possam transformar sentidos culturais e práticas institucionais considerados necessários para que as pessoas possam ter condições ideais para o desenvolvimento. Por ser um processo que ocorre ao longo de toda a vida, a socialização apresenta condições positivas ou negativas para o florescimento de mecanismos necessários para o desenvolvimento dos seres humanos; condições políticas e culturais podem causar alterações significativas na forma como as pessoas são socializadas. A socialização ocorre em uma variedade de contextos, começando na família e se alargando à medida que os círculos de relação dos indivíduos se tornam mais variados, à medida que eles formam padrões identificatórios específicos que os fazem procurar interações sociais com grupos com os quais eles possuem afinidades e experiências em comum. Ela também será influenciada pelos estágios de desenvolvimento nos quais as pessoas se encontram, motivo pelo qual questões como raça, classe e gênero terão papel e sentidos distintos nos diferentes estágios da vida. Se as pessoas heterossexuais procuram formar círculos de amizade que giram em torno do mesmo gênero na adolescência, uma vez que eles estão procurando afirmar a identidade masculina em oposição à feminina, as relações com o outro gênero adquirem novas conotações na vida adulta, fase na qual as pessoas estão à procura da criação de relações de intimidade. Assim, a socialização desempenha um papel central na formação da personalidade dos indivíduos, porque estabelecerá referências para o comportamento rotineiro dos indivíduos. Ela implica uma constante experiência de interações sociais com diferentes pessoas e com diferentes grupos; os sentidos dessas experiências dependem em grande parte das experiências que os indivíduos tiveram ao longo da vida. Elas determinarão as formas como eles vão interpretá-las, e os impactos que elas terão serão distintos em função da variação existente entre as pessoas.[230]

Isso significa que o desenvolvimento humano está amplamente marcado pelas interações sociais, uma vez que elas instituirão sentidos por meio dos quais as pessoas construirão conteúdos relevantes para a operação de categorias cognitivas. Mais do que elementos que estabelecem parâmetros a partir dos quais as pessoas atuam, as interações sociais trazem para o indivíduo referências identificatórias, o que constitui outro fator central no processo de desenvolvimento humano. A formação da personalidade está amplamente baseada na forma como referenciais identificatórios adquiridos no processo de socialização

---

[230] BERNSTEIN, Marc *et al.* Theories and Processes of Life-span Socialization. *In*: FINGERMAN, Karen L. *et al.* (ed.). *Handbook of Life-span Development.* New York: Springer, 2011. p. 27-33.

operam como uma medida para as pessoas compreenderem a realidade e o lugar delas na realidade. Assim, categorias como raça e gênero são meios a partir dos quais as pessoas estabelecem uma série de modelos de ação em relação a si mesmas e em relação ao outro, na medida em que tais categorias se tornam também aspectos constitutivos da identidade. O tipo de relações que os indivíduos tiveram com agentes sociais como pais ou professores determina em grande parte a forma como eles se percebem. Elas conduzirão suas experiências em uma direção ou outra, e aspectos como classe social também têm grande impacto na forma como pais orientam seus filhos nas diferentes fases da vida, especialmente na infância. É importante dizer que as pessoas têm um papel ativo no processo de socialização nas diferentes fases da vida, uma vez que adquirem novas habilidades e novas competências em cada estágio da vida; os seres humanos estão sempre atuando a partir de sentidos internalizados, os quais serão utilizados para guiar suas ações nas várias situações nas quais as pessoas estão inseridas.[231]

O desenvolvimento humano é acompanhado de uma série de expectativas sobre o comportamento dos indivíduos nos diferentes estágios da vida; cada estágio equipa as pessoas para poderem desempenhar funções tidas como apropriadas para a idade na qual elas se encontram. As assim chamadas *tarefas do desenvolvimento* designam, então, as capacidades que os indivíduos devem alcançar para poderem desempenhar funções compatíveis com a idade na qual eles se encontram. Tendo origem na noção de adaptação proposta por teorias da evolução humana, o conceito de tarefas de desenvolvimento designa a correlação entre as capacidades que as pessoas adquirem ao longo da vida e as expectativas sociais sobre o que as pessoas poderiam fazer no estágio no qual elas se encontram. Parte-se do pressuposto de que as pessoas, por estarem em certo estágio da vida, adquiriram competências que as habilitam a desempenhar certas funções. Elas variam de complexidade e de relevância dependendo da idade. Algumas dessas tarefas são universais, enquanto outras são culturalmente específicas. Assim, as sociedades humanas atuais esperam que crianças estejam na escola e que tenham certo nível de desempenho, esperam que adultos jovens tenham as habilidades profissionais necessárias para ingressar no mercado de trabalho, condição para que possam ser economicamente responsáveis por si mesmos. Tarefas de desenvolvimento como essa requerem o domínio de diferentes esferas do comportamento humano e o domínio de diversas habilidades, tais como capacidade cognitiva, controle

---

[231] BERNSTEIN *et al.* Theories and Processes of Life-span Socialization, p. 36-37.

emocional, resiliência psíquica. Elas são produto de um processo cada vez mais específico de diferenciação de esferas e de atividades da vida das pessoas, uma vez que adultos adquirem responsabilidades que exigem o desempenho de várias funções na vida pública e na vida privada.[232]

Em função do debate desenvolvido neste livro, é importante que entendamos a relevância da discussão sobre as condições ideais de desenvolvimento, sobre os processos que permitem que as pessoas sejam bem-sucedidas em aprimorar suas habilidades para poderem alcançar seus objetivos ao longo da vida. Mais do que o alcance de propósitos que trazem recompensas de diferentes tipos para os indivíduos, a noção de desenvolvimento significa também sucesso. Sucesso no sentido aqui discutido significa o desenvolvimento de capacidades para enfrentar dificuldades que podem surgir na vida cotidiana. Todos os seres humanos enfrentam obstáculos na vida, todos eles precisam encarar desafios decorrentes do amadurecimento e das expectativas sociais surgidas nos estágios da vida no qual eles se encontram. Eles alcançarão sucesso nesses processos se conseguirem desenvolver capacidades cognitivas e estratégias emocionais para examinar a situação, analisar sua complexidade, encontrar meios para resolver os problemas e a segurança emocional para elaborar soluções para essas questões. Os diferentes estágios do desenvolvimento exigem a formação de novos tipos de agência individual, o que permitirá aos indivíduos adquirir um sentimento de eficácia pessoal com base em sua capacidade de compreender e operar na realidade de forma que possam resolver vários tipos de desafio. A busca pela realização de objetivos pessoais está amplamente conectada com o surgimento do sentimento de autoeficácia dos indivíduos, capacidade que as pessoas desenvolvem em função das experiências e das condições que tiveram para aprimorar certas capacidades. Dessa forma, a possibilidade de uma boa vida decorre da segurança psíquica dos indivíduos para estabelecer estratégias a fim de resolver novos desafios e alcançar os objetivos que eles criam para si mesmos. Uma capacidade maior de autoeficácia promoverá maiores níveis de satisfação pessoal; um menor sentimento de autoeficácia promoverá maiores níveis de frustração individual.[233]

---

[232] McCORMICK, Christopher M.; KUO, Sally I-Chun; MASTEN, Ann S. Developmental Tasks Across the Life Spam. *In*: FINGERMAN, Karen L. *et al.* (ed.). *Handbook of Life-span Development*. New York: Springer, 2011. p. 117-140.

[233] LANG, Frieder; ROHR, Margund K.; WILLIGER, Bettina. Modeling Success in Life-span Psychology: The Principles of Selection, Optimization, and Compensation.

Vimos que o desenvolvimento humano ocorre por meio de fases nas quais diferentes mecanismos promovem a maturação e o crescimento, e fatores internos e externos são responsáveis pelo estabelecimento de uma direção específica. Crescimento e maturação começam a direcionar o desenvolvimento humano desde a gestação, momento no qual ocorre a formação da estrutura física do corpo humano, produto determinado por herança genética e por respostas do organismo a estimulações externas. Essas influências desempenham um papel central nos primeiros anos de vida, momento no qual as pessoas desenvolvem habilidades cognitivas e motoras básicas para poderem interagir no mundo no social. Se o crescimento físico permite que as crianças sejam cada vez mais capazes de ter controle sobre o próprio corpo e a partir disso explorar o mundo, o desenvolvimento cognitivo permite que elas desenvolvam a consciência de individualidade, de comunicação com outras pessoas e de controle emocional. À medida que o controle sobre o corpo aumenta, crianças desenvolvem um esquema corporal mais aperfeiçoado, o que possibilita também o engajamento em outros processos de aprendizado e de socialização, uma vez que isso ocorre ao longo do avanço da capacidade cognitiva. Esse aspecto tem importância central na aquisição de julgamento moral dos seres humanos, na medida em que permite elaborar raciocínios lógicos cada vez mais complexos. Essas qualidades serão relevantes para a adolescência, estágio de transformações significativas. O crescimento corporal produz o florescimento da sexualidade, embora não seja necessariamente acompanhado de plena maturidade afetiva e cognitiva. A motivação para a afirmação da identidade e para a diferenciação em relação aos pais se torna evidente; as pessoas da própria idade se tornam referências comportamentais mais relevantes. A vida adulta é marcada pelo fim do crescimento físico, embora processos de maturação emocional ocorram ao longo de todo esse estágio.[234]

A estabilidade da identidade e a cristalização de interesses determinam decisões importantes na vida dos indivíduos, tais como a escolha de atividades profissionais e a afirmação da orientação sexual e da identidade de gênero. As pessoas almejam a formação de vínculos afetivos e sexuais duradouros, buscam independência financeira por meio de atividades profissionais, começam a pensar na possibilidade de formação de laços familiares. Ambições profissionais

---

In: FINGERMAN, Karen L. *et al.* (ed.). *Handbook of Life-span Development*. New York: Springer, 2011. p. 57-77.

[234] XAVIER, Alessandra Silva; LIMA, Ana Ignez Belém. *Psicologia do desenvolvimento*. 4. ed. Fortaleza. Editora da UECE, 2015. p. 36-47.

se tornam cada vez mais presentes à medida que o tempo passa, e a realização nesse campo bem como na vida afetiva se torna parâmetro de realização pessoal em quase todas as sociedades. Esses fatores são responsáveis por um movimento contínuo das pessoas de busca por entendimento sobre si mesmas, momento no qual elas chegam a um ponto de máximo desenvolvimento de suas habilidades emocionais e intelectuais. Esse alcance será relevante especialmente em função do desempenho do papel de maternidade e de paternidade, atividades que exigirão alto nível de desenvolvimento emocional. Os últimos estágios da vida humana são marcados por um processo de decadência física, o que também ocorre com algumas funções cognitivas. Novos ajustes de vida se tornam necessários à medida que as pessoas abandonam a vida profissional, começam a perder referências afetivas importantes e problemas com a saúde se tornam mais frequentes.[235]

As dimensões do desenvolvimento humano

Essa análise das diferentes fases do desenvolvimento humano nos mostra algo especialmente importante: o seu caráter multidimensional. Ele não pode ser resumido às noções de crescimento e maturação, pois envolve transformações que ocorrem em uma pluralidade de dimensões da vida humana. Falamos então de desenvolvimento físico, expressão que descreve o processo de crescimento e maturação do corpo humano; falamos em desenvolvimento cognitivo quando nos referimos às mudanças responsáveis pela maturação do pensamento e dos processos mentais a partir dos quais apreendemos e processamos informações; falamos de desenvolvimento socioemocional para nos referirmos às formas como ocorrem mudanças na personalidade dos indivíduos, os processos responsáveis pela afirmação e pela integração da identidade, a aquisição de controle emocional nas diferentes situações da vida. Todas essas dimensões estão conectadas, uma vez que têm importância instrumental para as outras ao longo da vida. O desenvolvimento humano também tem um caráter multidirecional, uma vez que ocorre em várias direções, pois processos distintos e convergentes estão nele implicados. Certas habilidades são paulatinamente substituídas por outras, algumas delas avançam e depois encontram uma fase de declínio, outras podem ser maximizadas em certas condições e suprimidas em outras. É também importante ter em mente que o desenvolvimento tem uma natureza plástica,

---

[235] KUTLER, Tara L. *Lifespan Development in Context. A Topical Approach.* Los Angeles: Sage, 2019. p. 4-5.

e isso significa que é maleável e modificável. Essa característica permite que as pessoas modifiquem seus traços de personalidade, a capacidade de compreensão e formas de comportamento. Essa possibilidade diminui à medida que o tempo passa, mas permanece aberta durante grande parte da vida. Não podemos esquecer ainda que o desenvolvimento é produto do contexto social no qual a pessoa está inserida. Vários fatores estão aqui incluídos, desde o contato com diferentes agentes e processos de socialização, o momento histórico no qual as pessoas vivem, suas condições econômicas, as particularidades culturais nas quais estão inseridas.[236]

O desenvolvimento cognitivo dos seres humanos segue uma lógica bastante específica: as habilidades adquiridas em uma fase criam os meios para o desenvolvimento de outras habilidades da fase seguinte. Os seres humanos nascem com capacidades rudimentares de percepção que formam esquemas mentais, e elas serão aprimoradas com o passar do tempo. Isso ocorrerá por meio de um processo de assimilação, situação na qual novas experiências são integradas a um esquema existente, o que permitirá o conhecimento de um novo objeto ou o processamento de uma nova experiência. A acomodação também impulsiona o desenvolvimento cognitivo, na medida em que a presença constante de novas experiências estimula a modificação dos esquemas construídos para a compreensão da realidade social. Novas experiências promovem um desequilíbrio dos esquemas mentais, o que motiva a sua reconstrução. Ao lado dos mecanismos de acomodação e assimilação está o desenvolvimento de capacidades cognitivas que ampliam a sofisticação de nossos esquemas mentais, produto de processo de maturação por meio do qual as pessoas adquirem a capacidade de raciocínio operacional, condição para a análise de situações hipotéticas e raciocínio abstrato. A chegada à adolescência marca o momento no qual a capacidade de raciocínio abstrato e lógico permite a utilização de conhecimento sistemático da realidade e possibilita a reflexão sobre situações presentes e futuras, habilidades necessárias para orientação das pessoas no mundo.[237]

Como ocorre com as capacidades cognitivas, os seres humanos nascem com algumas emoções básicas, e o surgimento paulatino de uma consciência individualizada ocorrerá paralelamente ao desenvolvimento das capacidades cognitivas. As emoções, enquanto expressão de uma experiência individualizada, começam a surgir de forma mais sistemática em torno do segundo ano

---

[236] KUTLER. *Lifespan Development in Context. A Topical Approach*, p. 5-8.

[237] NEWMAN, Barbara; NEWMAN, Philip R. *Theories of Human Development*. New York: Routledge, 2023. p. 123-174.

de vida, estágio no qual crianças também começam a desenvolver parâmetros para a regulação de suas emoções por meio da socialização. O papel dos agentes de socialização adquire relevância especial na regulação das emoções, o que também está relacionado com o estágio de desenvolvimento cognitivo das pessoas. O reconhecimento dos estados emocionais de outras pessoas tem um papel importante nesse processo, habilidade que começa a ser formada ainda no primeiro ano de vida e que se torna uma referência importante na socialização. Agentes de socialização dirão para as crianças os sentidos das emoções, as formas de expressão de emoção, as emoções que podem ser expressas em público; eles ensinarão a atribuir valores às emoções, e as referências culturais motivarão as pessoas a reprimirem muitas delas. O domínio da língua tem função significativa na regulação das emoções, porque esses estados mentais são socialmente codificados de formas distintas. A regulação das emoções é uma capacidade importante na socialização das pessoas, uma vez que estas precisam reconhecer quais daquelas podem ser expressas nas diversas situações sociais. É importante observar ainda que a regulação das emoções também influencia a experiência social, porque institui valores a partir dos quais o indivíduo desenvolve um senso de identidade. A formação de um senso positivo de identidade será relevante para o desenvolvimento de resiliência emocional, algo importante no enfrentamento das diversas adversidades que as pessoas enfrentam na vida. A experiência constante de emoções positivas cria os meios para a integridade psíquica, enquanto adversidades constantes produz estresse emocional constante para os indivíduos, razão de sofrimento psíquico.[238]

Tendo em vista a natureza multidimensional e multidirecional dos indivíduos, não podemos deixar de observar alguns aspectos do seu desenvolvimento moral. Ele também está diretamente relacionado com os aspectos antes mencionados e, da mesma forma que os anteriores, ele se desenvolve em estágios. Questões morais começam a surgir quando crianças precisam tomar decisões sobre parâmetros para suas ações, o que exige uma valoração da situação, o que, por sua vez, ocorrerá de acordo com o estágio de desenvolvimento cognitivo no qual as pessoas se encontram. As crianças levarão em consideração seus interesses nos primeiros anos de vida, uma vez que elas ainda não desenvolveram a habilidade de tomar os interesses do outro em consideração. A moralidade atinge novo patamar de desenvolvimento quando os seres humanos atingem a capacidade de realizar operações simbólicas, o que decorre por meio do desenvolvimento da linguagem. Aparece nesse momento a noção de que seus comportamentos

---

[238] KUTLER. *Lifespan Development in Context. A Topical Approach*, p. 350-385.

devem ser pautados a partir de regras que se aplicam a todas as pessoas, condição para que também comecemos a considerar os interesses dos outros. Esse é um estágio no qual o sentimento de empatia começa a guiar as ações das pessoas; elas vão tomar decisões baseadas na valoração da situação na qual as pessoas se encontram. A entrada na fase de raciocínio abstrato permite o conhecimento adequado da necessidade de universalidade de normas, da consideração dos valores morais que devem regular comportamentos e emoções, de consideração de situações hipotéticas que devem pautar nosso comportamento, de noções mais sofisticadas de justiça. O desenvolvimento moral chega a um estágio mais amplo de desenvolvimento na vida adulta, com a ampliação das oportunidades de conhecimento dos diversos processos de organização social e da elaboração pessoal de como a sociedade deveria ser organizada, forma de pensamento que acompanhará o desenvolvimento moral das pessoas ao longo da vida adulta.[239]

Observamos que o desenvolvimento tem um caráter multidimensional, o que permite a busca de vários propósitos ao longo da vida, em função do florescimento e da afirmação de habilidades emocionais e cognitivas. *Um deles é o alcance do controle sobre aspectos do ambiente no qual as pessoas vivem e a organização do comportamento em torno de propósitos que orientam suas ações.* A luta pelo controle sobre aspectos básicos dos ambientes nos quais as pessoas vivem tem um papel relevante no processo de desenvolvimento da motivação dos seres humanos, uma vez que as tarefas que eles estabelecem para alcançar esse objetivo também estabelecem orientações gerais para o desenvolvimento e o comportamento individual. A realização de propósitos estabelecidos, além de produzir satisfação para as pessoas, também opera como um fator organizador do comportamento, o que funciona como parâmetros para o controle da ação dos indivíduos em uma pluralidade de situações. *Os seres humanos são motivados não apenas por terem controle dos efeitos de suas ações nos ambientes nos quais eles vivem, mas também porque antecipam uma avaliação positiva por alcançarem objetivos estabelecido*s. O processo de realização das finalidades que os indivíduos estabelecem para si mesmos reforça a imagem positiva que as pessoas têm de si mesmas, fortalece a percepção de que elas podem atuar de forma competente no espaço social, resultados positivos que organizam o comportamento individual, ao criarem a confiança no fato de que atingirão as finalidades estabelecidas. *A luta por controle e pela afirmação da condição de agente são dois elementos de um mecanismo presente ao longo de todos os estágios de desenvolvimento humano: ciclos de ação de engajamento de objetivos, o que começa com a seleção de um propósito,*

---

[239] KUTLER. *Lifespan Development in Context. A Topical Approach*, p. 429-464.

as estratégias para sua realização, a operacionalização destas e a avaliação dos resultados da efetividade das ações. Vários outros aspectos da vida mental são mobilizados durante a busca por controle de aspectos do ambiente no qual as pessoas vivem, como percepções, pensamentos, emoções e habilidades. Isso significa que a possibilidade de as pessoas atingirem propósitos por meio do domínio sobre elementos básicos para o alcance de seus objetivos está relacionada com o processo geral de crescimento e maturação que elas adquiriram ao longo do processo de desenvolvimento. A possibilidade de exercer influência no ambiente por meio do comportamento molda a percepção das pessoas sobre si mesmas, uma vez que os resultados podem reforçar o sentimento de competência ou sugerir para a pessoa que os resultados de seus atos estão fora de seu controle, o que pode gerar um abandono de expectativas positivas.[240]

É importante observar que o impulso humano por controle sobre o ambiente começa a ser cultivado desde os primeiros meses de vida, momento no qual esse processo será baseado na ajuda do outro. Os estágios posteriores serão marcados por um nível cada vez maior de autonomia individual na busca desse propósito, uma vez que o indivíduo aperfeiçoou duas habilidades. Os seres humanos desenvolvem a noção de que podem ter controle sobre fatores externos porque as pessoas responsáveis pelos primeiros cuidados respondem às suas demandas de cuidados básicos, primeira evidência de que certos atos podem ter consequências. Os responsáveis pelos cuidados das crianças nos primeiros anos de vida operam como facilitadores de comportamentos exploratórios, pois estabelecem parâmetros para as ações e para a significação destas para as crianças. Os cuidadores também propõem objetivos para as crianças destinados ao desenvolvimento e ao aprimoramento de suas habilidades, o que lhes proporciona meios cada vez mais sofisticados para poder exercer influência sobre o espaço no qual elas vivem. Os processos de maturação e crescimento proporcionarão condições mais sofisticadas para o estabelecimento de propósitos individuais como também os meios para que a ação das pessoas possa ser mais eficaz. Assim, as habilidades adquiridas ao longo das fases de desenvolvimento criam as condições para que as pessoas elaborem estratégias cada vez mais efetivas de controle, o que permite a percepção de competência individual.[241]

---

[240] HECKHAUSEN, Jutta. Agency and Control Striving Across the Life Span. *In*: FINGERMAN, Karen L. *et al.* (ed.). *Handbook of Life-span Development.* New York: Springer, 2011. p. 183-184.

[241] HECKHAUSEN. Agency and Control Striving Across the Life Span, p. 184-187.

Essas considerações revelam a importância do aspecto social dos processos envolvidos no desenvolvimento humano: as pessoas adquirem competência social a partir das condições materiais e das interações sociais. A noção de *competência social* designa a capacidade de os indivíduos responderem de forma flexível e apropriada aos desafios que eles enfrentam nas diferentes esferas e nos diferentes momentos da vida. Ela se mostra relevante porque as pessoas orientam seus comportamentos e formulam expectativas sobre comportamentos futuros, motivo pelo qual elas precisam adquirir controle emocional para poder responder de forma apropriada às situações nas quais elas se encontram. Esse termo faz referência a outros fatores, como a capacidade de comunicação, de expressão adequada de seus propósitos, de estabelecimento de objetivos de natureza coletiva. Ele aponta ainda para a capacidade de os seres humanos terem o conhecimento e a motivação para atingir objetivos estabelecidos. Esse termo implica a capacidade de articulação de habilidades cognitivas e emocionais e estados mentais que permitem uma operação adequada no mundo por meio das interações sociais. A aquisição e o desenvolvimentos desses fatores estão amplamente relacionados com as características da relação entre a criança e seus cuidadores, uma vez que eles lhe ensinam que a realidade social tem um nível de estabilidade e confiança que permite a orientação dos comportamentos e que reconhece as pessoas como iguais. A competência social implica a percepção de que as interações humanas obedecem a certos padrões valorativos que serão observados pelas pessoas nas suas diversas relações. As interações sociais ocorrem em um quadro representacional a partir do qual as pessoas observam elementos para suas ações e falas.[242]

Devemos ter em mente que o crescimento ocorre em diferentes níveis. Esse termo significa um processo por meio do qual os indivíduos desenvolvem habilidades necessárias para sua operação como agente, sejam elas motoras, cognitivas, emocionais ou morais. O conceito de crescimento carrega outro sentido especialmente importante para nossa argumentação: ele significa, também, os mecanismos por meio dos quais as pessoas se transformam a partir de novos modos de ser, possibilidade existente ao longo de toda a vida. Crescimento também significa um percurso que seguimos para alcançar níveis maiores e mais sofisticados de agência à medida que o tempo passa. O nosso eu psicológico possui uma natureza transformativa em função das possibilidades que temos ou deveríamos ter de alcançar níveis cada vez mais sofisticados de aquisição de

---

[242] SEMRUD-CLIKEMAN, Margaret. *Social Competence in Children*. New York: Springer, 2007. p. 1-5.

habilidades que poderão conduzir a níveis superiores de bem-estar pessoal. O crescimento humano é marcado pela ambição de aquisição de novas habilidades que podem levar a novas experiências, que podem expandir experiências e possibilidades de vida, motivo pelo qual, mais uma vez, devemos ver esse conceito também a partir do seu potencial transformador. Embora as pessoas tenham objetivos distintos com a busca desses níveis mais sofisticados com o aperfeiçoamento de suas habilidades, elas estão sempre procurando atingir níveis ainda maiores de bem-estar por meio do aprimoramento da sua capacidade de agente. Cada nova tarefa de desenvolvimento implica a aquisição de novas capacidades para a vida pessoal. O eu psicológico também tem uma natureza transformadora porque está voltado para a promoção de novas formas de ser e de estar no mundo, o que leva à formação de outros meios de compreensão de si mesmo. Assim, o eu psicológico também pode ter uma natureza transformadora porque pode se constituir como um modelo de orientação de como o indivíduo pode atingir novas formas de crescimento pessoal.[243]

O conceito de crescimento pessoal deve ser entendido aqui a partir de uma perspectiva específica. No espaço desta discussão, crescimento pessoal significa desenvolvimento individualmente relevante, relevante significando a forma como um processo contribui para que o indivíduo se torne um agente mais capaz. Estamos diante de algo que expressa os meios a partir dos quais o indivíduo valoriza o amadurecimento em sua vida, o que pode ser intencional ou decorrente de experiências universais de desenvolvimento. Mais do que um mero estado de satisfação, o crescimento, no sentido aqui definido, significa um conjunto de valores e estados que orienta as ações do indivíduo em direção a determinado estágio de desenvolvimento que pode contribuir para a construção de uma vida boa, de uma existência mais dignificada. Esse objetivo pode ser alcançado quando o indivíduo encontra os meios para poder ser mais autônomo, para que possa ter níveis cada vez maiores de capacidade para atingir objetivos que podem fazer com que ele se aprimore ainda mais. *Isso significa que o livre desenvolvimento da personalidade humana corresponde a um processo a partir do qual o indivíduo passa por uma série de transformações que o equipam para poder estar em um movimento constante de atualização e aprimoramento de habilidades necessárias para que ele possa gozar de uma vida gratificante.* O alcance desse objetivo se torna possível na medida em que o indivíduo passa por uma série de processos que permitem o crescimento pessoal. Embora os

---

[243] BAUER. *The Transformative Self. Personal Growth, Narrative Identity, and Good Life*, p. 5-8.

objetivos possam variar, uma boa vida significa um estágio ao qual a pessoa conseguiu chegar por meio do desenvolvimento de capacidades que permitem o exercício cada vez mais elevado de agência humana. Uma boa vida implica o gozo de certos estados emocionais e físicos e a existência de um processo por meio do qual o sujeito está apto a se desenvolver cada vez mais para se afirmar como um agente.[244]

As reflexões anteriores demonstram que os seres humanos conseguem se afirmar como agentes quando sua vida segue algumas direções específicas. O desenvolvimento humano ocorre em diferentes dimensões e em diferentes direções, motivo pelo qual os seres humanos precisam estar em certas circunstâncias para que tenham as chances de desenvolver suas várias habilidades. A exclusão social causada pela pobreza e pelo racismo impede que eles possam desenvolver uma série de habilidades que depois serão requisitos para o alcance de objetivos futuros. Isso inclui segurança afetiva, habilidades intelectuais, capacidades cognitivas e competências sociais. A ausência de condições ideais promovidas pela falta de oportunidades sociais institui obstáculos para pessoas negras instituírem planos e possibilidades de ação para suas vidas, uma vez que a ausência das qualidades anteriormente referidas já restringe a gama de atividades a que elas podem aspirar por não estarem preparadas para elas. É importante mencionar que os problemas decorrentes dessa realidade se articulam para promover a exclusão, uma vez que os indivíduos estão bastante cientes de que têm chances menores de competição por oportunidades, o que produz estresse emocional e emoções negativas. Estamos então diante de outro exemplo de como diferenciações de status produzem desvantagens que podem perdurar ao longo do tempo, a menos que ações individuais, coletivas ou institucionais sejam tomadas. Crianças negras submetidas a formas constantes de humilhação na escola podem ser convencidas de que nunca terão qualquer tipo de respeitabilidade social, motivo pelo qual muitas delas podem querer se afastar de um lugar que tem importância central para o desenvolvimento de suas habilidades.

A personalidade: conceitos e dimensões

Reflexões sobre a noção de pessoa sempre fizeram parte da tradição filosófica e jurídica ocidental. Esse conceito tem sido examinado por vários pensadores que se debruçam sobre questões existenciais e sobre questões morais; juristas

---

[244] BAUER. *The Transformative Self: Personal Growth, Narrative Identity, and Good Life*, p. 15-25.

também sempre dispensaram atenção considerável ao estudo desse termo, que reflete o status dos indivíduos em sociedades legalmente organizadas. Na psicologia, os debates sobre a personalidade se desenvolvem a partir das considerações sobre padrões de comportamento que distinguem os indivíduos uns dos outros, o que permite a identificação de diferenças individuais. Os estudos sobre o comportamento humano elaborados ao longo dos últimos séculos voltam sua atenção para esse termo, que designa padrões de pensamento, emoção e comportamento que caracterizam um indivíduo específico. Eles podem ter uma natureza consciente ou inconsciente, eles podem ser individuais ou coletivos, eles podem expressar valores pessoais ou culturais. Em todos esses casos, eles correspondem a mecanismos que direcionam os seres humanos a agir de uma forma ou de outra diante de diferentes situações e dimensões da vida. A personalidade designa a manifestação dinâmica de um conjunto de diferenças e de padrões de comportamento que expressam a forma específica como um indivíduo opera no mundo em relação a si mesmo e em relação a outros. Os especialistas elencam várias características identificadas como traços de personalidade, as quais podem fazer parte do comportamento de certas pessoas e estar ausentes no comportamento de outras; o grau desses traços também varia entre os sujeitos que os possuem. Assim, alguns deles podem ser assertivos ou tímidos, e os níveis de assertividade e timidez variarão entre eles. Embora se manifestem em indivíduos particulares, esses padrões de comportamento são produto de traços com uma dinâmica psicológica comum. A personalidade corresponde então à correlação entre a pluralidade de traços de uma pessoa e a forma como a interação entre eles determina padrões de comportamento.[245]

Podemos dizer então que o estudo da personalidade envolve alguns temas centrais: análises sobre características presentes em todos os seres humanos, os motivos pelos quais eles diferem entre si e como os indivíduos desenvolvem traços que os tornam seres particulares. Por se referir a aspectos psicológicos, o termo "personalidade" designa qualidades responsáveis pelo desenvolvimento de padrões de comportamento, de pensamento e de emoção de caráter duradouro e específico que estruturam o modo de ser dos indivíduos. Por ter um caráter duradouro, os traços de personalidade demonstram ter uma consistência ao longo do tempo e em diferentes situações, embora existam variâncias de comportamento em diferentes fases e situações da vida. Os estudiosos entendem o termo "personalidade" como um conjunto de traços capazes de serem

---

[245] ALLEN, Bem P. *Personality. Theories, Growth, and Diversity.* 5th ed. New York: Routledge, 2016. p. 1-3; WEITEN. *Introdução à psicologia: temas e variações*, p. 358-383.

analisados como elementos que permitem a diferenciação entre pessoas, como fatores responsáveis pelas diversas manifestações de comportamento entre elas. As diferentes experiências dos indivíduos na vida moldam sua personalidade, uma vez que elas instituem formas de percepção do mundo, maneiras de reação às situações que as pessoas vivem. Mecanismos psicológicos são os meios a partir dos quais as pessoas desenvolvem certas características no lugar de outras; eles motivarão reações que poderão se tornar formas padronizadas de resposta dos indivíduos a estímulos que eles encontram o longo da vida.[246]

Certas categorias têm sido utilizadas por vários autores para examinar a personalidade. O conceito de *estrutura* designa aspectos de caráter estável que definem padrões de pensamento e comportamento dos indivíduos ao longo do tempo. Estruturas da personalidade são então qualidades duradouras que diferenciam as pessoas umas das outras, por designarem ações e respostas do indivíduo nas diferentes situações. O conceito de *traço* revela estilos consistentes de ação das pessoas, em diferentes esferas e estágios da vida, que permitem uma predição de como elas se comportarão quando estiverem diante de certas situações. Mais do que uma disposição, esse conceito trata de formas de ação e de respostas características de sujeitos sociais que se tornam consistentes em diferentes situações. Algumas teorias de personalidade utilizam a noção de *tipo* de personalidade para se referir a combinações de diferentes traços de personalidade que permitem a identificação de estruturas de personalidade. Pessoas que tiveram certas experiências psicológicas desenvolvem padrões de comportamento baseados na operação de certos mecanismos psíquicos, motivo pelo qual temos a possibilidade de análise e de predição da forma como elas se comportam nas mais diversas situações. Estruturas de personalidade são consistentes, organizam pensamentos e emoções de determinada maneira, mas a personalidade humana também passa por diversos processos que congregam reações psicológicas que apresentam um aspecto dinâmico; reações psicológicas podem mudar de uma situação para outra em função dos contextos nos quais os indivíduos se encontram. As pessoas não sentem as mesmas coisas, nem pensam as mesmas coisas, nem se comportam da mesma maneira em todos os momentos, porque estão expostas a uma série de situações que provocam reações distintas, embora possamos identificar padrões de resposta às situações nas quais elas se encontram.[247]

---

[246] CERVONE, Daniel; PERVIN, Lawrence. *Personality: Theory and Research*. Danvers: Willey, 2020. p. 6-8.

[247] CERVONE; PERVIN. *Personality: Theory and Research*, p. 9-13.

A personalidade de um indivíduo é moldada não apenas por estruturas e processos mentais, mas também por processos psicológicos responsáveis pelo desenvolvimento da estrutura mental dos seres humanos. Além do exame da diferenciação entre as pessoas, interessa entender as experiências universais responsáveis pela formação da personalidade dos indivíduos. O desenvolvimento humano produz mudanças na personalidade porque as pessoas adquirem habilidades cognitivas e emocionais ao longo da vida que as preparam para enfrentar novas situações que surgem em função do crescimento e da maturidade. Embora a personalidade humana seja um conjunto de características consistentes, ela muda ao longo do tempo, por se tornar mais complexa, embora características fundamentais permaneçam as mesmas. A estabilidade é um traço da personalidade, o que tem sido demonstrado por diversos estudos elaborados ao longo do tempo. Isso significa que traços são mantidos ao longo tempo; experiências que marcam as pessoas na infância são preservadas ao longo da vida, razão pela qual processos traumáticos ocorridos nas primeiras fases da vida impactarão de forma negativa em toda a vida da pessoa. Certos comportamentos podem ser produto de disposições genéticas despertadas no processo de socialização; eventos traumáticos ocorridos na primeira infância podem alterar o funcionamento químico do cérebro humano; a consciência de processos discriminatórios sofridos por membros do mesmo grupo pode gerar traumas coletivos baseados na pressuposição de que as pessoas sempre estarão expostas a processos similares. Traços de personalidade tendem a ser estáveis porque os próprios indivíduos buscam criar ou estar em ambientes que são compatíveis ou que vão magnificar seus traços de personalidade. Elas encontram nesses ambientes formas de reforço positivo de suas características, o que opera como um tipo de estímulo para a sua preservação. Assim, determinações de ordem genética, de ordem biológica e de ordem social podem influenciar de forma direta e indireta os meios como as pessoas adquirem determinados traços.[248]

Traços de personalidade podem ser produto da inserção de um indivíduo em uma cultura específica, uma vez que ela fornece a ele parâmetros de representação e de resposta às diferentes situações. Ela fornece a ele meios para a representação de si mesmo, critérios para o entendimento de emoções, meios para ele representar outras pessoas e os lugares que estas podem ocupar em uma sociedade. Por ser um fator primordial de socialização, a cultura estabelece referências de como as pessoas devem sentir e agir em uma variedade de situações, e essas referências

---

[248] FUNDER, David C. *The Personality Puzzle*. 7th ed. New York: Norton & Company, 2016. p. 220-226.

podem assumir a forma de certos tipos de identidade, como raça, classe, gênero e sexualidade. Muitos traços de personalidade são desenvolvidos a partir do pertencimento das pessoas a grupos sociais específicos; eles também podem ser produto da classe social que as pessoas ocupam em dada sociedade. A posição que indivíduos ocupam nas hierarquias sociais determina muitos traços de sua personalidade, uma vez que ela indica o status que eles ocupam, as pretensões profissionais que eles podem ter, os papéis que eles poderão desempenhar. Nenhum outro grupo tem maior relevância na formação de traços de personalidade do que a família, uma decorrência natural do fato de os familiares serem os principais agentes de socialização dos indivíduos. Crianças espelham suas respostas a situações nas reações de seus pais, em função dos lugares que eles desempenham, dos valores que eles transmitem para seus filhos e filhas.[249]

Agência humana e planos de vida

Estudiosos observam que a experiência humana tem uma natureza integrada e coerente, o que permite a identificação de padrões de comportamento expressos na forma consciente como operamos nas diversas situações e nas várias esferas da vida. Podemos atribuir essa unidade à ação integrada de vários processos mentais ou podemos explicar esse fato a partir da ideia de que temos uma estrutura psíquica que podemos chamar de *eu* ou *self*. O conceito de *self* pode ser visto como uma instância responsável pela organização da experiência dos indivíduos, como um lugar de organização da forma como eles pensam, comportam-se e atribuem sentido às várias experiências da vida a partir de uma visão unificada. O conceito de *self* se mostra relevante para analisar outro aspecto muito importante da personalidade humana: o fato de que somos agentes planejadores. A ação humana implica um processo constante de reflexão sobre formas de ação, o que inclui o planejamento dos nossos atos. Padrões de pensamento que atribuem sentidos às nossas ações estão amplamente ligados aos traços de nossa personalidade, estão amplamente ligados às formas como experiências passadas, a percepção do presente e a expectativa do futuro determinam nosso comportamento. Essas complexas considerações se tornam possível porque elas podem ser organizadas a partir da noção de um eu organizado com base em certas estruturas de pensamento e de operação.[250]

---

[249] CERVONE; PERVIN. *Personality: Theory and Research*, p. 13-19.
[250] CERVONE; PERVIN. *Personality: Theory and Research*, p. 23-26.

A discussão jurídica sobre a questão do plano de vida enseja um questionamento sobre a natureza de um tópico especialmente relevante: a noção de *agência humana*. É importante abordar esse assunto a partir de um ponto de vista filosófico e a partir de um ponto de vista psicológico, para que sua relevância para o debate sobre seu aspecto jurídico fique mais clara. Uma teoria psicológica dos direitos fundamentais precisa incorporar um aspecto central da natureza humana: o fato de que os seres humanos são *agentes planejadores*. Podemos depreender esse aspecto da nossa capacidade de formar planos que são construídos a partir de nossas capacidades cognitivas e da possibilidade de estabelecermos objetivos orientados para o alcance de propósitos futuros. Esses planos são regulados por normas de racionalidade responsáveis pela análise da sua consistência, o que decorre da nossa crença na adequação desses planos na realidade na qual vivemos. Essas normas de racionalidade também são construídas a partir da análise da coerência com projetos anteriores, especialmente aqueles que se mostraram eficazes. Elas expressam ainda uma coerência entre meios utilizados e fins a serem atingidos. Normas de racionalidade expressam um tipo de estabilidade de planos ao longo do tempo, consequência do fato de que seus objetivos miram o futuro e suas consequências perduram ao longo do tempo. Essas normas de estabilidade permitem que o indivíduo desenvolva uma consciência crítica em relação aos seus objetivos, de forma a fazer com que ele seja mais capaz de alcançar seus propósitos.[251]

O conceito de agência compreende uma pluralidade de significados. Ele designa, por um lado, a capacidade de controle sobre suas próprias volições e sobre suas próprias ações; por outro, ele designa a possibilidade de realização de objetivos do indivíduo, o que implica a responsabilidade e o controle sobre seus atos. A agência humana indica um conjunto de atividades que expressa o poder dos seres humanos de estabelecer e alcançar objetivos, o que pode ter consequências meramente pessoais ou também coletivas, quando um agente atua para promover transformações que podem afetar a vida de uma pluralidade de indivíduos. Poder agir a partir de propósitos estabelecidos significa que os seres humanos operam como agentes, que eles são pessoas sencientes e conscientes, que eles são capazes de reflexão sobre a própria condição, o que lhes permite estabelecer sentidos para a própria vida. Eles então são vistos como indivíduos que agem de forma autônoma, porque são capazes de criar propósitos que obedecem a consensos morais socialmente estabelecidos, motivo pelo qual a

---

[251] BRATMAN, Michael E. *Planning, Time, and Self-governance. Essays in Practical Rationality*. Oxford: Oxford University Press, 2018. p. 202-205.

noção de agência também está associada com autocontrole, com a ideia de que a pessoa exerce autoria sobre seus propósitos e de que ela é capaz de resistir a pressões exteriores por conformidade quando incorretamente pressionada. Por esse motivo, podemos falar em agência em uma dimensão psicossocial e em uma dimensão sociocultural, e essas duas dimensões encontram fundamento nos aspectos anteriormente mencionados. Essa exploração se mostra relevante porque a noção de agência não está relacionada apenas com a possibilidade e com as condições de ação, mas também com os meios a partir dos quais um indivíduo pode atuar para transformar a realidade.[252]

O aspecto psicossocial da agência tem sido desenvolvido ao longo dos últimos séculos a partir de uma série de reflexões filosóficas sobre a autonomia humana. O ser humano é visto como um agente autônomo capaz de agir de acordo com normas reconhecidas como racionais, o que o torna capaz de viver em uma organização social que cria os meios para uma vida livre, na medida em que essas normas que pautam suas ações representam um consenso entre seres igualmente racionais. Ele pode agora ser visto como um agente racional porque pode regular suas ações a partir de uma avaliação moral da situação na qual se encontra. Essa capacidade denota uma característica central da noção de agência: a noção de reflexividade. Estamos aqui diante de uma concepção de agência construída a partir da representação dos seres humanos como entes capazes de desenvolver um processo constante de interpretação do mundo exterior, como entes que estão engajados em um processo permanente de atribuição de sentidos aos seus atos. Embora fatores externos possam restringir a possibilidade de ação, eles também criam a possibilidade de as pessoas criarem sentidos e formas de ação em função da capacidade reflexiva. A agência humana, nessa perspectiva, implica a possibilidade de os indivíduos sempre pautarem suas ações a partir de considerações sobre as condições sociais nas quais estão inseridos.[253]

Teorias socioculturais da agência humana partem do pressuposto de que a possibilidade de determinação da própria existência se torna possível em um contexto no qual estruturas sociais garantem aos indivíduos um espaço de desenvolvimento de autorregulação nas várias situações da vida. Estamos aqui diante da relação entre agência humana e estruturas sociais, um conjunto de normas que regulam todo o processo de socialização e que estabelecem os

---

[252] SOKOL, Bryan W. *et al*. The Development of Agency. *In*: OVERTON, Willis; MOLENAR, Peter M. (ed.). *Handbook of Child Psychology and Development Science*. Hoboken: Wiley, 2015. p. 284-285.

[253] SOKOL *et al*. The Development of Agency, p. 290-291.

limites para a ação individual. A agência humana se mostra possível nessa relação entre estruturas de sentido que regulam regras de sociabilidade e de operação institucional e o indivíduo que procura estabelecer direções para sua existência dentro das possibilidades existentes. Teorias socioculturais da agência humana refletem sobre as condições que permitem aos indivíduos ter controle sobre suas ações, governar a própria existência em um contexto marcado pelo fato de que vivem em instituições cujos sentidos e limites de ação são estabelecidos pelas estruturas sociais nas quais estão inseridos. Embora essas teorias reconheçam que as pessoas constroem narrativas sobre autonomia e sobre individualidade, essas perspectivas também argumentam que os seres humanos estão permeados por valores que expressam consensos em cuja construção eles não tiveram papel ativo. A agência humana precisa ser então compreendida nessa dialética entre sentidos internalizados a partir de processos de socialização e a capacidade de os seres humanos estabelecerem sentidos a partir de um processo constante de reflexão sobre si mesmos e sobre os determinantes externos presentes em dada sociedade. Dessa forma, a noção de agência precisa ser pensada a partir de um aspecto relacional, porque ela se torna possível em função dos fatores que determinam regras de sociabilidade em determinada comunidade política.[254]

Essas duas teorias apresentam alguns elementos de grande relevância para pensarmos o tema da agência humana. Primeiro, devemos considerar que a reflexividade não é apenas um aspecto da agência humana, mas um preceito a partir do qual o psiquismo humano opera. Apesar disso, não podemos deixar de considerar o fato de que a agência humana pode efetivamente ser constrangida por fatores externos, algo que se mostra especialmente real para aqueles que ocupam posições subordinadas nos sistemas de hierarquia social que operam em todas as sociedades. As chances de exercício de autorreflexão e de autodeterminação podem ser amplamente restringidas em função de estruturas sociais que historicamente situam membros de certos grupos em uma situação de desvantagem sistêmica. Condições sociais criam os meios para o florescimento pessoal, o que expande a possibilidade de os indivíduos agirem de forma autônoma ao longo de suas vidas. Por esse motivo, a compreensão da agência humana como um processo de natureza relacional se mostra mais adequada para teorizarmos sobre esse tema. A agência humana pode então ser definida como um processo ativo de criação de sentidos que está ligado às condições sociais nas quais as pessoas vivem. Seu exercício está amplamente relacionado com as condições de sociabilidade e de inserção dos indivíduos,

---

[254] SOKOL et al. The Development of Agency, p. 291-292.

motivo pelo qual também precisamos associar o tema da agência humana ao seu status coletivo.[255]

Michael Bratman enfatiza alguns elementos importantes da noção de agência humana. Primeiro, ele chama nossa atenção para o fato de que os seres humanos são agentes planejadores. Por esse motivo, nosso pensamento prático está amplamente determinado por nossos planos, os quais são orientados por ações que visam a objetivos futuros. Nossas vidas são então marcadas por essas características: nós estamos sempre agindo a partir de parâmetros que obedecem a propósitos temporais, agimos com o propósito de alcançar objetivos que serão ou não alcançados em um momento que ainda está por vir. Essas características dos seres humanos influenciam padrões de sociabilidade e modos como organizamos nossas vidas; esse fator também implica que os seres humanos operam de acordo com regras de racionalidade, consistência, coerência e estabilidade. Nossas intenções podem ser pensadas como expressões de planejamentos, o que guia nossas ações para algum propósito associado com estados de maior realização. A organização das próprias ações implica condições para que um indivíduo possa refletir e orientar seus atos para determinada direção, um aspecto central da noção de autogoverno. Para esse autor, intenções devem ser lidas como partes de um plano mais amplo voltado para a busca da realização de propósitos. Se alguns desejos expressam apenas questões circunstanciais, intenções são frequentemente produto de um processo que envolve a construção de planos de ação. Esses planos requerem a reflexão racional sobre a motivação e as condições de ação, eles refletem a capacidade de o agente tomar decisões que implicam padrões de racionalidade orientados a partir de objetivos que expressam interesses individuais baseados em escolhas racionais. Os requisitos de coerência e de consistência caracterizam então a forma como o sujeito organiza seus atos.[256]

O exercício da agência humana envolve então a operação de estruturas de planejamento que são operacionalizadas em uma temporalidade, exercendo a função de organizar as intenções e os cursos de ação de um agente. Esses planos de ação têm uma natureza hierárquica, porque envolvem objetivos primários e secundários; eles englobam objetivos parciais que criam a possibilidade do alcance de objetivos maiores; eles são também orientados por um aspecto temporal, porque os cursos de ação individual procuram produzir resultados que necessariamente ocorrerão no futuro. Os seres humanos são vistos como agentes

---

[255] SOKOL *et al*. The Development of Agency, p. 298-301.
[256] BRATMAN. *Planning, Time, and Self-governance. Essays in Practical Rationality*, p. 1-19.

porque desenvolvem uma pluralidade de razões para conduzir seus atos, razões que expressam a capacidade de os indivíduos regularem seus comportamentos a partir de processos de deliberação que geralmente consideram razões individuais à luz de consensos coletivos e de interesses individuais. Muitas dessas ações são reguladas por valores com uma dimensão normativa, expressando alguma forma de moralidade coletiva, consequência do fato de que os seres humanos, em função da sua capacidade reflexiva, orientam suas ações para atingirem finalidades consoantes com valores sociais. Por serem guiados por intenções que operam a partir de uma forma de racionalidade baseada na coerência entre meios adequados e finalidades estabelecidas, os seres humanos são capazes de operar de forma coerente e consistente em uma pluralidade de situações que também se desenvolvem ao longo do tempo.[257]

Vemos então que a agência humana representa um aspecto da experiência humana marcado por um mecanismo orientador que opera por meio da procura do ajustamento de um comportamento tendo em vista os objetivos que um agente procura atingir; a agência humana pode então ser vista como uma forma básica de operação dos seres humanos. Embora o exercício da agência envolva a questão da racionalidade, Bratman enfatiza a importância de considerarmos a orientação temporal de nossas ações. Os seres humanos operam em uma estrutura temporal porque suas ações presentes afetam seu futuro; o futuro será determinado pelo passado. Ações humanas são orientadas a partir de um propósito, mas também são reações a uma condição presente. Uma pessoa, ao reagir a uma situação de discriminação, estabelece cursos de ação que têm o potencial de transformar essa realidade, resultado que poderá ocorrer no futuro. Embora o agente possa não ter a compreensão de que ele atua em um arco temporal, suas ações ocorrem em uma realidade marcada por relações de tempo. Mas em outras situações um agente pode estabelecer cursos de ação que procuram transformar uma realidade que se desenvolveu no passado, motivo pelo qual ele atua para impedir que esses eventos não ocorram mais no tempo presente.[258]

Autoeficácia e agência humana

Um aspecto importante da vida psicológica dos seres humanos deve ser examinado com grande detalhe devido à sua relevância para nossa argumentação.

---

[257] BRATMAN. *Planning, Time, and Self-governance. Essays in Practical Rationality*, p. 76-82.
[258] BRATMAN. *Planning, Time, and Self-governance. Essays in Practical Rationality*, p. 110-115.

Albert Bandura, um dos fundadores da teoria social cognitiva, argumenta que os seres humanos desenvolveram certas habilidades cognitivas essenciais ao longo do tempo, entre elas uma avançada capacidade simbólica que permite a criação e a coordenação de ações individuais e coletivas, o que possibilita influenciar o meio no qual eles vivem de diversas maneiras. A existência dessa instância simbólica permitiu, ao longo do tempo, a formação de habilidades cognitivas responsáveis pela formação de pensamento criativo, pela capacidade de reflexão sobre questões diversas, motivo pelo qual os seres humanos se tornaram capazes de deliberar sobre suas ações, o que significa que eles se tornaram agentes morais. Essa capacidade simbólica desempenha uma função central no funcionamento psicossocial dos seres humanos, e três propriedades relevantes devem ser mencionadas: a capacidade de formar planos de ação, a possibilidade de regular suas ações e a habilidade de examinar a eficácia dos seus planos de ação. A capacidade de formar planos de ação significa que seres humanos são capazes de formular pensamentos e planejar atos voltados para o alcance de objetivos, habilidade que permite que eles atribuam sentidos às suas ações por meio da análise da relação entre ações e consequências, o que decorre do estabelecimento de propósitos para seus atos. Esses planos de ação abrem a possibilidade para que estados que ainda não existem na realidade sejam alcançados por meio do planejamento do comportamento atual, o que é governado então pela visualização de possíveis resultados decorrentes da adoção de planos de ação. Mas os seres humanos não são considerados agentes apenas em função do fato de que podem planejar suas ações. Eles também são seres que criam regras para suas ações, as quais operam como um sistema de regulação baseado em padrões comportamentais a partir dos quais eles avaliam suas performances. A comparação da eficácia dessas ações com esses padrões de comportamento determina reações positivas ou negativas que eles terão dos seus comportamentos. Além disso, os seres humanos são sujeitos capazes de autorreflexão, uma vez que também estão sempre refletindo sobre a eficácia de suas ações, sobre suas capacidades de atingir propósitos pessoais.[259]

Albert Bandura nos ensina que nenhum mecanismo tem maior relevância para a afirmação dos seres humanos como agentes do que a noção de autoeficácia. A consciência de que o indivíduo tem a capacidade de agir de forma eficaz, que ele pode construir planos de ação que poderão ser realizados, tem relevância central para a construção de um senso de competência enquanto um agente.

---

[259] BANDURA. Toward a Psychology of Human Agency: Pathways and Reflections, p. 130-132.

Dois elementos permitem a formação da noção de autoeficácia: a questão da causalidade e a de domínio. A percepção da correlação positiva entre ação e resultado permite o desenvolvimento de um sentimento de autoeficácia, o que, por sua vez, aumenta o nível da performance individual. A percepção da relação entre a capacidade individual para construir planos de ação e a realização destes aumenta a consciência de que o indivíduo tem domínio das situações nas quais vive, faz com que ele persevere na busca de seus objetivos. O desenvolvimento de um senso de autoeficácia faz com que as pessoas desenvolvam mecanismos de resiliência em diferentes aspectos e em diferentes planos da vida. Esse autor argumenta que o empoderamento por meio do controle sobre experiências sociais é um meio bastante eficiente para a construção de um forte senso de resiliência. Quanto maior for o conhecimento sobre os diversos aspectos de uma questão sobre a qual o indivíduo precisa agir, quanto maiores forem as suas habilidades para realizar suas ações e quanto maior for a confiança de que pode agir de forma competente, maiores serão as chances de esse indivíduo desenvolver uma forte consciência de sua capacidade de operar como um agente.[260]

Vemos então que quanto maior for o controle sobre eventos que afetam suas vidas, maiores serão as chances de os indivíduos atingirem objetivos. Por terem certo nível de controle sobre aspectos de suas vidas, as pessoas podem alcançar certos objetivos e evitar que outras coisas ocorram. A luta por esse controle sobre esses aspectos garante inúmeros benefícios, e a incerteza sobre a possibilidade de exercer domínio sobre circunstâncias da vida provoca estados de grande ansiedade que podem ter um caráter permanente. Assim, os seres humanos procuram criar mecanismos para ter domínio sobre certas esferas da vida de forma que eles possam promover certos resultados positivos e evitar resultados negativos. Esse controle implica a possibilidade de as pessoas selecionarem e gozarem do devido suporte do ambiente no qual elas vivem, de forma que escolhas possam ser feitas de forma estratégica. Essa possibilidade resulta então de um processo que envolve a ação dos indivíduos e as condições presentes no meio no qual eles vivem, motivo pelo qual pensar o tema da autoeficácia implica pensar nas relações entre o psiquismo humano e as várias estruturas sociais. A capacidade humana para exercer controle sobre suas vidas precisa então ser considerada em relação a uma série de questões que incluem ausência de estímulos sociais, privações sociais diversas e estruturas sociais fechadas a transformações. Isso significa que os seres humanos precisam desenvolver, ao

---

[260] BANDURA, Albert. Perceived Self-efficacy in the Exercise of Personal Agency. *Revista Espanola de Pedagogía*, v. 48, n. 187, 1990, p. 397-402.

lado da possibilidade de controle sobre diversos aspectos de suas vidas, uma grande capacidade de resiliência mental.[261]

Bandura argumenta que alguns processos psicológicos regulam a percepção de autoeficácia. Primeiro, processos cognitivos afetam de forma direta a percepção da capacidade de ação dos indivíduos; eles têm o potencial de aumentar ou diminuir a percepção de que uma pessoa pode atingir seus objetivos. Muitas ações humanas, por serem voltadas para o alcance de objetivos, são reguladas por premeditação sobre objetivos conhecidos pelo indivíduo, e a instituição desses objetivos é amplamente influenciada para percepção de autoeficácia; quanto maior o senso de autoeficácia de uma pessoa, maiores serão seus objetivos e maior será sua motivação para alcançá-los. Assim, a percepção de eficácia de uma pessoa opera como uma forma de antecipação dos possíveis cenários; quanto maior o senso de autoeficácia, maiores serão as chances de um indivíduo estabelecer parâmetros positivos para suas ações, e quanto menor for a convicção de controle sobre o domínio no qual o indivíduo vive, menores serão as chances de ele achar que pode estabelecer e alcançar propósitos. Essas formas de percepção perduram ao longo do tempo e afetam diversas áreas de ação da vida das pessoas. Prever o acontecimento de eventos, antecipar o resultado das ações e criar meios para controlar o mundo é uma das funções centrais do pensamento humano. Grande parte das atividades humanas implica a necessidade de análise das relações causais entre nossas ações e os resultados que elas podem ter no mundo a nossa volta, e a possiblidade de premeditar resultados depende da análise cognitiva de uma série de processos que podem ser incertos. Com base nessa análise cognitiva, os seres humanos criam previsões sobre possíveis resultados a partir de expectativas sobre os possíveis resultados de suas ações. A percepção de autoeficácia opera então como um determinante da condução da ação humana em uma direção ou outra. Dessa forma, o funcionamento psicossocial dos seres humanos opera a partir de um processo que engloba processos cognitivos, aspectos comportamentais e fatores ambientais que interagem para determinar a possibilidade de ação dos indivíduos.[262]

As crenças dos indivíduos sobre a eficácia pessoal desempenham um papel bastante relevante na regulação da motivação humana, uma vez que esta tem origem em processos cognitivos. Por meio da motivação cognitiva, as pessoas encontram encorajamento para suas ações; elas guiam suas ações por meio de

---

[261] BANDURA, Albert. *Self-efficacy: The Exercise of Control*. New York: Freeman & Company, 1995. p. 1-3.

[262] BANDURA. Perceived Self-efficacy in the Exercise of Personal Agency. p. 403-405.

um exercício que lhes permite antecipar os possíveis resultados de suas ações, o que possibilita instituir propósitos e estabelecer planos de ação para as suas vidas. Tanto os objetos a serem alcançados como os resultados da ação são influenciados por mecanismos de antecipação que são construídos a partir da observação das relações causais entre ações individuais e alcance de propósitos. A motivação opera como um mecanismo que estimula os indivíduos a procurarem atingir certos resultados em função da expectativa de que certas ações produzirão determinados resultados. Quanto maior for a crença na capacidade de autoeficácia, maior será a motivação do indivíduo para instituir planos de ação para sua vida, uma vez que ela opera como um indicador de resultados positivos do plano de ação do indivíduo. Essa motivação será positiva ou negativa de acordo com a expectativa pessoal dos resultados da ação individual em determinada esfera da vida; os seres humanos sabem que esse resultado está relacionado com o nível de competência, mas elas também encontram maior ou menor motivação em função do nível de abertura ou fechamento de oportunidades em um sistema. Um ser humano pode almejar trabalhar em determinado setor de atividades, mas sua motivação para procurar um emprego nessa área dependerá das regras que regulam um campo de ação. A motivação para fazer algo depende então da crença que uma pessoa tem do quanto ela poderá alcançar objetivos tendo em vista o nível de controle que ela possui sobre determina área da realidade social na qual ela vive. Isso pode decorrer do fato de que o indivíduo está ciente de que fatores externos determinam as chances de operacionalização de planos de ação ou porque ele observa que os resultados de suas ações independem do nível de comprometimento destas. Assim, a motivação de uma pessoa pode ser menor quando ela percebe que suas ações não têm meios para antecipar os resultados de suas ações, porque não há relações causais claras entre elas e a forma como o meio social regula oportunidades. O sentimento de autoeficácia ocupa então um papel essencial na direção pessoal que as pessoas estabelecem para as suas vidas; ele opera como uma fonte permanente de incentivos pessoais ao longo da vida das pessoas.[263]

A percepção de autoeficácia, escreve Bandura, também decorre da crença das pessoas sobre a extensão da possibilidade que elas têm de influenciar ou controlar o ambiente no qual elas vivem. A noção de autoeficácia não decorre apenas de meros sentimentos pessoais, mas também das avaliações que um indivíduo faz de diversos aspectos dos sistemas sociais que regulam diversos aspectos da vida. A possibilidade de exercício de ação autônoma está relacionada com a percepção da

---

[263] BANDURA. Perceived Self-efficacy in the Exercise of Personal Agency. p. 407-409.

abertura ou do fechamento da estrutura de oportunidades presente na realidade social. O desenvolvimento de um senso positivo de autoeficácia decorre de um processo no qual estão implicados um controle proativo, o que pressupõe a ideia de que as pessoas estabelecem padrões valorativos que se tornam parâmetros que elas tentarão alcançar por meio de suas ações; a distância entre eles e a realidade faz com que elas se mobilizem para obter o controle sobre diversos aspectos necessários para ações eficazes, e a implementação, a busca e o alcance depende do nível de percepção de eficácia que uma pessoa tem de si mesma. O bem-estar pessoal depende então de um senso positivo de eficácia pessoal, porque ele oferece os meios para que um indivíduo possa desenvolver meios cognitivos para realizar seus planos de vida. As dificuldades estão sempre presentes na vida de todas as pessoas, mas um senso positivo de autoeficácia permite que elas encontrem estratégias cognitivas de ação, um fator importante para a resiliência individual. Assim, quanto maior for a percepção de que a pessoa não tem controle sobre aspectos centrais de sua vida, menores serão as chances do desenvolvimento de um senso positivo de autoestima. O controle reativo às diversidades presentes no mundo é então um meio a partir do qual as pessoas podem desenvolver a percepção de que elas encontrarão os meios para resolver os desafios que enfrentam na vida.[264]

A crença das pessoas na sua capacidade de autoeficácia tem consequências significativas em um aspecto especialmente relevante para a nossa reflexão. A percepção de autoeficácia influencia os níveis de estresse e de depressão nos indivíduos, uma vez que é responsável pela percepção da sua capacidade de exercer controle sobre situações ameaçadoras ou estressantes. Essa percepção surge de uma avaliação relacional entre a capacidade de autoeficácia do indivíduo e as ameaças potenciais que existem na realidade social. Para Bandura, as pessoas que desenvolvem a crença de que têm controle sobre aspectos negativos presentes no ambiente social estão menos expostas à possibilidade de desenvolver apreensão sobre eventos futuros, o que elimina sentimentos de ansiedade. Contudo, aquelas pessoas que não acreditam ter os meios para resolver os problemas presentes no seu ambiente social desenvolvem níveis maiores de estresse, o que compromete o funcionamento social de forma significativa. Esse estado de permanente ameaça de que ambientes externos não permitem que elas alcancem seus objetivos impede que a percepção de autoeficácia opere como um elemento mediador entre aspectos do ambiente social e a realidade social.[265]

---

[264] BANDURA. Perceived Self-efficacy in the Exercise of Personal Agency. p. 410-411.

[265] Cf. CAST, Alicia; BURKE, Peter J. A Theory of Self-esteem. *Social Forces*, v. 80, n. 3, p. 1041-1068, 2002; BURKE. Identity Processes and Social Stress.

Desenvolvimento e desigualdades sociais

O caso de Ndeye: um relato sobre racismo nas escolas

Ndeye Fatou é uma aluna negra de um colégio de classe média no Rio de Janeiro. Sua presença não agrada muitos alunos e alunas brancos da instituição. Eles trocam mensagens em grupos virtuais sobre a presença dessa aluna. Elas reproduzem estereótipos raciais bastante comuns sobre pessoas negras, todos eles com uma função bastante específica: afirmar a suposta superioridade racial de pessoas brancas. Uma mensagem diz que "quanto mais preto, mais prejuízo", outra afirma que "dá dois índios por um africano". Uma delas, expressando o ódio racial generalizado presente na sociedade brasileira, diz que "um negro vale uma bala". Algumas das mensagens fazem referência diretamente à estudante negra, dizendo "Escravo não pode. Ela não é gente". Como sempre, as autoridades da escola divulgaram uma nota de repúdio dizendo que investigariam o caso e que tomariam as devidas providências. Mesmo assim, o pai da adolescente decide retirá-la da instituição, para não expor a filha a uma situação sobre cuja real dimensão ele não tem conhecimento. É possível que essas mensagens expressem a mente de uma pequena parte dos alunos e alunas, mas é possível que a porcentagem de pessoa coniventes com a situação seja várias vezes maior do que a desses alunos, o que situa sua filha em uma situação de vulnerabilidade permanente em um ambiente que pode ser sempre hostil. Ndeye manteve uma posição altiva durante todo o processo. Ciente de seu valor como pessoa, ela não permitiu que o ocorrido impedisse suas atividades escolares e continuou a frequentar a escola até a decisão de seu pai. Essa não tinha sido a primeira vez que essa menina negra havia enfrentado racismo na instituição. Um aluno branco, no período do surto de ebola, gritou no meio do corredor para que ela voltasse para a África com a doença dela. As autoridades da escola tomaram conhecimento do ocorrido, mas nada aconteceu com ele, mais um exemplo de como muitas pessoas brancas sempre procuram amenizar práticas racistas para manter a imagem social positiva de seus semelhantes. O pai da estudante afirma que já foi chamado à escola diversas vezes, mas nunca por questões acadêmicas, sempre por questões raciais, motivo pelo qual ele decidiu tirar Ndeye e sua irmã da escola.[266]

---

[266] SANTOS, Ana Paula. Estudante é vítima de racismo em troca de mensagens de alunos de escola de zona sul do Rio. *G1*, 20 maio 2020. Disponível em: https://g1.globo.com/

Estudos recentes sobre desenvolvimento humano exploram um tema importante, mas que se manteve longe da atenção dos especialistas ao longo do tempo: o impacto de desigualdades sociais no processo de crescimento e maturação dos indivíduos. Esse conceito diz respeito a alocações desproporcionais ou posse de oportunidades materiais e sociais entre grupos, alocações que ocorrem a partir de critérios de diferenciação social que se tornam relevantes para o acesso a recursos e para a respeitabilidade em diferentes esferas da vida das pessoas. Desigualdades sociais decorrem então das dinâmicas de poder entre grupos humanos, dinâmicas que giram em torno de diferenças utilizadas para designar o status que as pessoas podem ocupar em dada sociedade. Muitas dessas desigualdades têm um aspecto estrutural, porque designam disparidades de tratamento que ocorrem em várias esferas da vida e ao longo tempo, evidência de que critérios arbitrários de diferenciação social regulam os vários sistemas que estruturam as sociedades humanas, motivo da persistente disparidade de poder entre grupos sociais em quase todas as esferas da vida social. Membros dos grupos dominantes criam uma série de estratégias para garantir a preservação de práticas discriminatórias contra grupos que buscam em última instância garantir vantagens competitivas para seus membros.

Disparidades de acesso a bens e oportunidades necessárias para a garantia de uma base material que proveja condições ideais para o crescimento e a maturação dos seres humanos estão presentes em quase todas as sociedades humanas. Essas desigualdades no acesso influenciam de forma direta e indireta o repertório de oportunidades que as pessoas terão para desenvolver as várias habilidades a serem adquiridas ao longo da vida. Elas limitam os meios para que cuidadores possam ter todos as possibilidades para estimular os processos de crescimento e maturação, o que inclui nutrição balanceada, estimulação intelectual adequada e diversidade de repertório cultural. Desigualdades sociais impactam os seres humanos de forma significativa ao longo de todos os estágios da vida, tanto na saúde física quanto na saúde mental. A primeira, porque as pessoas têm acesso precário à alimentação ou a cuidados médicos, a segunda, porque os diversos processos discriminatórios que afetam os indivíduos mostram que eles têm pouco ou nenhum controle sobre aspectos básicos de suas vidas, o que pode causar um sentimento de que eles não são atores sociais competentes, porque não são capazes de estabelecer e alcançar propósitos individuais. Estudos desenvolvidos em diferentes sociedades demonstram que negros, bem como

---

rj/rio-de-janeiro/noticia/2020/05/20/estudante-e-vitima-de-racismo-em-troca-de-mensagens-de-alunos-de-escola-particular-da-zona-sul-do-rio.ghtml. Acesso em: 22 nov. 2023.

membros de outros grupos subalternizados, chegam à vida adulta com uma história significativa de problemas de saúde de diferentes tipos e de reações físicas e comportamentais a condições de saúde ruins, produto das desigualdades às quais estão submetidos. Essas pesquisas demonstram que esses problemas decorrem da exposição permanente a estressores sociais que afetam os diferentes aspectos da vida de pessoas negras, independentemente de sua classe social.[267]

A consideração do impacto do racismo nas diferentes fases do desenvolvimento dos seres humanos tem sido abordada por pesquisadores interessados em identificar e analisar o impacto da construção da raça como uma forma de identidade social que determina o tipo de representação que as pessoas desenvolvem de si mesmas. Esses autores observam as formas como as valorações sociais em torno dessa categoria social afetam as percepções dos indivíduos sobre sua capacidade de operar no espaço social no qual vivem, ponto de partida para a construção da noção de agência humana. A raça opera como um fator de socialização dos indivíduos, determinando padrões de interação social, acesso a oportunidades sociais e referências identificatórias disponíveis. Assim, crianças são afetadas pelo racismo de diferentes formas: por meio de práticas segregacionistas, por meio de estereótipos negativos, por meio de agressões verbais, por meio de degradação moral, por meio de práticas discriminatórias de caráter coletivo que causam traumas individuais e coletivos. Esses estudos demonstram que membros de grupos raciais subalternizados não precisam enfrentar pessoalmente o racismo para ser afetados por ele, uma vez que percebem que esse mecanismo de dominação afeta as condições de ação de todas as pessoas do seu grupo racial. O racismo prejudica membros de grupos raciais subalternizados porque incide sobre pessoas que são afetivamente relevantes para eles, impedindo o acesso a oportunidades, o que as afeta emocionalmente. Ao se tornar um tipo de identidade social relevante para os indivíduos, a raça se torna uma categoria a partir da qual elas procuram detectar diferenças entre os indivíduos e atuar a partir delas. A raça se torna então um critério de classificação do outro e de si mesmo, servindo como meio para a construção de referências identificatórias para os indivíduos ao longo de toda a vida. Esse fato é especialmente significativo para membros de grupos raciais subalternizados, porque eles de que organizar sua personalidade a partir de referências identitárias construídas com base em estigmas, um problema que pessoas negras

---

[267] Ver, nesse sentido, GOVIA, Ishtar O.; JACKSON, James; SELLERS, Sherill. Social Inequalities. *In*: FINGERMAN, Karen L. *et al.* (ed.). *Handbook of Life-span Development*. New York: Springer, 2011, p. 325-356.

enfrentam ao longo de toda a vida. O racismo, enquanto ideologia cultural, reproduz diversos estereótipos raciais, representações que se tornam uma forma de cognição social que informa a maneira como as pessoas entendem a si mesmas e a pessoas que pertencem a outros grupos raciais.[268]

Pesquisas desenvolvidas no campo da psicologia demonstram que crianças aprendem a utilizar a raça para categorizar outras pessoas nos primeiros anos de vida. Esse processo tem início nas relações familiares e continua com a exposição a mensagens presentes nos meios de comunicação, em livros didáticos ou por meio da formação de vínculos com outras crianças da própria raça que passam a utilizar o fenótipo para elaborar critérios de diferenciação entre grupos. O impacto desse processo varia de forma considerável entre crianças que pertencem aos diversos grupos raciais, e suas consequências negativas afetam fundamentalmente crianças não brancas. As consequências prejudiciais desse fenômeno assumem diversas formas. Primeiro, o racismo compromete a capacidade de uma criança desempenhar de forma adequada as tarefas de desenvolvimento enfrentadas ao longo da vida. Como o racismo provoca desigualdades sociais de caráter estrutural e intergeracional, uma porcentagem significativa de crianças negras vive em ambientes marcados por privação econômica. Essa realidade faz com que seus genitores tenham menos recursos, que eles tenham menor contato com a criança, que eles tenham um repertório cultural restrito, o que compromete a possibilidade de direcionar as crianças para diversas oportunidades. Além disso, desvantagens econômicas implicam alimentação deficitária, menor acesso a escolas de qualidade, além de aumentarem as chances de a criança viver em um ambiente com apenas um genitor, situação que a prejudica nas diferentes fases da vida, uma vez que essas desvantagens possivelmente imporão limites para que ela possa ascender socialmente e modificar a situação na qual as gerações anteriores viveram e as gerações futuras poderão viver. Assim, desvantagens econômicas comprometem o processo de desenvolvimento de pessoas negras geração após geração.[269]

Segundo, o racismo compromete o desenvolvimento infantil porque pode prejudicar a formação das diversas habilidades necessárias para as pessoas

---

[268] QUINTANA, Stephen M.; McKOWN. Race, Racism and the Developing Child. *In*: QUINTANA, Stephen M.; McKOWN, Clark (ed.). *Handbook of Race, Racism, and the Developing Child*. Hoboken: Wiley & Sons, 2008. p. 1-11.

[269] Cf. QUINTANA, Stephen M. Ethnicity, Race, and the Children's Social Development. *In*: SMITH, Peter; HART, Craig (ed.). *The Wiley-Blackwell Handbook of Childhood Social Development*. Oxford: Blackwell, 2002. p. 299-314.

poderem se tornar adultos com uma estrutura psicológica equilibrada. Pesquisas nesse campo demonstram que a exposição ao racismo nas interações sociais ou nas produções culturais induz crianças não brancas a pensarem que não são atores sociais competentes, que não capazes de desenvolver habilidades ou desempenhar tarefas. Como o racismo opera por meio de estereótipos que atribuem características e funções específicas a membros de grupos minoritários, grande parte de crianças brancas têm expectativas específicas de crianças não brancas, sendo a principal delas a de que membros de outros grupos não têm e não são capazes de adquirir as qualidades e habilidades que elas possuem. Assim, o racismo ensina crianças brancas que elas não devem interagir com crianças de outras raças porque elas não têm o mesmo valor que elas. Essa atitude impacta crianças não brancas de forma significativa, porque elas são excluídas de oportunidades de interação e porque a possível internalização desses estereótipos pode fazer com que elas se projetem nessas expectativas do que podem ser ou podem fazer. Essa realidade impactará o desenvolvimento de habilidades cognitivas e emocionais de crianças negras, problemas que perdurarão para o resto da vida. É importante dizer que essa influência negativa do racismo não ocorre apenas em função de experiências diretas de discriminação; ela também impacta crianças negras mesmo quando elas não estão envolvidas, porque essas práticas discriminatórias demonstram uma atitude de hostilidade generalizada contra membros desse grupo, o que cria a expectativa de que elas também poderão ser expostas a esses problemas, motivo pelo qual elas também podem internalizar o mesmo tipo de sentimento de outras pessoas negras.[270]

---

[270] Para uma análise de todos esses temas, ver a obra coletiva QUINTANA, Stephen M.; McKOWN, Clark (ed.). *Handbook of Race, Racism, and the Developing Child.* Hoboken: Wiley & Sons, 2008.

CAPÍTULO 5
Da subjetividade metafísica à subjetividade psicológica

O caso de Maria Estela: um relato sobre discriminação institucional

Maria Estela dos Santos é uma mulher negra que trabalhava na empresa Leroy Merlin. Seu chefe imediato sempre utilizava o humor racista para ofender sua integridade moral. Ele ridicularizava seus traços físicos, expressava desprezo por seus familiares e questionava sua competência profissional continuamente, sem motivos concretos. Esse comportamento era referendado pelo diretor da empresa, pessoa que a aconselhou a ignorar o comportamento de seu superior imediato, mesmo porque aquele não poderia mudar a cabeça deste. Além de fofocas que expressavam fatos que não tinham qualquer correspondência com a verdade, seu chefe, bem como outros funcionários brancos, referia-se a ela como "ma", termo que ela acreditava ser um diminutivo do seu primeiro nome. Entretanto, uma de suas colegas disse-lhe que era, na verdade, diminutivo da palavra "macaca". Esse homem branco dizia que ela deveria ter cuidado, porque a chuva poderia prejudicar o alisamento de seu cabelo, comportamento repetido também por outros funcionários brancos, mesmo alguns que ocupavam posição inferior à dela. Além de referências derrogatórias à sua raça, ele também fazia comentários sexistas, dizendo que todas as mulheres são incompetentes. Esse homem branco ridicularizava sua forma física, chamando Maria Estela de poço de celulite, outro exemplo de como muitas pessoas brancas recorrem ao humor hostil para forçar a demissão de pessoas negras de forma que o ambiente de trabalho se torne inteiramente branco. Maria Estela pensou em abandonar a empresa, mas precisava permanecer no emprego, porque seu marido estava seriamente doente, vindo a falecer devido a enfermidades sérias alguns meses após seu desligamento. A exposição contínua ao racismo e ao sexismo tornou aquele ambiente de trabalho extremamente tóxico para ela, causando danos psicológicos significativos diante da situação de fragilidade na qual se encontrava. Essa situação motivou a procura de tratamento psiquiátrico devido a ataques de ansiedade que provocavam crises de choro. Em vez de ser um espaço que deveria promover a integração social, o ambiente de trabalho é um dos principais lugares nos quais pessoas negras enfrentam diferentes formas de violações de direitos fundamentais, causando o que tem sido chamado de trabalho emocional: o esforço emocional que muitos membros de grupos minoritários precisam fazer para poder balancear a necessidade de sobrevivência material com as hostilidades que sofrem nesse ambiente. Esse processo gera um custo emocional significativo para membros de grupos minoritários, porque sempre precisam ignorar práticas discriminatórias, anular a personalidade, negar a identidade para que possam ter uma fonte de renda para a sobrevivência.[271]

O caso de Maria Estela reflete uma situação bastante comum na sociedade brasileira: a forma como o racismo e o sexismo provocam uma pluralidade de danos na vida das pessoas, os quais se estendem às diferentes esferas da existência. É importante notar que esses danos afetam a possibilidade de Maria Estela atuar como agente. Seu superior não estava apenas fazendo comentários racistas ou sexistas; ele estava dizendo que Maria Estela não era uma pessoa capaz de atuar de forma competente no espaço público, motivo pelo qual ela não deveria permanecer naquele ambiente de trabalho. Esses comentários ignoram seu status como um agente moral igualmente capaz, como uma pessoa com o mesmo status jurídico que ele, como um indivíduo cuja saúde mental pode ser comprometida em função da negação de reconhecimento da igual dignidade. Cada uma dessas formas de desrespeito afeta seu status como um sujeito moral, como um sujeito jurídico e, ainda, como um sujeito psicológico. Isso significa que uma análise dos danos causados por essas violações de direitos fundamentais sofridas no ambiente de trabalho deve considerar o papel dessas diferentes dimensões da subjetividade humana na formação da integridade psíquica dos indivíduos.

Uma teoria psicológica dos direitos fundamentais escrita a partir da perspectiva dos grupos subalternizados precisa levar em consideração os motivos

---

[271] BRASIL. Tribunal Regional da 15ª Região. *Recurso Ordinário nº 0150400-65.2009.5.15.0067*. Relator: João Alberto Alves Machado, 17 de janeiro de 2012.

pelos quais o discurso jurídico não apresenta elementos adequados para abarcar a situação delas. A reflexão sobre o livre desenvolvimento da personalidade como base para uma teoria psicológica dos direitos fundamentais requer uma análise sobre os diversos significados do conceito de subjetividade no discurso jurídico. Não podemos restringir esta análise ao exame das diferentes definições deste termo a uma única área, porque ele decorre de um longo processo para o qual convergem elementos filosóficos, sociológicos e psicológicos. É também importante notar que não podemos falar sobre personalidade sem pensar na ideia de interioridade psíquica, e, por mais que isso possa surpreender muitas pessoas, a noção de uma interioridade moral também começa a ser tematizada a partir de contextos políticos e jurídicos bem específicos. A noção de pessoa, na reflexão jurídica, está ligada à premissa de que os seres humanos têm uma consciência racional que lhes permite planejar suas ações e fazer julgamentos morais, requisito importante para que possam estabelecer padrões coletivos de sociabilidade. Essa característica também legitima a atribuição de direitos públicos subjetivos a todas as pessoas, ponto de partida para a criação de um status constituído por um conjunto de direitos que protegerão diferentes aspectos da individualidade. Além disso, essa racionalidade surge como uma condição para a vida em uma sociedade democrática, fato que também permite aos indivíduos estabelecer e alcançar propósitos individuais. O surgimento da noção de personalidade se torna possível na medida em que os seres humanos são vistos como *pessoas jurídicas*, termo cuja origem reflete o status que eles ocupam em uma sociedade legalmente organizada. Essas perspectivas teóricas dominam a compreensão desse termo no mundo jurídico, motivo pelo qual o livre desenvolvimento da personalidade tem sido entendido especialmente como um preceito que opera de forma paralela ao princípio constitucional da liberdade.

Embora a reflexão filosófica e jurídica sobre as noções de pessoa e de personalidade tenha importância central para a formulação de uma teoria psicológica dos direitos fundamentais, ela não apresenta elementos capazes de promover uma compreensão dos impactos psicológicos de práticas discriminatórias na vida psíquica dos seres humanos. O desrespeito à dignidade humana não decorre apenas de restrições da liberdade de ação, mas também de uma série de práticas sociais que impedem a afirmação dos seres humanos como agentes morais, como agentes racionais e como agentes jurídicos. Violações de direitos humanos criam obstáculos para a afirmação de um aspecto central do psiquismo humano: *o fato psicológico fundamental de que a existência humana está centrada na busca pela afirmação da individualidade por meio do reconhecimento dos seres humanos como agentes, processo que marca todas as fases do desenvolvimento humano.* O sofrimento mental decorre de experiências de natureza diversa que criam obstáculos ou impedem os indivíduos de desenvolver e exercer habilidades necessárias para que possam estabelecer planos de vida, o que inclui a possibilidade de atribuírem sentidos e propósitos para suas ações. Como observamos na introdução deste livro, práticas discriminatórias promovem a disrupção de um aspecto central da identidade individual: a afirmação do sentimento de autoeficácia, condição para que as pessoas possam se reconhecer como atores sociais competentes.

O entendimento da complexidade do conceito de subjetividade na sua dimensão psicológica requer também que entendamos os diversos processos sociais responsáveis pela construção da consciência psicológica, o que não pode ser adequadamente compreendido sem uma análise da sua continuidade em relação à formulação desse conceito no campo metafísico e no campo jurídico. Esse estudo se mostra extremamente necessário para que possamos esclarecer os sentidos da noção de personalidade presente na jurisprudência e na doutrina. Tribunais e doutrinadores quase sempre utilizam esse termo para designar a dimensão moral e a dimensão jurídica da subjetividade humana, mas geralmente não apresentam uma análise adequada sobre a dimensão psicológica desse termo, o que impede uma compreensão do impacto que violações de direitos humanos podem ter na saúde mental dos indivíduos. Nossos tribunais quase sempre apenas consideram as maneiras como violações de direitos fundamentais podem limitar o exercício de direitos fundamentais, podem significar uma restrição na capacidade de as pessoas operarem e serem reconhecidas como agentes morais. Por esse motivo, desenvolveremos neste capítulo uma longa reflexão sobre os fatores responsáveis pelo surgimento paralelo das noções de subjetividade epistêmica, subjetividade jurídica e subjetividade psicológica. Tal exercício nos abrirá espaço para a construção de um arcabouço teórico que acreditamos ser mais adequado para a análise dos direitos fundamentais enquanto categoria de normas constitucionais voltadas para a afirmação da integridade psíquica das pessoas. O tribunal que examinou o caso de Maria Estela reconheceu a existência de danos morais, mas o caso dela envolve apenas danos dessa natureza? Quais são as consequências existenciais dessas práticas na vida de mulheres negras?

Este capítulo discute, então, um aspecto central da nossa teoria psicológica dos direitos fundamentais: a continuidade entre três formas de subjetividade cuja articulação permite uma compreensão da experiência humana nas diferentes esferas da vida social. Esse exercício se mostra relevante para que possamos entender os motivos pelos quais a compreensão exclusiva da experiência humana a partir do status jurídico restringe a possibilidade de prestação jurídica adequada dos seres humanos. Embora tenham sido formuladas para a análise da representação humana em diferentes espaços da vida social, a dimensão epistêmica, a dimensão jurídica e a dimensão psicológica da subjetividade humana fornecem elementos para entendermos um aspecto central da nossa experiência: a condição dos indivíduos como agentes sociais. Se a dimensão racional estabelece os parâmetros para a organização da ação racional, se a dimensão jurídica indica um status que protege a possibilidade de ação, a dimensão psicológica abre espaço para entendermos os meios pelos quais condições sociais possibilitam a das pessoas como agentes. Uma teoria que pretende aumentar a função protetiva dos direitos fundamentais precisa considerar como diferentes dimensões da subjetividade estão igualmente articuladas na experiência cotidiana dos indivíduos, o que inclui a apreciação dos danos psicológicos causados a eles por violações de direitos. A ideia de que violações de direitos fundamentais produzem danos existenciais pressupõe a noção de que elas não afetam apenas a dimensão jurídica da personalidade expressa na noção de sujeitos de direito nem apenas a dimensão epistêmica expressa na noção de condição de agente racional. Nossa teoria precisa considerar ainda a dimensão psicológica dos indivíduos, os danos que tais violações podem ter no plano de vida das pessoas. Não podemos esquecer que violações de direitos fundamentais produzem danos existenciais porque impedem que os indivíduos obtenham a autorrealização, condição para que possam se afirmar como pessoas íntegras. Elas produzem uma disrupção da conexão entre as três dimensões da subjetividade humana acima mencionadas, uma vez que agentes discriminadores partem do pressuposto de que as pessoas não são atores sociais competentes.

 Este capítulo nos fornecerá elementos para entendermos a relação paralela entre uma dimensão da subjetividade que expressa a capacidade dos indivíduos de viverem em uma comunidade politicamente organizada a partir de normas morais, outra dimensão da subjetividade que designa o status jurídico de uma ordem pública organizada como um Estado Democrático de Direito, e outra que expressa a identidade que os indivíduos assumem na esfera privada da existência. A subjetividade moral, a subjetividade jurídica e a subjetividade psicológica estão ligadas a partir da noção de agência, termo que expressa, entre outras coisas, a condição daqueles que podem construir uma existência digna dentro de um regime jurídico democraticamente organizado. Essa realidade permite que as pessoas construam planos de vida, que elas gozem de integridade psíquica em função da harmonia entre a operação das instituições e o status dos indivíduos como sujeitos de direitos. Os dois primeiros tipos de subjetividade permitem a realização do terceiro, uma vez que eles criam os meios para a sua constituição. É importante que entendamos a correlação entre essas três dimensões da subjetividade humana como algo decorrente da conexão estrutural entre Estado de Direito, direitos fundamentais e confiança jurídica, elemento que exploramos acima.

A formação da subjetividade epistêmica

O termo "modernidade" designa um período histórico e um processo cultural que encontra seu fundamento na construção da racionalidade humana como referência central do conhecimento. Tal fato permitirá a organização da comunidade política em torno de normas jurídicas universais, além de tornar possível a formação de uma moralidade individual construída em torno das noções de autonomia e autenticidade. Uma nova forma de racionalidade surge então quando o mundo natural deixa de ser a referência para a fundamentação do conhecimento racional; também não se procura mais pautar a ação moral a partir da racionalidade que seria supostamente imanente ao mundo natural. A compreensão do mundo a partir de leis naturais universais permite a construção de um tipo de racionalidade que pode ser alcançado por meio do conhecimento empírico do mundo, tipo de análise que parte da construção de um programa científico construído a partir de categorias criadas pela mente humana. A crença de que o mundo pode ser conhecido pela contemplação dos fenômenos naturais é abandonada; ele será conhecido por meio das categorias racionais criadas pela mente humana. Assim, como tem sido observado, a ascensão do indivíduo racional como referência ontológica se torna possível em um momento no qual ocorre a passagem de uma matriz metafísica identificada com a ordem racional imanente à realidade para uma matriz metafísica de caráter antropológico, momento no qual o ser humano, enquanto *sujeito*, ocupa o centro do universo inteligível. O processo de construção dessa nova racionalidade ocorre paralelamente a uma mudança da compreensão do ser humano sobre o seu lugar no mundo. Se nos ciclos civilizatórios anteriores ele buscava um princípio a partir do qual pudesse entender o mundo exterior e seu lugar nele, na modernidade a razão subjetiva será o elemento que regerá todo o conhecimento, trazendo a imagem do indivíduo racional para o centro do mundo inteligível.[272]

---

[272] Cf. HERBERT, Gary B. *A Philosophical History of Rights*. New York: Routledge, 2003. p. 83-99; VAZ, Henrique Cláudio de Lima. Religião e modernidade filosófica. *Síntese Nova Fase*, v. 18, n. 53, p. 147-165, 1991.

A consolidação da cultura moderna ocorre na medida em que, pela construção do ser humano como ponto central do conhecimento, acontece um processo de subjetivação do mundo. A razão humana passa a ser o princípio organizador da realidade, e esse princípio de inteligibilidade provocará uma profunda inversão na relação do ser humano com a realidade. A principal marca da modernidade é, portanto, a instauração do sujeito como princípio metafísico. Na filosofia moderna, a noção de subjetividade designa a consciência de si, pressuposto essencial da existência e fundamento de todo conhecimento possível. Nessa nova realidade que então se afigura, o mundo humano passa a ser a referência para sua justificação, para a sua autorreferência e para a sua contínua transformação. A realidade social baseada em estruturas sociais fixas perde suas referências, na medida em que a noção de autonomia permite um constante processo de atualização da posição dos indivíduos na realidade social.[273] Na modernidade, sujeito e razão estão intrinsecamente unidos, e o surgimento do ser humano como sujeito do conhecimento possibilitará a criação de um mundo regido por leis racionais e inteligíveis para o pensamento. Não estando mais guiado por uma razão objetiva, o ser humano surge como um ente que pode usar sua liberdade para criar novas formas de racionalidade, para se reconhecer também como um ente capaz de criar normas gerais que poderão governar diferentes aspectos da realidade. Essa racionalidade permite a criação de uma realidade social construída em torno da atribuição de um mesmo status metafísico a todas as pessoas: todos são racionais, todos são capazes de agir de acordo com os parâmetros de reflexão, planejamento e ação.[274]

Se no mundo medieval o destino individual estava determinado pela expressão da vontade divina, situando a questão da liberdade humana em termos do livre-arbítrio, o humanismo renascentista, instituindo um novo fundamento ontológico sobre esse tema antropológico essencial, afirma que o indivíduo é o centro de toda a verdade. Os valores culturais passam a ter uma significação propriamente humana, deixando de se referir à realidade transcendente como fonte de justificação da ação. O imobilismo da ordem social é paulatinamente substituído pela livre iniciativa do ser humano, que se torna o centro de referência de um mundo onde se multiplicam as possibilidades de significação da existência humana.[275] Paralelamente a essa descoberta da liberdade como fundamento

---

[273] FERGUSON, Harvie. *Modernity and Subjectivity. Body, Soul, Spirit*. Charlottesville: University Press of Virginia, 2000. p. 2-5.

[274] TOURAINE, Alain. *Crítica da modernidade*. São Paulo: Vozes, 1993. p. 218.

[275] HELLER, Agnes. *O homem do renascimento*. Lisboa: Editorial Presença, 1992. p. 11-12.

ontológico da vida humana, há também a descoberta da consciência como sede da verdade. A consciência individual adquire um novo estatuto, qual seja, um espaço interno que sedia valores propriamente humanos. A relativização de valores no mundo renascentista, decorrente da superação progressiva da ideia de que a totalidade do mundo se ordena em função da presença divina, produz uma nova postura em que os valores se referem à existência relativa de cada um.[276]

Se no mundo medieval o exame do espaço interior era pautado pelo princípio da confissão, exigindo um diálogo constante com instâncias divinas e impondo uma limitação da possibilidade do conhecimento de si, o humanismo renascentista abre a possibilidade da descoberta metafísica da consciência individual pelo deslocamento paulatino da ordem teológica para a ordem racional. Essa mudança terá uma consequência relevante: a transformação da postura do sujeito em relação a si mesmo e em relação ao outro. Embora não deixe de acreditar que é produto da criação divina, como afirmavam os pensadores do renascimento, o ser humano está situado em uma ordem distinta, na ordem dos valores humanos.[277] A consciência individual surge então como centro da reflexão racional, pressuposto essencial do individualismo renascentista. A esfera do infinito deixa de ser uma característica apenas da divindade para também se tornar um símbolo da consciência humana.[278] Os saberes se multiplicam, e a consciência da eficácia operativa do ser, presente na imagem do sujeito como um ser empreendedor, afirma-se nessa época de transição cultural. Essa multiplicação dos saberes, consequência da reordenação da relação do homem com a realidade, faz nascer uma nova interação do ser humano com o mundo à sua volta.[279] Forma-se uma nova ontologia, que terá o conhecimento matemático como paradigma, o que implica uma nova concepção da realidade, instância que passa a ser vista como uma idealidade construída. Isso permitirá a constituição de uma ciência físico-matemática cujo objetivo principal é captar os elementos do mundo sensível a partir dos conceitos exatos da matemática.[280]

---

[276] GUSDORF, Georges. *Les Sciences humaines et la pensée occidentale: les origenes des sciences humaines*. Paris: Payot, 1966. p. 485.

[277] VAZ, Henrique Cláudio de Lima. *Antropologia filosófica I*. São Paulo: Loyola, 1992. p. 78-79.

[278] GUSDORF. *Les Sciences humaines et la pensée occidentale: les origenes des sciences humaines*, p. 487.

[279] VAZ. *Antropologia filosófica I*, p. 80-81.

[280] DRAWIN, Carlos Roberto. Ciência e subjetividade: sobre os caminhos filosóficos de *logos* e *psyche*. In: *Psicologia: possíveis olhares, outros fazeres*. Belo Horizonte: Conselho Regional de Psicologia, 1992. p. 171-172.

Se a ciência aristotélica afirmava que a contemplação era uma forma adequada de se conhecer o mundo, a ciência moderna põe em questão as evidências do nosso conhecimento imediato da natureza. Para esse novo tipo de saber, a natureza não é nada mais do que extensão e movimento; seus mecanismos podem ser desmontados e depois relacionados sob a forma de leis matemáticas. A matemática torna-se o modelo de racionalidade para a ciência moderna, e isso implica que o objeto do conhecimento deve ser plenamente quantificável e possível de ser traduzido na forma de leis matemáticas.[281]

Para Carlos Roberto Drawin, a ciência moderna opera um deslocamento metafísico em três ordens. A primeira delas é a *unificação ontológica* pela homogeneização da realidade, que, além de superar a oposição entre o mundo inteligível e o sensível, provoca uma subsunção do sensível a partir do inteligível. O conhecimento não ocorrerá mais pela atitude contemplativa que permite o acesso ao mundo inteligível, mas se torna possível na medida em que um procedimento formal permite a reconstrução conceitual do fenômeno em termos matemáticos. A conversão da realidade à objetividade faz com que ela se torne coexistente ao conhecimento humano, isto é, o conhecimento passa a existir na correlação entre o sujeito cognoscente e o objeto conhecido. A segunda é a redução antropológica que significa a reconstrução dos fenômenos do mundo sensível segundo os preceitos do idealismo matemático, o que leva à exclusão de toda forma de conhecimento decorrente da experiência sensível e de qualquer interpretação teleológica da realidade de caráter antropocêntrico que esteja em desacordo com a proposta de geometrização do real. O conhecimento científico será então construído na perspectiva da relação sujeito/objeto, em que a natureza é captada pelos conceitos matemáticos como objeto, e o sujeito cognoscente entra pelo uso de um procedimento formal. O terceiro e último ponto procede dos outros dois e consiste em uma normatização epistemológica dos saberes a partir do paradigma físico-matemático das ciências da natureza. Esse processo estabelecerá o conceito de sujeito como um parâmetro para a reflexão de todas as ciências humanas, além de ser a forma como a própria forma de organização da realidade será revista.[282]

A construção da mente humana como referência do conhecimento racional decorre de um processo paulatino de transformação dos aportes metafísicos

---

[281] SANTOS, Boaventura de Souza. *A crítica da razão indolente: contra o desperdício da experiência*. São Paulo: Cortez, 1993. p. 62-63.

[282] DRAWIN, Carlos Roberto. O destino do sujeito na dialética da modernidade. *Síntese Nova Fase*, v. 22, n. 71, p. 494-496, 1995.

que determinam sua natureza. Se, no mundo antigo, a mente aparecia como expressão de uma alma que expressava a dimensão moral dos seres humanos, dimensão passível de ser regulada pela reflexão racional, no mundo medieval a alma se torna expressão de uma instância espiritual que alcança seu aperfeiçoamento por meio do contato direto com a instância divina. O surgimento do racionalismo e do individualismo será responsável por uma mudança significativa: a mente humana será agora pensada como uma consciência individualizada, como uma consciência que estabelece a possibilidade do conhecimento por ter uma existência confirmada pela certeza metafísica do pensamento como essência humana. A consciência se torna a referência do conhecimento racional, porque pode ser regulada por um método de conhecimento que estabelece referências seguras sobre como a realidade pode ser adequadamente conhecida. Essa consciência tem um caráter reflexivo, porque está ciente de si mesma; ela pode tomar a si mesma como objeto de análise e de regulação. Isso significa que o indivíduo moderno surge como um agente racional porque tem as condições para conhecer a realidade de forma adequada, para poder estabelecer parâmetros de racionalidade para suas ações, o que cria os meios para que ele sempre possa estar engajado em um processo constante de regulação pessoal nas diferentes esferas da existência.[283]

Por esse motivo, o termo "subjetividade" designará os meios a partir dos quais a possibilidade do conhecimento racional, da regulação da ação racional e da autorregulação serão vistos como elementos centrais da noção de subjetividade. Esse termo designa o fato de que as pessoas, enquanto sujeitos, são capazes de se engajar em processos de deliberação reflexiva, motivo pelo qual a consciência tem um status ontológico. A consciência racional do sujeito moderno tem esse status em função de deliberações racionais e autônomas que ocorrem de forma independente de determinações exteriores, embora sempre informada por valores exteriores. A autoconsciência dos indivíduos estabelece então novas formas de pensar o lugar do ser humano na realidade, uma vez que seu comportamento não será mais produto da busca de um reflexo de forças racionais exteriores no seu comportamento. A ação racional humana é produto da consciência racional humana, é produto do fato de que os seres humanos são agora vistos como agentes racionais movidos por um processo constante de deliberação interna baseado na consciência de sua condição de agente. A subjetividade humana tem então uma dimensão reflexiva, porque os

---

[283] TAYLOR, Charles. *Sources of the Self.* Cambridge: Harvard University Press, 1992. p. 135-148.

seres humanos estão sempre engajados nas deliberações sobre os sentidos do próprio ser e da forma como podem operar no mundo a partir de suas ações, evidência da autonomia da consciência humana.[284]

A relação de conhecimento ocorre então em uma realidade na qual as categorias de sujeito e objeto adquirem o status de referências centrais do conhecimento; esses dois conceitos estabelecem os parâmetros de uma epistemologia na qual o sujeito se apresenta como a referência central para a possibilidade de conhecimento do mundo. Esse sujeito será concebido como uma categoria de natureza genérica identificada com uma interioridade que necessariamente se distingue de uma exterioridade que se apresenta como ontologicamente distinta do sujeito. O mundo interno está em oposição ao mundo externo, porque o segundo se apresenta como objeto de conhecimento para o primeiro; a simetria entre sujeito e objeto estabelece então a noção de que o sujeito se apresenta para si mesmo sempre como uma presença perante a realidade que está para ser conhecida; a realidade da consciência como uma certeza da existência surge então como uma referência central para a construção da noção moderna de subjetividade. A reflexividade do sujeito impulsiona uma nova forma de existência baseada na possibilidade de o sujeito estabelecer propósitos para seu destino. Poder criar parâmetros e propósitos para sua ação significa estabelecer meios para o seu próprio desenvolvimento, fator que expressa a lógica de uma nova realidade que institui a possibilidade de um constante movimento social, algo contrário à imobilidade da época anterior. Autonomia implica um dinamismo social estruturado em torno da possibilidade de autocriação individual. Assim, o conceito de sujeito moderno não descreve apenas uma categoria epistemológica, mas também uma nova forma de existir na realidade que acaba por transformar sua própria estrutura.[285]

Embora desenvolvimentos posteriores venham a ser responsáveis pela identificação da noção de pessoa com a categoria do sujeito, a reflexão moderna sobre subjetividade identifica essa categoria com o ser pensante, instância que também se diferencia da pessoa enquanto uma realidade física. O que posteriormente será chamado de sujeito designa um ser que se identifica com o pensamento, uma categoria que possui uma identidade permanente consigo mesma, motivo pelo qual o sujeito também será concebido como uma categoria

---

[284] HALEY, Christopher. *The Subject of Human Being*. New York: Routledge, 2019. p. 105-125; ARCHER, Margaret. *Making Our Way Through the World: Human Reflexivity and Social Mobility*. Cambridge: Cambridge University Press, 2007. p. 1-23.

[285] FERGUSON. *Modernity and Subjectivity. Body, Soul, Spirit*, p. 11-15.

metafísica capaz de fundamentar o conhecimento. Essa concepção ontológica do eu opera então como o parâmetro para o conhecimento, porque se expressa como puro pensamento racional que mantém uma identidade permanente consigo mesmo. O status de um ser pensante implica que o sujeito é um ser consciente, que o sujeito é um ser que está sempre engajado na atividade consciente de pensar. O entendimento do sujeito moderno como um ser pensante significa então que esse ser genérico tem uma reflexão ativa sobre sua própria consciência, o que lhe permite estar em um constante processo de afirmação de si mesmo como ser de conhecimento.[286]

Ao surgir como um novo parâmetro para a fundamentação do conhecimento, a noção de subjetividade faz referência necessária à ideia de consciência, termo que adquire sentidos relevantes nesse novo momento histórico. Nossa consciência não pode ser confundida com sentimentos passionais nem com estados mentais transitórios. Ela deve ser algo que transcenda as particularidades do sujeito empírico para que possa ser base para o conhecimento adequado da realidade. Esse movimento introduz a questão da identidade: a mente humana deve ser sempre idêntica a si mesma, de forma que possa ser sempre uma instância transparente. Pressupor a racionalidade como uma característica humana universal pressupõe a ideia de que todos os seres humanos têm a mesma capacidade de produzir conhecimento com base em pressupostos racionais, o que torna esse fato o ponto de partida para a construção de proposições universais. O conceito de consciência designará não apenas o fato de que somos seres sencientes, não apenas de que estamos em um estado de alerta, mas principalmente de que estamos cientes desse estado de consciência, de que somos capazes de refletir sobre o conteúdo de nossa mente.[287]

Outro fator importante será responsável pelo surgimento da ideia de uma consciência subjetivada, um dos pontos de partida para o surgimento de uma consciência psicológica: o individualismo. Essa ideologia estabelece o ser humano como o parâmetro principal de organização da sociedade, e ele agora passa ser visto como uma consciência racional capaz de ação autônoma em função de sua possibilidade de deliberação racional. Para Alain Renault, a modernidade surge culturalmente com o advento do humanismo e filosoficamente com a filosofia da subjetividade. O autor nos apresenta uma interessante análise da ideologia do individualismo. O humanismo procura afirmar a autonomia como

---

[286] THIEL, Udo. *The Early Modern Subject. Self-consciousness and Personal Identity from Descartes to Hume*. Oxford: Oxford University Press, 2011. p. 35-61.

[287] BADIOU, Alain. *Theory of the Subject*. London: Continuum, 2009.

valor próprio do homem, como a medida de sua dignidade, quando entende que não pode mais receber normas de conduta fundadas em princípios tais como a ordem natural ou a vontade divina. A fundamentação da sua conduta tem de ser buscada na racionalidade humana. Porém, quando os processos formadores da modernidade já estão bem definidos, percebe-se um deslocamento de uma ética da autonomia de natureza subjetiva para uma ética da independência de matriz individualista, ou seja, há um deslocamento de uma compreensão da subjetividade como fonte e princípio das normas individuais para uma ideia do homem como valor em si mesmo, o que leva à caracterização do individualismo como um momento da evolução do humanismo, mais propriamente como processo de sua dissolução.[288] O individualismo moderno não deve ser entendido apenas como um produto do processo histórico e cultural em que se desenvolve a modernidade, mas como um de seus pressupostos fundamentais. A metafísica do sujeito e o individualismo formam os dois planos sob os quais se constitui a própria imagem do homem moderno. O nexo entre indivíduo e autonomia subjetiva será constante no desenvolvimento do pensamento moderno e, principalmente, no direito. Por um lado, o sujeito é tematizado como uma qualidade humana que funda as categorias do ser e do conhecimento; por outro lado o indivíduo, enquanto pessoa, é a realidade empírica que materializa o sujeito.[289]

Essa nova metafísica terá desdobramentos relevantes para a reflexão ética. Por exemplo, no pensamento moderno, a capacidade do ser de agir racionalmente, ou seja, segundo os preceitos racionais que ele mesmo se impõe, a partir de uma liberdade que se funda na absoluta independência de qualquer forma de determinação exterior. Assim, o ato moral tem na vontade a sua validade ética, uma vontade que tem a si mesma como fundamento, pois se autodetermina. A vontade livre não pode agir sem lei; é exatamente pelo fato de ser livre que a vontade dá a si mesma, na forma de lei, a forma universal que toda norma deve ter.[290] A consciência da lei moral aparece para o ser humano como um aspecto da organização racional do mundo, impondo-se assim como um princípio universal. Enquanto as representações empíricas nos levam a simples leis de

---

[288] RENAUT, Alain. *L'Ére de l'individu: contribuition à une histoire de la subjecitivité*. Paris: Gallimard, 1988. p. 67.

[289] CAVENACCI, Massimo. Introdução. *In: Dialética do indivíduo: o indivíduo na natureza, na história e na cultura*. São Paulo: Brasiliense, 1984. p. 11.

[290] CARNOIS, Bernard. *La Coherence de la doctrine kantienne de la liberté*. Paris: Seuil, 1973. p. 124.

finalidade, pois visam apenas a fins particulares, a lei moral categoricamente imperativa apresenta-se como algo totalmente incondicionado pelas condições empíricas. O seu valor decorre da sua universalidade, que pode ser identificada como a forma universal do imperativo categórico. Desse aspecto puramente formal e *a priori* decorre um princípio de fundamental importância, que é a autonomia da Razão prática. O princípio determinante da atitude moral deve nascer espontaneamente de nossa Razão prática, que tem um caráter fundamentalmente autônomo, pois aparece como força incondicionada da Razão.[291]

O homem é um ser racional e um ser sensível, estando presentes nele tanto a faculdade de desejar quanto a vontade racional. Enquanto a primeira faculdade restringe o homem ao plano da mera individualidade, a vontade racional almeja a universalidade, que se tornará o critério do agir moral. A ação moral será então um meio para a elevação do ato particular que atende apenas a singularidade do sujeito à universalidade exigida pela lei moral. Essa universalidade da lei moral, que se fundamenta na própria natureza racional do sujeito, traz uma grande novidade para a constituição do sujeito moderno, ao recusar toda forma de eticidade de natureza heterônoma, referindo-se primordialmente ao sujeito enquanto princípio ontológico.[292] A vontade, entendida como a própria razão que se constitui sob o fundamento da liberdade, cria a própria lei moral à qual se submete, tornando o homem o legislador de si mesmo. A vontade não é uma faculdade exterior ao homem, mas a sua própria essência, um dado *a priori* da existência humana.[293]

A autonomia da vontade é a possibilidade que o homem tem de determinar a si mesmo. Essa autonomia moral, entretanto, comporta dois aspectos indissociáveis. O ser humano, como ente racional, impõe a si mesmo uma lei que deve ser acolhida por todo ser racional. Mas, como ser finito, o homem deve impor-se uma lei que toma a forma de um imperativo.[294] A lei moral como imperativo se define necessariamente como *dever-ser*, preceito que deriva do próprio fato de ela estar fundada no princípio da liberdade transcendental, ou seja, na Razão. Como a ética kantiana está também baseada no princípio da subjetividade, e o sujeito, ser finito que pretende elevar a ação moral ao

---

[291] MARECHAL, Joseph. *El punto de partida de metafísica, I: Desde la Antiguidad hasta el fin de la Edad Media*. Madrid: Biblioteca Hispânica de Filosofia, 1957. v. 1. p. 315-316.

[292] SALGADO, Joaquim. *A idéia de justiça em Kant*. Belo Horizonte: Humanitas, 1995. p. 158-159.

[293] CARNOIS. *La Coherence de la doctrine kantienne de la liberté*, p. 123.

[294] CARNOIS. *La Coherence de la doctrine kantienne de la liberté*, p. 119.

nível da universalidade, a lei moral coloca-se necessariamente em termos de dever-ser, pressupondo que a sua ação moral deva ser universal, derivando da Razão, que é o elemento *a priori* da essência humana e que obriga todos a agir moralmente com o intuito de que seu ato possa ser racionalmente fundamentado.[295] Para elevar a ação particular que se coloca como máxima subjetiva ao nível da lei universal, será preciso excluir todas as determinações materiais para que liberdade se torne uma causalidade livre e que possa assim dar lugar à lei fundamental da Razão, que prediz que se deve agir de forma que a sua ação possa ser tomada como uma lei universal. O imperativo categórico é absolutamente incondicionado, mas traz em si a ideia do dever-ser, pois o seu preceito deve ser necessariamente seguido por todo ser racional que se obriga por esse preceito racional universal.[296]

Da subjetividade metafísica para a subjetividade jurídica

O caso de Márcia Jacintho: um relato da dor de uma mãe

Hanry Silva Gomes de Siqueira era um adolescente de 15 anos de idade. Sua mãe, Márcia Jacintho, guarda uma terna lembrança dele: ele estava com os cabelos penteados e cheirava a sabonete quando saiu de casa para ir ao curso de informática, à escolinha de futebol e, mais tarde, ao colégio. Ele trabalhava em um escritório de advocacia e tinha ambições profissionais como todos os rapazes de sua idade. Márcia Jacintho estava preparando o jantar quanto ouviu tiros, um tipo de ação característica da ação truculenta com os moradores do Morro do Gambá, em Salvador. Ela pensava que a violência não poderia atingir seu filho, uma vez que ele era um rapaz trabalhador e muito estudioso. Ela estava enganada. Seu marido a acordou por volta das 2 horas da manhã dizendo que Hanry não estava em casa. No dia seguinte, ela bateu à porta de várias casas da vizinhança e foi informada de que duas pessoas haviam sido atendidas em um hospital próximo devido a um suposto confronto com a polícia. Algumas horas depois, seu marido e uma amiga reconheceram o corpo de seu filho em uma das gavetas quebradas e sem refrigeração do Instituto Médico Legal. Esse não foi o fim de seu desespero. Por meio

---

[295] SALGADO. *A idéia de justiça em Kant*, p. 159-162.
[296] CRAMPE-CASNABET, Michèle. *Kant, uma revolução filosófica*. São Paulo: Zahar, 1994. p. 74.

de um pedido ao Ministério Público para ter acesso ao inquérito, ela descobriu que o assassinato de seu filho foi justificado com o que tem sido chamado de "kit bandido": os policiais alegaram que o adolescente estava armado, que trocou tiros com a polícia; eles também alegaram que ele estava com uma quantidade significativa de maconha. Eles também o identificaram como um homem de 25 anos, malcuidado pela família; um pobre favelado com uma carreira criminosa. O comportamento criminoso dos policiais fez com que Márcia decidisse fazer a investigação sozinha. Márcia aprendeu que a perícia fala pela vítima. Por isso, ela voltou ao local, encontrou os chinelos dele, seguiu rastros de sangue. Ela fotografou tudo e questionou a ausência de pólvora na mão de seu filho. Ela coletou depoimentos de vizinhos; um deles disse que viu o momento no qual um dos agentes policiais saiu do mato e furtou um avental branco para ocultar o cadáver. A explicação para o assassinato de seu filho era clara: os traficantes não pagaram parte do arrego que mantêm com os policiais e estes mataram as primeiras pessoas que viram. Seu filho voltava para casa apenas com um chaveiro, foi abordado por policiais e executado. Depois de infindáveis audiências, com o apoio de membros do Ministério Público e de Marielle Franco, os dois policiais foram condenados. Um deles já tinha sido acusado de outros crimes, e eles foram, inclusive, promovidos na corporação durante a investigação. Márcia demonstra uma resiliência admirável, mas não conseguimos sequer imaginar a dor de seu sofrimento. Mães que tiveram seus filhos assassinados pela polícia desenvolvem uma variedade de problemas de natureza psicológica, e algumas delas efetividade morrem de tristeza. Outras desenvolvem problemas cardíacos, distúrbios autoimunes, diabetes e acidentes vasculares cerebrais. A vasta maioria delas permanece sem qualquer tipo de amparo ou resposta estatal.[297]

O caso de Márcia Jacintho nos causa indignação por vários motivos. Primeiro, porque representa uma violação de um dever básico de agentes estatais: proteger o direito à vida, o direito humano mais básico de todos. Segundo, porque estamos diante de um tipo de violência estatal dirigida a pessoas negras

---

[297] MENEZES, Leila. Senhoras das dores: as mães que a violência policial despedaçou. Site *Metrópoles*, 15 set. 2018. Disponível em: https://www.metropoles.com/materias-especiais/maes-que-perderam-seus-filhos-por-violencia-policial-lutam-por-justica. Acesso em: 8 set. 2021.

e pobres, pessoas que não são reconhecidas como cidadãs, pessoas que não são reconhecidas como sujeitos de direito, que não são vistas como dignas. Esse tipo de status, que deveria ser universal, que deveria pautar as ações de atores estatais, é sistematicamente ignorado por grande parte dos policiais brasileiros. Para eles, apenas pessoas brancas são consideradas seres humanos; negros não têm esse tipo de status, motivo pelo qual a violência ritualizada contra eles pode assumir a forma de vingança. Eles podem culpar a vítima pela própria torpeza moral, porque estão cientes de que a percepção de que pessoas negras não são vistas como atores sociais competentes é algo generalizado na sociedade brasileira; eles estão certos da impunidade em função do desprezo racial generalizado presente na nossa sociedade ao longo de toda a nossa história. Esse fato também faz com que mães que tiveram seus filhos assassinados pela polícia adoeçam, porque sabem que jamais receberão qualquer tipo de atenção estatal. Esse adoecimento decorre diretamente de um conflito moral de ter um status de portadora de direitos e de ter consciência de que eles não têm qualquer valor, porque pertencer ao grupo racial dominante é uma condição para o exercício da cidadania na sociedade brasileira; ser negro significa que você não será visto como um cidadão ou uma cidadã.[298]

É preciso então explorar os princípios que fundamentam a expectativa de que pessoas negras serão reconhecidas como membros válidos da comunidade política. A cultura jurídica moderna nasce sob a influência de dois grandes princípios: o individualismo e o racionalismo. O individualismo, além de indicar um novo parâmetro de construção do ser social nessa nova época, será o ponto de partida das doutrinas filosóficas e jurídicas da modernidade. A ideia de uma racionalidade universal que permite a aquisição do conhecimento verdadeiro da realidade é o outro paradigma que determinará a evolução da organização jurídica das sociedades modernas. A construção da cultura jurídica moderna a partir desses dois paradigmas mostra como a racionalidade metafísica desempenhará um papel de suma importância na sua construção, pois a partir de agora a racionalidade prática estará submetida a princípios de natureza cognitiva e instrumental da ciência, razão pela qual as normas jurídicas, entendidas como expressão do consenso entre indivíduos racionais, transformam-se em uma ordem de legitimação da operação das sociedades democráticas.[299] Mas de que forma a subjetividade epistêmica se tornou um pressuposto da subjetividade jurídica? Podemos apontar a convergência de alguns processos responsáveis

---

[298] Cf. DU BOIS, W. E. B. *As almas do povo negro*. São Paulo: Veneta, 2021. p. 21-23.
[299] SANTOS. *A crítica da razão indolente*, p. 52.

pela construção dessa manifestação da dimensão da existência humana: a representação do ser humano como um sujeito racional universal que encontra nessa característica a base para a afirmação de seu status moral, a reconstrução da noção de pessoa como uma categoria jurídica e a afirmação da racionalidade humana como elemento para a construção de uma ordem política baseada em um status jurídico universal de todos os membros da comunidade jurídica.

Observamos que o conceito de pessoa sofreu uma grande transformação ao longo do tempo, primeiro fazendo referência a formas de status exteriores para designar um ente com uma interioridade moral que precisa ser protegida por um catálogo de direitos. Os primeiros usos desse termo fazem referência ao fato de que o sujeito pertence ao gênero humano; esse termo implica o reconhecimento da individualização, mas designa um tipo de status genérico de seres que pertencem ao mesmo grupo. Sua utilização para designar pessoas indiferenciadas nasce em diversas expressões artísticas, notoriamente na literatura, e a face humana aparece como expressão dessa designação geral dos seres humanos. O aparecimento da reflexão filosófica entre os gregos empresta outro sentido a esse termo, na medida em que ele passa a designar também o ser humano como um indivíduo com uma racionalidade, ponto de partida para a afirmação da necessidade de desenvolvimento de uma interioridade moral. O cultivo das virtudes morais se mostra relevante em uma realidade na qual as relações próximas entre direito e política requerem que as pessoas estejam envolvidas em um constante exercício da virtude moral, uma vez que a arena política é o lugar de aprimoramento moral dos indivíduos.[300]

Podemos pensar a noção de pessoa a partir de uma pluralidade de perspectivas. Primeiro, ela designa a particularidade dos seres humanos, um aspecto que adquire grande preponderância no mundo moderno com a ascensão do individualismo. Está aqui presente a noção de que cada ser humano é único, motivo pelo qual ele não pode ser replicado. A ideia da particularidade implica que cada ser humano deve ser visto como um indivíduo que merece ser protegido em função do fato de não poder ser repetido, pois todas as existências são únicas. A ideia de pessoa indica a existência de um caráter específico de alguém, o que está associado com a sua particularidade. Outro aspecto relevante presente na noção de pessoa é o fato de que ela inclui o conceito de papéis sociais. Originalmente, esse termo designava a máscara utilizada por atores no teatro; indivíduos que se

---

[300] HOLLIS, Martin. Of Masks and Men. *In*: CARRITERS, Michael; COLLINS, Steven; LUKES, Steven. *The Category of the Person. Anthropology, Philosophy, History*. Cambridge: Cambridge University Press, 1985. p. 217-228.

apresentavam ao público desempenhando personagens. Em tempos mais recentes, a noção de pessoa passa a expressa funções que os seres humanos ocupam, inclusive de natureza jurídica ou política. Essa dimensão desse termo parece ser um elemento presente em diversas culturas, na medida em que processos de diferenciação social são responsáveis pela atribuição de funções específicas aos indivíduos, funções vistas como responsabilidades e lugares sociais associados ao status que os indivíduos têm em uma sociedade. Os seres humanos atuam nas diversas interações humanas desempenhando personagens que são determinações culturais de como as pessoas devem se comportar no mundo social em certas circunstâncias e com certas pessoas. Esses papéis transcendem o indivíduo, funcionando como um tipo de apresentação deste na sociedade. As sociedades humanas são organizações nas quais as pessoas desempenham certos papéis que operam como meios de socialização, de organização dos comportamentos e de compreensão dos indivíduos sobre si mesmos.[301]

Não podemos esquecer que esse conceito também designa um *status moral*. Ser reconhecido como uma pessoa significa reivindicar reconhecimento de um status especial na comunidade política, seja um status moral, seja um status jurídico. Essa dimensão racional do conceito de pessoa significa que os seres humanos devem ter tratamento diferenciado de outros seres em função da sua capacidade de reflexão racional. Se, de um lado, o termo "pessoa" faz referência a seres humanos particulares, esse termo tem uma dimensão genérica dos indivíduos como seres conscientes, como seres independentes, como seres autônomos. Ao lado dos papéis que uma pessoa desempenha em uma sociedade enquanto portadora de direitos está também a ideia de que os indivíduos são seres morais, fator responsável pela introdução da questão da consciência moral no campo do direito. O cristianismo será responsável pela consolidação da dimensão moral do conceito de pessoa, ao introduzir uma base metafísica à reflexão sobre esse conceito. Se, em tempos anteriores, a noção de pessoa designava um status genérico, agora ela será concebida de outra forma, adquirindo a significação de pessoa humana. Essa ideia expressa a dimensão individual, mas também a dimensão racional, a dimensão metafísica e a dimensão moral. A atribuição de uma alma a todos os seres humanos indica a particularidade de cada um deles, os quais existem de forma independente da vida social e inclusive da sua

---

[301] TAYLOR, Charles. The Person. *In*: CARRITERS, Michael; COLLINS, Steven; LUKES, Steven. *The Category of the Person. Anthropology, Philosophy, History*. Cambridge: Cambridge University Press, 1985. p. 257-277; COPP, David. Social Unity and the Identity of Persons. *The Journal of Political Philosophy*, v. 10, n. 4, p. 365-391, 2002.

dimensão corporal. Os seres humanos têm uma alma, um termo que designa a ideia de personificação, mas também de introspecção, um exercício necessário para o desenvolvimento espiritual do indivíduo. Essa dimensão moral da noção de pessoa adquire uma fundamentação metafísica ainda mais sólida com a ascensão do individualismo e do racionalismo no mundo moderno, processos responsáveis pela construção da noção dos seres humanos como agentes morais. A metafísica moderna interpretará o conceito de pessoa como algo que descreve os seres humanos como agentes com uma consciência racional, portanto capazes de refletir sobre seus próprios atos, agentes com uma consciência que mantém uma identidade consigo mesma.[302]

A cultura jurídica moderna promove um processo de subjetivação jurídica ao instituir uma sociedade legalmente organizada a partir de alguns pressupostos. Ela se torna possível por meio de um consenso político ocorrido entre indivíduos que são capazes de regular suas ações a partir de normas que eles consideram legítimas por expressarem uma racionalidade comum. Essa sociedade adquire uma forma política específica, que é um Estado de Direito, uma instância política criada com o objetivo de promover a proteção jurídica de todos os membros da comunidade política. A eles é atribuída uma série de direitos que lhes são devidos em função do status de cidadãos, direitos que podem ser oponíveis ao Estado. O Estado de Direito aparece então como uma instância com função específica: operar como uma instância responsável pela criação de um regime geral de liberdades que forma um espaço de ação individual necessário para o exercício da autonomia humana. Os direitos subjetivos são então prerrogativas que as pessoas passam a ter em uma organização estatal cujas instituições existem para promover liberdades. Eles têm importância central para a regulação dessa nova ordem social na qual as pessoas são vistas como agentes, como consciências individualizadas reguladas por regras racionais que criam os meios para a autorregulação das próprias ações. Os direitos subjetivos são vistos como um fato correspondente às liberdades morais dos indivíduos, eles existem para garantir a realização delas.[303]

Ao conceito de pessoa têm sido atribuídas diversas funções relevantes para a nossa reflexão sobre a articulação entre subjetividade epistêmica, subjetividade

---

[302] LOLORDO, Antonia. Persons in Seventeenth- and Eighteenth-century British Philosophy. *In*: LOLORDO, Antonia (ed.). *Persons, a History*. Oxford: Oxford University Press, 2019. p. 1-35.

[303] COING, H. Signification de la notion de droit subjectif. *Archives de Philosophie du Droit*, n. 9, 1964, p. 1-10.

jurídica e subjetividade psicológica. Esse termo pressupõe a noção de que os seres humanos devem ser tratados com propriedade, com respeitabilidade. Ser uma pessoa significa ser reconhecido ou reconhecida como alguém que possui direitos e que deve então ser visto como uma finalidade em si mesma. Também está associada a essa noção de pessoa a presunção de que os indivíduos devem ser reconhecidos como sujeitos racionais, como pessoas que são dignas porque capazes de deliberação racional. Esses direitos são garantidos por normas jurídicas, e isso ocorre porque elas atribuem aos seres humanos o status de entes jurídicos. Esse status pressupõe direitos que devem ser observados pelos outros e responsabilidades que devem ser consideradas pelos indivíduos. Esses direitos e responsabilidades são então legalmente definidos, sejam eles de ordem geral, sejam os que os indivíduos assumem para si mesmos. O conceito jurídico de pessoa concede aos indivíduos direitos e deveres legalmente definidos, motivo pelo qual eles podem recorrer a esses direitos para garantir proteção jurídica, e outros podem também recorrer a eles para exigir a conformidade com prescrições legais.[304]

A noção de pessoa também está relacionada com a representação dos seres humanos como agentes, como indivíduos cujas decisões expressam sua capacidade de fazer escolhas e definir planos de vida que eles possam adotar. Estamos aqui diante de um ente que procura proteger um espaço de ação individual no qual ele pode agir de maneira livre e ainda algo que possui uma dimensão construtiva, porque expressa a capacidade humana de decisão própria. A representação do ser humano como agente indica tanto a posse de uma racionalidade crítica quanto a existência de uma avaliação independente do planejamento de suas ações. Por ser um ente capaz de autoavaliação, ele pode analisar suas ações e seus propósitos a partir de uma perspectiva crítica, ele é capaz de medir a propriedade de suas ações. A autonomia humana não tem apenas uma natureza negativa ou positiva; ela também implica a possibilidade de criatividade, implica a capacidade das pessoas de instituir caminhos ainda não trilhados por outros. As pessoas têm a capacidade de inventar novas formas de ser no mundo, as relações sociais podem ser recriadas ao longo da vida. Assim, a noção de autonomia existe para proteger as pessoas contra intervenções indevidas, ela pressupõe condições adequadas para a construção da existência

---

[304] RORTY, Amélie Oksenberg. Persons and *Personae*. *In*: GILL, Christopher (ed.). *The Person and the Human Mind. Issues in Ancient and Modern Philosophy*. Oxford: Clarendon Press, 1990. p. 22-25.

e ela também garante os meios para que os indivíduos tenham a liberdade para criar modos de ser.[305]

Desde a sua primeira formulação, a noção de pessoa tem sido identificada com a noção de papéis sociais, com os lugares sociais que as pessoas ocupam e a influência destes na formação da identidade individual. Desde o mundo antigo, a palavra "*persona*" designa a máscara que atores usavam para desempenhar sua função como atores, situação que pode ser vista como um tipo de metáfora da realidade das pessoas em todas as sociedades humanas: elas também desempenham uma série de funções sociais reivindicadas ou atribuídas, funções que determinam tanto o lugar social quanto a identidade social. O status de pessoa enquanto realidade psicológica também tem uma dimensão normativa, porque a identidade individual também é composta por papéis sociais internalizados que orientam o comportamento individual. Embora os indivíduos possam ter uma postura crítica em relação a eles, esses papéis sociais operam como orientação geral do comportamento, expressando as expectativas sociais em relação às pessoas. Esses papéis sociais também expressam o fato de que ocupam uma função relevante, que é a organização das relações entre os indivíduos, permitindo que eles estabeleçam padrões de racionalidade nas interações sociais; esses papéis sociais permitem que os indivíduos tenham conhecimento das funções que devem desempenhar quando estão em determinados lugares estão em algum tipo de relação baseadas em designações distintas para atores sociais. Esses papéis sociais são então meios pelos quais os indivíduos constituem a própria identidade com base em interações sociais a partir das quais eles absorvem parâmetros para estruturar a própria vida na realidade.[306]

A pessoa humana como sujeito de direito

A reflexão sobre os fatores responsáveis pelo surgimento da noção de uma subjetividade jurídica na modernidade não pode prescindir de uma análise do conceito de sujeito de direito, categoria central do direito moderno e parâmetro para a compreensão dos indivíduos nas democracias liberais. O surgimento desse termo está relacionado com uma pluralidade de transformações culturais que ocorrerão no mundo moderno, entre elas o processo de subjetivação do discurso jurídico, que ocorre por meio da transformação paulatina da ideia

---

[305] RORTY. Persons and *Personae*, p. 25-26.
[306] RORTY. Persons and *Personae*, p. 28-29.

de dignidade humana, que designa um tipo de status especial decorrente da racionalidade humana, para um tipo de racionalidade que representa o ser humano como portador de direitos que lhe permitem realizar a potencialidade de sua racionalidade. O mundo moderno está construído sobre a representação dos seres humanos como entes racionais, status sobre o qual será construído o status jurídico na comunidade política. Ao mesmo tempo, a passagem de uma subjetividade racional para uma subjetividade jurídica não poderia ocorrer sem a representação do ser humano como um ser moral. Isso, porque seu reconhecimento como um sujeito de direito decorre de seu reconhecimento como um sujeito autônomo, como um sujeito capaz de operar de forma racional no espaço jurídico. Seu status jurídico se mostra relevante para que ele possa ter os meios institucionais para realizar autonomia, que se apresenta por meio de uma liberdade individual.[307]

A noção de pessoa adquirirá novos sentidos quando passar a designar também o status jurídico dos indivíduos em uma sociedade, status que lhes atribui uma série de direitos necessários para que possam gozar de liberdade. Esse fato se mostra relevante na medida em que o termo "pessoa" designa um status jurídico que tem o propósito ulterior de permitir a ação de indivíduos no mundo social, além de operar como um meio para a sua realização moral. O termo *"persona"* indicará, nessa nova realidade, um conjunto de papéis e funções desempenhadas pelos indivíduos que possuem um tipo de status jurídico específico. Mais do que uma designação da máscara utilizada por atores, esse termo expressa também uma designação genérica do status jurídico que as pessoas ocupam na sociedade. Mesmo nessa nova realidade, essa dimensão não deixa de expressar a noção de interioridade moral dos indivíduos, uma vez que o termo também terá uma significação especial no pensamento filosófico da época, correntes de pensamento que entendem o ser humano tanto como um ser particular quanto como um ente voltado para a realização moral por meio da utilização da razão. O termo "pessoa" sempre implicará uma série de dualidades decorrentes de sua longa formação. Temas como interioridade e exterioridade, ser e parecer, geral e individual, moral e direito, psicológico e social sempre farão parte das várias formulações sobre esse tema.[308]

---

[307] ZARKA, Yves Charles. La invención del sujeto de derecho. *Isegoría*, v. 20, p. 31-49, 1999.

[308] TRIGEAUD, Jean-Marc. *Persona ou la justice au double visage*. Genova: Studio Editoriale di Cultura, 1991. p. 52-54.

O conceito de pessoa no discurso jurídico terá uma natureza abstrata, porque designa um status jurídico composto de uma pluralidade de direitos; expressa um tipo de status geral corporificado por uma diversidade de papéis individuais que alguém pode desempenhar na vida social. Esses papéis estão ligados ao tipo de direito que os institui, e esses direitos determinam as dimensões das funções que as pessoas devem desempenhar nesses papéis. O status de pessoa jurídica designa a existência em uma sociedade na qual as interações humanas são reguladas por normas jurídicas; designa uma realidade na qual as relações comerciais estão baseadas no reconhecimento de que o status jurídico das partes envolvidas estabelece obrigações e direitos entre elas, o que só pode ocorrer na medida em que elas tenham um tipo de status social regulado por normas legais. A existência jurídica pressupõe então uma existência generalizada por meio da qual todos os indivíduos com o mesmo status podem exercer os mesmos direitos; a noção de pessoa implica uma generalização de comportamentos na medida em que todas as pessoas devem desempenhar os papéis instituídos pelas normas jurídicas da mesma maneira. As pessoas podem agir de forma livre uma vez que possuem um status que lhes permite desempenhar uma série de funções que lhes estão abertas em função dos direitos que lhes são atribuídos e reconhecidos; enquanto o indivíduo operar dentro dos limites estabelecidos por seus direitos, ele poderá agir sem a intervenção do Estado.[309]

Esse caráter abstrato da pessoa humana indica uma série de questões relevantes para a nossa análise. Se, de um lado, a noção moral de pessoa pressupõe a particularidade de cada ser humano, por outro, sua dimensão jurídica está fundada na ideia de que justiça é um ideal que só pode ser alcançado na medida em que todos os indivíduos sejam vistos a partir dessa noção indiferenciada de um status jurídico comum. Enquanto termo que indica o status jurídico de um indivíduo na comunidade política, a noção de pessoa parece prescindir da análise da dimensão moral substantiva do indivíduo, concepção que fundamentará diversas teorias positivistas de direitos. Por outro lado, enquanto base para a moral social, não se pode deixar de considerar o fato de que esse termo designa um tipo de interioridade racional sobre a qual está construída a noção de dignidade dos seres humanos. Entretanto, em tempos recentes, essa distinção entre a dimensão jurídica e a dimensão moral da noção de pessoa tem sido criticada devido à necessidade de se considerar a noção integral de pessoa, expressão que indica o reconhecimento de seu status jurídico especial,

---

[309] TRIGEAUD. *Persona ou la justice au double visage*, p. 53-54.

mas também o fato de que as normas jurídicas existem para proteger a dignidade dos seres humanos. Os movimentos sociais contemporâneos enfatizam o caráter relacional da individualidade humana, motivo pelo qual a concepção de uma individualidade baseada apenas na noção de racionalidade não se mostra suficiente para a compreensão da dinâmica da formação da individualidade. Não se trata da defesa de uma moral puramente individual, mas do reconhecimento de que os seres humanos desenvolvem um senso de humanidade no processo de interação com outros indivíduos.[310]

A convergência entre a representação dos seres humanos como sujeitos racionais e a noção de pessoa será responsável pelo surgimento de um novo tipo de pertencimento dos indivíduos nas sociedades modernas: o status de *sujeito de direito*. A construção dessa nova forma de existência nas sociedades humanas ocorre em função da articulação das representações dos indivíduos a partir das categorias da individualidade, da subjetividade e da personalidade. Se, em tempos anteriores, o direito era pensado como um conjunto de normas que espelhava a racionalidade presente no mundo exterior ou na vontade transcendente de um ser criador, ele agora surge como uma qualidade moral dos indivíduos, ponto de partida para a sua formulação como um conjunto de normas que expressam direitos subjetivos. Ao lado dessa dimensão moral, estão também presentes a noção de que direitos expressam faculdades individuais, o que inclui a noção de um poder sobre algo, a ideia de domínio sobre certas instâncias da vida e a possibilidade de exigir algo que é devido. Estamos então diante de um status que reconhece as pessoas como detentoras de uma autonomia individual que se expressa pela existência de esferas de ação livre dos indivíduos. Esses fatores serão responsáveis pela formulação de um tipo de justiça de caráter atributivo, uma vez que reconhece as pessoas como indivíduos com direitos e deveres na ordem pública.[311] A retomada da noção de pessoa como ser moral marca outro passo importante na formação do conceito de sujeito de direito. A noção de pessoa aparece novamente como sujeito de imputação lógica; a personalidade é entendida na forma de capacidade geral de exercer direitos e de cumprir obrigações. Ela se funda principalmente na capacidade do indivíduo de responder por seus atos. A personalidade como condição de

---

[310] TRIGEAUD. *Persona ou la justice au double visage*, p. 55-57; HONNETH. Recognition and Justice: Outline of a Plural Theory of Justice, p. 351-355.

[311] ZARKA, Yves Charles. L'Invention du sujet du droit. *Archives de Philosophie*, Paris, v. 60, n. 4, 1997, p. 533-535.

aquisição de direitos será a forma de existência jurídica de todo indivíduo nas sociedades organizadas de acordo com uma lógica democrática.[312] Por ser uma qualidade moral que se distingue de uma qualidade física, o direito subjetivo designa uma relação moral estabelecida entre uma faculdade de fazer e uma obrigação correlativa.[313] Partindo da noção antiga de *persona*, podemos então entender a noção de sujeito de direito como um status específico do indivíduo na sua comunidade política, ou seja, podemos compreender o ser humano como certa posição que o direito lhe outorga na sociedade em função de sua personalidade jurídica.[314]

A análise da noção de sujeito de direito nos mostra como dois parâmetros de organização cultural da modernidade, o individualismo e a subjetividade, determinarão a concepção de cidadania no mundo moderno e a compreensão do homem a ela associada. O discurso antropológico subjacente ao discurso jurídico na modernidade está centrado na representação do ser humano como sujeito e como indivíduo. Essa representação presente na filosofia como uma essência estável, permanente e imutável será legitimada pela cultura jurídica tanto na sua prática como na sua aplicação teórica. O conceito de sujeito de direito expressa uma essência humana genérica, porque concebe o indivíduo primordialmente como subjetividade. Tal noção permite aos seres humanos se reconhecerem na figura do indivíduo que possui direitos e obrigações na ordem jurídica, podendo alcançar por esses meios a sua realização. A cultura moderna surge assim como produtora de formas identitárias, apresenta-se como um discurso subjetivador. Mas a transformação do princípio da subjetividade em sujeito de direito apresenta um paradoxo, pois se, por um lado, ela aparece como condição necessária ao exercício de liberdades fundamentais, por outro, ela não pode ser pensada em toda a sua riqueza pelo direito em função de sua necessidade de universalidade.[315] A representação do ser humano como sujeito de direito designa uma entidade genérica e indiferenciada: é ao mesmo tempo uma expressão ativa e reflexo passivo da norma jurídica, ela também é um fenômeno geral e abstrato. Os dois princípios apresentam-se como formas

---

[312] TRIGEAUD, Jean-Marc. La Personne juridique dans la philosophie européenne. *In*: TRIGEAUD, Jean-Marc (ed.). *Philosophie juridique européenne. Les Institutions*. Roma: Japadre, 1990. p. 199-200.

[313] ZARKA. L'Invention du sujet du droit, p. 541.

[314] GRZEGORCZYK, Christophe. Le Sujet du droit: trois hypostases. *Archives de Philosophie du Droit*, n. 34, p. 9-22, 1989, p. 13.

[315] BROEKMAN, Jan. *Derecho y antropología*. Madrid: Civitas, 1993. p. 261-263.

que devem absorver toda a realidade.[316] A ideia de sujeito de direito possibilita a formação de um princípio antropológico universal passível de ser aplicado a todos os seres humanos. Tal conceito não pretende descrever sujeitos empíricos, mesmo porque pressupõe a noção de uma natureza humana universal, mas apresenta como um pensamento da subjetividade compreendida como princípio abstrato e genérico decorrente na noção de pessoa jurídica.[317]

Observamos na modernidade uma continuidade entre a representação de subjetividade presente no discurso metafísico e a subjetividade presente no discurso jurídico. A filosofia da consciência está construída em torno da imagem da consciência racional como ponto de partida para o conhecimento; a subjetividade racional opera como substrato para o conhecimento adequado da realidade, instância que se apresenta para o sujeito como um objeto a ser conhecido. Essa concepção de subjetividade abre espaço para a subjetividade jurídica, que também encontrará seu fundamento na representação dos seres humanos como consciências individualizadas com prerrogativas que se afirmam na forma de direitos subjetivos. A ideia de agência presente no discurso metafísico também estrutura a noção de agência presente no discurso jurídico, uma vez que a figura do sujeito de direito designa seres que possuem direitos por meio dos quais eles podem operar de forma autônoma. A noção de personalidade jurídica está relacionada com a noção de sujeito de direito, uma vez que ela diz respeito aos status jurídico que as pessoas ocupam. O conceito de sujeito de direito pode ser visto como uma função da noção de personalidade jurídica na medida em que reflete o status que as pessoas possuem no mundo jurídico, enquanto a personalidade pode ser vista como expressão de uma série de atribuições jurídicas às pessoas. O conceito de sujeito de direito nasce no mundo moderno para designar o status dos indivíduos como sujeitos proprietários, como sujeitos que podem atuar na ordem jurídica em função da autonomia da vontade e como sujeitos com responsabilidades na ordem jurídica em função dos atos que ele pode operar nela.[318]

O conceito em discussão designa aquelas pessoas que são titulares de direitos em determinada ordem jurídica; esse termo designa um status de natureza jurídica que se materializa pela possibilidade de um indivíduo exercer diversas categorias de direitos, e as condições para essa titularidade podem variar ao longo do tempo. Assim, enquanto status jurídico, o conceito de sujeito

---

[316] AMATO. *Il soggetto e il soggetto di diritto*, p. 12.

[317] BROEKMAN. *Derecho y antropologia*, p. 255.

[318] GRZEGORCZYK. Le Sujet du droit: trois hypostases.

de direito designa a condição daqueles aos quais é atribuída a titularidade de direitos. Enquanto forma de identidade social, esse conceito pressupõe o reconhecimento das pessoas como sujeitos morais cuja existência deve ser protegida por regras jurídicas. Esse status implica ainda uma posição jurídica a partir da qual as pessoas podem operar socialmente. A noção de sujeito de direito faz referência à temporalidade da vida humana, uma vez que essa condição pode ser usufruída durante o período da vida dos indivíduos. Sujeitos de direito possuem personalidade jurídica em função da pluralidade de direitos destinados à proteção dos indivíduos reconhecidos como pessoas aos olhos do direito. A atribuição de uma personalidade jurídica aos seres humanos decorre da premissa de que direitos lhes são inerentes pelo simples fato de serem seres humanos; o princípio da universalidade de direitos fundamenta então a atribuição do status de sujeito de direitos a todas as pessoas.[319]

A noção de agência pode ser vista como um elemento que conecta a subjetividade psicológica à subjetividade epistêmica e à subjetividade jurídica por alguns motivos cruciais. Embora as pessoas possam fazer escolhas em função da capacidade de volição, a autodeterminação nem sempre ocorre de forma independente das circunstâncias nas quais as pessoas se encontram. Uma escolha pode ser vista como produto de autodeterminação quando envolve um processo de deliberação e escolha de plano de ação por um indivíduo que está apto a escolher entre diversas alternativas possíveis. As escolhas que as pessoas fazem na vida espelham a capacidade de autodeterminação quando são produto da possibilidade de elas tomarem decisões a partir de sua capacidade de deliberação. A noção de agência envolve ainda uma situação na qual as oportunidades são abertas para as pessoas, momento no qual elas podem tomar decisões nesta ou naquela direção. A noção de agência implica então o reconhecimento do status dos seres humanos como seres racionais capazes de reflexão racional sobre a realidade. Isso significa que a condição de agente de um indivíduo é realizada quando ele vive em uma sociedade na qual ele não sofrerá restrições indevidas de seus direitos, na qual ele não deixará de ser reconhecido como um agente moral. Escolhas individuais se tornam possíveis quando as pessoas vivem em um regime político que lhes garante um âmbito de ação que lhes permite construir planos de vida em uma direção ou outra. O ser humano enquanto agente racional e o ser humano enquanto sujeito de direito são integrados na agência psicológica: essas duas dimensões da subjetividade humana abrem espaço

---

[319] DEMOGUE, René. *Les Notions fondamentales du droit privé. Essai critique*. Paris: Rousseau, 1911. p. 320-330.

para que os indivíduos tenham os meios para construir uma representação de si mesmos como agentes capazes de traçar planos de vida, ato supremo de autodeterminação pessoal que garante a possibilidade de integridade psíquica. A autodeterminação ocorre quando indivíduos envolvidos em uma prática intersubjetiva regulada por relações jurídicas exercem uma agência de caráter genérico que permite o exercício da agência humana.[320]

A noção jurídica de pessoa está construída sobre uma compreensão subjetivista de direitos na qual os indivíduos possuem direitos que lhes são reconhecidos em função do status de membros de uma comunidade política. Essa atribuição de direitos expressa a existência de uma personalidade jurídica, o reconhecimento da pessoa como um agente ao qual devem ser concedidos direitos comuns a todos os membros da comunidade política. Esse fato torna essa pessoa um tipo específico de agente: um sujeito de direito. O reconhecimento jurídico de um indivíduo como uma pessoa significa o seu reconhecimento como alguém capaz de exercer direitos, de operar na esfera pública e na esfera privada enquanto sujeito com os mesmos direitos que todos os outros. Personalidade jurídica significa gozo e exercício de direitos. Um indivíduo pode operar na realidade social a partir da gama de direitos que lhes são reconhecidos, o que permite realizar uma série de ações que podem ser classificadas como planos de vida. A personalidade jurídica surge então como um tipo de identidade indelével do indivíduo em função de seu caráter universal, em função do fato de que ela representa um status primordial dos indivíduos que vivem em sociedades jurídicas organizadas. Todos os indivíduos são pessoas no sentido jurídico, porque todos são sujeitos de direito, todos são reconhecidos como pessoas que podem exercer direitos na esfera pública e na esfera privada.[321]

É importante observar a forma como a noção de pessoa humana aparece no discurso jurídico; conceitos centrais dessa área foram construídos em torno da necessidade de criar um campo de proteção dessa categoria antropológica fundamental. Temos a noção de personalidade jurídica, conceito que indica a possibilidade de alguém figurar como sujeito de relações jurídicas; temos direitos da personalidade, conjunto de normas destinadas a proteger mecanismos por meio dos quais o indivíduo expressa seus diferentes modos de ser no mundo; temos a classificação dos membros de um regime democrático como sujeitos de direito, termo que indica o status de uma pessoa em uma comunidade

---

[320] WINFIELD, Richard Dien. *The Just State. Rethinking Self-government*. New York: Humanity Books, 2005. p. 54-110.

[321] TRIGEAUD. La Personne juridique dans la philosophie européenne, p. 199-201.

política juridicamente organizada. Todas essas classificações expressam certo nível de abstração dos seres individualizados, uma vez que descrevem formas genéricas do existir em uma sociedade. Estas representam os seres humanos a partir de certas características relacionadas com sua representação como seres morais, notoriamente com a concepção dos indivíduos como agentes, categoria que designa a capacidade de as pessoas estabelecerem cursos de ação a partir de um processo de reflexão sobre os motivos, sobre as possibilidades, sobre os sentidos e sobre os propósitos de suas ações. Essas categorias a partir das quais o discurso jurídico retrata a pessoa humana pressupõem uma ideia de unidade construída em torno das noções de escolha e de ação, pois elas existem, em última instância, para garantir a liberdade individual que se expressa por uma pluralidade de sentidos e de possibilidades. O conceito jurídico de pessoa tem uma dimensão material, porque consiste em um conjunto de direitos e obrigações decorrentes da percepção de que os seres humanos devem ter espaços de ação protegidos a partir de status atribuídos a todos e a todas.[322]

Devemos ter em mente que o reconhecimento da pessoa humana no ordenamento jurídico estabelece algumas consequências normativas significativas. Primeiro, ele estabelece que sua proteção deve ser pensada a partir de uma perspectiva integral; as normas jurídicas procuram proteger a pessoa humana na sua integralidade, perspectiva baseada na noção de uma unidade entre as várias dimensões da existência humana. A noção de integridade pessoal decorre do reconhecimento de que a existência humana dignificada depende da proteção de uma pluralidade de dimensões: a dimensão corporal, a dimensão moral, a dimensão psicológica, a dimensão cultural, a dimensão política, a dimensão social. Desconsiderar a correlação entre essas diferentes esferas da existência humana pode resultar em um tratamento indigno, porque o exercício de cada uma delas depende do gozo de uma pluralidade de direitos necessários para proteger a unidade da pessoa, conceito construído em torno de sua integridade. Assim, a ideia de uma integridade da existência humana permite estabelecer a necessidade de proteção da expressão da identidade pessoal no espaço público e no espaço privado; a possibilidade de constância de tratamento dessas esferas permite que a pessoa afirme sua dignidade, que ela expresse seus modos de ser e construir cursos de ação. Ter uma existência dignificada significa poder ter a proteção da unidade da identidade ao longo do tempo e em diferentes esferas da existência. Assim, tratamentos discriminatórios comprometem a dignidade

---

[322] BIOY, Xavier. *Le Concept de personne humaine en droit public*. Paris: Dalloz, 2003. p. 37-42.

humana, porque estão baseados em traços identitários dos indivíduos, impedindo que eles construam e vivenciem um sentimento de integridade, o que causa danos para a existência do indivíduo ao limitar os modos de ser.[323]

Textos constitucionais contemporâneos estabelecem a proteção da pessoa humana como um objetivo central da ordem jurídica, motivo pelo qual os direitos fundamentais estão diretamente relacionados com a noção de integridade da pessoa humana, uma vez que eles garantem diferentes esferas da existência dos indivíduos ao longo da vida e em diferentes espaços. Esses documentos legais procuram proteger a pessoa humana na sua dimensão jurídica, na sua dimensão política, na sua dimensão social e na sua dimensão moral. O reconhecimento da pessoa humana como um ser moral está presente em textos constitucionais que elencam inúmeros direitos fundamentais responsáveis pela proteção de liberdades que permitem a afirmação dos seres humanos como agentes, como entes que devem ter os meios para criar projetos de vida, uma decorrência da pressuposição de que todos os seres humanos devem ter acesso aos meios para poderem afirmar e proteger formas de existir no espaço público e no espaço privado, desde que isso não signifique um limite injusto aos interesses de outras pessoas. Esses textos constitucionais estabelecem valores que devem nortear a ação de instituições públicas e privadas, e têm como propósito último e princípio central a proteção da dignidade humana. A centralidade da dignidade humana nesses textos constitucionais demonstra também a extrema relevância dos direitos fundamentais na ordem jurídica, uma vez que eles procuram concretizar a dignidade humana, preceito que expressa a fundação da atual ordem constitucional. Os seres humanos, como titulares de direitos fundamentais, encontram os meios para se afirmar como seres capazes de expressar sua personalidade, para instituir os propósitos e as direções para suas existências, condição para que possam construir uma existência dignificada.[324]

Do sujeito epistêmico ao sujeito psicológico

O caso de Luana Barbosa: um relato sobre violência interseccional

Luana Barbosa era uma mulher negra e lésbica que voltava para casa com seu filho de 14 anos na garupa. Ela já tinha sido parada quatro vezes naquele dia por policiais por estar conduzindo uma moto, atos provocados

---

[323] BIOY. *Le Concept de personne humaine en droit public*, p. 41-45.
[324] BIOY. *Le Concept de personne humaine en droit public*, p. 55-75.

pela suspeição relacionada com o fato de ser uma pessoa negra moradora de uma área periférica. A última enquadrada policial teve consequências trágicas. Os policiais iniciaram uma escalada de violência contra ela, motivada por ser uma mulher conduzindo uma motocicleta e por não corresponder ao comportamento esperado de pessoas do sexo feminino. Ela se recusou a ser revistada por policiais masculinos e exigiu a presença de uma mulher. Os policiais pensaram que se tratava de um homem, porque ela estava usando roupas masculinas, o que motivou Luana a retirar a blusa para mostrar que era uma mulher. Essa demanda de direitos despertou a fúria deles, que a espancaram repetidamente, também impedindo que os presentes recorressem ou gravassem o acontecido. A percepção de ser uma mulher lésbica tornou a violência ainda maior. Ela foi hospitalizada, mas morreu cinco dias depois. Os policiais foram acusados de homicídio triplamente qualificado, mas permanecem soltos até o momento. Seu filho presenciou toda a cena traumatizante que causou a morte de sua mãe, assassinada sem possibilidade de defesa. Ele e os outros familiares de Luana buscam justiça, mas esse objetivo parece longe de ser alcançado. Embora outras testemunhas arroladas estivessem sob proteção judicial, elas desapareceram, o que dificultou a conclusão do julgamento dos policiais assassinos. Com o objetivo de impedir o julgamento por um júri popular, o que aumentaria as chances de condenação, esses indivíduos utilizaram uma estratégia bastante frequente para justificar a morte de Luana: ela tinha passagem pela polícia, desafiou a autoridade policial. O caso tinha sido encaminhado à justiça militar, mas foi arquivado por uma suposta ausência de crime militar, tendo sido reaberto a pedido do Ministério Público. O caso de Luana teve repercussão nacional e internacional em função de pessoas que procuram garantir que seus assassinos sejam devidamente responsabilizados. Alguns coletivos também têm desempenhado um papel relevante nesse processo, especialmente alguns formados por mulheres negras lésbicas periféricas. A vida de Luana nunca foi fácil. Ela chegou ao interior de São Paulo depois do assassinato de seu pai; sua mãe trabalhava em vários lugares para poder sustentar as filhas e um filho com necessidades especiais; era uma situação de crianças sendo responsáveis por crianças. Morando uma área politicamente dominada por uma elite agrária, a família sempre enfrentou a violência policial generalizada que afeta pessoas negras e periféricas. Como em todas as outras regiões do país, ser negro, ser homossexual e ser periférico significa estar em uma situação de completa vulnerabilidade, especialmente em contatos com forças policiais.

Os detalhes do caso de Luana Barbosa demonstram uma conexão importante com as situações anteriormente examinadas: a negação do reconhecimento de pessoas negras como agentes racionais, elemento central da representação dos seres humanos como sujeitos com uma dignidade intrínseca. Ele também nos mostra, mais uma vez, que a sociedade brasileira se recusa a reconhecer negros como sujeitos de direitos, como pessoas com o direito constitucional de exercer direitos; pelo contrário, negros são submetidos a um processo constante de coisificação. Ele mostra, então, outra dimensão importante da experiência subjetiva de pessoas negras neste país: *os meios a partir dos quais o processo permanente de estigmatização de identidades contribui para legitimar violações permanentes de direitos fundamentais.* Pessoas negras que fazem parte de mais de um grupo subalternizado enfrentam uma situação de vulnerabilidade ainda maior, porque os processos de marginalização de identidades justificam níveis ainda maiores de violência. Há então um flagrante contraste entre o status das pessoas como agentes racionais, como agentes jurídicos, duas formas relevantes da identidade social dos indivíduos, e a realidade de desrespeito sistemático de direitos decorrente da negação do reconhecimento de pessoas negras como atores sociais competentes que merecem o mesmo nível de respeitabilidade social. É importante então observar que grande parte do sofrimento humano decorre do conflito entre a expectativa de ser reconhecido a partir de um status comum como cidadão e a realidade da negação da humanidade de pessoas negras em função da degradação da negritude como identidade social. Precisamos então compreender como essa outra dimensão da subjetividade humana, a dimensão psicológica, opera para que possamos compreender toda a extensão desse problema.

A identidade moderna, considerada sob o ponto de vista filosófico e sociológico, tem como elemento central a noção de sujeito, ou seja, do ser humano como possuidor de uma consciência subjetivada, princípio do conhecimento. Essa representação permitiu o surgimento de uma identidade baseada na concepção da pessoa humana como um ser dotado de faculdades racionais que lhe permitem operar de forma adequada na vida social. Essas qualidades pressupõem a identidade permanente do indivíduo consigo mesmo ao longo de toda a sua existência, fazendo com que a identidade da pessoa seja o centro de sua subjetividade. Do ponto de vista sociológico, percebe-se que essa forma de ser do sujeito moderno não está associada apenas à sua representação como um ser racional; ela é formada na relação com as outras pessoas. As relações sociais têm a função de mediar os valores para o sujeito, fazendo com que a identidade seja formada pela interação entre o *eu* e a sociedade.

O sujeito ainda continua sendo entendido como possuidor de uma essência interior, mas a sua identidade é formada no processo de interação contínua entre o eu e os outros.[325] Ela não deve ser entendida apenas de um ponto de vista metafísico, uma vez que essa instância da vida humana também designa os mecanismos a partir dos quais os seres humanos desenvolvem modos de ser que serão o ponto de partida para a formação da personalidade individual. A identificação com o outro possibilita a construção da individualidade, uma vez que ele se torna a referência por meio do qual o sujeito humano também se afirma como um ser particular, como ele estrutura sua forma de estar no mundo.[326]

O discurso da identidade, no seu sentido metafísico, apresenta-se como distintivamente moderno: a representação do homem como sujeito é o seu elemento central, e isso coloca a problemática da identidade pessoal como intrinsecamente ligada ao tema da modernidade. Mas, ao lado dessa dimensão metafísica, surge também a dimensão psicológica. Desenvolve-se na modernidade uma consciência intimamente ligada à noção do *eu* ou *self* que situa o homem no mundo como uma consciência individualizada. Como decorrência desse processo, vemos surgir também um ideal de autenticidade que se torna um valor moral de grande importância no espaço da modernidade. Segundo esse ideal, cada pessoa tem a sua própria medida, tem uma forma original de se tornar um ser humano pleno que deve ser o guia de ações no mundo.[327] Voltemos a um ponto importante. O engendramento do sujeito epistêmico por um método implica a separação entre as faculdades racionais e as experiências subjetivas; as primeiras representam a regularidade e a universalidade necessárias para a fundamentação do conhecimento, passo necessário para a confiabilidade na construção do ser humano como referência do conhecimento. As outras dizem respeito às experiências particulares dos indivíduos, dimensão que não pode ser utilizada nem para a fundamentação do conhecimento empírico nem para a fundamentação da ação moral, porque não pode ser universalizada. Observamos então o aparecimento de uma cisão entre um tipo de subjetividade

---

[325] HALL, Stuart. *A identidade cultural na pós-modernidade*. Porto Alegre: DPIA, 1997. p. 10-11.

[326] STEVENS, Richard. *Erik Erikson, explorer of identity and life cycle*. Nova York: Palgrave, 2008.

[327] TAYLOR, Charles. The Politics of Recognition. In: *Multiculturalism: Examining the Politics of Recognition*. Edited by Amy Gutmann. Princeton: Princeton University Press, 1994. p. 30.

totalmente transparente e coincidente consigo mesma e outra que expressa apenas a dimensão contingente dos seres humanos.[328]

Vemos, então, que o surgimento do sujeito epistêmico pode ser visto como um fato que marca uma verdadeira divisão na subjetividade moderna, pondo de um lado a subjetividade confiável, porque sempre idêntica a si mesma, e ao mesmo tempo comunicativa, porque comum a todos os homens, e do outro a subjetividade empírica, particular e sempre variável, sendo, portanto, isolada e privatizada. Essa cisão seria garantida pelo método, que deveria garantir ainda a dominância de uma forma de subjetividade sobre a outra, a autonomia e a dominância do idêntico sobre o diferente, do genuíno sobre o particular e do comunicável sobre o privado. Feita essa separação, estaria garantido o sujeito epistêmico como fundamento da verdade.[329] Essa cisão da subjetividade, ao mesmo tempo que engendra o sujeito epistêmico, institui também outra realidade a partir da qual se constituirá o espaço psicológico. A constituição desse espaço psicológico parte, por um lado, dessa mesma subjetividade ideal, pois ela também instituirá uma separação nítida entre o conhecimento do mundo exterior e do mundo interno, aqui entendido como o campo da livre razão, ou seja, da mente, que coincide com a sua subjetividade racional. Nesse sentido, a mente daria ao indivíduo uma experiência da consciência de si e de uma identidade, ponto de partida para que ele possa operar como um agente, ou seja, para que ele possa pautar suas ações a partir de normas que representam o consenso social sobre o justo.[330] Por outro lado, o espaço psicológico será constituído a partir desse campo que permanece como o lugar do que não pertence a formulações racionais universalizáveis, daquilo que não poderia fazer parte do projeto de construção de uma subjetividade puramente reflexiva, porque envolta em outros processos mentais responsáveis pela construção de estruturas de comportamento que fazem referência ao indivíduo específico, e não ao indivíduo genérico.[331]

A reflexão sobre o eu remonta aos primórdios da reflexão filosófica, quando aparece a preocupação com o conceito de alma, termo que designava naquele

---

[328] FIGUEIREDO, Luis Cláudio Mendonça. *Modos de subjetivação no Brasil e outros escritos*. São Paulo: Escuta; Educ, 1995. p. 138-139.

[329] FIGUEIREDO, Luis Cláudio Mendonça. *A invenção do psicológico: quatro séculos de subjetivação – 1500-1900*. São Paulo: Escuta; Educ, 1996. p. 90-91.

[330] FIGUEIREDO. *Modos de subjetivação no Brasil e outros escritos*, p. 141-142.

[331] FIGUEIREDO, Luis Cláudio Mendonça. *A invenção do psicológico: quatro séculos de subjetivação – 1500-1900,* p. 139-141.

momento a nossa consciência racional. Ser uma pessoa racional significava guiar as ações a partir de uma prática de virtudes morais necessárias para a vida das pessoas em uma sociedade organizada de acordo com os pressupostos democráticos. A busca pelo interesse coletivo dependia de um aprimoramento moral que deveria ser alcançado por meio de uma reflexão racional sobre os sentidos e propósitos das ações humanas. A organização da ação moral por meio da ação racional surge então como uma forma de conhecimento de si mesmo, de um indivíduo poder alcançar a realização pessoal por meio do aprimoramento ético. A reflexão sobre o eu surge então em um contexto no qual a existência moral do indivíduo era vista como algo que adquiria sentido em sua prática política como cidadão; tendo em vista o fato de que a prática da virtude deveria refletir a racionalidade imanente na realidade, a busca do aprimoramento moral estava centrada na reprodução de uma racionalidade lógica presente no exterior no planejamento da ação. Essa construção moral do eu a partir de uma referência exterior continua no mundo medieval, em função do entendimento de que o indivíduo só poderia compreender a si mesmo a partir da referência à vontade divina como expressão de racionalidade e como expressão de toda moral.[332]

O eu psicológico começa a ser delineado enquanto uma categoria e enquanto uma realidade na medida em que a reflexão sobre esse tema se desvincula da reflexão filosófica. A preocupação da percepção de nossa particularidade psicológica está associada com alguns elementos importantes, entre eles, a formulação da ideia de que nossa percepção atual da consciência psicológica está relacionada com experiências anteriores, de forma que a percepção de nossa identidade deve ser vista como algo que se projeta no tempo. Esse associacionismo entre memória e identidade mostra a necessidade de pensarmos o sujeito a partir de uma série de combinações de processos psicológicos que formam o indivíduo. Não estamos falando mais de uma mera subjetividade racional, mas de uma autoconsciência dos processos mentais que determinam a particularidade do indivíduo. Essa posição abre a possibilidade de uma elaboração do eu como uma forma de consciência que não se constitui em uma relação de conhecimento, mas a partir da experiência que o sujeito acumula ao longo do tempo. Podemos então falar de um uma subjetividade empírica que envolve a existência de um corpo que expressa a dimensão material da existência do sujeito, de um eu social que parte do reconhecimento por outras pessoas de alguém como um sujeito particular, das impressões que as pessoas formam sobre nós. Há ainda um eu psicológico que consiste no nosso eu subjetivo,

---

[332] HATTIE, John. *Self-concept*. London: Lawrence Erlbaum, 1992. p. 10-11.

resultado das nossas faculdades psíquicas e disposições; ele também tem um caráter reflexivo, porque está marcado pelas elaborações que fazemos de nós mesmos como sujeitos conscientes.[333]

A subjetividade psicológica pode ser então compreendida como um tipo de autoconsciência marcada por uma série de processos e dimensões. Ela possui uma dimensão racional por meio da qual os seres humanos podem operar socialmente como agentes sociais ao atribuir sentidos e propósitos às suas ações; ela também implica a existência de uma percepção do sujeito sobre si mesmo a partir de diversos processos mentais como a atenção, a percepção, a memória, a motivação, as emoções, processos que operam de forma simultânea na vida cotidiana dos indivíduos. A operação destes marca a forma como o sujeito se relaciona como mundo; a experiência social do sujeito humano despertará uma série de reações que serão interpretadas a partir de significados culturais, as quais influenciarão a forma como o sujeito se comportará em situações futuras. A subjetividade psicológica engloba as diferentes formas como processos psicológicos, influenciados por conteúdos culturais, determinarão a maneira como os indivíduos processam sua experiência social, ponto de partida para a construção de diferentes aspectos da identidade individual. Essa dimensão da subjetividade humana também está relacionada com a noção de personalidade, conceito que designa padrões de comportamento desenvolvidos ao longo da experiência individual. Vemos então que a subjetividade psicológica determina amplamente a forma de ser do sujeito no mundo, motivo pelo qual ela tem uma importância central na existência humana.[334]

Se muitos autores pensavam o *eu* como uma realidade individual, outros começaram a apontar a relevância de compreendermos essa instância a partir de sua dimensão social. A construção da subjetividade psicológica não pode ser pensada sem a referência às relações construídas com outros indivíduos. Nossa consciência de individualidade surge a partir do contato com o outro, e esse contato se mostra relevante para a autoavaliação dos indivíduos. As interações humanas são relevantes porque elas operam como pontos de partida para a criação de uma consciência que tem como objetivo a análise de si mesma. Os seres humanos constroem redes de significados que operarão como parâmetros para a criação de orientações a partir dos quais seus comportamentos serão estruturados, e esse processo ocorre nas interações com outros indivíduos. O eu é, em grande parte, definido a partir da relação que mantemos com outras

---

[333] HATTIE. *Self-concept*, p. 16.

[334] MYERS, David G. *Psicologia social.* Porto Alegre: ArtMed, 2014, p. 49-81.

pessoas, um fator responsável pela diferenciação entre uma parte da consciência que designa a consciência de particularidade e uma parte da personalidade que representa a introdução de expectativas individuais.[335]

O sujeito psicológico começa a ser tematizado ao longo dos últimos 200 anos a partir das reflexões filosóficas sobre dois conceitos centrais: as noções de consciência e de identidade. Muitos autores que escrevem sobre esse tema definem o sujeito como um ser que procura apreender o mundo e compreender seu lugar no mundo a partir de um processo psicológico que envolve não apenas o conhecimento do mundo, mas também a capacidade de reflexão e articulação dos estímulos presentes na realidade. O conceito de consciência, também do ponto de vista psicológico, implica a ideia de reflexividade, porque permite ao indivíduo ser um sujeito ativo do processo de conhecimento do mundo, construir conhecimento ativamente sobre o mundo e sobre si mesmo a partir dessa realidade constante de reflexão sobre os processos do conhecimento. Essa reflexividade não se resume apenas ao conhecimento do espaço exterior, ela também engloba a consciência de outras instâncias da experiência humana, como as emoções, as percepções, as memórias, os sentimentos. A subjetividade psicológica surge então com uma síntese de toda uma série de processos psicológicos decorrentes da experiência única do sujeito, o que lhe empresta uma individualidade que o distingue de todas as outras pessoas. Mais do que isso, essa identidade é algo que perdura ao longo do tempo e que expressa modos de ser, que expressa os parâmetros a partir dos quais o sujeito processa a reflexividade sobre os diferentes aspectos de sua vida. Temos então uma subjetividade que se apresenta como formas de racionalidade que permitem o conhecimento adequado da realidade, temos uma forma de subjetividade que expressa o status dos seres humanos em uma ordem política organizada e outra forma de subjetividade que representa as experiências que demonstra a particularidade dos seres humanos, a forma como eles processam diferentes tipos de experiências psicológicas.[336]

Algumas teorias classificam o sujeito psicológico como uma instância que expressa a percepção das diferentes dimensões da subjetividade que fazem parte dele, o que inclui sua existência como um sujeito social, como sujeito cultural e como sujeito sexual. Outras partem do pressuposto de que o sujeito psicológico expressa os sentimentos que uma pessoa tem de si mesma, algo produzido pelo

---

[335] CARR, David. *The paradox of subjectivity.* The self in the transcendental tradition. Nova York: Oxford University Press: 1999, p. 99-131.

[336] HATTIE. *Self-concept*, p. 15-30.

sentimento sobre o controle que ela possui sobre si mesma, pela percepção da sua diferenciação em relação a outras pessoas, da percepção que alguém tem de si mesmo a partir da referência dos outros a ele. Essa perspectiva motivou certos autores a afirmarem que a subjetividade psicológica emerge a partir da preocupação dos indivíduos sobre a percepção das impressões que as pessoas têm deles, motivo pelo qual eles procuram modelar seus comportamentos a partir dessas percepções. O sujeito psicológico estará sempre se comportando a partir das estimativas sociais presentes nas diversas relações sociais. Se muitas teorias estão baseadas nas expectativas conscientes que as pessoas fazem de si mesmas a partir de suas interações sociais, outras enfatizam a importância do inconsciente como aspecto central da subjetividade humana, instância na qual se encontra grande parte das motivações dos comportamentos humanos. Certos autores reconhecem o inconsciente como aspecto central da subjetividade humana, mas enfatizam a relevância da identidade na sua formação, conceito que designa algo construído ao longo dos diversos estágios do desenvolvimento humano. Em tempos recentes, certas teorias observam a centralidade das cognições sociais na produção da subjetividade psicológica, perspectiva segundo a qual a subjetividade pode ter uma dimensão inconsciente, podendo ser formada por uma série de tipos de identidades que integram um mesmo indivíduo, mas elas afirmam que a subjetividade aparece prioritariamente como produto de cognições sociais que formam a percepção do indivíduo sobre si mesmo e a maneira como ele interpreta as relações sociais.[337]

Observamos então que essas diversas teorias concebem o Eu psicológico como uma estrutura psíquica e como o centro da consciência, termo que descreve, além da noção de reflexividade, a noção de agência humana. Enquanto estrutura psíquica, ele designa uma série de elementos responsáveis pela organização da experiência psicológica dos seres humanos; ele pode ser visto como uma instância responsável pela organização dos vários processos psicológicos característicos dos seres humanos. Essa estrutura psíquica processa as experiências e os estímulos que chegam ao indivíduo por meio da percepção, das emoções, da memória, da reflexão, da sexualidade. O eu psicológico também expressa a concepção que o sujeito tem de si mesmo, produto de cognições sociais e de processos identificatórios por meio dos quais os indivíduos formam uma identidade. O eu psicológico, enquanto consciência, tem sido analisado especialmente em termos de um estado reflexivo que permite ao indivíduo ter

---

[337] ESPSTEIN, Seymour. The Self-concept Revisited. Or a Theory of a Theory. *American Psychologist*, v. 28, n. 5, p. 404-416, 1973.

ciência dos processos que ocorrem na sua mente e que o caracterizam como um ser pensante e como um agente com volições que se expressam pela capacidade de construção e atribuição de sentidos aos seus atos.[338]

Não podemos deixar de observar que o eu psicológico também se constitui a partir da experiência dos indivíduos enquanto sujeitos jurídicos, uma vez que normas legais ocupam um papel central no processo de socialização dos seres humanos. Como tem sido observado no pensamento político contemporâneo, a questão do reconhecimento é um aspecto central do processo de socialização dos indivíduos, uma vez que o gozo de direitos é um tipo de status a partir do qual as pessoas formam um esquema de autocompreensão de si mesmas. Ter direitos significa poder idealizar e realizar projetos de ação voltados para a realização pessoal, uma possibilidade que desempenha um papel central na identidade social das pessoas. A consciência de que temos posições jurídicas a partir das quais podemos agir, a partir das quais podemos construir e expressar identidades, a partir das quais podemos construir projetos de vida surge então como um aspecto central de socialização na sociedade moderna. Ser um sujeito de direito é uma referência central para a construção dos seres humanos como sujeitos psicológicos, notoriamente aqueles que vivem em sociedades comprometidas com o regime democrático. Esse é o motivo pelo qual o direito surge como um instrumento relevante de proteção de identidades, realidade representada inclusive pelo aparecimento de uma série de regras antidiscriminatórias voltadas para a proibição de tratamento desvantajoso baseado em características que designam grupos vulneráveis, como raça, gênero e sexualidade.[339]

Vemos então que a subjetividade humana não se resume à sua dimensão racional ou à sua dimensão jurídica, uma vez que também tem uma dimensão psicológica. Ela integra tanto as referências culturais socialmente aprendidas que modelam o comportamento das pessoas quanto os processos conscientes pelos quais o indivíduo procura construir ativamente sentidos para sua existência. Esse processo tem início com a introjeção das expectativas sociais decorrentes do processo de socialização e continua com o desenvolvimento contínuo do sujeito como agente que se mostra cada vez mais motivado para construir sentidos para sua própria existência, o que implica um afastamento paulatino das prescrições sociais. Mais do que se tornar um agente autônomo,

---

[338] MODELL, Arnold. *The Private Self.* Cambridge: Harvard University Press, 1993. p. 1-39.

[339] Cf. HONNETH, Axel. Recognition and justice. Outline of a plural theory of justice. *Acta Sociologica*, v. 47, n. 4, p. 351-364, 2004.

o sujeito psicológico procura instituir uma compreensão de si que expresse seu interesse em construir uma narrativa pessoal por meio da qual ele pode ser afirmar como sujeito com uma história pessoal que consiste em uma série de aspirações baseadas em propósitos que o ajudam a definir sua identidade enquanto sujeito social particular. Vemos então o desenvolvimento de um processo no qual o sujeito humano deixa de ser um ator social para se tornar um agente que pode ser visto como um autor de sua própria existência, o que pressupõe a crescente possibilidade de autorregulação, de afirmação da identidade individual.[340]

Os discursos sobre a noção de pessoa e o ocultamento do sofrimento psíquico

O conceito de sujeito de direito expressa a concepção de subjetividade imanente ao discurso jurídico, ao discurso moral e ao discurso político moderno. Essa representação está baseada na pressuposição da existência de uma operação paralela entre a racionalidade que governa as instituições jurídicas e aquelas que regulam o pensamento humano. É importante observar que esse processo tem dimensões bem mais complexas do que essa mera observação de uma continuidade entre essas esferas da existência humana. O conceito de Estado de Direito desempenha uma função central no constitucionalismo moderno, uma vez que ele se apresenta como uma forma de organização normativa que possui diferentes dimensões. Ele pode ser descrito como um *Estado legal*, uma vez que o poder político é exercido por normas jurídicas que expressam o princípio da soberania popular; elas são tidas como justas, porque foram formuladas a partir de procedimentos baseados na lógica democrática, regime político no qual o poder estatal deve ser exercido de acordo com determinações jurídicas para que possa ser legítimo. Esse tipo de organização estatal opera a partir de normas jurídicas que expressam o consenso político sobre as funções estatais, sobre como elas devem ser exercidas, sobre os limites da atuação dos que exercem essas funções, além da responsabilidade que eles devem ter ao desempenhar suas obrigações legalmente determinadas. Um Estado legal é um estado de previsibilidade, uma vez que as pessoas podem

---

[340] McADAMS, Dan P. The Psychological Self as Actor, Agent, and Author. *Perspectives on Psychological Science*, v. 8, n. 3, p. 272-295, 2013.

organizar expectativas derivadas do conteúdo das normas que organizam a vida social.[341]

Ele também é um *Estado constitucional*, uma vez que é regulado a partir de um texto constitucional, expressão do acordo jurídico de uma sociedade sobre o regime de governo a ser adotado, sobre atribuições das funções dos poderes estatais, sobre os vários direitos que serão considerados como fundamentais. Uma organização estatal dessa natureza pressupõe a existência de um documento que vincula todas as instâncias e todas as dimensões do poder estatal, um documento cuja soberania e hierarquia superior devem preservadas para que a estabilidade das relações sociais possa ser preservada. Ele contém normas que estabelecem parâmetros para a organização de todas as esferas do poder político; seus princípios servem como ponto de partida para a produção de normas jurídicas e para a determinação do conteúdo de normas jurídicas, sendo que elas nunca podem estar em desacordo com a constituição. Um Estado constitucional contém um programa de ação que estabelece propósitos para as instituições estatais, uma vez que textos constitucionais contemporâneos possuem um aspecto dirigente ao estabelecer propósitos substantivos a serem alcançados pelas instituições governamentais. Essa função dirigente implica a noção de tutela de direitos, o que está dentro das obrigações constitucionais presentes nesses textos normativos.[342]

Um Estado de Direito também pode ser classificado como um *Estado de justiça*, porque almeja garantir o exercício equitativo de direitos por todos os membros da comunidade política. Verificamos, assim, que essa forma de organização do poder político está necessariamente baseada na premissa de que um Estado de Direito assume essa forma em função dos valores que permitem a limitação racional do poder político, o que significa a garantia da liberdade e da igualdade entre todas as pessoas que vivem sob a sua tutela. Um Estado de justiça procura concretizar a promessa de uma democracia substantiva, ideal cujo alcance depende do compromisso governamental com a tutela adequada de direitos fundamentais. Essa dimensão do Estado de Direito pressupõe a existência de arranjos institucionais por meio dos quais são instituídos critérios de distribuição de oportunidades e recursos entre os membros da comunidade política; é uma forma de organização estatal na qual recursos são mobilizados para a implementação de medidas voltadas para o desenvolvimento das capacidades humanas; é um tipo de Estado que assume

---

[341] SILVA. José Afonso. *Curso de direito constitucional*, p. 122-123.

[342] CANOTILHO, J. J. Gomes. *Direito constitucional e teoria da constituição*, p. 92-100.

o compromisso com a promoção do igual apreço e consideração entre todos os membros da comunidade política.[343]

Esse tipo de organização estatal encontra então fundamento na existência de uma relação estrutural entre legalidade e justiça, uma vez que normas jurídicas expressam as concepções do justo em um Estado no qual procedimentos democráticos permitem a criação de normas jurídicas que tratam todas as pessoas de forma igualitária. A noção de legalidade está também relacionada com outro princípio especialmente relevante: *a segurança jurídica*. Um aspecto essencial da noção de Estado de Direito é a presunção de que agentes estatais sempre operarão de acordo com normas jurídicas, uma pretensão legítima em uma forma de organização política baseada na centralidade da proteção dos direitos. A segurança jurídica é um princípio que atende uma expectativa central da operação de regimes legais, qual seja, a ideia de que a regulação legal das várias dimensões das relações sociais cria parâmetros de referência para a ordenação do comportamento dos indivíduos, para a organização da vida individual e coletiva. A segurança jurídica está associada com o fato de que as pessoas podem criar expectativas de que agentes públicos e privados sempre operarão de acordo com o conteúdo da legislação; normas jurídicas são então um parâmetro central para a formação de um senso de ordenação da vida das pessoas. O conhecimento do conteúdo da legislação e a operação de acordo com suas prescrições surgem então como aspectos centrais da vida em uma sociedade democrática.[344]

O princípio da segurança jurídica representa então um estado ideal da operação das instituições políticas de uma sociedade democrática. Isso porque ela está relacionada com a possibilidade de previsibilidade. O conhecimento da norma jurídica permite que as pessoas possam prever a forma como outros agentes sociais atuarão, o que é uma referência central para que as pessoas possam construir planos de ação ao longo de suas vidas. Dessa forma, a possibilidade de prever as consequências dos nossos atos e dos de outras pessoas é um dos pontos de partida para que os seres humanos possam instituir e alcançar planos de vida. A previsibilidade garante a antecipação das consequências de nossas ações, bem como o espectro de tempo para a definição delas, dois fatores importantes para o planejamento de vários aspectos de nossas vidas. Normas jurídicas permitem certas ações, proíbem certos atos ou obrigam certos comportamentos, parâmetros a partir dos quais podemos construir juízos prescritivos sobre nossos comportamentos. Assim, o princípio

---

[343] CHEVALIER, Jacquees. *O estado de direito*, p. 11-50.

[344] ÁVILA, Humberto. *Teoria da segurança jurídica*, p. 124-135.

da segurança jurídica está associado com o nível de certeza que um cidadão, que uma cidadã pode ter no processo de tomadas de suas decisões; esse preceito também está associado à noção de determinação, uma vez que ele expressa um estado de certeza necessário para que as pessoas possam prever diversos aspectos da própria existência.[345]

O princípio da segurança jurídica possui uma dimensão subjetiva, uma vez que envolve a possibilidade do cálculo do resultado das nossas ações, antecipação derivada da ideia de que agentes sociais operam a partir de normas constitucionais. Essa possibilidade de previsão não envolve apenas o conhecimento da dimensão normativa da norma, mas também de sua dimensão substantiva. A deliberação está baseada não só na apreciação do que pode e do que não pode ser feito, mas também na maneira como o indivíduo poderá planejar sua existência a partir da pluralidade de normas jurídicas que atribuem funções negativas e positivas às instituições estatais. Vemos então que a noção de segurança jurídica envolve uma dimensão cognitiva relacionada com a compreensão adequada do conteúdo da norma; ela também implica a noção de confiabilidade, preceito baseado na noção de que as pessoas podem esperar que agentes estatais vão se comportar de acordo com normas jurídicas. A segurança jurídica também está relacionada com a possibilidade de previsão da compatibilidade da ação estatal de acordo com normas jurídicas, outro aspecto importante para a deliberação individual. A segurança jurídica também implica a existência de uma experiência social estruturada a partir de um estado ideal de certeza em função do qual as pessoas podem prever suas ações ao terem conhecimento do conteúdo das normas jurídicas, as implicações desse conteúdo, os direitos materiais, os procedimentos, as prescrições por elas previstas. A determinabilidade das normas jurídicas está relacionada com seu conteúdo normativo, com a possibilidade de elas poderem ser compreendidas por meio de estruturas argumentativas baseadas em princípios legais.[346]

Essas considerações demonstram a importância da análise da dimensão subjetiva do princípio da segurança jurídica, também conhecido como confiança jurídica ou princípio da proteção da confiança. Os seres humanos exercem sua liberdade dentro de expectativas de direitos, de confiança nos procedimentos, na afirmação de status jurídicos instituídos por normas legais. Essa dimensão subjetiva da segurança jurídica pressupõe a existência de uma base de confiança que possibilita a construção de uma relação de confiança e o consequente

---

[345] ÁVILA, Humberto. *Teoria da segurança jurídica*, p. 127-129.

[346] ÁVILA, Humberto. *Teoria da segurança jurídica*, p. 295-298.

exercício dessa confiança jurídica.[347] Esse princípio subentende então a certeza das relações jurídicas, o que expressa a pretensão de que as pessoas poderão planejar a vida a partir de expectativas criadas com base no conteúdo das normas legais serão cumpridas. A confiança jurídica se materializa quando a clareza e a precisão da legislação, a concreção do conteúdo regulado pela norma jurídica e o compromisso estatal com a legalidade permitem que as pessoas criem a certeza de que poderão planejar suas ações a partir das expectativas geradas pelas leis que regulam uma sociedade. O Estado de Direito, por operar a partir de uma lógica baseada em meios adequados e finalidades legítimas, possui uma unidade sistemática a partir da qual as pessoas formulam planos de ação para suas vidas. A estabilidade da ordem jurídica é um elemento essencial para a estabilidade das relações sociais e para a certeza de que as pessoas podem planejar diferentes aspectos da própria vida.[348]

Mas de que forma a noção de confiança jurídica está relacionada com essas categorias jurídicas? A discussão sobre o tema da identidade como elemento central da subjetividade psicológica demonstra a necessidade do debate sobre outros aspectos desse conceito. Se, por um lado, a existência de referências adequadas permite a construção de afirmação de um senso positivo da identidade, a ausência delas terá como consequência a formação de uma identidade negativa. Esse termo descreve, então, aquelas identificações e prescrições sociais que são socialmente construídas como indesejáveis, lugares que supostamente designam a realidade de pessoas ou grupo de pessoas. Estamos aqui diante de um problema referente às questões de invisibilidade social de pessoas para as quais não é oferecido um repertório de identidades positivo e suficientemente variado entre as quais os sujeitos possam escolher. Essas pessoas raramente podem contar com a premissa de que agentes estatais operarão de acordo com prescrições jurídicas. Pelo contrário, os membros desses grupos não são pessoas com escolhas significativas; elas são marcadas por estereótipos prescritivos, ou seja, os lugares sociais que podem ocupar já estão socialmente determinados. Elas precisam então lutar contra essas falsas generalizações para que possam sobreviver psicologicamente. Essa é uma questão que aflige principalmente

---

[347] ÁVILA, Humberto. *Teoria da segurança jurídica*, p. 423-426.
[348] MEDAUAR, Odete. Segurança jurídica e confiança jurídica. *Cadernos da Escola de Direito e Relações Internacionais da UniBrail*, p. 227-231, 2008; QUINTILIANO, Leonardo David. Principio da confiança. Fundamentos para limitação dos poderes constituídos na modificação de direitos sociais em crise. *Revista da Faculdade de Direito da Universidade de São Paulo*, v. 112, p. 133-162, 2017.

membros de grupos minoritários, pessoas que muitas vezes internalizam essas representações e prescrições negativas. Elas se tornam referências identificatórias que podem criar um sentimento perene de frustração pessoal, o que pode ter uma pluralidade de consequências, que podem variar entre atos autodestrutivos, transtornos psiquiátricos e desajustamento social.[349]

A literatura especializada argumenta que a possibilidade de formação de uma identidade pessoal positiva requer a existência de uma comunidade de pessoas que reproduza valores que podem ser reconhecidos pelo indivíduo que está em processo de formação como elementos que devem ser integrados à sua experiência. A existência de um Estado de Direito cria os meios para que isso aconteça, uma vez que os seres humanos gozam de um status jurídico que permite a previsão dos resultados de ações que são mediadas por normas jurídicas. Meras prescrições sociais não são meios suficientes para isso, porque os indivíduos percebem que elas não servem como base para a construção ativa de processos de integração de si mesmo e com a sociedade na qual ele vive. Portanto, as representações culturais que circulam em uma comunidade política carregam uma dupla função: servem como um fator de integração da personalidade, além de permitirem o comprometimento com a transmissão desses valores. A ausência dessa possibilidade faz com que as pessoas desenvolvam não um sentimento de autenticidade, mas uma sensação de que possuem uma *identidade capturada*: as chances que o indivíduo tem de se afirmar como um sujeito são limitadas em função de estigmas sociais que já determinam os lugares sociais que ele pode ocupar na sociedade. A impossibilidade de viver em um regime político baseado na noção de segurança jurídica restringe a possibilidade dos indivíduos poderem criar caminhos para a própria existência.[350]

Para certos autores, a formação da identidade psicossocial está relacionada com a história em dois sentidos. Em primeiro lugar, ela é produto da configuração de fatos que ocorrem em um contexto específico, que é a experiência psicológica de um indivíduo concreto. As pessoas passam por uma série de crises ao longo da vida, crises que terão papel central na formação da identidade de um indivíduo particular; a superação dessas crises permitirá que as pessoas cumpram as tarefas de desenvolvimento que lhes são exigidas pelo processo de

---

[349] ERIKSON, Erick. *Childhood and Society*. New York: Norton & Company, 1963. p. 241-245.

[350] ERIKSON, Erick. *Identity, Youth and Crisis*. New York: Norton & Company, 1966. p. 157-158; ERIKSON. *Childhood and Society*, p. 244-246.

maturação. Em segundo lugar, a identidade também está relacionada com as condições sociais presentes em um momento histórico específico. As respostas que recebemos do meio no qual vivemos também dependem da situação social de indivíduos que são sujeitos históricos. A possibilidade de uma resposta positiva que permite a solução de problemas depende largamente da condição social das pessoas responsáveis pelo bem-estar dos demais. Além da situação desses indivíduos, devemos também levar em consideração as formações culturais existentes em determinado momento histórico, formações que permitem ou impedem a construção de um repertório positivo de identidade. Tudo isso está relacionado com o nível de efetividade das normas jurídicas que regulam uma determinada sociedade, meio principal pelo qual as pessoas constroem planos de vida. Assim, a exclusão social de certos grupos impossibilita a existência de condições ideais para o desenlace adequado das crises identitárias que membros de grupos minoritários passam ao longo da vida. Isso aumenta a possibilidade de uma reação contrária aos valores sociais, o que acaba sendo interpretado como um tipo de disposição natural das pessoas, processo que legitima ainda mais a exclusão.[351]

É importante observar que o sistema jurídico pode agravar esse problema. O discurso jurídico sobre a noção de pessoa e de personalidade expressa um tipo específico de consciência jurídica. Essa expressão designa os consensos construídos dentro de paradigmas legais que informam a organização política de dada sociedade. Embora os atores sociais possam atribuir diferentes sentidos às normas jurídicas, eles compartilham um entendimento sobre os preceitos e as funções básicas do nosso ordenamento. A consciência jurídica estabelece os parâmetros comuns a partir dos quais conceitos jurídicos são articulados nas diferentes esferas e pelos vários atores sociais envolvidos nas discussões sobre questões legais. Essas formas de racionalidade estruturam então a gramática a partir da qual narrativas sobre direitos são criadas e reproduzidas nas diversas esferas de organização do sistema jurídico de determinada sociedade. Por exemplo, o conceito de dignidade humana aparece em nosso ordenamento constitucional como um princípio constitucional conformador; ele determina que as ações estatais devem estar voltadas para a proteção e a afirmação desse preceito, que opera como um princípio de inteligibilidade de todas as outras normas constitucionais. A atribuição desse status ao princípio da dignidade humana no nosso texto constitucional indica que as instituições

---

[351] ERIKSON. *Childhood and Society*, p. 166.

estatais devem estar voltadas para a realização desse valor, motivo pelo qual ele tem um caráter programático.[352]

O conceito de pessoa pode ser visto como um preceito central da consciência jurídica brasileira. Operadores jurídicos reconhecem a centralidade desse termo no funcionamento do nosso sistema jurídico, afirmando que ele existe para proteger os direitos da pessoa humana, condição para que possamos atuar como agentes. Eles atribuem a esse conceito a condição de agente racional, um sujeito que estabelece propósitos para suas ações, que cria planos de vida passíveis de serem realizados por meio do exercício de direitos. Os direitos da personalidade e os direitos fundamentais precisam ser protegidos e fomentados, porque são meios para a realização da liberdade individual. Vemos, então, que a noção de pessoa presente no discurso jurídico engloba apenas duas expressões da subjetividade humana: a subjetividade racional, representada pela imagem dos seres humanos como agentes morais, e a subjetividade jurídica, que lhes atribui os meios para que possam exercer direitos. A dimensão psicológica permanece largamente ignorada pelo discurso jurídico, um problema que consideramos ser significativo. A identificação da noção de pessoa jurídica com a ideia de agência racional tem sido responsável pela compreensão de violações de direitos fundamentais como restrições de um direito geral de ação ou como violações da dignidade moral do indivíduo, sujeito cuja dignidade decorre da possibilidade de se autodeterminar. Entretanto, devemos estar atentos ao fato de que práticas discriminatórias expressam a ausência do compromisso estatal com princípios básicos da operação de um Estado de Direito, entre eles a possibilidade de as pessoas poderem prever seus comportamentos a partir das normas que regulam diversos aspectos da vida social. Esse problema traz consequências significativas, entre elas, a possibilidade de as pessoas poderem se afirmarem como agentes a partir do gozo de direitos necessários para a realização de objetivos individuais e coletivos.[353]

Essa forma de consciência jurídica expressa então o seguinte problema: a dificuldade do discurso jurídico de reconhecer tipos de sofrimento que não se resumem à compreensão dos seres humanos como sujeitos racionais e como

---

[352] Cf. KENNEDY, Duncan. Toward an Understanding of Legal Consciousness: The Case of Classical Legal Thought in America: 1850-1950. *Research in Law and Sociology*, v. 3, p. 3-24, 1980.

[353] Cf. TRIGEAUD, Jean-Marc. *Persona ou la justice au double visage*. Genova: Studio Editoriale di Cultura, 1991.

sujeitos jurídicos. Observamos que violações de direitos fundamentais, como as mencionadas ao longo deste capítulo, têm uma dimensão existencial porque criam dificuldades ou impedem a construção de capacidades necessárias para as pessoas poderem operar na vida social. Violações dessa categoria de normas constitucionais produzem danos existenciais, porque causam prejuízos de ordem psicológica: elas negam o reconhecimento do sujeito como um ser cuja existência gira em torno da possibilidade de operar no mundo como um agente. As compreensões tradicionais das noções de pessoa e de personalidade expressam então a dificuldade do discurso jurídico em compreender a experiência humana fora dos critérios estabelecidos pela doutrina ou pela jurisprudência, instâncias que compreendem os seres humanos apenas como agentes jurídicos ou morais. Estamos então diante de uma situação na qual as pessoas que procuram o sistema judiciário para a reparação de direitos e aquelas que são responsáveis pela análise dessas demandas de direitos operam a partir de linguagens com lógicas distintas. Os que reivindicam direitos sofrem restrições de liberdades e danos existenciais refletidos na recusa de certos atores sociais em reconhecer seu status como um agente moral. Os que têm a obrigação de avaliar a legitimidade de tais demandas compreendem violações de direitos fundamentais como restrições da capacidade de agência racional e de agência jurídica dos indivíduos, fato responsável pela prestação jurisdicional insatisfatória, uma vez que elas têm consequências existenciais significativas decorrentes da dificuldade ou da impossibilidade de prever a própria existência em função da experiência social do arbítrio.[354]

Os casos analisados neste capítulo demonstram claramente essa dificuldade. Os três indivíduos são formalmente reconhecidos como sujeitos de direito, mas estão submetidos a práticas discriminatórias sistemáticas que causam danos de diversas maneiras, inclusive a morte. O tema da estigmatização da identidade negra atravessa todas as situações descritas neste capítulo: a atuação paralela do racismo, do classismo, do sexismo, da homofobia e da transfobia situa as pessoas mencionadas em uma situação de extrema vulnerabilidade, e o estigma sobre a raça é motivação e justificação para a discriminação impingida a essas pessoas. A impossibilidade de organizar a vida a partir da expectativa de que normas legais serão respeitadas gera um processo permanente de estresse emocional para pessoas negras. O problema se torna grave quando o operador do direito raciocina obedecendo a uma lógica

---

[354] CONCLIN, William E. *The Phenomenology of Modern Legal Discourse. The Juridical Production and the Disclosure of Suffering*. Brookfield: Ashgate, 1998. p. 5-50.

formalista que entende os incidentes como um aspecto isolado, como algo que meramente restringe a liberdade individual, quando ignora o impacto que a violação de direitos fundamentais terá na vida das pessoas e de quem vive à sua volta. Essa lógica também não abre espaço para a consideração de que o impacto psicológico negativo e sistêmico desses desrespeitos a direitos significa a criação de um trauma coletivo que promove sofrimento para todas as pessoas negras, uma vez que demonstra como os membros desse grupo se encontram em uma situação de quase completa desproteção. Eles criam a expectativa de que o que acontece com uma pessoa negra pode ocorrer com todas as outras, que elas nunca serão reconhecidas como atores sociais competentes, que elas nunca poderão expressar suas identidades sem ser penalizadas, que essa identidade não será um obstáculo ao desenvolvimento e à expressão da personalidade. Por esses motivos, precisamos agora compreender de forma mais direta a natureza do impacto psicológico da experiência permanente de discriminação na vida psíquica de pessoas negras. Essa reflexão abrirá espaço para pensarmos sobre mecanismos institucionais necessários para a proteção da integridade psicológica de pessoas negras, o que passa necessariamente pela sua afirmação como sujeitos de direito.

CAPÍTULO 6
A construção da subjetividade nas interações sociais: identidade, agência e estruturas sociais

O caso de André: um relato de violência psicológica

André é um homem negro que está passando por um processo terapêutico. Ele reclama de um estado geral de tristeza, problema que se agravou com a morte de sua irmã, pessoa que ele acredita ter cometido suicídio. Sua irmã Ângela era uma pessoa comunicativa e alegre com quem ele tinha uma boa relação. Ela foi encontrada morta algum tempo depois de sua formatura; seu corpo estava boiando em um rio nas proximidades da cidade na qual morava. Ele acredita que ela tenha posto fim à própria vida devido ao sofrimento extremo que enfrentou durante a vida universitária, inclusive a imposição de praticar um aborto por um homem branco que a violentou sexualmente. André tentou reconstruir sua vida em outra cidade, mas esse objetivo se mostrou difícil devido a manifestações persistentes de racismo que enfrentava quando trabalhava como garçom. Como é comum entre pessoas que enfrentam formas frequentes de discriminação, ele começou a ter ataques de pânico, problema que comprometeu seu desempenho profissional. A recorrência dessas crises fez com que ele faltasse ao trabalho com frequência, o que veio ser motivo de sua demissão. Esse fato agravou seus sintomas psiquiátricos, que também passaram a incluir sintomas depressivos e ideação suicida. Ele descreve sua tristeza como ausência de motivação, como dor física, como desesperança, como ausência de desejo de prosseguir e como certeza de que nunca alcançará seus objetivos. Essa percepção aumenta seu isolamento social, intensificando ainda mais seu sentimento de ausência de pertencimento. André expressa sentimentos de medo, angústia e raiva, embora não consiga identificar fatores responsáveis por eles, situação que vem se modificando à medida que consegue vincular esses sentimentos com as experiências de discriminação racial que sofria cotidianamente. O atendimento psicológico vem tendo consequências positivas para ele: embora o sentimento de tristeza persista, os sintomas de pânico estão desaparecendo. Entretanto, ele expressa preocupação por ser atendido por outra pessoa que não seja capaz de entender a forma como a discriminação racial afeta diretamente sua saúde mental.[355]

A construção de uma teoria psicológica dos direitos fundamentais requer que utilizemos um marco teórico que nos permita entender a correlação dos temas abordados nos capítulos anteriores. Vimos que direitos fundamentais pretendem promover a liberdade individual, o que deve ser compreendido como a possibilidade de os indivíduos atuarem como agentes. A liberdade, enquanto direito individual e princípio moral que procura afirmar a possibilidade de ser, pressupõe uma representação dos seres humanos que encontra seus pressupostos no discurso filosófico e na doutrina jurídica: a imagem do ser humano como um ser racional, o que possibilita a vida coletiva entre pessoas com a mesma característica. Esse status implica a noção de que elas são capazes de construir uma ordem social baseada na articulação de princípios que todos acreditam ser válidos. Essa compreensão dos seres humanos se mostra adequada em uma sociedade organizada de acordo com normas jurídicas que pressupõem a necessidade do reconhecimento da legitimidade de regras comuns de sobrevivência. Entretanto, pensamos que ela não apresenta elementos suficientes para a análise de todas as funções dos direitos fundamentais, nem de todas as implicações de suas violações, uma vez que a vida social não se resume a escolhas racionais entre alternativas possíveis. Essa imagem do ser humano se mostra restrita quando consideramos o fato de que eles devem proteger a dimensão psicológica dos direitos fundamentais, dimensão que opera a partir de princípios distintos de processos racionais envolvidos na deliberação racional sobre o exercício de direitos. De qualquer forma, o exercício de deliberação individual sobre a possibilidade de ser tem imensa relevância psicológica, sendo um meio de afirmação da dignidade da pessoa humana. A liberdade enquanto princípio jurídico e princípio político abre espaço para a realização da liberdade enquanto categoria psicológica, o que se manifesta no reconhecimento e na proteção dos

---

[355] SANTOS, Gabriela da Cruz; RICCI, Ellen Cristina. Saúde mental da população negra: relato de uma relação terapêutica entre sujeitos marcados pelo racismo. *Revista de Psicologia da UNESP*, v. 19, p. 230-238, dez. 2020. Número especial.

seres humanos como agentes sociais. Direitos fundamentais cumprem um papel importante, qual seja, a promoção da autoeficácia, um aspecto relevante para que as pessoas possam atingir a integridade psíquica, o que consideraremos um ponto central do princípio da dignidade humana.

O caminho que percorremos nos mostra que teorias tradicionais de direitos fundamentais ainda estão baseadas em uma concepção de subjetividade unificada, de uma subjetividade identificada com a capacidade de autorregulação racional, uma compreensão dos seres humanos que se mostra problemática quando consideramos as diversas consequências de violações de direitos fundamentais. É preciso então explorar essa outra dimensão da subjetividade, uma vez que ela tem relevância central para a compreensão da ação humana. Precisamos compreender de forma mais profunda os mecanismos que causam danos existenciais, o que requer uma análise de processos responsáveis por certas dinâmicas psicológicas presentes em inúmeras interações humanas. Não podemos realizar uma investigação dessa natureza sem o conhecimento da psicologia social, campo do conhecimento que entende a experiência humana como produto de uma subjetividade formada por uma pluralidade de fatores. Essa área de investigação do comportamento se mostra essencial, uma vez que fornece elementos para entendermos o papel das relações sociais na formação da subjetividade humana, especialmente aquelas que impedem processos psicológicos relevantes como a formação de um senso de autoeficácia nos indivíduos, problema que afeta especialmente membros de grupos subalternizados.

Vimos que direitos fundamentais oferecem referências identificatórias para os indivíduos, que eles têm um papel relevante no processo de socialização das pessoas que vivem em sociedades democráticas. Elas formulam horizontes de inteligibilidade a partir dos sentidos sociais explícitos e implícitos nos direitos fundamentais, o que é complementado pela expectativa de previsibilidade das normas jurídicas. Devemos então buscar na psicologia social elementos que nos permitam entender as implicações psíquicas da desestabilização das expectativas sociais de que as pessoas serão reconhecidas como agentes sociais competentes. Assim, a contribuição da psicologia para o debate sobre direitos fundamentais pode ser significativa na medida em que nos auxilia a compreender os mecanismos que conectam o aspecto individual e o aspecto social da formação da subjetividade psicológica. Estamos interessados em saber o papel que as relações humanas desempenham nesse processo, uma vez que os indivíduos existem no mundo primariamente enquanto sujeitos psicológicos. Estaremos especialmente interessados em analisar os meios a partir dos quais a formação da identidade individual se relaciona com as estruturas sociais, uma vez que estudos nessa área sugerem que os indivíduos formam uma concepção de si mesmos a partir das correlações entre processos mentais e estruturas sociais.

O interacionismo simbólico oferece parâmetros importantes para compreendermos essa dinâmica, uma vez que investiga o papel das relações sociais na formação do psiquismo. Interessa aos pesquisadores desse campo de investigação do comportamento humano entender os mecanismos responsáveis pelos processos de construção da subjetividade humana a partir das interações sociais. Uma vez que direitos fundamentais operam como mecanismos que regulam as relações entre seres humanos e entre eles e instituições políticas, acreditamos que o conhecimento dos pressupostos dessa escola nos ofereça elementos para que possamos entender algumas dimensões das consequências psicológicas de violações dessa categoria de direitos. A análise da interação entre psiquismo humano e estruturas sociais nos permite compreender os meios a partir dos quais a efetividade ou a ausência de exercício de direitos fundamentais afetam o desenvolvimento adequado da personalidade. O interacionismo simbólico investiga exatamente as conexões entre essas duas esferas: de um lado, a formação psicológica dos seres humanos, do outro, as condições sociais responsáveis pelo desenvolvimento da personalidade humana. Essa escola da psicologia social oferece ainda parâmetros relevantes para entendermos os processos de formação do estresse emocional, fator responsável pelo sofrimento social. Veremos que as premissas sobre o papel das interações sociais nessa teoria abrem espaço para que aspectos centrais do processo de construção da subjetividade geralmente obscuros sejam esclarecidos.

O exame de alguns temas básicos do interacionismo simbólico terá um papel central na nossa teoria psicológica dos direitos fundamentais. Observamos, no capítulo anterior, que esses direitos são parâmetros a partir dos quais as pessoas formam sua identidade social, um dos aspectos centrais da dimensão psicológica dos seres humanos. Verificaremos neste capítulo que violações de direitos fundamentais produzem interrupções nas referências identificatórias das pessoas, impedindo que elas tenham controle sobre aspectos básicos de suas vidas, o que os direitos fundamentais procuram garantir. Verificaremos que violações de direitos fundamentais criam obstáculos para um processo psicológico importante: a afirmação da autoverificação da identidade. Estamos diante de um requisito para o para o alcance do bem-estar psicológico dos indivíduos, porque a verificação da identidade permite que eles se afirmem como agentes, o que sabemos ser um impulso básico da estrutura psicológica dos seres humanos garantida por direitos fundamentais. O estudo da noção da identidade no interacionismo simbólico nos oferece a oportunidade de compreender como violações de direitos fundamentais produzem sofrimento psíquico, uma vez que inúmeras pesquisas nessa área demonstram que violações de direitos fundamentais não apenas promovem a disrupção da identidade, mas também atuam como estressores permanentes, causa de sofrimento psíquico. Esse conhecimento permitirá a compreensão de como práticas discriminatórias contra grupos raciais subalternizados tornam seus membros especialmente vulneráveis a problemas de saúde mental, tema que será amplamente explorado nos capítulos seguintes. Essa análise abrirá espaço para abordarmos os meios a partir dos quais violações de direitos fundamentais promovem a coisificação dos seres humanos, o desrespeito à sua integridade, além do problema da alienação identitária, nosso principal foco neste capítulo.

Exploraremos neste capítulo alguns pressupostos de uma teoria que nos permitirá entendermos com grande profundidade a dinâmica psíquica do que a doutrina e a jurisprudência sobre direitos fundamentais classificam como dano existencial. Interessa-nos examinar como a discrepância entre a identidade como sujeitos de direito e a realidade da vulnerabilidade social opera como um fator produtor de estresse emocional nos membros de grupos subalternizados. Alguns conceitos serão especialmente relevantes para a análise desse tema: as noções de disrupção de identidade, de autoeficácia, de estruturas sociais, de recursos sociais e de desamparo aprendido. Teremos neste capítulo a oportunidade de articular uma perspectiva teórica que nos oferece elementos para examinar as formas como forças sociais não apenas são responsáveis por mecanismos que criam obstáculos para a afirmação dos seres humanos como agentes morais, mas também produzem sofrimento social. Verificaremos que membros de grupos raciais subalternizados estão entre os segmentos mais vulneráveis a esse problema, porque vivem em sociedades organizadas em torno de estruturas que não oferecem os meios para que eles possam se afirmar como agentes morais. Essa realidade promove um processo de estresse emocional derivado da vivência permanente de desorientação: o conflito entre a identidade social do indivíduo como membro de uma sociedade democrática e a condição de ser membro de um grupo social percebido como incapaz de operar como agente, o que motiva práticas discriminatórias sistemáticas contra seus membros.[356]

O interacionismo simbólico: pressupostos

A psicologia social é um campo do conhecimento que examina os meios a partir dos quais a inter-relação entre dinâmicas sociais e processos psicológicos

---

[356] Cf. DU BOIS. *As almas do povo negro*; WILLIAMS, Ian. *Disorientation. Being Black in the World*. New York: Europa, 2021.

influencia a formação do psiquismo humano. Se as primeiras escolas de psicologia tinham na consciência a referência fundamental para o estudo do comportamento humano, outras teorias surgidas nas primeiras décadas do século passado começaram a trabalhar com a hipótese de que forças sociais desempenham um papel essencial na formação do psiquismo. Isso pode assumir uma pluralidade de manifestações, uma vez que processos mentais decorrem de vários elementos, o que inclui a acomodação entre a dimensão individual e social das identidades ou os meios a partir dos quais papéis sociais internalizados orientam a percepção dos indivíduos sobre si mesmos. Embora mecanismos psicológicos determinem a operação da mente humana, eles são articulados por conteúdos de natureza social; os seres humanos absorvem referências que operam como parâmetros por meio dos quais eles se comportam. Os seres humanos são amplamente influenciados pelos grupos dos quais são parte, uma vez que essas coletividades produzem valores que operam como cognições sociais que instituem meios para eles criarem referências para as suas ações. Isso inclui a identidade deles como membros de uma comunidade política organizada de acordo com princípios jurídicos. As pessoas, para que possam atuar de forma adequada, precisam acumular um nível considerável de conhecimento sobre o mundo, o que assume a forma de cognições sociais produzidas pelos grupos aos quais eles pertencem. Essas cognições funcionam como parâmetros a partir dos quais os indivíduos desenvolvem referências para o próprio comportamento e operam como horizontes para a compreensão da realidade social.[357]

    O interacionismo simbólico é uma escola da psicologia social cujas bases teóricas estão originalmente relacionadas com o pragmatismo. Ela está fundamentada em um pressuposto genérico segundo o qual os seres humanos estão sempre procurando se ajustar aos fatores presentes nos ambientes nos quais eles vivem. Questões existenciais que sempre os perseguem são relevantes, porque a resposta a elas permite ajustamentos práticos aos lugares nos quais eles vivem; assim, as pessoas estão sempre procurando atender as demandas dos seus ambientes de maneira prática, motivo pelo qual estão continuamente testando e provando o ambiente no qual estão inseridas. A verdade que eles obtêm desse processo decorre da possibilidade de satisfação de seus interesses. Conhecer e agir são dois temas amplamente ligados na perspectiva pragmatista, uma vez que os seres humanos atuam a partir de ideias sobre a realidade social, a qual é ativamente criada na medida em que agimos e interagimos com ela. A capacidade de um organismo responder ao ambiente determina a dinâmica do

---

[357] MYERS, David G. *Psicologia social*. 10. ed. Porto Alegre: AMGH, 2014. p. 49-81.

ambiente, motivo pelo qual devemos entender o psiquismo humano em relação às interações entre indivíduos e a realidade que os circunda.[358]

Também seguindo os estudos desenvolvidos por George Herbert Mead, o interacionismo simbólico parte do pressuposto de que as interações humanas são perpassadas pela linguagem: o comportamento humano adquire sentido em interações que são mediadas a partir de vários sentidos comunicados e percebidos por meio da linguagem. Como meio compartilhado de entendimento do mundo, a linguagem permite que as pessoas envolvidas em um processo de comunicação se engajem em comportamentos mútuos, criem sentidos para as interações sociais. Esse processo cria os meios para que o indivíduo planeje seus comportamentos em relação aos outros, o que possibilita maior controle sobre a própria conduta. Porém, mais do que abrir espaço para que os seres humanos tenham uma compreensão dos motivos pelos quais as pessoas se comportam, o mundo simbólico abre as portas para que desenvolvam a consciência de um *eu* (*self*), uma vez que a capacidade humana de usar símbolos para significar processos mentais também faz com que as pessoas estejam conscientes de si mesmas. Os seres humanos se tornam então um objeto de reflexão para si mesmos na medida em que articulam as respostas necessárias ao comportamento do outro no processo de interação social. Essa relação entre a mente e a sociedade abre espaço para que os indivíduos possam formar uma compreensão de si mesmos por meio da observação contínua de seus atos e das consequências destes no mundo exterior.[359]

O interacionismo simbólico encontra fundamento em teses filosóficas sobre o comportamento humano e em estudos sociológicos sobre as interações entre estruturas sociais e processos mentais. Esses pressupostos tiveram início com teorias que procuraram compreender o comportamento humano a partir de uma perspectiva social, uma direção que apontou as relações próximas entre pessoa e sociedade, o papel da comunicação na criação dos vínculos entre indivíduos, além da importância das mais diversas construções simbólicas na formação das interações sociais. Os especialistas que elaboraram as premissas centrais do interacionismo simbólico estão interessados em compreender a sociedade como uma estrutura de posições sociais que implica expectativas a serem realizadas por pessoas que as desempenham, como uma estrutura construída em torno da organização de diferentes formas de status. Elas podem

---

[358] HEWITT, John P. *The Self and Society: A Symbolic Interactionist Social Psychology*. New York: Allyn and Bacon, 1988. p. 6-7.

[359] STRYKER, Sheldon. *Symbolic interactionism*. Caldwell: Blackburn Press, 1980, p. 33-38; HEWITT. *The Self and Society: A Symbolic Interactionist Social Psychology*, p. 6-10.

ser resumidas da seguinte forma: o comportamento humano ocorre em uma realidade mediatizada por sentidos que implicam a existência de expectativas de comportamentos decorrentes de interações sociais. Elas são meios a partir dos quais as pessoas utilizam símbolos para designar posições que são relativamente estáveis e que fazem parte da estrutura social, o caso de normas jurídicas. Esses papéis sociais permitem que as pessoas operem a partir de padrões comportamentais organizados e que compreendam o comportamento dos outros a partir deles. Os seres humanos estão sempre atribuindo sentidos a objetos que existem no mundo real, e esse processo determina a criação de comportamentos em relação a esses objetos. Esse movimento igualmente permite que eles formulem uma noção de um eu que também se apresenta como um parâmetro de reflexão. O eu será construído a partir de um processo de relações que permite que as pessoas definam seu próprio lugar nas diversas interações sociais.[360]

Alguns conceitos centrais estruturam o interacionismo simbólico enquanto corrente da psicologia social. Um dos principais é a noção de *símbolo*, termo que indica o fato de que seu uso desperta as mesmas reações tanto na pessoa que o utiliza quanto na pessoa que o recebe. As interações humanas se tornam possíveis porque podemos nos relacionar uns com os outros por meio de símbolos que expressam sentidos para as pessoas que fazem parte de um processo comunicativo. Símbolos permitem que elas se engajem em interações culturais por meio das quais elas podem desenvolver a consciência sobre si mesmas. Símbolos são produtos de signos, de coisas que significam outras e que, por isso, podem despertar a mesma resposta nas pessoas na medida em que o fato de pertencerem à mesma cultura permite que elas compreendam a extensão das significações de um signo. Os seres humanos se diferenciam de outras espécies porque são capazes de criar signos e de aprender com eles; são capazes de criar e compartilhar sentidos por meio desses signos que eles criaram. Interessa aos autores do interacionismo simbólico analisar o papel desses símbolos com uma natureza convencional, porque criados a partir de um tipo de acordo tácito entre indivíduos que fazem parte de uma mesma comunidade. Esses signos convencionais são relevantes porque são criados e controlados por seres humanos; eles representam coisas, e nós reagimos a eles da mesma forma como reagimos à presença da coisa que está sendo simbolizada. Símbolos têm uma natureza pública; eles não designam sentidos que apenas certo número de pessoas pode identificar. Seus sentidos são compartilhados por todos os membros da comunidade, o que permite as interações entre seus membros. Símbolos podem ser

---

[360] STRYKER. *Symbolic Interactionism. A Social Structure Version*, p. 47-55.

empregados mesmo na ausência das coisas que eles significam, o que permite uma constante articulação da linguagem entre as pessoas. Seus significados são aprendidos por meio da experiência, embora seus sentidos sejam absorvidos por meio da aprendizagem da língua.[361]

O processo de socialização por meio de símbolos produz uma série de consequências relevantes para a formação da consciência psicológica. Símbolos criam a possibilidade de que disposições comportamentais de uma pessoa sejam reproduzidas em outra em função do compartilhamento de sentidos; eles também permitem que um indivíduo se torne parte do meio social no qual vive na medida em que internaliza e opera sentidos que símbolos expressam. Símbolos não designam apenas coisas que existem na realidade social. Eles podem ser utilizados para expressar sentimentos e designar coisas que fazem parte do imaginário de determinada cultura; eles expressam valores e preceitos que orientam as relações interpessoais nas sociedades humanas, o caso de normas legais. A possibilidade de designar diferentes coisas, as que existem no mundo concreto e as que expressam valores, permite que os seres humanos utilizem essas mesmas particularidades para compreender a si mesmos, abre espaço para que eles atribuam sentidos para seus estados mentais e suas experiências. Assim, símbolos produzem os meios a partir dos quais os seres humanos poderão se compreender em uma comunidade formada fundamentalmente pelo compartilhamento de sentidos. A pessoa age então em relação a um ambiente do qual ela faz parte; ela cria sentidos para suas experiências por meio da sua inclusão nessa comunidade de sentidos.[362]

Outro conceito relevante para o interacionismo simbólico é a noção de objeto. Esse termo, nessa teoria psicológica, faz referência a alguns processos mentais de forma mais ampla do que geralmente entendidos. De um lado temos a indicação que de esse termo designa algo que existe na realidade e que pode então ser simbolicamente designado; esse objeto existe materialmente, mas adquire relevância apenas quando é designado por uma palavra que representa sua existência e lhe atribui sentido. Porém, mais do que coisas que podem ser designadas por esses mecanismos culturais, objetos são também coisas para as quais os seres humanos

---

[361] HEWITT, John. Symbols, objects, and meanings, In: REYNOLDS, Larry; HERMAN-KINNEY, Nancy J. (eds.). *Handbook of symbolic interactionism*. New York: Rowman &Littlefield, 2003, p. 306-315; HEWITT. *The Self and Society: A Symbolic Interactionist Social Psychology*, p. 38-41.

[362] STRYKER, Symbolic interactionism, p. 59-62; HEWITT. *The Self and Society: A Symbolic Interactionist Social Psychology*, p. 44-46.

dirigem seus comportamentos, são coisas para as quais os seres humanos orientam suas condutas. Processos simbólicos atribuem sentidos às coisas que existem no mundo, fazendo delas objetos sociais, porque se apresentam como coisas para as quais voltamos nossas ações; todos os objetivos são simbolizados por meio da linguagem, eles chegam até nós por meio de categorias mentais. A coragem não é algo que exista no mundo enquanto um objeto concreto; sua existência depende da forma como organizamos nossas ações a partir dela. Como objetos designam coisas para as quais dirigimos nossas ações, eles estão amplamente relacionados com nossos motivos e com nossos propósitos. Por esse motivo, autores afirmam que um objeto representa um plano de ação, uma vez que ele não existe como algo dado, mas como uma coisa para a qual ele estabelece diferentes possibilidades de atribuição de sentido e de atuação sobre esses sentidos. Objetos existem em uma ordem simbólica anterior à nossa existência, motivo pelo qual a linguagem permite que tenhamos acesso a uma realidade já impregnada de sentidos.[363]

Essas considerações são muito relevantes para compreendermos como os seres humanos organizam suas ações em relação ao ambiente no qual vivem. Devemos iniciar essa investigação com uma análise dos nossos atos, considerados como elementos básicos de nossa conduta. Um ato é uma parte do nosso comportamento que apresenta um início e um fim que podem ser identificáveis e são relacionados com objetos. Ao descrever as várias coisas que fizemos durante um dia, estamos identificando uma série de atos que adquiriram sentido por estarem dirigidos a algum tipo de objeto sobre o qual seres humanos agem. Um ato tem início com um impulso para agir, fato seguido da designação dos objetos para os quais voltaremos nossas ações, e o ato tem fim com a consumação de uma ação em relação a certo objeto.[364] Atos também podem ser respostas aos estímulos externos que motivam as pessoas a agirem de uma forma ou de outra, e essa resposta dependerá da percepção do indivíduo sobre os sentidos desse estímulo. Essa resposta depende então da relação de uma pessoa com outra, mas também da situação interna do indivíduo que recebe um estímulo. Um impulso de tomar um café dirige a atenção para determinados objetos que permitam a satisfação desse desejo; o desejo sexual ocorre por meio de um estímulo externo, e a resposta a ele dependerá da percepção do interesse do outro na pessoa. A percepção da atenção do outro pode fazer com o indivíduo expresse seu interesse ou pode impedir que

---

[363] HEWITT. *The Self and Society: A Symbolic Interactionist Social Psychology*, p. 45-47.
[364] HEWITT, John. Symbols, objects, and meanings, In: REYNOLDS, Larry; HERMAN-KINNEY, Nancy J. (eds.). *Handbook of symbolic interactionism*. New York: Rowman &Littlefield, 2003, p. 306-315.

ele tome qualquer atitude por perceber que não haverá uma resposta da outra pessoa ao seu interesse. Temos no primeiro caso atos individuais, e no segundo, atos sociais. O primeiro representa respostas a estímulos internos, o segundo pode ser visto como respostas a estímulos externos cuja resposta dependerá das condições de interação. Esse segundo caso abre espaço para a criação de atos sociais que decorrem de objetos sociais, objetos que adquiriram sentidos específicos em interações particulares e que podem coordenar uma série de comportamentos sociais. Assim, objetos sociais são criados na medida em que pessoas estão engajadas em atos sociais, em atos que pressupõem a cooperação de dois ou mais indivíduos que estão criando parâmetros de sentido para a coordenação de suas ações. As pessoas se tornam capazes de se engajar em interações sociais na medida em que podem interpretar os atos de outras pessoas a partir de sentidos sociais criados ao longo do contato com outro indivíduo.[365]

Para o interacionismo simbólico, a capacidade dos seres humanos de exercer controle sobre a própria conduta por meio da coordenação de atos sociais e objetos sociais está relacionada com a existência de um *eu*, termo que designa tanto o objeto criado a partir da interação com os outros como o processo por meio do qual ele é construído. Esse eu cumpre um papel central no processo por meio do qual os seres humanos coordenam a própria conduta. O eu se torna um objeto para uma pessoa porque ela pode nomear, imaginar, criticar, falar sobre algo que ela identifica como elemento constitutivo de sua subjetividade. Uma pessoa pode se comportar em relação a si mesma a partir de uma pluralidade de emoções que ela também tem em relação a outros indivíduos. A possibilidade de uma pessoa se tornar um objeto de reflexão para si mesma decorre do fato de que os seres humanos são capazes de construir sentidos para os seus atos, motivo pelo qual eles atuam na medida em que são capazes de mediá-los a partir de atos sociais. A possibilidade de designação simbólica do outro e de si mesmo abre as possibilidades para que o eu se torne um objeto de constante análise e reflexão para os indivíduos, e esses sentidos estão sempre mediados por sentidos culturais criados nas interações humanas. O processo de simbolização da conduta individual implica a internalização dos processos sociais; eles se tornam parte da lógica de operação da mente dos indivíduos. Isso permite que estes monitorem seu comportamento a partir da antecipação da forma como acham que os outros se comportam.[366]

---

[365] HEWITT. *The Self and Society: A Symbolic Interactionist Social Psychology*, p. 50-52.

[366] BURKE, Peter. Extending identity control theory: insigts from classifier systems. *Sociological Theory*, v. 22, n. 4, p. 574-592, 2004; HEWITT. *The Self and Society: A Symbolic Interactionist Social Psychology*, p. 54-56.

Uma diferenciação importante pode ser usada para entendermos os meios a partir dos quais o eu se torna um objeto de reflexão para o próprio indivíduo, torna-se o resultado do processo de interações sociais. Essa instância designa a fase na qual as pessoas respondem como sujeitos a processos particulares ou ao outro generalizado; eles se mostram como indivíduos atuantes em um processo de criação de sentidos. O eu representa o aspecto espontâneo e imediato da conduta, uma vez que qualquer tipo de conduta implica a existência de um sujeito que atua em relação objetos ou situações nas quais se encontra. A consciência da resposta a uma situação expressa a parte na qual o sujeito se apresenta como um tema de análise para suas ações. Essas duas fases se alternam no processo de ação e de reflexão sobre o comportamento humano; a resposta a um objeto imediatamente permite a possibilidade de reflexão sobre essa reação, o que torna o sujeito um objeto de análise para si mesmo.[367] Autores que trabalham com o interacionismo simbólico partem do pressuposto de que nossa subjetividade deve ser vista como o resultado de um processo marcado por uma constante referência às informações fornecidas por outras pessoas sobre nós. A percepção individual ocorre em uma dinâmica social na qual nossos comportamentos são amplamente mediados a partir de referências instituídas nas diversas interações sociais. Os seres humanos usam essas referências de formas variadas, uma vez que nossa consciência está sempre operando ativamente para garantir uma coerência entre percepções externas e a concepção que o sujeito tem de si mesmo. Interações sociais influenciam a percepção do sujeito porque servem como parâmetro para que ele avalie o quanto as pessoas observam a coerência entre o comportamento do sujeito e as prescrições relacionadas com papéis sociais, elementos a partir dos quais os sujeitos humanos exercem uma série de identidades.[368]

A possibilidade de uma pessoa se tornar um objeto de reflexão para si mesma parte de um aspecto relevante dos processos de coordenação social. As interações humanas podem ser vistas como um processo no qual indivíduos estão sempre procurando antecipar ações dos outros de forma que possam organizar o próprio pensamento. Somos capazes de fazê-lo em função da possibilidade de definição de uma situação: podemos dizer o que estamos fazendo, o que as pessoas esperam que façamos, as restrições presentes às nossas ações

---

[367] HEWITT. *The Self and Society: A Symbolic Interactionist Social Psychology*, p. 56-58.
[368] Cf. SCHRAUGER, J. Sidney; SCHOENEMAN, Thomas J. Symbolic Interactionist View of the Self-concept: Through the Looking Glass Darkly. *In*: BAUMESTEIR, Roy (ed.). *The Self in Social Psychology*. Philadelphia: Taylor & Francis, 1999. p. 25-43.

em situações específicas. Também sabemos quem são as pessoas que fazem parte das nossas interações; sabemos quem são as pessoas, as formas como elas se comportam em função dos papéis que elas devem desempenhar naquela situação específica. As condutas humanas não ocorrem em um vácuo social; pelo contrário, elas ocorrem em situações bastante específicas, geralmente conhecidas pelos indivíduos. A configuração das experiências humanas a partir de certas expectativas sobre os papéis do outro permite uma *definição da situação*: a pessoa pode antecipar os parâmetros que definem uma interação social a partir da natureza da situação, dos atores sociais envolvidos, do lugar no qual ela está ocorrendo, das pessoas que estão presentes. Todos esses elementos possibilitam a organização da percepção da pessoa sobre os significados que certa situação terá; as pessoas organizam o comportamento a partir do tipo de percepção que elas têm de uma interação social, principalmente quando a situação se mostra familiar. Vemos então que a ação humana é sempre situada, uma vez que os indivíduos não atuam em situações abstratas, mas a partir de previsões feitas em situação concretas. A definição da situação permite que antecipemos o comportamento de outras pessoas, mas também abre possibilidade para desenvolver nossa capacidade de análise do nosso próprio comportamento; ao definir a situação, nós podemos entender a nós mesmos nela. Situações são extremamente complexas e permitem que entendamos muito sobre nosso comportamento nelas, uma vez que pautamos nossas reações em função da forma como as interações humanas são reguladas por diversos sentidos e valores.[369]

Os seres humanos criam expectativas sobre os parâmetros a partir dos quais interações serão reguladas, e elas ocorrem em função das características ligadas aos papéis sociais que os agentes envolvidos desempenharão na situação em questão. Embora concepções tradicionais enfatizem o caráter normativo desse conceito, identificando-o como um conjunto de obrigações ligadas ao desempenho de certas funções, o interacionismo simbólico parte do pressuposto de que participantes de uma situação as estruturam a partir de categorias cognitivas, uma vez que as pessoas geralmente têm um senso da sua estrutura. Elas conseguem estruturar uma situação em termos de papéis por poderem prever a estrutura de determinada interação. Esses papéis são acima de tudo uma compreensão das funções que os seres humanos desempenham em determinada dimensão nas relações humanas, algo que permite antecipar o comportamento dos diferentes

---

[369] RILEY, Anna; BURKE, Peter. Identities and self-verification in the small groups. *Social Psychology Quarterly*, v. 58, n. 2, p. 61-73, 1995; HEWITT. *The Self and Society: A Symbolic Interactionist Social Psychology*, p. 59-63.

participantes. Assim, aqueles que conhecem as regras de um esporte podem prever o que ocorrerá tendo em vista as formas como elas determinam as funções que cada jogador deve desempenhar. Papéis também podem ser vistos como um recurso que as pessoas podem utilizar para desempenhar atividades; um jogador utiliza o conhecimento que tem sobre seu papel definido pelas regras de um jogo para entender o que deverá fazer, tendo em vista o conhecimento dos lugares que essas regras estabelecem para outras pessoas. A capacidade de definir uma situação mais a possibilidade de entender uma situação a partir das estruturas de papéis sociais permite que os seres humanos antecipem ou predigam as ações das outras pessoas com as quais interagem e entendam a ação de outras pessoas, mesmo aquelas que não podemos antecipar.[370]

Interacionismo simbólico, estrutura social e estrutura da personalidade

Tendo em vista a centralidade desse termo nessa teoria, é importante examinar o que os estudiosos classificam como o *self*, ou o eu. Esse conceito está baseado na premissa de que uma pessoa pode analisar a si mesma de forma objetiva a partir do ponto de vista das pessoas com as quais ela interage, fato que tem consequências significativas no seu comportamento. Essa categoria não tem uma base biológica, uma vez que está constituída sobre a atividade reflexiva do indivíduo, processo responsável pela sua autodefinição a partir dos contextos sociais nos quais ele está engajado. Essa atividade de definição reflexiva do eu decorre amplamente de categorias sociais às quais correspondem papéis sociais que as pessoas desempenham nas diferentes esferas da existência e ao longo da vida. Papéis sociais estabelecem modos de interação com o mundo, motivo pelo qual o eu também opera da mesma forma. Por esse motivo, essa categoria tem sido identificada como um processo a partir do qual uma pessoa se torna capaz de descrever a si mesma nas diversas interações sociais. O eu não tem uma natureza estática, pois as pessoas desempenham diversas funções nas várias esferas da vida, e o sentido delas também é negociado nas interações concretas com outras pessoas. Esse fato demonstra que ele reflete processos sociais mais amplos; não podemos compreender a formação dessa instância sem considerar o contexto social no qual o indivíduo está situado. Ele não pode ser pensado como uma unidade indiferenciada, uma vez que sua formação pressupõe uma complexidade e uma diferenciação, o que não pode

---

[370] HEWITT. *The Self and Society: A Symbolic Interactionist Social Psychology*, p. 62-65.

ser classificado com tradicionais visões tradicionais do eu como uma unidade metafísica. Os outros influenciam a visão que temos de nós mesmos, e a posição que eles ocupam nos nossos círculos de relações terá maior ou menor impacto na percepção que temos de nós mesmos.[371]

O interacionismo simbólico fornece elementos importantes para entendermos alguns mecanismos a partir dos quais contextos sociais afetam processos mentais, motivo pelo qual a análise de estruturas sociais se mostra especialmente relevante. Significados de interações sociais são estabelecidos por processos culturais ou questões materiais que definem a vida das pessoas. O conceito de estrutura social adquire relevância nesse contexto, pois nos ajuda a compreender uma dimensão pouco examinada do processo de formação da personalidade humana. Essa expressão designa padrões regulares que caracterizam grande parte das interações humanas, acontecimentos que tendem a ter certa uniformidade de atores sociais e de posições que eles ocupam. Essas pessoas formam grupos que desempenham as mesmas funções em diferentes setores da vida social; os que desempenham atividades similares formam coletividades, motivo pelo qual elas existem dentro de padrões de interação social; elas são vistas como pessoas com similaridades em relação a outras pessoas. O conceito de padrões de interação também pressupõe a ideia de modelos de regularidades que descrevem aspectos da estrutura social mais abstratos presentes em várias sociedades, o que engloba estruturas econômicas, sistemas políticos e representações culturais. As sociedades humanas são estruturas complexas cujo funcionamento diferenciado institui formas variadas de interação entre grupos humanos, embora seu funcionamento em torno de papéis sociais desempenhados por certos grupos faz com que a interação entre certos segmentos ocorra com regularidade, o que opera como um tipo de referência para a construção psicológica dos indivíduos. As estruturas sociais desempenham então um papel central no processo de formação da subjetividade humana, na medida em que determinam as formas e a dinâmica das interações sociais das mais variadas formas.[372]

Observamos anteriormente que o eu não pode ser visto como o resultado de um mero processo epigenético em função do qual processos de estruturação mental são o resultado de experiências psicológicas universais. Essa categoria psicológica tem uma natureza reflexiva, porque decorre de um longo processo

---

[371] STRYKER. *Symbolic Interactionism. A Social Structure Version*, p. 58-60; CAST, Alicia; STETS, Jan E.; BURKE, Peter. Does the Self Conform to the View of Others? *Social Psychology Quarterly*, v. 62, n. 1, p. 68-82, 1999, p. 68-73.

[372] STRYKER. *Symbolic Interactionism. A Social Structure Version*, p. 65-66.

de construção de identidades pessoais que se expressam por meio de papéis desempenhados por indivíduos. Por esse motivo, é importante analisar os meios a partir dos quais essa constante atividade de definição por meio de interações sociais determina a identidade dos indivíduos; estamos especialmente interessados na análise das maneiras como o eu reflete os padrões sociais nos quais os indivíduos estão envolvidos. O estudo do tema da identidade adquire relevância central nesse processo, na medida em que nossa subjetividade é composta por uma série de pertencimentos que se expressam por meio dos papéis desempenhados pelos indivíduos. Esses papéis são meios a partir dos quais as pessoas criam referências que estruturam as interações sociais, motivo pelo qual eles se tornam parâmetros para que o indivíduo compreenda a si mesmo e o seu lugar na sociedade. Assim, no interacionismo simbólico, a identidade pode ser classificada como os diversos sentidos que uma pessoa atribui a si mesma na reflexão sobre sua operação no mundo. Por ser uma coleção de identidades que adquirem sentido no processo de interação com outras pessoas, o eu não pode ser visto como uma categoria unívoca, porque é produto dos sentidos produzidos nos diversos contatos que as pessoas têm ao longo da vida. Os contornos de cada uma dessas identidades são estabelecidos dentro das especificidades do tipo de interação dos indivíduos. Os indivíduos aprendem sentidos sobre si mesmos por meio dos elementos que estruturam o contato com outros indivíduos. Dessa forma, certas características sociais se tornam significativas por determinarem a forma como as pessoas responderão ao contato com outras. Essas respostas fornecem elementos para que a pessoa responda aos outros e às formas como uma identidade se torna relevante naquele momento.[373]

Tendo em vista a maneira como esses diferentes papéis operam como parâmetros para que os indivíduos possam estruturar a situação social na qual se encontram, certos estudiosos desse campo trabalham com a noção de identidade saliente, expressão que designa construções sociais por meio das quais as pessoas constroem suas identidades. Como cada sociedade atribui sentidos diferentes a diferentes formas de identidade, algumas delas são identidades discretas, por não serem investidas de grandes significações sociais, mas outras são vistas como salientes, porque são amplamente utilizadas para determinar os lugares e as funções que as pessoas podem ocupar em uma sociedade. Por esse motivo, essas identidades salientes se tornam parâmetros por meio dos quais as pessoas organizam suas identidades, uma vez que determinam as condições das interações sociais. Dessa forma, a raça é classificada como uma identidade saliente, por ser uma forma de

---

[373] BURKE; TULLY. The Measurement of Role Identity, p. 880-882.

organização das interações sociais: a raça determina uma série de sentidos sociais a partir dos quais as pessoas fazem julgamentos imediatos sobre o outro. Embora nem todas as situações invoquem tipos de identidades salientes, a confluência de mais de uma delas pode afetar ainda mais a forma como indivíduos são percebidos em função do seu lugar nas hierarquias sociais.[374]

Peter Burke e Jude Tully nos informam que identidades baseadas em papéis sociais são relevantes para a determinação do contexto social no qual interações ocorrem. Porém, tendo em vista o fato de que elas podem ser utilizadas para estruturar diferentes formas de relação social, essas identidades baseadas em papéis sociais se tornam princípios regulares de ordenação das interações entre os indivíduos, determinando diversos aspectos da própria estrutura social na qual as pessoas vivem. Esses mesmos autores afirmam que devemos ver a identidade como um componente interno de um papel, enquanto o papel é um componente externo de uma identidade. Como papéis sociais não existem sem seus opostos, identidades também pressupõem outras que operam paralelamente a elas. Papéis e identidades são então claramente relacionais, porque são construídos por processos culturais de oposição nos quais um oposto adquire sentido a partir da diferenciação em relação a outro.[375] Identidades são sentidos que uma pessoa atribui a si mesma quando desempenha certo papel, motivo pelo qual podemos classificar identidades como produtos sociais que se perpetuam por meio de processos culturais. Elas são formadas e mantidas por meio das interações com outras pessoas, o que permite que os indivíduos sejam divididos em categorias socialmente reconhecidas, e essas identidades também permitem a validação de autoapresentação dos indivíduos. Podemos, a partir desses elementos, observar como a relação direta entre identidade e comportamento se mostra especialmente relevante para nossa reflexão, porque as pessoas são motivadas a formular planos e operar de acordo com princípios que reforçam, dão suporte ou confirmam suas identidades. Como identidades e comportamentos são construídos a partir das mesmas referências, eles estão então sempre procurando operar de modo que as várias formas de identidade sejam reforçadas a partir dos sentidos da identidade e dos sentidos dos comportamentos das pessoas nas diversas situações.[376]

Identidades são sentidos sobre nós mesmos, sentidos formados em situações particulares e organizados de acordo com hierarquias que em conjunto formam o

---

[374] STRYKER. *Symbolic Interactionism. A Social Structure Version*, p. 59-61.

[375] BURKE; TULLY. The Measurement of Role Identity, p. 882-883.

[376] BURKE; REITZES. The Link Between Identity and Role Performance, p. 83-85.

que chamamos de eu ou *self*. Elas têm uma natureza reflexiva, porque fornecem elementos para que os indivíduos desenvolvam esquemas de compreensão de si mesmos, motivo pelo qual podemos dizer que elas também têm uma dimensão simbólica. A ação das pessoas adquire sentido nas interações sociais, uma vez que os seres humanos respondem aos sentidos que os outros dão às identidades que eles possuem. Ações, falas e características dos indivíduos são fatores que determinam a reação das pessoas, e elas se tornam elementos importantes na determinação da forma como os indivíduos passam a conceber a si mesmos. Uma identidade fornece ao indivíduo referências a partir das quais ele pode interpretar a situação na qual se encontra e suas ações ou potenciais formas de comportamento em determinada situação. Como afirmam os autores do interacionismo simbólico, a autocompreensão decorre de um constante processo de interpretação das particularidades das interações nas quais uma pessoa se encontra, uma vez que elas acendem certas identidades que também pressupõem ações específicas a partir delas. As ações individuais serão julgadas como apropriadas ou não a partir das identidades que outros atores sociais utilizam para analisar o comportamento do indivíduo. O sujeito mantém controle sobre a situação na medida em que procura criar coerência entre os sentidos que ele atribui a si mesmo e os sentidos que os outros lhe atribuem em uma situação específica. A correlação entre identidade e performance se torna possível porque ambas estão estruturadas a partir dos mesmos sentidos, e o sentido que uma pessoa atribui a si mesma depende do sentido que motiva sua performance. Dessa maneira, o sujeito está sempre procurando produzir os meios possíveis de coerência entre o que ele entende ser e os sentidos atribuídos a ele em determinada situação.[377]

Vemos então que, no interacionismo simbólico, identidades são horizontes de sentido que as pessoas têm sobre si mesmas e que definem os sentidos de ser quem elas são. Esses horizontes de sentido determinam a compreensão que elas têm de si mesmas como pessoas que desempenham certos papéis, como membros de determinados grupos sociais. Esses diversos sentidos formam critérios identitários que as pessoas procuram confirmar por meios de suas ações nas diversas situações sociais relevantes, o que lhes permite construir uma coerência mínima entre essas diferentes formas de identidade. Quando as pessoas se deparam com situações que provocam um distúrbio desses critérios identitários, ocorre um distúrbio nas formas como elas compreendem a si mesmas. Isso faz com que eles busquem restaurar a coerência entre esses parâmetros para que esse processo não seja uma situação permanente de estresse emocional. Papéis sociais fornecem então os meios

---

[377] BURKE; REITZES. The Link Between Identity and Role Performance, p. 83-86.

para o processo de autoverificação, termo que designa os fatores a partir dos quais os indivíduos mantêm um processo constante de coerência cognitiva a partir da congruência entre diversas formas de identidade. Expectativas sociais relacionadas com a identidade fazem parte das várias interações nas quais as pessoas se engajam cotidianamente; elas definem nossa posição na sociedade, e essas posições têm um caráter relacional, pois são construídas a partir da comparação com outras. A verificação da identidade surge então como um meio a partir do qual a estrutura social é mantida, na medida em que prescreve os sentidos que ações e identidades devem assumir nas diversas interações entre as pessoas. Assim, mais uma vez, a identidade está amplamente relacionada com as estruturas sociais.[378]

Alguns autores fazem diferenciações relevantes para o entendimento da grande complexidade do termo "identidade". Uma delas é especialmente relevante para nós: a distinção entre identidade individual e identidade coletiva, termos que descrevem duas dimensões da identidade social. Enquanto a primeira designa as categorias sociais que o indivíduo utiliza para identificar a si mesmo como uma pessoa específica, a segunda descreve a sua identificação como membro de uma coletividade também a partir de categorias sociais amplas. Essas duas esferas da identidade são produto dos processos individuais e coletivos por meio dos quais indivíduos e grupos desenvolvem sentidos particulares e coletivos para suas identidades. Como as sociedades humanas formulam várias categorias para classificar indivíduos, eles adquirem uma pluralidade de identidades ao longo da vida. Essas duas instâncias da identidade são construídas a partir da comunicação simbólica entre indivíduos, pessoas que compartilham sentidos sociais sobre suas falas e seus gestos, fator que lhes permite antecipar a reação que os outros terão às suas ações em diferentes contextos. Assim, uma pessoa reagirá de determinada forma em determinadas circunstâncias, ela poderá antecipar a reação do outro porque tem conhecimento do tipo de ação que o outro deverá ter por estar em determinada função social. A identidade individual surge então nesse constante processo de formação de sentidos entre pessoas que podem compreender as funções e os sentidos dos lugares que elas e outras pessoas ocupam.[379]

Para que possamos entender de forma mais clara as relações entre estrutura social e identidade pessoal, devemos explorar sentidos relevantes para a construção

---

[378] BURKE, Peter J. Identities and Social Structure. *Social Psychological Quarterly*, v. 67, n. 1, 2004, p. 5-6.

[379] THOITS, Peggy; VIRSHUP, Lauren. Me's and We's. Forms and Functions of Social Identities. *In*: ASHMORE, Richard D.; JUSSIM, Lee (ed.). *Self and Identity: Fundamental Issues*. Oxford: Oxford University Press, 1997. p. 106-112.

da identidade de um indivíduo. O conceito de sentido é um aspecto central da noção de identidade na teoria do interacionismo simbólico, uma vez que é a partir dele que o indivíduo aprende a determinar sua identidade. O sentido de um objeto ou processo está relacionado com a resposta de um indivíduo a esse objeto ou processo; eles são então respostas a percepções dos indivíduos que ocorrem em interações sociais. Isso significa que os sentidos construídos pelos indivíduos para suas identidades estão amplamente relacionados com a estrutura social na qual eles vivem. Embora muitas vezes sentidos façam referência a experiências específicas, eles estão relacionados com estruturas sociais mais amplas.

Identidades estão relacionadas com a estrutura social quando consideramos o fato de que sentidos sociais são construídos a partir do fluxo de recursos que as pessoas possuem na sociedade. Se considerarmos estruturas sociais como a organização de recursos presentes em uma sociedade e se levarmos em consideração que diferentes pessoas e grupos de pessoas ocupam lugares distintos nas várias estruturas sociais, podemos afirmar que a possibilidade de construção de identidades está relacionada com a posição que as pessoas ocupam nesse sistema responsável pela regulação de acesso a recursos na sociedade. Sistemas sociais operam a partir da alocação de direitos e responsabilidades no controle sobre recursos sociais. Estamos aqui diante de um processo importante para a questão do controle da identidade: sentidos sociais são relevantes para o controle de recursos, motivo pelo qual quem controla sentidos controla também recursos sociais. Recursos são todas as coisas ou processos utilizados para manter padrões de regulação social pautados na construção de hierarquias entre as diversas funções que as pessoas ocupam em uma sociedade. Entre eles estão incluídos desde bens materiais necessários para a sobrevivência material dos indivíduos até processos abstratos responsáveis pela estruturação de oportunidades em dada sociedade. Recursos podem ser ativos por darem suporte efetivo para pessoas e grupos de pessoas no momento presente e podem ter um caráter potencial por permitirem que pessoas ou grupos de pessoas se beneficiem no futuro. Os seres humanos associam signos aos recursos ativos e, ao respondê-los e controlá-los, eles podem controlar recursos em interações sociais específicas; ao associar símbolos a recursos potenciais, eles conseguem controlar recursos que podem se tornar ativos em uma situação futura. Por poderem reagir a sentidos produzidos por símbolos que controlam situações futuras, os seres humanos se mostram capazes de planejar, coordenar e estabelecer comunicações sobre coisas que não estão na situação imediata.[380]

---

[380] BURKE. Identities and Social Structure, p. 6-8.

Esse processo complexo da formação das identidades humanas se mostra relevante porque permite a autoverificação dos indivíduos. As pessoas atuam para verificar suas identidades ao longo de toda a vida, e isso significa que as pessoas utilizam signos e símbolos para esse propósito a partir dos parâmetros mínimos relativos a diferentes formas de identidade. A utilidade de um recurso decorre da diferença entre a percepção da nossa posse desse recurso e o parâmetro mínimo estabelecido pela forma de identidade; o processo de autoverificação ocorre então por meio de uma tentativa constante de manutenção de equilíbrio entre recursos e sentidos de forma que a pessoa pode estar certa de que há uma relação positiva entre recursos existentes e parâmetros estabelecidos para o desempenho de uma identidade. Uma vez que as pessoas possuem uma variedade de identidades, o processo de autoverificação depende da consideração da possibilidade de ajustamento entre sentidos e recursos nas diversas situações nas quais essas identidades são ativadas, sejam elas identidades individuais ou coletivas. Identidades coletivas fornecem sentidos a partir dos quais um indivíduo compreende a si mesmo, uma vez que elas instituem sentidos que são compartilhados entre os membros de um mesmo grupo. Desempenhar uma identidade vinculada a um papel social não significa ser igual ao outro, mas operar e receber reconhecimento do outro a partir do desempenho das expectativas vinculadas a um papel social. O processo de verificação de uma identidade vinculada a papéis sociais significa observar se a performance do outro se mostra adequada, fato que permite ao indivíduo verificar a sua própria identidade.[381]

Identidade social, controle pessoal e estrutura social

O processo de verificação da identidade está ligado a outro conceito especialmente importante para nossa reflexão: a noção de *controle pessoal*. Ele decorre da percepção de que uma pessoa pode controlar e determinar aspectos centrais de sua vida, sentimento oposto ao gerado pela percepção de que alguém não tem a possibilidade de moldar a própria existência. Controle e impotência são dois polos de uma realidade na qual o primeiro permite à pessoa alterar as condições de existência na qual ela vive e o segundo designa uma ideia de que ela não tem qualquer poder de influenciar eventos e circunstâncias. O sentimento de impotência tem causas sociais e produz consequências emocionais significativas, sendo distinto tanto dos fatores sociais que o causam quanto do estresse que um indivíduo pode sentir em função dele. Se o sentimento de

---

[381] BURKE. Identities and Social Structure, p. 9-13.

controle sobre aspectos básicos da vida está relacionado com baixos níveis de estresse emocional, o sentimento de impotência está altamente relacionado com esse problema. O sentimento de impotência está relacionado com níveis de alienação, porque o indivíduo opera a partir da expectativa ou da probabilidade de que suas ações não são capazes de determinar os resultados ou reforços que ele procura. Por outro lado, o sentimento de controle pessoal presume as ideias de autoeficácia, de direção pessoal, de autonomia pessoal; duas percepções que decorrem das interações que o indivíduo realiza na sua vida.[382]

Se a noção de controle pessoal pressupõe um lugar de controle presente no indivíduo, derivado do constante processo de autoverificação de sua identidade, o lugar de controle no caso do sentimento de impotência está no mundo exterior. Se o sentimento de controle pessoal expressa a crença do indivíduo de que o resultado de suas ações é o resultado contingente ou direto de escolhas pessoais, a percepção de impotência faz com que ele desenvolva a percepção, por meio de experiências sociais contínuas, de que os resultados das situações nas quais ele está envolvido estão situados em fatores externos como agentes públicos e privados que detêm grande poder social sobre sua vida. O sentimento de controle pessoal faz referência ao próprio indivíduo, sendo um sentimento generalizado de que suas ações produzirão ou poderão produzir os efeitos que ele espera, e sentimento não designa uma situação específica; ele é uma postura generalizada da pessoa nas diferentes esferas da vida. Esse sentimento está amplamente relacionado com a noção de autoeficácia, termo que expressa a percepção do indivíduo de que ele pode desempenhar funções sociais de forma competente, um sentimento desenvolvido no processo de socialização que se aplica a quase todas das circunstâncias.[383]

A literatura sobre o interacionismo simbólico correlaciona a noção de impotência com a ideia de desemparo aprendido, o que resulta da exposição a estímulos negativos que passam a ser percebidos como inescapáveis e incontroláveis, provocando no indivíduo níveis baixos de resposta voluntária e baixa habilidade de aprender comportamentos que podem ser bem-sucedidos. Estamos diante de um processo psicológico relacionado com a noção de alienação subjetiva, que pressupõe uma separação de si mesmo ou de outros. A impotência é um tipo relevante de alienação subjetiva, uma vez que implica a

---

[382] ROSS, Catherine; SASTRY, Jaya. The sense of personal control, In: ANESHENSEL, Carol; PHELAN, Jo C. (eds). *Handbook of the sociology of mental health*. New York: Kluwer Academic, 1999, p. 370-371.

[383] ROSS, Catherine; SASTRY, Jaya, Handbook of the sociology of mental health, p. 372.

separação entre resultados significativos na vida do indivíduo e a inabilidade de uma pessoa alcançar resultados desejáveis por ela. O desamparo aprendido representa a consciência cognitiva desse processo, o que constitui uma grande forma de alienação subjetiva. Assim, esse processo tem, de um lado, a consciência cognitiva da situação de desamparo e, do outro, a percepção de que lugares de poder externos determinam a vida do indivíduo ao impedir que ele tenha controle sobre questões básicas de sua existência. Todo esse processo se mostra especialmente problemático porque sugere ao indivíduo que ele tem poucos meios para poder controlar sua própria identidade, construção que está amplamente relacionada com a construção de si mesmo nos processos de interação humana.[384]

Embora estejamos falando de processos que têm uma dimensão psicológica, eles designam percepções correlacionadas com o poder objetivo que as pessoas têm enquanto membros de dada sociedade. A consciência subjetiva da discrepância entre objetivos pessoais e os meios disponíveis para o seu alcance surge da experiência real de discriminação do indivíduo na sociedade. Como as pessoas possuem diferentes formas de identidades que expressam diferentes tipos de status, elas não têm o mesmo acesso a mecanismos necessários para atingir todos os seus objetivos. A impotência não expressa então apenas um estado cognitivo, mas também uma condição real na qual a pessoa vive. De acordo com Catherine Ross e Jaya Sastry, fatores sociológicos concretos são responsáveis pela produção dos níveis de controle pessoal que alguém pode ter, entre eles desvantagens sociais produzidas por diferentes formas de discriminação que uma pessoa enfrenta durante a vida. Como processos discriminatórios são forças sociais que operam ao longo do tempo, eles produzem uma série de consequências sociológicas e psicológicas. Entre eles está a consciência cognitiva da impotência gerada pela percepção de que lugares de poder estão fora do controle de indivíduos. Também podemos incluir o problema da inconsistência estrutural decorrente da contradição dos propósitos e valores socialmente criados para regular o comportamento coletivo e a ausência ou a restrição de meios para que pessoas de todos os grupos possam ter os meios para alcançar esses propósitos. Esses autores também mencionam a dependência, fenômeno associado com o fato de que uma pessoa em uma relação tem menores chances de construir relações igualitárias por não ter os mesmos recursos e oportunidades que o outro. Além disso, as relações reais de poder em uma sociedade podem

---

[384] ROSS, Catherine; SASTRY, Jaya, Handbook of the sociology of mental health, p. 374-375.

ser configuradas de forma a produzir uma sobrecarga emocional, problema que ocorre quando as expectativas sociais excedem de forma significativa as capacidades e os recursos de um indivíduo.[385]

A análise das conexões entre estrutura social e personalidade se mostra relevante para entendermos as interações entre processos sociais e a dinâmica psicológica. Sabemos que a sociologia é um campo de estudo voltado para a análise das consequências da persistência de comportamentos e interações sociais entre pessoas ou entre as posições que elas ocupam. O interesse sociológico sobre esse aspecto da realidade nos mostra que a análise das correlações entre estruturas sociais e comportamento individual tem relevância para entendermos a dinâmica de questões relacionadas com violações de direitos humanos, uma vez que processos de exclusão social estão amplamente relacionados com o funcionamento de sistemas sociais. Ao contrário de outros campos de pesquisa focados no exame da influência de forças sociais em processos cognitivos, pesquisas no campo do interacionismo simbólico se voltam para a análise das relações entre estruturas sociais como organizações públicas e privadas, classes e grupos sociais e processos como industrialização, urbanização, discriminação afetam o psiquismo entre os indivíduos. Esse campo de estudo tem grande complexidade, uma vez que cada uma dessas estruturas e cada um desses processos também apresenta uma complexidade interna significativa. De qualquer forma, as relações entre essas instâncias sociais e seu o impacto na formação da personalidade tem sido abordado por sociólogos ao longo do tempo. Esse interesse decorre do fato de que essas estruturas e esses processos sociais operam como elementos que criam e reproduzem padrões de interação entre indivíduos, o que influencia de forma direta o desenvolvimento da personalidade.

É importante então explorarmos alguns aspectos importantes da relação entre esses dois tópicos. Devemos ter em mente que instituições sociais como família, escola, igreja, grupos operam como instrumentos primários de socialização dos indivíduos; são por meio delas que eles absorvem parâmetros subjetivos por meio dos quais dão sentidos aos seus atos e às interações sociais nas quais estão engajados. Assim, a formação do processo de identidade ocorre em grande parte a partir da relação entre indivíduos e instituições e entre indivíduos e processos sociais, motivo pelo qual estudos sobre o comportamento humano não podem prescindir da análise dos meios a partir dos quais processos

---

[385] ROSS, Catherine; SASTRY, Jaya, Handbook of the sociology of mental health, p. 375-376.

de socialização nessas instituições são responsáveis pela formação de sentidos a partir dos quais as pessoas formam uma identidade social.

Por esse motivo, têm sido propostos alguns princípios básicos para a análise das relações entre estruturas sociais e personalidade. Um primeiro elemento que precisa ser considerado é a necessidade do entendimento da complexidade da estrutura social, da posição social ou do sistema social em questão, uma vez que cada um desses elementos opera de formas distintas e regula esferas diferentes da vida humana, cada um com um nível específico de complexidade. Outro elemento relevante para a análise das interações entre esses dois elementos diz respeito à questão da proximidade: os efeitos da operação de estruturas e processos sociais, da lógica da posição e do funcionamento de sistemas são transmitidos ao indivíduo por meio de mecanismos que os afetam diretamente. O estudo desses efeitos deve ser feito por meio do exame de como eles afetam as estruturas sociais menores e mais próximas dos indivíduos, como eles operam como estímulos que influenciam os padrões de comunicação e de interação entre os indivíduos. Entender como processos sociais complexos afetam os papéis, as funções e os estímulos por meio dos quais os indivíduos formam um senso de identidade constitui um elemento central das pesquisas no campo do interacionismo simbólico, algo de imensa relevância para considerações de como esses mesmos processos impedem o gozo de direitos humanos. Além dos dois princípios anteriores, a análise das relações entre estruturas sociais e personalidade requer conhecimento significativo dos processos psicológicos individuais. Essa investigação requer a compreensão de como estímulos gerados pela operação de processos sociais complexos afetam processos psicológicos cuja análise é central para entendermos os meios a partir dos quais a identidade das pessoas é influenciada por questões sociais. Em resumo, é importante que essa análise nos permita entender a natureza e a dinâmica das estruturas sociais, os fatores responsáveis pela criação de relações entre estruturas sociais e personalidade e, ainda, o impacto desses fatores na formação dos processos mentais a partir dos quais o indivíduo desenvolve sua individualidade.[386]

Estruturas sociais também podem ser modificadas na medida em que os indivíduos provocam mudanças nos padrões de interação social: eles estão sempre procurando atuar para garantir maiores níveis de coerência entre a percepção que eles têm de si mesmos e as representações que regulam as

---

[386] HOUSE, James S. Social Structure and Personality. *In*: ROSENBERG, Morris; TURNER, Ralph H. (ed.). *Social Psychology. Sociological Perspectives*. New Brunswick: Transaction, 2004. p. 525-563.

interações humanas. Isso se torna extremamente relevante, porque elas podem estar baseadas em esquemas mentais falsos que podem resultar na disrupção da identidade, uma vez que criam modelos de interação social que provocam a hierarquização de status entre membros dos diversos grupos sociais. Certos grupos são especialmente vulneráveis ao problema da disrupção da identidade em função da constante tentativa de procurar criar uma coerência entre como ele percebe a si mesmo e as representações culturais que influenciam a percepção dos membros dos grupos aos quais ele pertence. A raça é uma dessas representações culturais que as pessoas utilizam para modular suas interações sociais; ela existe fundamentalmente como uma categoria simbólica que impacta a percepção de um indivíduo sobre outros. Essa construção simbólica tem dimensões culturais persistentes, em decorrência do seu uso constante para a atribuição social aos vários segmentos sociais e para determinar também as funções que seus membros podem ocupar. O racismo, no interacionismo simbólico, pode ser definido como um conjunto de práticas motivadas por representações culturais sobre grupos de pessoas com certos traços fenotípicos, e elas operam como critérios de avaliação do valor social do outro em função do seu pertencimento. Como essas representações são construídas para legitimar relações hierárquicas de poder, elas estruturam diferentes dimensões das interações entre os diversos grupos raciais, sejam as relações interpessoais, sejam as relações políticas, sejam as relações econômicas. A operação paralela da raça e do racismo promove então um processo contínuo de disrupção de identidade, pois essa construção cultural e os padrões de ação construídos a partir dela são antecipações que os indivíduos fazem em relação aos outros, o que opera no nível macro da organização das estruturas sociais e no nível micro nas interações interpessoais. O racismo sempre cria obstáculos para a autoverificação das pessoas, porque cria obstáculos sistemáticos para que possam ter uma apreciação adequada das qualidades individuais de membros de minorias raciais por aqueles que pertencem a outras coletividades raciais. Mesmo que indivíduos particulares adquiram imunidade em relação a representações racistas, pessoas negras sempre enfrentam processos de estratificação, uma vez que oportunidades sociais estão concentradas nas mãos de pessoas brancas.[387]

---

[387] Cf. RILEY, Anna; BURKE, Peter J. Identities and Self-verification in the Small Group. *Social Psychology Quarterly*, v. 58. n. 2, p. 61-73, 1995; DENZIN, Norman K. Symbolic Interactionism, Poststructuralism, and the Racial Subject. *Symbolic Interaction*, v. 24, n. 2, p. 243-249, 2001; WILLIAMS, Norma; CORREA, Minerva. Race and Ethnic

Processos discriminatórios e desamparo aprendido

A análise dos pressupostos do interacionismo simbólico demonstrou que a formação do eu decorre de um processo de natureza intersubjetiva por meio do qual as pessoas elaboram uma percepção de si mesmas a partir das inferências que fazem das reações dos outros às suas características. Essas inferências podem ser de natureza positiva ou negativa; a natureza delas influenciará a forma como o indivíduo vê a si mesmo. A percepção negativa reiterada pode ter consequências significativas na vida das pessoas, motivo pelo qual devemos investigar quais são as possíveis consequências de experiências dessa natureza no psiquismo dos indivíduos. Essa discussão se mostra ainda mais necessária na medida em que consideramos o fato de que as sociedades humanas são estruturadas em torno de sistemas de opressão baseados em processos contínuos de estigmatização de grupos sociais. Isso significa que os membros desse grupo estão cotidianamente expostos a processos discriminatórios, problemas que se manifestam não apenas como violações de direitos humanos, mas também como estressores permanentes na vida desses grupos. A experiência frequente de sistemas de opressão de caráter estrutural situa membros desse grupo em uma situação de grande vulnerabilidade, além de fazer com que muitos desenvolvam um sentimento de impotência individual, o que influencia a forma como eles representam a si mesmos e as possibilidades de eles provocarem mudanças na realidade social. Vemos então que membros desse segmento estão em uma situação na qual a possibilidade de autoverificação está sempre sendo limitada por diversas práticas discriminatórias que restringem as chances de as pessoas exercerem direitos humanos, requisito para que elas possam gozar de integridade psíquica.[388]

O interacionismo simbólico se mostra relevante para pensarmos as relações entre processos sociais e formação da identidade, mas essa perspectiva teórica também oferece elementos para entendermos as relações entre identidade e estresse. De um lado, temos o fato de que as pessoas possuem uma série de identidades decorrentes dos diversos papéis sociais que elas exercem na sociedade; do outro temos vários processos sociais construídos sobre as identidades dos indivíduos. O pertencimento a certos grupos sociais opera então como

---

Relations. *In*: REYNOLDS, Larry; HERMAN-KINLEY, Nancy (ed.). *Handbook of Symbolic Interactionism*. Lanham: Rowman & Littlefield, 2003. p. 743-760.

[388] Cf. STRYKER, Sheldon; BURKE, Peter. The past, present, and future of an identity theory. *Social Psychology Quarterly*, v. 63, n. 1, p. 284-297, 2000.

um indicador de maior vulnerabilidade de um indivíduo a estresse mental em função de estigmas que motivam violações de direitos humanos. Temos agora elementos importantes para entender as relações entre direitos humanos e saúde mental. Para que essa relação seja compreendida da melhor forma possível, exploraremos o potencial do conceito de desamparo aprendido, um conceito utilizado para entendermos uma dimensão ainda pouco explorada nos estudos sobre direitos humanos. Acreditamos que esse conceito ofereça elementos relevantes para que possamos entender as relações entre estruturas sociais e direitos humanos. Os leitores observarão as relações próximas entre esses dois conceitos e a reflexão do interacionismo simbólico sobre a noção de autoverificação, diálogo que se mostrará relevante para nossa discussão sobre direitos humanos e saúde mental

O conceito de desamparo aprendido diz respeito a um processo que correlaciona três elementos relevantes: a presença em um ambiente no qual alguns elementos especialmente relevantes estão fora do controle das pessoas que vivem nele, comportamentos derivados da percepção de que o indivíduo não pode manejar as condições presentes no ambiente, além da percepção cognitiva de que nenhuma ação voluntária pode resultar no controle da situação na qual o indivíduo se encontra. Esse fenômeno pode ser uma reação a uma situação específica ou pode ser visto como algo permanente, o que implica reações distintas das pessoas. Algumas pessoas acreditam que as causas de eventos que impedem o controle sobre aspectos centrais de suas vidas são permanentes, motivo pelo qual desistem facilmente de procurar qualquer solução para elas; outras acreditam que elas sejam temporárias, o que pode levar muitas delas a procurar alterar a situação na qual se encontram. Teremos uma situação de desamparo aprendido quando o indivíduo acreditar que não poderá fazer qualquer coisa que possa proporcionar mais controle sobre seu ambiente. A noção de permanência também nos ajuda a delimitar esse conceito de forma mais clara, uma vez que ela indica o tempo pelo qual a pessoa desiste de tomar qualquer atitude sobre sua situação; ela pode achar que se trata de uma questão temporária ou entender que se trata de uma condição permanente, o que pode levar a pensar que suas ações não poderão surtir efeitos na realidade. Outro aspecto relevante para a caracterização do fenômeno do desamparo aprendido está relacionado com a percepção do quão pervasiva a situação sobre a qual as pessoas não têm controle faz parte da realidade, do quanto ela afeta diferentes esferas da vida, o que também determina a possibilidade de elas terem qualquer tipo de controle sobre suas vidas. Os indivíduos podem explicar essa situação de diferentes formas: eles podem atribuir essa situação de ausência de controle a características pessoais ou pode atribuir o problema a outras pessoas ou a instituições que fazem parte da realidade. Quando consideram essas diferentes dimensões, elas podem desenvolver uma atitude de incapacidade pessoal, uma vez que podem desenvolver a percepção de que não são capazes de manter qualquer tipo de controle sobre a realidade na qual se encontram.[389]

As observações anteriores demonstram que quatro elementos são relevantes para entendermos o conceito de desamparo aprendido. Primeiro, temos a questão da contingência, o que se refere às ações do indivíduo e seus resultados na realidade, sendo a mais relevante para o tema em questão a ideia de ausência de controle. Segundo, temos o tema da cognição, que engloba as formas como a pessoa percebe, explica e faz generalizações da situação que enfrenta. A percepção da contingência pode ser correta ou incorreta; os resultados de suas ações podem ser explicados por meio da sua capacidade ou incapacidade de controlar aspectos da realidade; ela pode fomentar a noção de que os mesmos resultados serão repetidos quando o indivíduo se encontrar em situações semelhantes. Terceiro, temos a questão do comportamento, das consequências objetivas da influência das explicações cognitivas sobre as ações do indivíduo, o que inclui as considerações que ele fará sobre a possibilidade de ter algum controle sobre a situação na qual se encontra. Quarto, a situação de desamparo aprendido produz outras consequências significativas para o indivíduo, tais como retardo cognitivo, baixa autoestima, perda de assertividade e em muitos casos doenças físicas.[390]

O que chamamos de desamparo ocorre então em função da percepção individual de que certos eventos estão além do controle do indivíduo, além da possibilidade de ter certos resultados a partir de suas ações. O indivíduo observa que seus atos não implicarão transformações da realidade, porque aspectos da estrutura social impedem que suas ações produzam resultados esperados. Essa situação ensina o indivíduo que o resultado de suas ações independe de qualquer coisa que ele faça, o que compromete seu sentimento de autoeficácia, seu sentimento de que tem controle sobre aspectos centrais de sua vida pessoal, algo necessário para a orientação pessoal no mundo. As inferências que o indivíduo faz sobre a contingência na qual se encontra são extremamente relevantes para que ele possa entender o caráter delas: se elas

---

[389] SELIGMAN, Martin E. *Helplessness. On Development, Depression and Death*. New York: Freeman & Company, 1992. p. 7-11.

[390] PETERSON, Christopher; MAIER, Steven; SELIGMAN, Martin. *Learned Helplessness. A Theory for the Age of Personal Control*. Oxford: Oxford University Press, 1993. p. 7-8.

são temporárias ou se correspondem a um aspecto permanente da realidade. Essa percepção será o ponto de partida para a compreensão que ele terá da situação na qual vive, o que será a referência que ele utilizará para organizar suas ações em uma direção ou outra. De acordo com Seligman, o componente cognitivo tem importância crucial nesse processo, porque opera como um fator determinante para a reação do indivíduo em uma situação específica ou em várias outras situações nas quais elementos semelhantes estejam envolvidos. Dessa representação decorre a ideia de que o comportamento do indivíduo é o resultado da aprendizagem social decorrente das características da realidade na qual a pessoa vive.[391]

O conceito de desamparo aprendido traz consequências significativas para as pessoas, porque representa um tipo de distúrbio motivacional. As pessoas agem em situações desafiadoras porque partem do pressuposto de que suas ações produzirão efeitos na realidade; ações voluntárias deixam de ocorrer com a mesma intensidade ou são interrompidas quando as pessoas percebem que elas não serão capazes de alterar a realidade na qual se encontram. A motivação para que um agente se engaje em qualquer tipo de ação tem origem nos resultados que ela poderá produzir, ele espera que seus atos possam produzir algum tipo de resultado positivo que aumentará seu nível de bem-estar pessoal ou coletivo. Aprender que resultados são independentes da ação das pessoas dificulta a construção posterior de que elas poderão alcançar seus objetivos, o que as leva a projetar a mesma situação em várias outras situações. Além do distúrbio cognitivo, eventos dessa natureza podem provocar reações diversas na vida dos indivíduos; a ocorrência desses eventos é acompanhada de uma alta carga de emoção, o que pode diminuir se os indivíduos aprendem a controlar suas causas e consequências ou pode gerar uma situação de depressão quando eles aprendem que não podem controlar o evento que produz esse distúrbio emocional. Em resumo, o conceito de desamparo aprendido está baseado na percepção de que o resultado de uma ação ocorre de maneira independente das ações do indivíduo, fato que reduz sua motivação para agir de forma que possa controlar esses eventos. Esse processo interfere diretamente no processo de aprendizagem sobre as chances que uma pessoa tem de interferir de forma eficaz no seu ambiente, e essa situação produz ausência de controle, desperta medo no indivíduo, sentimento que induzirá muitos deles à depressão.[392]

---

[391] SELIGMAN. *Helplessness*. On development, depression, and death, p. 175-187.

[392] SELIGMAN. *Helplessness. On Development, Depression and Death*, p. 46-76.

O interacionismo simbólico nos oferece elementos para entendermos alguns aspectos centrais da nossa teoria psicológica dos direitos fundamentais. Estamos aqui diante de uma linha de estudo no campo da psicologia que abre espaço para compreendermos os possíveis impactos de práticas discriminatórias que incidem sobre a identidade dos indivíduos. Nossa identidade como sujeitos de direito deveria permitir uma coerência entre identidade pública e identidade privada, o que não ocorre em função de processos de estigmatização. Essa realidade provoca uma tensão permanente entre o status jurídico e o status psicológico dos indivíduos, uma vez que eles não são capazes de operar na vida social a partir da expectativa de que seus direitos serão respeitados por atores públicos ou privados. Ser um sujeito de direito deveria pressupor a possibilidade de expressar formas benignas de identidade, mas diversas manifestações do racismo impedem que pessoas negras possam pautar suas vidas a partir da previsibilidade de operação de normas jurídicas.

CAPÍTULO 7
Sofrimento social como dano existencial

O caso de Carolina Maria de Jesus: um relato sobre sofrimento social

Carolina Maria de Jesus era uma mulher negra que morava em uma favela na cidade de São Paulo. Ela nasceu no interior de Minas Gerais, mas se mudou para aquela cidade à procura de melhores oportunidades. Com baixo nível de educação formal e vivendo em uma sociedade que sistematicamente nega oportunidades a mulheres negras, ela passava seus dias catando papel nas ruas para poder sustentar seus três filhos. Essa situação produziu muita angústia para essa mulher negra. As quantias de dinheiro que ganhava com essa atividade variavam de forma considerável de um dia para outro, motivo pelo qual algumas vezes conseguia alimentar seus filhos, outros dias apenas oferecia sobras da comida servida no dia anterior. A busca de restos de alimentos nas feiras e no lixo era a solução para esse grave problema. Ela também utilizava o pouco dinheiro que conseguia catando papel para fazer melhorias no seu barracão, um casebre que carecia de estrutura adequada para poder se sustentar. Carolina passava seu cotidiano preocupada com questões muito básicas asseguradas para grande parte das pessoas brancas. Sua vida em uma favela reflete a realidade de grande parte da população negra brasileira que vive em centros urbanos: sem acesso à educação ou trabalho, vivem em áreas com pouca ou nenhuma infraestrutura. Ela lamentava a invisibilidade do sofrimento dessas pessoas; ela considerava o racismo um problema estrutural e pensava que sua condição de mulher negra tornava as coisas ainda piores. Carolina dizia que o país deveria ser governado por uma pessoa que já passou fome, pois essa pessoa, talvez, fornecesse alguma proteção para pessoas como ela. A extrema insegurança

> *à qual estava submetida gerava um sentimento de angústia profunda, sentimento que aumentava ainda mais quando pensava na situação dos filhos. Certa de que dificilmente teriam chances de uma vida melhor, ela olhava para o futuro deles com grande desesperança. Ela precisou enfrentar o racismo e as constantes perguntas e condenações por não querer se casar novamente. Preferia ficar sozinha a estar ao lado de homens que poderiam ser violentos, o caso de várias mulheres que viviam na mesma favela. Como é comum na nossa sociedade, Carolina era a pessoa que mantinha a unidade familiar, era um exemplo das várias pessoas que contribuem para a integridade de comunidades negras e pobres.*

A situação de Carolina representa um problema bastante presente na vida de muitas pessoas que vivem em sociedades democráticas: os danos existenciais produzidos por uma situação permanente de insegurança ontológica produzida por processos estruturais de exclusão social. Muitos indivíduos sofrem de forma significativa em função da ausência de acesso a meios materiais necessários para conseguirem ter condições para sobrevivência, o que muitas vezes decorre da confluência entre práticas excludentes como o racismo e o sexismo. Estamos diante de um conjunto de situações provocadas por processos de marginalização que têm consequências significativas na vida das pessoas, mas que muitas delas não conseguem nomear, porque não sabem identificar os mecanismos específicos que produzem essa situação. Essa condição de sofrimento social decorre do fato de que práticas discriminatórias operam de forma paralela ou integrada ao funcionamento de sistemas sociais que regulam a vida social, como o sistema jurídico, o sistema político, o sistema econômico, o sistema cultural. Esse fato produz sofrimento social porque institui obstáculos para os indivíduos poderem atuar como agentes, cria várias dificuldades para que eles possam construir planos de vida a partir de oportunidades que deveriam estar disponíveis para todos, uma vez que elas assumem a forma de direitos fundamentais. A situação de Carolina pode ser vista como um processo de uma pessoa que encontra poucas possibilidades para o desenvolvimento da autoeficácia, mas que, mesmo assim, continua a buscar os meios para se afirmar como sujeito, mesmo quando não tem condições dignas que possibilitem o desenvolvimento de suas capacidades. Este é um exemplo de como os princípios que regem nossa cultura constitucional operam, apesar da ausência de efetividade, como um esquema representacional que motiva a luta por melhores condições de vida. Carolina retrata o cotidiano de sofrimento enfrentado por grupos subalternizados, pessoas que não encontram condições dignas de vida, situação responsável por um processo interminável de sofrimento que atinge membros de um mesmo grupo geração após geração. Pensar direitos fundamentais significa necessariamente enfrentar este problema significativo: os mecanismos responsáveis pela ausência de meios para que as pessoas possam ter controle sobre aspectos básicos da própria existência. Violações de direitos fundamentais produzem um tipo de dano existencial especial que é a exposição sistemática a formas de sofrimento, realidade imposta por um sistema político e econômico historicamente voltado para a concentração de poder nas mãos de um mesmo grupo social.

O capítulo anterior permitiu que tivéssemos contato com um aparato teórico que oferece elementos de imensa importância para compreendermos os mecanismos responsáveis pela produção social do sofrimento psíquico de grupos raciais subalternizados. Vimos que o caráter estrutural do racismo torna as interações sociais uma fonte constante de estresse emocional, porque ideologias raciais determinam a forma como pessoas negras são percebidas por membros do grupo racial dominante. Membros desse grupo são socializados a partir da expectativa de que serão tratados com a mesma consideração e o mesmo respeito com que pessoas brancas são tratadas nas interações sociais. Essa expectativa pode ser sistematicamente frustrada em função do caráter estrutural do racismo, um tipo de narrativa social e prática institucional responsável pela circulação de representações que determinam a maneira como as interações entre negros e brancos serão reguladas. Elas podem ser uma fonte permanente de estresse emocional, porque criam dificuldades significativas para que pessoas negras consigam harmonizar a percepção que elas têm de si mesmas com a visão dos outros, perspectivas frequentemente baseadas em estereótipos que governam interações com pessoas de outros grupos. Pessoas negras vivenciam um processo constante de desorientação causado por um processo de interrupção da identidade: a constante percepção de que são vistos pela sociedade como indivíduos incapazes de operar como atores sociais competentes. Esse fato as expõe à vulnerabilidade psicológica, uma vez que interações sociais estão cercadas de estressores que podem assumir diferentes formas de discriminação racial. Por enfrentarem esse problema ao longo de toda a vida, membros de grupos raciais subalternizados experienciam uma série de hostilidades que comprometem o desenvolvimento de aspirações e de capacidades, requisitos para que elas possam construir planos de vida.

Vimos que a experiência constante de ameaça de disrupção da identidade sofrida por membros de grupos raciais subalternizados ocorre em uma estrutura social que procura perpetuar diferenciações de status entre grupos, uma realidade que cria dificuldades para que as pessoas possam planejar a própria vida a partir da premissa de que o programa de transformação social presente no nosso texto constitucional seja efetivado É preciso agora expandir nosso entendimento das relações entre estruturas sociais e estrutura psíquica. Devemos analisar os vários mecanismos que produzem o sofrimento psíquico, os quais não se reduzem a experiências de racismo nas interações cotidianas. Pessoas negras vivem em estruturas sociais com uma pluralidade de dimensões, sejam elas políticas, jurídicas, econômicas ou culturais. A operação dessas estruturas varia de forma significativa, produzindo novas manifestações de desvantagens sistêmicas para pessoas negras, e todas elas produzem o processo de desorientação. A literatura sociológica recente tem prestado atenção especial aos meios pelos quais transformações recentes nas estruturas sociais de democracias liberais têm conduzido a uma quantidade ada vez maior de sofrimento psíquico. Também chamado de sofrimento social, esse fenômeno designa um tipo de sofrimento psíquico causado pela percepção constante de perda de controle sobre aspectos básicos da vida dos indivíduos. Embora seja vivido individualmente como um comprometimento do sentimento de autoeficácia, suas causas estão presentes na operação de diversas estruturas sociais, problemas decorrentes da ausência de reconhecimento de grupos sociais na atual fase do capitalismo.

Por ser produto da operação de estruturas sociais, o sofrimento social afeta pessoas de todos os segmentos, mas alguns deles são especialmente vulneráveis a ele, uma vez que seus processos de produção fomentam níveis ainda maiores de desigualdade. Por esse motivo, aqueles grupos que sempre tiveram dificuldades de ser reconhecidos como atores sociais competentes são especialmente afetados por condições sociais que produzem níveis ainda maiores de estresse. Membros de grupos raciais subalternizados e minorias sexuais sofrem especialmente com esse problema, uma vez que o sofrimento social está relacionado com desvantagens que recaem sobre identidades coletivas. As desvantagens sofridas por essas pessoas são ainda maiores, porque aumentam ainda mais o que chamamos anteriormente de desorientação. O sofrimento social pode ser classificado como um tipo de dano existencial porque impede o reconhecimento da igualdade moral das pessoas, condição essencial para o seu bem-estar emocional. Então, a análise do fenômeno do sofrimento social tem importância central para nossa teoria psicológica dos direitos fundamentais, pois ela nos permite examinar como políticas governamentais que limitam direitos de proteção e direitos de prestação produzem vulnerabilidade social de grupos de pessoas, o que torna o sofrimento social um problema geral, tendo em vista o fato de que traumas psíquicos também podem ser causados por experiências coletivas de discriminação e de desamparo social, exatamente o caso de pessoas como Carolina.

O que chamaremos de sofrimento social decorre da situação de diversos grupos sociais que enfrentam limitações estruturais para conseguirem ter uma vida digna, consequência da falta de compromisso das instituições políticas com preceitos e propósitos que estruturam nosso texto constitucional. A ausência de efetividade dos princípios que caracterizam nosso país como um Estado Democrático de Direito impede que as pessoas gozem de níveis mínimos de segurança, condição para que elas possam organizar suas existências a partir de direitos constitucionalmente elencados. A experiência cotidiana de exposição à arbitrariedade impede que negros e negras tenham acesso ao gozo de direitos, que tenham os meios para instituírem e realizar planos de vida. Isso faz com que membros desse grupo enfrentem formas de estresse emocional permanentes causadas pela precariedade de condições de vida que limitam as chances de atuarem como agentes. Demonstraremos neste capítulo como a ausência de previsibilidade da operação de nossas instituições políticas provoca uma situação de angústia existencial que contradiz o compromisso constitucional com a dignidade humana, problema que afeta pessoas negras de maneira desproporcional.

Dano psíquico e dano existencial

Exploramos, no segundo capítulo deste livro, o conceito de dano existencial, noção considerada pela doutrina como distinta de outras categorias de dano, como o dano patrimonial e o dano moral. Doutrinadores também estabelecem uma diferenciação entre o dano existencial e o dano psíquico. O primeiro designa um ilícito que provoca transformações inesperadas na vida cotidiana da pessoa, enquanto o segundo diz respeito a um evento também antijurídico que produz danos psicológicos para um indivíduo. Embora essa diferenciação seja persuasiva, acredito que a situação de discriminação permanente sofrida por pessoas negras indique que devamos superar essa distinção e caracterizar o dano psíquico como um dano de caráter existencial, tendo em vista o impacto cumulativo que atos discriminatórios têm na vida das pessoas. Eles acarretam também uma perturbação permanente da vida de relações dos indivíduos, alterando as expectativas que as pessoas possuem de como devem ser tratadas em uma sociedade democrática. Práticas discriminatórias sofridas por grupos raciais subalternizados produzem sofrimento social nessas pessoas, o que é percebido como uma ameaça ao senso de integridade psicológica do indivíduo, o que provoca, por sua vez, um dano existencial. Atos discriminatórios são voltados contra critérios de tratamento diferenciado que designam identidades coletivas, e membros dessas coletividades são mais vulneráveis a problemas de saúde mental por desenvolverem a sensação permanente de que suas diversas identidades estão em uma situação de ameaça. Devemos então entender a dinâmica do dano psíquico e indicar as limitações da doutrina tradicional, análise que será complementada com o exame do tema do sofrimento social e da sociologia da saúde mental. O caráter estrutural do racismo cria os meios para a existência de um processo permanente de disrupção da identidade de pessoas negras, ameaça presente mesmo quando elas conseguem desenvolver resiliência psíquica.[393]

O conceito de dano engloba a existência de um sujeito, um prejuízo a esse sujeito, um nexo causal entre um ato antijurídico e um resultado que prejudica bens vitais, patrimoniais ou morais. Tendo em vista esses parâmetros, podemos dizer que o dano psíquico ocorre quando um determinado ato prejudica um bem vital de uma pessoa, notoriamente sua integridade psíquica. Ele se manifesta por meio de deterioração, de disfunção, de distúrbios ou transtornos e ainda como algo que prejudica o desenvolvimento psíquico de uma pessoa. Esse dano afeta de maneira negativa a esfera cognitiva, a esfera emocional, a esfera afetiva ou volitiva de uma pessoa, problemas que afetam o gozo de uma vida individual, de uma vida familiar, bem como a possibilidade de desenvolvimento de uma atividade laborativa ou recreativa, ou atividades tidas como relevantes para o gozo de direitos ou para o bem-estar do indivíduo. Esse dano assume a forma de uma disfunção que compromete diferentes esferas que guardam uma relação direta e indireta com a vida psicológica da pessoa. Se o sofrimento implica uma lesão dessa natureza, o dano psíquico produz enfermidades que comprometem a saúde mental de uma pessoa. Embora tenha uma natureza psicológica, o dano psíquico tem sido comparado por alguns autores como um dano de ordem biológica, porque afeta a saúde mental das pessoas, causando alterações significativas do modo de operação das disposições psíquicas dos indivíduos, motivo pelo qual ele pode ser passível de ressarcimento.[394]

---

[393] Cf. CAST, Alicia; BURKE, Peter J. A theory of self-esteeem. Social Forces, v. 30, n. 3, p. 1041-1068, 2002; BURKE, Peter; STETS, Jan E. Identity theory. Nova York: Oxford University Press, 2009.

[394] DARAY, Hernán. *Dano psicológico*. Buenos Aires: Astrea, 2000. p. 10-15; GOMES, Celeste Leite dos Santos Pereira; SANTOS, Maria Celeste Cordeiro Leite; SANTOS, José Américo dos. *Dano psíquico*. São Paulo: Oliveira Mendes, 1998. p. 5-7.

Os efeitos do dano psicológico podem variar de forma significativa. Primeiro, o indivíduo não apresenta sintomas, mas internaliza os danos produzidos por uma ação ilícita. Ele suporta as indignidades decorrentes desses atos, situação que desperta nele uma sensação de que não possui os meios para controlar o ambiente no qual vive; ele pode então despertar uma ausência de segurança ou desenvolver formas de insegurança simbólica. O dano psíquico poderá se manifestar ainda a partir de sintomas psicopatológicos, o que pode incluir sintomas neuróticos, atos que podem ter um maior ou menor grau destrutivo para a pessoa ou para os que vivem à sua volta, enfermidades psicossomáticas ou fenômenos de natureza psicótica. Nesse último caso, fatores externos podem comprometer ainda mais a estrutura psíquica de um indivíduo que já possui uma estrutura frágil. Essas manifestações psicopatológicas são, na verdade, tentativas de estabilização mental do indivíduo; elas são reações do psiquismo individual a um problema de ordem externa que provoca uma desestabilização da estrutura psíquica do indivíduo.[395]

Atos discriminatórios produzem danos psicológicos, porque comprometem o exercício ou o desenvolvimento de uma ou mais funções da personalidade, seja sua dimensão intelectiva, sua dimensão afetiva, sua dimensão volitiva ou sua dimensão intersubjetiva. Ser vítima constante de práticas discriminatórias, ser alvo constante de estigmatização pode impedir ou dificultar o desenvolvimento de um senso de capacidade pessoal, pode comprometer o desenvolvimento de habilidades pessoais, fatores que podem induzir indivíduos a pensar que não têm os meios para operar no contexto social. Esses danos psicológicos implicam danos existenciais, porque limitam de forma significativa as capacidades e as escolhas que podem ser feitas a partir delas. Como a liberdade é algo precedido por uma fase de reflexão, muitas pessoas podem ser convencidas de que não possuem as qualidades ou as habilidades para operar de forma adequada no espaço social, uma percepção que pode estar baseada na constatação real de que práticas discriminatórias impediram a possibilidade de desenvolvimento de capacidades necessárias para as pessoas adquirirem os meios para atingir objetivos importantes, como a escolha de uma atividade profissional, o que depende da existência prévia de acesso a oportunidades educacionais. Como mecanismos discriminatórios afetam a vida de coletividades inteiras, eles são responsáveis pela vulnerabilidade de

---

[395] MILMANIENE, José E. El dano psíquico. *In*: GHERSI, Carlos (coord.). *Los nuevos danos. Soluciones modernos de reparación*. Buenos Aires: Editorial Hammurabi, 2000. p. 70-71.

grande parte de seus membros a diversas formas de exclusão social, fato que gera estresse psicológico generalizado.[396]

A caracterização do dano psíquico, a discussão de seus efeitos e as considerações do impacto de práticas discriminatórias na vida psíquica de pessoas negras sugerem uma proximidade bem maior entre os conceitos de dano psíquico e dano existencial que a doutrina e a jurisprudência reconhecem. A experiência de violações sistemáticas de direitos fundamentais produz todas as consequências atribuídas a danos psíquicos. O indivíduo que é vítima de práticas discriminatórias tem sua vida de relações afetada de forma direta e indireta; elas eliminam expectativas do funcionamento de sua vida cotidiana, limitam as possibilidades de planejar sua vida segundo a esperança de que terá seus direitos fundamentais protegidos. Tendo em vista o fato de que experiências de discriminação decorrem de estruturas sociais de caráter permanente, elas têm um caráter sistêmico, motivo pelo qual causam danos psíquicos a membros de grupos subalternizados. Eles assumem a forma de sofrimento social, ou seja, de sofrimento decorrente da internalização da dor psíquica em função de perda de segurança racial; eles se manifestam por meio de doenças psicossomáticas de diferentes ordens; eles também provocam transtornos mentais diversos na vida de pessoas que fazem parte de grupos vulneráveis. Atos discriminatórios produzem danos psicológicos porque comprometem o exercício ou o desenvolvimento de uma ou mais funções da personalidade, seja sua dimensão intelectiva, sua dimensão afetiva, sua dimensão volitiva ou sua dimensão intersubjetiva. Em função do que discutimos acima, podemos classificar danos psíquicos como um tipo de dano existencial, uma vez que eles podem decorrer não apenas de um evento particular que afeta um indivíduo específico, mas também de uma pluralidade de fatos causados por práticas discriminatórias que prejudicam permanentemente esses indivíduos, tornando-os especialmente vulneráveis a problemas de ordem mental.[397] Procuraremos demonstrar a validade dessa tese neste e no capítulo seguinte.

---

[396] Cf. CRUZ, Armando Hernández. *Derecho al libre desarollo de la personalidade*. Cidade do México, Unan, 2918; SESSAREGO, Carlos Fernandez. Como proteger juridicamente al ser humano si se ignora su estructura existencial? *Revista IUS ET VERITAS*, n. 50, p. 86-100, 1995.

[397] Cf. LAPERTOSA, Flavio. Danno psichico e danno esistenziale: distinzione, associazoni e sovrapposizioni. *In*: MARIOTI, Paolo; TOSCANO, Giovanni. (org.). *Danno pschico e danno esisteziale*. Milano: Giuffrè, 2003. p. 65-75.

Estruturas sociais e sofrimento social

A análise do fenômeno do sofrimento social precisa ser precedida de alguns esclarecimentos sobre uma expressão frequentemente utilizada, mas cuja complexidade permanece amplamente desconhecida. A compreensão da noção de *estrutura social* é especialmente relevante para nossas reflexões, porque o fenômeno em questão está diretamente associado ao funcionamento de sistemas de dominação. Observamos que o sofrimento social tem sido definido pela literatura como um tipo de dor existencial decorrente de processos de transformação de diversas estruturas sociais, instâncias que deixam de operar como referências para a construção de horizontes de sentido e fontes de segurança material para as pessoas. Influenciadas por novas e antigas forças utilizadas para produzir e reproduzir processos de dominação social, elas desempenham um papel central no processo de subjetivação dos indivíduos, na compreensão do papel que as instituições estatais devem ter na busca da efetividade de direitos fundamentais, na maneira como essa categoria de normas influencia a autocompreensão dos diversos atores sociais. O que queremos dizer quando falamos que estruturas sociais desempenham um papel central na efetividade dos direitos fundamentais? De que forma elas criam os meios para a construção de uma sociedade comprometida com esses direitos? Essas perguntas são importantes se compreendermos os direitos fundamentais não como valores transcendentes, mas como produto do consenso social sobre a natureza dessas normas ou como mecanismos de luta por justiça em nome daqueles tradicionalmente discriminados. Se a efetividade desses direitos depende da operação de estruturas sociais, precisamos compreender como a operação destas permite ou impede o exercício desses direitos pelos diferentes grupos sociais.

A noção de *estrutura* tem sido utilizada ao longo do tempo para designar diferentes coisas. Sua origem etimológica está relacionada com a ideia de *construir*, com o processo de construir algo e com o objeto efetivamente construído, motivo pelo qual esse conceito depreende ações de forjar ou formar algo a partir de diversos elementos. Estrutura implica, nesse sentido, os arranjos e os procedimentos internos utilizados para a criação e a formação de algo, o que permite a identificação de características distintivas da coisa construída. Esse sentido presente no campo das ciências exatas passou a ser utilizado também em outras áreas conhecimento. O termo "estrutura" foi transplantado da arquitetura para a engenharia para designar todos os procedimentos e partes necessárias para a construção de prédios que passam a ser estruturas, um todo composto de partes que desempenham funções distintas e complementares, algo derivado de um processo de construção cujo sucesso depende da compreensão desse fenômeno. A ideia de estrutura também será utilizada no campo da biologia para entender o corpo humano como algo que opera a partir de partes que interagem para garantir a funcionamento adequado, e esse funcionamento também indica a existência de um processo específico que diferencia o corpo humanos de outras formas de estrutura.[398]

O conceito de estrutura social incorpora esses elementos para explicar aspectos centrais da operação da regulação das interações humanas. Relacionada com o entendimento mais amplo do que seja a sociedade, algo que pensamos ter uma existência concreta e exterior, o conceito de estrutura social compreende diversos aspectos de uma pluralidade de interações humanas. Ele indica, em primeiro lugar, padrões de interações presentes em determinada sociedade, processos que expressam seus modos de funcionamento. Esses padrões são relevantes porque estabelecem parâmetros para as interações sociais e expressam o conteúdo dessas relações. A regularidade desses padrões sociais é responsável pela formação de instituições que operam a partir deles e que instituem os critérios para a sua organização. Elas instituem modos de regulação das relações sociais ao criar critérios para a definição de status dos indivíduos, para a definição das funções que eles deverão ocupar, para os valores que devem guiar suas ações. Isso significa então que estruturas sociais estabelecem posições e expectativas para as pessoas, uma vez que elas determinam parâmetros gerais para as relações entre os membros de uma sociedade nas várias funções e nas diferentes formas de interação entre eles. Assim, o conceito de estrutura social designa tipos de organização que operam a partir de padrões regulares em uma sociedade, regulando diferentes aspectos da vida social. Assim, devemos entender a noção de estrutura social, primeiro, como padrões de interações humanas que emergem para regular certas áreas da vida; segundo, como a institucionalização dos valores que regulam essas interações na existência de atores sociais e instituições responsáveis pela regulação de determinada dimensão da vida. Assim, temos estruturas sociais que regulam a vida política, a vida jurídica, a vida econômica, a vida cultural de determinada sociedade.[399]

As comunidades políticas contemporâneas são organizadas em torno de estruturas sociais, em torno de padrões de interação que regulam certos

---

[398] LÓPEZ, José; SCOTT, John. *Social Structure*. Buckingham: Open University Press, 2000. p. 7-10.

[399] MARTIN, John Levi. *Social Structures*. Princeton: Princeton University Press, 2009. p. 5-15.

aspectos da vida coletiva. Esses padrões, ao longo do tempo, transformam-se em instituições sociais. Reguladas por normas que expressam o consenso sobre como determinada esfera deve operar, instituições sociais permitem a racionalização de diversos aspectos da vida dos indivíduos. Elas instituem referências a partir das quais as pessoas são socializadas, a partir das quais elas constroem horizontes de sentido individuais e coletivos. Assim, instituições como a família, o casamento, a propriedade, a religião são referências que oferecem os principais fatores de regulação das relações humanas. Embora padrões institucionais decorram de consensos sociais que determinam as formas de ação nas quais os indivíduos devem engajar, eles determinam as posições que os indivíduos ocupam e os papéis que eles devem desempenhar. Nesse sentido, as instituições sociais promovem conformidade e padronização de comportamentos.[400]

Mas as estruturas sociais têm diferentes níveis de organização. Embora reflitam padrões de interação que regulam aspectos da vida cotidiana, as estruturas sociais também encontram diferentes níveis de complexidade. Essa complexidade decorre do fato de que relações humanas tornam-se parâmetros de organização jurídica e política da sociedade. Normas jurídicas e políticas são criadas com o propósito de instituir uma série de preceitos que regulam os mais diversos aspectos da vida social, motivo pelo qual as instituições estatais aparecem como instâncias importantes das estruturas sociais. Normas políticas são meios de organização das relações humanas que operam como critério para as interações humanas na vida cotidiana, mas também na vida institucional da sociedade. O consenso sobre meios de organização das relações humanas se transforma em regras que regulam instituições que passam a ter o papel de garantir uma ordenação social responsável pela conformidade de todos os membros da comunidade política a elas. Esse nível de organização social é formado por diversos sistemas cuja racionalidade também expressa o tipo de valores presentes em dada comunidade política. Normas jurídicas expressam valores sociais sobre como as relações humanas devem ser legalmente reguladas; essas normas servem como parâmetro para as ações individuais na vida cotidiana, elas regulam a operação das instituições estatais; elas oferecem os parâmetros para uma série de instituições responsáveis pela conformidade com normas jurídicas. Assim, mais do que fornecer um horizonte de valores a partir dos quais as pessoas pautam suas ações, normas jurídicas são as bases para a ação

---

[400] LÓPEZ, José; SCOTT, John. *Social Structure*. Buckingham: Open University Press, 2000. p. 21-31.

das instituições estatais, uma vez que elas fornecem as ideologias a partir das quais as relações humanas devem ser reguladas.[401]

Estamos então diante de um aspecto da sociedade que ocupa um papel significativo na formação das pessoas enquanto agentes sociais. Eles deverão pautar seus comportamentos a partir das maneiras como estruturas sociais regulam as interações humanas; esse conhecimento será uma referência importante para elas, porque o conhecimento da operação das estruturas sociais é uma forma importante de as pessoas criarem expectativas e pautarem suas ações a partir delas. A noção de agência humana se torna possível na medida em que as pessoas têm referências claras de como podem regular suas ações, de como podem criar planos de vida. Como veremos adiante, as pessoas se tornam agentes por meio de um processo de socialização, experiência por meio da qual elas se tornam conscientes do conteúdo dos valores que guiam as interações, das garantias institucionais disponíveis para que elas possam instituir sentidos e propósitos para suas ações. Embora não seja possível traçar uma correlação mecânica entre estruturas e agência, podemos dizer com amplo nível de certeza que a possibilidade de autorregulação dos indivíduos está amplamente relacionada com as possibilidades institucionais abertas para eles instituírem planos de ação a partir das oportunidades e das formas como uma sociedade regula a vida social. Arranjos sociais podem facilitar ou restringir fatores importantes para o exercício da agência humana, especialmente quando eles têm uma natureza estrutural. As estruturas sociais podem então restringir a possibilidade de exercício da agência humana quando não oferecem os meios para que os indivíduos possam ter controle sobre a motivação ou sobre as condições da ação. As pessoas podem agir em uma direção ou outra, mas a operação de estruturas sociais pode criar obstáculos para que os indivíduos tenham as condições ideais para agir, situação esperada em um regime democraticamente organizado.[402]

Sofrimento social: definição e dimensões

O sofrimento parece ser um problema presente em todas as civilizações; diversos pensadores formularam reflexões sobre esse tema ao longo da história

---

[401] LÓPEZ, José; SCOTT, John. *Social Structure*. Buckingham: Open University Press, 2000. p. 66-82.

[402] ELDER-VAN, Dave. *The Causal Power of Social Structures. Emergence, Structure and Agency*. Cambridge: Cambridge University Press, 2010. p. 5-25; LÓPEZ; SCOTT. *Social Structure*, p. 7-15.

para refletir sobre o que parece ser uma questão inerente à experiência humana. Eles fazem referência a uma série de fatos que causam distúrbios significativos na vida das pessoas, distúrbios que se apresentam na forma de algum tipo de desconforto significativo, seja porque eles afetam a integridade física, seja porque desestabilizam a integridade psíquica por causarem danos emocionais significativos. A experiência do sofrimento pode trazer consequências duradouras para os indivíduos, porque produz diferentes tipos de perdas causadas por morte, por conflitos armados, por desordens políticas, por experiências de exclusão permanente. O sofrimento decorre então de processos responsáveis pela desestabilização de condições de vida, o que pode incluir eventos naturais que promovem destruição em massa ou por fatos socialmente produzidos. Ele desperta a consciência da existência de forças que operam contra a nossa existência, de forças que estão além do nosso controle pessoal e que comprometem nosso senso de humanidade e de necessidade de controle sobre nossas vidas, condição para estabilidade social e emocional. O sofrimento pode ser uma experiência destrutiva, porque acarreta uma perda do nosso senso de humanidade, algo que pode causar a desestruturação psíquica dos indivíduos, um dos motivos pelos quais ele tem sido visto por muitos autores como uma experiência educadora, como algo que pode fortalecer o senso de resiliência dos indivíduos, sendo então uma possível fonte de virtude. Os que conseguem superar condições adversas são vistos como especialmente virtuosos por causa da resiliência demonstrada ao enfrentar adversidades.[403]

Embora seja um tema presente nas representações de quase todas as culturas humanas, a reflexão sobre a *experiência individual* do sofrimento não tem sido objeto de análises sociológicas. Essa realidade começou a ser modificada em tempos recentes, com o aparecimento de estudos que procuram pensar o sofrimento como uma experiência de desestabilização psíquica socialmente produzida. Seguindo inúmeras pesquisas sobre eventos que produziram diferentes formas de devastação, estudos recentes priorizam a análise da significação humana desses eventos, especialmente do ponto de vista psicológico. Mais do que relatar os fatos que provocam desestabilização social, estudos sociológicos também examinam suas consequências existenciais. Eles incluem investigações sobre fatores culturais responsáveis por problemas de ordem física, estudos que procuram testemunhar como seres humanos reagem a condições de dificuldades extremas causadas por forças naturais ou por atrocidades políticas, análises dos

---

[403] WILKINSON, Iain. Social Suffering and Human Rights. *In*: CUSHMAN, Thomas (ed.). *Handbook of Human Rights*. New York: Routledge, 2012. p. 146-156.

impactos causados por experiências permanentes de exclusão decorrentes de diferenciação de status entre indivíduos. Essas análises demonstram a importância do uso de conceitos de diferentes disciplinas para que os diversos processos responsáveis pela produção do sofrimento humano possam ser adequadamente compreendidos.[404]

O *sofrimento* tem sido definido como uma tribulação produzida por algum fator externo real ou pela percepção de algo que se apresenta como uma ameaça à integridade pessoal ou às condições necessárias para a continuidade da existência pessoal. O sofrimento tem sido classificado como um tipo de aflição, como uma experiência privada que traz transtornos para o indivíduo, notoriamente o sentimento de ameaça e desestabilização. Essa atribuição decorre da percepção de que o fator externo ameaça um tipo de identidade central para a construção de uma experiência social integrada, motivo pelo qual ele é visto como algo que pode desestabilizar a existência individual. Por ser produto de forças sociais, o sofrimento pode ser parte integrante da experiência de certos indivíduos, uma vez que decorre de mecanismos persistentes como o racismo e o sexismo. Se, de um lado, eles podem ser classificados como um conjunto de práticas discriminatórias, do outro eles se tornam um aspecto permanente da experiência social de indivíduos que compartilham o mesmo tipo de identidade social. Dizer que o sofrimento decorre de um senso de ameaça produzido por algum fator externo implica a ideia de temporalidade: ele pode provocar sofrimento porque tem o potencial de comprometer as possibilidades de o indivíduo persistir na sua completude enquanto pessoa individualizada, o que inclui tanto a existência física quanto a integridade psíquica. O sofrimento diz respeito a uma ameaça que existe no momento presente ou que é percebida como algo que pode ocorrer no futuro, que pode impedir a estabilidade existencial em outros momentos da vida do indivíduo. O sofrimento pode ser caracterizado como um dano existencial porque desestabiliza aspectos centrais da identidade do indivíduo, notoriamente sua capacidade de ser ou continuar sendo reconhecido como um agente.[405]

O conceito de *sofrimento social* faz referência ao papel que forças culturais, sociais, econômicas e políticas podem ter na produção de desestabilização

---

[404] WILKINSON. *Suffering. A Sociological Introduction*, p. 2-10.

[405] Cf. CASSEL, E. J. Recognizing Suffering. *Hastings Center Report*, v. 21, n. 3, 1991, p. 24-30; CARGILE, Aaron Castelán; SALAZAR, Leslie Ramos. "Sorry You Had to Go Through That": A Taxonomy of Individual Responses to Stories of Race-based Social Suffering. *Journal of Language and Social Psychology*, v. 35, n. 1, p. 3-27, 2015.

psíquica dos indivíduos. Esses fatores externos englobam as consequências que relações hierárquicas de poder produzem na vida psíquica dos indivíduos, especialmente quando são incorporadas ao funcionamento de estruturas sociais, produzindo assim a marginalização constante de certos tipos de identidade por forças externas mais amplas. O sofrimento social não se mostra como produto apenas de antagonismos entre grupos humanos distintos, mas também da forma como a estigmatização de certas identidades é integrada ao funcionamento de várias instituições, o que causa danos constantes à vida de certos grupos sociais. Ele é produzido então por uma pluralidade de processos que criam dificuldades para que os indivíduos possam operar adequadamente, uma decorrência de processos culturais de estigmatização que legitimam diferentes práticas excludentes. Assim, os estudos sobre o tema em análise decorrem do interesse de sociológicos em estudar a afetividade em suas diferentes manifestações e determinações sociais, uma vez que processos de exclusão afetam a vida psíquica dos indivíduos. Isso se dá a partir das diversas formas como processos de exclusão promovem a precarização da vida social, o que é percebido como uma ameaça à existência social dos indivíduos. Assim, o sofrimento pode ter uma dimensão política, porque se manifesta na operação de diversas forças sociais que criam dificuldades para que os indivíduos possam se afirmar como agentes sociais. O sofrimento social tem também uma dimensão moral, porque cria obstáculos para que as pessoas possam realizar um impulso psíquico básico que é a sua afirmação como seres que procuram ter controle sobre aspectos básicos de suas vidas.[406]

O sofrimento social tem sido utilizado para designar uma pluralidade de vivências psíquicas dolorosas decorrentes da experiência de disparidades sociais produzidas pela distribuição injusta de oportunidades materiais, pela experiência de dominação e repressão que produz sentimentos de humilhação, desespero e ressentimento. Essas vivências psíquicas dolorosas motivam uma série de sentimentos que afetam os pensamentos, os sentimentos, as respostas e os padrões de comportamento dos indivíduos. Embora os indivíduos possam estar cientes das origens sociais desse sofrimento, muitas vezes eles não são capazes de identificar o estado de desconforto psíquico que vivenciam, pois

---

[406] CARGILE; SALAZAR. "Sorry You Had to Go Through That": A Taxonomy of Individual Responses to Stories of Race-based Social Suffering, p. 4-5; SAWAIA, Bader Burihan. O sofrimento ético-político como categoria de análise da dialética exclusão/inclusão. *In*: SAWAIA, Bader Burihan (org.). *As artimanhas da exclusão: análise psicossocial da desigualdade social*. Petrópolis: Vozes, 2014. p. 99-105.

ele emerge apenas como um sentimento generalizado de dor emocional. Os estudos sobre sofrimento social enfatizam então o sofrimento que membros de grupos marginalizados enfrentam na vida cotidiana: a experiência de seres vistos como pessoas abjetas, a experiência de não serem objeto de preocupação de políticas estatais, especialmente em um momento histórico no qual pessoas historicamente marginalizadas são chamadas a ser responsáveis pela busca de oportunidades sociais. Diversos estudos demonstram a existência de conexões diretas entre desigualdade social e estresse mental, um processo cada vez mais presente na medida em que sistemas de proteção social são desestabilizados em várias sociedades, motivo pelo qual eles apontam a necessidade de consideração da noção de sofrimento social como a significação individual dos processos responsáveis pela exclusão social.[407]

Observamos então que a noção de sofrimento social está amplamente ligada aos meios que membros de grupos subalternizados utilizam para negociar suas identidades em realidades marcadas por relações hierárquicas de poder. A experiência de espoliação subjetiva tem origem na necessidade constante de membros de grupos sociais de articular a representação que têm de si mesmos com os meios a partir dos quais a circulação de estereótipos estrutura a percepção do seu valor moral nas interações sociais cotidianas. Por ser um processo permanente na vida desses grupos, essas pessoas estão sempre expostas a situações de vulnerabilidade, estão sempre expostas à possibilidade de serem vítimas de violências de natureza física ou simbólica. Para que essa situação não impossibilite sua vida por completo, diversas reações psicológicas podem surgir. O silenciamento sobre a situação de opressão, a tentativa de afastamento de situações que podem gerar ansiedade social, o desenvolvimento de sintomas depressivos decorrentes da sensação de impotência diante de forças sociais são fatores que impedem o controle individual sobre aspectos básicos da realidade social. A experiência de injustiça produz o sofrimento social porque expressa um conflito entre a identidade normativa dos indivíduos como sujeitos de direito e as suas representações como pessoas incapazes de atuar na esfera pública como atores sociais competentes. Dessa forma, o sofrimento social designa uma realidade mental de indivíduos que são submetidos a processos de exclusão que promovem a desagregação social, a segregação espacial, a estigmatização cultural e a marginalização econômica. Ele é uma resposta psíquica a mecanismos de natureza social que criam obstáculos para a organização da vida cotidiana, o que o indivíduo percebe como uma ameaça institucionalizada contra sua

---

[407] WILKINSON. *Suffering. A Sociological Introduction*, p. 79-85.

existência.[408] O caso de Carolina Maria de Jesus reflete esse problema de forma bastante clara: ela não encontra os meios necessários para ter uma existência digna; os preceitos que regulam a ordem democrática são aplicados apenas a pessoas brancas, motivo pelo qual ela, como milhões de outras pessoas negras, enfrenta uma situação permanente de insegurança ontológica.

A produção social do sofrimento social

O caso de Maurene: encarceramento e confinamento racial

Maurene Lopes enfrenta um problema cada vez mais recorrente na sociedade brasileira: o encarceramento em massa de mulheres negras, problema decorrente da dimensão institucional e estrutural do racismo na nossa sociedade. Ela foi presa por portar um grama de maconha. É importante repetir: um único grama de maconha. Certamente, pessoas brancas, sejam homens ou mulheres, dificilmente enfrentariam uma situação como essa. Ignorando um princípio importante do direito penal, o da insignificância, a sentença de primeira instância a condena a um total de sete anos. Essa decisão é mantida pela instância recursal sob o argumento de que a autoria do crime restou amplamente comprovada. A relatora disse ainda não haver motivos para duvidar das palavras dos policiais ou presumir que eles poderiam agir de forma discriminatória em relação a pessoas negras, embora policiais quase sempre considerem brancos que portam quantias muito maiores como usuários e negros como traficantes.[409] Esse mesmo argumento sustentou a condenação de Joana, uma mulher negra de meia-idade condenada por associação ao tráfico em função da posse de três pedras de crack. Essa mulher negra de meia-idade circula na área central de um grande centro urbano, não sendo beneficiada por quaisquer políticas públicas que possam modificar sua situação. Substâncias psicoativas parecem ser um refúgio para um problema de natureza estrutural. Carroceira, ela afirma que não poderia

---

[408] KLEINMAN, Arthur. "Everything That Really Matters": Social Suffering, Subjectivity, and the Remaking of Human Experience in a Disordering World. *The Harvard Theological Review*, v. 90, n. 3, p. 315-336, 1997.

[409] BRASIL. Tribunal de Justiça de São Paulo. 3ª Câmara Criminal Extraordinária. *Apelação Criminal nº 0000623-58.2012.8.26.0062*. Relatora: Des. Ivana David, 9 de outubro de 2014.

estar envolvida no tráfico, porque não tem casa nem dentes. Desconsiderando as formas como estereótipos raciais determinam a percepção de periculosidade de pessoas negras, muitos magistrados e magistradas consideram que os depoimentos policiais são sempre válidos, mesmo quando eles são as únicas testemunhas, fato que estabelece uma disparidade processual significativa ao priorizar os depoimentos de agentes estatais no processo penal. Uma vez presas, mulheres negras vivem uma situação de desamparo ainda maior, de violência ainda maior, situação que acentua ainda mais o sofrimento social dessas pessoas.

Como observa Mariângela Belfiore Wanderley, o sofrimento social decorre de uma série de processos que operam muitas vezes de forma paralela para produzir formas extremas de vulnerabilidade social, e eles têm sido identificados pela literatura sociológica recente sobre os impactos afetivos de mecanismos de exclusão social. Eles parecem afetar de forma direta pessoas como Maurene e Joana. Observa-se que o sofrimento social é produzido em função do que tem sido chamado de *desqualificação*, termo que designa os fracassos enfrentados por pessoas que buscam integração social, o que ocorre especialmente por meio do emprego. O acúmulo de desvantagens cria obstáculos para que muitas pessoas possam alcançar inserção em uma realidade econômica que exige níveis cada vez maiores de formação educacional, algo difícil de ser alcançado com o acesso cada vez mais limitado a escolas públicas de qualidade. O fenômeno do sofrimento social também atinge membros de grupos subalternizados a partir de outro processo importante: *a percepção de que os indivíduos não têm valor ou utilidade social por não desempenharem funções que possibilitem o reconhecimento da sua condição de agentes*. Se a qualificação produz a integração para membros de grupos majoritários, a ausência de oportunidades e a circulação de estereótipos negativos fazem com que os indivíduos percebam que não têm chances de inserção social. Ao lado desses fenômenos está também outro problema identificado por autores que se debruçam sobre esse tema: a situação daqueles que não conseguem alcançar maiores níveis de pertencimento em função de uma série de rupturas provocadas por práticas excludentes. Esse problema inclui aquelas pessoas afetadas por condições materiais insuficientes e aquelas afetadas pela instabilidade das relações que compõem o tecido social a partir do qual as pessoas constroem referências identitárias e relações de cooperação interpessoal. Estamos diante de uma situação na qual os indivíduos não estão vinculados a estruturas de sentido que lhe prestam referências para a construção de parâmetros para a própria existência. É importante mencionar ainda o fenômeno da *apartação social*, expressão que designa a separação do outro das relações sociais, dos processos sociais que permitem às pessoas a construção de referências simbólicas a partir das quais elas podem se afirmar como agentes. Estamos aqui diante de práticas que procuram separar o outro de processos sociais em função da atribuição de características negativas a ele, fator que legitima sua exclusão.[410]

Para Teresa Cristina Carreteiro, os fenômenos mencionados anteriormente estão relacionados com o surgimento de duas lógicas que se tornaram imperativas ao longo das últimas décadas, relacionadas com a ascensão do neoliberalismo como forma de sistema econômico e de regulação das relações sociais. É visível a influência cada vez maior de uma ideologia que celebra a cultura da busca pela qualificação, pela excelência, pelo triunfo individual. Temos um tipo de imaginário cultural que enfatiza a busca individual por formas de inclusão social, o que atesta o valor da pessoa. Se, por um lado, essa ideologia celebra o valor do indivíduo na criação de oportunidades, por outro ela estimula a produção de um imaginário da inutilidade social, da ausência de valor daqueles que não conseguem criar os meios para se integrar a essa nova forma de organização, motivo pelo qual são sistematicamente desqualificados e condenados a viver à margem da sociedade, quando não inteiramente excluídos dela. Não há mais atividades ou estratégias que eles possam utilizar para buscar algum tipo de inserção, porque fatores como o avanço de tecnologias, a mecanização do processo de produção e o deslocamento de atividades econômicas para outros países eliminaram os meios para essas pessoas poderem fazer parte do processo de produção. Elas estão expostas ao problema do sofrimento social porque as formas de exclusão que as afetam têm uma natureza estrutural; elas tornam esses indivíduos socialmente dispensáveis para o funcionamento da sociedade. A lógica do capitalismo produz então duas experiências existenciais bastante distintas: uma marcada pela ausência de suporte institucional para o alcance de integração social e outra que garante às pessoas todos os meios para que possam desenvolver estratégias de ação individual. Obviamente, essa lógica reproduz processos anteriores de desvantagens baseadas em formas diferenciadas de status, o que torna a vida de grupos subalternizados ainda mais vulnerável ao sofrimento social.[411]

---

[410] Cf. WANDERLEY, Mariângela Belfiore. Refletindo sobre a noção de exclusão. *In*: SAWAIA, Bader (org.). *As artimanhas da exclusão: análise psicossocial e ética da desigualdade social*. Petrópolis: Vozes, 2014. p. 17-28.

[411] CARRETEIRO. Sofrimentos sociais em debate, p. 57-65. Para uma análise detalhada da lógica da operação da ideologia neoliberal, ver sobretudo LAVAL, Christian; DARDOT,

O sofrimento social tem sido tematizado como algo decorrente da experiência de injustiça social. Embora membros de todos os grupos possam enfrentar problemas dessa natureza, esse tipo de vivência afeta especialmente os que pertencem a segmentos subalternizados, pessoas que enfrentam esse problema de forma acentuada. Eles são desvalorizados, humilhados, envergonhados; eles sofrem um processo constante de depreciação dos seus códigos culturais, de suas identidades coletivas, de suas características psicológicas. Esses processos de subjugação almejam domesticar corpos sociais por meio da assimilação, por meio da desqualificação de quaisquer experiências que não reflitam os valores culturais dos grupos dominantes. Dessa forma, as diversas formas de violência simbólica enfrentadas por essas pessoas procuram influenciar a sua experiência subjetiva de forma que elas mesmas se vejam como inadequadas, como sujeitos que não são capazes de viver de acordo com os parâmetros de sociabilidade estabelecidos pelos grupos majoritários. Esses processos de menosprezo de grupos subalternizados ocorrem em diferentes esferas da vida, muitas vezes em espaços públicos, e poucas vezes os atingidos compartilham seus sentimentos. O silenciamento dos afetos decorre do sentimento de vergonha que as pessoas sentem por serem expostas a diferentes tipos de humilhação, o que aumenta ainda mais sua intensidade. Membros de grupos subalternizados não são representados nos grandes projetos das instituições que governam a sociedade, consequência da percepção da irrelevância dessas pessoas, processos impulsionados pela lógica do neoliberalismo.[412]

O conceito de sofrimento social problematiza uma tradição que associa o alcance do bem-estar social a maiores níveis de distribuição de riqueza. Embora um status material favorável seja relevante para a integração dos indivíduos, a pobreza não pode ser vista como medida única de sofrimento social. Esse problema está associado a uma pluralidade de fatores responsáveis por formas de exclusão que produzem danos psíquicos aos indivíduos por habitarem estruturas sociais opressoras que criam obstáculos para a inserção social. Os estudos sobre estresse e resiliência emocional evidenciam essa realidade. Eles revelam uma situação na

---

Pierre. *A nova razão do mundo: ensaio sobre a sociedade neoliberal*. São Paulo: Boitempo, 2016; HAN, Byung-Chul. *Psicopolítica: o neoliberalismo e as novas técnicas do poder*. Ayiné, 2018.

[412] CARRETEIRO. Sofrimentos sociais em debate, p. 59-60. Para uma análise pormenorizada dessa dinâmica, ver GAULEJAC, Vincent de; BLONDEL, Frédéric; TABOADA-LEONETTI, Isabel. *La Lutte des places*. Paris: Hommes et Perspectives, 1993; SIDANIUS; PRATTO. *Social Dominance: An Intergroup Theory of Social Hierarchy and Oppression*.

qual formas de status social operam como fatores produtores de estresse emocional, o que é demonstrado por meio de análises qualitativas sobre grupos mais vulneráveis a problemas associados a transtornos mentais e doenças psicossomáticas. O sofrimento social pode então ser visto como o desconforto psíquico que acompanha a experiência continuada de dominação em uma sociedade, desconforto decorrente da experiência contínua de humilhação e vergonha que marca a vida de membros de minorias. Se para alguns ele produz consequências individuais como doenças psicossomáticas, em outros ele causa comportamentos destrutivos que podem afetar a vida de inúmeras outras pessoas. Estamos então de uma situação na qual estruturas sociais criam obstáculos significativos para o processo de autoverificação da identidade; sentimentos de autoeficácia raramente podem ser formados em uma situação dessa natureza.[413]

A posição que os indivíduos ocupam nas hierarquias sociais determina o que eles pensam sobre si mesmos e sobre os outros. Se alguns tipos de identidade são individual e coletivamente construídos, outros são socialmente atribuídos a eles em função de sistemas de dominação. Fatores como raça, classe, sexualidade e gênero são meios a partir dos quais as pessoas são socializadas, são meios a partir dos quais elas vivem nas relações humanas. Esses critérios de tratamento diferenciado impactam a vida das pessoas porque engendram uma série de mecanismos sociais por meio dos quais a sociedade nega o reconhecimento da igual dignidade dos indivíduos. A negação da respeitabilidade gera sofrimento mental porque compromete a formação de um senso positivo de autoestima nos indivíduos, o que os debilita nas suas atividades cotidianas. Como tem sido observado pela literatura sobre o tema, a negação da humanidade dos indivíduos produz certas consequências problemáticas, entre elas a identificação dos membros de grupos subalternizados com os estereótipos que os representam, uma vez que eles carecem de referências positivas, pois os grupos majoritários procuram também desqualificar toda e qualquer manifestação cultural de grupos subalternizados. Assim, características socialmente positivas e relevantes para a inserção social são representadas como atributos exclusivos de membros do grupo dominante, enquanto aos grupos subalternizados são atribuídos apenas traços negativos, o que motiva práticas discriminatórias de toda ordem.[414]

---

[413] FROST, Liz; HOGGETT, Paul. Human Agency and Social Suffering. *Critical Social Policy*, v. 28, n. 4, 2008, p. 441-443.

[414] FROST; HOGGETT. Human Agency and Social Suffering, p. 443-446. Para uma análise da psicologia social da discriminação, ver MOREIRA. *Tratado de direito antidiscriminatório*, p. 357-387.

Identidades normativas e socialização jurídica

Nossa análise do sofrimento social requer que façamos algumas considerações sobre certos aspectos da noção de identidade no discurso jurídico. A primeira delas diz respeito ao papel que normas jurídicas desempenham no processo de construção da dimensão normativa da identidade individual. O processo de universalização dos direitos fundamentais atribui um mesmo status a todos os membros da comunidade política, e esse status institui parâmetros para a autocompreensão das pessoas. Ter o status de sujeito de direito pressupõe que uma pessoa tem uma série de prerrogativas jurídicas a partir das quais elas podem construir planos de ação para suas vidas, motivo pelo qual ele pode ser classificado como um tipo de identidade normativa. Essa identidade normativa estabelece expectativas sobre como as pessoas serão tratadas em uma pluralidade de experiências e em uma pluralidade de esferas ao longo da vida. O regime geral de liberdades presentes nos textos constitucionais não representa apenas princípios de regulação do poder estatal, eles são também parâmetros a partir dos quais as pessoas compreendem a si mesmas na sua vida social. Isso significa que essa identidade normativa enquanto titulares de direitos fundamentais é um aspecto central do processo de socialização dos indivíduos em sociedades liberais.[415]

Textos constitucionais podem ser compreendidos de diferentes maneiras e expressam concepções diversas sobre as funções de normas jurídicas na organização de uma ordem democrática. Se perspectivas liberais entendem os textos constitucionais como documentos legais que estabelecem limites ao poder estatal e criam mecanismos de proteção ao exercício de autonomia pessoal, outras orientações teóricas enfatizam os objetivos substantivos que textos constitucionais procuram alcançar, além do seu papel na formação da identidade coletiva e dos propósitos políticos de dada sociedade. Uma leitura possível das constituições está centrada na diferenciação entre sua função de providenciar padrões de racionalidade para a organização das instituições políticas e a sua função de operar como um horizonte político constituído pelos princípios e pelas aspirações das pessoas que fazem parte de uma sociedade. Enquanto a primeira posição aborda a constituição como um parâmetro normativo destinado a estabelecer estabilidade e ordem, a segunda encontra sua

---

[415] Cf. COHN, Ellen; WHITE, Susan. *Legal socialization*. A study of norms and rules. Nova York: Springer- Verlag, 1990; TAPP, June; LEVINE, Felice. Legal socialization: strategies for an ethical legality. *Stanford Law Review*, v. 27, n. 1, p. 1-73, 1974.

base nas articulações dos valores centrais do constitucionalismo em um contexto histórico e social específico. Constituições representam então a codificação de um tipo de moralidade pública que representa a aspiração coletiva em determinado contexto. Essa dimensão simbólica dos textos constitucionais não expressa apenas valores jurídicos, mas também as referências a partir das quais os membros da comunidade política estabelecem formas de autocompreensão coletiva, o que também impacta as formas como indivíduos representam a si mesmos. Essa dimensão simbólica permite a construção de uma unidade social, embora ela também esteja aberta a novas formas de compreensão coletiva, uma vez que práticas sociais responsáveis por assimetrias de poder são sempre contestadas. Ela também cumpre a função de dar concretude a princípios abstratos à realidade sociológica de uma comunidade política. Assim, as formas de organização política e jurídica de uma comunidade também estabelecem horizontes para a formação subjetiva dos membros da comunidade política, e o papel das constituições na proteção da liberdade individual tem relevância central nesse processo.[416]

A racionalidade simbólica da constituição é especialmente relevante para a nossa argumentação. Ela indica que o sistema jurídico não pode operar separadamente da esfera cultural e da esfera política, porque ele é sempre permeado por elas. Essa leitura também reconhece a dimensão normativa dos textos constitucionais, mas está baseada na ideia de que eles também devem ser examinados a partir de preceitos que expressam aspectos valorativos que representam princípios jurídicos e preceitos morais característicos da cultura democrática. Mais do que algo que diz respeito a princípios universais, a dimensão simbólica pode ser vista como a expressão fundamental da unidade política e da identidade de uma sociedade; ela indica as aspirações que guiam as relações políticas entre as pessoas e como conflitos sociais devem ser regulados. Como afirmado anteriormente, a dimensão simbólica da constituição opera como uma referência identitária de dada comunidade política ao instituir parâmetros a partir do quais novas formas de pertencimento político são debatidas e incorporadas. Conflitos entre preceitos políticos e identidades coletivas podem sempre ocorrer, uma vez que normas constitucionais surgem em momentos históricos nos quais formas de identidades se articulam para formar uma unidade política, mas essa dimensão simbólica também opera como uma referência a partir da qual novas demandas de proteção jurídica podem ser elaboradas. Não podemos esquecer que essa

---

[416] BLOKKER, Paul *et al.* Social Imaginaries in Debate. *Social Imaginaries*, v. 1, n. 1, p. 15-25, 2015.

dimensão simbólica também tem uma dimensão aspiracional, o que inclui uma dimensão positiva que permite uma interpretação da constituição a partir de uma perspectiva teleológica das normas constitucionais que legitimam políticas sociais diversas, o caso da promoção de integração de grupos subalternizados, aspecto que faz parte das aspirações dos membros desses grupos.[417]

Autores consagrados enfatizam um aspecto importante do constitucionalismo, fato frequentemente ignorado nos debates sobre direitos de coletividades subalternizadas: seu papel central na articulação entre identidade e diferença. Os sistemas constitucionais modernos reconhecem os sujeitos humanos como sujeitos de direito, como pessoas com direitos subjetivos perante a ordem pública. Elas possuem um status jurídico e um status político comum, o que lhes dá legitimidade para exigir tratamento igualitário no espaço público e no privado.[418] É muito importante observar que a demanda por tratamento simétrico surgiu em um momento histórico no qual certas diferenças privadas, como identidades religiosas e políticas, eram utilizadas como critérios para instituir tratamento arbitrário entre indivíduos, dinâmica produtora de sofrimento social. Nessa realidade, o constitucionalismo vem exercer um papel importante: estabelecer bases para o tratamento igualitário entre as pessoas ao afirmar que diferenciações baseadas nas identidades privadas não são relevantes para o exercício de direitos. A identidade jurídica dos indivíduos enquanto cidadãos opera como um tipo de status abstrato que permite a integração entre autonomia pública e autonomia privada; a liberdade de poder atuar no espaço público como um cidadão permite a liberdade de ser no espaço privado como alguém que estabelece propósitos pessoais para serem atingidos.[419]

Devemos examinar cuidadosamente alguns aspectos desse processo. Como vimos, os sujeitos humanos, nos regimes democráticos liberais, assumem uma identidade pública de caráter abstrato, identidade para a qual certas características individuais devem ser ignoradas por não serem relevantes para a atuação competente na esfera pública. Essa instância adquire função central na organização social, porque a vida política passa a ser regulada por parâmetros que são

---

[417] BLOKKER. Democratic Ethics, Constitutional Dimensions, and "Constitutionalisms", p. 73-80.

[418] Para uma análise desse tema, ver AMATO. *Il soggetto e il soggetto di diritto,* p. 79-122; ZARKA. La invención del sujeto de derecho, p. 38-45.

[419] Cf. LAPORTA, Francisco Javier. El princípio de igualdad: introducción a sua análisis. *Sistema Revista de Ciencias Sociales.* v. 67, 1985; MOREIRA. *Tratado de direito antidiscriminatório,* p. 115-123.

independentes da moralidade privada. Os princípios da liberdade e da igualdade são os elementos centrais de um tipo de moralidade de natureza política porque está construída sobre o entendimento abstrato dos atores sociais. As diferenças entre eles são subsumidas por meio de uma identidade comum que permite a todos a possibilidade de ação livre nas diferentes esferas da existência. Vemos, assim, que o liberalismo individualista imprime um elemento importante ao constitucionalismo, o que se constituirá como um aspecto central do imaginário social moderno: a limitação ao poder estatal de forma que as pessoas possam buscar projetos individuais ou exercer formas de identidade sem que tenham seus direitos arbitrariamente limitados em função disso. A limitação do poder estatal se mostra relevante para o gozo da liberdade, assim como a neutralidade estatal em relação a concepções substantivas de valores morais. Os indivíduos devem ser livres para estabelecer os parâmetros que vão guiar os seus planos de vida, desde que isso não implique uma restrição da liberdade de outras pessoas.[420]

Dissemos que o constitucionalismo sempre esteve comprometido com a emancipação humana por meio da criação e da proteção de uma ordem geral das liberdades. É preciso agora explorar as bases filosóficas e morais desse propósito político e jurídico, uma vez que isso tem um papel essencial para entendermos a lógica das demandas de direitos formuladas por movimentos sociais. Vários grupos sociais recorreram ao longo do tempo às promessas emancipatórias do constitucionalismo para construir uma agenda política de transformação social, e encontraram legitimidade no ideal da construção de uma ordem política comprometida com a liberdade de todas as pessoas. Que significados podemos atribuir ao termo "liberdade"? A liberdade pode ser definida como um princípio moral, um princípio político e um princípio jurídico que fundamenta a filosofia política moderna. Sua dimensão moral está construída em torno da noção de que os seres humanos são capazes de atuar de forma autônoma, o que implica a possibilidade de poderem atribuir sentidos e estabelecer propósitos para suas ações. A dimensão política desse princípio implica a possibilidade de agentes sociais participarem nos processos decisórios responsáveis pela elaboração de normas que regerão suas ações. Sua dimensão jurídica pressupõe o exercício do direito à liberdade de acordo com as normas que regulam as ações de todos os indivíduos. Uma vez que elas estão construídas sobre o ideal da igualdade e estabelecem os mesmos direitos e obrigações para todos, as pessoas possuem

---

[420] SAMPAIO, José Adércio Leite. *Teoria da constituição e dos direitos fundamentais*. Belo Horizonte: Del Rey, 2013. p. 5-22.

um campo de ação permitido pelas normas que esses indivíduos livres criaram por meio da associação política.[421]

Falar sobre a existência de uma ordem geral de liberdade significa reconhecer que direitos fundamentais têm um caráter universal. Por terem esse status, eles são devidos a todos os indivíduos. A titularidade universal desses direitos encontra fundamento na representação desses indivíduos como atores racionais, o que é depreendido da sua capacidade de ação autônoma. Reconhecer que todas as pessoas são titulares de direitos humanos significa reconhecer que elas são capazes de atuar de forma autônoma, motivo pelo qual elas devem ser tratadas com o mesmo respeito e com a mesma consideração no exercício de suas capacidades pessoais. Assim, devemos entender a discriminação como um impedimento da possibilidade de as pessoas terem o reconhecimento de que são atores sociais competentes, um aspecto central do processo de autoverificação. Dizer que os seres humanos são autônomos significa dizer que eles possuem certas capacidades que lhes permitem criar e instituir planos de ação para alcançar propósitos que eles entendem ser relevantes para as suas vidas. Direitos fundamentais são então mecanismos que devem estar disponíveis para as pessoas poderem tomar decisões de forma independente sobre os propósitos de suas vidas, o que na modernidade significa ter uma vida digna. A igualdade moral estabelece um parâmetro que terá um papel central nas demandas de direitos formuladas por pessoas negras, porque ela estabelece uma referência fundamental para agentes públicos e para agentes privados: ao reconhecer que todos os seres humanos são titulares de direitos, as instituições sociais se comprometem a operar de forma a garantir a cada pessoa a possibilidade de ser tratada com a mesma consideração e o mesmo respeito, condição para que elas possam construir planos de ação para as duas vidas. Os seres humanos devem ter acesso a uma pluralidade de direitos para que possam reconhecer sua existência como produto de um processo de construção de seus próprios caminhos.[422]

Observamos, então, que normas constitucionais desempenham um papel central no processo de socialização jurídica dos indivíduos, uma vez que elas estruturam a identidade normativa que as pessoas possuem em democracias liberais. Normas jurídicas desempenham um papel central na socialização dos

---

[421] MATTEUCCI, Nicola. Liberdade. *In*: BOBBIO, Norberto; MATTEUCCI, Nicola; PASQUINO, Gianfranco. *Dicionário de política*. Brasília: Editora UnB, 1988. p. 691.

[422] RICHARDS, David A. J. Sexual Autonomy and the Constitutional Right to Privacy: A Case Study in Human Rights and the Unwritten Constitution. *Hastings Law Journal*, v. 30, n. 4, 1979. p. 957-978.

indivíduos, porque quase todas as nossas atividades estão permeadas por algum tipo de regulação normativa; todos os espaços de socialização são organizados por normas jurídicas, sejam eles presentes na esfera pública ou na esfera privada. Elas operam como imperativos psicológicos, porque instituem direções e parâmetros morais para nossas ações, uma vez que elas controlam as relações sociais entre indivíduos, expressando assim valores a partir dos quais elas devem ser estabelecidas. As respostas individuais a essas regras poderão ser positivas ou negativas, e estão diretamente relacionadas com nossa avaliação do papel delas na afirmação ou na negação de nossa condição como agentes, critério utilizado para avaliar se elas são justas. A socialização jurídica é um processo por meio do qual constituímos a dimensão normativa de nossas identidades, e ela ocorre em diferentes dimensões e em diferentes níveis. O processo de socialização jurídica se desenvolve em diferentes direções. Ele ocorre em uma dimensão vertical, porque normas jurídicas regulam diferentes níveis de regulação social; ele ocorre também em um plano horizontal, porque as regras jurídicas controlam relações humanas no espaço público e no espaço privado; temos ainda uma dimensão longitudinal, uma vez que normas legais acompanham o processo de socialização do longo de toda a vida. Observamos então que os seres humanos desenvolvem uma identidade normativa, resultado do papel central que normas jurídicas desempenham no seu processo de socialização, motivo pelo qual devemos analisar o papel delas no debate sobre sofrimento social e identidade social.[423]

Identidades estigmatizadas e experiências de injustiça

O caso de Renato Freitas: um relato sobre resiliência psicológica

Renato Freitas é um homem negro que desempenha um cargo no qual pessoas negras não estão adequadamente representadas: ele é um deputado estadual, o que foi precedido de um mandato como vereador. Esse é o resultado de um longo caminho que começou em uma situação de grande desvantagem. Ele morou em um barraco de madeira às margens de um córrego nos arredores de Curitiba, lugar sem creche ou escolas. Sua mãe trabalhava como doméstica nas casas de pessoas de classe alta, situação que limitava as chances de ele conseguir objetivos maiores. Essa situação o

---

[423] COHN; WHITE. *Legal Socialization: A Study of Norms and Rules*, p. 7-20.

levou a realizar pequenos atos ilegais junto a outro colega: pedia comida em lanchonetes e fugia para não pagar, utilizava o status de estudante para comercializar vale-transporte, escondia picolés na manga da camisa. Renato perseguia delitos e os delitos o seguiam, porque eles eram motivados por alguém que não tinha certeza de nada, alguém cuja realidade não permitia ter qualquer tipo de ambição. Esse período foi marcado por crimes, dentes quebrados, cabeça machucada e o sentimento constante de impotência. Contudo, algo interessante mudou a vida desse adolescente negro. Beneficiado por programas de cotas raciais, ele conseguiu entrar no curso de Sociologia. Renato tinha interesse em identificar os mecanismos responsáveis pela situação das pessoas que viviam na mesma situação de desvantagem que ele. Mas, como não tinha condição de continuar em um curso diurno, voltou a trabalhar para poder se sustentar. Entrou no curso de Direito alguns anos depois e se tornou mestre. Sua história de vida determinou em grande parte sua área de atuação: ele começou a trabalhar com direito penal, atendendo pessoas negras em situação de vulnerabilidade, escolha influenciada pelo fato de que a prisão sempre esteve em sua vida. Renato sofreu tratamento arbitrário de agentes policiais diversas vezes ao longo da vida. Em um dos incidentes mais recentes, ele estava com outros jovens em uma área da cidade, quando foi abordado por agentes policiais. Ele apresentou seus documentos, e um dos policiais, sargento Marcos Simionato, ordenou que eles saíssem do lugar imediatamente. Renato disse que esse pedido representava uma violação de direitos, fala seguida de uma ameaça seguida de prisão. O policial classificou a afirmação de direitos como desacato a autoridade. Os policiais o algemaram e o colocaram no porta-malas do carro, ato que foi depois desagravado. Todas essas experiências o levaram a se perguntar qual seria o próximo passo para garantir maiores níveis de proteção para pessoas negras. Ele chegou à conclusão de que a vida política seria a melhor maneira de atingir esse objetivo. Ele foi eleito para o cargo de vereador e depois para o de deputado estadual. Sua carreira tem sido acompanhada por uma série de problemas que naturalmente seriam enfrentados em um sistema político comprometido com a reprodução de vantagens sociais para pessoas brancas. Representantes de partidos de direita têm se articulado para prejudicá-lo de todas as formas possíveis. A denúncia da violência policial contra pessoas negras e periféricas tem provocado reações ferozes de deputados brancos que apontam sua suposta falta de decoro parlamentar, embora estejam comprovadamente envolvidos em escândalos de corrupção. Seu mandato foi suspenso após uma acusação de invasão de uma igreja, mas foi restabelecido pelo poder judiciário. Renato Freitas tem demonstrado uma tremenda resiliência psicológica para enfrentar os problemas que pessoas negras e pobres enfrentam na sociedade brasileira.

Pessoas negras respondem a situações permanentes de desvantagem de formas bastante distintas em função de uma pluralidade de fatores. Algumas podem se conformar, outras podem ignorar, outras podem sucumbir. Muitas delas lutam. Muitas delas encontram nessa situação motivação para transformar a realidade social na qual vivem, o que pode mudar a situação de várias pessoas. Renato Freitas é um exemplo de como os seres humanos podem ser resilientes, mesmo vivendo em uma sociedade marcada por arbitrariedades. Apesar de toda a situação de desvantagem sofrida ao longo da vida, apesar da perseguição sistemática em função de sua luta contra o racismo, ele não abandonou seu propósito de atuar para trazer maiores níveis de justiça social para as pessoas. Quanto mais ele estuda, mais ele compreende os diferentes aspectos da situação que ele enfrenta e mais entende a necessidade de continuar lutando. Isso não significa que ele não sofra psiquicamente com a situação, mas ele compreende a necessidade de continuar lutando, ele compreende a importância de estar lutando pela justiça social no lugar em que ele está. A luta pela justiça social aparece para Renato como um horizonte de afirmação da dignidade individual e coletiva, o que encoraja outras pessoas a seguirem caminhos similares. Se situações de racismo impactam pessoas negras de forma negativa, se tomar conhecimento de injustiças sofridas por pessoas pode promover um sentimento de desesperança, ver pessoas negras alcançando seus objetivos mostra para elas que podem agir no espaço público de forma competente, que o mundo exterior não pode dizer o que elas podem ser ou fazer.

A análise sobre a dimensão normativa da identidade social ocupa um papel central nas nossas reflexões sobre sofrimento social, porque, como vimos, esse fenômeno atinge especialmente pessoas que fazem parte de grupos subalternizados. A vulnerabilidade social desses segmentos decorre de práticas discriminatórias que incidem sobre identidades coletivas, e elas são formas de identidade prescritivas, são qualidades atribuídas por membros de grupos majoritários com o propósito de determinar as funções e os lugares que as pessoas podem ocupar na sociedade. O sofrimento social está amplamente relacionado com o conflito entre a identidade normativa das pessoas como sujeitos de direitos, como pessoas que formam expectativas sobre a maneira como elas deveriam ser tratadas na sociedade, e a realidade cotidiana da exclusão. Podemos dizer, então, que o sofrimento social tem origem no conflito entre identidades normativas e identidades estigmatizadas, uma vez que práticas discriminatórias são voltadas para essas pessoas, ou elas indiretamente contribuem para que a situação de desvantagem seja reproduzida. Essas identidades estigmatizadas são alvo de processos permanentes de desqualificação social, o que pode ser visto como uma estratégia para a manutenção dos sistemas de dominação que estruturam diversas sociedades liberais.[424]

Para Emmanuel Renault, o sofrimento social pode ser tematizado como uma experiência de injustiça, o que esse autor classifica como um sentimento resultante de experiências que contrariam as expectativas normativas de como pessoas devem ser tratadas em regimes democráticos. Essas experiências produzem sofrimento psíquico porque contrariam as formas como os indivíduos formulam suas identidades por serem titulares de direitos, e práticas discriminatórias negam o reconhecimento da igualdade moral dessas pessoas. Para esse autor, a experiência de injustiça também produz uma série de orientações práticas que os indivíduos desenvolvem para lutar contra ela; esses fatos sociais podem gerar uma série de ações individuais e coletivas que procuram eliminar esse problema. Além desses aspectos, o conceito em questão designa processos cognitivos que têm início com a insatisfação com práticas injustas, passam por um processo de reflexão sobre elas, até chegar a um processo de mobilização para a eliminação do problema em questão. É possível que a insatisfação de expectativas normativas não seja vivida como um tipo de injustiça por um indivíduo, embora seja classificada dessa forma por outros. Por outro lado, afirma Emmanuel Renault, experiências de injustiça podem produzir dinâmicas psicológicas que impedem os indivíduos de interpretar tratamentos diferenciados como subversões da expectativa de tratamento igualitário.[425]

A experiência de injustiça frustra expectativas normativas internalizadas pelas pessoas durante a socialização, processo a partir do qual as pessoas desenvolvem uma identidade normativa, sendo então um parâmetro de autocompreensão delas. Experiências de injustiça despertam então incongruências cognitivas decorrentes da disparidade da compreensão que a pessoa tem do seu status como titular de direitos, o que obriga a tratamentos compatíveis por parte de outros atores sociais, e a realidade de que esse status não está sendo

---

[424] Para uma análise do caráter estratégico de desqualificação de grupos subalternizados, ver MOREIRA, Adilson José. *Racismo recreativo*. São Paulo: Jandaíra, 2018.

[425] RENAULT. *The Experience of Injustice. A Theory of Recognition*, p. 12-14.

respeitado em função de elementos que não deveriam ter qualquer tipo de papel relevante no modo como as pessoas são tratadas. É também importante dizer que a experiência de injustiça não decorre apenas de problemas que se manifestam na forma de discriminação direta, mas também de situações nas quais as pessoas percebem que a operação de estruturas sociais impede que elas sejam tratadas de maneira correta. Estamos diante de situações nas quais o aparato normativo a partir do qual fazemos avaliações cognitivas sobre situações sociais não correspondem ao que as pessoas foram socializadas para acreditar que a sociedade deveria operar. A experiência de injustiça, afirma Emmanuel Renault, ocorre especialmente no plano cognitivo, porque expressa a dificuldade de traduzir a experiência vivida por meio dos parâmetros cognitivos introjetados pelo processo de socialização. Por ser um valor a partir do qual as pessoas formulam horizontes de sentidos, o tratamento igualitário estrutura a maneira como esperamos que as relações sociais serão organizadas. Porém, mais do que uma questão de natureza cognitiva, a noção de experiência de injustiça designa uma situação real que afeta o senso de integridade pessoal, uma vez que ela está baseada na percepção de que aspectos da identidade individual estão sendo ameaçados, o que provoca sofrimento para os indivíduos. Do ponto de vista psíquico, uma experiência de injustiça se apresenta como algo emocionalmente intolerável, porque expõe uma pessoa à situação de vulnerabilidade, o que pode ser um aspecto permanente do ambiente social no qual o indivíduo vive. Assim, experiências de injustiça conduzem à alienação individual porque questionam o entendimento do indivíduo como um agente que deveria possuir os meios para construir seus planos de vida.[426]

É importante abordar um tema especialmente relevante associado com nossa reflexão sobre saúde mental e direitos fundamentais: de que forma os seres humanos pensam o tema da justiça? De que maneira esse princípio opera como um elemento organizador da forma de pensar, apreender e avaliar os modos como a realidade social opera? Por que os seres humanos se preocupam com o tema da justiça? Certas teorias procuram responder essas perguntas a partir da premissa segundo a qual os indivíduos são atores racionais que examinaram a noção de justiça a partir da consideração da capacidade de uma ação poder maximizar interesses individuais e coletivos; outras partem do pressuposto de que as pessoas naturalmente pertencem a uma pluralidade de grupos e elas utilizarão a análise da igualdade de procedimentos adotados por seus membros como indicação de justiça, além da maneira como essa inserção social impacta

---

[426] RENAULT. *The Experience of Injustice. A Theory of Recognition*, p. 17-40.

sua vida de forma geral; é também importante mencionar aquelas teorias que partem do pressuposto de que as pessoas formulam distinções entre tratamento correto e incorreto, critérios que elas adotam para avaliar questões de equidade. Recentemente, certas propostas, procurando criar uma síntese entre essas perspectivas, argumentaram que as pessoas formulam raciocínios sobre equidade a partir da situação em que elas se encontram em determinado momento, seja ela de natureza material, social ou moral. As motivações dos indivíduos em uma situação específica serão levadas em consideração para a avaliação do quanto um procedimento pode ser considerado justo ou injusto. As considerações feitas pelas pessoas são contingentes, porque elas partem em grande parte das condições nas quais as pessoas se encontram e dos obstáculos que elas precisam superar para poderem alcançar condições dignas de existência.[427]

Essa perspectiva se mostra coerente com propostas que procuram entender questões de justiça não apenas a partir das noções de justiça distributiva ou justiça simétrica. Certos autores argumentam que a experiência de injustiça está amplamente relacionada com o tema da identidade, de como essa identidade posiciona o indivíduo nas diversas hierarquias sociais. Eles observam uma relação direta entre a dimensão psicológica do indivíduo e suas diferentes identidades, uma vez que formas de injustiça incidem diretamente sobre elas, determinando também o status material que o indivíduo ocupará na sociedade. A experiência psicológica da discriminação determina de forma direta a maneira como as pessoas avaliarão questões de justiça, porque o tratamento que as pessoas recebem nas suas interações sociais está amplamente baseado nas identidades que elas ocupam. Assim, a reação a práticas discriminatórias pode gerar uma pluralidade de reações, o que inclui a sensação de desamparo em função da percepção da ausência de controle sobre aspectos básicos da vida, fator relacionado com os tipos de pertencimento do indivíduo. A experiência de ser socialmente marcado pode despertar a necessidade de mobilização contra práticas injustas ou pode fazer com que o indivíduo desenvolva um sentimento de alienação. Por esse motivo, essas teorias estão centradas na relevância do reconhecimento da igual dignidade entre todas as pessoas como uma forma primordial de justiça. A forma como respondemos a situações de injustiça depende em grande parte da forma como nos percebemos; nossa reação dependerá de como determinado ato afeta nosso senso de identidade, de integridade

---

[427] SKITKA, Linda J. *et al*. Knitting Together an Elephant. An Integrative Approach to Understanding the Psychology of Justice Reasoning. *In*: BOBOCEL, D. Ramona *et al*. (ed.). *The Psychology of Justice and Legitimacy*. New York: Psychology Press, 2010. p. 1-27.

pessoal, da posição que ocupamos na sociedade. Uma motivação consistente das pessoas diz respeito ao seu interesse em restaurar a percepção positiva que o indivíduo tem de si mesmo, a noção de que ele é um ator social competente. Não podemos esquecer que essas identidades comandam os recursos que os indivíduos poderão mobilizar, motivo pelo qual formas de pertencimento determinam também a situação material das pessoas.[428]

O tema do sofrimento social tem sido definido pela literatura como expressão de negação do reconhecimento, termo que designa o processo por meio do qual identidades sociais são validadas socialmente por meio do gozo de respeitabilidade social, o que permite o pleno exercício de direitos. O debate sobre políticas de reconhecimento está centrado na análise dos processos sociais responsáveis pela negação do valor moral de segmentos sociais criados por meio da desvalorização de identidades, sejam elas produtos da construção coletiva ou criadas por meio de atribuição por outros atores sociais. Essa realidade tem gerado mobilizações de movimentos sociais em torno da eliminação de práticas que impedem não apenas a distribuição igualitária de oportunidades, mas especialmente a afirmação de um compromisso político com a igual distribuição de respeitabilidade social. Assim, os debates sobre justiça não se resumem apenas a considerações sobre as melhores alternativas para a promoção de políticas distributivas, mas incluem, também, medidas sociais que promovam o reconhecimento da igual dignidade de todos os grupos sociais. A experiência de injustiça assume, então, a forma de privação de respeitabilidade social, o que gera impactos sobre o status cultural e material da vida das pessoas, uma vez que esse problema legitima práticas discriminatórias contra grupos que possuem identidades desqualificadas. Esse fato gera uma série de problemas como a invisibilidade social da opressão, a naturalização das desigualdades sociais, a criação permanente de vulnerabilidades sociais que se reproduzem ao longo de várias gerações. Essa realidade contraria a expectativa de pessoas que vivem em sociedades democraticamente organizadas de que terão sua condição de agente reconhecida, de que não sofrerão tratamento desvantajoso em função de características que não estão relacionadas com a capacidade de agir como um ator social competente.[429]

---

[428] Ver especialmente HONNETH. Recognition and Justice: Outline of a Plural Theory of Justice; BOBOCEL, D. Ramona; ZDANIUK, Agnes. Injustice and Identity. How We Respond to Unjust Treatment Depends on How We Perceive Ourselves. *In*: BOBOCEL, D. Ramona *et al.* (ed.). *The Psychology of Justice and Legitimacy*. New York: Psychology Press, 2010. p. 27-50.

[429] HONNETH. Recognition and Justice: Outline of a Plural Theory of Justice.

O debate sobre a questão da identidade se mostra relevante porque, como vimos, a literatura sobre sofrimento social demonstra que grande parte dos problemas responsáveis pela desestabilização de parâmetros decorrentes de políticas econômicas afeta os membros de grupos subalternizados de forma especialmente significativa. Observamos que os processos de estigmatização afetam esses segmentos de modo desproporcional, uma vez que processos de estigmatização operam independentemente de transformações estruturais ocorridas nas sociedades modernas. Por esses motivos, o debate sobre sofrimento social precisa ser relacionado com o tema da identidade, uma vez que a experiência de injustiça frequentemente assume a forma de um sentimento de injustiça acompanhado da consciência da violação de princípios de justiça socialmente reconhecidos. Essa análise se mostra relevante, porque o sofrimento social, por ser tão profundo, pode se voltar contra o próprio indivíduo, e não contra a situação na qual se encontra. Ele pode, então, ser definido como um tipo de estresse emocional socialmente produzido por uma pluralidade de fatores que prejudicam o equilíbrio emocional do indivíduo, gerando diferentes tipos de sentimento que podem ter um papel limitador ou incapacitante. Essa realidade produz dano existencial, porque cria obstáculos para que as pessoas possam realizar suas aspirações baseadas nas expectativas normativas decorrentes do status de titulares de direitos. O sofrimento social designa uma expressão de alteração do bem-estar emocional em função da ausência de condições sociais que garantam suporte para o indivíduo vencer a situação na qual se encontra. Esse tipo de sofrimento psíquico não designa uma condição psicopatológica no sentido tradicional do termo, mas a expressão de uma desordem emocional causada pela experiência de humilhação, pela ausência de suporte social e pela precariedade de condições de vida.[430]

    O conceito de sofrimento psíquico se diferencia de outros quadros presentes na psiquiatria em função de seus sintomas e de suas origens. Enquanto diversos transtornos psíquicos são produto das particularidades das experiências psicológicas individuais, enquanto muitos deles são causados por fatores sociais que desencadeiam predisposições genéticas, os sintomas psíquicos associados com o fenômeno do sofrimento social estão relacionados com problemas de ordem externa que provocam reações emocionais negativas, realidade que afeta grupos de indivíduos com experiências sociais similares. É certo que os dois tipos de sintoma psiquiátrico geram sofrimento psíquico, mas o fenômeno sob análise designa uma realidade distinta de problemas de caráter individual.

---

[430] RENAULT. The experience of injustice A theory of recognition , p. 162-199.

O sofrimento social produz danos psicológicos porque decorre de situações extremas de desafiliação, de apartação social e de humilhação permanente que comprometem a operação de mecanismos psíquicos que permitem que os indivíduos mantenham um nível de integração e de resiliência mental, uma vez que eles percebem que a situação na qual se encontram é muito mais grave do que a capacidade que eles têm de reverter a realidade imediata na qual se encontram. O sofrimento social expressa uma dor que não está localizada no corpo, mas que decorre das dificuldades de o indivíduo encontrar os meios necessários para operar como um agente, o que pode ser visto como um sofrimento derivado de uma existência social que não cria os meios para as pessoas poderem atingir suas aspirações. Esse sofrimento tem uma natureza social, porque as pessoas não existem individualmente, elas se reconhecem como seres humanos na medida em que encontram os meios para construir formas de vida que se tornam possíveis a partir da sua inserção nas diferentes estruturas sociais.[431]

Devemos também prestar atenção a um fator responsável pelas respostas que as pessoas darão ao problema do racismo, a socialização racial. Essa expressão designa os meios utilizados por pais para atingir dois propósitos: instilar orgulho da herança e pertencimento racial nos filhos e conscientizar sobre as experiências que eles terão como membros de grupos raciais subalternizados. Estamos então diante de um processo no qual os genitores podem estar ativamente empenhados em construir uma consciência racial nos seus filhos, de modo que eles possam desenvolver um bom senso de resiliência emocional, ou podem simplesmente procurar fazer com que seus filhos ignorem a raça como uma questão socialmente relevante. Esse processo tem um impacto significativo para as pessoas, porque as ajuda a identificar práticas racistas, a entender como elas afetam o exercício de direitos, o que pode despertar um maior senso de resiliência nos indivíduos. Crianças que não passam por esse processo levam mais tempo para construir parâmetros de compreensão das formas como o racismo opera, o que pode ser um motivo adicional de estresse emocional. Esse termo também engloba as ligações que os indivíduos mantêm com grupos de suporte, o que também pode contribuir para o desenvolvimento de um sentimento de resiliência mental.[432]

---

[431] FURTOS, Jean. Les effets cliniques de la souffrance psychique d'origine sociale. *Mental'Idées*, n. 11, 2007, p. 24-26.

[432] CARTER, Robert T.; PIETERSE, Alex L. *Measuring the Effects of Racism*. New York: Columbia University Press, 2020. p. 69-71.

Viver sem poder instituir planos de vida é um fator que gera angústia existencial nas pessoas, pois elas percebem que não têm condições ou tem condições limitadas de atribuir sentidos e propósitos às suas ações e ver os resultados delas sendo alcançados. A insegurança generalizada causada pela impossibilidade de prever a operação das instituições sociais impacta a vida dos indivíduos, porque eles não conseguem exercer direitos. Mais do que terem esferas de ação limitadas por atos arbitrários ou pela negligência estatal, a experiência constante de discriminação impacta os impacta na sua dimensão existencial, situação contrária ao que deveria ocorrer em um sistema jurídico que tem como propósito central a afirmação da dignidade humana. Esse preceito dificilmente pode ser alcançado quando as pessoas não têm os meios para desenvolverem suas capacidades, quando não são reconhecidas como seres humanos e quando são vítimas persistentes de alienação identitária. Mas este estado de coisas não gera apenas angústia existencial. Ele também compromete a saúde mental das pessoas de forma profunda.

CAPÍTULO 8
Identidade, discriminação e saúde mental

O caso de Paulo Vitor: um relato sobre ideação suicida

Paulo Vitor enfrentava uma situação bastante comum, mas que permanece invisibilizada na maioria das sociedades atuais: a forma como a convergência de fatores discriminatórios influencia a saúde mental de muitos indivíduos. A perda de pessoas próximas na infância fez com que ele começasse a desenvolver um processo de ideação suicida, problema também decorrente de uma ausência de pertencimento que o acompanhou durante muito tempo. Esses pensamentos não eram compartilhados com as pessoas próximas, motivo de sofrimento ainda maior. Seus familiares e amigos tinham pouco ou nenhum conhecimento da sua realidade emocional. Paulo enfrentava sozinho as dificuldades significativas para estruturar sua própria identidade. Embora tenha tentado o suicídio apenas uma vez, ele reconheceu que passou por uma série de processos em função dos quais a morte seria uma decorrência natural. Paulo Vitor sentia um medo generalizado de algo que não conseguia nomear, embora reconhecesse que a solidão decorrente da ausência de pertencimento racial e da estigmatização da orientação sexual tinha um papel significativo nesse processo. Ele se enxergava como uma pessoa preterida e desprezada, sentimentos que despertavam a ideia de que tinha um corpo doente e que, por isso, não poderia ser respeitado ou desejado. Alguns fatores foram responsáveis por certas transformações em sua vida. A afirmação de sua negritude, a busca por tratamento psicológico e o reconhecimento de sua bissexualidade permitiram que ele transformasse a percepção de ser diferente e inferior pela necessidade de utilizar esse mesmo corpo como um ponto de partida para a luta por emancipação.

> *Essa reorientação psíquica fez com que ele se entregasse ao estudo de obras sobre suicídio e sobre relações raciais, conhecimento que permitiu uma subversão da dor em um desejo de produção de conhecimento para dignificar uma existência que pensava estar fadada ao desparecimento. Paulo Vitor procura com seus escritos desestabilizar uma expectativa de que negros devem estar necessariamente em uma situação de sofrimento ou de resistência, sem lugar para pura fruição da vida. Sair de um lugar de patologização para ser uma necessidade premente para pessoas negras, grupo de pessoas cujo sofrimento é sempre invisibilizado.*[433]

A convergência de sistemas de dominação social faz com que milhares de pessoas na nossa sociedade tenham sua saúde mental comprometida, o que pode gerar uma série de problemas, inclusive ideação suicida e tentativas de suicídio. Essa é uma realidade que permanece amplamente invisível, uma vez que grande parte da sociedade tem pouco ou nenhum conhecimento a respeito dela. Os próprios indivíduos afetados por esse problema permanecem em silêncio em função de constrangimentos sociais ou porque introjetam valores dominantes e passam a julgar a si mesmas a partir deles. Paulo Vitor sofreu grande parte de sua vida por não ter os meios para alcançar a integração de diferentes aspectos de sua identidade, porque alguns deles são fortemente estigmatizados; eles não podem ter expressão livre na esfera pública, porque não correspondem aos padrões estabelecidos para o gozo de apreço social. A ausência da respeitabilidade produz consequências significativas, e todas elas operam como fatores que restringem a possibilidade de diferentes dimensões da agência humana. Paulo Vitor sofreu durante muito tempo, porque tem pouco controle sobre aspectos básicos da realidade, elementos necessários para que ele possa instituir e alcançar projetos para sua vida, um aspecto central da subjetividade humana nas suas diferentes expressões, como vimos anteriormente. Esse problema gera uma consequência especialmente grave: ele compromete sua saúde mental daqueles e daquelas que são obrigados a enfrentar formas diversas de violação de direitos fundamentais. Assim, a ausência de respeitabilidade tem consequências concretas na vida de muitos indivíduos, notoriamente o comprometimento da integridade psíquica, o que podemos apontar como um aspecto essencial para uma vida digna. Violações de direitos fundamentais provocam sofrimento

---

[433] NAVASCONI, Paulo Vitor Palma. *Vida, adoecimento e suicídio: racismo na produção sobre jovens negros LGBTTIs*. 2018. 276 f. Dissertação (Mestrado) – Centro de Ciências Humanas, Letras e Artes, Universidade Estadual de Maringá, Maringá, 2018. p. 18-30.

social de diferentes níveis; ele pode se manifestar como consequência de uma angústia decorrente de insegurança ontológica, mas também pode assumir a forma de transtornos psiquiátricos graves.

As considerações desenvolvidas nos capítulos anteriores nos levam a uma série de conclusões importantes para as reflexões sobre as relações entre direitos fundamentais e subjetividade psicológica. Uma delas nos parece especialmente relevante: direitos fundamentais estabelecem as condições necessárias para que os indivíduos tenham os recursos e as referências adequadas para realizar seus projetos de vida. A existência dessa possibilidade permite que eles se afirmem como agentes, que sejam reconhecidos como sujeitos sociais competentes, um requisito para a preservação da integridade psíquica dos indivíduos. As dificuldades sistemáticas de afirmar a autoeficácia podem levar muitas pessoas a desenvolverem a noção de que elas não têm controle sobre aspectos básicos da realidade na qual vivem. Tudo isso nos mostra de forma evidente as consequências de violações de direitos fundamentais para o exercício do direito ao livre desenvolvimento da personalidade: elas impedem que as pessoas construam um senso de integridade psíquica, um requisito necessário para que desenvolvam a resiliência mental adequada para dar sentido às suas ações e instituir propósitos para elas. A ausência de controle sobre aspectos básicos da realidade opera então como um fator que pode impedir que elas se afirmem como sujeitos sociais competentes. Vemos então que teorias tradicionais de direitos fundamentais não oferecem todos os parâmetros necessários para a compreensão da complexidade das questões envolvidas nas violações de direitos fundamentais, porque representam os seres humanos a partir do status jurídico que eles ocupam em uma comunidade política. A proteção adequada dos seres humanos requer que avaliemos também a relevância deles para a formação da integridade psicológica dos indivíduos. Vemos então a relevância de pensarmos a relação estrutural entre Estado Democrático de Direito, direitos fundamentais, segurança jurídica e integridade psíquica.

Essas conclusões apontam a necessidade de explorarmos outro aspecto significativo das consequências de violações de direitos fundamentais para a vida psíquica dos indivíduos. As considerações anteriores sugerem que alguns grupos de pessoas são mais vulneráveis a problemas relacionados ao estresse emocional do que outros, uma presunção corroborada pela literatura sobre saúde mental. Estamos diante de uma dimensão da realidade na qual certos processos que operam no plano psicológico são produzidos por condições sociais, um sinal de que mecanismos de estratificação baseados em fatores de diferenciação de status produzem problemas de ordem psicológica na vida dos indivíduos. Violações sistemáticas de direitos fundamentais geram diferenciações de status que se prolongam ao longo da vida, motivo pelo qual certos grupos estão em uma situação permanente de exposição a fatores geradores de estresse emocional; práticas discriminatórias são estressores sociais que acompanham as pessoas ao longo de toda a vida. Isso significa que membros desses grupos são mais vulneráveis ao sofrimento social, problema que os acompanha por gerações e que se manifesta na forma de desordens psicológicas. Por esse motivo, nossa reflexão sobre as bases psicológicas dos direitos fundamentais deve incorporar também uma análise de diversos pontos da sociologia da saúde mental. Esse estudo nos permitirá identificar as relações entre processos psicológicos e estruturas sociais, um aspecto relevante para o exame dos meios a partir dos quais direitos fundamentais e subjetividade psicológica estão estruturalmente relacionados. Um tópico será especialmente relevante para a nossa argumentação: esse conceito da psicologia social abre espaço para que possamos demonstrar como a exposição constante a processos discriminatórios, que serão identificados aqui como estressores mentais, torna membros de certos grupos mais vulneráveis a problemas de saúde mental, algo observado em praticamente todas as sociedades humanas.

Este capítulo desempenha, então, um papel relevante na construção de nossa teoria psicológica dos direitos fundamentais. A análise dos meios a partir dos quais processos sociais afetam a saúde mental dos indivíduos se mostra relevante porque problemas psíquicos afetam as pessoas de diferentes maneiras. Se no capítulo anterior examinamos os meios a partir dos quais modificações nas estruturas sociais produzem o sofrimento social, neste capítulo voltaremos nossa atenção para a saúde mental. Alguns elementos serão observados. Primeiro, práticas discriminatórias baseadas na estigmatização de identidades podem gerar o sentimento de que as pessoas não são capazes de operar na vida social de maneira competente. Segundo, essa percepção afeta diretamente as aspirações que elas estabelecem para si mesmas, motivo pelo qual violações de direitos fundamentais podem gerar um processo de internalização de estereótipos negativos. Terceiro, essa interiorização faz com que muitas delas deixem de buscar seus propósitos e desenvolvam quadros de estresse emocional por acreditarem ser incapazes de atuar de forma competente. Quarto, violações de direitos fundamentais comprometem a possibilidade de atuação do ponto de vista prático e do ponto de vista psicológico, uma vez que as pessoas podem deixar de estabelecer propósitos para as suas vidas por acreditarem que suas aspirações nunca serão alcançadas. Quinto, todo esse processo psicológico e sociológico é responsável pela reprodução da estratificação social, uma vez que membros de grupos dominantes esperam que membros de grupos subalternizados se identifiquem com os lugares que lhes são atribuídos. Essa análise será relevante então para demonstrarmos que os direitos fundamentais cumprem funções diversas, entre elas a proteção de indivíduos contra práticas sociais destinadas a impedir que eles sejam capazes de ter os meios para que possam se afirmar como agentes sociais, o que pode trazer consequências psiquiátricas diversas. Vamos então neste capítulo examinar como violações de direitos fundamentais produzem não apenas sofrimento social, mas também sintomas de caráter patológico.

Saúde mental: elementos básicos

O que é saúde mental?

O conceito de saúde mental não pode ser definido de forma isolada, uma vez que representa uma dimensão da noção geral de saúde. Essa última pode ser compreendida a partir de alguns parâmetros: ela implica a inexistência de qualquer tipo de doença, ela pressupõe uma condição na qual todas as funções do corpo humano operem de forma plena, além da ideia de um balanço adequado entre o indivíduo e o ambiente no qual ele circula. O alcance desse estado pressupõe uma situação na qual as pessoas têm os meios necessários para satisfazer os requisitos para o pleno funcionamento das funções corporais, o que inclui uma série de questões que envolvem nutrição adequada, proteção contra eventos danosos, condições adequadas de sobrevivência, políticas sociais protetivas e ausência de condições estressantes e de exploração dos seres humanos. Dessa forma, a saúde engloba não apenas a situação real do funcionamento das funções do organismo de um indivíduo, mas também uma série de condições sociais que possibilitam o seu pleno funcionamento. Mais do que ausência de enfermidade, a noção de saúde deve ser vista como um estado de bem-estar físico global geral que permite o pleno funcionamento dos indivíduos. A definição de saúde oferece elementos para entendermos o que é doença: ela pode ser caracterizada como um tipo de enfermidade que restringe a operação das funções do organismo de forma plena, o que compromete o bem-estar físico e o desempenho das atividades do indivíduo.[434]

---

[434] Cf. SEGRE, Marco; FERRAZ, Flávio Carvalho. O conceito de saúde. *Revista de Saúde Pública*, v. 31, n. 5, p. 538-542, 1997.

O conceito de saúde mental também opera segundo esses parâmetros, mas leva em consideração as especificidades da dimensão da vida psíquica dos indivíduos. A ideia de saúde mental pressupõe que as pessoas têm a habilidade e os meios para poderem formar relações afetivas com outras pessoas, que elas têm a capacidade de desempenhar papéis sociais geralmente atribuídos a elas em sua cultura, que elas têm a resiliência necessária para enfrentar obstáculos sociais, que elas podem mudar, reconhecer e comunicar pensamentos e estabelecer planos de vida, além de poder articular diferentes estados mentais. A saúde mental permite que o indivíduo forme um sentimento de valor pessoal, que ele tenha controle sobre aspectos básicos de sua vida e que ele tenha a capacidade de entender e processar fenômenos mentais internos. Ela implica ainda a noção de que as pessoas podem se sentir felizes consigo mesmas, que elas podem desenvolver expectativas positivas em relação às suas vidas. A saúde mental decorre em grande parte do sentimento de autonomia individual, das condições para o alcance dos propósitos que os seres humanos consideram relevantes. Ela está então amplamente relacionada com as possibilidades que os indivíduos têm de sentir que possuem os meios para operar de forma adequada na realidade social da qual fazem parte.[435]

Estamos então diante de uma dimensão da saúde humana que diz respeito aos meios necessários para que os indivíduos possam ter as condições para o pleno funcionamento dos seus processos cognitivos, para o seu desenvolvimento emocional, para o desenvolvimento das habilidades necessárias para poderem operar nos espaços sociais nos quais vivem. O conceito de saúde mental descreve, então, uma situação ideal na qual o indivíduo está protegido contra formas desnecessárias de estressores sociais, na qual ele possui capacidade emocional para resolver situações eventuais que produzam estresse, na qual ele está apto a funcionar socialmente da melhor forma possível, o que lhe permite buscar necessidades básicas e secundárias. Assim, a possibilidade de operação positiva no mundo social, um estado de equilíbrio emocional, a capacidade de estabelecer relações afetivas com os outros são elementos centrais da noção de saúde mental. Esses são os parâmetros seguidos por organizações internacionais de saúde: a saúde mental é um estado de bem-estar que permite ao indivíduo realizar suas habilidades para que ele possa desenvolver uma concepção positiva de si mesmo; esse fator abre possibilidades para que ele consiga enfrentar os

---

[435] Cf. ALCANTARA, Virnia; VIEIRA, Camila Araújo; ALVES, Samara Vasconcelos. Perspectivas acerca do conceito de saúde mental: análise da produção científica brasileira. *Ciência e Saúde Coletiva*, v. 27, n. 1, p. 351-361, 2022.

estresses normais presentes na vida cotidiana, além de permitir que ele contribua para a sociedade por meio do gozo do pleno funcionamento de seus processos cognitivos e emocionais. O funcionamento efetivo do indivíduo depende então dessa condição de bem-estar na qual ele pode desenvolver suas habilidades de forma plena, condição para que encontre o equilíbrio emocional e opere como um ator social competente.[436]

Ao contrário do que se acreditava durante décadas, a saúde mental não se resume a considerações sobre a adaptabilidade individual; ela está associada à multiplicidade de fatores que interagem com condições individuais. Inúmeros estudos apontam uma grande associação entre saúde mental e condições socioeconômicas, entre saúde mental e pertencimento a grupos minoritários, entre saúde mental e vulnerabilidade social. Por esse motivo, esse conceito não pode ser pensado sem a consideração do entorno no qual os indivíduos estão inseridos; não podemos pensar a promoção da saúde mental sem a consideração de diferentes fatores que concorrem para que as pessoas não tenham as condições para operar socialmente. A saúde mental está também amplamente associada com vários tipos de comportamento; sua ausência pode fomentar atos danosos cuja seriedade se multiplica na medida em que causam consequências que comprometem ainda mais a situação do indivíduo. Assim, a ausência de emprego pode levar uma pessoa à depressão, o que pode incentivá-la a consumir entorpecentes, o que pode comprometer sua performance profissional, e a perda de uma fonte de sustento provoca ainda mais sofrimento. Diversos estudos também demonstram as várias conexões entre saúde física e saúde mental; muitos deles apontam a grande proximidade entre estados depressivos e doenças cardiovasculares, motivo pelo qual a promoção da saúde mental se mostra extremamente relevante, porque dela depende também o funcionamento do corpo humano.[437]

A sociologia da saúde mental

O tema da saúde mental tem sido examinado a partir de uma pluralidade de perspectivas ao longo do tempo. Algumas delas enfatizam a prioridade da

---

[436] BHUGRA, Dinesh; TILL, Alex; SARTORIUS, Norman. What Is Mental Health? *International Journal of Social Psychiatry*, v. 59, n. 1, p. 2-4, 2013.

[437] WORLD HEALTH ORGANIZATION. *Promoting Mental Health: Concepts, Emerging Evidence, Practice: Summary Report*. Geneva: WHO, 2004. Disponível em: https://www.who.int/publications/i/item/9241562943. Acesso em: 30 maio 2024. p. 12-16.

análise das causas individuais para a explicação da etiologia do sofrimento mental, o que inclui considerações sobre as bases genéticas desse problema. Os que defendem essa posição partem do pressuposto de que condições biológicas são as principais causas da eclosão de problemas dessa ordem, o que requer uma explicação a partir das circunstâncias de vida de uma pessoa particular. Outros autores explicam esse tema a partir de uma perspectiva psicológica. Transtornos mentais devem ser entendidos como produtos de processos emocionais e cognitivos presentes na história do indivíduo responsáveis pela promoção de complicações mentais. A sociologia da saúde mental está interessada em analisar o sofrimento mental a partir de determinantes sociológicos nos quais a pessoa está inserida; os especialistas dessas áreas examinam o impacto que condições sociais diversas podem ter na vida dos indivíduos. Se as perspectivas aqui mencionadas têm o indivíduo como referência fundamental, os sociólogos estão interessados em saber como processos sociais diversos como condições políticas, situações econômicas, aspectos culturais, diferenças de status e pertencimento a grupos minoritários afetam a vida psíquica das pessoas. Os estudiosos desse campo partem do pressuposto de que as pessoas expostas ao mesmo nível de estresse terão níveis similares de saúde ou de desordens mentais, motivo pelo qual os fatores que afetam essa dimensão da vida humana não devem ser buscados primariamente no plano individual, mas nas condições sociais nas quais eles estão envolvidos, condições variam de forma significativa entre grupos sociais, entre as várias sociedades humanas e entre momentos históricos.[438]

    Inúmeros fatores determinam a qualidade da saúde mental dos indivíduos. Eles podem assumir a forma de eventos ocasionais que provocam altos níveis de estresse emocional em determinado momento ou podem ser fatores derivados de condições sociais persistentes que afetam grupos de pessoas ao longo de grande parte de suas vidas. Da mesma forma que a sociologia tradicional, enquanto campo de pesquisa, a sociologia da saúde mental está interessada em examinar a forma como certos critérios culturais de diferenciação determinam a dinâmica das interações humanas; os especialistas no campo da sociologia da saúde mental se voltam para a análise do impacto desses critérios de designação de status social na saúde mental dos indivíduos. Além desses elementos, a saúde mental pode sofrer as consequências de manifestações de estresse social decorrentes de

---

[438] HORWITZ, Allan. An Overview of Sociological Perspectives on the Definitions, Causes, and Responses to Mental Health and Illness. *In*: SCHEID, Teresa L.; WRIGHT, Eric R. (ed.). *A Handbook for the Study of Mental Health. Social Contexts, Theories, and Systems.* Cambridge: Cambridge University Press, 2017. p. 6-9.

condições sociais adversas, o que inclui formas extremas de pobreza, relações familiares opressoras, condições ruins de moradia ou exposição a tipos de criminalidade. Alguns estudiosos dessa área estão interessados nos mecanismos que as pessoas desenvolvem para enfrentar fatores responsáveis pela produção de estresse mental, e essas respostas podem variar de acordo com raça, gênero, idade ou escolaridade. As maneiras como diferentes culturas tratam o problema da saúde mental também são objeto de pesquisa. Todos esses especialistas partem do pressuposto de que a saúde mental transcende questões individuais, uma vez que está associada com condições sociais diversas. Estudos sociológicos sobre saúde mental geralmente ocorrem nos ambientes naturais nos quais as pessoas vivem, procedimento que decorre do interesse de especialistas em identificar os fatores responsáveis pela adaptação ou pelo estresse dos indivíduos. Por esse motivo, estudos nesse campo estão especialmente interessados na análise de condições gerais que podem produzir estresse emocional, posição distinta da psicologia e da psiquiatria, que examinam esse problema como uma condição individual. Essas condições permitem considerações relevantes sobre o bem-estar psicológico de grupos populacionais por meio do estudo do impacto de fatores estressores na vida de seus membros.[439]

Análises sociológicas tradicionais se voltaram para a análise do tema da saúde mental ao longo do tempo. Por exemplo, o nível de integração social tem sido apontado como um fator importante para previsões sobre a saúde mental dos indivíduos: a natureza das relações interpessoais e das relações com instituições sociais é um fator que os predispõe a ter reações negativas ou positivas. Pessoas com fortes laços sociais e que gozam de grande respeitabilidade são menos vulneráveis a problemas de saúde mental, sinal de que a integração social opera um papel importante no seu bem-estar psicológico. Estratificação social afeta o bem-estar mental das pessoas, uma vez que os processos relacionados com ela operam como estressores sociais, tais como diferenças de poder social, de status e de recursos. Estudos nessa área informam que sociedades mais igualitárias promovem maior integração social e, consequentemente, maiores níveis de bem-estar psicológico para os indivíduos. Manifestações persistentes de desigualdade são outros fatores relevantes de análise para os estudiosos de saúde mental, porque impedem que os indivíduos alcancem objetivos pessoais em função da existência de manifestações persistentes de práticas discriminatórias. A possibilidade de se

---

[439] HORWITZ. An Overview of Sociological Perspectives on the Definitions, Causes, and Responses to Mental Health and Illness, p. 8-10.

ter saúde mental também está associada com a posse de valores culturais que forneçam parâmetros morais e propósitos existenciais.[440]

Um dos temas mais relevantes da sociologia da saúde mental, e que tem interesse especial para nossas reflexões, diz respeito à distribuição social do sofrimento mental. Estudos de psicopatologia são produto de considerações sobre a forma como os seres humanos operam em contextos culturais, tendo em vista a posição que ocupam em diversos tipos de hierarquia. Por esse motivo, sociólogos estão interessados em analisar as condições responsáveis pela maior vulnerabilidade de desordens mentais entre certos grupos sociais, evidência amplamente sustentada por estudos desenvolvidos em diferentes nações. Essas pesquisas tiveram início a partir de análises estatísticas de pacientes de hospitais psiquiátricos, mas trabalhos mais recentes adotaram novos parâmetros à medida que outras fontes de dados ficaram disponíveis. Isso inclui diversos estudos desenvolvidos em contextos sociais específicos ou voltados para a análise da situação de grupos populacionais particulares. Assim, muitos estudos foram desenvolvidos em ambientes escolares e profissionais, voltados para grupos designados a partir de gênero, classe ou raça. Eles demonstram que, embora as pessoas possam desenvolver mecanismos que as capacitem a enfrentar estressores sociais, eles se mostram pouco eficazes para muitos indivíduos em vários momentos de suas vidas, porque esses indivíduos estão sempre expostos a eles. Essa realidade produz consequências significativas, entre elas o caráter coletivo de traumas psíquicos, fenômeno decorrente de experiências maciças de discriminação que permanecem na memória coletiva do grupo e que operam como sinal de que seus membros estão em uma condição permanente de vulnerabilidade. Observamos então que, embora transtornos mentais possam ter uma origem patológica, muitos deles são causados por processos sociais que afetam grupos sociais subalternizados.[441]

Embora a noção de saúde mental inclua critérios bastante objetivos, é importante reconhecer o fato de que a classificação de pessoas como pacientes psiquiátricos também depende de outros fatores, notoriamente a inserção delas nas diversas hierarquias sociais. A possibilidade de alguém ser diagnosticado

---

[440] HORWITZ. An Overview of Sociological Perspectives on the Definitions, Causes, and Responses to Mental Health and Illness, p. 10-14.

[441] Cf. WILSON, S. L. et al. Exploring the link between black racial identity and mental health. Journal of Depression and Anxiety, v. 6, n. 3, 2017; MIROWSKY, John; ROSS, Catherine. Fundamental analysis in research on well-being: distress and sense of control. *The Gerontologist*, v. 36, n. 5, p. 584-594, 1996.

como paciente psiquiátrico e com transtornos mais severos depende em grande parte de fatores externos aos sintomas apresentados, o que inclui a raça dos indivíduos. É importante observar que a tradição de identificar doenças mentais a partir de uma sintomatologia específica impede o reconhecimento de como as mais diversas formas de disparidade social podem produzir ou contribuir para a eclosão de transtornos mentais. A grande maioria dos profissionais não é capaz de analisar o papel que o estresse emocional provocado por disparidades raciais pode ter na vida das pessoas, motivo pelo qual a identificação de sintomas e as opções de tratamento não são capazes de promover um tratamento adequado para certos indivíduos. Muitos deles são afetados por problemas de ordem mental diretamente associados à estratificação racial, problema que acompanha as pessoas desde a infância. É imperativo que mais estudos sobre a interação entre inserção racial e saúde mental sejam feitos para que as pessoas possam receber tratamento adequado, o que depende da correta identificação dos fatores gerados das questões que elas enfrentam.[442]

A definição de saúde mental nos permite entender o que podemos chamar de desordens mentais. Para a doutrina mais autorizada, essa expressão significa um conjunto de sintomas que impede o funcionamento adequado do indivíduo. Esse quadro implica a existência de distúrbios no campo afetivo, no campo cognitivo e no campo sensorial. Embora eles estejam amplamente relacionados com fatores sociais, esses sintomas implicam desordens que comprometem em maior ou menor grau a operação das funções mentais da pessoa. Não se trata de comportamentos socialmente classificados como desviantes, mas de sintomas que comprometem as funções mentais do indivíduo, indicando que elas produzem uma situação na qual as faculdades mentais estão comprometidas. Elas devem ser vistas como uma manifestação de uma disfunção psicológica ou comportamental de um indivíduo, e não um mero desvio de expectativas sociais sobre seu comportamento. Embora, para muitos, a desordem mental designe problemas presentes no plano individual, tendo então uma origem patológica, ela está associada com o tipo de inserção social da pessoa, uma vez que formas constantes de estresse emocional promovem problemas mentais diversos. Elas podem se manifestar por meio de desordens psicóticas, desordens de humor, desordens de ansiedade, desordens dissociativas, desordens de caráter somático,

---

[442] COCHRANE, Raymond. *The Social Creation of Mental Illness*. New York: Longman, 1983. p. 1-17; BROWN, Tony N. Critical Race Theory Speaks to the Sociology of Mental Health: Mental Health Problems Produced by Racial Stratification. *Journal of Health and Social Behavior*, v. 4, n. 3, p. 292-301, 2003.

distúrbios alimentares ou desordens de personalidade. Elas afetam o indivíduo e o meio no qual ele vive, muitas vezes de forma trágica, motivo pelo qual intervenções são necessárias. Vemos então que, assim como doenças físicas, as doenças mentais implicam um desvio da operação do indivíduo, nesse caso, das suas funções mentais, o que compromete sua vida social.[443]

Desordens mentais são produto de disfunções psicológicas, fenômeno que pode ser designado como uma operação inadequada da vida cognitiva, da vida emocional e do comportamento de uma pessoa. O indivíduo em questão responde emocionalmente de forma desproporcional ao problema que ele enfrenta, o processamento cognitivo da situação ocorre de forma inadequada, o que induz comportamentos considerados como estranhos ou não esperados. Desordens mentais estão amplamente associadas a formas de angústia ou frustração que acompanham a pessoa durante longos períodos e nas diversas dimensões da vida, outro fator clínico que também impede o funcionamento adequado da pessoa. Elas provocam comportamentos atípicos ou não esperados, decorrentes de disfunções no âmbito emocional ou cognitivo do indivíduo, e não de algo que contraria normas morais. Embora esses fatores não sejam suficientes para caracterizar uma desordem mental quando considerados isoladamente, a combinação deles indica que uma pessoa enfrenta esse problema, porque isso limita de forma significativa a operação dos indivíduos na vida cotidiana.[444]

Discriminação racial e estresse mental

Estresse psicossocial: questões preliminares

A palavra "estresse" designa um estado físico e psicológico decorrente de tensões que um indivíduo experiencia quando enfrenta situações que podem provocar perturbações de natureza ocasional ou persistente. Esses fatores são vistos como estressores por produzirem uma série de alterações vistas como desagradáveis porque são percebidas pelo indivíduo como ameaçadoras, destrutivas ou perturbadoras. Muitas delas exigem uma reação do indivíduo, e ele pode não ter os meios para dar uma resposta adequada, porque ela excede sua capacidade para solucionar os problemas associados a ela. Embora essas situações

---

[443] WHITBOURNE, Susan Krauss; HALGIN, Richard. *Psicopatologia*. Porto Alegre: Artes Médicas, 2015. p. 2-24.

[444] BARLOW, David; DURAND, V. Mark; HOFMANN, Stefan G. *Abnormal Psychology. An Integrative Approach*. Boston: CENAGE, 2018. p. 2-6.

possam estimular processos de aprendizagem de natureza positiva, muitas vezes elas produzem reações de desprazer para o indivíduo, o que se manifesta tanto no plano físico quanto no plano psicológico. O estresse está então relacionado com o impacto que experiências sociais produzem no indivíduo, motivo pelo qual ele pode ser definido como uma experiência de caráter social. Embora as relações entre a exposição ao estresse e a desordem mental sejam evidentes, os motivos exatos pelos quais um fator influencia o outro ainda são motivos de debates entre especialistas. Alguns deles afirmam que esse impacto depende do sentido que certos estressores têm para os indivíduos, razão pela qual eles estão especialmente focados na identificação e no significado que estressores podem ter na vida das pessoas. Outros privilegiam o exame dos contextos sociais que prestam sentidos a estressores ou examinam as formas como os valores culturais de um grupo influenciam sua forma de interpretar acontecimentos nas suas vidas. Psicólogos estão mais interessados na percepção subjetiva das situações enfrentadas pelas pessoas, na natureza da percepção que os indivíduos têm da natureza de uma situação. Por esse motivo, muitos desses profissionais entendem o estresse como a percepção de uma ameaça, perda ou desafio ao eu, o que gera sentimentos desconfortáveis para o indivíduo.[445]

Estudos realizados ao longo das últimas décadas consistentemente mostram que desordens mentais estão socialmente distribuídas de forma desigual, e membros de certos grupos são mais vulneráveis a elas. Por serem submetidas a diferentes formas de desvantagem, essas pessoas estão cronicamente expostas à possibilidade de enfrentarem as mais variadas formas de estresse social, o que requer uma análise desse tema. Isso será importante para o nosso estudo, uma vez que obras sobre direitos fundamentais raramente ou nunca consideram o impacto que experiências de discriminação podem ter na vida mental das pessoas. O que os autores chamam de estresse social tem sido definido como um processo que engloba três aspectos: a origem do estresse, os elementos mediadores do estresse e as manifestações do estresse. Muitos desses estudos examinam a forma como eventos particulares afetam a vida dos seres humanos, enquanto outros analisam certos fatores que influenciam a vida dos indivíduos ao longo de toda a vida. Os especialistas desse campo também devotam grande atenção aos mecanismos utilizados pelas pessoas quando reagem a fatores estressantes, enquanto vários outros se debruçam sobre o impacto do estresse

---

[445] Cf. PEARLIN, Leonard *et al.* The Stress Process. *Journal of Health and Social Behavior*, v. 22, n. 4, p. 337-356, 1981; THOITS. Self, Identity, Stress, and Mental Health, p. 351-352.

no comportamento das pessoas e a consequências que esse problema pode ter na vida delas. Muitos deles estão especialmente interessados na origem social do estresse, um campo que tem sido chamado de epidemiologia do estresse, um segmento das pesquisas sobre estresse social. Doenças físicas causadas por estresse emocional apresentam maior incidência entre grupos subalternizados, notoriamente aqueles definidos por raça, classe, gênero e sexualidade. Vemos então que essas pesquisas são relevantes para discussões sobre direitos humanos, porque fontes de estresse emocional impedem que as pessoas tenham os meios necessários para realizar seus planos de vida, um fator que impede o livre desenvolvimento da personalidade.[446]

Essa realidade sugere a necessidade de nos perguntarmos quem são as pessoas mais afetadas por diversas formas de estresse social, uma questão relevante, porque sabemos que esse problema não afeta todos os grupos de pessoas com a mesma intensidade; sabemos que certos grupos gozam de um nível de bem-estar social superior a outros exatamente porque não estão submetidos aos mesmos fatores que provocam situações estressantes. De qualquer forma, a questão da relação causal entre estresse social e desordem mental precisa ser estabelecida da forma mais clara possível. Isso se mostra possível na medida em que notamos a existência de uma conexão persistente entre certos fatores, na medida em que essas conexões não podem ser explicadas por meras condições contingentes e que podemos sempre relacionar a ocorrência de um fenômeno à existência de outro. É certo que perguntas por causas sociais são predições sobre a probabilidade de certos eventos ocorrerem em determinadas condições. As pesquisas sociológicas sobre as causas do estresse enfrentam algumas dificuldades, notoriamente a falta de parâmetros claros sobre o papel de fatores próximos à vida dos indivíduos e de fatores estruturais que organizam todas as relações sociais. Mesmo assim, a literatura reconhece o fato de que a sociedade opera como uma fonte permanente de estresse para os indivíduos, especialmente em função da ausência de uma harmonia entre os valores a partir dos quais diversos sistemas sociais operam e os meios efetivos para que eles sejam alcançados pelos indivíduos. Na literatura sociológica, a sociedade e a cultura são fontes permanentes de estresse pessoal, uma vez que essas instâncias sempre impõem direções e restrições para as ações

---

[446] DAVID, Emiliano de Camargo. *Saúde mental e relações raciais.* Desnorteamento, aquilombação e anitimanicoloniedade. São Paulo: Perspectiva, 2024; NAVASCONI, Paulo Vitor. *Vida, adoecimento e suicídio.* Racismo na produção do conhecimento sobre jovens negros/as LGBTTIS. Belo Horizonte: Letramento, 2019; HEAD, John. *Black men and depression.* Saving our lives, healing our families and friends. Nova York: Ramdon House, 2005.

dos indivíduos, embora não estabeleça critérios e meios para que eles possam atingir seus objetivos. As sociedades humanas também são marcadas por formas de estratificação, fato responsável pela criação de vários obstáculos à integração de muitos grupos humanos. Todas as sociedades humanas também são estruturadas em torno de organizações que regulam diversos aspectos da vida, sejam elas de natureza política, econômica, cultural ou religiosa. Embora elas operem de acordo com preceitos coletivamente estabelecidos ou reconhecidos por grande parte das pessoas como legítimos, a realidade se mostra bem mais complexa. O funcionamento dessas instituições pode ou não operar de acordo com esses preceitos, elas podem oferecer ou não serviços para as pessoas, elas podem ser cooptadas por certos grupos sociais. A vida nessas organizações pode ser bastante problemática, uma vez que o seu funcionamento também pode ser afetado por regras culturais que legitimam práticas discriminatórias.[447]

Vemos então que o estresse pode ser causado por vários fatores e estruturas sociais, mas ele também pode ser uma decorrência de problemas de natureza eventual ou então de fatos que têm uma natureza contínua e que afetam os indivíduos de diversas formas. Os seres humanos podem enfrentar formas de estresse quando mudanças significativas ocorrem de forma abrupta em suas vidas, causando uma disrupção relevante da vida cotidiana, dos processos por meio dos quais as pessoas constroem uma vida cotidiana. Eventos existenciais podem pode criar novos fatores que operam como fontes de estresse ou podem intensificar problemas que já existiam na vida dos indivíduos. Tensões emocionais podem decorrer das funções relacionadas aos papéis sociais que as pessoas desempenham ao longo da vida, o que pode ocorrer porque eles não são escolhidos por elas, porque eles estabelecem restrições indevidas a elas ou porque a sociedade não garante os meios adequados para os indivíduos desempenharem as funções associadas a esses papéis. Como afirmado anteriormente, formas de discriminação enfrentadas por pessoas são formas permanentes de estresse emocional que podem comprometer os indivíduos de diversas maneiras. Isso significa que esse problema está amplamente relacionado com as identidades prescritivas, com identidades socialmente construídas às quais estão associadas percepções sobre os lugares que as pessoas podem ocupar na sociedade.[448]

---

[447] PEARLIN, Leonard I. The Social Context of Stress. *In*: GOLDERGER, Leo; BREZNITZ, Shlomo (ed.). *Handbook of Stress. Theoretical and Clinical Aspects*. New York: The Free Press, ano. p. 303-311.

[448] Cf. CARTER, Robert. T; REYNOLDS, Amy L. Race-related stress, racial identity status attitudes, and emotional reactions of black Americans. Cultural Diversity and Ethnic

Embora o impacto que estressores possam ter no bem-estar mental das pessoas dependa da percepção que elas desenvolvem das situações que enfrentam, eles podem ter uma influência significativa na percepção que as pessoas têm de si mesmas. A exposição constante a estressores pode produzir danos permanentes à percepção que os indivíduos têm de si mesmos, em razão da relação direta entre exposição ao estresse e saúde mental. Concepções negativas de um indivíduo sobre si mesmo podem resultar em sintomas de natureza física ou psíquica, o que obviamente afeta suas condições gerais de saúde. É importante apontar o fato de que a exposição constante a estressores é um elemento que molda esquemas mentais que as pessoas formam sobre si mesmas e sobre o lugar que elas podem ocupar no mundo. Assim, o estresse opera como uma ameaça à identidade dos indivíduos, uma vez que estressores podem assumir a forma de danos à identidade individual e coletiva das pessoas, o que pode ocorrer por meio de representações negativas ou restrições de possibilidades pessoais por meio da atribuição de papéis restritos na sociedade. A exposição constante a estressores afeta o sentimento de valor pessoal, o que compromete o bem-estar psicológico dos indivíduos. Tendo em vista essa realidade, as pessoas desenvolvem mecanismos que operam como mediadores, como processos que mobilizam o indivíduo para reagir a uma situação estressante de uma forma ou de outra. Assim, a autoestima de um indivíduo exerce essa função mediadora, porque opera como um fator que permite ao indivíduo se perceber como um agente capaz de resolver as situações estressantes que ele enfrenta. A noção de autoeficácia exerce função similar, por permitir ao indivíduo perceber que ele tem controle sobre aspectos básicos de sua existência. Esses dois elementos permitirão que o indivíduo desenvolva diferentes formas para enfrentar as situações produtoras de estresse emocional, e quanto maiores forem a autoestima e a autoeficácia, maiores serão as chances de ele poder resolver os problemas postos pela situação estressante. Quanto menor for o sentimento de valor pessoal e de que a pessoa tem os elementos para resolver a situação que enfrenta, maior será o sentimento de que a situação excede sua capacidade de apresentar uma solução adequada para ela. Muitas experiências estressantes não provocam danos à imagem das pessoas porque não são vistas como uma ameaça à identidade do indivíduo, mas algumas experiências estressantes podem ter esse efeito, porque são estressores específicos que afetam áreas específicas da vida dos indivíduos.

Minority Psychology, v. 17, n. 2, p. 156-162, 2011; SCHONFELD, Pia. The effects of daily stress on positive and negative mental health: mediation through self-efficacy. International Journal of Clinical and Health Psychology, n. 16, p. 1-10, 2015.

Uma performance medíocre em esportes pode ser irrelevante para uma pessoa, mas um desempenho profissional inferior pode ser algo especialmente problemático para ela. De acordo com certos autores, as pessoas são motivadas a manter um senso positivo da própria imagem, motivo pelo qual estressores que afetam sua identidade podem provocar danos persistentes para elas.[449]

Devemos então reconhecer a natureza social do estresse ou o que tem sido chamado de estresse psicossocial. Esse termo designa um estado emocional socialmente condicionado e causado por processos sociais que estimulam manifestações disfóricas que assumem a forma de inquietação. Ele reflete a incapacidade de uma pessoa em afastar ou diminuir a percepção, lembrança, antecipação ou imaginação de situações distantes do que seria um estado ideal de estado mental no qual ela não experiencia situações geradoras de ansiedade. O estresse social expressa então a suscetibilidade de um indivíduo estar sob circunstâncias que se distanciam das condições ideais em que uma pessoa deveria viver. Ele tem então uma dimensão emocional e uma dimensão cognitiva. As diferentes teorias sobre estresse psicossocial estabelecem relações entre alguns fatores relevantes: as circunstâncias da vida, a capacidade adaptativa e os mecanismos de defesa dos indivíduos, e os resultados das interações dos fatores anteriores. Essas interações são mediadas por certos fatores responsáveis pela inserção dos indivíduos em situações estressantes, em situações as quais ele não consegue ter controle. Esses fatores são conhecidos como estressores, como situações ou mecanismos produtores de estresse. Eles são resultados de processos de ordem social que condicionam as formas como os indivíduos vivem a realidade a partir da posição em que eles se encontram. Dessa forma, a discriminação racial, a discriminação sexual, a marginalização econômica operam como estressores porque impõem a necessidade de os indivíduos desenvolverem um constante processo de adaptação social.[450]

O interacionismo simbólico apresenta uma teoria particular sobre as possíveis relações entre estresse social e sofrimento mental. Peter Burke argumenta

---

[449] Cf. THOITS, Peggy A. Stress and health: major findings and policy implications. *Journal of Health and Social Behavior*, v. 51, p. S41-S53, 2010; MEKAWI, Yara et al. When (passive) acceptance hurts: race-based coping moderates the association between racial discrimination and mental health outcomes among Black Americans. *Psychological Trauma: Theory, Research, Practice, and Policy*. v. 14, n. 1, p. 38-46, 2022.

[450] KAPLAN, Howard B. Perspectives on Psychosocial Stress. *In*: KAPLAN, Howard (ed.). *Psychosocial Stress. Perspectives on Structure, Theory, Life-course, and Methods*. San Diego: Academic Press, 1996. p. 3-10.

que o estresse tem sido definido como um descompasso entre demandas presentes na realidade e a habilidade que os indivíduos têm em administrar esses processos. Para esse autor, o estresse deve ser pensado como algo que promove uma interrupção da identidade, pressuposto que engloba a noção de que muitos indivíduos se mostram incapazes de organizar suas ações e seus pensamentos diante de certas situações, motivo pelo qual elas despertam reações negativas. Uma vez que a identidade é uma construção que organiza as interações entre as pessoas nas diversas situações, aqueles fatores que provocam uma disrupção do modo como o sujeito compreende suas formas de inserção no mundo têm o potencial de provocar situações estressantes. A superação desses problemas depende das habilidades que um indivíduo desenvolve para mediar situações estressantes, e essas habilidades têm um papel relevante para a formação da resiliência que uma pessoa pode ter diante de situações estressantes. Interações sociais e processos mentais são organizados de acordo com uma série de parâmetros que os indivíduos utilizam para determinar a forma como compreendem a si mesmos e para atribuir sentidos às situações nas quais eles interagem com outras pessoas. O estresse ocorre quando fatores externos causam um distúrbio na forma como as pessoas organizam estratégias para poder se afirmar como sujeitos capazes de operar de forma adequada na vida cotidiana. Uma vez que processos sociais responsáveis pela formação de identidades são sistemas de controle social, fatores que interferem nos esquemas mentais que indivíduos desenvolvem para criar suas identidades produzirão diferentes níveis de estresse social.[451]

Todas essas teorias corroboram a hipótese de que o sofrimento psíquico tem causas sociais, que ele está diretamente associado a fatores que impactam o senso de valor dos indivíduos bem como a possibilidade de eles se reconhecerem como pessoas capazes de atuar de forma competente. Embora esses fatores sejam percebidos pelas pessoas de forma distinta e causem reações diferentes em grupos sociais diferentes, o estresse causado por eles tem uma dimensão profundamente pessoal, porque afeta dimensões relevantes da identidade das pessoas. Grande parte desse sofrimento decorre de aspectos da identidade que são atribuídos aos indivíduos, são processos que estruturam relações hierárquicas de poder, motivo pelo qual provocam estresse ao longo de toda a existência dessas pessoas. Membros de grupos hegemônicos demonstram menos sinais de estresse social porque não são afetados por fatores que provocam uma distorção da identidade que as pessoas formam ao longo da vida. Entretanto, pessoas

---
[451] BURKE. Identity Processes and Social Stress, p. 836-839.

de todos os grupos sociais podem desenvolver formas de estresse decorrentes da tensão entre papéis sociais e autonomia individual; nossa existência como agentes sociais implica uma constante barganha entre propósitos individuais e expectativas decorrentes do desempenho de papéis sociais, e as pessoas têm maior ou menor autonomia para regular esses conflitos em função da posição que ocupam.[452]

Saúde mental e racismo estrutural

Estudos de sociologia da saúde mental demonstram uma clara correlação entre identidade racial e saúde mental em diversas sociedades. Esse impacto tem sido analisado por diversos autores ao longo das últimas décadas, tema abordado a partir de diferentes perspectivas. Alguns deles exploram os meios a partir dos quais ideologias raciais são internalizadas por pessoas negras e brancas, determinando tanto a dinâmica das relações entre grupos que se estruturam de forma hierárquica quanto os processos mentais que instituem a identidade racial branca como horizonte cultural a partir do qual todos os sujeitos sociais devem se constituir. Essa dinâmica cultural gera uma série de processos, inclusive a grande dificuldade de pessoas negras terem referenciais culturais para construir uma imagem positiva, uma vez que suas referências culturais foram apagadas, realidade que impede a construção de referências egoicas positivas.[453] Outras pesquisas apontam como o estresse produzido pelo racismo afeta a saúde física e a saúde mental das pessoas, fator responsável por um processo a partir do qual a realidade da discriminação cotidiana opera como um estressor ao longo de toda a vida das pessoas. Os processos mentais causam então danos físicos e psicológicos aos indivíduos, o que potencializa os danos provocados pela discriminação, porque impede que o indivíduo opere satisfatoriamente na sociedade.

O racismo estrutural pode ser caracterizado como um sistema cumulativo de desvantagens causado pela discriminação racial. Enquanto o racismo individual ocorre dentro das relações entre indivíduos, tendo então um caráter relacional, o racismo estrutural tem uma dimensão sistêmica, porque promove hierarquias sociais que atravessam a operação de quase todas as instituições sociais em todos os níveis e aspectos das relações sociais. Motivado ou

---

[452] Cf. GOODE, William J. A Theory of Role Strain. *American Sociological Review*, v. 25, n. 4, p. 483-496, 1960.

[453] Cf. FANON, Franz. *Pele negra, máscara branca.* São Paulo: Ubu, 2020; SOUZA, Neusa Santos. *Tornar-se negro.* São Paulo: Zahar, 2021.

racionalizado a partir de estereótipos, ou seja, por falsas generalizações sobre membros de minorias raciais, o racismo estrutural encontra seu fundamento na premissa segundo a qual a sociedade está dividida entre diferentes grupos raciais, e esses grupos não têm o mesmo valor social. Assim, os membros do grupo racial dominante têm acesso privilegiado a oportunidades sociais, enquanto membros de grupos raciais subalternizados são impedidos de ter acesso ao exercício de diversas categorias de direitos. O que deveria ser garantido a todas as pessoas a partir de seu mérito se torna um privilégio para pessoas brancas, grupo que influencia a operação das instituições sociais para garantir que sempre terão tratamento privilegiado em todas as situações. A luta contra esse tipo de racismo é especialmente difícil, porque a identificação de sua operação nem sempre é fácil, e muitos membros do grupo racial dominante procuram negar sistematicamente sua relevância, alegando que as disparidades entre grupos raciais devem ser buscadas em fatores como classe social ou em padrões comportamentais das pessoas que pertencem a grupos subalternizados, o que caracteriza a tradicional posição denegatória da nossa sociedade.[454]

As conexões entre racismo e desordens mentais decorrem de alguns fatores relevantes: a maior probabilidade de nascerem em ambientes economicamente desfavorecidos, o que adiciona problemas associados à pobreza ao problema do racismo; maiores dificuldades ao longo do desenvolvimento físico e psíquico em função da combinação de fatores discriminatórios diversos; a exposição permanente a fatores estressores ao longo de toda a vida. O racismo, nas suas diversas manifestações, impõe a grupos raciais subalternizados formas de discriminação que se manifestam no impedimento de acesso ou no acesso deficitário a uma série de direitos necessários para as pessoas poderem operar enquanto atores sociais. Mais do que isso, o racismo, na sua dimensão ideológica, reproduz a noção de que negros não podem atuar de forma competente no espaço público, imaginário social responsável por formas de exclusão em quase todas as esferas da vida. Esse problema se manifesta na forma de maiores níveis de enfermidades físicas e mentais em quase todas as sociedades nas quais foram realizados estudos comparados sobre esse tema entre grupos raciais. A presença do racismo, aliada à questão da desvantagem econômica, desperta a percepção da ausência de controle sobre aspectos centrais da vida, opera como uma

---

[454] Cf. MOREIRA. *Tratado de direito antidiscriminatório*, p. 465-474; MATTHEW, Dayna Bowen. *Just Health: Treating Structural Racism to Heal America*. New York: New York University Press, 2022. p. 27-29.

confirmação de que chances de mobilidade social são reduzidas ou inexistentes, problemas responsáveis não apenas por estresse emocional, mas também pelo desenvolvimento de um senso de desamparo social permanente. Por esses motivos, políticas públicas de saúde mental dirigidas especialmente a grupos raciais subalternizados têm sido adotadas em algumas sociedades, medidas de grande relevância, tendo em vista a grande gravidade social desse problema. Embora esses problemas sejam apresentados por membros de todos os grupos raciais subalternizados, eles afetam pessoas negras de forma especial, grupo que sofre as consequências do racismo de forma particularmente forte.[455]

Estudos no campo de sociologia da saúde mental demonstram uma forte correlação entre identidade racial e estresse social, motivo pelo qual devemos dar atenção especial aos meios a partir dos quais diferentes manifestações de discriminação racial operam como estressores sociais. Mas, tendo em vista o fato de que o racismo provoca o empobrecimento, devemos, primeiro, examinar as fortes correlações entre classe social e estresse emocional. Essa análise interseccional será importante para entendermos os processos responsáveis pela multiplicidade de estressores aos quais pessoas negras estão expostas. É importante dizer que essas considerações também podem ser aplicadas a outros fatores responsáveis por diferenciação de status, mas focaremos em nossa investigação a questão racial, seguindo então o tópico utilizado neste trabalho até o momento. As primeiras análises da prevalência de desordens mentais entre grupos populacionais focaram a classe social, demonstrando uma larga correspondência entre a posição que o indivíduo ocupa nas estruturas de classe e a vulnerabilidade a problemas de desordem mental. O termo "classe social" designa pessoas com níveis similares de riqueza, poder e prestígio, o que faz com que elas interajam entre si de forma frequente e que também estejam cientes de que têm interesses comuns. Certos fatores associados com a classe social são relevantes para a análise da vulnerabilidade a desordens mentais. A educação tem um papel relevante na vida psíquica dos indivíduos, porque representa conhecimento do mundo, o que fornece elementos para que o sujeito possa ter uma compreensão mais adequada da sua inserção na sociedade; o nível educacional também designa a inserção do indivíduo no processo produtivo, e ele poderá ter maior ou menor compensação financeira pelo seu trabalho em função de sua educação. A educação também opera como um indicador de recursos econômicos, o que garante à pessoa a possibilidade de ter maior

---

[455] FARO, André; PEREIRA, Marcos Emanoel. Raça, racismo e saúde: a desigualdade social da distribuição do estresse. *Estudos de Psicologia*, v. 16, n. 3, p. 271-278, 2011.

ou menor comando sobre diversos aspectos de sua vida. Esses fatores são relevantes para a análise da correlação entre classe social e desordem mental porque indicam a possibilidade de um indivíduo funcionar de forma efetiva na sociedade em maior ou menor grau em função do seu nível educacional. Quanto maiores forem os anos de escolaridade de uma pessoa, maiores serão seus ganhos financeiros, maior será seu sentimento de pertencimento social.[456]

Baixos níveis educacionais trazem dificuldades ou a impossibilidade de ter acesso a trabalhos que forneçam salários capazes de garantir a satisfação de necessidades básicas dos indivíduos. A estratificação social os afeta de diferentes maneiras em diferentes estágios de suas vidas. Ela pode ser uma fonte constante de frustração pessoal na infância e na adolescência, na medida em que as pessoas não possuem recursos para ter acesso a oportunidades educacionais e profissionais; o desenvolvimento dos seres humanos é pautado por uma série de expectativas sociais sobre os indivíduos que podem ser desempenhadas com maior ou menor sucesso em função da inserção econômica do indivíduo. Esse problema se mostra especialmente forte para adultos que desempenham funções paternas ou maternas, uma vez que eles não se reconhecem como pessoas capazes de realizar funções relacionadas com papéis sociais designados.[457]

O caráter estrutural do racismo em diversas democracias liberais é responsável por diferenças significativas na saúde mental dos vários grupos sociais, realidade que pode ser abordada a partir de duas perspectivas. Primeiro, o caráter estrutural do racismo implica uma sociedade na qual ele atua de forma sistêmica, influenciando a operação de instituições sociais que regulam diferentes esferas da vida social. Isso significa que a discriminação racial afeta grupos raciais subalternizados em muitas esferas da vida, sendo, então, uma fonte constante de estresse psicossocial. Segundo, essa dimensão do racismo também determina o fato de que membros de diferentes grupos terão acesso desigual a tratamento médico. As chances de membros dos segmentos majoritários serem diagnosticados com problemas de ordem psíquica são maiores do que membros de grupos raciais subalternizados; as chances de os primeiros serem indicados para tratamento

---

[456] Cf. SHADRAVAN, Sonya; BARCELÓ, Nicolás. Social Injustice and mental health inequities, In: SHIN, Ruth; VINSON, Sarah (orgs.). *Social injustice and mental health*. Washington: American Psychiatric Association, 2021, p. 31-46.

[457] EATON, William; MUNTANER, Carles. Socioeconomic Stratification and Mental Disorder. *In*: HORWITZ, Allan; SCHEID, Teresa (ed.). *A Handbook for the Study of Mental Health. Social Contexts, Theories, and Systems*. Cambridge: Cambridge University Press, 1999. p. 259-264.

psicológico também são significativamente maiores do que membros do segundo grupo. Se pessoas que pertencem ao primeiro grupo podem se beneficiar de diagnóstico e tratamento desde a infância, a ausência ou um diagnóstico errado baseado em estereótipo afetam pessoas que fazem parte de minorias raciais desde a infância. Estereótipos culturais sobre o caráter degenerado de grupos minoritários ensejam maiores números de internações psiquiátricas e períodos mais longos de internação. Esses padrões institucionais têm início na infância, causando danos cumulativos ao longo da vida dos indivíduos.[458]

Estudos desenvolvidos nos Estados Unidos demonstram um aumento significativo de suicídio entre homens negros, enquanto os índices gerais entre a população diminuíram; esses estudos demonstram que esse problema é agora a terceira causa de morte entre adolescentes e homens negros daquele país, o que pode ser caracterizado como uma crise de saúde pública, especialmente quando se considera que homens negros têm a menor expectativa de vida entre todos os grupos sociais. Embora estudos sobre o impacto do racismo estrutural na vida de membros desse grupo sejam cada vez mais frequentes, iniciativas dirigidas para a solução desse problema ainda são inconsistentes naquele país e inexistentes na nossa nação. Soluções possíveis requerem uma análise e medidas de caráter multidisciplinar e multidimensional, o que se torna cada vez mais difícil em função da eliminação crescente de programas sociais de saúde.[459] Esse problema precisa ser avaliado a partir de uma pluralidade de perspectivas, mas algumas experiências coletivas de pessoas negras, como prisões ilegais e violência policial generalizada em áreas periféricas com grande porcentagem de pessoas negras, podem ser uma possível causa desse problema, como demonstram pesquisas que associam quadros depressivos com a percepção de que pessoas negras estão sempre expostas a uma situação permanente de vulnerabilidade, especialmente as que são pobres ou membros de mais de uma minoria.[460]

---

[458] ALEGRIA, Margarita; VALLAS, Melissa; PUMARIEGA, Andres. Racial and Ethnic Disparities in Pediatric Mental Health. *Child and Adolescent Psychiatric Clinic*, v. 19, n. 4, p. 759-774, 2010.

[459] ADAMS, Leslie B.; THORPE JR., Roland J. Achieving Mental Health Equity in Black Male Suicide Prevention. *Frontiers in Public Health*, v. 11, 2023. DOI: 10.3389/fpubh.2023.1113222.

[460] BACAK, Valerio; NOWOTNY, Kathryn M. Race and Association Between Police Stops and Depression Among Young Adults. *Race and Justice*, v. 10, n. 3, p. 363-375, 2020; CHOR, Dóra; LIMA, Claudia Risso de Araújo. Aspectos epidemiológicos das desigualdades raciais em saúde no Brasil. *Cadernos de Saúde Pública*, v. 21, n. 5, p. 1586-1594, 2005.

O impacto do racismo estrutural na vida de grupos raciais subalternizados se manifesta de forma mais clara a partir da conexão entre estresse mental e desigualdades raciais. Sistemas de opressão social operam a partir de alguns elementos bastante conhecidos. A segregação racial produz disparidades de acesso a oportunidades escolares, o que diminui as chances de acesso a melhores empregos, o que, por sua vez, produz desigualdades de caráter durável entre membros de grupos raciais. A percepção de que o racismo impede o controle sobre aspectos básicos da vida cria limites para que as pessoas possam desenvolver um sentimento de resiliência e de eficácia pessoal, fatores que operam paralelamente às expectativas sociais de que os indivíduos possam alcançar objetivos sociais impostos a todos. Além de ser por si mesma um fator promotor de estresse emocional para os indivíduos, a segregação racial também limita as chances de acesso a serviços de saúde mental; pessoas negras não recebem o mesmo tratamento que pessoas brancas na mesma situação; é mais provável que elas sejam medicadas do que indicadas para tratamento psicológico. A segregação racial passa a atuar então como um processo estrutural de desvantagens para pessoas negras, o que também compromete sua saúde mental. A ausência de sensibilidade na análise do impacto da raça na saúde de pessoas negras contribui ainda mais para esse problema, na medida em que o principal fator gerador do estresse emocional permanece ignorado, quando não é francamente negado por profissionais brancos.[461]

Práticas racistas impedem que membros de minorias raciais evitem fatores de risco, criam dificuldades para que eles ascendam socialmente, além de exporem essas pessoas a novas formas de perigos como crises de saúde pública. Além disso, o caráter sistêmico de práticas racistas expõe pessoas negras a situações cotidianas de desrespeito, outro fator que as impacta de forma permanente. As chamadas microagressões se manifestam pela negação de cordialidade, pela presunção de que pessoas negras não têm habilidades intelectuais, de que elas não podem ocupar certas posições profissionais, de que elas têm disposições naturais para a criminalidade, o que justifica a negação de interação com elas. Como esses problemas não ocorrem esporadicamente, a exposição permanente

---

[461] HAHN, Robert A. Racial and Ethnic Residential Segregation as a Root Social Determinant of Public Health and Health Inequity: A Persistent Public Health Challenge in the United States. *Poverty & Race*, v. 26, n. 2, p. 3-15, 2017; IGNÁCIO, Marcos Vinicius Marques; MATTOS, Ruben Araújo. O grupo de trabalho racismo e saúde mental do Ministério da Saúde: a saúde mental da população negra como questão. *Saúde Debate*, v. 43, p. 66-78, 2019. Número especial.

a formas de desrespeito promove vivências que geram experiências permanentes de estresse emocional. O desrespeito expressado pela negação de cordialidade nas interações pessoais e o funcionamento discriminatório enfrentado no contato com agentes públicos e privados também provocam desespero entre muitos membros de grupos raciais subalternizados. O racismo promove desvantagem econômica, problema que cria dificuldades para a construção de mobilização política entre membros desses grupos; a ausência de coesão social também tem sido identificada como uma causa frequente de problemas de saúde mental entre negros.[462]

A experiência de estresse psicossocial está associada a uma série de vivências discriminatórias que pessoas negras sofrem, situações que incluem assalto verbal, tratamento baseados em estereótipos, perfilamento racial, ambiente profissional hostil, agressão física, discriminação sofrida por membros do próprio grupo. As pessoas não esperavam que essas experiências ocorressem, elas não tinham controle sobre a situação, e as lembranças dessas situações são emocionalmente degradantes e dolorosas. Muitas delas afirmam que eventos semelhantes ocorreram ao longo de toda a vida e em diferentes dimensões de suas existências, em lugares diversos e em vários estágios da vida. Essas experiências demonstram então que o estresse emocional é desigualmente dividido entre os diversos grupos populacionais: membros de grupos raciais subalternizados são mais propensos a desenvolver problemas de estresse mental em função da experiência permanente de situações discriminatórias. Enquanto pessoas brancas não precisam pensar na raça como um fator de diferenciação social, pessoas negras enfrentam situações cotidianas de discriminação que provocam estresse social permanente, o que compromete de forma insistente a saúde mental daqueles que fazem parte dessa coletividade.[463]

O caráter sistêmico do racismo em muitas sociedades liberais faz com que membros de grupos racialmente subalternizados tenham de enfrentar situações de discriminação cotidianamente, motivo pelo qual eles dedicam grande parte da existência criando estratégias para evitar, contornar ou protestar contra práticas racistas. Como o racismo parte da premissa de que a raça é o

---

[462] McKENZIE, Kwane. Understanding Racism in Mental Health. *In*: BHUI, Kamaldeep (ed.). *Racism and Mental Health: Prejudice and Suffering*. London: Jessica Kingsley, 2002. p. 83-90.

[463] CARTER; PIETERSE. *Measuring the Effects of Racism*, p. 156-178; FARO, André; PEREIRA, Marcos Emanoel. Raça, racismo e saúde: a desigualdade social da distribuição do estresse.

fator determinante do valor social dos indivíduos, ele opera como um fator primordial da identidade social das pessoas; a raça sempre opera como o primeiro critério utilizado para a realização do julgamento moral dos indivíduos. Conscientes da prevalência do racismo nas interações sociais cotidianas, pessoas negras enfrentam uma situação constante de exaustão emocional, o que as torna vulneráveis ao estresse emocional. A exposição contínua a estressores sociais torna pessoas negras mais vulneráveis a quadros depressivos, o que tem sido corroborado por pesquisas desenvolvidas em diferentes sociedades e em diferentes momentos da vida dos indivíduos. Pessoas negras são mais propensas a desenvolver sintomas depressivos do que pessoas brancas, diferença explicada pelo fato de que membros do segundo grupo não estão expostos a fatores permanentes de estresse como o caso de discriminação racial, situação que se mantem mesmo quando comparamos com pessoas brancas de classes sociais distintas. Esse problema se mostra especialmente grave para mulheres negras, pessoas que precisam enfrentar a confluência de diferentes processos de estigmatização que promovem desvantagens estruturais.[464]

A combinação de diferentes fatores de discriminação pode aumentar ainda mais a vulnerabilidade de pessoas negras a desordens psicológicas, uma vez que elas serão expostas a um nível maior de estressores. Como o racismo está associado a avaliações morais feitas a partir da apreciação estética dos indivíduos, o colorismo opera como um mecanismo responsável pela exposição de pessoas negras com pele mais escura a formas mais intensas de discriminação. Pessoas negras homossexuais ou transexuais também estão mais expostas a fatores estressores, por serem vítimas de formas extremas de intolerância dentro e fora da comunidade negra. A opressão baseada na raça e na classe também pode ser apontada como uma manifestação de uma situação que torna pessoas negras ainda mais propensas a desenvolver problemas psiquiátricos. A frustração permanente gerada pela dificuldade de alcançar propósitos pessoais tem sido apontada como algo que compromete a saúde mental das pessoas, o que tem sido chamado nos últimos anos como sofrimento social. Por ser um sistema de dominação que procura garantir

---

[464] BROWN, Diane *et al.* (Dis)respected and (Dis)regarded Experiences of Racism and Psychological Distress. *In*: BROWN, Dianne; KEITH, Verna (ed.). *In and Out of Our Right Minds: The Mental Health of African American Women*. New York: Columbia University Press, 2003. p. 83-98; MARTINS, Tafnes Varela; LIMA, Tiago Jessé Souza de; SANTOS, Walberto Silva. O efeito de microagressões raciais de gênero na saúde mental de mulheres negras. *Ciência e Saúde Coletiva*, v. 25, n. 7, p. 2793-2802, 2020.

vantagens competitivas para pessoas brancas, o racismo consiste em uma série de práticas que procuram garantir acesso privilegiado ou exclusivo de pessoas brancas a oportunidades sociais.[465]

O processo de racialização social está correlacionado com outro tema relevante para a nossa reflexão: a formação da autoestima de pessoas negras. A inserção do indivíduo em um ambiente que lhe permita discutir e entender a dinâmica da dominação racial abre espaço para que ele possa desenvolver uma percepção mais positiva de si mesmo, o que contribuirá para que também desenvolva maior resiliência diante do impacto dos incidentes raciais enfrentados. Maiores níveis de conscientização da dinâmica das relações raciais não eliminam a possibilidade de estresse psicossocial, mas criam as condições para que o indivíduo possa desenvolver maior identificação com seu próprio grupo, com sua identidade racial, condição para uma autoestima positiva. A ausência de conhecimento da forma como o racismo impacta a vida individual e coletiva de pessoas negras, a negação da identificação com pessoas da própria raça e a internalização da conformidade com os padrões de interação estabelecidos por membros do grupo racial dominante operam como predicadores de baixa autoestima do indivíduo. Certos estudos demonstram que processos de estigmatização podem ter um impacto negativo na autoestima das pessoas, uma vez que elas vivenciam essa situação como uma ameaça à identidade. A experiência de preconceito e discriminação é reconhecida como um aspecto da estigmatização; esses processos são vistos como ameaças à possibilidade de preservação da identidade social, porque reduzem a possibilidade de os indivíduos terem controle sobre aspectos básicos de suas vidas. A discriminação reduz o acesso a mecanismos responsáveis pela afirmação da identidade individual e coletiva, o que pode ter consequências danosas para as pessoas. O tratamento desvantajoso diminui o status social do indivíduo, fator responsável pela reprodução dos processos de legitimação. Mais do que isso, o status social inferior também diminui a possibilidade de um indivíduo ver a si mesmo como um ator social competente, o que diminui suas expectativas do que ele pode conquistar na sua vida.[466]

Membros de grupos raciais subalternizados enfrentam o que tem sido chamado de ameaça do estereótipo: o medo de ser julgado ou associado a estereótipos negativos sobre pessoas negras. Esse problema pode afetar a performance

---

[465] McKENZIE. Understanding Racism in Mental Health, p. 65-78.

[466] ECCLESTON. The Psychological and Physical Health Effects of Stigma: The Role of Self-threats, p. 1345-1348.

do indivíduo, especialmente aquela relacionada com atividades intelectuais. Esse problema pode ocorrer por vários fatores tais, como a demanda para a identificação da filiação racial ou pelo fato de ser um dos poucos membros do grupo em determinado contexto social. Como as pessoas estão cientes da presença pervasiva dessas generalizações negativas sobre os que são do seu grupo racial, os estereótipos são ativados pela memória que o indivíduo tem deles ou de outras situações nas quais ele foi julgado a partir deles ou presenciaram outras pessoas negras passando por esse processo. A frequência desse processo pode gerar danos significativos para as pessoas, por comprometer sua performance, o que as leva a pensar que elas criaram as condições para que pessoas brancas pudessem confirmar os estereótipos utilizados contra elas. Um indivíduo pode ser impactado negativamente pelas ações de outros membros do próprio grupo por sentir vergonha porque as ações de outras pessoas negras serviram para confirmar os estereótipos que circulam em uma sociedade. Assim, estigmas operam como uma ameaça à identidade social de um indivíduo porque afetam a autoestima, a percepção de si mesmo, a identificação com o próprio grupo, a motivação individual, o desempenho pessoal e as interações sociais. As pessoas podem perceber a si mesmas a partir dos estereótipos presentes em uma sociedade, causa de estresse psicossocial permanente.[467]

Estressores psicossociais e a produção de traumas coletivos

Estudos recentes demonstram que o racismo pode ter um efeito sistêmico de outra ordem: a formação de traumas coletivos. Para os autores que sustentam essa hipótese, a vivência de opressão sistêmica conjugada com a experiência coletiva e histórica de subalternização pode despertar traumas coletivos entre membros de grupos raciais subalternizados. Esse processo decorre de fatos históricos que causaram disparidades duradouras entre grupos raciais e que são mantidos por práticas discriminatórias baseadas na suposta inferioridade de membros desses grupos; eles são vistos como problemas que causam efeito em todos os membros do grupo por afirmarem um status de subalternidade ao longo da história. Esses problemas, ao lado de atos frequentes de violência racial e de exclusão estrutural de oportunidades sociais que impedem o gozo

---

[467] Para uma análise de todos esses processos, ver sobretudo LEVIN, Shana; LAAR, Colette van (ed.). *Stigma and Group Inequality. Social Psychological Perspectives*. Mahwah: Lawrence Erlbaum Associates, 2006; NADLER, Joel T.; VOYLES, Elora C. (ed.). *Stereotypes. The Incidence and Impacts of Bias*. Santa Barbara: Praeger, 2020.

de direitos e a obtenção de respeitabilidade social, causam traumas raciais que provocam feridas profundas no psiquismo individual e coletivo de pessoas negras, problema que persiste ao longo do tempo. Essa situação se mostra ainda mais problemática quando consideramos o fato de que os perpetradores desses crimes raciais ainda divulgam mensagens que atribuem a responsabilidade das desvantagens sofridas a pessoas negras e não aos mecanismos discriminatórios criados e mantidos por brancos. Esse poder simbólico perpetua formas persistentes de animosidade racial contra pessoas negras, tornando os membros desse grupo párias sociais em todos os lugares em que vivem, mesmo em sociedades que tiveram pouco ou nenhum contato com negros.[468]

Vemos então que o impacto de experiências traumáticas no psiquismo coletivo de grupos raciais subalternizados também tem sido tematizado por alguns autores e autoras. Esses trabalhos estão focados no legado social da escravização de seres humanos, o que inclui formas extremas e persistentes de desigualdade, permanência dos estereótipos raciais que ainda legitimam práticas discriminatórias, desestruturação dos laços culturais entre membros do grupo, destruição e apagamento da herança cultural de pessoas negras, processos permanentes de segregação que dificultam a mobilidade social da maioria dos membros do grupo. Episódios constantes de discriminação geram a antecipação de que as pessoas que pertencem a esses segmentos não têm meios de superar os obstáculos instituídos pelo racismo, problema fomentado pela constatação de que as estruturas sociais operam para privilegiar pessoas brancas. Esses fatores afetam as aspirações que os indivíduos estabelecem para si mesmos; o testemunho de práticas discriminatórias contra negros afeta negativamente o psiquismo desses indivíduos, pois eles presumem que todos estão expostos aos mesmos processos de discriminação. Embora essa situação também gere mobilização coletiva contra essa estrutura de opressão, ela não deixa de impactar pessoas negras de forma coletiva e de modo negativo ao longo de toda a existência.[469]

---

[468] Para uma análise do conceito de trauma racial, ver COMAS-DÍAZ, Lillian. Racial Trauma Recovery: A Race-informed Therapeutric Approach to Racial Wounds. *In*: ALVAREZ, Alvin N.; LIANG, Christopher T. H.; NEVILLE, Hellen A. (ed.). *The Cost of Racism for People of Color: Contextualizing Experiences of Discrimination*. Washington: American Psychological Association, 2016. p. 249-260. Para um exame da escala global do racismo antinegro, ver WILDERSON III, Frank B. *Afropessimism*. New York: Liveright, 2021.

[469] DANA, Richard D. Mental Health Services for African Americans: A Cultural/Racial Perspective. *Cultural Diversity and Ethnic Minority Psychology*, v. 8, n. 1, p. 3-18, 2002; EYERMAN, Ron. *Cultural Trauma. Slavery and the Formation of African American Identity*. Cambridge: Cambridge University Press, 2001.

Afirmar que o racismo é um sistema de dominação social que produz traumas de natureza individual e coletiva requer que entendamos um aspecto relevante de sua dinâmica. Nossos corpos e nossas mentes vivem no mundo presente, mas também carregam uma série de informações genéticas herdadas de nossos antepassados, uma vez que dinâmicas sociais são também inscritas nos nossos corpos e transmitidas às gerações seguintes. Nossos corpos permitem a leitura da dinâmica social porque processos sociais são inscritos neles por meio de traumas codificados no nosso material genético. Estudos no campo da neurociência demonstram que experiências sociais que produzem estresse emocional permanente ativam diversas estruturas corporais para que os indivíduos possam reagir a eles de forma adequada. Entretanto, quando essa situação ocorre de forma consistente em função da presença contínua de fatores vivenciados como ameaças sociais, uma situação de fadiga permanente transforma o funcionamento do corpo em um mecanismo duradouro de reação. O cérebro dessas pessoas é então programado para estar em uma situação constante de alerta, o que se torna algo inscrito no corpo do indivíduo.[470]

Um trauma coletivo pode então assumir diversas formas, entre elas padrões de reação entre membros de determinado grupo a problemas que afetam seus membros todo o tempo e ao longo das diversas gerações. Uma resposta traumática corresponde a uma reação a uma vivência coletiva e histórica de membros de determinados grupos a situações sociais. Embora as respostas traumáticas variem individualmente devido a circunstâncias específicas, elas também podem ser condicionadas por traumas imbuídos na herança genética de um indivíduo, o que condiciona a forma como seu cérebro opera. Se essas reações se tornam permanentes, elas podem ser caracterizadas como um tipo de trauma racializado. Esse tipo de experiência psicológica pode ser produto, entre outros fatores, de experiências abusivas decorrentes da operação de sistemas sociais responsáveis pela exposição constante de pessoas a processos estressantes. O estresse emocional de caráter permanente produz transformações na operação da estrutura química do funcionamento de nossos corpos, informação transmitida geneticamente de uma geração para outra. Traumas culturais são produzidos em todas as sociedades estruturadas a partir de hierarquias sociais destinadas à preservação de sistemas de privilégio de um grupo sobre o outro. Traumas culturais são rotineiramente passados de uma pessoa para outra e de uma geração para outra por meio de normas culturais, estruturas organizacionais

---

[470] MENAKEM, Resmaa. *My Grandmother's Hand. Racialized Trauma and the Pathway to Mending our Hearts and Bodies.* Las Vegas: Central Recovery Press, 2017. p. 3-27.

diversas, aprendizado social, experiências coletivas de discriminação, situações que produzem transformações bioquímicas nos nossos corpos que são passadas de uma geração para outra por meio de transmissão genética.[471]

Vemos então que os efeitos do racismo na saúde mental das pessoas têm um caráter estrutural, porque afetam pessoas negras coletivamente, mesmo que muitas delas desenvolvam mecanismos psicológicos que lhes permitem enfrentar as situações estressantes que elas vivenciam cotidianamente. De qualquer forma, essa dimensão coletiva do estresse deve ser abordada, porque o funcionamento do racismo impede que grande parte das pessoas negras desenvolva essas habilidades cognitivas, o que depende de condições sociais como oportunidades educacionais, empoderamento coletivo da comunidade negra, desenvolvimento de uma consciência crítica que permita às pessoas entender a dinâmica dos processos aos quais elas estão submetidas. A persistência de uma estrutura social que submete pessoas negras a uma situação de estresse permanente produz o que tem sido chamado de um sentimento de fadiga coletiva, produto de um processo de causas e efeitos que se reproduzem ao longo do tempo. Estamos então diante da permanência do racismo como fator estruturante de uma sociedade, situação que produz estresse permanente, que afeta a geração presente e futura, situação que provoca efeitos negativos na saúde mental de pessoas negras. A fadiga negra tem sido definida como uma situação de cansaço extremo que pode ser classificado como uma reação a situações repetidas de estresse emocional, que provoca exaustão mental e física. Essa situação exige de pessoas negras um esforço desmedido para manter uma postura positiva diante dos tremendos obstáculos cotidianos que precisam enfrentar na vida cotidiana para ter condições minimamente dignas de sobrevivência.[472]

Alguns estudos recentes apontam como o racismo estrutural pode causar problemas de saúde mental de natureza epidêmica. Eles demonstram que a depressão é um problema dessa ordem: ela afeta porcentagem significativa da população negra, operando como causa de morte de muitas delas; ela prejudica a performance e a motivação profissional, contribui para a desestruturação familiar, motiva a drogadição e a ideação suicida. Como a depressão permanece sem diagnóstico e sem tratamento, ela facilita o desenvolvimento de outros transtornos mentais, o que aumenta seu efeito incapacitador. A depressão apresenta

---

[471] MENAKEM. *My Grandmother's Hand. Racialized Trauma and the Pathway to Mending our Hearts and Bodies*, p. 37-57.

[472] WINTERS, Mary-Frances. *Black Fatigue. How Racism Erodes the Mind, Body, and Spirit*. Oakland: Berrett-Koehler, 2020. p. 29-47.

uma pluralidade de causas, e a exposição a processos permanentes de estresse psicossocial está entre elas. Como tem sido demonstrado por alguns estudos, esse caráter estrutural pode predispor pessoas à depressão porque ele altera a forma como o cérebro humano opera em função da presença permanente de alterações químicas decorrentes de eventos estressantes ao longo de toda a vida das pessoas. Outras pesquisas argumentam que esse transtorno psiquiátrico não está relacionado com processos químicos cerebrais, mas com o fato de que as pessoas, por meio de um aprendizado social, tornam-se resignadas à situação de desamparo na qual se encontram: elas percebem que não poderão ter qualquer controle sobre a situação na qual vivem em função do caráter estrutural de estressores que as afetam.[473]

Por ser uma ideologia social baseada na suposta inferioridade de pessoas negras, o racismo promove um processo permanente de estigmatização dos membros desse grupo. O termo "estigma" designa o processo por meio do qual uma pessoa é desvalorizada por ter um atributo culturalmente visto como desviante ou como sinal de inferioridade. Esse processo social tem consequências diversas, inclusive na saúde das pessoas, o que tem sido amplamente documentado. Pessoas negras são mais vulneráveis à mortalidade desde o nascimento até o falecimento, são especialmente afetadas por doenças decorrentes de estresse social, têm menor expectativa de vida. Esse problema pode ser explicado por diversos fatores, incluindo práticas discriminatórias no acesso ao atendimento médico e na prestação desses serviços. Práticas discriminatórias operam como ameaças permanentes a esses indivíduos em função do seu caráter estrutural. Mais especificamente, o estigma é vivido como uma ameaça à integridade psíquica de grupos subalternizados, pois cria a expectativa permanente de discriminação, o que é constantemente referendado pelas práticas sociais. Aos processos discriminatórios baseados em traços identitários se junta a exclusão econômica, o que aumenta ainda mais a situação de vulnerabilidade. Experiências de discriminação provocam uma disrupção da identidade, tanto da identidade individual quanto da identidade social, situações que mostram para os indivíduos que eles não são considerados como agentes morais que merecem ter o mesmo nível de respeitabilidade social que membros dos grupos dominantes. A circulação de estigmas pode provocar uma diminuição do

---

[473] Ver, nesse sentido, HEAD, John. *Black Men and Depression. Saving Our Lives, Healing Our Families and Friends*. New York: Harlem Moon, 2005; SMOLEN, Jenny Rose; ARAÚJO, Edna Maria. Raça/cor da pele e transtornos mentais no Brasil. *CIência e Saúde Coletiva*, v. 22, n. 12, p. 4021-4030, 2017.

sentimento de valor de um indivíduo, além de fomentar uma identificação com os atributos negativos reproduzidos pelo estigma, o que opera como um fator de redução de motivação dos indivíduos, especialmente porque discriminação baseada em estigmas diminui o acesso a recursos necessários para as pessoas alcançarem suas aspirações, situação interpretada pelo indivíduo como uma ameaça à sua existência, caso de pessoas que pertencem a grupos raciais subalternizados e especialmente daquelas que também pertencem a minorias sexuais. Vemos então que o estresse social procede da existência de estigmas, das práticas discriminatórias que eles legitimam, da situação de marginalização que eles provocam e da percepção de que o indivíduo não poderá transformar essa realidade.[474]

Estereótipos raciais podem prejudicar pessoas negras de outra maneira especialmente problemática: a percepção de que são física e mentalmente fortes, motivo pelo qual têm maior resistência a problemas de ordem física ou psicológica. Além dos estudos sobre atitudes racistas de profissionais brancos que propagam a noção de que negros são mais resistentes ao sofrimento físico, membros desse grupo também precisam enfrentar outro problema que existe na própria comunidade, qual seja, a ideia de que o cuidado com a saúde mental não é uma preocupação necessária ou legítima tendo em vista a prioridade de várias outras coisas. Muitas pessoas negras continuam enfrentando problemas que afetam a sanidade mental de forma progressiva, mas seguem adiante até um ponto no qual a exaustão psíquica as torna inteiramente incapacitadas de prosseguir com seus projetos de vida. A imagem de pessoas negras como indivíduos lutadores que conseguem atingir objetivos apesar de todas as adversidades encobre também como esse enfrentamento produz um desgaste emocional que se acumula ao longo do tempo, criando problemas para o indivíduo em outras esferas de sua vida. Esse estereótipo da resiliência física e mental de pessoas negras contribui para a reprodução da percepção de que elas conseguem enfrentar situações difíceis, o que também propaga a noção de que negros não enfrentam problemas de ordem estrutural, uma vez que muitos deles conseguem superar desafios ao longo de toda a vida. Essa perspectiva ignora a quantidade crescente de pessoas negras que desenvolvem quadros depressivos desde

---

[474] ECCLESTON, Collette P. The Psychological and Physical Health Effects of Stigma: The Role of Self-threats. *Social and Personality Psychology Compass*, v. 2, n. 3, p. 1345-1361, 2008; FROST, David M. Social Stigma and Its Consequences for the Socially Stigmatized. *Social and Personality Compass*, v. 5, n. 11, p. 824-839, 2011.

a infância e dos que efetivamente se matam em função do sentimento de grande desesperança.[475]

Os custos emocionais do racismo para pessoas negras começam no ambiente escolar, local no qual elas enfrentam diferentes formas de práticas discriminatórias. Elas se manifestam por meio de segregação na sala de aula, por meio da negação da mesma atenção a estudantes negros e negras, pela ausência de referenciais culturais coletivos e pela representação estereotipada nos materiais didáticos, situações a que professores, na sua maioria brancos, não atribuem relevância. Esse problema persiste no espaço profissional, situação na qual pessoas negras também enfrentam desvantagens que vão desde a dificuldade de admissão e progressão profissional até diversas formas de microagressão que podem se manifestar por meio da imposição de códigos de aparência que têm como referência pessoas brancas de aparência ariana. A escala permanente dessa experiência provoca então o medo de sempre serem julgados por estereótipos raciais, o que promove uma atitude de desconfiança permanente em relação a pessoas brancas. Alguns sintomas são frequentemente desenvolvidos por pessoas negras em função de todos esses problemas: sentimentos pervasivos de raiva, frustração pessoal constante, desenvolvimento de sintomas depressivos, sentimento geral de desesperança, comportamentos violentos como expressão de frustração, desenvolvimento de doenças psicossomáticas, comprometimento da autoestima. A experiência frequente de discriminação no ambiente de trabalho pode provocar depressão, desmoralização e desamparo, ansiedade, medo e angústia. Embora pessoas de todos os grupos possam desenvolver esses mesmos sintomas em função de circunstâncias semelhantes, pessoas negras são desproporcionalmente afetadas por esses problemas, e o estresse experimentado no ambiente laboral motiva outros problemas em outras esferas da vida em função da segurança econômica para o planejamento dos projetos de vida dos indivíduos. É importante mencionar ainda o fato de que o racismo se torna um tema permanente de preocupação e de reflexão de pessoas negras, o que as faz investir um alto nível de energia psíquica nesse tema e nos mecanismos que eles podem empregar para superar suas consequências.[476]

---

[475] WALKER, Rheeda. *The Unapologetic Guide to Black Mental Health*. Oakland: New Harbinger, 2020. p. 1-17; WILLIAMS. *Black Pain: It Just Looks Like We're Not Hurting*, p. 1-31.

[476] Para uma análise quantitativa e qualitativa desses processos, ver FEAGIN; McKINNEY. *The Many Costs of Racism*, p. 39-70; CAVALHIERI, Klaus *et al.* The Effects of Racism

Processos discriminatórios e a produção social da vergonha

O Caso de Tanya: A Produção Social da Vergonha

A vergonha tem sido parte da vida de Tanya, o que tem produzido uma série de consequências significativas na vida dessa mulher negra. Esse sentimento parece ser responsável por vários processos que estão sempre alimentando uns aos outros, todos eles produzindo desvantagens. A vergonha sempre esteve associada ao fato de ela ter a pele escura, aos seus lábios grossos, à sua obesidade, aos seus seios volumosos e à sua baixa estatura. Segundo seu relato, a vergonha também surgia do fato de não frequentar uma escola melhor, por não ter um emprego tradicional, por passar fome, por depender de assistência social, por ter seis filhos com quatro homens diferentes que a abandonaram. Ela também afirma ter sentido vergonha por ter assumido a responsabilidade de provedora dessas crianças. Toda essa situação fez com que ela se diminuísse, com que ela passasse por uma situação permanente de exaustação mental. Episódios de violência doméstica aumentavam a intensidade desse sentimento avassalador. Ela vivia em um pequeno apartamento com nenhuma estrutura e sempre acordava de manhã com os olhos inchados depois de ter chorado toda a noite por causa das agressões sofridas por mais um companheiro sexual que se recusava a assumir qualquer tipo de responsabilidade pelos filhos. Ele também não tinha estabilidade financeira e sempre recorria ao pouco dinheiro dela para poder comprar cigarros ou para gastar com outras mulheres. Sua vergonha, sua culpa por existir sempre esteve relacionada com sua aparência; seu corpo destoava de todos os ideais estéticos que ela sempre via nos meios de comunicação, corpos que garantiam acesso a afeto e a respeitabilidade social. Tanya reconhecia o potencial destrutivo da vergonha: ela vivia em uma comunidade repleta de mulheres que tinham exatamente a mesma experiência, de mulheres cuja existência girava em torno desse sentimento. Mas toda essa situação mudou quando ela começou a fazer algumas perguntas sobre a origem dessa situação degradante. Ela decidiu demandar algo que sempre esteve dentro de si: respeitabilidade por si mesma. Ela começou a questionar todos os valores produzidos por uma cultura baseada na supremacia branca; ela começou a buscar

---

and Institutional Racism on the Mental Health of African Americans. *Cultural Diversity and Ethnic Minority Psychology*, 2023. DOI: 10.1037/cdp0000585.

valor onde todos sempre disseram que não existia: dentro de si mesma. Ela reuniu seus seis filhos e lhes disse que deixariam aquele apartamento; eles foram para um abrigo no qual ela se apresentou com uma vítima de violência doméstica. Ela tornou pública a situação na qual vivia: que estava em um relacionamento tóxico, que era agredida regularmente, que era forçada a manter relações sexuais, que era traída frequentemente por seu companheiro, que seus filhos testemunhavam toda essa situação. Ela vive em um mundo que instila vergonha em pessoas negras, mas estava disposta a mudar toda essa situação. O compartilhamento de sua situação gerou um impacto significativo em milhares de outras mulheres negras que estavam na mesma situação. Algum tempo depois, Tanya começou a atuar como uma militante contra o problema da violência doméstica, o que ela conseguiu apenas depois que pôde identificar os motivos pelos quais o sentimento de vergonha a mantinha completamente paralisada. Ela reconheceu que não deveria ver a si mesma a partir dos padrões de feminilidade branca, que corpos brancos não deveriam ser padrões para julgar seu valor como pessoa, que ela precisa cuidar do seu corpo apenas em função da promoção do seu bem-estar e não para se adequar ao que a sociedade acredita ser uma aparência feminina agradável. Tanya passou a buscar felicidade como um objetivo pessoal, o que não poderia ocorrer sem a eliminação do sentimento de vergonha. Ela trabalha em uma organização voltada para mulheres negras, o que lhe permite operar como uma agente de transformação social. Tanya reconhece que essa é uma história de redenção, mas ela também está fundada em um sentimento de indignação em relação aos processos culturais que procuram instilar um sentimento de vergonha em pessoas negras.[477]

O relato de Tanya retrata um aspecto bastante comum da experiência social de membros de grupos minoritários: um sentimento de desconforto decorrente do conflito entre a vontade de ser socialmente reconhecido, requisito para o desenvolvimento de segurança ontológica, e o sentimento de inadequação causado por uma série de fatores externos que impactam negativamente o indivíduo. O caso dessa mulher negra reflete a situação de inúmeras pessoas afetadas pela operação de sistemas de exclusão que promovem a humilhação,

---

[477] FIELDS, Tanya Denise. Dirty Business: The Messy Affair of Rejecting Shame. *In*: BURKE, Tarna; BROWN, Brené (ed.). *You Are the Best Thing. Vulnerability, Shame Resilience, and the Black Experience*. New York: Random House, 2021. p. 22-33.

a anulação e a alienação, experiência que não afeta apenas pessoas específicas, mas que tem também um caráter coletivo. Esse problema deve chamar nossa atenção, porque o silencio social faz com que ignoremos o quanto práticas discriminatórias afetam o psiquismo humano. Essa situação impacta um aspecto importante do psiquismo humano: o sentimento de autoeficácia. Tanya passou grande parte de sua vida convencida de que suas ações não teriam o impacto esperado, pois vive em uma sociedade na qual o sucesso individual está integralmente associado a pessoas brancas e, especialmente, a homens brancos. Ela vive em uma sociedade empenhada em concentrar oportunidades sociais nas mãos de pessoas brancas, grupo representado como os únicos sujeitos que podem operar como atores sociais competentes. Mas essa realidade permanece amplamente desconhecida, porque a vergonha é uma experiência emocional que impulsiona as pessoas a ficarem em silêncio. Elas não estão dispostas a compartilhar esse tipo de sentimento, uma vez que a exposição da situação na qual vivem pode causar sofrimento ainda maior. Porém, sua denúncia pode ocorrer quando a pessoa quer dar testemunho da situação como uma reação ao processo de exclusão ao qual ela está exposta. A vergonha é um sentimento com uma pluralidade de dimensões e que invade diferentes planos da existência de um sujeito ao longo de toda ou de grande parte de sua vida.[478]

O depoimento de Tanya demonstra como a internalização da vergonha promove um processo de paralização psíquica decorrente de um modelo mental em que o indivíduo interpreta a si mesmo, às suas experiências e à sua realidade social a partir da noção do sentimento de inadequação. Estamos, então, diante de algo que tem uma natureza sistêmica: a introjeção da noção de que o indivíduo não é e não tem condições de ser um ator social competente o mantém em uma situação da qual ele dificilmente consegue se desvencilhar. Não estamos falando de uma emoção isolada que ocorre em casos isolados, mas de uma forma de percepção da realidade que impacta a existência individual. Esse sentimento de inadequação pode ter uma pluralidade de origens: ser membro de um grupo socialmente desprezado, estar em uma situação de vulnerabilidade econômica, culpabilizar-se pela situação de desvantagem na qual se encontra, não conseguir estabelecer propósitos e alcançar esses propósitos, estar submetido a processos de alienação da identidade, sentir desconforto com o próprio corpo, viver o sentimento de não pertencimento. A vergonha está amplamente relacionada com experiências de ruptura de existência e de queda de status

---

[478] GAULEJAC, Vincent de. *As origens da vergonha*. São Paulo: Via Lettera, 2006. p. 11-22.

social, situações que afetam a percepção de apreço social do indivíduo, o que pode gerar processos sociais de ridicularização, uma experiência constante de pessoas negras, as principais vítimas de racismo recreativo.[479]

Embora visões dominantes entendam a vergonha como uma reação emocional de alguém que fez algo errado de acordo com a percepção social ou de si mesma, sua dinâmica psicológica é bem mais complexa. Não podemos compreender a dinâmica psicológica da vergonha sem mencionar outros três tipos de sentimentos paralelos: a culpa, a inferioridade e o medo. A vergonha engendra o sentimento de culpa, pois o indivíduo passa a acreditar que é o responsável pela situação de desamparo ou pela situação vexatória na qual se encontra. A culpa paralisa o sujeito, porque ele acredita ser responsável pela situação na qual se encontra, mesmo quando objetivamente a situação foi integralmente causada por agentes ou fatores externos. Tanya acreditou ter inteira responsabilidade sobre a situação na qual se encontrava, o que a impedia de compreender o papel dos efeitos sistêmicos do racismo e do sexismo em sua vida. Essa mulher negra também enfrenta o problema da inferioridade: ela atribui seus problemas à ausência de autoestima causada por viver em uma sociedade que reproduz a ideia de que ser branco é a condição essencial para ter qualquer tipo de respeitabilidade social. A vergonha também desperta o sentimento de medo. Membros de grupos minoritários afetados por esse problema o enfrentam em função da situação de vulnerabilidade na qual se encontram; eles estão constantemente expostos a formas de violência reais ou simbólicas, motivo pelo qual introjetam a percepção de que estão em uma situação permanente de risco. A convergência desses três sentimentos torna a vergonha um processo que provoca uma experiência narcísica significativa, motivo pelo qual as pessoas podem permanecer paralisadas ou se entregar a práticas destrutivas por estarem convencidas de que não conseguirão ter qualquer tipo de respeitabilidade social.[480]

Muitos indivíduos acreditam que a vergonha tem uma natureza episódica, mas essa percepção não corresponde à realidade social. É importante enfatizar que a vergonha não é um problema de ordem passageira; ela compreende um modo de operação psíquica, uma forma de interpretação da realidade.

---

[479] GAULEJAC. *As origens da vergonha*, p. 25-35; MOREIRA. *Racismo recreativo*, p. 174-179.

[480] GAULEJAC. *As origens da vergonha*, p. 35-44; WONG, Ying; TSAI, Jeanne. Cultural Models of Shame and Guilt. *In*: TANGNEY, June Price; FISHER, Kurt W. (ed.). *Self-conscious Emotions: The Psychology of Shame, Guilt, Embarrassment, and Pride*. New York: Guilford Press, 2007. p. 209-223.

Esse sentimento tem início na infância e se consolida na medida em que a idade avança, invadindo então as operações da mente do indivíduo. Podemos dizer, por esse motivo, que ela tem um caráter multidimensional, uma vez que opera como um fator mediador das ações dos indivíduos ao longo da vida e nas suas diferentes dimensões. O racismo fez com que Tanya internalizasse o racismo, o que gera um sentimento de inadequação do sujeito consigo mesmo em todos os sentidos. Essa inadequação impacta a sua percepção como um sujeito sexual e como um ator social, sua percepção de feminilidade e seu sentimento de valor pessoal. A humilhação está então sempre presente na experiência psíquica do indivíduo, seja em função de experiências reais, seja em função da estigmatização da sua identidade, processo responsável pela alienação identitária. Estar diante de representações culturais que sugerem seu pertencimento racial como inadequado pode gerar um sentimento de humilhação e de inferioridade no indivíduo, emoções que, uma vez instauradas, demandarão um alto custo para poderem ser superadas. Internalizar as razões da infelicidade e ficar calado em relação a elas faz com que essa situação psíquica se torne cada vez pior. A vergonha tem origem em um processo de contradição entre pressões distintas na formação da identidade individual. O ser humano constitui sua identidade tanto em função da semelhança com o outro quanto pela diferenciação em relação a ele, motivo pelo qual somos sempre pressionados por esses processos opostos, mas complementares. A vergonha implica um processo de confusão entre a percepção do outro e a percepção que o sujeito tem de si mesmo. A estigmatização social provoca uma ruptura identitária em função da injunção de que o sujeito não pode ser aceito em função do seu ser. As relações de poder presentes em uma sociedade operam por processos culturais de estigmatização de identidades, motivo pelo qual certos grupos sempre experimentam a vergonha.[481]

O caso de Tanya demonstra a variação cultural da percepção do tipo de emoção que estamos analisando. Seu sentimento de vergonha decorre de um tipo de sociedade baseada em uma cultura individualista na qual o valor individual está diretamente relacionado com o quanto ele consegue instituir e atingir objetivos a partir de seus próprios esforços. Devemos estar cientes do fato de que a vergonha opera em contextos culturais dessa natureza como um mecanismo de controle social: os que estão em uma situação de desvantagem são vistos como pessoas que falharam em alcançar objetivos a partir de oportunidades que estão supostamente disponíveis para todas as

---

[481] GAULEJAC. *As origens da vergonha*, p. 45-69.

pessoas. Estamos aqui diante de um processo no qual instituições sociais culpam o indivíduo pela situação na qual está por ele não se comportar de acordo com os valores sociais. Esse tipo ativo de produção da vergonha de grupos que são vítimas de vulnerabilidades socialmente produzidas desperta o sentimento de culpabilidade em muitas pessoas, o que concorre para que eles se sintam socialmente imobilizados diante de uma situação sobre a qual não podem controle. Esse tipo de controle social contribui para a criação de pessoas socialmente indesejadas que estão sempre passando pela situação de disrupção de identidade.[482] Esses mecanismos de produção social da vergonha atingem pessoas como Tanya, mulheres que vivem em uma situação de vulnerabilidade, presas em um ciclo psicológico no qual o próprio sujeito não encontra força psicológica para poder superar esse estado. Não podemos esquecer que esse tipo de processo viola um aspecto central da noção de dignidade humana: o interesse dos seres humanos de serem reconhecidos como atores sociais competentes, de poderem se apresentar socialmente sem serem submetidos a processos culturais baseados na depreciação cultural de comunidades inteiras.[483]

Processos discriminatórios e desamparo aprendido

A análise dos pressupostos do interacionismo simbólico demonstrou que o processo de formação do eu decorre de um processo de natureza intersubjetiva por meio do qual as pessoas elaboram uma percepção de si mesmas a partir das inferências que fazem das reações dos outros às suas características. Essas inferências podem ser de natureza positiva ou negativa; a natureza delas influenciará a forma como o indivíduo vê a si mesmo. A percepção negativa reiterada pode ter consequências significativas na vida das pessoas, motivo pelo qual devemos investigar quais são as possíveis consequências de experiências dessa natureza no psiquismo dos indivíduos. Essa discussão se mostra ainda mais necessária na medida em que consideramos o fato de que as sociedades humanas são estruturadas em torno de sistemas de opressão baseados em processos contínuos de estigmatização de grupos sociais. Isso significa que os membros desse grupo

---

[482] WONG; TSAI. Cultural Models of Shame and Guilt, p. 215-217.

[483] VELLEMAN, J. David. The Genesis of Shame. *Philosophy and Public Affairs*, v. 30, n. 1, 2001. p. 35-38. HOLLANDER, John. Honor Dishonorable: Shameful Shame. *Social Research*, v. 70, n. 4, p. 1061-1074, 2003; WILIKINSON, Isabel. *Caste. The Origins of Our Discontents*. New York: Penguin, 2020. p. 190-224.

estão cotidianamente expostos a processos discriminatórios, problemas que se manifestam não apenas como violações de direitos humanos, mas também como estressores permanentes na vida desses grupos. A experiência frequente de sistemas de opressão de caráter estrutural situa membros desse grupo em uma situação de grande vulnerabilidade, além de fazer com que muitos desenvolvam um sentimento de impotência individual, o que influencia a forma como eles representam a si mesmos e as possibilidades de eles provocarem mudanças na realidade social. Vemos então que membros desse grupo estão em uma situação na qual a possibilidade de autoverificação está sempre sendo limitada por diversas práticas discriminatórias que restringem as chances de as pessoas exercerem direitos humanos, requisito para que elas possam gozar de integridade psíquica.[484]

O interacionismo simbólico se mostra relevante para pensarmos as relações entre processos sociais e formação da identidade, mas essa perspectiva teórica também oferece elementos para entendermos as relações entre identidade e estresse. De um lado, temos o fato de que as pessoas possuem uma série de identidades decorrentes dos diversos papéis sociais que elas exercem na sociedade; do outro temos vários processos sociais construídos sobre as identidades dos indivíduos. O pertencimento a certos grupos sociais opera então como um indicador de maior vulnerabilidade de um indivíduo a estresse mental em função de estigmas que motivam violações de direitos humanos. Temos agora elementos importantes para entender as relações entre direitos humanos e saúde mental. Para que essa relação seja compreendida da melhor forma possível, exploraremos o potencial do conceito de desamparo aprendido, um conceito utilizado para entendermos uma dimensão ainda pouco explorada nos estudos sobre direitos humanos. Acreditamos que esse conceito ofereça elementos relevantes para que possamos entender as relações entre estruturas sociais e direitos humanos. Os leitores observarão as relações próximas entre esses dois conceitos e a reflexão do interacionismo simbólico sobre a noção de autoverificação, diálogo que se mostrará relevante para nossa discussão sobre direitos humanos e saúde mental.[485]

---

[484] Cf. DAVID, Emiliano de Camargo. Saúde mental e relações raciais, p. 43-83; MIROWISKY, John; ROSS, Catherine. Nova York: Gruyter, 2002, p. 253-277; GOULART, Daniel Magalhães. Saúde mental, desenvolvimento e subjetividade. Da patologização á ética do sujeito. São Paulo: Cortez, 2019.

[485] BURKE, Peter. Identity process and social stress. *American Sociological Review*, v. 56, p. 836-849, 1991.

O conceito de desemparo aprendido diz respeito a um processo que correlaciona três elementos relevantes: a presença em um ambiente no qual alguns elementos especialmente relevantes estão fora do controle das pessoas que vivem nele, comportamentos derivados da percepção de que o indivíduo não pode manejar as condições presentes no ambiente, além da percepção cognitiva de que nenhuma ação voluntária pode resultar no controle da situação na qual o indivíduo se encontra. Esse fenômeno pode ser uma reação a uma situação específica ou pode ser visto como algo permanente, o que implica reações distintas das pessoas. Algumas pessoas acreditam que as causas de eventos que impedem o controle sobre aspectos centrais de suas vidas são permanentes, motivo pelo qual desistem facilmente de procurar qualquer solução para elas; outras acreditam que elas sejam temporárias, o que pode levar muitas delas a procurar alterar a situação na qual se encontram. Teremos uma situação de desemparo aprendido quando o indivíduo acreditar que não poderá fazer qualquer coisa que possa proporcionar mais controle sobre seu ambiente. A noção de permanência também nos ajuda a delimitar esse conceito de forma mais clara, uma vez que ela indica o tempo pelo qual a pessoa desiste de tomar qualquer atitude sobre sua situação; ela pode achar que se trata de uma questão temporária ou entender que se trata de uma condição permanente, o que pode levar a pensar que suas ações não poderão surtir efeitos na realidade. Outro aspecto relevante para a caracterização do fenômeno do desemparo aprendido está relacionado com a percepção do quão pervasiva a situação sobre a qual as pessoas não têm controle faz parte da realidade, do quanto ela afeta diferentes esferas da vida, o que também determina a possibilidade de elas terem qualquer tipo de controle sobre suas vidas. Os indivíduos podem explicar essa situação de diferentes formas: eles podem atribuir essa situação de ausência de controle a características pessoais ou pode atribuir o problema a outras pessoas ou a instituições que fazem parte da realidade. Quando consideram essas diferentes dimensões, as pessoas podem desenvolver uma atitude de incapacidade pessoal, uma vez que podem desenvolver a percepção de que não são capazes de manter qualquer tipo de controle sobre a realidade na qual se encontram.[486]

As observações anteriores demonstram que quatro elementos são relevantes para entendermos o conceito de desemparo aprendido. Primeiro, temos a questão da contingência, o que se refere às ações do indivíduo e seus resultados na realidade, sendo a mais relevante para o tema em questão a ideia de ausência de

---

[486] SELIGMAN, Martin E. *Helplessness. On Development, Depression and Death*. New York: Freeman & Company, 1992. p. 7-11.

controle. Segundo, temos o tema da cognição, que engloba as formas como a pessoa percebe, explica e faz generalizações da situação que enfrenta. A percepção da contingência pode ser correta ou incorreta; os resultados de suas ações podem ser explicados por meio da sua capacidade ou incapacidade de controlar aspectos da realidade; ela pode fomentar a noção de que os mesmos resultados serão repetidos quando o indivíduo se encontrar em situações semelhantes. Terceiro, temos a questão do comportamento, das consequências objetivas da influência das explicações cognitivas sobre as ações do indivíduo, o que inclui as considerações que ele fará sobre a possibilidade de ter algum controle sobre a situação na qual se encontra. Quarto, a situação de desamparo aprendido produz outras consequências significativas para o indivíduo, tais como retardo cognitivo, baixa autoestima, perda de assertividade e em muitos casos doenças físicas.[487]

O que chamamos de desamparo ocorre então em função da percepção individual de que certos eventos estão além do controle do indivíduo, além da possibilidade de ter certos resultados a partir de suas ações. O indivíduo desenvolve a percepção de que seus atos não implicarão transformações da realidade, porque aspectos da estrutura social impedem que suas ações produzam resultados esperados. Essa situação ensina o indivíduo que o resultado de suas ações independe de qualquer coisa que ele faça, o que compromete seu sentimento de autoeficácia, seu sentimento de que tem controle sobre aspectos centrais de sua vida pessoal, algo necessário para a orientação pessoal no mundo. As inferências que o indivíduo faz sobre a contingência na qual se encontra são extremamente relevantes para que ele possa entender o caráter delas: se elas são temporárias ou se correspondem a um aspecto permanente da realidade. Essa percepção será o ponto de partida para a compreensão que ele terá da situação na qual vive, o que será a referência que ele utilizará para organizar suas ações em uma direção ou outra. De acordo com Seligman, o componente cognitivo tem importância crucial nesse processo, porque opera como um fator determinante para a reação do indivíduo em uma situação específica ou em várias outras situações nas quais elementos semelhantes estejam envolvidos. Dessa representação decorre a ideia de que o comportamento do indivíduo é o resultado da aprendizagem social decorrente das características da realidade na qual a pessoa vive.[488]

---

[487] PETERSON, Christopher; MAIER, Steven; SELIGMAN, Martin. *Learned Helplessness. A Theory for the Age of Personal Control*. Oxford: Oxford University Press, 1993. p. 7-8.

[488] SELIGMAN, Martin. *Helplessness. On development, depression and death*. Nova York: W. H. Freeman & Company, 1975, p. 21-45.

O conceito de desamparo aprendido traz consequências significativas para as pessoas, porque representa um tipo de distúrbio motivacional. As pessoas agem em situações desafiadoras porque partem do pressuposto de que suas ações produzirão efeitos na realidade; ações voluntárias deixam de ocorrer com a mesma intensidade ou são interrompidas quando as pessoas percebem que elas não serão capazes de alterar a realidade na qual se encontram. A motivação para que um agente se engaje em qualquer tipo de ação tem origem nos resultados que ela poderá produzir, ele espera que seus atos possam produzir algum tipo de resultado positivo que aumentará seu nível de bem-estar pessoal ou coletivo. Aprender que resultados são independentes da ação das pessoas dificulta a construção posterior de que elas poderão alcançar seus objetivos, o que as leva a projetar a mesma situação em várias outras situações. Além do distúrbio cognitivo, eventos dessa natureza podem provocar reações diversas na vida dos indivíduos; a ocorrência desses eventos é acompanhada de uma alta carga de emoção, o que pode diminuir se os indivíduos aprendem a controlar suas causas e consequências ou pode gerar uma situação de depressão quando eles aprendem que não podem controlar o evento que produz esse distúrbio emocional. Em resumo, o conceito de desamparo aprendido está baseado na percepção de que o resultado de uma ação ocorre de maneira independente das ações do indivíduo, fato que reduz sua motivação para agir de forma que possa controlar esses eventos. Esse processo interfere diretamente no processo de aprendizagem sobre as chances que uma pessoa tem de interferir de forma eficaz no seu ambiente, e essa situação produz ausência de controle, desperta medo no indivíduo, sentimento que induzirá muitos deles à depressão.[489]

---

[489] SELIGMAN. *Helplessness. On Development, Depression and Death*, p. 46-76.

CAPÍTULO 9
Direitos fundamentais como repertório identificatório

*O Caso de Luana Tolentino: um relato sobre
o poder transformador da vontade*

Luana Tolentino estava no primeiro dia na sua nova escola. Ela procurava informações sobre sua sala, o que gastou algum tempo, pois ela não estava familiarizada com aquele espaço. Ela finalmente conseguiu localizar o lugar no qual teriam início as atividades acadêmicas. Enquanto se dirigia para sua sala, um menino branco a chamou de macaca. Ela ficou assustada, porque não sabia o que estava acontecendo. Ela não conseguiu entender os motivos pelos quais alguém que não a conhecia a comparou a um animal. Seu coração disparou, e ela pensou que as palavras agressivas pudessem resultar em uma agressão física. Enquanto ela seguia apreensiva para seu destino, o menino branco gargalhava. Essa não foi a última vez que ela foi vítima de racismo no ambiente escolar. Na verdade, essas atitudes se repetiram ao longo de toda a sua infância; infelizmente, ataques racistas não deixaram de ocorrer ao longo de toda a sua vida. Ela não ouvia esse tipo de fala dos seus colegas quando estava no ginásio, mas eles assumiam outra expressão, frequentemente na forma de racismo recreativo. Piadas racistas e sexistas sempre fizeram parte de sua vida como estudante, além de outros processos de exclusão associados à sua raça e ao seu gênero. De acordo com Luana, esses comportamentos racistas comprometeram o desenvolvimento de sua autoestima de maneira significativa. Ela diz ter crescido com um profundo senso de inferioridade, o que teve um impacto negativo na sua vida emocional e nas suas escolhas profissionais. Apesar das experiências traumáticas que sofreu ao longo de sua experiência como estudante, Luana sempre quis ser professora. Ela teve que dizer a muitas pessoas que ela fazia mestrado e não faxina, o que mostra a expectativa de pessoas brancas de que mulheres negras sempre ocupam um lugar subordinado. Ela se tornou professora primária de uma escola localizada na periferia de Belo Horizonte, instituição na qual procurou criar meios para que a trajetória de crianças negras nas escolas públicas fosse diferente da sua. Hoje uma referência nacional, Luana deseja efetivar mudanças na legislação que estabelece a obrigatoriedade do estudo da cultura africana. Porém, ela enfrenta imensa resistência de uma sociedade que identifica todas as coisas associadas ao negro como algo inferior ou demoníaco. Ela vê o cumprimento dessa norma legal como algo relevante, porque alunos e alunas negras são expostos a um processo de aprendizado que estabelece a cultura europeia como referência cultural e civilizatória única, o que leva muitas pessoas negras a pensar que eles não possuem quaisquer referencias positivas. Essa realidade torna o ambiente escolar um local que provoca estresse permanente na vida de crianças negras, o que compromete não apenas o aprendizado, mas também a maneira como o próprio cérebro delas opera. Embora Luana esteja certa, a realização desse objetivo se mostra bastante difícil, uma vez que muitos membros do grupo racial dominante fazem todo o possível para garantir que eles continuarão a ser a única referência cultural identitária positiva.

Luana enfrenta um problema que afeta todas as pessoas negras: práticas sociais que reproduzem a noção de que membros desse grupo só podem ocupar funções subordinadas na sociedade brasileira, um aspecto da nossa moralidade pública que legitima uma série de ações discriminatórias. Elas não se restringem à negação de direitos ou à ofensa ao princípio da dignidade humana: elas limitam as chances de as pessoas poderem instituir e realizar planos de vida, elas impedem que elas possam realizar um impulso humano básico decorrente de nossa característica de seres planejadores. Vimos que o sofrimento mental tem origem exatamente na dificuldade de os indivíduos poderem operar como agentes; práticas discriminatórias são fontes permanentes de estresse emocional, o que compromete a saúde mental de membros de grupos marginalizados. Esse fato pode ter um efeito incapacitador ou pode tornar a vida cotidiana das pessoas muito penosa, algo contrário ao ideal da dignidade humana. Indivíduos como Luana podem conseguir realizar uma série de atividades, mas não sem um custo emocional por serem permanentemente questionados, mesmo tendo demonstrado sua competência. Ela conseguiu alcançar objetivos profissionais, mas a operação conjunta do racismo e do sexismo ainda cria meios para que eles sejam restringidos, uma vez que ela permanece sendo vista como um outro em quase todas as situações e por muitas pessoas. Entretanto, é importante observar que sua história também demonstra como o acesso ao gozo de direitos fundamentais permite que os indivíduos alcancem suas metas: ela queria ser professora, ela conseguiu alcançar esse propósito e hoje ela trabalha para garantir que nenhum fator indevido limite os horizontes de possibilidades de crianças negras. Se práticas discriminatórias provocam danos psicológicos aos indivíduos, se elas limitam as possibilidades de ser e de aspirar, os direitos fundamentais, quando desempenham suas funções dentro de uma sociedade democrática, podem concorrer para a transformação da vida de grupos subordinados.

Afirmei na introdução desta obra que muitos participantes do debate sobre as funções dos direitos fundamentais ignoram certas questões que considero ser especialmente importantes. Qual é a relevância deles para a proteção da integridade psicológica dos seres humanos? Os direitos fundamentais possuem algum papel no nosso processo de socialização e de subjetivação? Há alguma continuidade entre as diferentes identidades que as pessoas possuem no espaço público e no espaço privado? Eles apenas designam liberdades que possuem uma função protetiva ou eles desempenham algum papel no processo de autodefinição das pessoas? Se eles existem para garantir o livre desenvolvimento da personalidade, de que maneira eles devem ser interpretados e aplicados? Quais são as correlações entre direitos fundamentais e agência humana? Podemos construir uma teoria dos direitos fundamentais a partir da experiência de grupos subalternizados? Essas perguntas requerem uma reflexão sobre alguns pontos que considero essenciais para a proposta de uma teoria psicológica dos direitos fundamentais. Uma das premissas pode ser expressa da seguinte maneira: direitos fundamentais devem ser compreendidos como referências centrais para o processo de subjetivação, uma vez que são meios institucionais necessários para a afirmação dos seres humanos como agentes. Eles possuem importância instrumental para que as pessoas possam realizar suas aspirações, para que elas possam alcançar a satisfação pessoal, uma vez que eles operam como um horizonte de significados responsáveis pela socialização dos indivíduos em sociedades democráticas. Assim, eles podem ser classificados como esquemas de autocompreensão que permitem a construção das pessoas como agentes morais, como agentes jurídicos e como agentes políticos.

Uma vez que o Direito é um aspecto central da regulação das relações sociais, ele é um parâmetro a partir do qual interações humanas são construídas, motivo pelo qual ele se torna uma referência para a construção da identidade humana. Vimos no quarto capítulo o desenvolvimento convergente da subjetividade epistêmica, da subjetividade jurídica e da subjetividade psicológica, análise que demonstrou a importância de pensarmos os direitos fundamentais a partir da perspectiva aqui defendida. Por serem um meio de construção de horizontes de sentidos para as pessoas que vivem em um regime democrático, eles desempenham um papel central no processo de autoconhecimento. A formação psicológica dos indivíduos também passa pelo reconhecimento deles como agentes, entes que possuem os meios ideais para poderem desenvolver capacidades necessárias para a autorrealização. Observamos que a justiça pode ser vista como uma necessidade humana básica, porque uma sociedade pautada por princípios adequados de distribuição de oportunidades e de afirmação da dignidade dos indivíduos oferece os meios para as pessoas poderem ter uma existência que conduz à integridade psicológica. Esse aspecto da vida dos seres humanos é essencial, pois ele permite sua operação como atores sociais competentes, fato negado por uma série de práticas discriminatórias que retratam pessoas negras como indivíduos que não podem desempenhar funções no espaço pública de forma adequada.

De que forma a experiência de grupos subalternizados pode contribuir para a elaboração de uma teoria dos direitos fundamentais? A partir de que parâmetros podemos medir sua adequação aos preceitos que regulam nossa ordem constitucional? Como essas normas constitucionais podem contribuir para a construção de uma democracia substantiva na nossa sociedade? Desenvolverei neste capítulo um dos temas centrais da nossa teoria psicológica de direitos fundamentais: o conceito de *repertório identificatório*. Em uma breve aproximação, essa expressão pressupõe que os direitos fundamentais são normas constitucionais que possuem um objetivo bastante específico: *criar uma pluralidade de oportunidades por meio das quais os seres humanos podem desenvolver as capacidades necessárias e terem os meios institucionais adequados para instituírem e realizarem planos de vida que permitam a realização pessoal*. Por meio deles, as pessoas devem ser protegidas de práticas sociais que restringem a liberdade de ação individual, que impedem o tratamento igualitário entre os indivíduos e que ofendem a dignidade dos seres humanos. A dimensão negativa e a dimensão positiva dos direitos fundamentais revelam um compromisso das sociedades democráticas com a criação de um regime de direitos que ofereça às pessoas os meios institucionais para que elas possam exercer direitos e respostas institucionais a práticas sociais que impedem o reconhecimento dos seres humanos como agentes. Quero dizer que essas normas constitucionais devem ser interpretadas como garantias institucionais destinadas a possibilitar a realização de diferentes formas de existência. Muitas pessoas podem nunca fazer uso de certas categorias de direitos, mas a existência deles reflete o fato de que eles são um meio a partir do qual a identidade das pessoas como seres humanos é construída no momento histórico no qual elas vivem. Esse momento histórico está marcado por uma forma de sociabilidade existente entre pessoas que se compreendem como subjetividades individualizadas, como pessoas que podem elaborar projetos de vida, porque gozam de direitos que protegem formas de ser no espaço público e no espaço privado. Dizer que direitos fundamentais devem ser compreendidos como um repertório identificatório significa afirmar que eles operam como meios disponíveis para que os indivíduos possam exercer algo que faz parte da lógica do sistema de direitos: a promoção do livre desenvolvimento da personalidade. A integridade psíquica deve ser vista como condição essencial para a afirmação dos seres humanos como agentes, requisito para que eles possam viver em uma condição na qual tenham sempre acesso aos meios para a autorrealização. Estar sob a possibilidade permanente de violações de direitos fundamentais significa estar sendo submetido a danos existenciais das mais variadas ordens, situação incompatível com a moralidade democrática. Violações de direitos fundamentais produzem efeitos incapacitantes na vida de todos os membros de grupos sociais subalternizados. Por esse motivo, precisamos alterar a forma como eles têm sido tradicionalmente pensados pela doutrina jurídica.

Direitos fundamentais: uma reformulação de seus propósitos e funções

Direitos fundamentais: uma recapitulação

Iniciamos nossa reflexão sobre direitos fundamentais a partir de uma discussão sobre a noção de direitos; vimos que esse conceito pressupõe a existência de um agente que tem direito a alguma coisa em função de alguma determinação legal, que essa determinação legal implica a obrigação de outra parte em proteger ou promover essa pretensão, que ela designa um âmbito de ação individual, algum tipo de prestação ou uma forma de status. Por designar algum tipo de liberdade, poder, imunidade ou benefício, os direitos fundamentais encerram um conjunto de possibilidades de existência e de estados de ser por meio dos quais os seres humanos podem atingir uma série de objetivos individuais. Observamos que eles são direitos positivados em textos constitucionais, o que implica o dever de tutela estatal desses direitos considerados como universais. Essas posições jurídicas básicas envolvem pretensões individuais que devem ser protegidas ou realizadas por instituições estatais, uma vez que visam proteger interesses pessoais que podem assumir formas diversas. Esses direitos de natureza pública expressam ideais de justiça presentes em um determinado momento histórico; são manifestações dos entendimentos da comunidade política das formas necessárias de proteção da liberdade individual para que as pessoas possam ter uma existência digna, o que inclui a possibilidade de elas terem os meios para poderem decidir o próprio destino. A natureza normativa desses direitos estabelece limites para as ações de atores públicos e privados, agentes que são igualmente obrigados a respeitar e promover esses direitos. Estamos então diante de uma categoria de normas constitucionais que almejam promover a agência humana de diferentes formas e em diferentes níveis, uma vez que eles descrevem a proteção de âmbitos de ação individual. Por terem uma dimensão objetiva, os direitos fundamentais também expressam os valores que devem servir como parâmetro para a ação das instituições estatais; eles precisam ser considerados como princípios a partir dos quais normas jurídicas serão aplicadas e interpretadas.

Nossas reflexões iniciais sobre os direitos fundamentais demonstram que eles são classificados a partir de diferentes categorias que operam de forma interdependente: o gozo de certos direitos depende da possibilidade de exercício de outros direitos; o acesso a um direito opera como uma condição ou como um pressuposto para o exercício de outro, porque cada um deles permite que os seres humanos desenvolvam habilidades que operam como requisito para o desenvolvimento de outras. As liberdades individuais atuam de acordo com essa lógica, pois guardam uma relação lógica entre elas: a existência de uma delas permite a realização de outra. Esse é um dos motivos pelos quais a titularidade universal dos direitos fundamentais se mostra tão importante, uma vez que a impossibilidade de exercício de um direito implica o comprometimento de um sistema de proteção jurídico. Vimos que os direitos fundamentais procuram garantir um espaço de ação individual a partir do qual as pessoas possam construir planos para suas vidas, o que pressupõe a proteção contra intervenções indevidas; que eles também podem ser vistos como direitos a prestações estatais, que eles também designam direitos políticos, categoria importante para a proteção da ordem democrática. A categoria de direitos que estamos discutindo possui também uma função antidiscriminatória, porque eles existem para eliminar formas de hierarquias sociais que impedem o pleno gozo da cidadania. Também podemos atribuir a eles uma função inclusiva, uma vez que, a partir deles, podemos elaborar medidas destinadas a promover a integração de grupos que sofrem formas históricas de exclusão.

Nosso trajeto nos permitiu verificar que os direitos fundamentais têm sido definidos como direitos inerentes a todos os seres humanos; eles têm sido pensados como normas voltadas para a proteção das liberdades individuais, uma vez que permitem a racionalização do poder estatal, instância que tem como objetivo principal criar os meios para o gozo da autonomia humana. Outros apontam a relevância das instituições na realização desse tipo de direitos; eles argumentam que eles não existem como valores transcendentes, mas apenas dentro de instituições legalmente responsáveis pela realização deles. Certos autores preferem pensar os direitos fundamentais a partir de uma perspectiva procedimental. Eles adquirem concretude quando se tornam normas de direito positivo, o que ocorre quando consensos políticos criam os meios para a instauração e proteção desses direitos. Essas normas passam a ser uma direção objetiva para a operação das instituições estatais, instâncias obrigadas a observar uma série de procedimentos com vistas à materialização e à proteção desses direitos. Há também aquelas teorias que entendem direitos fundamentais como demandas de justiça, como parâmetros de ação em nome de grupos que enfrentam formas históricas de discriminação. Vimos ainda que certos autores apontam a relação entre direitos fundamentais e justiça social, sendo que a proteção e a promoção deles podem ser vistas como um ponto de partida para medidas que procuram promover o reconhecimento como também a redistribuição. As diferentes categorias de direitos fundamentais podem ser classificadas como meios para a promoção da integração social, o que depende da afirmação do compromisso com o reconhecimento da igual dignidade de todos os grupos sociais e ainda a garantia de segurança material para todas as pessoas.

Tivemos a oportunidade de observar também que o conceito de direitos fundamentais pressupõe uma representação específica dos seres humanos. Eles são identificados como seres racionais, ponto de partida para o exercício desses direitos. Essa racionalidade permite que eles possam operar de forma adequada em uma sociedade construída em torno da possibilidade de formação de consensos políticos. Ela permite que os indivíduos possam atuar de maneira autônoma, pois todos eles podem estabelecer objetivos individuais passíveis de serem alcançados por meio do exercício de direitos. Direitos fundamentais pressupõem o status dos seres humanos como sujeitos de direitos, categoria construída em torno da identificação da subjetividade racional como pressuposto para a formação dos seres humanos como seres morais. Por serem indivíduos racionais, os seres humanos podem utilizar sua capacidade racional para atingir objetivos pessoais por meio do exercício de liberdades; embora muitos desses objetivos sejam de ordem privada, eles também expressam formas de realização moral que se tornam possíveis em função da capacidade racional dos indivíduos. Mais uma vez, essas normas constitucionais designam, então, uma série de liberdades que permitem um espaço de ação individual. Eles protegem os interesses dos seres humanos, eles abrem espaço para o desenvolvimento de capacidades individuais, eles permitem que as pessoas possam ter os meios para alcançarem uma vida boa. Além disso, eles instituem os meios para a agência humana em uma pluralidade de dimensões da vida social, fato relacionado com a representação dos seres humanos como seres racionais.

Pudemos observar que as teorias sobre as funções dos direitos fundamentais e sobre sua justificação estão amplamente baseadas em premissas gerais da tradição liberal. Esses direitos são vistos como prerrogativas que garantem a proteção de um âmbito de ação dos indivíduos, motivo pelo qual suas violações são geralmente classificadas como restrições indevidas de espaço de ação pessoal. Essas violações podem gerar responsabilização de agentes públicos e privados, sendo que essa possibilidade decorre de algum dano de ordem material ou moral gerado para o indivíduo, lógica que reproduz a noção de que atos ilícitos restringem a possibilidade de o indivíduo atingir seus propósitos pessoais por ser uma limitação da agência humana. Embora a organização das instituições estatais tenha como propósito a proteção desses direitos, elas devem ser responsabilizadas apenas por atos que causem restrições à possibilidade de ação dos indivíduos, noção baseada na representação antropológica subjacente ao discurso jurídico: os seres humanos são agentes morais que devem ser protegidos contra atos que impedem a realização de atos que expressem seu poder de autodeterminação. Eles estão baseados na correspondência entre a soberania estatal e a soberania individual: se a primeira designa o poder de ação em um espaço territorial, a segunda pressupõe o poder de ação na esfera pessoal.

Direitos fundamentais: pressupostos básicos

Os vários relatos de práticas discriminatórias enfrentadas por pessoas negras presentes nesta obra demonstram o quanto precisamos avançar para que o objetivo constitucional da construção de uma sociedade justa e solidária possa ser alcançado. Eles demonstram algo geralmente ignorado por muitos constitucionalistas: processos de exclusão social recaem sobre formas de identidade que designam grupos sociais específicos, realidade responsável pela exposição dessas pessoas a um processo permanente de estresse emocional. Por esse motivo, a compreensão do nosso sistema constitucional como um sistema estruturado a partir do princípio da dignidade humana deve levar em consideração a centralidade do impacto da exclusão social na integridade psíquica dos indivíduos. Nossa teoria psicológica dos direitos fundamentais pressupõe uma compreensão da subjetividade humana distinta daquelas que procuram encontrar uma justificação para essa categoria de normas constitucionais. Se outras concepções entendem a subjetividade humana a partir de sua dimensão racional, o que permite a atuação dos seres humanos como agentes morais e como agentes jurídicos, nossa proposta enfatiza a relevância do reconhecimento da dimensão psicológica da subjetividade humana. É importante enfatizar esse aspecto, porque existimos no mundo como sujeitos psicológicos, como sujeitos com uma existência empírica marcada por uma série de processos responsáveis pela constituição da nossa percepção do sujeito humano como uma consciência individualizada. Nossa consciência não opera apenas como instância regulada por padrões de racionalidade; ela tem também uma natureza senciente, uma vez que percebemos a nós mesmos a partir de um processo permanente de relações identificatórias que determinam nosso valor como agentes sociais. Essa subjetividade psicológica tem uma dimensão individual e uma dimensão social; ela corresponde a uma percepção de aspectos de personalidade que têm uma natureza estável e, ainda, a uma identidade cultural que é produto de uma série de papéis sociais que o indivíduo desempenha na vida. Muitas dessas identidades sociais não são produto de uma construção do indivíduo, mas prescrições que ele deve desempenhar, as quais podem operar como formas de restrição da possibilidade de ação autônoma, porque são atribuídas ao indivíduo por forças que estão fora de seu controle. Esse fato, no lugar de afirmar a autonomia individual, pode provocar a alienação identitária, uma vez que essas prescrições não correspondem à verdade do indivíduo.[490]

Apontar a centralidade do aspecto psicológico da subjetividade humana implica reconhecer que os direitos fundamentais têm funções mais amplas do que aquelas tradicionalmente atribuídas a eles. Seres planejadores estão sempre estabelecendo objetivos para as suas vidas, motivo pelo qual normas de racionalidade instituem padrões comportamentais derivados de nossa capacidade humana de estabelecer planos de ação. Elas não indicam apenas que somos agentes racionais, mas também demonstram o fato de que somos atores sociais cuja existência depende da possibilidade de termos os meios para construirmos

---

[490] MOREIRA, Adilson José. *Mulheres, raça e direito*: feminismo negro como política constitucional transformadora. Belo Horizonte: Conhecimento, 2024, p. 159-171.

sentidos para nossas vidas, o que determinará a nossa percepção de que somos agentes socialmente competentes. A capacidade de poder planejar designa, então, um aspecto da agência humana, e os direitos fundamentais cumprem um papel decisivo na estruturação de nossa subjetividade psicológica, porque criam os meios para que as ações individuais possam ter os resultados esperados. Dessa forma, eles permitem a operação tanto da dimensão moral e racional quanto da dimensão psicológica de nossa subjetividade, uma vez que criam os meios efetivos para que possamos nos afirmar como agentes sociais competentes. A possibilidade de autoverificação ocorre na medida em que, por vivermos em um Estado Democrático de Direito, podemos ter garantia de que nosso status como cidadãos será respeitado, que não seremos afetados por práticas discriminatórias que impedem o exercício de direitos e, consequentemente, a possibilidade de podermos planejar nossa existência. Violações de direitos fundamentais possuem consequências jurídicas *e* psíquicas por restringirem a confiança na operação das instituições, o que tem impacto psicológicos significativos. Elas provocam danos existências, uma vez que geram o desamparo aprendido: os sujeitos sabem que não têm controle sobre aspectos básicos de suas vidas, que instituições estatais operam fora de parâmetros previstos, fatores que geram estados psicológicos negativos nas pessoas.

Direitos fundamentais têm uma dimensão psicológica, porque são mecanismos que abrem a possibilidade de efetividade um aspecto importante de nosso funcionamento psíquico: o desenvolvimento de uma percepção de autoeficácia. Esse processo tem um papel central na afirmação da dignidade humana, uma vez que permitirá o desenvolvimento da consciência de que nossas ações produzem efeitos esperados, o que possibilita o devido planejamento de nossa existência. É importante reconhecer que a agência humana, embora tenha uma dimensão individual, é também socialmente mediada. O exercício da autonomia humana também depende de esforços coletivos, notoriamente o compromisso com a efetividade de direitos fundamentais. Podemos criar planos para nossas vidas na medida em que temos todo um aparato de direitos que possibilitam o alcance dos nossos propósitos, o que depende do acesso a recursos e oportunidades. Isso significa que, ao lado da agência individual, há também a agência delegada, aquela cuja realização depende de arranjos sociais presentes em dada sociedade. A integridade psíquica dos indivíduos depende do desenvolvimento da crença que eles são agentes eficazes; a eficácia pessoal permite que o indivíduo afirme sua identidade social de modo positivo, que ele desenvolva uma relação de congruência entre a representação que tem si mesmo e a percepção de outras pessoas, requisito para que ele possa desenvolver um senso positivo de identidade. A crença na autoeficácia regula processos racionais, afetivos e motivacionais. Todas essas dimensões criam os meios para que o indivíduo opere para alcançar novos objetivos ou que desenvolva a noção de que não é um agente competente, o que pode comprometer seu psiquismo.

Nosso trajeto revelou também que a noção de agência humana não tem uma dimensão apenas individual ou uma dimensão mediada; ela também tem um aspecto coletivo. A eficácia coletiva deriva da percepção da capacidade que membros de um grupo possuem de atingir objetivos estabelecidos coletivamente; ela decorre da observação pelo indivíduo do quanto ações cooperativas e coordenadas conseguem afetar a realidade. Grupos agem de acordo com crenças compartilhadas, entre elas a noção de que são membros de uma comunidade política que merecem os mesmos direitos. A eficácia coletiva opera de forma paralela à eficácia pessoal, uma vez que a observação da eficácia individual influenciará a percepção que o sujeito terá da possibilidade de suas ações terem os resultados que ele espera.[491] A análise dessas dimensões da agência humana demonstra que direitos fundamentais cumprem um papel importante no processo de integração de grupos sociais, uma vez que eles também são os meios a partir dos quais as pessoas podem operar como agentes coletivos para poder ter acesso a direitos. Esse tipo de agência também influencia a percepção que o sujeito tem de seu poder de eficácia como um agente social. Por esse motivo, a tradicional perspectiva de interpretar direitos fundamentais a partir de premissas liberais parece problemática, uma vez que o exercício da agência individual também está relacionado com o pertencimento desse indivíduo a grupos sociais que estão posicionados em diferentes níveis nas hierarquias presentes nas nossas sociedades. Observamos que limitações do exercício de direitos fundamentais decorrem de práticas que caracterizam a operação de muitas instituições, motivo pelo qual elas são responsáveis pela manutenção de formas de status subordinado ao longo do tempo. Essa realidade pode causar formas de traumas coletivos que impactam a vida psicológica das pessoas de forma significativa ao comprometer a formação de um senso coletivo de autoeficácia.[492]

---

[491] BANDURA, Albert. Teoria social cognitiva no contexto cultural. *In*: BANDURA, Albert; AZZI, Roberta Gurgel (org.). *Teoria social cognitiva: diversos enfoques*. Campinas: Mercado de Ideias, 2017. p. 45-55.

[492] BANDURA, Albert. Exercise of personal and collective efficacy in changing societies, *In*: BANDURA, Albert (ed.). *Self-efficacy in changing societies*. Cambridge: Cambridge University Press, 1995, p. 1-46.

Nosso percurso também demonstrou que os direitos fundamentais têm uma dimensão expressiva. A referência aos ideais da universalidade, da generalidade e da equidade indica que essa categoria de normas constitucionais encerra um conjunto de valores que têm uma dimensão *simbólica* significativa. Eles exprimem valores morais e políticos sobre o status dos vários grupos que vivem em uma dada sociedade, o que também opera como uma referência para a autocompreensão dos indivíduos. Direitos fundamentais cumprem sua função de proteger a dignidade das pessoas quando todos os grupos estão igualmente por eles protegidos, quando eles são culturalmente representados como pessoas dignas. A aplicação e a interpretação dos direitos fundamentais envolvem apreciações morais sobre o valor das pessoas, motivo pelo qual a ausência de acesso a eles significa, para muitos, que eles não têm acesso a prerrogativas, status e imunidades que são tidas como relevantes para que as pessoas possam desenvolver a percepção de que são igualmente valorizadas pela sociedade. A experiência repetida de discriminação promove processos de disrupção da identidade, porque significa uma afirmação social de que a pessoa não goza de respeitabilidade, motivo pelo qual ela não deve ter acesso a direitos.[493]

É importante enfatizar algo que dissemos anteriormente. A possibilidade de viver em uma sociedade na qual as pessoas têm o mesmo nível de respeitabilidade concorre para que elas possam, ao longo da vida, ter acesso aos meios para desenvolver habilidades psicológicas necessárias para exercerem o papel de agentes. Não podemos esquecer que os seres humanos não nascem com habilidades definitivas; elas são cultivadas ao longo da vida, o que depende de condições sociais favoráveis. Obstáculos ao amadurecimento delas são especialmente danosos, uma vez que reduzem as chances de as pessoas terem repertórios maiores de possibilidades. Tivemos a oportunidade de observar que o desenvolvimento humano compreende um processo por meio do qual os seres humanos adquirem habilidades cada vez mais complexas, o que lhes permite desenvolver diferentes instâncias da agência humana. Ter acesso a direitos significa ter os meios para que o crescimento pessoal permita que o indivíduo se torne um agente cada vez mais capaz, processo que permite a criação dos meios para a autorrealização. Quando falamos sobre dignidade humana, falamos também sobre a possibilidade de os seres humanos terem os meios para aprimorar suas

---

[493] Cf. HELLMAN, Deborah. Equality in the key of respect. *Yale Law Journal*, v. 123, n. 8, p. 3038-3080, 2014; ANDERSON, Elizabeth; PHILDES, Richard. Expressive theories of law. *University of Pennsylvania Law Review*, v. 148, n. 5, p. 1503-1526, 2000.

capacidades, o que depende do acesso a uma pluralidade de direitos, especialmente ao longo das duas primeiras décadas da vida.

O conceito de repertório identificatório

O conceito de repertório identificatório que elaboramos neste livro encontra inspiração na teoria psicológica desenvolvida por Erik Erikson. O autor chama atenção para o fato de que a formação psicológica do indivíduo decorre de uma série de relações identificatórias que ele estabelece ao longo da vida. Erikson examina o papel de processos identificatórios na formação das estruturas mentais a partir da análise das interações sociais, o que nos permite aprofundar a compreensão das referências que instituem os mecanismos para uma estruturação positiva ou negativa da personalidade dos indivíduos. Ele afirma que uma resposta adequada do meio social possibilita a aquisição de elementos importantes para a formação do eu, como as noções de continuidade e consistência da experiência pessoal. Por outro lado, condições negativas podem limitar as chances de o indivíduo conseguir desenvolver as habilidades necessárias para desempenhar as tarefas impostas a ele nas diferentes fases de desenvolvimento. Suas várias investigações sobre o tema permitiram um entendimento mais efetivo do papel que as relações sociais podem ter na formação do psiquismo e, ainda, dos processos que podem produzir transtornos a partir da circulação de valores sociais.[494]

O tema da identidade adquire importância central nas obras desse autor em função de processos psicossociais presentes no momento no qual ele viveu, o mesmo problema que afeta grande parte das pessoas no mundo atual. O mais relevante de todos diz respeito às inseguranças relacionadas com a problematização das referências identificatórias, com reflexões sobre o que as pessoas devem ou podem ser em sociedades que instituem padrões morais e propósitos coletivos marcados por uma grande ambiguidade. Erikson entende que a existência de referenciais identificatórios que garantam um nível mínimo de segurança ontológica para as pessoas tem relevância central para a construção de um ego minimamente integrado. O alcance desse objetivo é mais difícil de ser alcançado no caso de grupos sociais que se deparam com referências identificatórias negativas permanentes, pois essa situação cria obstáculos para a integração psíquica, além de motivar atos responsáveis pela exclusão do

---

[494] ERIKSON, Erik. *Identity, youth and crisis.* Nova York: Norman&Company, 1968, p. 295-321.

acesso a mecanismos relevantes para o exercício de direitos. A existência de padrões identificatórios positivos e estáveis permite a criação de um senso de permanência e continuidade; a ausência desse fator gera um questionamento permanente sobre os fatores que constituem o verdadeiro eu individual. A noção de identidade, no pensamento de Erickson, pode ser entendida como o resultado de estados e processos que promovem um nível cada vez maior da consciência da particularidade individual. Esse autor compreende a identidade como uma instância que possui uma natureza psicossocial, uma vez que compreende elementos que refletem tanto o âmago do indivíduo como também o âmago da sociedade na qual ele vive. A estabilidade desse aspecto da experiência humana depende então da conexão entre a identidade individual e os valores que regulam o ideário social.[495]

Dessa forma, a análise do papel da identidade na formação do eu psicológico nos permite entender o conceito de repertório identificatório como o conjunto de referências disponíveis para os indivíduos tomarem como parâmetros para a construção da própria subjetividade. Erikson formula uma teoria de desenvolvimento baseada na premissa de que os indivíduos passam por uma série de tarefas de desenvolvimento cuja realização depende de diferentes aspectos da inserção social deles. Esse autor argumenta que os primeiros anos de vida são fundamentais para a aquisição do que tem sido chamado de segurança ontológica, fator essencial para o desenvolvimento de uma personalidade integrada. As referências afetivas, as representações culturais e as condições materiais impactarão o processo de maturação psicológica e cognitiva das pessoas ao longo da vida, motivo pelo qual a noção de identidade em Erikson não pode ser reduzida a uma mera questão especular. Para esse autor, os primeiros quatro anos de vida são especialmente relevantes, uma vez que as pessoas desenvolvem capacidades primárias que as permitem formar uma percepção de eficácia como agente e de confiança no ambiente social no qual elas vivem. Está também em jogo formação da percepção da capacidade de o indivíduo poder exercer controle sobre aspectos diversos de sua personalidade, capacidade adquirida a partir da percepção de que ele tem os meios para controlar o próprio corpo. Os quatro anos seguintes serão marcados pelo crescente impacto da maturação de habilidades cognitivas e psicológicas na construção de um senso de competência individual, resultado da crescente utilização dessas capacidades para resolver uma série de questões com as quais os seres humanos se deparam no processo de

---

[495] STEVENS, Richard. *Erick Erikson*. Explorer of identity and life cycle. Nova York: Palgrave Macmillan, 2008, p. 60-83.

socialização. Durante a adolescência, os indivíduos se depararão com a pressão para tomarem decisões duradouras sobre suas vidas, para afirmarem diferentes aspectos de suas identidades, fato que depende da segurança emocional que elas adquiriram nas etapas seguintes e das condições institucionais oferecidas para que elas possam tomar essas decisões. O processo de afirmação do sujeito como um agente eficaz será ainda expandido na medida em que ele chega na vida adulta e enfrenta outras exigências sociais como a formação de relações amorosas e a afirmação da vida profissional.[496]

Percebemos então que o tema da identidade perpassa todos os estágios da vida de uma pessoa, uma vez que ela precisa ter acesso a referências identificatórias positivas e condições materiais adequadas para poderem desempenhar as tarefas de desenvolvimento que enfrentam ao longo da vida. A capacidade de estruturação integrada da personalidade se torna possível na medida em que os indivíduos encontram o apoio social para desenvolver as habilidades emocionais impostas por novas exigências decorrentes do processo de socialização, que corresponde também ao processo de maturação cognitiva, emocional e moral das pessoas. Da mesma forma que o interacionismo simbólico, o referido autor está especialmente interessado em pensar o tema da identidade não apenas a partir da dinâmica psicológica entre indivíduos, mas também a partir da estrutura social na qual eles estão inseridos. Quanto maiores forem as referências sociais e as condições materiais adequadas, maiores serão as chances de uma pessoa se reconhecer como alguém capaz de desempenhar funções sociais, uma vez que as condições sociais permitiram que ela se constituísse como um indivíduo psicologicamente integrado.[497]

O conceito de repertório identificatório engloba relações identificatórias presentes no espaço familiar e as que fazem parte das referências culturais que moldam o processo de socialização. De acordo com as teses anteriormente apresentadas, a formação da estrutura psicológica dos indivíduos está amplamente relacionada com o status social que eles ocupam, uma vez que a posição deles nas hierarquias sociais determina a natureza das referências identificatórias disponíveis. Estas operarão não apenas como parâmetros para a construção da personalidade, mas também para o acesso às condições materiais que as pessoas são capazes de mobilizar na sociedade. A posição dos indivíduos indica as

---

[496] ERIKSON, Erik. *Identity, youth and crisis*. Nova York: Norman&Company, 1968, p. 93-141.

[497] ERIKSON, Erik. *Childhood and Society*. Nova York: Norman&Company, 1963, p. 247-251.

chances reais que eles possuem de tomar decisões duradouras sobre a própria existência, sendo que elas podem ser maiores ou menores dependendo do nível de respeitabilidade social eles gozam. Embora a teoria de Erikson tenha uma dimensão individualista, seus escritos sobre grupos minoritários demonstram seu reconhecimento de que o psiquismo não é formado apenas por um processo psicológico que ocorre apenas no plano individual. Este autor afirma a importância da consideração das relações entre o sujeito e a sociedade e que a identidade deve ser percebida a partir das condições sociais e históricas na qual o indivíduo vive.[498] Esta posição levou certos autores a entender a identidade como um tipo de performance social decorrente das condições sociais nas quais uma pessoa está inserida. O termo identidade pode ser entendido então como um tipo de operação do indivíduo que procura atingir propósitos que representam valores culturais. O processo de socialização consiste na internalização de modelos comportamentais que expressam valores e a posição dos indivíduos dependerá do quanto eles podem corresponder a eles, o que é determinado pela variedade de pertencimentos.[499]

Do mesmo modo que outras teorias psicológicas, Erikson concebe a identidade como algo que possui uma natureza psicossocial, uma vez que o desenvolvimento da identidade depende da relação que as pessoas mantêm com o contexto social no qual elas estão inseridas. Por esse motivo, a possibilidade de asserção da identidade depende das formas de regulação cultural presentes em uma dada sociedade e em um certo momento histórico; a afirmação dos sentidos da identidade está relacionada com a resposta de outras pessoas, motivo pelo qual o sentimento de eficácia pessoal decorre em grande parte da posição que a pessoa ocupa nas várias hierarquias sociais. As sociedades humanas oferecem uma pluralidade de referências identificatórias para as pessoas, o que faz parte do propósito de criação de princípios de regulação social dos comportamentos. Da mesma forma que essas referências não são monolíticas, as várias formas de identidade que compõem o ego de um indivíduo também não assumem uma forma definitiva. De qualquer modo, a noção de identidade expressa um sentimento consciente de uma identidade pessoal baseada na distinção da experiência de todos os outros indivíduos, ela pressupõe uma luta para a sua afirmação e

---

[498] ERIKSON, Erik. The concept of identity in race relations. Daedalus, v. 95, n. 1, p. 145-171, 1966.

[499] HIRARA, Shogo; SUGIMURA, Kzaumi; SYED, Moin. Forming a negative identity in contemporary society: shedding light on the most problematic identity resolution. *Identity: An international Journal of Theory and Research*, p. 1-9, 2018.

sua continuidade ao longo do tempo, ela se mostra efetiva na medida em que encontra os meios para a integração entre todas as suas dimensões, além dos vários tipos de solidariedade derivada da experiência comum com outras pessoas que fazem parte dos mesmos grupos.[500]

Essas teses são corroboradas e expandidas por alguns pressupostos do interacionismo simbólico. Vimos que a formação da identidade é um processo contextual, na medida em que as pessoas estão sempre procurando criar uma coerência entre a compreensão que elas têm de si mesmas com as condições que regulam as diversas formas de interação social. O contexto social estabelece as referências culturais que regulam a percepção da forma como interações ocorrem, e a quantidade de recursos que os indivíduos conseguem comandar a partir das formas de identidade que eles possuem. Assim, a identidade não pode ser entendida como algo relacionado apenas com a dimensão psicológica dos seres humanos, uma vez que sua constituição também expressa a lógica das interações humanas presentes em uma dada sociedade. Isso permitirá que os indivíduos tenham maior ou menor nível de controle social sobre diversos aspectos necessários para constituir uma identidade social integrada.

As considerações anteriores nos permitem agora apresentar uma definição da noção de direitos fundamentais como repertório identificatório, uma vez que elas mostram a importância da posição que as pessoas ocupam nas várias hierarquias sociais para a formação de um senso de integridade psíquica. Primeiro, classificamos direitos fundamentais como um *esquema de autocompreensão* de indivíduos que vivem em sociedades democráticas. Observamos que o processo de formação da identidade individual pode ser visto como o produto de uma série de relações identificatórias construídas a partir das condições sociais e históricas nas quais uma pessoa está inserida. Elas estão amplamente relacionadas com a cultura pública de uma determinada sociedade, com a posição que os sujeitos ocupam nas diversas hierarquias sociais, com as diversas formas de status necessárias para o acesso a condições materiais de existência. Segundo, essas considerações nos permitem definir o repertório identificatório também como o conjunto de valores culturais e oportunidades institucionais abertas aos indivíduos para que eles possam realizar suas aspirações pessoais. Essas referências e oportunidades determinam as possibilidades que eles terão de construir um senso positivo de identidade, de ter acesso às condições materiais necessárias para realizarem suas aspirações sociais. O repertório identificatório

---

[500] STEVENS, Richard. *Erik Erikson*: explorer of identity and life cycle. Nova York: Macmillan, 2008, p. 60-70.

designa então os meios disponíveis para que os indivíduos possam operar como agentes. Esse conceito designa tanto os valores sociais atribuídos às formas de identidade disponíveis para os indivíduos, quanto as oportunidades abertas às pessoas em função do status que elas ocupam na sociedade. Pensar os direitos fundamentais como um repertório identificatório, como uma pluralidade de direitos que permitem o florescimento de diferentes formas de ser encontra legitimidade no propósito de construção de uma sociedade justa e pluralista.[501]

A noção de repertório identificatório, entendida aqui como uma condição existencial de natureza jurídica e política, está relacionado com a dimensão simbólica dos textos constitucionais, documentos legais que expressam a compreensão de identidade e de unidade de uma determinada sociedade. Esse aspecto engloba valores que operam como um horizonte de sentidos a partir dos quais as pessoas formam relações sociais e políticas; ela também comtempla sentidos culturais em torno dos quais os membros de uma comunidade política elaboram parâmetros relevantes para a sua identidade social, notoriamente o status como titulares de direitos. Assim, direitos fundamentais, entendidos como um repertório identificatório, podem ser entendidos como um conjunto de valores sociais que desempenham um papel central no processo de socialização dos indivíduos, entes que desenvolvem um senso de identidade a partir da presunção de que o status deles como sujeitos de direitos será a referência central a partir da qual as interações cotidianas serão organizadas. Este é então um primeiro fator em função do qual podemos definir direitos fundamentais como um esquema de autocompreensão, uma vez que eles operam como um fator central para o processo de construção da identidade normativa dos indivíduos como sujeitos de direito.

Terceiro, a noção de repertório identificatório encontra fundamento nos pressupostos que animam o atual paradigma constitucional, movimento baseado na noção da centralidade dos direitos fundamentais na legitimação dos atos estatais. Como anteriormente observado, o atual paradigma constitucional tem sido definido como um constitucionalismo de direitos, o que define seu compromisso com a construção de uma sociedade igualitária centrada na efetividade das várias categorias de direitos fundamentais. Essa formulação de Estado de Direito pressupõe a luta pela construção de uma democracia pluralista e substantiva, ideais que expressam o compromisso com a promoção da integração social, de forma que possa promover a inclusão de todos os grupos sociais. Tendo em vista a

---

[501] Cf. MOREIRA, Adilson José. Masculinidade e criminalidade em *Moonlight*: um estudo sobre as relações entre masculinidade e delinquência. *Direitos e Garantias Fundamentais*, v. 19, n. 2, p. 43-98, 2018.

centralidade do princípio da dignidade humana nos textos constitucionais atuais, vemos que a cultura jurídica contemporânea estabelece esse princípio como uma referência valorativa central para o estabelecimento das funções estatais e para a forma como as pessoas devem compreender a si mesmas. Da mesma forma, o estabelecimento da cidadania como um princípio conformador do nosso sistema constitucional o institui como outro fator relevante da operação das instituições estatais, bem como uma forma primordial de identidade das pessoas que vivem na nossa sociedade. A caracterização do Brasil como um Estado Democrático de Direito, o institui como um Estado de justiça, uma forma de organização estatal comprometida com a construção de uma ordem pública na qual as pessoas têm acesso aos meios adequados para o exercício da cidadania, outro fator que tem um papel central na promoção da integração social de todos os grupos sociais.

Quinto, a vida em um Estado de Direito estabelece referenciais centrais para a formulação de referenciais identificatórios para as pessoas, fator que permite a construção de um senso de orientação necessário para a formação da integridade psíquica. Devemos estar cientes da relação entre certos preceitos jurídicos que regulam essa forma de organização estatal e princípios que regulam o psiquismo humano. Os princípios da legalidade e da segurança são elementos de organização da ação estatal e da ação individual; eles permitem que as pessoas orientem seus atos a partir da expectativa de que as instituições governamentais operarão de acordo com o que está legalmente previsto. Essa expectativa permite que as pessoas possam atribuir sentidos e propósitos às suas ações, instituir e alcançar planos de vida, motivo pelo qual podemos afirmar que a segurança jurídica permite que as pessoas estabeleçam parâmetros de orientação para suas vidas. Assim, direitos fundamentais contribuem para a racionalização do poder estatal, porque instituem um dever geral de tutela que tem como propósito central garantir os meios para que as pessoas possam exercer a autonomia individual, o que constitui a possibilidade de pretender, refletir, agir e realizar ações que possam promover a autorrealização. Esse processo ocorre quando as pessoas vivem dentro de um regime jurídico que permite a organização das ações a partir da previsão de que agentes estatais sempre operarão de acordo com normas jurídicas. Vemos, então, que a noção de Estado de Direito diz respeito a uma forma de organização estatal na qual o poder político encontra-se regulado por normas de caráter universal que refletem o interesses dos seres humanos de viverem em uma sociedade na qual o gozo de direitos fundamentais, centrado nas noções de previsibilidade e de estabilidade das relações jurídicas, fornece os meios para o florescimento das capacidades humanas, requisito para que exista uma correlação entre duas esferas distintas da identidade individual, quais sejam, a identidade jurídica como sujeito de direitos e a identidade como um indivíduo particular. A confiança jurídica, aspecto subjetivo da segurança jurídica, implica a possibilidade de verificação e previsão de um estado ideal que permite os indivíduos planejarem suas existências a partir da expectativa de que normas jurídicas serão respeitadas por agentes estatais. Estamos então diante de preceitos fundamentais que concorrem para a realização de um aspecto da formação da identidade das pessoas que é a operação paralela entre a operação das instituições estatais e a operação do aparelho psíquico.[502]

Quarto, a noção de repertório identificatório também está construída em torno da existência de obrigações constitucionais, de deveres constitucionalmente instituídos, entre eles a obrigação com a efetividade dos direitos fundamentais, requisito para que as pessoas possam ter os meios para poderem comandar recursos e oportunidades para operarem como atores sociais competentes. Observamos que essa categoria de normas constitucionais implica, entre outras coisas, o direito à proteção contra intervenções arbitrárias, o direito a prestações estatais positivas, o que podemos classificar como condições para que as pessoas possam realizar aspirações, um tipo de expectativa decorrente da identidade dos seres humanos como sujeitos sociais que possuem um tipo de identidade normativa configurada na ideia de cidadania. Nós a classificamos como um tipo de identidade normativa, porque implica uma série de posições jurídicas consubstanciadas na noção de direitos fundamentais. Assim, a cidadania não indica apenas um tipo de status jurídico, nem apenas um status político, mas um esquema de autocompreensão individual a partir do qual as pessoas formulam sentidos para a própria existência. A conceituação de direitos fundamentais como um repertório identificatório também expressa o compromisso constitucional com a transformação do status coletivo de grupos que estão em uma situação de desvantagem duradoura ou permanente, pois essa realidade é certamente incompatível com o propósito de construção de uma sociedade baseada no princípio da solidariedade. Para grupos raciais marginalizados, o caráter transformador do nosso texto constitucional é especialmente relevante, motivo pelo qual ele ocupa um papel central na nossa argumentação.[503]

---

[502] Cf. ÁVILA, Humberto. *Teoria da segurança jurídica*. 7. ed. JusPodivm, 2024, p. 183-190; QUINTILIANO, Leonardo David. Princípio da proteção da confiança. Fundamentos para limitação dos poderes constituídos na modificação de direitos sociais em tempos de crise. *Revista da Faculdade de Direito de São Paulo*, v. 112, 2017, p. 133-136.

[503] Cf. CONDOR, Susan. Towards a social psychology of citizenship? *Journal of Community & Applied Social Psychology*, v. 21, p. 193-201, 2011; MOREIRA, Adilson José. *Cidadania sexual*. Estratégia para ações inclusivas. Belo Horizonte: Arraes, 2017.

Quinto, esse preceito pressupõe uma noção de justiça social como algo que decorre da possibilidade de um indivíduo poder manter a coerência entre a dimensão individual e a dimensão social de sua identidade, de forma a evitar que práticas discriminatórias possam provocar a percepção de que o sujeito não possui controle sobre aspectos básicos de sua vida. O acesso a direitos desempenha um papel importante na formação de uma relação de coerência entre os aspectos psicológicos da identidade individual e a dimensão normativa da identidade social enquanto sujeito de direito. A coerência entre essas duas instâncias impede o problema da disrupção da identidade que sempre acontece quando pessoas são impedidas de exercer direitos em função de práticas discriminatórias que recaem sob alguma forma de identidade ou status da pessoa. Dessa forma, o princípio da confiança jurídica contribui para que as pessoas possam desenvolver os sentimentos de segurança ontológica e de segurança psicológica: o sujeito consegue construir um senso positivo de si mesmo, o que pode ocorrer quando ele está ciente do comprometimento social com princípios jurídicos. A coerência entre essas dimensões da identidade individual formada pela garantia de exercício de direitos fundamentais permite que os seres humanos formem um sentimento de autoeficácia, fator essencial para o desenvolvimento da integridade psicológica dos seres humanos.

Sétimo, a noção de repertório identificatório está construída sobre a noção de que os seres humanos não devem ser submetidos a formas de alienação identitária para que possam ter acesso a direitos. Direitos fundamentais são meios a partir dos quais as pessoas podem afirmar traços benignos de sua identidade sem serem submetidos a práticas que implicam a perda de respeitabilidade e a consequente diminuição da possibilidade de mobilizar recursos para que tenham uma boa vida. Ter acesso a essa categoria de direitos abre espaço para que as pessoas possam ter os meios para cultivarem suas capacidades, requisito essencial para que elas possam desenvolver um sentimento de integridade psíquica. Os direitos fundamentais se relacionam com o princípio da dignidade humana a partir de um aspecto bastante relevante: eles abrem espaço para que os indivíduos possam desenvolver um sentimento de autoeficácia a partir da formação da coerência entre diferentes formas de identidades. Isso significa que o dever de proteção estatal engloba medidas dirigidas para a proteção de grupos que sofrem processos permanentes de estresse emocional em função da permanente ameaça de disrupção identitária. Vimos que esse processo promove um senso de desorientação permanente nos indivíduos, porque eles são socialmente construídos como pessoas incapazes de operar como atores sociais competentes. Essa realidade é integralmente incompatível com princípios que regem o Estado Democrático de Direito, forma de organização estatal que deve estar comprometida com um projeto de transformação social voltado para a integração de grupos tradicionalmente discriminados.

Devemos interpretar direitos fundamentais como um repertório identificatório em função de algumas premissas examinadas em outros capítulos. Vimos que o desenvolvimento humano designa um processo por meio do qual os seres humanos adquirem novas habilidades cognitivas e novas capacidades emocionais para enfrentar novas situações que surgem em função do processo de maturação, estágios relevantes na afirmação dos seres humanos como agentes. Isso significa que precisamos entender o desenvolvimento como um fenômeno de caráter transformador: o crescimento e a maturação dos seres humanos permitem que eles adquiram, ao longo do tempo, os meios para ter um nível cada vez maior de autonomia sobre suas ações, o que deve ser garantido por condições materiais promovidas por direitos fundamentais. A situação na qual os indivíduos vivem determina a possibilidade de eles terem os meios para cultivar habilidades necessárias para realizarem diferentes planos de vida abertos pelo exercício de direitos fundamentais. O desenvolvimento humano implica a existência de uma série de mudanças ao longo do tempo por meio das quais os indivíduos podem atingir suas plenas potencialidades, um processo psicológico cuja realização depende de uma base material de existência conferida por direitos fundamentais.[504]

É importante enfatizar um aspecto dessa discussão. Os direitos fundamentais devem ser vistos como um repertório identificatório, porque são um conjunto de posições subjetivas que devem estar abertas para os indivíduos poderem ter os meios para realizar seus projetos de vida. Cada pessoa estabelecerá propósitos para sua existência; elas devem ter os meios para poder alcançar esses objetivos, o que torna necessário que eles estejam abertos a membros de todos os grupos sociais. Os aspectos da interdependência e da indivisibilidade dos direitos fundamentais se mostram importantes para a nossa análise. Esse repertório identificatório inclui a possibilidade de gozo de direitos que estão conectados e que se apresentam como condição para o gozo de outros; ele também engloba a noção de que os direitos fundamentais de diferentes gerações são relevantes para que as pessoas possam realizar projetos que dependem de uma pluralidade de categorias de direitos. A integração social de pessoas negras depende de diferentes categorias de direitos sociais que guardam uma relação próxima entre si; ela também exige a possibilidade de acesso a direitos

---

[504] BAUER, Jack J. *The transformative self*. Personal growth, narrative identity, and the good life. Oxford: Oxford University Press, 2021, p. 1-11.

de diferentes gerações para que os espaços de ação dos indivíduos estejam adequadamente protegidos. A proteção desses espaços de ação é o requisito material para que as pessoas possam operar como agentes sociais, condição para a formação de uma identidade individual psicologicamente integrada, livre de formas permanentes de estresse psicossocial que se manifestam por meio da ausência de controle sobre aspectos mínimos das condições de existência.

Direitos fundamentais e agência humana

A elaboração de uma teoria dos direitos fundamentais a partir da perspectiva de grupos subalternizados precisa também superar o problema posto por uma cultura jurídica que ainda procura interpretar normas constitucionais a partir de uma perspectiva liberal, postura que diminui o potencial transformador do nosso texto constitucional. É certo que a tradição liberal contribuiu de forma significativa para a elaboração da noção de liberdade baseada na promoção da agência, mas a redução dessa agência a uma capacidade de ação racional suscita uma série de problemas. A análise da relação entre direitos fundamentais e agência humana pode ser vista como o primeiro passo na construção dos direitos fundamentais como um repertório identificatório. Observamos anteriormente que esse conceito articula três dimensões relevantes da subjetividade humana: a subjetividade epistêmica, a subjetividade jurídica e a subjetividade psicológica. Se a primeira fundamenta a noção de agência enquanto possibilidade de ação racional, a segunda designa a possibilidade de operação como agente a partir de um status legalmente protegido, e a terceira, o impulso psicológico do indivíduo em se reconhecer como pessoa capaz de atribuir sentidos e propósitos para suas ações. Os direitos fundamentais podem ser interpretados como um repertório identificatório, porque estabelecem os meios para que os indivíduos possam operar como agentes nessas três dimensões. Mais do que direitos que protegem âmbitos de ação no espaço público e no espaço privado, os direitos fundamentais devem ser vistos como garantias que permitem a expressão dessas três dimensões da agência humana, uma vez que elas expressam diferentes dimensões da experiência humana. Devemos então conceber os direitos fundamentais como uma categoria de normas que pretendem proteger seres que operam em diferentes registros por terem uma existência múltipla, aspecto geralmente ignorado pelas teorias de direitos fundamentais de inspiração liberal.[505]

---

[505] Cf. GEWIRTH, Alan. *The community of rights*, p. 26-62; RODOTÁ, Stefano. *El derecho a tener derechos*. Madrid: Editorial Trotta, p. 2014, p. 135-164.

Pensar os direitos fundamentais a partir da necessidade de proteção de diferentes dimensões da agência humana começa com a proteção da dimensão epistêmica da agência humana, aspecto que fundamenta a representação dos seres humanos como sujeitos racionais. A agência humana pressupõe o reconhecimento dos seres humanos como seres racionais, como pessoas capazes de atos de reflexão e deliberação, atributos que fundamentam o princípio da dignidade humana. Essa capacidade de ação racional surge como o ponto de partida para o reconhecimento dos indivíduos como agentes morais, uma dimensão da vida humana relevante para a integração da sociedade. Uma primeira consideração para que os direitos fundamentais sejam vistos como um repertório identificatório decorre do fato de que eles expressam o reconhecimento dos seres humanos como agentes que merecem o tratamento igualitário porque são agentes morais, uma qualidade universal dos seres humanos. Eles instituem os meios a partir dos quais as pessoas podem ter os meios necessários para operar na realidade como atores sociais competentes. Direitos fundamentais cumprem então a função de proteger os indivíduos contra práticas sociais que negam o reconhecimento dos seres humanos como pessoas capazes de operar na esfera pública como atores sociais competentes.[506]

Esse reconhecimento se mostra relevante contra práticas sociais responsáveis pela estigmatização de membros de grupos sociais, pessoas que são sistematicamente desqualificadas em função da circulação de estereótipos. Direitos fundamentais cumprem o papel importante de criar meios institucionais para proteger indivíduos contra mecanismos sociais que operam para impedir que eles exerçam seus direitos a partir da alegação de que eles não podem operar adequadamente como agentes sociais. Essas violações de direitos fundamentais estão baseadas na presunção de que essas pessoas não podem atuar como agentes porque certas características fazem com que elas careçam de racionalidade. Os direitos fundamentais existem aqui para afirmar que todos os seres humanos são capazes de determinar suas ações a partir de deliberação pessoal, motivo pelo qual eles devem ter os meios institucionais para que essa atividade seja possível. O papel dos direitos fundamentais na proteção dessa dimensão da subjetividade humana se mostra especialmente relevante porque as pessoas precisam estar protegidas contra mecanismos sociais responsáveis pela estigmatização de identidades, de identidades que podem ser expressas no espaço público e daquelas que não podem fazer parte do espaço público. Esse processo atinge especialmente grupos sociais subalternizados, grupos que se encontram

---

[506] NOVAIS, Jorge Reis. *Princípios estruturantes de Estado de Direito*. Lisboa: Almedina, 2019, p. 67-93; WERLANG, Rosangela; MENDES, Jussara Maria Rosa. Sofrimento social. *Serviço Social e Sociologia,* n. 116, p. 743-755, 2013.

nessa posição em função de diferenciação de status utilizada para legitimar sistemas de dominação baseados em relações arbitrárias. Assim, por serem normas de alta prioridade em função do status constitucional, direitos fundamentais devem operar como princípios que regulam a ação de instituições estatais, no aspecto protetivo, para que as pessoas não estejam sempre expostas a violações de direitos humanos. A integridade psíquica das pessoas depende da existência de uma ordem política na qual elas não sejam sistematicamente desqualificadas, problema que impede que elas sejam vistas como atores sociais capazes de operar na esfera pública de forma competente.

O conceito de direitos fundamentais como um repertório identificatório também se mostra relevante para a proteção da dimensão jurídica da agência humana. Essa categoria de normas constitucionais cumpre uma variedade de funções legais, sendo delas o reconhecimento dos seres humanos como detentores de uma personalidade jurídica. Esse status atribui às pessoas uma série de direitos necessários para que elas possam exercer a condição de agente. Primeiro, os direitos fundamentais são meios a partir dos quais as pessoas encontram as condições para poderem atuar nas diferentes esferas da vida, para poderem pôr em execução seus planos de vida. O reconhecimento como sujeito de direito é um requisito para que essa dimensão da agência humana possa ocorrer. Segundo, o reconhecimento das pessoas como sujeitos de direito tem um papel central no processo de socialização dos indivíduos, porque eles aprendem que tanto eles quanto os outros têm o mesmo status, que todos devem ser reconhecidos como agentes morais. Por esse motivo, ser reconhecido como titular de direitos é uma condição para que o ser humano possa se reconhecer como um agente, uma vez que a titularidade lhe atribui uma pluralidade de oportunidades para que ele possa escolher caminhos possíveis. Direitos fundamentais são mecanismos que possibilitam a agência humana, porque fazem parte de um status social de relevância central para que a pessoa possa atuar como agente. O regime geral de liberdades presentes nas cartas constitucionais abre espaço para que as pessoas possam ser livres, o que inclui o controle sobre a motivação da ação e sobre as condições da ação. Direitos fundamentais podem ser vistos como um repertório identificatório, porque criam os meios para que os indivíduos tenham acesso aos fatores necessários para exercer a liberdade, o que será entendido neste trabalho como algo que engloba tanto a possibilidade de autodeterminação no espaço privado quanto as condições materiais necessárias para as pessoas agirem livremente.[507]

---

[507] Cf. COHN, Ellen; WHITE, Susan. *Legal socialization*. A study of norms and rules. Nova York: Springer-Verlag, 1990, p. 1-50; BLOKKER, Paul. Democratic ethics, constitutional

A compreensão dos direitos fundamentais como um repertório identificatório também está relacionada com a expressão da subjetividade psicológica dos indivíduos. Vimos que eles são essenciais para a afirmação da agência humana do ponto de vista epistêmico e do ponto de vista jurídico, mas eles desempenham um papel igualmente relevante do ponto de vista psicológico. Direitos fundamentais devem ser vistos como um repertório identificatório porque são parâmetros de socialização. Membros de sociedades democráticas absorvem valores jurídicos no processo de socialização, valores que se tornam parâmetros de autocompreensão. Esse processo tem uma dimensão individual, porque as pessoas são socializadas a partir da perspectiva de que elas terão os meios para operar na realidade social a partir dos parâmetros legalmente estabelecidos; elas têm a expectativa de que eles serão estarão disponíveis a todas as pessoas e ao longo de toda a vida delas. Esse caráter instrumental dos direitos fundamentais se mostra relevante porque as pessoas desenvolvem um sentimento de valor pessoal a partir das possibilidades e dos limites estabelecidos por direitos fundamentais; eles têm uma dimensão intersubjetiva, porque criam os meios a partir dos quais as pessoas poderão desenvolver as habilidades necessárias para se reconhecer como indivíduos. É importante considerar que os seres humanos definem a si mesmos em termos sociais; eles não são constituídos por uma mera subjetividade privada, mas sim a partir da internalização de valores e prescrições sociais a partir dos quais eles formulam referências identitárias. Essas referências precisam ser positivas para que as pessoas possam construir um senso de adequação social, requisito essencial para o exercício do direito ao livre desenvolvimento da personalidade. Representações individualistas de cidadania são inadequadas, pois partem do pressuposto que as pessoas estabelecem uma relação meramente instrumental com direitos fundamentais. A relação entre dinâmica psíquica e dinâmica política guarda relações bem mais complexas, uma vez que os valores que circulam no espaço público operam como referências identificatórias para os indivíduos, o que demonstramos extensivamente.[508]

Uma comunidade política estruturada em torno da centralidade da pessoa humana é uma sociedade na qual as instituições governamentais estão empenhadas em garantir direitos de todas as pessoas, especialmente daquelas que

---

dimensions and "constitutionalisms", *In*: FEBBRAJO, Alberto; SADURSKI, Wojciech (eds.). *Central and eastern Europe*. Burlington: Ashgate, 2010, p. 73-90.

[508] Cf. PORTIS, Edward B. Citizenship and personal identity. *Polity*, v. 18, n. 3, p. 457-472, 1986.

estão em uma situação de vulnerabilidade social. As instituições estatais devem estar empenhadas na transformação do status social desses grupos, condição para que todos tenham as mesmas chances de acesso a bens necessários para criar seus projetos de vida. Um governo que não busca ativamente alcançar esse propósito falha em relação a vários setores da sociedade, porque impede que eles tenham os meios para pensar e realizar planos de ação que podem promover o crescimento pessoal. A promoção da agência humana surge então como um objetivo central das instituições estatais, o que implica o acesso a diferentes categorias de direitos fundamentais. A ação dessas instituições deve estar voltada para a proteção e a promoção de capacidades que permitam aos indivíduos se reconhecer como agentes produtivos, condição para sua integridade psíquica. Todos os seres humanos são portadores de direitos que protegem âmbitos de ação necessários para a realização de interesses, e essa condição precisa ser garantida pelo gozo de condições materiais adequadas. As habilidades necessárias para os indivíduos se reconhecerem como agentes produtivos, como seres planejadores, precisam ser promovidas ao longo de estágios da vida, e o acesso a diretos fundamentais desempenha um papel central nesse processo. Por esse motivo, direitos fundamentais devem estar baseados em uma lógica que encontra fundamento em uma realidade social comprometida com um tipo de igualitarismo no qual todos reconhecem uns aos outros como agentes competentes, no qual todos se comprometem a respeitar os espaços de ação dos outros membros da comunidade política. O compartilhamento de direitos e de obrigações surge então como um requisito para o avanço de uma sociedade democrática comprometida com os direitos fundamentais de todas as pessoas.[509]

 Pensar direitos fundamentais como normas que procuram proteger e fomentar a agência humana se mostra relevante por uma série de motivos. Essa perspectiva se afasta das dificuldades de procurar justificar direitos fundamentais a partir de alguma característica metafísica dos seres humanos. Todos os seres humanos estabelecem propósitos para suas vidas; todos eles procuram alcançar esses propósitos por meio de direitos, por meio de prerrogativas legalmente protegidas. Os direitos fundamentais protegem e fomentam a agência humana por meio do reconhecimento de que o exercício de direitos pressupõe atos voluntários guiados pela liberdade de instituir planos de vida e pela intencionalidade, marcada pelo fato de que nossas ações almejam alcançar alguma coisa relevante para nós. O objetivo da ação humana, no contexto dessa discussão, é alcançar algum

---

[509] BAUER. *The transformative self*, p. 5-6.

objetivo que possa promover algum tipo de bem-estar individual, que permita que os indivíduos atinjam algum propósito por meio do exercício de suas habilidades, o que também se mostra relevante, porque demonstra sua capacidade de crescimento pessoal. Os direitos fundamentais abrem espaço então para um ciclo performativo que começa com a reflexão sobre um ato, o planejamento desse ato, a utilização de habilidades para a realização desse ato e a possível realização de um objetivo. Temos aqui dois elementos do ponto de vista psicológico: a afirmação do indivíduo como um ser planejador, a utilização de suas habilidades para a realização de uma ação, a possibilidade de escolha entre diferentes cursos de ação e o engajamento de um curso de ação. Esse processo requer uma certeza subjetiva alcançada pelo exercício de direitos fundamentais ao longo da vida. Eles permitem o desenvolvimento de habilidades, eles protegem a possibilidade de agência, eles protegem a pessoa contra intervenções indevidas, eles permitem que o indivíduo se afirme como um ator social competente. O bem-estar depende então de várias condições substantivas disponíveis para os indivíduos poderem agir ou para terem chances de alcançar algo.[510]

Mais uma vez, devemos voltar à discussão sobre as noções de interdependência e indivisibilidade de direitos fundamentais. Poder se afirmar como um agente com a possibilidade de planejar sua vida requer a existência de condições materiais que possibilitem o desenvolvimento de habilidades, mas também exige a proteção contra práticas discriminatórias. A possibilidade de alcançar o bem-estar pessoal a partir de cursos de ação estabelecidos pelos indivíduos existe na medida em que eles têm seus direitos de primeira geração protegidos, na medida em que eles não sejam privados de liberdades básicas em função de critérios não relacionados com sua capacidade de operar de forma competente no espaço público. A existência da discriminação direta, da discriminação institucional, da discriminação organizacional cria obstáculos para que os indivíduos exerçam direitos básicos de liberdade, processo que compromete outras categorias de direitos em função do processo de marginalização. A discriminação por agentes públicos e privados limita tanto o exercício de direitos sociais em função da marginalização econômica quanto o exercício adequado de direitos políticos, porque o exercício destes também depende de outras categorias de direitos. Processos discriminatórios produzem estresse emocional permanente para membros de grupos subalternizados, porque eles estão cientes dos inúmeros obstáculos que precisarão enfrentar para realizar seus planos e alcançar o bem-estar pessoal, o que limita de forma direta as aspirações que eles podem

---

[510] BAUER. *The transformative self*, p 11-12.

ter na vida. Se alguns desenvolvem uma atitude passiva, outros desenvolvem um sentimento de frustração; se alguns desenvolvem sintomas psiquiátricos, outros se tornam delinquentes; se alguns se tornam apáticos, outros se suicidam. Uma comunidade comprometida com a democracia protege os direitos fundamentais de todas as pessoas, procura promover a inclusão daqueles que estão em uma situação de desvantagem temporária ou permanente, uma condição para que as pessoas possam atingir seus propósitos individuais com maior eficácia e se reconhecer como atores sociais competentes.

Repertório identificatório e igualdade

Que tipo de igualdade está presente em um texto constitucional que tem um caráter transformador, um texto constitucional que atribui às instituições estatais a função de modificar a situação daqueles que se encontram em uma situação de desvantagem persistente? A definição de direitos fundamentais como um repertório identificatório que abre espaço para as pessoas poderem realizar diferentes cursos de ação está baseada em uma concepção muito específica do que seja a igualdade, termo entendido, na tradição liberal, fundamentalmente como tratamento simétrico entre pessoas simetricamente posicionadas. Embora essa concepção de igualdade seja relevante em certas instâncias, essa elaboração desse princípio não pode esgotar seus sentidos. A noção de repertório identificatório pressupõe duas visões complementares do princípio da igualdade. Primeiro, esse princípio deve ser visto a partir de uma perspectiva relacional, uma vez que ele regula relações entre pessoas que fazem parte de uma sociedade democraticamente organizada. Isso significa que esse preceito constitucional deve ter como objetivo principal a eliminação de relações arbitrárias de poder que restrinjam ou impeçam a afirmação das pessoas como agentes. Relações arbitrárias são aquelas que não podem ser jurídica, moral ou politicamente justificadas, uma vez que apenas expressam animosidades generalizadas contra membros de certos grupos sociais. Violações de direitos fundamentais provocam danos existenciais, porque impedem que os indivíduos sejam vistos como seres com o mesmo valor moral; elas impedem que eles conduzam a própria vida a partir de direitos que devem estar disponíveis para todos. Uma concepção simétrica de igualdade não é capaz de sanar os problemas produzidos por relações hierárquicas de poder, processos referendados por representações culturais negativas de membros de grupos estigmatizados. Essas representações também afetam o status material das pessoas, outro fator que contribui para a vulnerabilidade de muitos segmentos sociais. Como a valoração coletiva das pessoas afeta padrões de distribuição de oportunidades, aqueles mecanismos sociais responsáveis pela construção de grupos subalternizados como pessoas que não podem operar como agentes devem ser eliminados, condição para a construção de uma realidade social mais igualitária.[511]

Uma noção de igualdade compatível com a concepção de igualdade que estamos defendendo está baseada na premissa segunda a qual esse princípio deve promover a igualdade de status entre grupos sociais. Nossa intenção de pensar uma teoria dos direitos fundamentais a partir da experiência de grupos subordinados necessariamente precisa considerar a noção de que o destino dos indivíduos está diretamente relacionado com o destino coletivo do grupo dos quais eles fazem parte. Desvantagens sistêmicas estão relacionadas com práticas discriminatórias voltadas contra grupos sociais considerados pelos grupos dominantes como inferiores ou diferentes, motivo pelo qual medidas universais não podem produzir a devida emancipação de coletividades subalternizadas. Essa forma de igualdade está relacionada com a necessidade de promoção da transformação da situação de desvantagem na qual muitos seguimentos sociais se encontram; ela está expressa a ideia de que a justiça deve ser vista como uma necessidade humana e como um parâmetro central de autocompreensão dos indivíduos que vivem em uma sociedade democrática. O *justo* pode ser definido, dentro da noção de repertório identificatório, como um tipo de tratamento que promove o reconhecimento de todos os grupos sociais como pessoas que devem ter as mesmas chances de exercer direitos necessários para o desenvolvimento de capacidades necessárias para os indivíduos operarem como agentes. A eliminação de práticas discriminatórias que produzem danos psicológicos e danos existenciais surge aqui como um requisito central para a construção de uma ordem social baseada na noção de justiça. Nesse sentido, impedir a perpetuação de práticas sociais que expõe grupos subordinados à humilhação e ao desrespeito sistemático assume imensa importância, uma vez que a desqualificação moral implica o impedimento do acesso a recursos necessários para que as pessoas possam planejar suas vidas materialmente e psicologicamente. Por esse motivo, devemos estar atentos à dimensão expressiva da igualdade, uma vez que práticas sociais legalmente sancionadas são uma das causas do sofrimento social.[512]

---

[511] Cf. SCHEMEL, Christian. Why Relational Egalitarians Should Care About Distribution. *Social Theory and Practice*, v. 37, n. 3, p. 365-390, 2011.

[512] Cf. HONNETH, Axel. Recognition and justice. Outline of a plural theory of justice. *Acta Sociologica*, v. 47, n. 4, p; 351-364, 2004.

Vimos que a literatura interpreta direitos fundamentais como capacidades humanas, tese que merece algumas considerações. A noção de igualdade como capacidade está construída com base na hipótese de que políticas sociais devem estar voltadas para a construção de condições para que os indivíduos possam desenvolver suas capacidades. Essa tese vai ao encontro das noções de agência, termo que pressupõe o desenvolvimento de capacidades que permitem aos indivíduos estabelecer propósitos para suas ações, que permitem aos indivíduos estabelecer aspirações a serem alcançadas. Eles só conseguirão fazê-lo na medida em que viverem em uma realidade na qual encontrem condições ideais para desenvolver suas capacidades, o que tem sido definido como um conjunto de funcionamentos relevantes para os indivíduos operarem na realidade social. As capacidades humanas podem ser divididas em liberdades negativas e positivas, entre liberdades de buscar a realização de aspirações sem intervenções indevidas e a liberdade de ser, de instituir um plano de vida, de viver de acordo com as identidades que os indivíduos formulam ao longo de suas vidas. Direitos fundamentais podem então ser tematizados como um repertório identificatório porque criam os meios para que os indivíduos possam desenvolver suas capacidades, para que eles possam operar como agentes competentes no espaço público.

Acreditamos que a noção de repertório identificatório requeira uma forma de interpretação da igualdade que complementa a concepção de igualdade anteriormente mencionada. Muitos autores defendem uma forma de interpretação da igualdade com base na prioridade da análise da relação racional entre critérios de tratamento diferenciado e interesses estatais legítimos. Pensamos que essa perspectiva seja problemática, porque permite que intérpretes ignorem os propósitos substantivos que a interpretação constitucional deve ter no atual paradigma constitucional. Se estamos em uma cultura constitucional na qual as instituições estatais devem operar como agentes de transformação social, o processo de interpretação constitucional deve ser pautado a partir do impacto que que normas jurídicas e políticas públicas podem ter na transformação do status coletivo de grupos tradicionalmente subordinados. Assim, mais do que considerar a existência de uma relação racional entre meios adequados e finalidades legítimas, o intérprete deve levar em consideração o potencial da norma em questão em promover a emancipação de grupos sociais cujos repertórios identificatórios são restringidos a partir de práticas discriminatórias. Ela será compatível com a Constituição se contribuir para expandir o repertório identificatório de grupos subalternizados; ela será incompatível com as normas constitucionais se contribuir para a preservação de arranjos sociais que restringem o repertório identificatório dos indivíduos. Assim, o princípio da igualdade aparece, na noção em discussão, como um princípio identificado com a noção de emancipação individual e coletiva, condição para o exercício da agência humana.

O conceito de repertório identificatório motiva a defesa de um tipo de interpretação da igualdade que considera certos pressupostos importantes. Primeiro, ela deve levar em consideração o status social das pessoas envolvidas em uma questão jurídica. O intérprete deve examinar o quanto as possíveis soluções do caso podem impactar a posição que as pessoas ocupam na sociedade, se ela contribuirá para reproduzir desvantagens ou para garantir maior nível de justiça social. Isso é necessário para que se atenda à necessidade de percepção da justiça como um mecanismo que contribui para a promoção da integridade psíquica dos indivíduos por meio do afastamento de soluções que poderiam agravar situações de desvantagens. Segundo, o processo hermenêutico deve ser orientado pela consideração do quanto a decisão reforçará a percepção da confiança jurídica dos indivíduos, do quanto a solução de uma controvérsia jurídica corresponde aos valores que regulam a vida democrática, aspecto essencial para que a prestação jurisdicional afirme o status da pessoa injustamente afetada com um ator social competente. Terceiro, é importante considerar o quanto a controvérsia sobre igualdade decorre da reprodução de estereótipos que promovem a humilhação e o desrespeito dos indivíduos, de mecanismos que promovem a disrupção da identidade dos indivíduos ou impedem que eles tenham acesso a direitos necessários para a garantia de segurança material. Quarto, a interpretação do princípio da igualdade a partir da perspectiva dos grupos subalternizados também deve ser elaborada a partir de uma perspectiva de justiça histórica. O intérprete deve examinar o quanto possíveis soluções para a controvérsia jurídica permitem a reparação de processos de exclusão social ou o quanto elas podem contribuir para a promoção da integração de setores marginalizados. Assim, o intérprete deve olhar para o passado e para o futuro para que a aplicação da norma contemple demandas de justiça social levantadas por aqueles que vivem nas margens da sociedade.[513]

---

[513] Para a defesa de uma perspectiva emancipatória da igualdade ver, entre outros, FISS, Owen. Groups and the equal protection clause. *Philosophy and Public Affairs*, v. 5, n. 2, p. 107-177, 1976; SHEPPARD, Colleen. *Inclusive equality*: the relational dimensions of systemic discrimination in Canada. Quebec: McGill-Queen University Press, 2010, p. 1-20.

Repertório identificatório e liberdade

Como devemos interpretar o princípio da liberdade dentro de um paradigma jurídico que entende o texto constitucional a partir de uma perspectiva pós-liberal, a partir de uma perspectiva emancipatória? Como pensar esse princípio a partir da realidade de sujeitos que enfrentam múltiplas formas de exclusão? As relações entre o princípio constitucional da liberdade e a noção de repertório identificatório são bastante próximas, o que pode ser depreendido a partir de todo o nosso percurso. Tal como no caso da igualdade, a liberdade deverá ser vista a partir de um ponto de vista relacional. Isso significa que ela não designa apenas a possibilidade de plena autodeterminação nas diferentes esferas vida, uma vez que seu exercício se torna possível em uma realidade social na qual as pessoas são capazes de exercer os mesmos direitos. Ser livre significa ter acesso aos mesmos direitos necessários para formular planos de vida, motivo pelo qual a liberdade existe enquanto potencialidade. Ser livre significa ter condições para operar como agente, significa que as pessoas não devem estar expostas a práticas discriminatórias que impeçam o exercício da agência humana. Essencialmente, podemos estabelecer uma relação direta entre o conceito de repertório identificatório e o regime geral de liberdades presentes no nosso texto constitucional. As liberdades constitucionais operam como proteção de âmbitos de ação da vida das pessoas, condição para que elas possam operar como agentes, para que elas possam formular e realizar seus planos de vida. Assim, as liberdades constitucionais são elementos essenciais da categorização dos direitos fundamentais como um repertório identificatório, porque são meios a partir dos quais os sujeitos podem agir livremente, são mecanismos por meio dos quais as pessoas podem estabelecer a alcançar planos de vida.[514]

O sistema de liberdades presente no nosso texto constitucional adquire efetividade na medida em que possibilita a escolha entre diferentes oportunidades possíveis. Os seres humanos têm uma pluralidade de interesses, uma pluralidade de identidades, motivo pelo qual estabelecem propósitos distintos para suas vidas. Por serem seres planejadores, os indivíduos estão à procura de meios para poderem realizar diferentes formas de agência humana. Ao proteger âmbitos de ação dos indivíduos, os direitos fundamentais permitem que eles tenham um repertório de possibilidades que eles podem seguir. O grau de generalidade dos direitos fundamentais permite que liberdades individuais se entrecruzem para garantir

---

[514] HONNETH, Axel. *O direito da liberdade*. São Paulo: Martins Fontes, 2019, p. 23-97; MOREIRA, Adilson José. *Mulheres, raça e direito*, p. 67-103.

uma pluralidade de caminhos que as pessoas podem seguir nas suas vidas, um dos sentidos fundamentais da noção de livre desenvolvimento da personalidade. Por esse motivo, a liberdade existe como um preceito de natureza relacional, uma vez que ela se realiza em condições materiais e institucionais específicas. Como regra geral, mas especificamente no caso de grupos raciais subalternizados, a liberdade se torna possível na ausência de fatores externos que impeçam o controle sobre a motivação da ação e o controle sobre as condições de ação. A vivência como membros de grupos marginalizados significa que pessoas negras não possuem pleno controle sobre as condições de ação, uma vez que são condicionadas por estruturas discriminatórias a operar de acordo com expectativas externas. Elas também não têm controle sobre as condições de ação em função da marginalização econômica na qual se encontram, situação que demonstra sua dificuldade em estabelecer planos de vida. Pelo contrário, grande parte dos membros de grupos raciais subalternizados não encontram os meios institucionais para poderem alcançar suas aspirações, fonte constante de estresse emocional para eles.

A perspectiva que defendemos reconhece a relação estrutural entre igualdade e liberdade, entendidas a partir de um ponto de vista relacional. Se a liberdade garante os meios para as pessoas poderem exercer a autonomia, a igualdade exige que todos os indivíduos possam ter acesso aos mesmos meios para exercerem direitos. O direito ao livre desenvolvimento da personalidade pode ser realizado na medida em que as pessoas encontram os mesmos meios para exercer a condição de agentes, o que requer a existência de um compromisso político com a democracia e com a construção de uma ordem social baseada no igualitarismo. Esse igualitarismo significa que o pertencimento a determinados grupos não pode ser um fator impeditivo de exercício de direitos, não pode ser um fator impeditivo de exercício das liberdades necessárias para as pessoas poderem alcançar suas aspirações pessoais. A proteção da integridade psíquica dos seres humanos requer o compromisso político e institucional com uma ordem social na qual as pessoas possam tomar o ideal da liberdade como um fator de socialização, o que se mostra necessário para que elas possam ter uma experiência social integrada. A formação do indivíduo como um agente do ponto de vista moral, do ponto de vista jurídico e do ponto de vista psicológico está embasada na possibilidade de ele ter referências identitárias positivas, o que pode ser alcançado com o combate a estigmas culturais que representam membros de grupos subalternizados como pessoas que não merecem exercer direitos por supostamente serem pessoas desviantes ou inferiores. A trajetória percorrida ao longo deste livro demonstra que problemas de ordem psicológica decorrem em grande parte de restrições da capacidade da agência humana, da dificuldade ou impossibilidade de os seres humanos atribuírem sentidos e propósitos às suas ações, possibilidade garantida pelo princípio da liberdade.

Pensar a liberdade a partir da perspectiva de sujeitos subalternizados implica reconhecer que a possibilidade de realização ética dos seres humanos depende da existência de condições para que eles possam realizar sua condição de seres planejadores, de entes que estão sempre atribuindo sentidos e propósitos às suas ações e esperando que elas terão os efeitos que eles esperam. Essa realização encontra dificuldades quando as pessoas são afetadas por diferentes tipos de sistemas de exclusão. Estar nessa posição significa ter acesso limitado ao exercício de liberdades que permitem a realização de planos de vida. Na verdade, ser afetado por várias formas de discriminação significa que as pessoas terão chances limitadas de desenvolver habilidades necessárias para atuarem como agentes nas diversas etapas de suas vidas. Ações autônomas requerem um alto nível de organização social, uma vez que requerem a garantia de uma pluralidade de direitos necessários para o acesso à informação, para a possibilidade de reflexão, para a tomada de decisão e para a realização de ações voltadas para o planejamento da própria existência. Por esse motivo, a liberdade não pode ser pensada apenas como uma faculdade individual, pois as ações humanas são produto de um conjunto de forças sociais que possibilitam ou limitam a autonomia individual.[515]

Repertório identificatório e dignidade

As reflexões anteriores sobre igualdade e liberdade à luz do conceito de repertório identificatório, bem como dos fatores abordados no capítulo anterior, estabelecem alguns parâmetros para pensarmos o princípio constitucional da dignidade a partir da perspectiva daqueles que enfrentam formas sistêmicas de exclusão. Ter uma existência digna implica o acesso e condições de exercício de diversas categorias de direitos fundamentais necessárias para que as pessoas não estejam expostas a uma situação permanente de desvantagens. Essa condição não significa apenas a dificuldade ou a impossibilidade de instituir e alcançar planos de vida; a marginalização e a vulnerabilidade social são responsáveis pelo desenvolvimento de desamparo aprendido, processo responsável pela promoção contante de estresse emocional. Estar em uma situação permanente de desvantagens traz custos psicológicos significativos, o que se expressa, entre outras formas, pelo sentimento de vergonha, o que pode deixar as pessoas paralisadas.

---

[515] Cf. HONNETH, Axel. *Freedom's right. The social foundations of democratic life*. Nova York: Columbia University Press, 2014, p. 71-86.

A percepção da ausência de empatia, de desprezo social faz com que muitos membros de grupos minoritários desenvolvam transtornos mentais que podem deixá-los paralisados. Ser algo de desprezo social faz com que muitas pessoas possam construir um senso de autoeficácia, o que compromete a vida delas de forma duradoura ou permanente.

Pensar direitos fundamentais como um repertório identificatório tem importância central para examinarmos a correlação entre essa categoria de normas constitucionais e o princípio da dignidade. Nossa trajetória demonstrou que esse preceito constitucional deve ser visto como um aspecto central para a nossa teoria psicológica dos direitos fundamentais. Ter uma vida digna significa ser reconhecido como um agente, significa ter os meios para atuar como um agente. A compreensão de dignidade como autonomia pressupõe que as pessoas tenham os meios adequados para poderem ter domínio sobre suas vidas. Esse controle significa ter as condições para desenvolver as capacidades necessárias para agir de forma autônoma, uma vez que o alcance de aspirações pessoais depende das habilidades que as pessoas possuem para efetivamente poderem alcançar seus propósitos. Portanto, a dignidade humana não deve ser vista como um preceito de natureza transcendente, mas também a partir de uma perspectiva relacional: a possibilidade de uma existência dignificada depende das condições concretas nas quais as pessoas vivem, e não apenas a possibilidade de agir em uma direção ou outra. A noção de dignidade humana compreende, nessa teoria psicológica dos direitos fundamentais, uma condição ideal na qual as pessoas encontram meios ideais para atuarem de forma autônoma, o que requer a existência de referências identificatórias positivas a partir das quais elas possam desenvolver um senso de que são atores sociais competentes. Essas condições são bem objetivas: comprometimento institucional com a efetividade dos direitos fundamentais, com a realização de obrigações constitucionais, a existência de um sistema antidiscriminatório comprometido com a efetividade de direitos presentes em um dado sistema jurídico.

A noção de dignidade ocupa um papel relevante na operação do que estamos chamando de repertório identificatório, porque pressupõe que as pessoas terão condições de ter referenciais identificatórios positivos. Isso significa que direitos fundamentais existem para impedir que os seres humanos sejam vilipendiados por meio de representações culturais que reproduzem a noção de que eles não merecem respeitabilidade social. Ser tratado como um igual do ponto de vista moral e do ponto de vista jurídico desempenha um papel central no processo de construção da integridade psíquica dos indivíduos, uma vez que direitos não são apenas garantias institucionais presentes em textos constitucionais, mas são também parâmetros para a socialização dos indivíduos. Eles têm um papel central no processo de estruturação psíquica, porque estabelecem os princípios a partir dos quais as pessoas criam parâmetros para a autocompreensão e para a realização de objetivos pessoais. Dessa forma, a noção de dignidade implica uma realidade na qual as pessoas têm referências identificatórias positivas, requisito para que possam formar uma representação positiva de si mesmas. Assim, ter uma existência digna significa estar protegido contra processos estigmatizantes, uma vez que esse fato compromete as diferentes formas de status social dos indivíduos; significa não estar sujeito a processos de alienação identitária provocados pela exigência de conformidade para o acesso ao gozo de direitos; significa que as interações cotidianas não estarão pautadas por estereótipos raciais que provocam a disrupção identitária dos indivíduos. A dignidade humana representa um estado de integração social no qual os indivíduos não estejam sistematicamente submetidos a mecanismos estressores decorrentes da constante exposição a práticas que reproduzem estereótipos negativos que operam como ameaças identitárias.

Não podemos perder de vista então que a dignidade, nessa teoria, está amplamente relacionada com a noção de integridade psíquica. Esse preceito constitucional tem sido interpretado ao longo da história como a possibilidade de o indivíduo operar de forma autônoma, posição que consideramos relevante. Porém, essa postura está baseada em uma concepção da subjetividade racional e da subjetividade jurídica, perspectiva que ignora a dimensão psicológica desse aspecto da vida humana. Os seres humanos podem agir de forma autônoma desde que tenham a possibilidade de constituir uma identidade psicológica integrada, o que é uma condição para que as pessoas tenham os meios para poderem operar socialmente. Violações de direitos humanos não apenas restringem liberdades, elas também comprometem a saúde mental das pessoas, comprometem o desenvolvimento das habilidades que os indivíduos precisam ter para poderem se reconhecer como agentes eficazes. O desenvolvimento do sentimento de autoeficácia se torna possível quando as pessoas vivem em uma realidade política que lhes permite se afirmar como sujeitos capazes, o que é uma condição para a formação da sua integridade psíquica.

Direitos fundamentais, dano existencial e obrigações constitucionais

Esta teoria psicológica de direitos fundamentais estabelece uma relação direta entre essa categoria de normas constitucionais e deveres estatais.

Mencionamos anteriormente uma característica importante dos direitos fundamentais: eles podem ser vistos como direitos que estabelecem obrigações para atores estatais, e essas obrigações são constitucionalmente determinadas. Os deveres constitucionais obrigam órgãos governamentais a criar mecanismos institucionais voltados para a proteção contra práticas discriminatórias, motivo pelo qual o compromisso estatal com medidas antidiscriminatórias se mostra absolutamente essencial para que os indivíduos possam ter a integridade psíquica devidamente protegida. É importante observar que nosso texto constitucional compreende uma ordem de valores que opera como parâmetro para medidas estatais, sendo um deles o compromisso estatal com a emancipação de grupos tradicionalmente discriminados. Os direitos fundamentais impõem a obrigação de implementação de políticas públicas que procurem identificar e eliminar mecanismos que contribuem para a reprodução de desigualdade de status entre grupos sociais, o que inclui as disparidades entre negros e brancos. Essa perspectiva emancipatória está inscrita nas normas constitucionais que estabelecem a construção de uma sociedade igualitária como um objetivo central da nossa ordem constitucional. Apesar do debate entre doutrinadores sobre a questão de valores presentes nos textos constitucionais, não podemos ignorar o fato de que a celebração da dignidade humana como princípio central do nosso texto constitucional estabelece uma referência evidente para as instituições governamentais: alterar o status subordinado de grupos que são sistematicamente submetidos a práticas discriminatórias ao longo do tempo.[516]

Essa argumentação encontra fundamento na dimensão objetiva dos direitos fundamentais: ela designa uma série de preceitos que devem guiar a ação das instituições estatais; a função dos direitos fundamentais na ordem constitucional não se resume a uma designação de posições jurídicas atribuídas aos indivíduos. Eles também podem ser lidos como princípios a serem seguidos pelos diversos agentes sociais, uma condição fundamental para que a ordem constitucional possa ter a devida legitimidade. Esses princípios implicam a existência de valores que expressam os parâmetros a partir dos quais a moralidade pública deve ser estruturada. Mais do que um preceito com alto grau de subjetividade, defendemos os direitos fundamentais como normas com uma dimensão normativa bastante clara e um propósito moral bastante significativo: eles existem para garantir a proteção plena da pessoa humana, o que deve ocorrer em diferentes

---

[516] Cf. FISS. Owen. Groups and the equal protection clause. Philosophy and Public Affairs, v. 5, n. 2, p. 1976, p. 127-165; MOREIRA, Adilson José. *Pensando como um negro*, p. 353-361.

esferas de ação necessárias para que o processo de construção da personalidade permita a afirmação do sujeito humano como um ator social competente. Esse objetivo encontra ampla fundamentação nos diversos preceitos que norteiam o nosso texto constitucional, sejam eles o princípio da igualdade, o princípio da liberdade, o princípio da dignidade humana, o princípio da solidariedade social. Eles expressam um conjunto de valores e posições jurídicas que permitem que os indivíduos tenham os meios para passar por um processo de formação psicológica que tenha como resultado a formação de agentes que, por meio do exercício de direitos, possam desenvolver um sentimento permanente de eficácia social, elemento relacionado com a noção de agência humana. Partimos do pressuposto de que os princípios constitucionais aqui mencionados abrem a possibilidade para potencializar a integridade psíquica dos indivíduos, condição para que eles possam operar adequadamente na realidade social.[517]

Grande parte das violações de direitos fundamentais tem uma natureza estrutural, uma natureza sistêmica. Elas geralmente não afetam uma pessoa específica em uma situação específica. Elas são dirigidas a indivíduos que pertencem a grupos vistos como inferiores ou diferentes, elas são motivadas por representações estereotipadas de membros desses segmentos, o que os expõe à possibilidade de práticas discriminatórias de maneira permanente. Violações de direitos fundamentais geram danos patrimoniais, geram danos morais, mas também geram danos psíquicos e danos existenciais, porque frequentemente consistem em práticas institucionalizadas que restringem ou impossibilitam o gozo de diversas categorias de direitos necessárias para uma existência digna. Primeiro, elas alteram as formas de vida das pessoas, frustram expectativas que elas têm por viverem em uma democracia, regime baseado no tratamento igualitário entre todos os indivíduos. Segundo, elas comprometem a vida cotidiana dos indivíduos, porque eles deixam de ter controle sobre aspectos básicos de seu cotidiano; eles não conseguem realizar ações que deveriam ser protegidas contra atos arbitrários realizados por agentes públicos ou privados. Terceiro, as desvantagens geradas por esses tipos de discriminação criam obstáculos para a expressão da identidade das pessoas, instituem obstáculos para que elas possam viver de acordo com a sua verdade existencial. Quarto, elas, por terem um caráter muitas vezes permanente, impedem que as pessoas desenvolvam capacidades

---

[517] Cf. SARLET, Ingo. *A eficácia dos direitos fundamentais*. 12. ed. Porto Alegre: Livraria do Advogado, 2014, p. 147-161; DIMOULIS, Dimitri; MARTINS, Leonardo. *Teoria geral dos direitos fundamentais*. 8. ed. São Paulo: Revista dos Tribunais, 2021, p. 155-158.

necessárias para poder operar na vida social como atores competentes. Essas modificações na vida cotidiana não representam escolhas conscientes, mas interferências indevidas na esfera de ação dos indivíduos. Por imporem desvantagens aos seres humanos, elas comprometem a possibilidade do exercício de liberdade, o que está amplamente ligado à possibilidade de autorrealização pessoal. O caráter sistêmico e estrutural de práticas discriminatórias impede que os indivíduos tenham acesso aos meios necessários para o desenvolvimento da personalidade, condição para que possam alcançar a realização pessoal, objetivo central dos direitos fundamentais elencados no nosso texto constitucional.[518]

É importante observar a relevância dessa discussão para a análise das violações de direitos fundamentais como dano existencial. Paralelamente ao que ocorre no campo da responsabilidade civil, as instituições estatais também têm a obrigação legal de proteger as pessoas contra formas de discriminação por meio da garantia da efetividade dos direitos fundamentais. Vimos que presumir o exercício de direitos fundamentais significa dizer que outros agentes são obrigados a garantir a realização desses direitos, obrigação atribuída a agentes públicos e a agentes privados. Praticar atos discriminatórios contra indivíduos não significa apenas violar direitos de defesa; deixar de garantir o devido acesso a direitos sociais não significa apenas negligência. Esses atos e essas omissões produzem consequências significativas para as pessoas, porque práticas discriminatórias persistentes impactam os meios que as pessoas encontram para realizar seus planos de vida. Eles comprometem posições jurídicas, eles eliminam oportunidades, eles impedem acesso a bens, ou seja, esse tipo de ato cria obstáculos para que as pessoas possam gozar do pleno desenvolvimento da personalidade. Tendo em vista o fato de que nosso texto constitucional estabelece a dignidade humana como princípio retor da nossa ordem jurídica, práticas que impedem as pessoas de desenvolverem capacidades para realizar seus objetivos são violações de direitos que não podem subsistir. O dever de tutela estatal dos direitos fundamentais representa uma obrigação constitucional que deve ser observada para que as pessoas possam alcançar o bem-estar necessário, um objetivo constitucionalmente consagrado.[519]

A centralidade dos direitos fundamentais no nosso ordenamento jurídico implica o reconhecimento de obrigações constitucionais que também assumem o mesmo nível de relevância e o dever estatal de tutela deles estabelece

---

[518] Cf. SOARES. *Responsabilidade civil por dano existencial*, p. 40-54.

[519] SILVA, Jorge Pereira da. *Deveres do Estado de proteção dos direitos fundamentais*. Lisboa: Universidade Católica de Lisboa, 2015. p. 551-654.

uma série de determinações que devem ser seguidas por agentes públicos e privados. O descumprimento dessas obrigações implica uma violação do texto constitucional, uma vez que a normatividade da nossa legislação suprema requer a observação de uma série de deveres ali estabelecidos. A noção de obrigação desenvolvida no campo civilista, decorre da natureza vinculante de uma relação entre partes baseada no dever de fazer algo, de dar algo ou de deixar de fazer algo. O conceito de obrigação nesse campo também designa uma relação não apenas de natureza cogente entre partes específicas, mas também de um dever segundo o qual todos os outros membros da comunidade política são compelidos a respeitar um determinado direito. Obrigações constitucionais seguem uma lógica paralela. Elas decorrem do status de direitos fundamentais como direitos públicos subjetivos, como posições jurídicas que permitem demandar direitos. Essas normas constitucionais implicam o dever estatal de tutela: as instituições estatais devem criar os meios para que todas as pessoas possam exercer esses direitos, motivo pelo qual a existência de direitos fundamentais também presume a existência de obrigações constitucionais. A ausência de comprometimento constitucional com a tutela dessa categoria de normas constitucionais dificulta ou impede o gozo de direitos fundamentais, situação que pode provocar danos psíquicos ou existenciais aos indivíduos.[520]

A análise dessa questão deve ser feita a partir do debate sobre a dimensão subjetiva e a dimensão objetiva dos direitos fundamentais. A primeira delas reconhece sua titularidade universal, enquanto a segunda está relacionada com os objetivos políticos que devem guiar a ação estatal na realização deles. O conceito de deveres estatais está associado a essa segunda dimensão, o que nos permite identificar algumas categorias de obrigações constitucionais que assumem a forma de deveres estatais. Certas obrigações constitucionais têm uma natureza explícita, uma vez que estão expressas em normas constitucionais que instituem a necessidade de ações estatais, e algumas delas assumem a forma do dever de realização de algum direito. As primeiras atribuem funções específicas às instituições estatais a partir de comandos de natureza direta, o que implica uma relação de vinculação entre mandamentos constitucionais e a operação das instituições estatais. Alguns desses comandos têm uma natureza implícita, por constituírem claramente uma condição para o gozo de direitos fundamentais, o que depende de ações estatais específicas que não

---

[520] BIDART CAMPOS, German J. *Las obligaciones en el derecho constitucional*. Buenos Aires: Ediar, 1987. p. 15-21.

estão abertamente previstas. Algumas categorias de direitos fundamentais dependem da criação de aparatos institucionais ou da implementação de políticas públicas; estamos aqui diante da obrigação estatal de proteger direitos, de promover direitos, de direcionar a ação estatal de acordo com objetivos constitucionais. Assim, a existência de direitos a prestações positivas determina a criação de instituições estatais responsáveis pela sua efetividade; a presença de um princípio constitucional indica a obrigatoriedade de que procedimentos sigam os parâmetros por ele estabelecido. Órgãos governamentais precisam proteger direitos fundamentais de maneira ativa, porque a sua realização implica ações estatais positivas; elas precisam proteger preventivamente direitos fundamentais, criando mecanismos que impeçam a intervenção indevida na esfera de ação individual.[521]

É importante ainda reconhecer que a noção de obrigações constitucionais engloba deveres que vinculam todos os membros da comunidade política, o que poderia ser classificado como obrigações universais passivas, a obrigação de todas as pessoas de não violar direitos fundamentais, de não causar danos a titulares de direitos fundamentais. De forma paralela, podemos pensar em uma obrigação ativamente universal, voltada para os entes estatais, de garantir a proteção e a promoção de direitos de todos. Enquanto a primeira designa uma obrigação de todas as pessoas de respeitar direitos dos outros, a segunda está relacionada com o propósito estatal de promover direitos por meios de mecanismos que possam potencializar o objetivo estatal de construção de uma sociedade justa, mesmo que isso não implique necessariamente uma obrigação de caráter individualizado. As normas constitucionais que estabelecem os objetivos do nosso sistema jurídico expressam um dever estatal em eliminar mecanismos responsáveis pela situação de desvantagem, o que não está dirigido a indivíduos particulares, mas que institui o dever de criação de políticas públicas que possam alcançar esse objetivo. Essas normas exigem então uma regulação posterior para que se tornem realidade, para que seus propósitos possam ter resultados concretos.[522]

Seguindo o argumento de Jorge Pereira da Silva, pensamos que o sistema jurídico de um Estado Democrático de Direito está baseado na existência de uma pluralidade de obrigações estatais voltadas para todos e todas que possuem o status de cidadãos e cidadãs, sendo que alguns eles merecem atenção especial

---

[521] DIMOULIS, Dimitri; MARTINS, Leonardo. *Teoria geral dos direitos fundamentais*. 8. ed. São Paulo: Revista dos Tribunais, 2021. p. 81-87.

[522] BIDART CAMPOS. *Las obligaciones en el derecho constitucional*, p. 66-77.

em função do estado de vulnerabilidade social, o caso de pessoas negras. Uma obrigação estatal central do nosso sistema jurídico é o dever de proteção, princípio que vincula todos os poderes estatais. Os princípios da segurança jurídica e da confiança jurídica conformam a ação do legislador, pois peças legislativas não podem limitar direitos, não podem restringir funções estatais que são relevantes para as pessoas operarem como agentes. O executivo também deve operar a partir da mesma lógica, uma vez que a ideia de obrigações constitucionais proscreve a ausência de proteção e a proteção insuficiente dos órgãos governamentais. Um Estado Democrático de Direito contém várias normas de proteção, o que inclui as que estabelecem sanções aos que discriminam, contém também preceitos que determinam a criação de uma estrutura organizacional que possibilite o usufruto de diversas categorias de direitos, outras voltadas para a segurança dos indivíduos tanto física quanto social. Notamos ainda a presença de normas constitucionais que prescrevem a existência de normas protetivas de natureza complexa, além daquelas que procuram garantir eliminar disparidades entre grupos sociais. Cabe ao poder judiciário aplicar essas diversas normas para garantir que as pessoas não serão afetadas de forma negativa pela ausência de proteção, pela proteção insuficiente ou pelo engajamento de agentes estatais em práticas discriminatórias.[523]

A análise das obrigações estatais, um aspecto central da noção de repertório identificatório, exige, ainda, considerações sobre os objetos de proteção das obrigações estatais. Estamos falando aqui de diferentes categorias de direitos fundamentais que indicam formas de status das pessoas em uma sociedade democrática. As instituições estatais são obrigadas a proteger direitos de primeira geração que consistem em uma pluralidade de liberdades que protegem diversas áreas de ação individual. Esses mesmos órgãos também devem criar os meios para que os indivíduos tenham acesso a direitos sociais, uma vez que são relevantes para poderem ter uma base material de existência. Condições dignas de vida são possíveis na medida em que as pessoas circulam em lugares ecologicamente equilibrados, na medida em que gozam de direitos políticos que permitem a participação em diversos processos decisórios. Não devemos esquecer que a possibilidade de criar e realizar planos de vida depende do controle pessoal sobre recursos; cabe às instituições estatais garantir a realização deles de forma que as pessoas tenham a possibilidade de alcançar suas aspirações individuais e coletivas.[524]

---

[523] SILVA. *Deveres do Estado de proteção de direitos fundamentais*, p. 551-703.

[524] SILVA. *Deveres do Estado de proteção de direitos fundamentais*, p. 167-334.

Repertório identificatório e empoderamento coletivo

*O caso de Adilson Moreira: um relato
sobre estratégias de empoderamento coletivo*

Posso dizer que minha vida tem sido uma trajetória vitoriosa em muitos sentidos. Embora tenha nascido na pobreza, embora continue enfrentando formas de tratamento discriminatório cotidianamente, eu encontrei as condições para poder realizar os sonhos dos meus ancestrais. Meus pais eram semianalfabetos, mas eu sou mestre e doutor pela mais prestigiada universidade do mundo; meus pais nunca saíram do Brasil, mas eu já visitei vários continentes; meus pais não sabiam ler ou escrever muito bem, mas eu publiquei inúmeros livros. Eles passaram por várias dificuldades financeiras ao longo de toda a vida, mas hoje eu me encontro em uma situação econômica confortável. Mais importante do que isso, o acesso a oportunidades de estudar em lugares como a Universidade Federal de Minas Gerais, Yale e Harvard, a chance de ser professor visitante em Berkeley e Stanford permitiu que eu tivesse contato com um repertório intelectual tremendo, que eu desenvolvesse minhas habilidades acadêmicas de forma significativa. Isso tem impactado o meio acadêmico e o mundo jurídico. Recebo muitas mensagens de pessoas dizendo o quanto minhas publicações as ajudaram a entender diversos aspectos das suas vidas. "Professor, a leitura dos seus livros me fez ter certeza de que o que eu sofria não era criação da minha cabeça. Essas coisas existem e elas têm nome. Hoje eu posso desenvolver argumentos para proteger pessoas negras, pessoas homossexuais, pessoas pobres em função do que eu aprendi com suas obras." Muitas vezes encontro estudantes em eventos acadêmicos e eles me dizem o quanto meu trabalho sobre hermenêutica negra fez com que eles voltassem a acreditar no direito, que a leitura daquele livro abriu caminhos para que eles pudessem estruturar a própria negritude. Minha satisfação com a contribuição para esse processo de empoderamento coletivo para o qual intelectuais negros e negras têm contribuído de forma significativa atingiu um estágio ainda maior com a crescente citação de meus livros em decisões importantes para garantir a efetividade de direitos fundamentais para pessoas negras. Uma delas serviu como parâmetro para uma modificação legislativa importante: a classificação do racismo recreativo como uma forma de injúria racial. É interessante observar como essas conquistas também permitem que eu desenvolva uma vontade ainda maior de continuar contribuindo para o empoderamento coletivo de pessoas negras e de pessoas homossexuais, e especialmente para os que pertencem aos dois grupos. As dúvidas sobre minha capacidade intelectual são lembranças de um passado longínquo, o medo de rejeição no meio acadêmico foi substituído por uma determinação de continuar mantendo minha independência intelectual, de nunca me render à conformidade intelectual, uma pressão constante em instituições de ensino superior. As pessoas reagem de todas as formas a situações de rejeição; elas me motivam ainda mais a produzir a partir da minha posição como pessoa negra periférica. Esse é o lugar do qual eu preciso elaborar demandas de justiça em nome de todos os grupos sociais subalternizados. Fico muito contente ao ver jovens negras e jovens negros abrindo espaços em todos os campos da vida social, fico feliz quando eles me dizem que eu tenho sido uma inspiração para eles. A tenacidade dessas pessoas me inspira a escrever mais, a produzir mais, a desafiar o racismo ainda mais. Como disse Lélia González, o lixo vai falar, e eu não trago mensagens apaziguadoras. Vim aqui para protestar, mobilizar e transformar!

O conceito de repertório identificatório está amplamente associado à noção de empoderamento, termo que designa um movimento que engloba procedimentos e resultados por meio dos quais grupos sociais adquirem maior controle sobre recursos materiais e intelectuais, de forma que possam lutar contra as estruturas de poder responsáveis pela sua vulnerabilidade parcial ou absoluta. Empoderar significa implementar uma nova lógica de ordenação social na qual as pessoas terão maior possibilidade de participação nos processos deliberativos. Alguns passos são necessários para o alcance desse objetivo: o combate às ideologias que legitimam a subordinação da população negra, especialmente de sujeitos interseccionais como mulheres negras e homossexuais negros; a transformação das estruturas, dos sistemas e das instituições responsáveis pela reprodução das ideologias e das práticas sociais que contribuem para a opressão racial e sexual; o controle sobre recursos materiais, institucionais e intelectuais necessários para o alcance desses propósitos.[525] Vemos então que a promoção do empoderamento representa um passo relevante para que as pessoas possam ter um repertório identificatório

---

[525] BATLIWALA, Srilatha. *Engaging with Empowerment: An Intellectual and Experiential Journey*. New Delhi: Women Unlimited, 2013. p. 46-47.

que fomente a condição de agentes, o que passa pela transformação do status coletivos de grupos subalternizados.

A compreensão dos direitos fundamentais como um repertório identificatório pressupõe um comprometimento institucional com a noção de empoderamento coletivo, termo que designa o processo e o resultado de esforços nesse sentido. Esse empoderamento implica a redistribuição de poder entre os diversos grupos sociais, o que inclui principalmente sujeitos interseccionais. Empoderar requer a superação das estruturas de subordinação por meio de mudanças de normas legais, transformações de narrativas culturais, mudanças nas práticas jurídicas. É um processo que atravessa todas as instâncias das estruturas de poder, motivo pelo qual a luta contra apenas uma forma de subordinação não possibilita o empoderamento de grupos sociais subalternizados. O empoderamento desses segmentos pressupõe um comprometimento com a democracia, uma vez que apenas esse regime permite que pessoas formulem demandas de direitos. Empoderar significa fundamentalmente possibilitar a participação no processo de decisão sobre o destino coletivo dos grupos dos quais as pessoas fazem parte. Assim, esse processo permite a decisão dos indivíduos sobre as mais diversas questões e sobre os mais diversos aspectos de suas vidas.[526]

O empoderamento tem uma natureza coletiva, motivo pelo qual ela passa por um processo educacional voltado para a conscientização dos membros de grupos raciais subalternizados sobre os processos responsáveis pela situação na qual se encontram. Como dissemos anteriormente, seguindo Batliwala, empoderar significa promover mudanças no status coletivo de grupos sociais. A mudança subjetiva desempenha um papel essencial nesse processo, porque o empoderamento requer o desenvolvimento de uma consciência crítica que pode ser desenvolvida por meio de processos educacionais. O pensamento crítico e analítico é uma arma essencial para que membros de grupos subalternizados possam identificar as formas como narrativas culturais fundamentam práticas sociais responsáveis pela reprodução da subordinação. Essa mudança na consciência individual precisa ser acompanhada de mudanças na percepção de outros grupos sociais, uma vez que a mudança de mentalidades precisa ocorrer dentro e fora do grupo. Empoderar significa garantir a possibilidade de as pessoas terem as informações necessárias para fazer escolhas sobre suas vidas em uma série de opções disponíveis, opções que devem ser sempre ampliadas por meios de políticas inclusivas. É importante repetir que o processo de empoderamento

---

[526] BATLIWALA. *Engaging with Empowerment: An Intellectual and Experiential Journey*, p. 48-50.

tem uma natureza coletiva, uma vez que o sucesso de alguns indivíduos não pode ser visto como sinal de que barreiras à ascensão social não existam. Por esse motivo, políticas de empoderamento devem ter como objetivo a implementação de práticas que permitam a reprodução dos efeitos de políticas inclusivas ao longo do tempo, algo especialmente relevante para sujeitos interseccionais.[527]

Direitos fundamentais e interpretação constitucional

Esta teoria psicológica dos direitos fundamentais estabelece algumas direções específicas para o processo de interpretação dos direitos fundamentais. Primeiro, ela parte do pressuposto de que essas normas devem ser interpretadas para garantir a proteção da agência humana, motivo pelo qual o intérprete deve considerar de que forma o direito fundamental em questão permite a afirmação e/ou a expansão de um campo de ação dos indivíduos. A regra geral decorre do interesse na proteção de uma esfera da existência de uma pessoa necessária para a construção de um projeto de vida. Dessa forma, o intérprete deve examinar o potencial de uma norma em limitar ou aumentar a possibilidade de proteção de uma esfera da existência que permitirá a autorrealização dos indivíduos. Se direitos fundamentais são também classificados como direitos de proteção, sua interpretação deve ter como parâmetro a proteção da posição jurídica do indivíduo e, ainda, a promoção do reconhecimento da igual dignidade dos indivíduos. Assim, a consideração de uma relação racional entre critérios adequados e finalidades legítimas deve também ter como parâmetro o potencial de uma norma poder promover o reconhecimento da igual dignidade das pessoas, o que é essencial para a proteção da integridade psíquica dos indivíduos.

Segundo, o processo de interpretação dos direitos fundamentais não encontra legitimidade nos preceitos da objetividade e da neutralidade. Pelo contrário, a interpretação dos direitos fundamentais deve ser politicamente engajada: ela deve considerar se a norma em questão limita de maneira injusta o exercício de direitos fundamentais, seja pela perpetuação de estereótipos que legitimam práticas discriminatórias, seja pela consideração do quanto a norma comprometerá o status material dos indivíduos. O exercício do controle de constitucionalidade das normas deve ser política e moralmente engajado: ele procura garantir que as pessoas não sejam submetidas a procedimentos que concorrerão para sua degradação individual ou coletiva, o que contribui para a reprodução de uma realidade

---

[527] BATLIWALA. *Engaging with Empowerment: An Intellectual and Experiential Journey*, p. 49-52.

na qual as interações sociais entre grupos sociais operam como um processo permanente de estresse psicossocial. A realização da dignidade humana depende da possibilidade de os indivíduos gozarem dos meios sociais de reconhecimento para que possam desenvolver mecanismos psicológicos de resiliência psíquica, o que depende da afirmação do sujeito como capaz de ser visto como indivíduo socialmente eficaz. Assim, o controle de constitucionalidade tem parâmetros materiais bastante claros: além da consideração das relações entre meios e fins, o intérprete deve ter como horizonte último o potencial de uma norma em promover a inserção social dos indivíduos, condição para que eles possam desenvolver um senso de integridade ao longo de toda a sua vida.

Terceiro, tendo em vista o que discutimos anteriormente, o processo de interpretação dos direitos fundamentais deve seguir uma lógica emancipatória. Se eles existem para proteger espaços para o exercício da agência humana, o intérprete deve considerar o contexto histórico no qual as pessoas estão inseridas. Observamos o quanto processos de estresse psicossocial decorrentes de práticas discriminatórias provocam danos existenciais aos indivíduos. Isso significa que a dimensão antidiscriminatória dos direitos fundamentais deve ser o ponto de partida e a finalidade do processo de interpretação dessas normas constitucionais. O intérprete deve abordar os direitos fundamentais como normas que fazem parte de um projeto de transformação social que tem como propósito a construção de uma sociedade igualitária, o que exige a consideração das condições reais nas quais as pessoas vivem e como práticas sociais podem afetar de forma negativa a vida das pessoas, especialmente aquelas que pertencem a grupos que enfrentam formas estruturais de desvantagem. Isso, porque estas, é importante insistir, operam como mecanismos responsáveis pela produção de diversas formas de estresse psicossocial para os indivíduos, fato decorrente de práticas de natureza estrutural, sistêmica e intergeracional. Para que a sociedade não seja um mecanismo reprodutor de disparidades que promovem danos existenciais de forma permanente, o intérprete deve considerar os propósitos emancipatórios que regulam nosso ordenamento jurídico, tais como as noções de dignidade humana, de igualdade substantiva, de justiça material e de solidariedade social. Dessa forma, o intérprete deve analisar o potencial de uma norma ou prática em causar danos existenciais para indivíduos ou grupos de indivíduos.

O processo de interpretação dos direitos fundamentais a partir da sua classificação como um repertório identificatório deve também levar em consideração duas dimensões dessa categoria de normas constitucionais. Ao lado das dimensões geralmente atribuídas a essas normas constitucionais, devemos estar atentos ao fato de que elas têm uma dimensão *antidiscriminatória*, uma dimensão *inclusiva*, uma dimensão *simbólica* e uma dimensão *psicológica*, todas elas contribuindo para a integridade psíquica dos indivíduos. O processo de interpretação dos direitos fundamentais deve estar sempre baseado na premissa de que eles têm uma dimensão antidiscriminatória: eles existem para eliminar processos discriminatórios baseados na utilização indevida de certos critérios para a imposição de tratamento desvantajoso a certos grupos sociais. O intérprete do direito deve avaliar o potencial que práticas sociais podem ter na promoção ou na preservação da vulnerabilidade de indivíduos e grupos, o que pode comprometer sua integridade psíquica, ao operar como causa de estresse individual ou coletivo para eles.

É também importante considerar, na interpretação dos direitos fundamentais, o papel inclusivo que eles devem desempenhar na nossa ordem jurídica. Ao estabelecer a construção de uma sociedade igualitária, nosso texto constitucional institui a obrigatoriedade de medidas para transformar a situação de desvantagem na qual grupos vulneráveis estão. Direitos fundamentais operam como princípios que expressam valores normativos para a operação de nossas instituições estatais, motivo pelo qual eles justificam iniciativas que procurem promover a integração de grupos subalternizados. Essas medidas beneficiam as pessoas das seguintes: criam oportunidades materiais, possibilitam que as pessoas instituam planos de ação para suas vidas, o que contribui para a integridade mental dos indivíduos, ao permitir a formação da autoeficácia. Dessa forma, a análise constitucional de medidas inclusivas deve ser desenvolvida a partir do potencial que elas podem ter em alterar positiva ou negativamente o status social de grupos sociais. O atual paradigma constitucional nos convida a pensar o texto constitucional como um programa de transformação social voltado para a superação de um passado marcado por injustiças sociais que comprometem as chances de as pessoas se afirmarem como sujeitos sociais competentes, o que só pode acontecer quando elas vivem em uma sociedade igualitária.

O processo de interpretação dos direitos fundamentais também deve ser informado pela dimensão simbólica dessas normas constitucionais. Observamos que eles operam como um conjunto de valores da nossa ordem constitucional, existindo também como um horizonte de sentidos por meio dos quais as pessoas desenvolvem esquemas de autocompreensão. O status dos seres humanos como sujeitos de direito apresenta uma dimensão relevante para a formação da identidade das pessoas, para a socialização dos indivíduos. Isso significa que a observação do comprometimento com os direitos fundamentais de todas as pessoas tem uma relevância simbólica significativa, porque demonstra o fato de que as instituições estatais consideram todos os indivíduos e todos os grupos sociais como pessoas igualmente posicionadas perante as normas jurídicas. A exposição constante a formas de discriminação leva membros de grupos sociais a desenvolverem uma desconfiança em relação aos poderes estatais, promove também um sofrimento mental coletivo em função da percepção de que estão em uma situação permanente de vulnerabilidade. Viver permanentemente com medo é uma forma de estresse emocional que incapacita as pessoas de diferentes maneiras em diferentes momentos da vida.

Como decorrência das outras dimensões anteriormente discutidas, o intérprete também deve considerar a dimensão psicológica dos direitos fundamentais. Eles criam os meios para que as pessoas possam enfrentar as tarefas de desenvolvimento pelas quais todos os seres humanos passam ao longo de toda a vida. Ter acesso a direitos fundamentais significa ter as condições para que as pessoas possam desenvolver as habilidades necessárias para operar como agentes. A condição de agente implica a existência de habilidades emocionais, cognitivas e intelectuais que capacitam as pessoas a estabelecer e alcançar propósitos para suas vidas. A vulnerabilidade social não significa apenas a exposição de uma pessoa a situações de violência: significa também que ela não terá meios para desenvolver habilidades necessárias para a vida em sociedade. A autorrealização humana pode ser entendida tanto como alcance de objetivos quanto como a existência das capacidades para poder atingir esses objetivos. Por esse motivo, a ausência de moradia, de comida, de educação, de amparo familiar impede que as pessoas possam instituir e realizar para instituir e seguir planos de vida. A ausência de direitos fundamentais significa a limitação de meios para o livre desenvolvimento da personalidade, o que exige não apenas a expressão dessa instância da vida humana, mas também a possibilidade de formação de habilidades para que a pessoa possa se constituir como um agente planejador.

Esta teoria psicológica dos direitos fundamentais entende nossa Constituição como um sistema protetivo de direitos, perspectiva baseada em uma leitura sistemática de suas normas a partir de seus princípios estruturantes. Se o preceito do Estado Democrático de Direito pressupõe um compromisso com a construção de uma democracia pluralista e substantiva, a noção de dignidade humana implica um dever com a realização de uma pluralidade de categoria de direitos necessários para a proteção dos seres humanos em diferentes esferas da vida. O princípio da cidadania, mais do que um status jurídico, também expressa um dever estatal com a promoção de diferentes formas de integração social. O caráter protetivo de nosso texto constitucional está evidentemente presente nas normas que instituem os objetivos do nosso sistema político, notoriamente a promoção da emancipação de grupos tradicionalmente discriminados. É importante observar que certas normas constitucionais instituem proteção contra práticas racistas, preceito que deve ser seguido por agentes públicos e privados. Nosso texto constitucional é um documento legal que legitima medidas institucionais racialmente conscientes ao reconhecer a relevância da luta contra o racismo e ao instituir a justiça social como um dos objetivos centrais de nossa comunidade política. Interpretar a Constituição como um sistema protetivo de direitos comprometido com a emancipação de grupos sociais requer o abandono de perspectivas epistemológicas responsáveis pelo desvirtuamento de seus objetivos, o caso de leituras de direitos fundamentais a partir de premissas liberais que concebem violações de direitos fundamentais como meras restrições da possibilidade de ação individual. A compreensão dos direitos fundamentais como um repertório identificatório exige o comprometimento com um processo interpretativo de perspectiva emancipatória: direitos fundamentais existem para garantir a igualdade de status entre grupos sociais, preceito que deve ser utilizado como um critério objetivo de interpretação.[528]

Nossa proposta de interpretação dos direitos fundamentais a partir da perspectiva de grupos subalternizados requer a consideração de alguns preceitos do atual paradigma constitucional. O constitucionalismo contemporâneo compreende o Estado como um agente de transformação social uma perspectiva que caracteriza nossa Constituição Federal. Por esse motivo, como observamos, a operação das instituições estatais estão vinculas ao dever de promoção do gozo de direitos fundamentais, requisito para a construção de uma sociedade democrática baseada na justiça social. Mais do que um regime político baseado no exercício regular de direitos civis e políticos, a democracia deve ser caracterizada como um tipo de organização social na qual todas as pessoas possuem as condições reais para exercício de direitos. Estamos diante de uma realidade na qual as instituições políticas estão abertas à possibilidade de participação de diferentes grupos sociais no processo de formação da vontade estatal. A Constituição aparece dentro dessa realidade como um tipo de documento politicamente engajado que procura transformar essa realidade por meio de medidas destinadas à correção de processos responsáveis pela criação

---

[528] Para uma plena compreensão dessa perspectiva conferir MOREIRA, Adilson José. *Mulheres, raça e direito*: feminismo negro como política constitucional transformadora. Belo Horizonte: Conhecimento, 2024, p. 357-398; MOREIRA, Adilson José. *Pensando como um negro:* ensaio de hermenêutica jurídica. São Paulo: Contracorrente, 2024, p. 331-351.

de desvantagens sistêmicas para certos grupos, o que não pode ocorrer em um regime político comprometido com a integração social.[529]

Esse é um dos motivos pelos quais a interpretação dos direitos fundamentais, dentro de nossa proposta, deve adotar como princípios operantes o argumento da justiça e o argumento da correção. Um texto constitucional que estabelece a construção de uma sociedade justa e solidária como objetivo central do sistema político está necessariamente comprometido com a justiça racial. Além disso, intérpretes devem sempre partir de uma pretensão de correção quando aplicam normas jurídicas; eles devem desenvolver os conteúdos morais e valorativos presentes na Constituição em todo o sistema jurídico. Uma vez que o Direito não pode ser visto apenas como um fato social, uma vez que ele também tem uma dimensão emancipatória, ele também representa uma idealidade. Essas premissas pressupõem a noção de que os operadores jurídicos devem estar engajados em uma atividade construtiva, de forma que a aplicação da norma jurídica possa avançar ideais de justiça que legitimam o sistema constitucional. A segurança jurídica ainda permanece uma referência relevante, mesmo quando o intérprete está diante de normas que possuem uma estrutura aberta. Ele deve recorrer aos princípios morais positivados na Constituição para que os jurisdicionados reconhecem a legitimidade da aplicação da norma a partir da justificação baseada nos valores nela presentes.[530] Dessa forma, essa realidade abre espaço para a proposição de projetos políticos formulados por grupos que historicamente sofrem as consequências de práticas sociais excludentes. Esses projetos estabelecem direções para a ação estatal de forma que a promessa de integração social possa ser realizada. Um dos elementos centrais deles é a tentativa de operacionalizar princípios constitucionais de forma que eles não expressem apenas ideais que carecem de efetividade, mas que sejam meios reais para que a integração social ocorra a partir dos parâmetros estabelecidos por membros de grupos subordinados a partir de princípios constitucionais. Esses projetos emancipatórios se mostram relevantes, porque apresentam diretrizes para a ação estatal, servem de parâmetros para emprestar caráter substantivo a princípios constitucionais, tais como as noções de dignidade, liberdade e igualdade.[531]

---

[529] SARMENTO, Daniel. O neoconstitucionalismo no Brasil: riscos e possibilidades. *Revista Brasileira de Estudos Constitucionais*, Belo Horizonte, v. 3, n. 9, jan. 2009.

[530] ALEXY, Robert. On the thesis of a necessary connection between law and morality; Bulygin's critique. *Ratio Juris*, v. 12, n. 2, p. 138-147, 2000.

[531] Cf. KAUFMAN, Cynthia. *Ideas for action. Relavant theory for radical change*. 2. ed. Oakland: PM Press, 2016, p. 261-299.

Conclusão

O título deste livro, uma pergunta sobre os motivos do sofrimento humano, designa um problema muito relevante, mas cuja complexidade permanece desconhecida por grande parte de atores sociais. Apontamos alguns fatores responsáveis pela sua existência, entre eles o modo como um tipo de racionalidade restringe a compreensão das diversas dimensões da experiência humana. A noção de agência humana subjacente ao discurso jurídico tem sido vista como uma extensão das formas de racionalidade que informam esse campo do conhecimento uma vez que normas legais são expressão da vontade de sujeitos racionais. Para a tradição jurídica elas permitem a autonomia individual por expressarem o compromisso com a construção de uma ordem social baseada no consenso coletivo sobre concepções de justiça. A ordenação racional das nossas ações abre espaço para a emancipação humana, uma vez que a razão garante a proteção de áreas de ação individual por meio das quais os seres humanos podem alcançar seus objetivos individuais. Essa lógica pressupõe uma ordem social inteiramente organizada de acordo com o pressuposto da universalidade e do gozo de direitos fundamentais, uma vez que eles operam como um fator de racionalização das relações sociais, além de abrirem espaço para que os indivíduos possam ter uma existência autônoma. Essa forma de organização social permite que as pessoas tenham os meios para atingir seus propósitos, o que podemos apontar como um requisito para o alcance da felicidade individual. Nosso percurso demonstrou que a realidade social parece ser bem mais complexa. Na verdade, ele demonstrou que essa perspectiva opera como um fator que pode impedir a realização da emancipação humana, porque ignora um fato fundamental: todas as sociedades democráticas são atravessadas por vários tipos de hierarquia social, muitos dos quais produzem formas de exclusão que limitam a agência humana das mais variadas formas possíveis.

Este livro teve início com a história de um indivíduo que enfrenta uma série de indignidades cotidianas que, por sua vez, criam dificuldades para que qualquer ser humano possa desenvolver a consciência de ser um ator social competente. Elas surgem de uma série de violações de direitos fundamentais, as quais têm origem na ausência de respeitabilidade e na vulnerabilidade, condição daqueles segmentos que enfrentam formas históricas de exclusão. A situação desse indivíduo reflete o estado de outros milhões de pessoas que pertencem a grupos subalternizados: a percepção da ausência de controle sobre aspectos básicos da vida promove o estresse emocional, origem de diferentes formas de transtorno psicológico. A experiência constante de alienação identitária, aliada à insegurança material, provoca o sofrimento social em várias pessoas, fator gerador de um tipo de angústia existencial, o que podemos definir como um dano existencial. Uma vez que sistemas de exclusão têm um caráter duradouro, muitas vezes permanente, membros de grupos subalternizados enfrentam diferentes formas de exclusão social que operam como um tipo de trauma coletivo, visto que expressam a experiência de grande parte deles. Esse fato se mostra ainda mais problemático, porque o estresse emocional vivido pelos que pertencem a essas comunidades se torna parte de uma experiência compartilhada de opressão, o que restringe os horizontes de possibilidade das pessoas, limita as aspirações dos indivíduos. Essa realidade demonstra que violações de direitos fundamentais comprometem a vida dos seres humanos em diferentes níveis, em diferentes momentos da vida e ao longo das gerações.

Teorias tradicionais de direitos fundamentais, baseadas na representação de uma subjetividade humana identificada com a noção de racionalidade prática, ponto de partida para a reflexão sobre os seres humanos como sujeitos morais e jurídicos, não dispõem de elementos capazes de oferecer remédios adequados para as formas como violações de direitos fundamentais provocam danos existenciais. Mais problemático, certas categorias do próprio discurso jurídico contribuem para esse problema, por reduzirem a subjetividade humana à dimensão racional das pessoas, perspectiva que entende o desrespeito a direitos fundamentais apenas como uma restrição indevida no espaço de ação individual, a desconsideração de algum tipo de status ou de alguma prerrogativa jurídica. Embora o status de sujeito de direito seja relevante para garantir acesso a uma pluralidade de direitos necessários para a integração social, a desconsideração da dimensão psicológica da subjetividade humana compromete a possibilidade de os direitos fundamentais operarem como mecanismos de inclusão mais efetivos. A crença persistente de que violações dessa categoria de normas constitucionais representam exceções a uma ordem pública comprometida com o tratamento igualitário encobre o fato de que todas as sociedades humanas são atravessadas por várias formas de hierarquia social que comprometem o acesso e o gozo de direitos. Muitos indivíduos são atravessados por formas distintas de opressão, o que os situa em uma situação ainda maior de vulnerabilidade. Assim, uma realidade que consiste em processos discriminatórios permanentes passa a ser vista por operadores jurídicos como uma ordem política essencialmente comprometida com o tratamento igualitário, postura que, muitas vezes, assume um caráter estratégico. Estamos então diante de um problema de natureza epistemológica: as premissas que informam o discurso jurídico operam como um mecanismo que encobre um aspecto importante da experiência humana, o impacto de violações de direitos fundamentais na nossa vida mental, motivo pelo qual nos dispomos a apresentar uma nova teoria de justificação dos direitos fundamentais.

Nossa reflexão sobre esse tema teve início com uma exposição de perspectivas tradicionais referentes à definição e à justificação dos direitos fundamentais, exercício que nos mostrou a base individualista a partir da qual teorias geralmente abordam essa categoria de direitos. Nosso percurso demonstrou uma correlação estrutural entre direitos fundamentais e desenvolvimento humano, realidade que expressa a importância dessa categoria de direitos para a formação da dimensão psicológica da subjetividade humana. Avanços legislativos e jurisprudenciais recentes demonstram a imensa relevância de reflexões mais amplas sobre os direitos da personalidade, fato decorrente do aparecimento e do desenvolvimento do conceito de um direito ao livre desenvolvimento da personalidade. Podemos ver sua importância quando analisamos esse tema a partir da psicologia do desenvolvimento. Esse caminho nos permitiu compreender que a expressão de modos de ser encontra fundamentação na ideia de que as pessoas precisam de uma série de direitos para desenvolverem as habilidades com vistas a se tornarem agentes sociais competentes. Os seres humanos passam por diversos estágios de desenvolvimento, cada um deles oferecendo elementos para que eles possam adquirir habilidades ainda mais complexas no momento seguinte. Essa categoria de direitos abre espaço para a realização de um processo psíquico de suma relevância, que é a autoeficácia, requisito para o crescimento de um sentimento de resiliência que permite ao indivíduo enfrentar obstáculos na vida social. Esse processo se mostra problemático quando esses obstáculos adquirem uma natureza estrutural, uma vez que isso mostra para o indivíduo que suas ações nunca terão o resultado esperado.

A maior vulnerabilidade de membros de grupos subalternizados a problemas de saúde mental sugere que eles enfrentam problemas de natureza estrutural derivados da dificuldade de construir planos de vida a partir da possibilidade de atribuição de sentidos e propósitos às suas ações. Esse impulso psicológico básico dos seres humanos começa a ser comprometido ainda na infância, em função de condições materiais e de práticas sociais que podem afetar o desenvolvimento de habilidades cognitivas, emotivas, morais, intelectuais, problema que restringirá as possibilidades de ação do indivíduo na vida adulta. O caráter estrutural do racismo produz um processo de alienação identitária responsável pelo sofrimento social e psíquico que muitos membros de grupos subalternizados enfrentam. Por esse motivo, devemos ver os direitos fundamentais como um conjunto de normas jurídicas que cumprem funções necessárias para a possibilidade de autoverificação. Eles têm importância instrumental para a formação de habilidades necessárias para a autorrealização individual, o que implica, entre outras coisas, a formação de capacidades necessárias para os indivíduos atuarem como atores sociais competentes. Eles também são meios a partir dos quais as pessoas podem alcançar o livre desenvolvimento da personalidade, o que implica a possibilidade de as pessoas se afirmarem como sujeitos autônomos. Essa categoria de normas constitucionais opera como um horizonte de sentidos culturais a partir dos quais as pessoas constroem esquemas de autocompreensão como membros de uma comunidade democraticamente organizada. Os seres humanos instituem planos de vida a partir das expectativas de que serão capazes de exercer direitos; a frustração dessas expectativas produz o sofrimento mental, porque processos discriminatórios causam danos existenciais às pessoas.

Nossa teoria psicológica dos direitos fundamentais abre espaço para estabelecermos novos parâmetros para entender a natureza da relação estrutural entre essas normas constitucionais e o princípio da dignidade humana. A concepção de agência humana com a qual trabalhamos neste livro demonstra a importância da integridade psíquica para uma existência digna: a noção de autoeficácia se torna possível na medida em que os indivíduos encontram os meios sociais adequados para operarem de forma adequada na vida social. Isso se torna possível na medida em que eles têm acesso a uma pluralidade de possibilidades que assumem a forma de direitos fundamentais. Ter acesso a eles significa ter acesso aos meios para que o ser humano possa afirmar o senso de integridade, para que ele possa desenvolver um senso de valor pessoal, para que ele possa ter controle sobre traços benignos de sua identidade. Violações de direitos humanos impedem a realização dessas diferentes dimensões da dignidade humana; no caso analisado ao longo deste livro, o de pessoas negras, vemos especialmente o problema da alienação identitária, o que compromete também o status material dos indivíduos. Pensar os direitos fundamentais dessa maneira requer uma mudança na postura interpretativa dessa categoria de normas constitucionais. Requer a análise do contexto da questão discutida, exige a consideração da restrição de direitos no status moral, no status jurídico e no status psicológico dos indivíduos, implica a necessidade de adotarmos uma postura emancipatória em relação a esses direitos.

Referências

ADAMS, Leslie B.; THORPE JR., Roland J. Achieving Mental Health Equity in Black Male Suicide Prevention. *Frontiers in Public Health*, v. 11, 2023. DOI: 10.3389/fpubh.2023.1113222.

ADAMS, Maurice. Individualism, Moral Autonomy and the Language of Human Rights. *South African Journal of Human Rights*, v. 13, n. 3, p. 501-510, 1997.

ALCALÁ, Humberto Nogueira. *Teoría y dogmática de los derechos fundamentales*. Ciudad de México: Universidad Autónoma de México, 2003.

ALEGRIA, Margarita; VALLAS, Melissa; PUMARIEGA, Andres. Racial and Ethnic Disparities in Pediatric Mental Health. *Child and Adolescent Psychiatric Clinic*, v. 19, n. 4, p. 759-774, 2010.

ALEXY, Robert. *Constitucionalismo discursivo*. Porto Alegre: Livraria do Advogado, 2006.

ALEXY, Robert. *Teoria dos direitos fundamentais*. São Paulo: Malheiros, 2006.

ALLEN, Bem P. *Personality. Theories, Growth, and Diversity*. 5th ed. New York: Routledge, 2016.

ALPORT, Gordon. *The Nature of Prejudice*. New York: Basic Books, 1979.

AMATO, Salvatore. *Il soggetto e il soggetto di diritto*. Torino: Giappichelli, 1990.

AMPARO, Thiago. A carne mais barata do direito: decolonizando respostas jurídicas à necropolítica. *Revista Culturas Jurídicas*, v. 8, n. 20, p. 345-361, 2021.

ANDERSON, Elizabeth; PILDES, Richard. Expressive Theories of Law. *University of Pennsylvania Law Review*, v. 148, n. 5, p. 1529-1545, 2000.

ANDRADE, José Carlos Vieira de. *Os direitos fundamentais na Constituição Portuguesa de 1976*. 5. ed. Lisboa; Almedina, 2012.

ANTUNES, Pedro Paulo Sammarco. *Homofobia internalizada: o preconceito do homossexual contra si mesmo*. São Paulo: Annablume, 2017.

APPIAH, Kwame Anthony. Stereotypes and the Shaping of Identity. *California Law Review*, v. 88, n. 1, p. 41-53, 2000.

APPIAH, Kwame Anthony. *The Lies that Bind*. Rethinking Identity, Creed, Country, Color, Class, Culture. New York: Liveright, 2018.

ARCHER, Margaret. *Making Our Way Through the World: Human Reflexivity and Social Mobility*. Cambridge: Cambridge University Press, 2007.

ATTAL-GALLY, Yael. *Droits de l'hommeet categories d'individus*. Paris: LGDJ, 2003.

BACAK, Valerio; NOWOTNY, Kathryn M. Race and Association Between Police Stops and Depression Among Young Adults. *Race and Justice*, v. 10, n. 3, p. 363-375, 2020.

BADILLA, Kevin Johan Villalobos. *El derecho humano al libre desarrollo de la personalidad*. 2012. 359 f. Tesis (Licenciatura en Derecho) – Facultad de Derecho, Universidad de Costa Rica – San Ramón, 2012.

BADIOU, Alain. *Theory of the Subject*. London: Continuum, 2009.

BALKIN. Jack. The Constitution of Status. *Yale Law Journal*, v. 106, n. 6, p. 2313-2374, 1996.

BANDURA, Albert. Perceived Self-efficacy in the Exercise of Personal Agency. *Revista Espanola de Pedagogía*, v. 48, n. 187, 1990.

BANDURA, Albert. Self-efficacy Mechanism in Human Agency. *American Psychologist*, v. 37, n. 2, p. 122-147, 1982.

BANDURA, Albert. *Self-efficacy: The Exercise of Control*. New York: Freeman & Company, 1995.

BANDURA, Albert. Self-reinforcement: Theoretical and Methodological Considerations. *Behaviorism*, v. 4, n. 2, p. 135-155, 1976.

BANDURA, Albert. Teoria social cognitiva no contexto cultural. *In*: BANDURA, Albert; AZZI, Roberta Gurgel (org.). *Teoria social cognitiva: diversos enfoques*. Campinas: Mercado de Ideias, 2017. p. 45-55.

BANDURA, Albert. Toward a Psychology of Human Agency: Pathways and Reflections. *Perspectives on Psychological Science*, v. 13, n. 2, p. 130-136, 2018.

BARBOSA, Mafalda Miranda; ALVAREZ, Tomás Prieto. *O direito ao livre desenvolvimento da personalidade: sentidos e limites*. Coimbra: Gestlegal, 2020.

BARLOW, David; DURAND, V. Mark; HOFMANN, Stefan G. *Abnormal Psychology. An Integrative Approach*. Boston: CENAGE, 2018.

BARRETO NOVA, Oscar Guillermo. El derecho al libre desarrollo de la personalidad. Análisis y proposta de concepto. *Jurídica Ibero*, n. 9, p. 41-65, 2020.

BATLIWALA, Srilatha. *Engaging with Empowerment: An Intellectual and Experiential Journey*. New Delhi: Women Unlimited, 2013.

BAUER, Jack J. *The Transformative Self. Personal Growth, Narrative Identity, and Good Life*. Oxford: Oxford University Press, 2021.

BEDAU, Hugo Adam. Egalitarianism and the Idea of Equality. *In*: PENNOCK; J. Roland; CHAPMAN, John W. (ed.). *Equality*. New York: Atherton Press, 1967. p. 3-10.

BEITZ, Charles R. *The Idea of Human Rights*. Oxford: Oxford University Press, 2009.

BELGRAVE, Faye; ALLISON, Kevin. *African American Psychology. From African to America*. 3rd ed. Los Angeles: Sage, 2014.

BERGER, Joseph; ROSENHOLTZ, Susan; ZELDITCH JR.; Morris. Status Organizing Processes. *Annual Review of Sociology*, v. 6, p. 479-508, 1980.

BERGMANN, Frithjof. *On Being Free*. Notre Dame: University of Notre Dame Press, 1977.

BERNAL PULIDO, Carlos. *El derecho de los derechos. Escritos sobre la aplicación de los derechos fundamentales*. Bogotá: Universidad Externado de Colombia, 2005.

BERNAL PULIDO, Carlos. *El princípio de proporcionalidad y los derechos fundamentales*. Madrid: Centro de Estudios Constitucionales, 2007.

BERNSTEIN, Marc *et al.* Theories and Processes of Life-span Socialization. *In*: FINGERMAN, Karen L. *et al.* (ed.). *Handbook of Life-span Development*. New York: Springer, 2011. p. 27-56.

BHUGRA, Dinesh; TILL, Alex; SARTORIUS, Norman. What Is Mental Health? *International Journal of Social Psychiatry*, v. 59, n. 1, p. 2-4, 2013.

BIDART CAMPOS, German J. *Las obligaciones en el derecho constitucional*. Buenos Aires: Ediar, 1987.

BIDART CAMPOS, Germán. *Teoría general de los derechos fundamentales*. Buenos Aires: Editorial Astrea, 1991.

BILOTTA, Francesco; ZIVIZ, Patricia. *Il nuovo danno esistentiziale*. Bologna: Zanichelli, 2009.

BIOY, Xavier. *Le Concept de personne humaine en droit public*. Paris: Dalloz, 2003.

BIOY, Xavier. Le Libre developpement de la personnalité en droit constitutionnel. Essai de comparaison (Allemagne, Espagne, Italie, Suisse). *Revue Internationale de Droit Comparé*, v. 55, n. 1, p. 123-147, 2003.

BLOKKER, Paul *et al.* Social Imaginaries in Debate. *Social Imaginaries*, v. 1, n. 1, p. 15-25, 2015.

BLOKKER, Paul. Democratic Ethics, Constitutional Dimensions, and "Constitutionalisms". *In*: FREBBRAJO, Alberto; SADURSKI, Wojciech (ed.). *Central and Eastern Europe after Transition: Towards a New Socio-legal Semantics*. Burlington: Ashgate, 2010. p. 73-90.

BOBBIO, Norberto. *Igualdade e liberdade*. Petrópolis: Vozes, 1992.

BOBOCEL, D. Ramona; ZDANIUK, Agnes. Injustice and Identity. How We Respond to Unjust Treatment Depends on How We Perceive Ourselves. *In*: BOBOCEL, D. Ramona *et al.* (ed.). *The Psychology of Justice and Legitimacy*. New York: Psychology Press, 2010. p. 27-50.

BONVICINI, Eugenio. *Il danno a persona. Il dano resarcibilile e il suo accertamento*. Milano: Giuffrè, 1958.

BOROWSKI, Martin. *La estructura de los derechos fundamentales*. Bogotá: Universidad Externado de Colombia, 2003.

BRASIL. Tribunal de Justiça de São Paulo. 3ª Câmara Criminal Extraordinária. *Apelação Criminal nº 0000623-58.2012.8.26.0062*. Relatora: Des. Ivana David, 9 de outubro de 2014.

BRASIL. Tribunal Regional da 15ª Região. *Recurso Ordinário nº 0150400-65.2009.5.15.0067*. Relator: João Alberto Alves Machado, 17 de janeiro de 2012.

BRATMAN, Michael E. *Planning, Time, and Self-governance. Essays in Practical Rationality*. Oxford: Oxford University Press, 2018.

BROEKMAN, Jan. *Derecho y antropología*. Madrid: Civitas, 1993.

BROWN, Diane et al. (Dis)respected and (Dis)regarded Experiences of Racism and Psychological Distress. *In*: BROWN, Dianne; KEITH, Verna (ed.). *In and Out of Our Right Minds: The Mental Health of African American Women*. New York: Columbia University Press, 2003. p. 83-98.

BROWN, Tony N. Critical Race Theory Speaks to the Sociology of Mental Health: Mental Health Problems Produced by Racial Stratification. *Journal of Health and Social Behavior*, v. 4, n. 3, p. 292-301, 2003.

BRUNKHORST, Hauke. *Solidarity: From Civil Friendship to a Global Legal Community*. Cambridge: MIT Press, 2005.

BUCHANAN, Allen. *The Heart of Human Rights*. Oxford: Oxford University Press, 2013.

BURKE, Peter J. Identities and Social Structure. *Social Psychological Quarterly*, v. 67, n. 1, 2004.

BURKE, Peter J. Identity, Social Status, and Emotion. *In*: CLAY-WARNER, Jody; ROBINSON, Dawn (ed.). *Social Structure and Emotion*. San Diego: Elsevier, 2009. p. 75-80.

BURKE, Peter J.; TULLY, Jude C. The Measurement of Role Identity. *Social Forces*, v. 55, n. 4, p. 881-897, 1977.

BURKE, Peter. Identity Processes and Social Stress. *American Sociological Review*, v. 56, n. 6, p. 836-849, 1991.

BURKE, Peter; REITZES, Donald. The Link Between Identity and Role Performance. *Social Psychology Quarterly*, v. 44, n. 2, p. 82-92, 1981.

BURKE, Peter; STETS, Jan E. *Identity Theory*. Oxford: Oxford University Press, 2023.

CAMPOS, Luiz Augusto; MACHADO, Carlos. *Raça e eleições no Brasil*. Porto Alegre: Zouk, 2020.

CANOTILHO, J. J. Gomes. *Direito constitucional e teoria da constituição*. 7. ed. Coimbra: Almedina, 2014.

CANOTILHO, Joaquim Gomes. *Direito constitucional e teoria da constituição*. Lisboa: Almedina, 2007.

CANOTILHO, Joaquim Gomes. *Direito constitucional*. 4. ed. Lisboa: Almedina, 1989.

CANOTILHO. Joaquim Gomes. *Direito Constitucional e teoria da constituição*. Lisboa: Almedina, 2015.

CAPELO DE SOUSA, Rabindranath V. A. *O direito geral da personalidade*. Coimbra: Coimbra Editora, 1995.

CARBONELL, Miguel. *Los derechos fundamentales en México*. Ciudad de México: Editorial Porrúa, 2019.

CARGILE, Aaron Castelán; SALAZAR, Leslie Ramos. "Sorry You Had to Go Through That": A Taxonomy of Individual Responses to Stories of Race-based Social Suffering. *Journal of Language and Social Psychology*, v. 35, n. 1, p. 3-27, 2015.

CARNEIRO, Sueli. *Escritos de uma vida*. São Paulo: Pólen, 2018.

CARNOIS, Bernard. *La Coherence de la doctrine kantienne de la liberté*. Paris: Seuil, 1973.

CARRETEIRO, Teresa Cristina. Sofrimentos sociais em debate. *Psicologia USP*, v. 14, n. 3, p. 57-72, 2003.

CARTER, Robert T.; PIETERSE, Alex L. *Measuring the Effects of Racism*. New York: Columbia University Press, 2020.

CARVALHO NETTO, Menelick de. *Teoria da constituição e direito constitucional*. Belo Horizonte: Conhecimento, 2021.

CASAS, Laura de las. Moradores lutam por nova vida após tragédias em Mariana e Brumadinho. *Folha de São Paulo*, 3 nov. 2019. Disponível em: https://www1.folha.uol.com.br/ilustrissima/2019/11/moradores-lutam-por-nova-vida-apos-tragedias-em-mariana-e-brumadinho.shtml. Acesso em: 8 set. 2023.

CASSEL, E. J. Recognizing Suffering. *Hastings Center Report*, v. 21, n. 3, 1991.

CAST, Alicia; BURKE, Peter J. A Theory of Self-esteem. *Social Forces*, v. 80, n. 3, p. 1041-1068, 2002.

CAST, Alicia; STETS, Jan E.; BURKE, Peter. Does the Self Conform to the View of Others? *Social Psychology Quarterly*, v. 62, n. 1, p. 68-82, 1999.

CAVALHIERI, Klaus *et al.* The Effects of Racism and Institutional Racism on the Mental Health of African Americans. *Cultural Diversity and Ethnic Minority Psychology*, 2023. DOI: 10.1037/cdp0000585.

CAVENACCI, Massimo. Introdução. *In*: *Dialética do indivíduo: o indivíduo na natureza, na história e na cultura*. São Paulo: Brasiliense, 1984. p. 11.

CENDON, Paolo. *Esistere o non esistere*. Milano: Key, 2015.

CERVONE, Daniel; PERVIN, Lawrence. *Personality: Theory and Research*. Danvers: Willey, 2020.

CHARVERT, John; NAY, Elisa Kaczynska. *The Liberal Project and Human Rights*. Cambridge: Cambrige University Press, 2008.

CHOR, Dóra; LIMA, Claudia Risso de Araújo. Aspectos epidemiológicos das desigualdades raciais em saúde no Brasil. *Cadernos de Saúde Pública*, v. 21, n. 5, p. 1586-1594, 2005.

COCHRANE, Raymond. *The Social Creation of Mental Illness*. New York: Longman, 1983.

COHEN, Joshua. Democratic Equality. *Ethics*, v. 99, n. 4, p. 727-751, 1989.

COHN, Ellen S.; WHITE, Susan O. *Legal Socialization: A Study of Norms and Rules*. New York: Springer, 1990.

COING, H. Signification de la notion de droit subjectif. *Archives de Philosophie du Droit*, n. 9, 1964.

COLLINS, Hugh. Discrimination, Equality and Social Inclusion. *The Modern Law Review*, v. 66, n. 1, p. 16-43, 2003.

COLLINS, Patricia Hill. *Pensamento feminista negro*. São Paulo: Boitempo, 2019.

COMAS-DÍAZ, Lillian. Racial Trauma Recovery: A Race-informed Therapeutric Approach to Racial Wounds. *In*: ALVAREZ, Alvin N.; LIANG, Christopher T. H.; NEVILLE, Hellen

A. (ed.). *The Cost of Racism for People of Color: Contextualizing Experiences of Discrimination*. Washington: American Psychological Association, 2016. p. 249-272.

CONCLIN, William E. *The Phenomenology of Modern Legal Discourse. The Juridical Production and the Disclosure of Suffering*. Brookfield: Ashgate, 1998.

CONNOLLY, Michael. *Discrimination Law*. 2nd ed. London: Sweet & Maxwell, 2011.

CONNOLLY, William. *Identity/Difference: Democratic Negotiations of a Political Paradox*. Ithaca: Cornell University Press, 1994.

COPP, David. Social Unity and the Identity of Persons. *The Journal of Political Philosophy*, v. 10, n. 4, p. 365-391, 2002.

CORBANEZI, Elton. *Saúde mental, depressão e capitalismo*. São Paulo: Editora Unesp, 2021.

CORTE INTERAMERICANA DE DIREITOS HUMANOS. *Caso Loyaza Tamayo vs. Peru*. Sentença de 27.11.1998.

CORTE INTERAMERICANA DE DIREITOS HUMANOS. *Caso Villagrán Morales y otros vs. Guatemala*. Sentença de 26.05.2001.

CRAMPE-CASNABET, Michèle. *Kant, uma revolução filosófica*. São Paulo: Zahar, 1994.

CRENSHAW, Kimberlé. Demarginalizing the Intersection of Race and Sex: A Black Feminist Critique of Antidiscrimination Doctrine, Feminist Theory, and Antiracist Politics. *University of Chicago Legal Forum*, v. n. 1, p. 139-167, 1989.

CRENSHAW, Kimberlé. Race, Reform, and Retrenchment: Tranformation and Legitimation in Antidiscrimination Law. *Harvard Law Review*, v. 101, n. 7, p. 1331-1387, 1988.

CRUFT, Rowan; MATTHEW, Liao; RENZO, Massimo. The Philosophical Foundations of Human Rights: An Overview. *In*: CRUFT, Rowan; MATTHEW, Liao; RENZO, Massimo (ed.). *Philosophical Foundations of Human Rights*. Oxford: Oxford University Press, 2015. p. 19-23.

CUPIS, Adriano de. *Os direitos da personalidade*. São Paulo: Quorum, 2008.

DAMASCENO, Marizete Gouveia; ZANELLO, Valeska M. Loyola. Saúde mental e racismo contra negros: produção bibliográfica dos últimos quinze anos. *Psicologia: Ciência e Profissão*, v. 38, n. 3, p. 450-464, 2018.

DANA, Richard D. Mental Health Services for African Americans: A Cultural/Racial Perspective. *Cultural Diversity and Ethnic Minority Psychology*, v. 8, n. 1, p. 3-18, 2002.

DARAY, Hernán. *Dano psicológico*. Buenos Aires: Astrea, 2000.

DAVIS, Kingsley; MOORE, Wilbey E. Some Principles of Social Stratification. *American Sociological Review*, v. 10, n. 2, p. 242-249, 1945.

DEL MORAL FERRER, Anabella. El libre desarrollo de la personalidad en juriprudencia constitucional colombiana. *Cuestiones Jurídicas: Revista de Ciencias Jurídicas de la Universidad Rafael Urdaneta*, v. 6, n. 2, p. 63-96, 2012.

DEMBOUR, Marie-Benédicte. What Are Human Rights? Four Schools of Thought. *Human Rights Quarterly*, v. 32, n. 1, p. 1-20, 2010.

DEMOGUE, René. *Les Notions fondamentales du droit privé. Essai critique*. Paris: Rousseau, 1911.

DENZIN, Norman K. Symbolic Interactionism, Poststructuralism, and the Racial Subject. *Symbolic Interaction*, v. 24, n. 2, p. 243-249, 2001.

DESMOND, Matthew; EMIRBAYER, Mustapha. *Racial Domination, Racial Progress: The Sociology of Race in America*. New York: McGraw-Hill, 2009.

DIAZ, Elías. *Estado de derecho y sociedad democrática*. Madrid: Taurus, 1986.

DIMOULIS, Dimitri. *Direito de igualdade: antidiscriminação, minorias sociais, remédios constitucionais*. São Paulo: Almedina, 2021.

DIMOULIS, Dimitri; MARTINS, Leonardo. *Teoria geral dos direitos fundamentais*. 4. ed. São Paulo: Atlas, 2012.

DIMOULIS, Dimitri; MARTINS, Leonardo. *Teoria geral dos direitos fundamentais*. 8. ed. São Paulo: Revista dos Tribunais, 2021.

DONNELLY, Jack. *Universal Human Rights in Theory and Practice*. Ithaca: Cornell University Press, 2013.

DRAWIN, Carlos Roberto. Ciência e subjetividade: sobre os caminhos filosóficos de *logos* e *psyche*. *In*: *Psicologia: possíveis olhares, outros fazeres*. Belo Horizonte: Conselho Regional de Psicologia, 1992. p. 171-172.

DRAWIN, Carlos Roberto. O destino do sujeito na dialética da modernidade. *Síntese Nova Fase*, v. 22, n. 71, p. 494-496, 1995.

DU BOIS, W. E. B. *As almas do povo negro*. São Paulo: Veneta, 2021.

DWORKIN, Gerald. *The Theory and Practice of Autonomy*. Cambridge: Cambridge University Press, 1989.

EATON, William; MUNTANER, Carles. Socioeconomic Stratification and Mental Disorder. *In*: HORWITZ, Allan; SCHEID, Teresa (ed.). *A Handbook for the Study of Mental Health. Social Contexts, Theories, and Systems*. Cambridge: Cambridge University Press, 1999. p. 259-283.

EBERLE, Edward. Observations on the Development of Human Dignity and Personality in German Constitutional Law: An Overview. *Liverpool Law Review*, v. 33, p. 201-233, 2012.

ECCLESTON, Collette P. The Psychological and Physical Health Effects of Stigma: The Role of Self-threats. *Social and Personality Psychology Compass*, v. 2, n. 3, p. 1345-1361, 2008.

ECHAVARRÍA, Juan José Solozábal. Algunas cuestiones básicas de la teoría de los derechos fundamentales. *Revista de Estudios Políticos*, n. 71, p. 87-109, 1991.

ELDER-VAN, Dave. *The Causal Power of Social Structures. Emergence, Structure and Agency*. Cambridge: Cambridge University Press, 2010.

ERIKSON, Erick. *Childhood and Society*. New York: Norton & Company, 1963.

ERIKSON, Erick. *Identity, Youth and Crisis*. New York: Norton & Company, 1966.

ESPSTEIN, Seymour. The Self-concept Revisited. Or a Theory of a Theory. *American Psychologist*, v. 28, n. 5, p. 404-416, 1973.

EYERMAN, Ron. *Cultural Trauma. Slavery and the Formation of African American Identity.* Cambridge: Cambridge University Press, 2001.

FAGAN, Andrew. Philosophical Foundations of Human Rights. *In*: CUSHMAN, Thomas (ed.). *Handbook of Human Rights*. New York: Routledge, 2012. p. 9-21.

FANELLI, Lorena. Le ragioni alla base dell'emersione di una nuova categoria di danno: danno esistenziale. *In*: PONZANELLI, Guilio (ed.). *Critica del danno esistenziale*. Padova: Cedam, 2003. p. 17-33.

FANON, Franz. *Pele negra, máscara branca*. São Paulo: Ubu, 2020.

FARO, André; PEREIRA, Marcos Emanoel. Raça, racismo e saúde: a desigualdade social da distribuição do estresse. *Estudos de Psicologia*, v. 16, n. 3, p. 271-278, 2011.

FEAGIN, Joe; McKINNEY, Karyn. *The Many Costs of Racism*. New York: Rowman & Littlefield, 2002.

FEINBERG, Joel. Autonomy, Sovereignty and Privacy: Moral Ideals in the Constitution? *Notre Dame Law Review*, v. 58, n. 3, 1982.

FEINBERG, Joel. *Harm to Others*. Oxford: Oxford University Press, 1984.

FELICE, William. *Taking Suffering Seriously. The Importance of Collective Human Rights*. New York: State University of New York Press, 1996.

FERGUSON, Harvie. *Modernity and Subjectivity. Body, Soul, Spirit*. Charlottesville: University Press of Virginia, 2000.

FERNANDES, Bernardo Gonçalves. *Curso de direito constitucional*. 12. ed. São Paulo: Juspodium, 2020.

FERRAJOLI, Luigi. *Los fundamentos de los derechos fundamentales*. Madrid: Trotta, 2009.

FIELDS, Tanya Denise. Dirty Business: The Messy Affair of Rejecting Shame. *In*: BURKE, Tarna; BROWN, Brené (ed.). *You Are the Best Thing. Vulnerability, Shame Resilience, and the Black Experience*. New York: Random House, 2021. p. 22-33.

FIGUEIREDO, Luis Cláudio Mendonça. *A invenção do psicológico: quatro séculos de subjetivação – 1500-1900*. São Paulo: Escuta; Educ, 1996.

FIGUEIREDO, Luís Claudio Mendonça. *Matrizes do pensamento psicológico*. Petrópolis: Vozes, 2019.

FIGUEIREDO, Luis Cláudio Mendonça. *Modos de subjetivação no Brasil e outros escritos*. São Paulo: Escuta; Educ, 1995.

FISS, Owen. Groups and the equal protection clause. *Philosophy and Public Affairs*, v. 5, n. 2, p. 107-177, 1976.

FRASER, Nancy. Recognition Without Ethics? *Theory, Culture & Society*, v. 12, n. 2, p. 21-42, 2001.

FREEMAN, Michael. The Philosophical Foundations of Human Rights. *Human Rights Quarterly*, v. 16, n. 3, p. 491-514, 1994.

FREIJEDO, Francisco J. Bastida *et al. Teoría general de los derechos fundamentales en la Constitución Española de 1978*. Madrid: Tecnos, 2012.

FROST, David M. Social Stigma and Its Consequences for the Socially Stigmatized. *Social and Personality Compass*, v. 5, n. 11, p. 824-839, 2011.

FROST, Liz; HOGGETT, Paul. Human Agency and Social Suffering. *Critical Social Policy*, v. 28, n. 4, 2008.

FROTA, Hidemberg Alves da; BIÃO, Fernanda Leite. A dimensão existencial da pessoa humana, o dano existencial e o dano ao projeto de vida: reflexões a partir do direito comparado. *Revista Forense*, v. 411, set.-out. 2010.

FUNDER, David C. *The Personality Puzzle*. 7th ed. New York: Norton & Company, 2016.

FURTOS, Jean. Les effets cliniques de la souffrance psychique d'origine sociale. *Mental'Idées*, n. 11, 2007.

GABALDÓN LÓPEZ, José. Libre desarrollo de la personalidad y derecho a la vida. *Persona y Derecho*, v. 44, p. 133-172, 2001.

GAMBOA, Jorge Francisco Calderón. *Reparación del daño al proyecto de vida por violaciones a derechos humanos*. Ciudad de México: Porrúa, 2005.

GAULEJAC, Vincent de. *As origens da vergonha*. São Paulo: Via Lettera, 2006.

GAULEJAC, Vincent de; BLONDEL, Frédéric; TABOADA-LEONETTI, Isabel. *La Lutte des places*. Paris: Hommes et Perspectives, 1993.

GEWIRTH, Alan. *Self-fulfillment*. Princeton: Princeton University Press, 2009.

GEWIRTH, Alan. The Basis and Content of Human Rights. *In*: WINSTON, Morton E. (ed.). *The Philosophy of Human Rights*. Belmont: Wadsworth, 1989. p. 181-185.

GEWIRTH, Alan. *The Community of Rights*. Chicago: The University of Chicago Press, 1996.

GIDDENS, Anthony. *Modernity and Self-identity. Self and Society in Late Modern Age*. Stanford: Stanford University Press, 1991.

GIDDENS, Anthony. *Sociology*. 2nd ed. Cambridge: Polity Press, 1993.

GOLDBERGER; Leo; BREZNITZ, Shlomo (ed.). *Handbook of Stress. Theoretical and Clinical Aspects*. New York: Free Press, 1999.

GOMES, Celeste Leite dos Santos Pereira; SANTOS, Maria Celeste Cordeiro Leite; SANTOS, José Américo dos. *Dano psíquico*. São Paulo: Oliveira Mendes, 1998.

GOMES, Joaquim Benedito Barbosa; SILVA, Fernanda Duarte Lopes. As ações afirmativas e os processos de efetivação da igualdade efetiva. *Cadernos do CEJ*, v. 24, p. 85-123, 2003.

GOMES, Samuel. *Guardei no armário: a experiência de um jovem homossexual negro e ex-evangélico na sétima maior cidade do mundo*. Porto Alegre: Pragmatha, 2016.

GONZALES, Carlos Antônio Agurto; MAMANI, Sonia Lidia Quequejana. O dano existencial como contribuição da cultura jurídica italiana. *Revista Eletrônica de Direito e Sociedade*, v. 6, n. 1, p. 47-58, 2018.

GOODE, William J. A Theory of Role Strain. *American Sociological Review*, v. 25, n. 4, p. 483-496, 1960.

GORTÁZAR, Naiara Galarraga. Caso de Madalena, escrava desde os oito anos, expõe legado vivo da escravidão no Brasil. *El País*, São Paulo, 14 jan. 2021. Disponível em: https://brasil.elpais.com/internacional/2021-01-14/madalena-escrava-desde-os-oito-anos-expoe-caso-extremo-de-racismo-no-brasil-do-seculo-xxi.html. Acesso em: 20 out. 2023.

GOVIA, Ishtar O.; JACKSON, James; SELLERS, Sherill. Social Inequalities. *In*: FINGERMAN, Karen L. *et al.* (ed.). *Handbook of Life-span Development*. New York: Springer, 2011. p. 27-33.

GOYARD-FABRE, Simone. *O que é democracia*. São Paulo: Martins Fontes, 2003.

GRAY, Tim. *Freedom*. Atlantic Highlands: Humanities Press International, 1991.

GRIFFIN, James. *On Human Rights*. Oxford: Oxford University Press, 2008.

GRZEGORCZYK, Christophe. Le Sujet du droit: trois hypostases. *Archives de Philosophie du Droit*, n. 34, p. 9-22, 1989.

GUEL, Pedro. El programa cultural de la identidad. *Persona y Sociedad*, v. 10, n. 1, 1996.

GUSDORF, Georges. *Les Sciences humaines et la pensée occidentale: les origenes des sciences humaines*. Paris: Payot, 1966.

GUTMAN, Amy. *Identity in Democracy*. Princeton: Princeton University Press, 2004.

GUTMANN, Amy. *Liberal Equality*. Cambridge: Cambridge University Press, 1980.

HAHN, Robert A. Racial and Ethnic Residential Segregation as a Root Social Determinant of Public Health and Health Inequity: A Persistent Public Health Challenge in the United States. *Poverty & Race*, v. 26, n. 2, p. 3-15, 2017.

HALEY, Christopher. *The Subject of Human Being*. New York: Routledge, 2019.

HALL, Stuart. *A identidade cultural na pós-modernidade*. Porto Alegre: DPIA, 1997.

HAN, Byung-Chul. *Psicopolítica: o neoliberalismo e as novas técnicas do poder*. Ayiné, 2018.

HATTIE, John. *Self-concept*. London: Lawrence Erlbaum, 1992.

HEAD, John. *Black Men and Depression. Saving Our Lives, Healing Our Families and Friends*. New York: Harlem Moon, 2005.

HECKHAUSEN, Jutta. Agency and Control Striving Across the Life Span. *In*: FINGERMAN, Karen L. *et al.* (ed.). *Handbook of Life-span Development*. New York: Springer, 2011. p. 27-33.

HELLER, Agnes. *O homem do renascimento*. Lisboa: Editorial Presença, 1992.

HELLMAN, Deborah. *When Is Discrimination Wrong?*. Cambridge: Harvard University Press, 2011.

HERBERT, Gary B. *A Philosophical History of Human Rights*. New Brunswick: Transactions, 2002.

HERBERT, Gary B. *A Philosophical History of Rights*. New Brunswick: Transaction, 2004.

HERBERT, Gary B. *A Philosophical History of Rights*. New York: Routledge, 2003.

HEWITT, John P. *The Self and Society: A Symbolic Interactionist Social Psychology*. New York: Allyn and Bacon, 1988.

HOLLANDER, John. Honor Dishonorable: Shameful Shame. *Social Research*, v. 70, n. 4, p. 1061-1074, 2003.

HOLLIS, Martin. Of Masks and Men. *In*: CARRITERS, Michael; COLLINS, Steven; LUKES, Steven. *The Category of the Person. Anthropology, Philosophy, History*. Cambridge: Cambridge University Press, 1985. p. 217-228.

HONNETH, Axel. Recognition and Justice: Outline of a Plural Theory of Justice. *Acta Sociologica*, v. 47, n. 4, p. 351-364, 2004.

HONNETH, Axel. *The Struggle for Recognition. The Moral Grammar of Social Conflicts*. Cambridge: MIT Press, 1995.

HORWITZ, Allan. An Overview of Sociological Perspectives on the Definitions, Causes, and Responses to Mental Health and Illness. *In*: SCHEID, Teresa L.; WRIGHT, Eric R. (ed.). *A Handbook for the Study of Mental Health. Social Contexts, Theories, and Systems*. Cambridge: Cambridge University Press, 2017. p. 6-19.

HOUSE, James S. Social Structure and Personality. *In*: ROSENBERG, Morris; TURNER, Ralph H. (ed.). *Social Psychology. Sociological Perspectives*. New Brunswick: Transaction, 2004. p. 525-563.

IGNÁCIO, Marcos Vinicius Marques; MATTOS, Ruben Araújo. O grupo de trabalho racismo e saúde mental do Ministério da Saúde: a saúde mental da população negra como questão. *Saúde Debate*, v. 43, p. 66-78, 2019. Número especial.

INSTITUTO LIBERTA. Tina, vítima de violência sexual dos 2 aos 14 anos. Conheça sua história. *YouTube*, 6 jul. 2021. Disponível em: https://www.youtube.com/watch?v=C-Ji-0sS0bAk&t=75s. Acesso em: 26 ago. 2023.

JONES, Edward E. *Social Stigma. The Psychology of Marked Relationships*. New York: Freeman and Co., 1984.

KHAITAN, Tarunabe. *A Theory of Discrimination Law*. Oxford: Oxford University Press, 2015.

KAPLAN, Howard B. Perspectives on Psychosocial Stress. *In*: KAPLAN, Howard (ed.). *Psychosocial Stress. Perspectives on Structure, Theory, Life-course, and Methods*. San Diego: Academic Press, 1996. p. 3-10.

KATSCHNIG-FASCH, Elisabeth. The Hardships of Life. Cultural Dimensions of Social Suffering. *Anthropological Journal of European Cultures*, v. 11, p. 51-72, 2002.

KENNEDY, Duncan. Toward an Understanding of Legal Consciousness: The Case of Classical Legal Thought in America: 1850-1950. *Research in Law and Sociology*, v. 3, p. 3-24, 1980.

KERBO, Harold. *Social Stratification and Inequality: Class Conflict in Historical, Comparative and Global Perspective*. New York: McGraw-Hill, 2003.

KING JR., Martin Luther. *Why We Can't Wait*. Broadway: Signet Classics, 2000.

KLARE, Karl. Legal Culture and Transformative Constitutionalism. *South African Journal of Human Rights*, v. 14, n. 2, p. 146-173, 1998.

KLEINMAN, Arthur. "Everything That Really Matters": Social Suffering, Subjectivity, and the Remaking of Human Experience in a Disordering World. *The Harvard Theological Review*, v. 90, n. 3, p. 315-336, 1997.

KOMMERS, Donald P.; MILLER, Russell A. *The Constitutional Jurisprudence of the Federal Republic of Germany*. 3rd ed. Durham: Duke University Press, 2012.

KOPPELMAN, Andrew. *Antidiscrimination Law and Social Equality*. New Haven: Yale University Press, 1998.

KOSMIDER, Mariusz Ryszard. El contenido jurídico del concepto del libre desarrollo de la personalidad con referencia especial a los sistemas constitucionales alemán y español. *Revista de Derecho UNED*, n. 23, p. 667-706, 2018.

KUTLER, Tara L. *Lifespan Development in Context. A Topical Approach*. Los Angeles: Sage, 2019.

LANG, Frieder; ROHR, Margund K.; WILLIGER, Bettina. Modeling Success in Life-span Psychology: The Principles of Selection, Optimization, and Compensation. *In*: FINGERMAN, Karen L. et al. (ed.). *Handbook of Life-span Development*. New York: Springer, 2011. p. 27-33.

LAPERTOSA, Flavio. Danno psichico e danno esistenziale: distinzione, associazoni e sovrapposizioni. *In*: MARIOTI, Paolo; TOSCANO, Giovanni. (org.). *Danno pschico e danno esiteziale*. Milano: Giuffrè, 2003. p. 65-75.

LAPORTA, Francisco Javier. El principio de igualdad: introducción a su analisis. *Sistema*, v. 67, p. 3-31, 1985.

LAPORTA, Francisco Javier. El princípio de igualdad: introducción a sua análisis. *Sistema Revista de Ciencias Sociales*. v. 67, 1985.

LAVAL, Christian; DARDOT, Pierre. *A nova razão do mundo: ensaio sobre a sociedade neoliberal*. São Paulo: Boitempo, 2016.

LEVIN, Shana; LAAR, Colette van (ed.). *Stigma and Group Inequality. Social Psychological Perspectives*. Mahwah: Lawrence Erlbaum Associates, 2006.

LIAO, S Matthew. Human Rights as Fundamental Conditions for Good Life. *In*: CRUFT, Rowan; MATTHEW, Liao; RENZO, Massimo (ed.). *Philosophical Foundations of Human Rights*. Oxford: Oxford University Press, 2015. p. 82.

LIPPERT-RASMUSSEN, Kasper. *Born Free and Equal? A Philosophical Inquiry into the Nature of Discrimination*. Oxford: Oxford University Press, 2014.

LOLORDO, Antonia. Persons in Seventeenth- and Eighteenth-century British Philosophy. *In*: LOLORDO, Antonia (ed.). *Persons, a History*. Oxford: Oxford University Press, 2019. p. 1-35.

LÓPEZ SERNA, Marcela Leticia; KALA, Julio. Derecho a la identidad personal como resultado del libre desarollo de la personalidad. *Ciencia Juridica*, v. 7, n. 14, p. 65-76, 2018.

LÓPEZ, José; SCOTT, John. *Social Structure*. Buckingham: Open University Press, 2000.

LUCAS, Eric (ed.). *What Is Freedom?*. London: Oxford University Press, 1961.

MACINTYRE, Alasdair. *After Virtue*. Notre Dame: University of Notre Dame Press, 2007. Manuais sobre social psychology.

MARECHAL, Joseph. *El punto de partida de metafísica, I: Desde la Antiguidad hasta el fin de la Edad Media*. Madrid: Biblioteca Hispânica de Filosofia, 1957. v. 3.

MARMELSTEIN, George. *Curso de direitos fundamentais*. 8. ed. São Paulo: Atlas, 2019.

MARSHALL, T. H.; BOTTOMORE, Tom. *Cidadania e classe social*. São Paulo: Editora Unesp, 2021.

MARTIN, John Levi. *Social Structures*. Princeton: Princeton University Press, 2009.

MARTINS, Tafnes Varela; LIMA, Tiago Jessé Souza de; SANTOS, Walberto Silva. O efeito de microagressões raciais de gênero na saúde mental de mulheres negras. *Ciência e Saúde Coletiva*, v. 25, n. 7, p. 2793-2802, 2020.

MATTEUCCI, Nicola. Liberdade. *In*: BOBBIO, Norberto; MATTEUCCI, Nicola; PASQUINO, Gianfranco. *Dicionário de política*. Brasília: Editora UnB, 1988. p. 691.

MATTHEW, Dayna Bowen. *Just Health: Treating Structural Racism to Heal America*. New York: New York University Press, 2022.

MAYORGA, Cláudia. Desastre de Brumadinho e os impactos na saúde mental. *Ciência e Cultura*, v. 72, n. 2, p. 6-9, 2020.

McADAMS, Dan P. The Psychological Self as Actor, Agent, and Author. *Perspectives on Psychological Science*, v. 8, n. 3, p. 272-295, 2013.

McCOLGAN, Aileen. *Discrimination, Equality and the Law*. Oxford: Hart, 2014.

McCORMICK, Christopher M.; KUO, Sally I-Chun; MASTEN, Ann S. Developmental Tasks Across the Life Spam. *In*: FINGERMAN, Karen L. *et al.* (ed.). *Handbook of Life-span Development*. New York: Springer, 2011. p. 117-140.

McKENZIE, Kwane. Understanding Racism in Mental Health. *In*: BHUI, Kamaldeep (ed.). *Racism and Mental Health: Prejudice and Suffering*. London: Jessica Kingsley, 2002. p. 83-90.

MELLO, Celso Antônio Bandeira de. *O conteúdo jurídico do princípio da igualdade*. São Paulo Malheiros, 2003.

MENAKEM, Resmaa. *My Grandmother's Hand. Racialized Trauma and the Pathway to Mending our Hearts and Bodies*. Las Vegas: Central Recovery Press, 2017.

MENEZES, Leila. Senhoras das dores: as mães que a violência policial despedaçou. Site *Metrópoles*, 15 set. 2018. Disponível em: https://www.metropoles.com/materias-especiais/maes-que-perderam-seus-filhos-por-violencia-policial-lutam-por-justica. Acesso em: 8 set. 2021.

MIDDLETON, David. Three Types of Self-respect. *Res Publica*, v. 12, p. 63-74, 2006.

MILLER, David (ed.). *The Liberty Reader*. Boulder: Paradigm, 2006.

MILMANIENE, José E. El dano psíquico. *In*: GHERSI, Carlos (coord.). *Los nuevos danos. Soluciones modernos de reparación*. Buenos Aires: Editorial Hammurabi, 2000. p. 70-71.

MIRANDA, Felipe Arady. O direito ao livre desenvolvimento da personalidade. *RIDB*, v. 2, n. 10, p. 11177-11180, 2013.

MIROWSKY, John; ROSS, Catherine E. *Social Causes of Psychological Distress*. 2nd ed. Hawthorne: Aldine de Gruyter, 2002.

MODELL, Arnold. *The Private Self*. Cambridge: Harvard University Press, 1993.

MOLLER, Max. *Teoria geral do neoconstitucionalismo: bases teóricas do constitucionalismo contemporâneo*. Porto Alegre: Livraria do Advogado, 2011.

MONDIN, B. *O homem, quem é ele?*. São Paulo: Paulus, 1980.

MOREAU, Sophie. *Faces of Inequality. A Theory of Wrongful Discrimination*. Oxford: Oxford University Press, 2020.

MOREIRA, Adilson José. *Cidadania sexual: estratégias para ações inclusivas*. São Paulo: Arraes, 2017.

MOREIRA, Adilson José. Miscigenando o círculo do poder: ações afirmativas, diversidade racial e sociedade democrática. *Revista da Faculdade de Direito da UFPR*, v. 61, n. 2, p. 117-148, 2016.

MOREIRA, Adilson José. *O que é discriminação?*. Belo Horizonte: Letramento, 2017.

MOREIRA, Adilson José. *Racismo recreativo*. São Paulo: Jandaíra, 2018.

MOREIRA, Adilson José. *Tratado de direito antidiscriminatório*. São Paulo: Contracorrente, 2020.

MOREIRA, Adilson José; FABRETTI, Humberto Barrionuevo. Masculinidade e criminalidade em *Moonlight*: um estudo sobre as relações entre identidade e delinquência. *Revista de Direitos e Garantias Fundamentais*, v. 19, n. 2, p. 43-98, 2018.

MOUFFE, Chantal. *O regresso do político*. Lisboa: Gradiva, 1996.

MYERS, David G. *Psicologia social*. 10. ed. Porto Alegre: AMGH, 2014.

NADLER, Joel T.; VOYLES, Elora C. (ed.). *Stereotypes. The Incidence and Impacts of Bias*. Santa Barbara: Praeger, 2020.

NAVASCONI, Paulo Vitor Palma. *Vida, adoecimento e suicídio: racismo na produção sobre jovens negros LGBTTIs*. 2018. 276 f. Dissertação (Mestrado) – Centro de Ciências Humanas, Letras e Artes, Universidade Estadual de Maringá, Maringá, 2018.

NEWMAN, Barbara; NEWMAN, Philip. *Theories of Human Development*. New York: Routledge, 2015.

NEWMAN, Barbara; NEWMAN, Philip R. *Theories of Human Development*. New York: Routledge, 2023.

NICKEL, James W. *Making Sense of Human Rights*. 2nd ed. Malden: Blackwell, 2013.

NOGUEIRA, Conceição. *Interseccionalidade e psicologia feminista*. Salvador: Devires, 2020.

NOVAIS, Jorge Reis. *A dignidade da pessoa humana: dignidade e inconstitucionalidade*. Coimbra: Almedina, 2018. v. 2.

NOVAIS, Jorge Reis. *A dignidade da pessoa humana: dignidade e inconstitucionalidade*. 2. ed. Coimbra: Almedina, 2019. v. 2.

NOVAIS, Jorge Reis. *Princípios estruturantes de Estado de Direito*. Coimbra: Almedina, 2019.

NUNES JUNIOR, Vidal Serrano. *A cidadania social na Constituição de 1988*. São Paulo: Verbatim, 2009.

NUNES, Caroline. Homens negros gays são os que mais sofrem violência. *Terra*, 28 jun. 2022. Disponível em: https://www.terra.com.br/nos/homens-negros-gays-sao-os-que-mais-sofrem-violencia-segundo-levantamento,1ddd9fce2089e30fccf97eea3a3a475aip0c4f8r.html. Acesso em: 13 ago. 2023.

NUSBAUM, Martha. Capabilities as Fundamental Entitlements: Sen and Social Justice. *Feminist Economics*, v. 9, n. 2, p. 33-59, 2003.

OPPENHEIM. Felix E. *Dimensions of Freedom. An Analysis*. New York: St. Martin Press, 1961.

OREND, Brian. *Human Rights. Concept and Context*. Toronto: Broadview Press, 2002.

PEARLIN, Leonard I. The Social Context of Stress. *In*: GOLDERGER, Leo; BREZNITZ, Shlomo (ed.). *Handbook of Stress. Theoretical and Clinical Aspects*. New York: The Free Press, 1999. p. 303-311.

PEARLIN, Leonard *et al*. The Stress Process. *Journal of Health and Social Behavior*, v. 22, n. 4, p. 337-356, 1981.

PECES-BARBA MARTÍNEZ, Gregorio. *Curso de derechos fundamentales. Teoría general*. Madrid: Universidad Carlos III, 1999.

PECES-BARBA MARTÍNEZ, Gregorio. *Historia de los derechos fundamentales. Transito a la modernidad*. Madrid: Dickinson, 2001.

PÉREZ LUNO, Antonio Enrique. *Direitos humanos, Estado de direito e Constituição*. São Paulo: Martins Fontes, 2021.

PÉREZ LUNO, Antonio Enrique. *Los derechos fundamentales*. 7. ed. Madrid: Tecnos, 1998.

PETERSON, Christopher; MAIER, Steven; SELIGMAN, Martin. *Learned Helplessness. A Theory for the Age of Personal Control*. Oxford: Oxford University Press, 1993.

PIEROTH, Bodo; SCHILINK, Bernhard. *Direitos fundamentais*. São Paulo: Saraiva, 2018.

PINTO, Paulo Mota. *Direitos de personalidade e direitos fundamentais*. Coimbra: Gestlegal, 2019.

PINTO, Paulo Mota. O direito ao livre desenvolvimento da personalidade. *Boletim da Faculdade de Direito de Coimbra*, v. 40, n. 1, 2000.

PIZA ROCAFORT, Rodolfo. *Igualdad de derechos: isonomía y no discriminación*. San José da Costa Rica: Universidad Autónoma de Centro América, 1997.

PORTUGAL, Carlos Giovani Pinto. *Responsabilidade civil por dano ao projeto de vida*. Curitiba: Juruá, 2016.

QUINTANA, Stephen M. Ethnicity, Race, and the Children's Social Development. *In*: SMITH, Peter; HART, Craig (ed.). *The Wiley-Blackwell Handbook of Childhood Social Development*. Oxford: Blackwell, 2002. p. 299-314.

QUINTANA, Stephen M.; McKOWN, Clark (ed.). *Handbook of Race, Racism, and the Developing Child*. Hoboken: Wiley & Sons, 2008.

QUINTANA, Stephen M.; McKOWN. Race, Racism and the Developing Child. *In*: QUINTANA, Stephen M.; McKOWN, Clark (ed.). *Handbook of Race, Racism, and the Developing Child.* Hoboken: Wiley & Sons, 2008. p. 1-11.

RAWLS, John. *A Theory of Justice.* Revised edition. Cambridge: Cambridge University Press, 1999.

RENAULT, Emmanuel. *The Experience of Injustice. A Theory of Recognition.* New York: Columbia University Press, 2019.

RENAUT, Alain. *L'Ére de l'individu: contribuition à une histoire de la subjecitivité.* Paris: Gallimard, 1988.

RIBEIRO, Eduardo Ely Mendes. *Individualismo e verdade em Descartes: o processo de construção do sujeito moderno.* Porto Alegre: ediPUCRS, 1995.

RICHARDS, David A. J. Sexual Autonomy and the Constitutional Right to Privacy: A Case Study in Human Rights and the Unwritten Constitution. *Hastings Law Journal*, v. 30, n. 4, 1979.

RILEY, Anna; BURKE, Peter J. Identities and Self-verification in the Small Group. *Social Psychology Quarterly*, v. 58. n. 2, p. 61-73, 1995.

ROCHA, Renan V. de S.; TORRENTÉ, Mônica Nunes de; COELHO, Maria Thereza Á. D. *Saúde mental e racismo à brasileira.* Salvador: Devires, 2021.

RODIS-LEWIS, Geneviéve. *L'Individualité selon Descartes.* Paris: Vrin, 1950.

ROHALL, David; MILKIE, Melissa; LUCAS, Jeffrey. *Social Psychology.* 2nd ed. Boston: Allyn and Bacon, 2011.

RORTY, Amélie Oksenberg. Persons and *Personae. In*: GILL, Christopher (ed.). *The Person and the Human Mind. Issues in Ancient and Modern Philosophy.* Oxford: Clarendon Press, 1990. p. 22-25.

ROSENFELD, Michel. Equality and the Dialectic Between Identity and Difference. *Israel Law Review*, v. 39, n. 2, p. 52-88, 2006.

ROSS, Catherine; SASTRY, Jaya. The Sense of Personal Control. Social-structural Causes and Emotional Consequences. *In*: ANESHENSEL, Carol; PHELAN, Jo; BIERMAN, Alex (ed.). *Handbook of the Sociology of Mental Health.* New York: Kluwer Academic, 1999. p. 369-394.

ROTHEMBURG, Walter Claudius. Os direitos fundamentais e suas características. *Cadernos de Direito Constitucional e Ciência Política*, v. 7, n. 29, p. 55-65, out.-dez. 1999.

SALGADO, Joaquim. *A idéia de justiça em Kant.* Belo Horizonte: Humanitas, 1995.

SAMPAIO, José Adércio Leite. *Teoria da constituição e dos direitos fundamentais.* Belo Horizonte: Del Rey, 2013.

SANTOS, Ana Paula. Estudante é vítima de racismo em troca de mensagens de alunos de escola de zona sul do Rio. *G1*, 20 maio 2020. Disponível em: https://g1.globo.com/rj/rio-de-janeiro/noticia/2020/05/20/estudante-e-vitima-de-racismo-em-troca-de-mensagens-de-alunos-de-escola-particular-da-zona-sul-do-rio.ghtml. Acesso em: 22 nov. 2023.

SANTOS, Boaventura de Souza. *A crítica da razão indolente: contra o desperdício da experiência*. São Paulo: Cortez, 1993.

SANTOS, Gabriela da Cruz; RICCI, Ellen Cristina. Saúde mental da população negra: relato de uma relação terapêutica entre sujeitos marcados pelo racismo. *Revista de Psicologia da UNESP*, v. 19, p. 230-238, dez. 2020. Número especial.

SARLET, Ingo Wolfgang. *Dignidade da pessoa humana e direitos fundamentais na Constituição de 1988*. 6. ed. Porto Alegre: Livraria do Advogado, 2008.

SARLET, Ingo Wolfgang. *A eficácia dos direitos fundamentais*. 12. ed. Porto Alegre: Livraria do Advogado, 2014.

SARLET, Ingo Wolfgang; MARINONI, Luiz Guilherme; MITIDIERO, Daniel. *Curso de direito constitucional*. 4. ed. São Paulo: Saraiva, 2015.

SAWAIA, Bader Burihan. O sofrimento ético-político como categoria de análise da dialética exclusão/inclusão. *In*: SAWAIA, Bader Burihan (org.). *As artimanhas da exclusão: análise psicossocial da desigualdade social*. Petrópolis: Vozes, 2014. p. 97-118.

SCHEFFLER, Samuel. The Practice of Equality. *In*: FOURIE, Carina; SCHUPERT, Fabian; WALLIMANN-HELMER, Ivo (ed.). *Social Equality. On What It Means to Be Equals*. Oxford: Oxford University Press, 2015. p. 21-45.

SCHEMEL, Christian. Why Relational Egalitarians Should Care About Distribution. *Social Theory and Practice*, v. 37, n. 3, p. 365-390, 2011.

SCHNEIDER, Hans-Peter. Peculiaridad y función de los derechos fundamentales en el estado constitucional democrático. *Revista de Estudios Políticos*, n. 7, p. 7-36, 1979.

SCHRAUGER, J. Sidney; SCHOENEMAN, Thomas J. Symbolic Interactionist View of the Self-concept: Through the Looking Glass Darkly. *In*: BAUMESTEIR, Roy (ed.). *The Self in Social Psychology*. Philadelphia: Taylor & Francis, 1999. p. 25-43.

SCHREIBER, Anderson. *Direitos da personalidade*. 2. ed. São Paulo: Atlas, 2013.

SELIGMAN, Martin E. *Helplessness. On Development, Depression and Death*. New York: Freeman & Company, 1992.

SEMRUD-CLIKEMAN, Margaret. *Social Competence in Children*. New York: Springer, 2007.

SEN, Amartya. *Inequality Reexamined*. Oxford: Oxford University Press, 1993.

SEN, Amartya. Rights and Agency. *Philosophy and Public Affairs*, v. 11, n. 1, p. 66-77, 1982.

SESSAREGO, Carlos Fernández. Como proteger jurídicamente al ser humano si se ignora su estrutura existencial? *Revista IUS ET VERITAS*, v. 24, n. 50, p. 86-103, 2015.

SESSAREGO, Carlos Fernández. Dano al proyecto de vida. *Derecho PUCP*, v. 50, p. 47-98, 1996.

SESSAREGO, Carlos Fernández. El daño al "proyecto de vida" en una reciente sentencia de la Corte Interamericana de derechos humanos. *Themis*, v. 39, p. 453-463, 2001.

SESSAREGO, Carlos Fernández. *Nuevas tendencias en el derecho de las personas*. Lima: Universidad de Lima, 1990.

SESSAREGO, Carlos Fernández. Protección a la persona humana. *Ajuris. Revista da Associação de Juízes do Rio Grande do Sul*, v. 19, n. 56, p. 87-152, 1992.

SHEPPARD, Colleen. *Inclusive Equality: The Relational Dimensions of Systematic Discrimination in Canada*. Quebec: McGill-Queen University Press, 2010.

SHMUELI, Efraim. The Right to Self-realization and Its Predicaments. *In*: ROSENBAUN, Alan (ed.). *The Philosophy of Human Rights. International Perspectives*. Westport: Greenwood Press, 1988. p. 152-154.

SIDANIUS, Jim; PRATTO, Felicia. *Social Dominance: An Intergroup Theory of Social Hierarchy and Oppression*. Cambridge: Cambridge University Press, 1999.

SIEGEL, Reva. Discrimination in the Eyes of the Law: How "Color Blindness" Discourse Disrupts and Rationalizes Social Stratification. *California Law Review*, v. 77, n. 1, 2000.

SILVA, Jorge Pereira da. *Deveres do Estado de proteção dos direitos fundamentais*. Lisboa: Universidade Católica de Lisboa, 2015.

SILVA, José Afonso. *Curso de direito constitucional*. 23. ed. São Paulo: Malheiros, 2003.

SKITKA, Linda J. *et al*. Knitting Together an Elephant. An Integrative Approach to Understanding the Psychology of Justice Reasoning. *In*: BOBOCEL, D. Ramona *et al*. (ed.). *The Psychology of Justice and Legitimacy*. New York: Psychology Press, 2010. p. 1-27.

SMOLEN, Jenny Rose; ARAÚJO, Edna Maria. Raça/cor da pele e transtornos mentais no Brasil. *CIência e Saúde Coletiva*, v. 22, n. 12, p. 4021-4030, 2017.

SOARES, Flaviana Rampazzo. *Responsabilidade civil por dano existencial*. Porto Alegre: Livraria do Advogado, 2009.

SOKOL, Bryan W. *et al*. The Development of Agency. *In*: OVERTON, Willis; MOLENAR, Peter M. (ed.). *Handbook of Child Psychology and Development Science*. Hoboken: Wiley, 2015. p. 284-285.

SOUZA, Neusa Santos. *Tornar-se negro*. São Paulo: Zahar, 2021.

STRYKER, Sheldon. *Symbolic Interactionism. A Social Structure Version*. Caldwell: Blackburn Press, 1980.

SWANN JR., William. Self-verification Theory. *In*: HIGGINS, E. Tory *et al*. (ed.). *Handbook of Theories of Social Psychology*. London, Sage, 2011. v. 2. p. 23-42.

TASIOULAS, John. On the Foundations of Human Rights. *In*: CRUFT, Rowan; MATTHEW, Liao; RENZO, Massimo (ed.). *Philosophical Foundations of Human Rights*. Oxford: Oxford University Press, 2015. p. 52-55.

TAYLOR, Anthony. *Justice as a Basic Human Need*. New York: Nova Science, 2006.

TAYLOR, Charles. *Sources of the Self*. Cambridge: Harvard University Press, 1992.

TAYLOR, Charles. The Person. *In*: CARRITERS, Michael; COLLINS, Steven; LUKES, Steven. *The Category of the Person. Anthropology, Philosophy, History*. Cambridge: Cambridge University Press, 1985. p. 257-277.

TAYLOR, Charles. The Politics of Recognition. *In*: *Multiculturalism: Examining the Politics of Recognition*. Edited by Amy Gutmann. Princeton: Princeton University Press, 1994. p. 30.

TEIXEIRA, Joaquim de Souza. Liberdade. *In*: LOGOS: enciclopédia luso-brasileira de filosofia. Lisboa: Verbo, 1989. v. 3. p. 352-354.

TELLES, Edward. *Racismo à brasileira*. Rio de Janeiro: Relume-Dumará, 2005.

TEODORESCU, Kinneret. Learned Helplessness and Learned Prevalence: Exploring the Causal Relations Among Perceived Controllability, Reward Prevalence and Exploration. *Psychological Science*, v. 25, n. 10, p. 1-9, 2014.

THIEL, Udo. *The Early Modern Subject. Self-consciousness and Personal Identity from Descartes to Hume*. Oxford: Oxford University Press, 2011.

THOITS, Peggy. Self, Identity, Stress, and Mental Health. *In*: ANESHENSEL, Carol; PHELAN, Jo; BIERMAN, Alex (ed.). *Handbook of the Sociology of Mental Health*. New York: Kluwer Academic, 1999. p. 345-368.

THOITS, Peggy; VIRSHUP, Lauren. Me's and We's. Forms and Functions of Social Identities. *In*: ASHMORE, Richard D.; JUSSIM, Lee (ed.). *Self and Identity: Fundamental Issues*. Oxford: Oxford University Press, 1997. p. 106-112.

THOMPSON, Nel. *Anti-discriminatory Practice*. New York: Palgrave, 2016.

TOBEÑAS, José Castan. *Los derechos del hombre*. Madrid: Reus, 1969.

TOURAINE, Alain. *Crítica da modernidade*. São Paulo: Vozes, 1993.

TRIGEAUD, Jean-Marc. La Personne juridique dans la philosophie européenne. *In*: TRIGEAUD, Jean-Marc (ed.). *Philosophie juridique européenne. Les Institutions*. Roma: Japadre, 1990. p. 199-200.

TRIGEAUD, Jean-Marc. *Persona ou la justice au double visage*. Genova: Studio Editoriale di Cultura, 1991.

TRILLING, Lionel. *Sincerity and Authenticity*. Cambridge: Harvard University Press, 1973.

TURE, Kwane; HAMILTON, Charles. *Black Power: The Politics of Liberation*. 2. ed. New York: Vintage Books, 1992.

VAZ, Henrique Cláudio de Lima. *Antropologia filosófica I*. São Paulo: Loyola, 1992.

VAZ, Henrique Cláudio de Lima. Religião e modernidade filosófica. *Síntese Nova Fase*, v. 18, n. 53, p. 147-165, 1991.

VELLEMAN, J. David. The Genesis of Shame. *Philosophy and Public Affairs*, v. 30, n. 1, 2001.

VENOSA, Silvio de Salvo. *Direito civil: responsabilidade civil*. 12. ed. São Paulo: Atlas, 2013.

WALKER, Rheeda. *The Unapologetic Guide to Black Mental Health*. Oakland: New Harbinger, 2020.

WANDERLEY, Mariângela Belfiore. Refletindo sobre a noção de exclusão. *In*: SAWAIA, Bader (org.). *As artimanhas da exclusão: análise psicossocial e ética da desigualdade social*. Petrópolis: Vozes, 2014. p. 17-28.

WEITEN, Wayne. *Introdução à psicologia: temas e variações*. São Paulo: Cengage Learning, 2016.

WEST, Robin. Taking Freedom Seriously. *Harvard Law Review*, v. 104, n. 1, p. 43-94, 1990.

WHITBOURNE, Susan Krauss; HALGIN, Richard. *Psicopatologia*. Porto Alegre: Artes Médicas, 2015.

WILDERSON III, Frank B. *Afropessimism*. New York: Liveright, 2021.

WILKERSON, Isabel. *Caste. The Origins of Our Discontents*. New York: Penguin, 2020.

WILKINSON, Iain. Social Suffering and Human Rights. *In*: CUSHMAN, Thomas (ed.). *Handbook of Human Rights*. New York: Routledge, 2012. p. 146-156.

WILKINSON, Iain. *Suffering. A Sociological Introduction*. Cambridge: Polity, 2005.

WILLIAMS, Ian. *Disorientation. Being Black in the World*. New York: Europa, 2021.

WILLIAMS, Norma; CORREA, Minerva. Race and Ethnic Relations. *In*: REYNOLDS, Larry; HERMAN-KINLEY, Nancy (ed.). *Handbook of Symbolic Interactionism*. Lanham: Rowman & Littlefield, 2003. p. 743-760.

WILLIAMS, Terrie M. *Black Pain: It Just Looks Like We're Not Hurting*. New York: Scribner, 2009.

WINFIELD, Richard Dien. *The Just State. Rethinking Self-government*. New York: Humanity Books, 2005.

WINTERS, Mary-Frances. *Black Fatigue. How Racism Erodes the Mind, Body, and Spirit*. Oakland: Berrett-Koehler, 2020.

WONG, Ying; TSAI, Jeanne. Cultural Models of Shame and Guilt. *In*: TANGNEY, June Price; FISHER, Kurt W. (ed.). *Self-conscious Emotions: The Psychology of Shame, Guilt, Embarrassment, and Pride*. New York: Guilford Press, 2007. p. 209-223.

WORLD HEALTH ORGANIZATION. *Promoting Mental Health: Concepts, Emerging Evidence, Practice: Summary Report*. Geneva: WHO, 2004. Disponível em: https://www.who.int/publications/i/item/9241562943. Acesso em: 30 maio 2024.

XAVIER, Alessandra Silva; LIMA, Ana Ignez Belém. *Psicologia do desenvolvimento*. 4. ed. Fortaleza. Editora da UECE, 2015.

ZARKA, Yves Charles. La invención del sujeto de derecho. *Isegoría*, v. 20, p. 31-49, 1999.

ZARKA, Yves Charles. L'Invention du sujet du droit. *Archives de Philosophie*, Paris, v. 60, n. 4, 1997.

ZIVI, Karen. *Making Rights Claims. A Practice of Democratic Citizenship*. Oxford: Oxford University Press, 2011.

Este livro foi composto com tipografia Adobe Garamond Pro
e impresso em papel Off-White 70 g/m² na Formato Artes Gráficas.